Bibliothek des 18. Jahrhunderts

Herausgegeben
von der Verlagsgruppe
Kiepenheuer
Leipzig und Weimar

EWIGER FRIEDE?

Dokumente
einer deutschen
Diskussion
um 1800

Herausgegeben
von Anita und Walter Dietze

1989
Gustav Kiepenheuer Verlag
Leipzig und Weimar

Die Wiedergabe des Gemäldes von Christian Georg Schütz d. Ä.,
Blick auf Frankfurt und Sachsenhausen,
erfolgt mit freundlicher Genehmigung
der Staatlichen Galerie in Dessau.

ISBN 3-378-00281-6

Erste Auflage
Lizenz Nr. 396/265/1/89
Gesamtherstellung: Offizin Andersen Nexö,
Graphischer Großbetrieb, Leipzig III/18/38
Schrift: Walbaum
Gestaltung: Walter Schiller, Altenburg
Printed in the German Democratic Republic
Bestell-Nr. 812 258 4
01980

Du fährst in den Krieg hinein? Schau doch zuerst, was es mit dem Frieden für eine Bewandtnis hat und was für eine mit dem Krieg, was jener Gutes, dieser Böses mit sich bringt. So lege dir Rechenschaft davon ab, ob es gut ist, den Frieden mit dem Kriegszustand zu vertauschen.

Desiderius Erasmus von Rotterdam

EINLEITUNG

Abriß einer Entwicklungsgeschichte der Friedensidee vom Mittelalter bis zur Französischen Revolution

In der Geschichte menschlichen Denkens nimmt das Problem der Dialektik von Krieg und Frieden einen außergewöhnlichen Platz ein. Wiewohl von den ersten Zeugnissen schriftlicher Überlieferung an über diese konträren Daseinsweisen gedacht und gedichtet wurde, ist die Reflexion dieses fundamentalen Zusammenhanges im wesentlichen ein Produkt der letzten anderthalb Jahrtausende. Für die gesellschaftliche Entwicklung Europas ist charakteristisch, daß die beginnende philosophische Erforschung und Bewältigung der Krieg-Frieden-Problematik in einem riesigen, weitgespannten Bogen die soziale, politische und ideologische Wirklichkeit einer ganzen sozial-ökonomischen Gesellschaftsformation ausfüllt: die des Feudalismus, der beinahe dreizehn Jahrhunderte andauert. Zwei komplizierte Übergangsepochen, Renaissance und Aufklärung (deren erste schon früh eine krisenhafte Wandlung des Feudalismus signalisiert, während die zweite bereits seinen Niedergang einleitet), erweisen sich dabei als besonders markante Knoten- und Wendepunkte geistiger Produktivität. Sie bringen die kühnsten, fortschrittlichsten, am weitesten in die Zukunft weisenden Vorstellungen eines menschenwürdigen Friedens hervor.

Die besten dieser ideellen Entwürfe und praktischen Projekte gehören zum Grundbestand progressiver Menschheitskultur. Im Kern ihres Wesens drücken sie elementare Bedürfnisse und Sehnsüchte aller Menschen aus. Deshalb wirken sie, kritisch angeeignet, über die Zeiten hinweg, wenngleich ihnen das historische Moment ihrer Genese und Evolution unauslöschlich an die Stirn geschrieben steht. Sie sind auch heute noch aktuell in einem sehr tiefen, sehr umfangreichen Verstande von Aktualität, heute erst recht.

I

Dumpf und dunkel, auch zerstreut und unfertig schlummern die ersten Keime einer generellen Friedensvorstellung in mittelalterlicher Welt, die ihrem Erwachen und Reifen wenig förderlich war. Rasante Degeneration und schließlicher Zerfall des gewaltigen Imperium Romanum hatten das lange dominant gewesene, scheinbar für alle Ewigkeit gültige Kulturideal einer ›Pax Romana‹ als vergänglich und fragwürdig entlarvt. Im Angesicht der Trümmer dieses Ideals mußten neue geistige Gebäude errichtet, auch auf eine neue Basis gestellt werden. Dieser Vorgang des Gründens und Bauens ruft bislang unbekannte, nicht sogleich überwindbare, vorerst zäh sich haltende philosophische Schwierigkeiten hervor.

Kirchenlehrer und Kirchenväter, später Juristen, Theologen und Philosophen teils höheren, teils minderen Ranges, gelegentlich wohl auch Kanzelredner und Volksprediger haben viel Scharfsinn darauf verwendet, sich der Ganzheit des Problems immer wieder zu stellen. Vergeblich. Im hierarchischen, theozentrischen und scholastisch formalisierten Weltbild des Mittelalters ist ein einheitlicher, allumfassender, allgemeingültiger Begriff des Friedens nicht entstanden, konnte nicht entstehen. ›Friede‹ existiert damals nur als eine parzellierte, in vielerlei Hinsicht limitierte, zugleich diffuse und fragmentarische Vorstellung. Nur *die* Frieden gibt es, die vielen einzelnen, voneinander unterschiedenen, miteinander konkurrierenden, manchmal einander widersprechenden. *Den* Frieden gibt es nicht. Das philosophische Paradoxon läßt sich erklären.

Seit Aurelius Augustinus von Hippo – einem frühen und mächtigen christlichen Kirchenlehrer, der nach 400 wirksam wird – ist die Auffassung, daß das Weltganze in einer genauestens zusammengefügten Ordnung existiere, philosophisch allgemein anerkannt. Dieser ›ordo‹ gilt als gottgewollt, gottgegeben, gottwohlgefällig. Er ist komplett und fehlerfrei, ein ›ordo omnium rerum‹; jedes Ding, buchstäblich jedes, hat darin seinen ihm zukommenden, seinen ›richtigen‹ Platz – also auch der Krieg, den Augustinus nicht, wie das noch die Urchristen getan hatten, als menschliche Sünde verdammt, sondern als notwendiges, ebenfalls gottgewolltes Übel in einer überwiegend unüblen Ordnung begreift. Als Grundkategorien, die diese Ordnung organisieren und aufrecht erhalten, fungieren Friede und Gerechtigkeit, pax et justitia. Beide Begriffe hängen unmittelbar miteinander zusammen. Justitia soll den Willen und das Vermögen bezeichnen, die Welt in Ordnung zu halten; pax wird als ›tranquillitas ordinis‹ begriffen, als die Ruhe (man könnte auch sagen: als die Stille, die Gelassenheit) der Ordnung. Schon der Denkansatz zeigt, daß hier ein weitgehend statisches, zu Veränderungen und Weiterentwicklungen nicht sonderlich geeignetes Weltbild entworfen wird.

Augustinus differenziert den Friedensbegriff mehrfach. Hauptsächlich unterscheidet er zwischen ewigem Frieden (›pax aeterna‹) und zeitlichem Frieden (›pax temporalis‹). Ewiger Friede und ewige Gerechtigkeit sind seiner Meinung nach allein im Zustand jenseitiger, transzendenter Vollendung möglich und wirklich. Irdischer Friede und irdische Gerechtigkeit dagegen stellen bloß unvollkommene Abbilder oder – im extremen Fall – schlimme Zerrbilder dieser makellosen Transzendenz dar, ›zeitlich‹ in doppeltem Wortsinn, nämlich innerhalb der Zeitlichkeit und dort nur eine Zeitlang gültig. Weswegen Augustinus noch die zusätzliche Unterscheidung zwischen wahrem Frieden einerseits und falschem oder schlechtem Frieden andrerseits einführt, ›pax vera‹ abhebt von ›pax mala‹ oder ›pax falsa‹. Außerdem läßt er durchblicken, daß neben der ›vera pax‹ auch noch eine ›pax apparens‹, ein scheinbarer Friede, möglich wäre: scheinbar, weil ungerecht und daher dem Willen Gottes nicht entsprechend. Die augustinischen Differenzierungen machen Schule und werden von seinen Nachfolgern fortgesetzt. Kurz nach der Mitte des dreizehnten Jahrhunderts stellt etwa Thomas von Aquin ›pax perfecta‹ und ›pax imperfecta‹ einander gegenüber, während Bertold von Regensburg in einer seiner Friedenspredigten eine definitorische Dreiteilung anbietet: ›Der erste fride..., daz ist der fride mit gote; der ander fride..., daz ist der fride mit dir selber. Der dritte fride, daz ist fride mit dinem naehsten.‹ Nach und nach greifen diese Parzellierungen des Friedensbegriffs immer mehr um sich. Sie durchdringen schließlich die gesamte mittelalterliche Gedankenwelt.

Eine weitere Unterscheidung, die ebenfalls von Augustinus angeregt, aber erst später ausgearbeitet wird, betrifft das Verhältnis von pax und christianitas. Zu den fraglosen Selbstverständlichkeiten mittelalterlichen Allgemeinbewußtseins gehört, daß wahrer, mithin perfekter, gerechter, ewiger Friede grundsätzlich nur im Bezirk der Christenheit und nur für Christen erreichbar sei. Andersgläubige und Heiden sind aus diesem Bereich göttlicher Gnade von vornherein ausgeschlossen. Zwischen ihnen und den Christen ist demzufolge ein Friede im Sinne von ›pax‹ gar nicht denkbar, höchstens daß unter ihnen, zeitlich begrenzt und durch Bedingungen begrenzt, Eintracht (›concordia‹) herrschen könnte. Aber selbst dies ist der seltene Ausnahmefall. Denn in den Auftrag der Christenheit eingeschlossen ist eigentlich das moralische Primärpostulat, gegen die Heiden Krieg zu führen, und zwar (auch dieser Ausdruck kommt bereits bei Augustinus vor) einen ›gerechten Krieg‹ (bellum justum), das heißt einen, der die von Gott intendierte Rechtsordnung ausdehnt und garantiert. Die ›vera pax‹ des europäischen Mittelalters erweist sich über lange Zeiträume hinweg als eine ›pax christiana‹. Im direkten wie übertragenen Wortsinne hält sie sich selber in genau abgezirkelten Grenzen. Sie ist keine ›pax generalis‹.

Die Vielzahl und das an ein undurchdringliches Dickicht erinnernde Gewirr attributiver Friedensbegriffe korrespondiert mit der gesellschaftlichen Wirklichkeit des Feudalzeitalters. In ihm dominiert der Zustand eines unsicheren Friedens, eines nahezu sicheren Nichtfriedens. Unvermeidlich prallen die ausbeuterischen und räuberischen Sonderinteressen einer Unzahl weltlicher oder geistlicher Feudalmächte immer wieder aufeinander. In einer dauernd von Fehden und Kriegen bedrohten, zerrissenen, geschundenen Feudalgesellschaft gibt es für die Realisierung einer umfassenden Friedensidee so gut wie keine sozialen und politischen Voraussetzungen. Krieg und Frieden müssen unter diesen Bedingungen als übernatürliche Zuweisungen, als göttliche Geschenke, als Schicksal, als Verhängnis oder Glücksfall aufgefaßt werden. Sie als Menschenwerk, als Ausfluß humaner Potenzen oder Aktivitäten anzusehen, ist schlechthin unmöglich.

Bei Lichte besehen, meinen die zahlreichen und heftigen, vornehmlich theologisch inspirierten ›Friedens‹-Diskussionen des medium aevum noch keinen Frieden im modernen, im neuzeitlichen Verstande von Wort und Begriff. Sie laufen darauf hinaus, im spirituellen Vorstellungsraum quietistische und vertröstende Maximen zu verkünden, im weltlichen Bereich allenfalls einen ›Rechtsfrieden‹ zu befestigen, soll heißen: den Zustand einer bestimmten, nämlich einer feudalen Rechtsordnung innerhalb kleinerer oder größerer Gemeinschaften zu sichern. Gegenüber anderen Gemeinschaften außerhalb der Christenheit gilt grundsätzlich kein moralisches oder politisches Friedensgebot. Mehr noch: auch innerhalb dieser (objektiv sehr wenig ›christlichen‹) Rechtsfriedensordnung darf der Krieg durchaus als legales Mittel aufgefaßt und eingesetzt werden zur Wiederherstellung oder Vervollkommnung ›göttlichen‹ Rechts – und damit eben des ›Friedens‹, dieses Friedens, vieler vereinzelter ›Frieden‹, der ›paces speciales‹. So setzen separate Sonderfrieden, die stets in bunter Mehrzahl, nie aber ungeteilt und ganz zustandekommen, unbefriedete Bezirke in regionaler, sachlicher und persönlicher Beziehung immerfort voraus.

Im späteren Mittelalter dann, als Fehde und Feme überhand nehmen, Rittertum zu Raub- und Strauchrittertum degeneriert und anscheinend kein Spatz auf dem Zaun mehr sicher war, gibt es Versuche, die wenigstens intentionell Gewaltlosigkeit inaugurieren wollen. Für den ›Landfrieden‹ sollen Gesetze sorgen, die Fehden entweder ganz ausschließen oder von bestimmten Voraussetzungen abhängig machen (Schonung einzelner Personen wie Geistliche, Frauen, reisende Kaufleute; Schonung einzelner Sachen wie Kirchen, Wohnhäuser, Mühlen). Den zunächst zeitlich und räumlich begrenzten Landfrieden sucht Maximilian I. endlich durch einen Reichslandfrieden zu vervollkommnen, der dauernd zu gelten hätte, die Fehde verbietet, den Krieg ächtet; er hält nicht lange. Für den ›Gottesfrieden‹, lateinisch Treuga Dei genannt, will die Kirche besorgt sein, indem sie die Fehde nur an ›gebundenen‹ oder ›gebannten‹ Tagen erlaubt, außer bei einer Verfolgung von Verbrechern auf frischer Tat. Der absurd anmutende Plan – Einrichtung eines Totschlagekalenders nach Wochen- und Monatstagen – wird auf verschiedenen Lateransynoden lebhaft diskutiert, dann sogar durch Aufnahme in das ›Corpus iuris canonici‹ für die gesamte Christenheit als verbindlich erklärt. Er bleibt, wie nicht anders zu erwarten, von durchschlagender Wirkungslosigkeit.

Erst am Ausgange des Mittelalters flackert die eine oder andere politisch-philosophische Überlegung auf, die sich, gleichsam unter dem Vorzeichen eines trotzigen Dennoch, dem Problem einer umfassenderen Friedenssicherung wenigstens schrittweise anzunähern gedenkt. Allzuweit führen diese Schritte nicht. Traditioneller, vornehmlich theologischer Ballast hindert die betreffenden Denker daran, eine ausgreifende Gangart einzuschlagen. Aber sie bemühen sich immerhin, neues Terrain zu gewinnen.

Von einer ›pax universalis‹ redet unentwegt Pierre Dubois, Jurist, Diplomat, thomistischer Scholastiker und Schüler des Siger von Brabant. In zwei mehr wortreichen als wortgewaltigen Schriften entwickelt er um 1300 Reformpläne für die innere und äußere Politik Frankreichs, dessen König seiner Ansicht nach die Weltherrschaft ausüben müsse. Das könne, so argumentiert er antipapistisch, durchaus gelingen, wenn genereller Friede innerhalb der Christenheit hergestellt und dann ein Staatenbund mit einem internationalen Schiedshof errichtet würde. Das Ganze zielt auf eine Machtvergrößerung Frankreichs und dessen Suprematie in Europa.

Ähnliche Denkrichtungen verfolgt ein um 1310 entstandener geschichtsphilosophischer Traktat mit dem Titel ›De Monarchia libri tres‹ (Drei Bücher über die Monarchie). Auch er widmet sich dem zwischen Kaiser und Papst schwelenden Machtstreit und hat keinen Geringeren als Dante Alighieri zum Verfasser. Auch er strebt eine ›pax universalis‹ an. Auch er kann sich ein weltliches Regiment, das einen solchen Frieden zustandebringt, nur in Form einer Weltmonarchie vorstellen. Unter den gesellschaftlichen Kräften, die einem friedebringenden Universalkaisertum entgegenwirken, stehen für ihn die weltlichen Herrschaftsansprüche des Papsttums und der gewalttätige Partikularismus des hohen Adels ganz obenan. Gegen sie polemisiert er. Der Traktat gerät zur Streitschrift. 1329 wird in Rom eine handschriftliche Kopie der ›Monarchia‹ öffentlich verbrannt.

Dante, bereits seit 1302 von der schwarzguelfischen, propäpstlich gesinnten Partei aus Florenz vertrieben, ruhelos in der Verbannung lebend und in Abwesenheit zum Tode verurteilt, entwickelt vor allem das Konzept einer radikalen Trennung von geistlicher und weltlicher Macht: erstere möge sich darauf beschränken, dem Menschen durch die Religion ewige Glückseligkeit zu bescheren, während der Weltstaat dem Frieden, der Gerechtigkeit und dem irdischen Wohlergehen der Menschen zu dienen habe. Nur auf diese Weise, so Dantes Hauptargument, verwirkliche die Monarchie eine dem christlichen Lebensideal entsprechende Weltordnung, die aus der biblischen Heilsgeschichte ihre Rechtfertigung entnehmen könne, denn Gott habe ja seinen Sohn just zu dem Zeitpunkt auf die Erde geschickt, als sich unter dem weisen und gerechten Herrscher Augustus der ideale Zustand einer friedlichen Weltherrschaft zumindest angekündigt hätte. Also müsse sowohl dem antiken Imperium Romanum wie dem aus ihm hervorgegangenen Sacrum Imperium Romanum ein von der göttlichen Vorsehung gewolltes Recht auf Weltherrschaft eigen sein. Folglich könnten sich die Menschen glücklich schätzen und täten ganz und gar ein gottwohlgefälliges Werk, wenn sie ohne den Papst und gegen ihn ein solches Reich des Friedens errichteten. In der ›Göttlichen Komödie‹ hat es Dante mit dem Ausdruck ›irdisches Paradies‹ belegt.

Man wird sich keiner Übertreibung schuldig machen, wenn man aus dieser Gedankenführung des großen italienischen Poeten, die noch stark thomistischem Ordnungsdenken verpflichtet ist und dennoch zu neuen Horizonten vorzudringen versteht, schon erste Ansätze einer durchaus neuzeitlichen Geschichtsphilosophie herausleuchten sieht. Gleiches läßt sich mit Gewißheit an einer 1324 angestellten Untersuchung rühmen, der ihre Schöpfer Marsilius von Padua und Johannes von Jandun den programmatischen Titel ›Defensor pacis‹ (Der Verteidiger des Friedens) verleihen. Sie erörtert staats- und kirchenrechtliche Probleme abermals im Rahmen monarchistischer Ideale, diskutiert jedoch Hoheits- und Souveränitätsansprüche mit überraschenden, zum Teil aggressiv vorgetragenen Wendungen.

Die kühnste davon ist diese, daß Marsilius und Johannes behaupten, im Gegensatz zu den Machtansprüchen des päpstlichen Stuhls beruhe die Autorität des Kaisers auf den Grundfesten der Volkssouveränität. Eine gemäßigte Monarchie unter kaiserlichem Szepter wäre deshalb am besten geeignet, durch humane Gesetze, die Göttliches verkünden und vermitteln, allgemeinen Wohlstand und öffentlichen Frieden zu gewährleisten. Nur müßte gesichert werden, daß die Kirche und ihr katholisches Oberhaupt in dieses weltliche Geschäft sich nicht einmischen und dazwischenreden. Konträr, so wird realistisch gefordert, umfasse eine derart wünschenswerte Staatseinheit nicht nur weltliche, sondern auch geistliche Bezirke. Konzile dürften nur vom Kaiser einberufen werden. Schenkungen an die Kirche seien Eigentum des Staates und abgabepflichtig. Häretiker sollten allein vom Staat verfolgt werden, dem auch die Sühnung aller Verbrechen zukomme, die von Geistlichen begangen worden sind. Der Klerus habe dem Gebot der Armut zu gehorchen und auf jeglichen Besitz zu verzichten. Alleinige Aufgabe der Kirche sei die Verwaltung der Sakramente, die Ermahnung der Gläubigen oder die Erteilung von Tadel, bis hin zur Androhung von Höllenstrafen. Alle diese Einschränkungen klerikaler Gewaltausübung würden ein friedliches Zusammenleben der Menschen am ehesten noch garantieren.

So gelingt es dem ›Defensor pacis‹, obwohl er in seiner Denkweise gänzlich ›mittelalterlichem‹ Bewußtsein verhaftet bleibt, höchst reale Friedenssehnsüchte der breiten Volksmassen originell und energisch zu artikulieren. Der unerschrockene Vorstoß bleibt singulär. Nachfolgende Schriften aus dem fünfzehnten und sechzehnten Jahrhundert, die ähnliche Ansätze aufweisen, erreichen weder die Genauigkeit seiner Stoßrichtung noch die Aufrichtigkeit seiner volksverbundenen Intentionen.

Um 1460 entwerfen der böhmisch-hussitische König Georg von Podiebrad und Kunstatt und sein französischer Berater Antonius Marini ein Projekt zur friedlichen Organisation Europas mit einem in Basel ständig tagenden Bundesgerichtshof, der später in andere (italienische, französische, deutsche) Städte wechseln und konstitutionelle Artikel zur Weiterentwicklung dieses Bundes formulieren soll. 1517 schlägt eine Denkschrift des Papstes Leo X. einen Heiligen Bund aller Fürsten mit dem Kirchenstaat vor, eine Art Heiliger Allianz. Vier Jahrzehnte später, 1557, wärmt ein hugenottischer Edelmann namens François de la Noue diese Pläne ohne bedeutende Innovationen in seinen ›Politisch-militärischen Unterhaltungen‹ (Discours politiques et militairs) noch einmal auf. Alle diese Verlautbarungen behandeln die Errichtung eines christlichen Friedens in Europa nicht als Selbstzweck, sondern lediglich als Voraussetzung für einen siegreichen Kreuzzug gegen die Türken. Der Edelmut ihrer Absichtserklärungen demaskiert sich selber, sobald er – und dies geschieht regelmäßig – anschließend um die Bedingungen feilscht, unter denen die zu erwartende Beute der Kreuzfahrer verteilt werden soll.

II

Zu einer wirklichen, nämlich dialektischen Aufhebung des mittelalterlichen Welt- und Menschenbildes trägt die beinahe gesamteuropäische Bewegung der Renaissance mächtig bei. Sie bedeutet den Auf- und Ausbruch aus einer langen Periode gesellschaftlicher, nicht zuletzt auch geistiger Stagnation. Einsetzend in der Spätphase des voll entfalteten Feudalismus, in ihren wichtigsten Etappen ursächlich und erscheinungsmäßig mit dem Beginn einer absteigenden feudalen Entwicklung verbunden, reicht sie bis in den Verlauf frühbürgerlicher Revolutionen auf dem alten Kontinent hinein. Die meisten philosophischen Zeugnisse der Renaissance stellen sich als Ausdruck einer großen gesellschaftlichen Übergangsperiode mit (relativ zu begreifendem) Eigenwert dar.

Nun erfährt die Krieg-Frieden-Diskussion einen gewaltigen Aufschwung. Sie verbreitert und vertieft sich, erobert bislang unbekannte Dimensionen. Neue Bewertungsmaßstäbe schälen sich heraus. Kategorial primär negative Wesensbestimmungen des Friedens (als Nichtkrieg, als Abwesenheit von Krieg oder Gegensatz zum Krieg, als Intermedium oder Intervall zwischen Kriegen) treten mehr und mehr zurück. Positive Charakteristika gewinnen nach und nach die Oberhand: Frieden als erstrebenswerter Wohlstand, als wertvolles Gut, gar als ›summum bonum‹, wie antike Philosophen sich in anderen Wertsystemen ausgedrückt hatten; schließlich Frieden als humane und humanitäre Grundsituation allen Lebens, dem Menschen und seiner menschlichen Natur am meisten angemessen, seine Schöpferkraft freisetzend, überhaupt der Verwirklichung seiner positiven Wesenskräfte erst Raum schaffend. Zug um Zug, und dies in vergleichsweise kurzer Zeit, wird mit den meisten mittelalterlichen Vorstellungen von Krieg und Frieden gründlich aufgeräumt.

Vor allem aber machen philosophische Versuche, eine tragfähige Systematik des Friedensdenkens zu entwickeln, rasche und erhebliche Fortschritte. Aufgehoben wird die fast antithetische Aufspaltung des Friedensbegriffs in einen inneren (geistlichen, spirituellen) und einen äußeren (weltlichen, realen) Frieden; zwar hält sie sich noch in manchen religiösen, dort wieder konfessionell differenzierten Auffassungen (so etwa in Luthers Lehre von den zwei Regimentern), aber vor dem Richterstuhl eines renaissancistischen Urteilens, das nicht mehr theozentrisch, sondern – jedenfalls der Tendenz nach – anthropozentrisch angelegt ist, vermag sie nicht mehr zu bestehen. Außer Kurs gesetzt werden jetzt begrenzte und partielle Friedenssysteme, sowohl antike (die nur für Griechen oder Römer, nicht für Barbaren gelten sollten) als auch mittelalterliche (die nur Christen einschlossen, nicht auch Andersgläubige oder Heiden). Nun sind unbegrenzte und generelle, oft schon global konzipierte Friedenssysteme Zweck und Ziel philosophischer Bemühungen. Sie entstehen während der Renaissance in kräftigen, bereits weit vorangetriebenen Ansätzen, die dann wieder verkümmern, fast verschwinden; erst im Aufklärungszeitalter wird ihre große Stunde abermals schlagen.

Im frühen sechzehnten Jahrhundert geht, etwa gleichzeitig mit dem Losbrechen der Reformation, die erste stürmische Welle einer breiten Friedensbewegung durch Europa. Ihre unwiderstehliche Energie verdankt sie vor allem geistigen Impulsen, die der Vorstellungswelt des europäischen Renaissancehumanismus entspringen. Eine Vielzahl hervorragender Köpfe beteiligt sich an dieser Bewegung. Der englische Staatsmann Thomas Morus, der niederländische Gelehrte Desiderius Erasmus und der deutsche Expriester Sebastian Franck liefern die entscheidenden literarischen Beiträge. Sie heben die Diskussion mit einem Male auf ein höheres Niveau.

›Libellus vere aureus nec minus salutaris quam festivus de optimo reipublicae statu, deque nova Insula Utopia‹ (Ein wahrhaft goldenes und ebenso heilsames wie ergötzliches Büchlein über den besten Zustand des Staates und über die neue Insel Utopia). So lautet der Titel eines kurz vor Ende des Jahres 1516 im niederländischen Löwen gedruckten Staatsromans, dessen Leitwort – mit der Bedeutung von (angeblich) ›Nirgendwo‹ – bekanntlich zur Gattungsbezeichnung der ›Utopien‹ angeregt hat. Seinen Autor Sir Thomas More, Mitglied der Londoner Juristengilde und Member of Parliament, kennen die Zeitgenossen als überzeugten Katholiken, sittenstreng und von edlem Charakter. Wegen seiner Klugheit und seines Witzes sehr geschätzt, hat er sich durch philologische Publikationen bereits weit über die Grenzen Englands hinaus einen Namen gemacht. Man zählt ihn zu den Humanisten, unter denen er viele gleichfalls berühmte Bekannte und Verehrer findet. Mit Erasmus und dem jüngeren Holbein verbindet ihn eine lebenslange Freundschaft.

Die ›Utopia‹ ist das erste, bahnbrechende Werk des nachantiken utopischen Sozialismus. Seinem Aufbau liegt eine mit fester Hand realisierte Konfrontationstechnik zugrunde. Ein erster Teil unterzieht gesellschaftliche, vornehmlich politische und soziale Mißstände im damaligen England einer schonungslosen Kritik. Ein zweiter Teil entwickelt das Gegenbild, indem er ein ideales, auf kommunistischen Prinzipien errichtetes Staatswesen schildert, in welchem Ungleichheit und Unterdrückung beseitigt sind und das gemeinsam Produzierte gerecht verteilt wird. Auf diesen utopischen Entwurf richtet Morus sein Hauptaugenmerk. Das Krieg-Frieden-Problem rückt er daher mehr an den Rand als in den Mittelpunkt seiner Erörterungen. Aller Gewalt- und Machtpolitik abhold, aber auch von einer tiefen, religiös begründeten Abneigung gegen alle revolutionären Veränderungen erfüllt, verkörpert er eine reformerisch-humanistische, in ihrer Mentalität sehr ›britische‹ Verbindung von stärkstem Autoritätsgefühl und lässiger Freigeisterei. Staatsrechtliche Friedensbedingungen interessieren ihn nur innen-, nicht außenpolitisch. So hat er ein im Grunde resignatives Fazit anzubieten: ›Den Krieg verabscheuen die Utopier als etwas ganz Bestialisches mehr als alles andere, und doch gibt sich mit ihm keine Art von Bestien so dauernd ab wie der Mensch.‹

Zutiefst in sich widersprüchlich, zerklüftet von allen nur denkbaren Antinomien der Epoche ist auch das Friedensdenken des Erasmus von Rotterdam. Der Gesichtspunkt der Nationalität spielt für ihn keine Rolle; er fühlt sich als Weltbürger und genießt die internationale Popularität, die ihm sein schriftstellerisches Wirken einbringt. Ungeachtet seiner kosmopolitischen Gefühle lehnt er aber den Gedanken eines Weltstaates ab. ›Wie könnte ein Fürst einen solchen regieren?‹ fragt er sich und andere. Sehr verschiedene Motive veranlassen den Hochgebildeten, sich immer wieder gegen den Krieg und für den Frieden zu engagieren: eine instinktive Verachtung von Grausamkeit, Brutalität, Hochmut, Lüge, Überhebung; Krieg hat für ihn stets etwas Infantiles, Pubertäres, eines reifen Mannes Unwürdiges an sich. Dazu gesellt sich ein sehr nüchterner, bedachter und bedächtiger, unsentimentaler Grundzug: vernunftgesteuertes Mitgefühl für die Schwachen und Unterdrückten, die immer wieder vom Krieg geschändet werden, allein und hilflos unvorstellbares Kriegselend erleiden müssen. Von diesem demokratischen Blickwinkel her sucht er den Hintergründen des permanenten Kriegführens auf die Spur zu kommen, das allerlei weltliche und geistliche Herren mit gutem oder schlechtem Gewissen betreiben. Er will vermitteln, besänftigen, den Streit schlichten. Er scheut sich davor, Partei zu ergreifen. Am liebsten mag er derjenige sein, der keiner Partei angehört, sich unparteiisch verhält und daher niemandem Unrecht tut.

Das bringt ihn in Schwierigkeiten. Wie alle seine Schriften, so sind auch seine Stellungnahmen zum Krieg-Friedens-Problem Gelegenheitsarbeiten, verfaßt im Auftrag hoher, zahlungskräftiger Gönner oder Mäzene, die natürlich von ihm erwarten, daß er für die eine oder andere Kriegspolitik als Propagandist auftreten würde. Leise, sachte, fast unmerklich entzieht er sich dem Druck dieser hohen Herrn. Denn er huldigt einem totalen ›Ideologieverdacht‹, spricht ihn auch immer wieder aus: seiner Meinung nach benutzen christliche, eigentlich unchristliche Fürsten den Türkenkrieg, um ihre eigenen Völker besser unterdrücken zu können. Dem Versagen der Kirche in Friedensfragen steht er zeitlebens mißtrauisch und besorgt gegenüber; einem seiner Freunde, dem Papst Hadrian VI., hält er die impertinente Frage entgegen, wie es denn komme, daß die päpstliche Autorität viel geeigneter scheine, Kriege zu entfesseln, als solche beizulegen. Von einer gewaltsamen Unterdrückung der Reformation rät er immer wieder ab, denn jeder Krieg würde neue Kriege gebären, könne zur Ursache künftiger Revolutionen und Katastrophen werden. Bedrängt und bedroht, endlich etwas gegen die Türken zu schreiben, entschließt er sich nach langem Zögern zu dem Zugeständnis, ein Krieg gegen die ›Ungläubigen‹ sei zwar erlaubt, fügt aber sogleich einschränkend hinzu, daß alle Erfolge der Türken ja auf Sünden der Christenheit schließen ließen, demnach wohl als Offenbarungen göttlichen Zorns gegen die Christen aufzufassen wären – woraus folge, daß es nicht eigentlich auf den Krieg gegen die Türken, sondern auf Reform und Wandlung der christlichen Gesinnung wie der christlichen Kirche ankäme. Genüßlich deutet er das Sprichwort ›Dulce bellum inexpertis‹ aus: süß sei der Krieg für jene, die ihn nicht erfahren, nicht erleiden müssen.

Zweimal, und im unmittelbaren Nacheinander, hat Erasmus sein diskursives Friedensdenken explizit und bündig formuliert. In einem ›Lehrbuch für den christlichen Fürsten‹ (Institutio principis Christiani) von 1516, verfaßt für den jungen Karl V., hebt er weltpolitische Aspekte hervor. Er empfiehlt, eine Art Sicherheitsrat zu schaffen, bestehend aus Staatsmännern, Kirchenmännern, Gelehrten und Theologen. Das Friedenmachen sei, so begründet er die Zusammensetzung, ein derart heikles Geschäft, daß man es weder den Militärs noch den Politikern allein überlassen dürfe. Fürsten sollten sich von ihrer Fixierung auf den Krieg dadurch lösen, daß sie sich technischen Aufbauarbeiten im Lande widmeten: der Förderung des Ackerbaus durch Meliorisierung des Bodens, dem Verkehr, dem Handel, der Wirtschaft. Alle Steuerpolitik müsse so eingerichtet werden, daß sie die Befestigung des Friedens erleichtere und das Geschäft des Krieges erschwere. Da nur der kulturlose, kurzsichtige, ungebildete Mensch sich vom Krieg faszinieren lasse, komme der Volksbildung eine bedeutende Rolle zu. Sie werde, wenn man's recht bedenke, das Fundament einer wirklichen Friedensgesellschaft sein.

Ein Jahr später verfaßt Erasmus seine berühmt gewordene, ebenso hochgelobte wie erbittert angefeindete ›Quaerela Pacis‹, die ›Klage des Friedens, der bei allen Völkern verworfen und niedergeschlagen wurde‹. Mit ihr will er die Friedenspolitik der Niederländer und Burgunder unterstützen, die es schwer hatte, sich 1517 in der Liga von Cambrai gegen die kaiserliche und päpstliche Partei durchzusetzen. Der literarische Kunstgriff, den Frieden selbst als redende Figur auftreten zu lassen, verleiht seinen Klagen und Anklagen redliche Würde und Eindringlichkeit. Gegen den Schluß hin findet sich eine Zusammenfassung, die aufs Wesentliche zu sprechen kommt.

›Der größte Teil des Volkes‹, so heißt es da, ›verabscheut den Krieg und betet um den Frieden. Nur ganz wenige, deren gottloses Glück von dem Unglück der Gesamtheit genährt wird, wünschen den Krieg. Ob es billig ist, daß ihr verbrecherischer Wille größeres Gewicht habe als der Wille aller Guten, das entscheidet selbst! Ihr habt gesehen, daß durch die Bündnispolitik bisher nichts erreicht, durch die Heiratspolitik nichts vorwärts gebracht worden ist; ebensowenig durch Gewalt- und Revanche-Politik. Nun zeigt dieser Gefahr gegenüber, was die Versöhnlichkeit, was die wohlwollende Güte vermag. Krieg streut die Saat des Krieges, Revanche ruft wieder Revanche. Nun soll Vergebung wieder Vergebung zeugen, Wohltat die Wohltat stützen, und als der Königlichste soll der gelten, der am meisten von seinen Rechten drangegeben hat.‹ Das ist erasmisches Denken, wie es ›im Buche steht‹: Entscheidungsfreiheit und -befugnis der Souveränität des Volkes überantwortet, aber Versöhnlichkeit, milde Güte als praktisch einzige Handhabe, die zur Vermeidung des Krieges eingesetzt werden könne.

Kompromißloser klingen die Töne, die ›Das Kriegsbüchlin des Frides wider den Krieg‹ (1539) anschlägt. Sebastian Franck hatte in Ingolstadt und Heidelberg Theologie studiert, eine vorzügliche humanistische Ausbildung genossen und die Weihe zum katholischen Priester erhalten. Von Luthers Lehre bewegt, trat er zum Protestantismus über, löste sich aber 1528 von allen konfessionellen Bindungen. Als ›freier‹, was hier heißt: als verfolgter, immer wieder verjagter Schriftsteller fristete er in Nürnberg und Straßburg, in Eßlingen und Ulm, schließlich in Basel ein Leben in bedrückender Armut. Er versuchte sich als Geschichtsschreiber (›Chronika, Zeitbuch und Geschichtbibel‹, 1531; mit einer angefügten ›Ketzerchronik‹) und als Religionskritiker (›Paradoxa‹, 1534). In beiden Werken klagt er die Feudalklasse der Tyrannei an, distanziert sich zwar von der revolutionären Praxis eines Thomas Müntzer, sympathisiert aber mit dessen ideologischer Programmatik. Man rechnet ihn zu den ›Schwarmgeistern‹, da er von einem mystisch inspirierten Standpunkt aus eine von der Bibel und von allem Bekenntnisschrifttum unabhängige Religiosität, eine freie Gemeinschaft der Geister begründen will, ohne kirchlichen Zwang, ohne Sakramente, ohne Zeremonien. Ein emotional impulsiver, doch scharfsinniger Freidenker mit starker Bindung ans Volk meldet sich mit manch kräftigem Sprüchlein zu Worte; etliches Erfreuliche an ihm hat die Zeiten überdauert: seine unverstellte Empfindungswelt, seine Sprache, seine Aufrichtigkeit und Frische.

Das ›Kriegsbüchlein‹ attackiert denn auch offizielles Luthertum und strenggläubigen Calvinismus als Hauptgegner einer inneren wie äußeren Befriedung des Menschen. Die ›Mauerkirchen‹ seien schuld an allem Unglück. Der Türke? Hohnlachend und bitter verweist Franck darauf, daß die Soldaten des Kaisers bei der Plünderung Roms ärger als je der Türke gewütet hätten, und ebenso die christlichen Haufen, die Wien 1529 von den Türken hätten befreien sollen. Und ›blutgierigen Theologen‹, beflissenen Ideologen des Krieges, wäre noch eingefallen, diese mordende, schändende, plündernde, brandschatzende Soldateska ihrer angeblich christlichen Gesinnung wegen zu verteidigen, gar zu lobpreisen! Nein, dafür könne es keine Rechtfertigung geben. Francks Schlußfolgerung ist ebenso einfach wie eindeutig: ›Das ganze Israel hat gekriegt im Alten Testament, darum kriegen wir im Neuen nit.‹

Aufschlußreich, lehrreich, bedenkenswert gelangt in der schroffen Kontroverse Erasmus/Franck eine phänomenologische Antinomie ans Licht. Einerseits Denkspiel oder Gedankenexperiment, eher Erwägung als Stringenz, angesiedelt auf höchster Ebene der Philosophie, gesättigt mit skeptischer Ironie und brillierend mit geistreichen Wendungen, liebäugelnd mit der Möglichkeit eines theoretischen Durchdenkens. Andrerseits Programmatik des Ernstfalls, nämlich angelegt auf Emanzipation aus unerträglicher sozialer Lage, daher Forderungen und Schlußfolgerungen bevorzugend, sich tummelnd im klaren Denken des gemeinen Mannes, dessen Sprache sprechend, derb und mitunter grobianisch, die Notwendigkeit theoretischen Durchdenkens konsequent zu Ende führend. Die Antinomie, charakteristisch für das höchst unterschiedliche, sich differenzierende Verhältnis vieler Protagonisten des Friedens zum Volk, wird in der Renaissance, durch die Renaissance erstmalig evident. Sie durchzieht von hier an – mannigfach variiert, nie ganz und gar aufgehoben – bürgerliches Denken in Sachen Frieden bis hin in die Gefilde klassischer deutscher Philosophie und darüber hinaus.

Nach 1525 ist die Friedensbewegung der deutschen Renaissancehumanisten rasch und energisch zerschlagen worden. Bis zur Jahrhundertmitte sehen sich die meisten ihrer Repräsentanten Repressionen und Demütigungen, Vertreibungen und Verfolgungen durch die Inquisitionen aller Konfessionen ausgesetzt. Manche von ihnen sterben in der Einsamkeit des Exils. Viele verlassen ihre Heimat, um anderswo Unterschlupf und – vielleicht – Toleranz zu finden. Italiener fliehen nach Krakau oder Siebenbürgen, Spanier nach England, Franzosen in die Schweiz oder die Niederlande, Deutsche in kleine, ein wenig noch unabhängige Herzogtümer oder Grafschaften des Reichs. Aber die Versprengten, in den Untergrund Getriebenen nehmen natürlich ihr geistiges Gut mit auf die Flucht, und sie begegnen dabei einer Menge religiöser Nonkonformisten, die, in Sekten und Konventikeln organisiert, ähnlich wie ein Sebastian Franck der Unbedingtheit eines ketzerischen Friedensideals nachleben: in der neuen, neu heraufziehenden Zeit, die wirklich die Zeit Christi werden müsse, dürfe der Krieg kein erlaubtes Mittel zur Schlichtung von Streitigkeiten unter den Menschen mehr sein. Für solche Überzeugungen haben Täufer, Böhmische Brüder, Mennoniten, Sozzinianer und Antitrinitarier viel Leid erfahren, ja in großer Anzahl ihr Leben lassen müssen.

Ihr Erbe wiederum werden die Quäker antreten, die einen Spottnamen, den ihre Feinde ihnen beigelegt haben (engl. quakers = Zitterer), als ehrenvolle Selbstcharakteristik annehmen. Seit der Mitte des siebzehnten Jahrhunderts sammeln sie sich um die Patriarchenfigur des George Fox und stellen bald schon eine ernst zu nehmende spiritualistische Bewegung dar, deren einzelne Anhänger (es handelt sich um eine individualistische Konzeption) unbeirrbar einem ›inneren Licht‹ folgen, das durch Jesus Christus alle gutwilligen Menschen erleuchte, sie zur Wahrheit und Wiedergeburt führe. Sie verabscheuen den Krieg, verweigern den Kriegsdienst, verachten jegliche Gewalt. Häufig geben sie, schärfsten Repressionen und Beschimpfungen durch klerikale wie weltliche Instanzen ausgesetzt, respektable Beispiele von Wehrlosigkeit, passivem oder halb aktivem Widerstand. Überhaupt suchen sie Theorie und Praxis, Denken und Handeln, Friedensidee und Friedensarbeit redlich und opferbereit miteinander zu verbinden.

Um ihr Gedankengut zu verbreiten, bevorzugen sie als propagandistische Mittel kleinere Konventikel oder größere Versammlungen, den mündlichen Diskurs oder die Laienpredigt. Aber einige wenige schriftliche, mitunter auch gedruckte Zeugnisse haben sie dennoch hinterlassen. Einer ihrer geistigen Gewährsmänner, Robert Barclay, bekämpft in seiner Verteidigungsschrift rechter christlicher Gottesgelehrtheit (›Theologiae verae Christianae Apologia‹, 1676) den Krieg ausführlich und kompromißlos. Der ihnen nahestehende, publizistisch und diplomatisch geschulte Sir William Temple erörtert Taktiken und Strategien der Friedensgewinnung, indem er Beobachtungen über die Vereinigten Provinzen der Niederlande anzustellen vorgibt (›Observations upon the United Provinces of the Netherlands‹, 1673). Ihr Koloniengründer und Asylorganisator William Penn der Jüngere, Sohn eines berühmten englischen Admirals und Schlachtenverlierers gleichen Namens, schließt 1682 in Nordamerika (nämlich in ›Penns Waldland‹, in Pennsylvanien) einen Vertrag mit Indianern, der es ihm ermöglicht, eine unbewaffnete Regierung einzurichten, und mustert, auf den alten Kontinent zurückgekehrt, nicht ohne kritische Vorbehalte den gegenwärtigen und künftigen Frieden Europas (›Essay towards the present and future peace of Europe‹, 1693). Noch 1710 erscheint in London anonym ein von Quäkeransichten infizierter, wenn nicht inspirierter Vorschlag (›Proposal‹) zum Friedenmachen, der eine christliche Weltrepublik ausrufen möchte, in der sich alle, Herrscher wie Untertanen, mit Gottes uneingeschränktem Segen wohlfühlen könnten. Auf den Verfasser des Entwurfs hat Karl Marx aufmerksam gemacht: er zitiert diesen John Bellers mehrfach im ›Kapital‹, um ihn ›ein wahres Phänomen in der Geschichte der politischen Ökonomie‹ zu nennen.

III

Nach dem allmählichen, aber unaufhaltsamen Zerfall der mittelalterlich-ständischen Monarchie entwickelt sich in der gesellschaftlichen Realität Europas während des siebzehnten und beginnenden achtzehnten Jahrhunderts der Absolutismus zur vorherrschenden Form des Feudalstaates. Zeitlich nahezu synchron, wenn auch politisch auf verschiedenen Wegen, verläuft die Herausbildung dreier großer westeuropäischer Nationalstaaten in den Niederlanden, in England und in Frankreich. Eine wahrhaft grausige Bilanz hinterläßt der Dreißigjährige Krieg (achtzig große Schlachten und Belagerungen mit einer Gefallenenquote von mindestens 25 Prozent), hinterlassen erst recht seine apokalyptischen Begleiterscheinungen (Hunger, Teuerung, Seuchen und Krankheiten); die realen Einbußen oder Zerstörungen von Produktionsmitteln, Wohnstätten und anderen materiellen Kulturgütern lassen sich kaum auch nur annähernd abschätzen. Alle drei Entwicklungsprozesse verändern die objektiven Bedingungen der Krieg-Frieden-Dialektik enorm und erzeugen den gebieterischen Zwang, für deren geistige Verarbeitung wiederum nach neuen Grundlagen, Methoden und Zielsetzungen zu suchen.

Wesentlichstes Kennzeichen der absolutistischen Staatsform ist die maximale Zentralisation politischer Macht. Der Monarch (Kaiser oder Zar, König oder Fürst) kann uneingeschränkt, eben ›absolut‹ regieren, weil er die Stände ausgeschaltet hat (Parlamente, die sog. Generalstände, die Bojarenduma oder andere Interessenvertretungen der herrschenden Feudalklasse). Der Souverän vereinigt in seiner Person die oberste Legislative, Exekutive und Jurisdiktion, stützt sich bei der Ausübung seiner Macht auf das stehende Heer und schafft sich einen hierarchisch gegliederten bürokratischen Apparat, in dem Beamte wie Minister nichs anderes als ausführende Organe des Herrschers sind. Im Bündnis zwischen ›Thron und Altar‹ fungiert der Monarch zumeist auch als geistliches Oberhaupt (wie zum Beispiel in England und Rußland) oder begrenzt die Verfügungsgewalt des Papstes, so gut er kann (wie zum Exempel in Frankreich), oder übt wenigstens – nach der bekannten Parole ›Cuius regio, eius religio‹ (Wessen das Land, dessen die Religion) – die Befugnis aus, das religiöse Bekenntnis seiner Untertanen zu bestimmen (wie in deutschen Landen).

Diese für feudale Verhältnisse optimale Konzentration der Macht kann aus mehreren Gründen zustandekommen. Sie erlaubt einer gestärkten Zentralgewalt, im Interesse einer werdenden Nation zu handeln. Sie dient trotz der Ausschaltung der Ständevertretungen den Interessen der herrschenden Feudalklasse, deren Privilegien nicht angetastet werden. Sie besorgt zum Schutz des Feudaladels die Unterdrückung antifeudaler Bewegungen im Volke. Sie fördert Manufakturwesen und merkantilistische Wirtschaftspolitik und erreicht durch mannigfaltige Zugeständnisse an das Bürgertum (Schutz des ökonomischen Wachstums, Förderung des Handels, Schaffung einheitlicher Märkte etc.) dessen zeitweilige Abspaltung vom Volk und dessen Bedürfnissen. Häufig gelingt es den Repräsentanten des absolutistischen Staates, Adel und Bourgeoisie so geschickt gegeneinander ›auszubalancieren‹, daß aus diesem politischen Balanceakt noch weiterer Machtzuwachs für den Souverän entsteht. Alle historisch progressiven Züge des Absolutismus aber verlieren sich in dem Maße, in dem er einer sich langsam durchsetzenden kapitalistischen Produktionsweise Fesseln anzulegen gezwungen ist, wenn anders er seine eigenen Machtpositionen nicht grundsätzlich gefährden will.

Im Zusammenleben der vielen (kleineren und größeren) absolutistischen Staaten überwiegen natürlich alle möglichen Rivalitäten, Zerwürfnisse, Feindseligkeiten, Aggressionen. Fast ohne Unterlaß entladen sie sich in kriegerischen Auseinandersetzungen, die Unmassen von Geld und Blut verschlingen. Die meisten Theoretiker des Absolutismus haben daher auch nicht gezögert, das permanente Nebeneinander und Nacheinander von Krieg und Frieden in ihren politischen, juristischen oder moral-philosophischen Überlegungen zunächst einmal als unveränderliche Tatsache, als vielleicht bedauerlichen, aber weder zu leugnenden noch zu beseitigenden Umstand zu registrieren. Unbestritten, unbestreitbar bleibt ihnen ein prinzipielles ›Recht zum Kriege‹. Undenkbar scheint es ihnen über Jahrzehnte hinweg, daß angesichts dieser Prämisse etwa ein ›ius publicum Europaeum‹ kodifiziert werden könnte. Sie suchen, da ihnen radikale Gesamtlösungen des Problems (Friedensgebot, Kriegsverbot generell) unvorstellbar vorkommen, nach Behelfs- oder Notlösungen.

Für möglich gehalten werden Ausgleichungen, Reduzierungen, Regelmechanismen wenigstens zur Herstellung des kleineren, wenn machbar des geringsten Übels. Das siebzehnte Jahrhundert ist die Konjunkturzeit für die Theorie vom europäischen Gleichgewicht, für die Ausarbeitung ›klassischer‹ Friedensverträge, für die Auffassungen von der Staatsräson und des Staatsfriedens, für die Entstehung des Völkerrechts. Keine dieser Thesen, Praktiken oder Theorien vermag sich gänzlich von den Voraussetzungen und Folgen einer absolutistisch illuminierten Weltsicht zu lösen.

Da fortwährender Streit zwischen den vielen, miteinander rivalisierenden, konkurrierenden, verfeindeten Staaten nicht vermieden werden kann – wie ließe er sich immerhin minimieren? Als Antwort auf diese Frage versucht die Theorie des Gleichgewichts den Vorschlag zu unterbreiten, es käme darauf an zu verhindern, daß eine der ›präponderierenden‹ (vorherrschenden) Mächte eine wirkliche Vormachtstellung erlange. Also müßten alle Hegemoniebestrebungen durch ein Gleichgewicht der Großmächte zurückgedämmt werden: durch klug kalkulierte Bündnissysteme und Absprachen, an denen sich auch kleinere Staaten in ihrem eigenen Interesse beteiligen sollten. Ein bißchen weniger Krieg, ein bißchen mehr Friede. Weiteres sei kaum zu erreichen. Die eigentliche Kunst bestünde darin, aus einem labilen immer wieder ein relativ stabiles Gleichgewicht zu machen.

Es versteht sich, daß dieser gut gemeinten, aber in sich selbst fragwürdigen Theorie im absolutistischen Zeitalter nur kurzfristige Scheinerfolge beschieden sein konnten. Oft diente sie nur zur ideologischen Verhüllung handfester dynastischer Aggressionsabsichten oder schwer durchschaubarer diplomatischer Ränke. Trotzdem oder gerade deswegen erweist sie sich als langlebig. Mehrere große europäische Machtkämpfe werden unter der Devise einer Herstellung (oder Wiederherstellung) des Gleichgewichts ausgetragen, so namentlich die Kriege gegen das Spanien Philipps II. oder das Frankreich Ludwigs XIV.; noch im achtzehnten und neunzehnten Jahrhundert macht England eine solche ›balance of power‹ zur propagandistischen Losung seiner europäischen Politik. Auch monarchistisch-despotische Variationen der Theorie sind ausgearbeitet worden, die zum angeblichen Wohle aller empfehlen, eine mächtige und zugleich ›aufgeklärte‹ Herrscherpersönlichkeit mit der Gewährleistung gleichgewichtiger politischer Verhältnisse zu beauftragen; die meisten dieser Vorschläge beziehen sich auf Friedrich II. von Preußen oder auf Napoleon Bonaparte. Schon Zeitgenossen haben kritisch angemerkt, daß derartige Offerten auf das Paradoxon hinausliefen, Verhinderung der Suprematie durch Errichtung einer Suprematie zu bewerkstelligen.

Da also Frieden in größerem Umfange und auf längere Sicht zu installieren schlechterdings aussichtslos erscheinen muß – was wäre dann zu tun, um diesen Zustand zumindest zeitweilig und in regionaler Begrenzung eintreten zu lassen? Diesem in seinen Ansprüchen abermals kräftig heruntergeschraubten Frageansatz antwortet die Überlegung, daß bei jeweiligem Kriegsende Vereinbarungen getroffen werden müßten, an denen nicht zu deuteln wäre. Friedensverträge hätten daher juristisch einwandfrei, absolut eindeutig und peinlich genau formuliert zu sein. Keinem der beiden Partner dürfe es möglich sein, sich auch nur einer der Verpflichtungen, zu denen er sich laut Vertrag bekennt, zu entziehen oder sie durch eine Mißinterpretation zu unterlaufen. Weswegen es sich auch empfiehlt, während der Verhandlungen sorgsam zwischen vorläufigen und endgültigen Übereinkünften zu unterscheiden und diese dann im Vertragstext getrennt voneinander unterzubringen, in sogenannten Präliminar- und Definitivartikeln. Es ist diese Form eines juristisch genauestens überlegten Vereinbarungsdokuments, die solchen Friedensverträgen aus dem Zeitalter des Absolutismus im Nachhinein den Ruf einer gewissen Klassizität eingebracht hat.

Eigentlich ohne jede Berechtigung. Denn im Grunde weiß jedermann, wissen nicht nur die jeweiligen Verhandlungspartner selber (die ohnehin meist noch geheime Klauseln und Zusatzartikel vereinbaren), daß man den Krieg nur unterbricht, um ihn bei nächstbester Gelegenheit wieder zu beginnen, ja *damit* man ihn wieder beginnen könne. Der Friedensschluß ist alles andere als ein wirklicher Schluß. Er schließt lediglich das vorläufige Abkommen, durch das ein konkreter Interessenkonflikt zwischen Fürstenstaaten zunächst einmal beigelegt wird. So schrumpft der Begriff des Friedens zusammen zur allgemein anerkannten Vorstellung eines bloß außenpolitischen Arrangements auf Zeit. Chancen dafür, daß dieses Sich-miteinander-Arrangieren überhaupt für ein Weilchen eingehalten wird, ergeben sich allein daraus, daß die europäische Hocharistokratie dazu neigt, ihre prinzipiellen Herrschaftsansprüche wenigstens im jeweiligen innenpolitischen Bereich einigermaßen gegenseitig zu respektieren. Inhaltlich sind diese Friedensverträge im mindesten nicht ›klassisch‹ zu nennen. Immanuel Kant wird später die Sache auf den Punkt bringen, indem er seinen philosophischen Entwurf mit dem Postulat einleitet, es solle ›kein Friedensschluß für einen solchen gelten, der mit dem geheimen Vorbehalt des Stoffs zu einem künftigen Kriege gemacht worden‹. Denn, so begründet er anschließend, ›alsdann wäre er ja ein bloßer Waffenstillstand (Aufschub der Feindseligkeiten) nicht *Friede*‹.

Außenpolitischer Friede ist aber, gemäß absolutistischem Souveränitätsdenken, nicht innenpolitischer Friede. Beide sind strikt voneinander getrennt, haben nichts miteinander zu tun. Die durch die Reformation verursachte Aufspaltung der christianitas in diverse Konfessionen bedeutet den endgültigen Bankrott für alle Imaginationen einer ›pax vera et justa‹, die über Völkergemeinschaften und Ländergrenzen hinausreichen könnte. Jeder Staat hat jetzt seine eigene Ordnung, in der er für Ruhe sorgen will, eine ›pax civilis‹, einen Staatsfrieden. Auch diese Separierung und Zweiteilung des Friedensbegriffs wird sich hartnäckig und lange halten. Sie wird von vielen Apologeten des Feudalismus beachtet, erfährt aber erst durch bürgerliche Ideologen ihre volle Ausbildung. Noch der einschlägige Artikel im weitverbreiteten Zedlerschen ›Universal-Lexikon‹ (1735) hält fest: ›Friede wird … vor den Ruhestand einer Republik genommen, da keiner den anderen beleidigt und jeder den anderen sein Recht ungekränkt genießen läßt.‹

Nach außen wie nach innen allerdings richtet sich die absolutistische Staatsräson: also der Grundsatz, daß die Verwirklichung des Staatswohls, daß dessen Machterhaltung und -erweiterung Maßstab und Maxime des staatlichen Handelns seien. Was auch die (auf den italienischen Renaissancephilosophen Niccolò Machiavelli zurückgehende) Lehre einschließt, daß der Staat beim Gebrauch der für seine Selbsterhaltung notwendigen Macht keinerlei Rücksicht auf geltendes Recht oder die zur Zeit herrschende Moral zu nehmen brauche. Und da der Staat sich in der Person des Souveräns inkarniert (»Der Staat bin ich«, sagt 1655 Ludwig XIV.), hat dieser grundsätzlich keine juristischen oder moral-philosophischen, auch keine friedenspolitischen, sondern allein machtpolitische Erwägungen anzustellen. Das heißt aber in letzter Instanz: Friede und Recht, Friede und Moral, Friede und Philosophie sind eigentlich unerlaubte, unlogische, nichtssagende Begriffskoppelungen. Im folgenlosen Larifari von Schöngeistern mögen sie eine Rolle spielen, in den harten Realitäten des Lebens erweisen sie sich als untauglich, in dem einen oder anderen Falle vermutlich auch als Lüge, Irrtum oder Selbstbetrug. Absolutistische Staatsräson ist friedensfeindlich.

Mitten im Zeitalter des Feudalismus machen sich Denker daran, dieses Dilemma philosophisch aufzulösen. Thomas Hobbes, der sich weder mit der einen Doktrin von einem Gottesgnadentum für Souveräne noch mit der anderen von liberaler Gewaltenteilung anzufreunden gedenkt, unternimmt den ebenso rigorosen wie von sperrigen Widersprüchlichkeiten nur so strotzenden Versuch, die ungleichen Theoreme vom Staatsfrieden und von der Staatsräson zu amalgamieren (›De cive‹, Über den Bürger, 1642; ›Leviathan or the Matter, Forme and Power of a Commonwealth Ecclesiasticall and Civil‹, Leviathan oder Wesen, Form und Gewalt eines kirchlichen und bürgerlichen Gemeinwesens, 1651). Einen ›Großen Friedensplan‹ (Grand Dessein, geschrieben um 1645) entwirft Maximilien de Bethune, Herzog von Sully; um die Publikumswirksamkeit seiner Vorschläge zu erhöhen, legt er sie Heinrich IV. in den Mund, dem großen französischen Volkskönig und Bändiger des Krieges der Konfessionen. Auch dieses erstaunliche Dokument steht auf der Grenzscheide der Epochen. Ziemlich unverhüllt propagiert es einerseits absolutes Souveränitätsdenken und brutale Machtpolitik zum Zwecke französischer Hegemonie in einem neugeordneten Europa, um andrerseits immerhin die demokratische Institution eines Conseil général, eines Allgemeinen Rates ins Auge zu fassen, der nach dem Vorbild griechischer Amphiktyonen mehrheitlich über Krieg und Frieden entscheiden soll.

Denn dies ist nun eine Zuspitzung des Krieg-Frieden-Problems, die immer deutlicher, immer unabweisbarer wird: die Souveränität, die Selbständigkeit einzelner Staaten widerstrebt grundsätzlich einer richterlichen, erst recht einer vollstreckenden Gewalt über dem Staate. Was innerhalb des Staates, auf welcher gesellschaftlichen und ideologischen Basis auch immer, als ›ius civilis‹ prinzipiell möglich war, schien im äußeren Koexistieren der Staaten prinzipiell unmöglich zu sein. Oder doch nicht? Notwendig und dringlich gebraucht wird jetzt internationales, zwischenstaatliches Recht; von hier datiert das Völkerrecht als Völkerrechtswissenschaft (lat.: ius gentium; frz.: Droit international, Droit des gens; engl.: International law, Law of nations). Ihre Geburtsstunde hat in dem historischen Augenblick geschlagen, da antifeudales Denken sich anschickt, zusammen mit einer mittelalterlichen Pseudo-Ordnung auch gleich das absolutistische Chaos abzuschaffen. Einer Handvoll spanischer Theologen im ausgehenden sechzehnten Jahrhundert, die oft unpräzise als ›Barockscholastiker‹ tituliert worden sind (Las Casas, Vitoria, Molina, Suárez und andere), gelingt dieser doppelte Ansatz noch nicht. Erst ein italienischer, ein niederländischer und ein deutscher Gelehrter schaffen den Durchbruch. 1598 erscheint ›De iure belli libri tres‹ (Drei Bücher über das Kriegsrecht) von Alberico Gentili, 1625 ›De iure belli ac pacis libri tres‹ (Drei Bücher vom Recht des Krieges und des Friedens) von Hugo Grotius, 1672 ›De iure naturae et gentium libri octo‹ (Acht Bücher über das Natur- und Völkerrecht) aus der Feder Samuel von Pufendorfs.

Der wichtigste dieser drei Köpfe ist Grotius, weil er, im Geiste und im Stile der holländischen, mithin der ›kapitalistischen Musternation‹ (Marx) denkend, ganz natürliche, weitgehend entmystifizierte Erklärungen beibringt: Menschen, Völker und Staaten könnten dann am besten friedlich miteinander auskommen, wenn sie nicht nur nebeneinander existierten, sondern miteinander kooperierten. Diesen Grundgedanken konsequent verfolgend, fordert er Freiheit des Verkehrs zu Lande und zur See (bereits 1609 hatte er ein ›Mare liberum‹ publiziert), Freizügigkeit von Personen und Sachen, ungehinderten Warenaustausch zu gegenseitigem Vorteil und Gewinn – ›De iure praedae‹ (Über das Kriegsbeuterecht) ist ein umfangreiches, wahrscheinlich im Winter 1604/05 geschriebenes, zu Lebzeiten nicht veröffentlichtes Manuskript betitelt. Aus dieser Sphäre des Handels, des Warenaustauschs zwischen redlichen Kaufleuten, entnimmt Grotius auch das Modell seines Vertragsgedankens, den er staats- und völkerrechtlich funktionalisiert: Verträge, die ein unkriegerisches, friedliches Auskommen miteinander gewähren, ja garantieren sollen, müssen die drei Bedingungen erfüllen, daß sie nach dem Prinzip der Freiwilligkeit, von Gleichberechtigten und zum gegenseitigen Vorteil geschlossen werden.

Dies alles sind neue, in Neuland vorstoßende Gedankenbahnen. Sie wandeln feudal-klerikales in bürgerlich-rationales Naturrecht um. Sie wollen empirischen und materiellen, nicht transzendenten und spirituellen Voraussetzungen des menschlichen Zusammenlebens auf die Spur kommen, Konflikte nicht per Gewalt, sondern per Vernunft lösen, oder besser noch: vermeiden. Ihre Traditionssuche richten sie daher so ein, daß sie nicht mehr auf scholastische, aus der Bibel oder aus den Kirchenvätern gezogene Theoreme rekurrieren, viel eher und viel öfter bedienen sie sich aristotelischer, stoischer oder ciceronianischer (also durchgängig ›heidnischer‹) Quellen. Das führt zwar noch nicht zu unbedingter Negation christlicher Glaubensgrundsätze, aber doch zu unhöflicher, nunmehr unumkehrbarer Verabschiedung alter Kreuzzugsideologie wie auch zu schroffer Verurteilung höchst gegenwärtiger kolonialer Raub- und Beutekriege, letztere freilich nicht immer ohne einige Gleisnerei und Tücke formuliert, da es doch (seit 1602) auch die Niederländisch-Ostindische Kompanie gibt und ihre unübersehbaren Geschäftsinteressen. Aber religiöse, gar konfessionelle Argumentationen werden für diesen Begründungszusammenhang nicht mehr benötigt, sie müssen nicht einmal bekämpft werden, sie sind einfach überflüssig geworden; wie richtig beobachtet wurde, sind im Konzept dieses Völkerrechtslehrers die verschiedenen Religionen gleich gültig – und daher gleichgültig.

Erstaunlich weit mit den Pro- und Kontrapositionen des Grotius übereinstimmend, diese gelegentlich sogar progressiv übertrumpfend, präsentiert sich, 1623/24 in Paris gedruckt, eine staatsrechtliche Schrift des gelehrten Mönchs Émeric Crucé, latinisiert Emericus Crucceius. Sie trägt den umständlichen Titel ›Le Nouveau Cynée ou Discours des occasions et moyens d'établir une paix générale et la liberté du commerce par tout le monde‹ (Der neue Cyneas oder Abhandlung über die Gelegenheiten und Mittel, einen allgemeinen Frieden sowie die Freiheit des Handels auf dem ganzen Erdkreis zu begründen). Cyneas oder Cineas war nach den Erzählungen des Plutarch ein Vertrauter des molossischen Königs Pyrrhus, der sich große Mühe gegeben haben soll, die kriegerischen Leidenschaften seines Herrschers und anderer Fürsten zu bändigen, indem er diese mit probaten Ratschlägen versorgte, wie man unfehlbar zum Frieden gelangen möchte, wenn man nur wolle und es geschickt anstelle.

Ähnliches nimmt sich Crucceius vor. Er hält es für ausgemacht, daß die Ursachen für Kriege in den schlechten Eigenschaften und egoistischen Neigungen der Fürsten zu finden seien. Aber er gibt deswegen die Sache des Friedens noch nicht verloren, da seiner Meinung nach die menschliche Gesellschaft ›ein großer Körper‹ ist, ›dessen sämtliche Glieder in einer geheimen Wechselbeziehung miteinander stehen‹. Folglich seien alle Nationen ›durch ein natürliches und daher unlösliches Band einander verpflichtet‹. Wenn sie nur – in Übereinstimmung mit ihren Fürsten oder auch gegen deren Willen – diese Verpflichtungen wahrnehmen würden, ginge alles, sozusagen natürlicherweise und wie von selbst, seinen friedlichen Gang. Konkret meint Crucé mit diesen gegenseitigen nationalen Verpflichtungen nichts anderes als modern betriebenen Ackerbau, der hohe Erträge bringe, und freien Welthandel, der allen und jedem nütze.

Um die Ausübung dieser produktiven Tätigkeiten zu erleichtern, schlägt er sowohl innen- wie außenpolitische Maßnahmen vor. Ein Völkerbund und ein internationales Schiedsgericht mit Sitz in Venedig sollen zwischenstaatliche Streitigkeiten beilegen. Damit das gelingt, müßten in dem Bund nicht nur europäische, sondern auch östliche und asiatische Mächte vereinigt werden (Crucé nennt Rußland, die Türkei, Tartarenland, Persien, Indien). Glücklicherweise wären dann deren gewaltige Armeen nicht mehr mit Kriegführen beschäftigt, und damit sie nicht arbeitslos herumlungerten, dürfe man ihnen getrost den Bau von Siedlungswerken, Flußregulierungen, Dämmen und Wasserreservaten oder Schiffen übertragen oder sie zur Bodenmelioration einsetzen. Diese Verwandlung von militärischen in technische Intelligenzen ermögliche dann den Übergang aus einem Kriegszeitalter in eine Epoche des Friedens und der inneren Reformen (der sozialen Gesetzgebung, der Steuern, des Handels, der Armenfürsorge, der Förderung von Wissenschaft und der Verbesserung des Gerichtswesens). Fortwährende, ökonomisch wohlüberlegte Stabilisierungen des Geldwertes, verbunden mit de iure geregeltem Fremdenschutz, würden Handel und Wandel florieren lassen und den Menschen Zufriedenheit bescheren, so daß sie gar nicht mehr der törichten Einbildung verfallen könnten, aus naturgegebenen Unterschieden der Nationalität oder Religion seien feindselige Gesinnungen abzuleiten.

Kein Zweifel: dieser humanitär denkende Mönch und Lehrer (der übrigens lange unbekannt blieb und erst kurz vor 1900 von einem belgischen Historiker wiederentdeckt wurde) eilt mit ungewöhnlichen, wenn auch hie und da etwas naiv-zutraulich wirkenden Projekten seiner Zeit weit voraus. Er nimmt viele Folgerungen vorweg, zu denen manche seiner Nachfolger, die ihn nicht kannten, gar nicht oder nur mit größter Mühe gelangen. Er spielt die Rolle eines Vorläufers und Wegbereiters, ähnlich wie Grotius (daß die beiden sich gekannt haben, ist wahrscheinlich, aber nicht belegt). Mit seinem ›Neuen Cyneas‹ eröffnet er die aufklärerische Entwicklungsphase der neuzeitlichen Friedensdiskussion.

IV

Neuneinhalb Dezennien des achtzehnten Jahrhunderts sind dadurch gekennzeichnet, daß französische Aufklärungsschriftsteller die Fahne der europäischen Friedensdiskussion ergreifen und sie ihr unentwegt, mitreißend vorantragen. Erstmalig tritt dabei die beherrschende Zentralfigur eines Bahnbrechers hervor, von der so gut wie alle wichtigen Anregungen und Nachwirkungen ausgehen. Dem äußeren Ablauf nach läßt sich diese Phase der Diskussion ohne Simplifizierung unter der stichwortartigen Überschrift ›Saint-Pierre und die Folgen‹ beschreiben.

Die Diskussion hat ein Vorspiel, in dem zunächst einmal sehr konservative, noch den alten Ansichten verhaftete Autoren zu Worte kommen. Als um 1700 die Machtentfaltung Ludwigs XIV. ihren Höhepunkt und ihre Grenzen erreicht, entsteht ein bissiger Streit darüber, ob er denn nun wirklich ein Friedensfürst und Völkerbeglücker oder eher ein Blutsauger und Tyrann zu nennen sei. Die überzeugten wie die bestochenen Apologeten des ›Sonnenkönigs‹ haben es schwer, ihn gegen die Vorwürfe der Ausbeutung und Mißwirtschaft, der bellizistischen Gesinnung und des leichtfertig verursachten, bedrohlich näherrückenden Staatsbankrotts in Schutz zu nehmen. Insonderheit seine militärischen Abenteuer geraten je länger desto stärker ins Kreuzfeuer heftiger Kritik.

In dieser Situation halten es zwei hervorragende Autoren mit restaurativem Denkansatz für angebracht, ja für notwendig, auf einige Grundwidersprüche des Absolutismus hinzuweisen, indem sie ihren Lesern dessen Auswüchse, Übertreibungen, Fehlentwicklungen unerschrocken vor Augen halten. Weit entfernt davon, rebellischen, gar revolutionären Konzepten zu huldigen, betreiben sie, und dies nun allerdings ziemlich rücksichtslos, eine Bilanzierung des ständigen Säbelrasselns und Kriegführens. Den Anfang macht La Bruyère in seinen essayistischen ›Charakteren‹, die ein umfangreiches, eindrucksvolles Mosaik sozialkritischer Porträts und Problemerörterungen darbieten (›Les Caractères de Théophraste, traduits du grec, avec les Caractères ou les mœurs de ce siècle‹, 1688; Die Charaktere Theophrasts, übersetzt aus dem Griechischen, zusammen mit den Charakteren und Sitten dieses Jahrhunderts). Ihm eifert der kirchliche Grandseigneur Fénelon nach, sowohl in seinem langatmigen, aus achtzehn Büchern bestehenden Bildungsroman ›Die Abenteuer des Telemach‹ (Les aventures de Télémach, 1699), der zur Erziehung des Thronfolgers dienen soll und vom Publikum enthusiastisch aufgenommen wird, als auch in einer anonym erscheinenden Dialogserie, die ihre Vorbilder Lukian und Fontenelle nicht verleugnet und satirisch wie diese eroberungssüchtige Herrscher abfertigt, dem Spott preisgibt (›Dialogues divers entre les cardinaux Richelieu et Mazarin et autres‹, 1700; Verschiedene Gespräche zwischen den Kardinälen Richelieu und Mazarin und anderen). All diese Werke, meisterhaft und elegant geschrieben, bereiten den Boden vor, lockern ihn auf.

La Bruyère und Fénelon halten den Krieg für ebenso töricht wie grausam. Sie geißeln ihn mit aller ihnen zur Verfügung stehenden Beredsamkeit als unsinnige Verschwendung von Nationaleigentum, als unverantwortliche Armeleuteschinderei. Aber sie halten ihn, alles in allem, für unvermeidlich. Zumal wenn sie seine Ursachen erforschen wollen, pflegen sie sofort auf das mindere Niveau theologischer Pseudoerklärungen herabzusinken. La Bruyère verweist, sich an eine von der Stoa und der Patristik gestiftete Tradition klammernd, auf die egoistische Ungerechtigkeit schon der ersten Menschen, die sich mit ihrer Habe nicht zufrieden gaben und nach dem Gut ihres Nächsten trachteten; daran habe sich in der gesamten Geschichte der Menschheit nichts geändert. Fénelon bekämpft das naturrechtliche Prinzip eines Gesellschaftsvertrages, das er für Phantasterei erklärt, und wähnt, daß allein dem christlichen Postulat der Brüderlichkeit getraut werden dürfe: da doch alle Menschen Kinder des einen Gottes seien, könne dieser Vater vielleicht am ehesten noch für ein wenig mehr Ruhe in seiner großen Familie sorgen. Daher protegiert Fénelon die Gleichgewichtstheorie, die eventuell helfen möchte, den verwerflichen Krieg einzuschränken, wenn er schon nicht abzuschaffen sei.

Allzu weit hatten diese Denkansätze die Friedensdiskussion nicht vorangebracht. Sie droht zu stocken, zu versanden. Da tritt jemand auf, der ihrem geistigen Arsenal endlich neue, weiterführende Argumente zuleitet. Ohne Zögern verwirft er die Gleichgewichtstheorie zur Gänze. Bei einer Ausbalancierung der Macht unter zwei, drei oder mehreren Fürstenhäusern kann seiner Meinung nach dauernde Ordnung und Sicherheit keineswegs entstehen. Die unglückliche, verzweifelt instabile Lage der Völker wie der Herrscher habe erst dann Chancen, sich grundlegend zu bessern, wenn aus ihr eine ›neue Gesellschaft von Gleichen‹ (societé nouvelle entre pareils) hervorgehe. Deren Mitglieder – er schätzt sie auf etwa zweihundert – müßten sich mithin, wenn es ihnen ernst sei mit dem Frieden, nolens volens entschließen, das gegenwärtige Europa völlig neu zu ordnen. Und das wäre ja gar nicht so schwer oder aussichtslos: schließlich existiere ja das Vorbild des Heiligen Römischen Reiches!

Demnach ein Verbündnis christlich geprägter Souveränitätsstaaten, zwar auf den Trümmern der alten Kaisermacht, aber eingerichtet nach egalitären Prinzipien einer Konföderation. Gegründet auf der Basis des gegenwärtigen territorialen Besitzes, der nicht geändert werden soll. Zunächst nur für europäische Staaten gedacht, später offen auch für außereuropäische Mächte. Keine Eingriffe in die inneren Angelegenheiten der einzelnen Gliedstaaten, außer zur Aufrechterhaltung der jeweiligen Verfassungsform oder bei Ausbruch einer Revolution. Verhinderung also sowohl des Völkerkriegs wie des Bürgerkriegs. Und das Ganze festgezurrt und in allen Einzelheiten vorzüglich präzisiert in einem umfangreichen Vertragswerk mit zwölf Grundartikeln (articles fundamentaux) und je acht ›wichtigen‹ und ›nützlichen‹ Artikeln (articles importants et utiles). Sie legen, unter anderem, unveränderlich fest: einen permanent tagenden Friedenskongreß; Entsendung von Deputierten einzelner Staaten mit abgestuftem Stimmrecht, die den entscheidungsberechtigten Senat des Kongresses bilden; Unverletzlichkeit der Staatsgrenzen aller Mitglieder, daher auch keine Veränderungen durch Erbschaft, Kauf, Schenkung, Abtretung, Eroberung oder Unterwerfung; Abschaffung dynastischer Personalunionen; Überwachung und Förderung des Handels zwischen den Nationen durch den Bund.

Dies alles ist niederlegt in zwei kurz nacheinander erscheinenden Publikationen, deren erste einen skizzenartigen Entwurf hinschleudert, während die zweite auf ganz detaillierte, leider etwas zu weitschweifig geratene Ausführung bedacht ist. In den beiden einander ähnlichen Titeln wird das französische Äquivalent der deutschen Wortkoppelung vom ›ewigen Frieden‹ geprägt, die Immanuel Kant achtzig Jahre später als Titelwort und geistigen Anspruch übernehmen und zugleich als ›verdächtigen Pleonasmus‹ charakterisieren wird. 1712 bringt ein unbekannter Verleger in Köln, der sich ›Jacques le Pacifique‹ nennt, ein ›Mémoire pour rendre la paix perpétuelle en Europe‹ (Denkschrift zur Wiedergewinnung des ewigen Friedens in Europa) heraus. Daraus wird dann ein Dreibänder, betitelt ›Projet pour rendre la paix perpétuelle en Europe‹ (Projekt zur Wiedergewinnung des ewigen Friedens in Europa); die ersten beiden Bände sind 1713 anonym in Utrecht gedruckt worden, der dritte Band 1716 mit Namensangabe des Verfassers in Paris.

Charles de Saint-Pierre, Jahrgang 1658, der sich seit seiner Firmung Charles-Irénée nennt, stammt aus einem verarmten normannischen Adelsgeschlecht, entscheidet sich für den geistlichen Stand, besucht berühmte Jesuitenkollegs in Rouen, Caen und Paris, wird Abbé, sagt sich aber früh vom Katholizismus, schließlich von jeder Religion los und wird Popularphilosoph. Dies bleibt er sein Leben lang im guten wie fragwürdigen Sinne des Wortes. Als hurtiger Vielschreiber kümmert er sich nicht um das Seelenheil seiner Leser, sondern propagiert fleißig allerlei irdische Reformen. Kaum eines der Themen, die damals die Gemüter bewegen, ist vor ihm sicher. Er äußert sich über Heereswesen und Flotte, über Handel und Zoll, über Ökonomie und Rechtsprechung, über Statistik und Finanzen, über religiöse Toleranz und gegen das Zölibat, gegen die Bettelei und über den Nutzen von Besserungsanstalten für Taugenichtse, vor allem aber über den Staat, seine soziale Einrichtung, seine Regierung, seine Außenpolitik. Viele seiner Beobachtungen und Empfehlungen sind geistreich, die meisten allerdings auch oberflächlich, manche seltsam versponnen, einige kurios.

Das Projekt für einen ewigen Frieden in Europa hat er, und wohl mit Recht, als sein eigentliches, botschaftsmäßiges Hauptwerk angesehen. Der Anekdote nach soll er dieses Thema bereits 1708 gefunden haben, als er im schwankenden Reisewagen seiner Heimat entgegenfuhr: der Mangel an Gleichgewicht auf miserablen Wegen erinnerte ihn angeblich an die nicht minder labilen politischen Verhältnisse. Der unmäßige Umfang des Werkes stand jedoch von vornherein seiner Verbreitung im Wege. Le fameux Abbé, wie er schon bald genannt wurde, spürt das sehr deutlich und veröffentlicht daher zweimal (1729 und 1738) einen seiner Meinung nach kurzen ›Abrégé‹ (Auszug). Die Zeitgenossen reagieren darauf mit allen nur möglichen Mischtönen zwischen ehrfürchtigem Raunen und schallendem Gelächter.

Die Wirkung der Friedensschriften Saint-Pierres ist enorm. Warum? Weil sie, wenn auch in beschränkt frühaufklärerischer Form und beeinträchtigt durch stilistisches Unvermögen, entschieden und auf konstruktive Weise bürgerlich-progressive Ideologie in die Friedensdiskussion hineintragen. Deswegen erlauben sie niemandem, gleichgültig an ihnen vorbeizugehen. Sie fordern alle Kombattanten und Kontrahenten zur Stellungnahme heraus. So regen sie, ohne daß jemals eine längere Unterbrechung sichtbar wird, fast alle großen Geister des Jahrhunderts an, sich zustimmend oder ablehnend, differenzierend oder modulierend vernehmen zu lassen, bis hin zu Herder und Kant. Eine erstaunliche Kontinuität!

Zunächst überwiegen die Gegnerschaften. Gottfried Wilhelm Leibniz, der große Befürworter einer philosophischen und religiösen Weltharmonie, erhält von Saint-Pierre das ›Projet‹ zugesandt, korrespondiert auch mit ihm bis 1716, bleibt aber viel zu viel Rationalist, um sich vom Pathos des Abbé imponieren zu lassen. In einer kleinen Schrift (›Observations sur le projet d'une paix perpétuelle de M. l'abbé de S. Pierre‹; Anmerkungen zum Projekt eines ewigen Friedens von Herrn Abbé de Saint-Pierre) verficht er die Idee eines von Kaiser und Papst gemeinsam regierten Weltreiches und hebt den ›Neuen Cyneas‹, dessen Verfasser er nicht kennt, als bemerkenswert hervor. Bedeutend schärfer reagiert Voltaire, nämlich ablehnend, ironisch, spöttisch. In freier deutscher Nachdichtung lautet eins seiner bissigen Epigramme:

Zum Glücke sehn wir nur ein stummes
Portrait des Abts in diesem Saal,
Denn hätten wir das Original,
Da hörten wir gewiß was Dummes.

Die ›Utopien‹ Saint-Pierres finden keine Gnade vor Voltaires strengem Blick. Er will den Krieg als Ausdruck menschlicher Unvernunft diskreditieren und meint, es würde sicher erst in ferner Zukunft möglich werden, ihn zunächst zu ächten und dann nach und nach aus dem Leben der Menschen zu verbannen. Daher sei es zwecklos, sich in der Gegenwart unrealistisch auf undurchführbare Hirngespinste einzulassen.

Denkbar geringer Erfolg ist auch den Bemühungen des Abbés beschieden, verschiedene bekannte Politiker oder Potentaten der Epoche zu bekehren, indem er ihnen seine Pazifikationspläne zuschickt. In Frankreich macht er sich dadurch die Kardinäle Polignac und Fleury zu erbitterten Feinden, die dafür sorgen, daß er 1718 aus der Akademie wieder hinausgeworfen wird, in die er bereits 1695 ehrenvoll aufgenommen worden war. Noch eklatanter scheitert der Versuch einer agitatorischen Kontaktaufnahme mit Friedrich II. von Preußen. Wie andere französische Frühaufklärer hatte auch Saint-Pierre auf den jungen Kronprinzen, der als aufgeklärt galt, große Hoffnungen gesetzt. Bereits im Briefverkehr mit ihm, eilt der Dreiundachtzigjährige nach dessen Thronbesteigung nach Berlin und Potsdam, erlebt dort jedoch einen ungnädigen Empfang und unmittelbar danach noch schlimmere Enttäuschungen.

Die Konstellation erinnert an eine dramatische Szenerie. Friedrich hatte soeben in seinem ›Antimachiavell‹ (geschrieben 1739, veröffentlicht 1740) die These verkündet, es sei die Pflicht jedes

Fürsten, den Frieden zu erhalten; nur in wenigen, scharf umrissenen Ausnahmefällen dürfe er Krieg beginnen. Da stirbt Kaiser Karl VI., und der junge preußische Monarch setzt seine Armee sofort gegen Österreich in Marsch. In ganz Europa wird mit Empörung vermerkt, daß er, alles Völkerrecht mit Füßen tretend, ohne Kriegserklärung in Sachsen eingefallen ist. Auch Saint-Pierre fügt seine Stimme diesem Chorus der Entrüstung hinzu. Er korrigiert seine im Manuskript bereits beendeten, ursprünglich anerkennenden ›Réflexions sur l'Antimachiavell‹ und gibt ein Pamphlet mit dem Titel ›Énigme politique‹ (Politisches Rätsel) heraus, in der er das ›rätselhafte‹ Verhalten des Preußenkönigs analysiert und diesen auffordert, seinen begangenen Fehler einzugestehen und zu sühnen, also sofort Frieden zu schließen. Natürlich denkt der (zunächst) siegreiche Eroberer nicht im Traum daran, dieser Aufforderung zu folgen, hält sie aber immerhin für wichtig genug, um einen seiner literarischen Mitarbeiter (wahrscheinlich handelt es sich um Jean Henri Formey, den Sekretär der Königlich Preußischen Akademie der Wissenschaften) mit der Abfassung einer geharnischten Gegenschrift zu beauftragen. Sie erscheint unter dem Titel ›Anti-St.-Pierre ou réfutation de l'énigme politique de l'Abbé St. Pierre‹ (Anti-St.-Pierre oder Widerlegung des von dem Abt St. Pierre vorgelegten politischen Rätsels), geht rüde mit diesem um und gelangt zu dem Schluß, es sei ihm nicht gelungen, die behauptete Ungerechtigkeit des preußischen Krieges gegen Maria Theresia zu beweisen.

Positiv anregend wirkt das Projekt vom ewigen Frieden in der zweiten Jahrhunderthälfte allein bei französischen Spätaufklärern. Einen Schüler Saint-Pierres nennt sich der Marquis d'Argenson, der die Gedanken seines Lehrers praktikabel machen will, indem er vorschlägt, einem militärisch gestärkten Frankreich die Rolle eines Arbiters (Schiedsrichters) in den so verwikkelten europäischen Angelegenheiten zu verschaffen. 1757 läßt ein gewisser Ange Goudard in Amsterdam ein ebenfalls sehr praxisorientiertes Friedensprojekt drucken (›La paix d'Europe ne peut s'établir qu'à la suite d'une longue trève, ou Projet de pacification générale, combiné par une suspension d'armes de vingt ans, entre toutes les puissances politiques‹; Der Frieden Europas kann nicht anders eintreten als im Gefolge einer langen

Waffenruhe, oder Projekt einer allgemeinen Befriedung, kombiniert mit einem Waffenstillstand von zwanzig Jahren, unter allen politischen Mächten). Wie schon der umständliche Titel ankündigt, hält der Verfasser den Krieg nicht für ein notwendiges Übel, sondern für eine schlechte, nicht leicht zu überwindende menschliche Gewohnheit; da diese nicht mit einem Schlage beseitigt werden könne, müsse man versuchen, sie schrittweise außer Kurs zu setzen: nach zwanzig Jahren Waffenruhe, so vermutet er, würde niemand mehr erneut Krieg anfangen wollen. Auch in d'Alemberts und Diderots großer ›Enzyklopädie‹ (1757) wird – in dem Artikel ›Krieg‹; einen Artikel ›Frieden‹ gibt es dort nicht – die Maxime expliziert, daß Vernunft und Politik, Naturgesetz und Handeln so in Übereinstimmung zu bringen seien, ›daß ein Herrscher erst dann Kriege unternehmen dürfte, wenn er in seinem Gewissen erkannt hätte, daß sie gerecht, für das öffentliche Wohl notwendig, ja unerläßlich sind, und daß gleichzeitig bei dem Unternehmen, das er wagt, mehr zu hoffen als zu befürchten ist‹.

1766 formuliert die französische Akademie als Thema für ein Preisausschreiben, die Bewerber um eine goldene Medaille möchten ›die Vorteile des Friedens herausstellen, Abscheu gegen die Verwüstungen des Krieges einflößen, alle Nationen auffordern, sich zu vereinigen, um die allgemeine Ruhe zu sichern‹. Unter den vielen Einsendungen werden dann zwei Schriften (eine von de la Harpe und eine von Gaillard) mit einem ersten und einem zweiten Preis bedacht. Eine Reihe anonymer Friedensprojekte bringen die achtziger Jahre, darunter einen ›Nouvel essai sur le projet de la paix perpétuelle‹ (Neue Abhandlung über das Projekt des ewigen Friedens; 1788) aus der Feder eines sonst kaum bekannten Polier de Saint-Germain. Alle diese Arbeiten bewegen sich mehr oder weniger in den Spuren Saint-Pierres, den sie hoch verehren, dessen gute Absichten sie anerkennen und dem sie Erfolg wünschen, selbst wenn sie meistens nicht hinzuzufügen vergessen, daß dieser vermutlich noch lange auf sich warten lasse. Einen ähnlichen Tenor hat auch die Lobrede, die d'Alembert 1675 in der Akademie auf den längst verstorbenen Saint-Pierre hält: als nachträgliche Ehrenrettung schwankt sie zwischen Respekt und Bedauern.

Einer, der den Spuren Saint-Pierres anfangs noch folgt, sie

später aber verläßt, um eigene Wege einzuschlagen, ist Pierre André Gargaz. Während einer zwanzigjährigen Haft als (vermutlich unschuldig verurteilter) Galeerensträfling sendet er zwei Manuskripte, die Pläne zur Befriedung des europäischen Kontinents enthalten, an den damaligen Gesandten der Vereinigten Staaten von Amerika in Paris, Benjamin Franklin. Dieser läßt sie 1782 in seinem kleinen Privatverlag in Passy unter dem gemeinsamen Titel ›Conciliateur de toutes les nations d'Europe, ou projet de paix perpétuelle entre tous les Souverains de l'Europe et leurs voisins‹ (Vermittler zwischen allen Nationen Europas, oder Projekt eines ewigen Friedens zwischen allen europäischen Souveränen und ihren Nachbarn) drucken. Gargaz will bei Heinrich IV. (also bei Sully) anknüpfen, die Fürsten im Amt belassen, sie aber verpflichten, ehrenhafte Männer (médiateurs) zu einem ständigen Kongreß (congrès perpétuel) zu entsenden, der schiedsgerichtlich für Konfliktlösungen sorgen möge. Territorien sollen nicht verändert, stehende Heere erhalten bleiben (weil sonst die Berufsmilitärs arbeitslos würden), aber in Friedenszeiten zu nützlichen Arbeiten herangezogen werden. Nur wenn ein Fürst einen Eroberungskrieg anfange, müsse er sofort abwählbar sein. Zur Zeit des Directoire veröffentlicht Gargaz diesen Plan in überarbeiteter Fassung und nennt ihn jetzt ›Contrat social, surnommé Union Francmaçone‹ (Gesellschaftsvertrag, auch Freimaurerunion genannt; 1797). Beide Publikationen haben offensichtlich nur ein schwaches Publikumsecho erzeugt.

Den entscheidenden Schritt über Saint-Pierre hinaus tut kein Geringerer als Jean Jacques Rousseau. Von ihm stammen zwei wichtige Äußerungen: ein ›Extrait de projet de paix perpétuelle de M. l'abbé de Saint-Pierre‹ (Auszug aus dem Projekt des ewigen Friedens vom Herrn Abbé de Saint-Pierre; 1761 publiziert, also ein Jahr vor dem ›Contrat social‹) und ein ›Jugement sur la paix perpétuelle‹ (Gutachten über den Plan vom ewigen Frieden; ebenfalls 1761 verfaßt, jedoch erst 1798 veröffentlicht). Rousseau war nicht aus eigenem Antriebe dazu gelangt, sich mit dem umfangreichen Dreibänder des von sich selbst mächtig überzeugten Friedenspropheten zu befassen. Weil es der Abbé Mably so wünschte und die Madame Dupin es ihm nahelegte, hatte er sich schließlich doch bereit gefunden, die Kerngedanken Saint-

Pierres in kurzer und präziser Fassung darzulegen und über sie Gericht zu halten.

Der ›Auszug‹ wie das ›Gutachten‹ urteilen schonungslos. Sie räumen ein, daß alles gut und schön wäre, falls sich die Pläne des Abbé verwirklichen ließen, aber sie meinen, es hieße wie ein Kind oder ein Narr handeln, wolle man sich der Mittel bedienen, die der Abbé zu ebendieser Verwirklichung vorschlägt. Dabei dürfe man sich die Menschen nicht ausdenken, wie sie sein sollten, nämlich gut, edel und uneigennützig, sondern müsse sie nehmen, wie sie sind, nämlich ungerecht, gierig und eigennützig. Eine natürliche Gemeinschaft des ganzen Menschengeschlechts sei Illusion, zu warnen wäre vor Philosophen, die vorgäben, Tartaren zu lieben, damit sie ihre Nachbarn nicht zu lieben brauchten. Vor allem aber: die Fürsten seien es, die allem Friedensstreben im Wege stünden. Zu zweifeln wäre an der Gerechtigkeit wie an der Brauchbarkeit des europäischen Herrschaftssystems. Beseitigt werden müßte die absolutistische Struktur. Nur von einer unmittelbaren Demokratie kleineren Umfangs (in kleineren Staaten) könnte gehofft werden, daß sie sich als friedensfreundlich und zugleich auch als friedensfähig erweisen möchte. So führt Rousseau – direkt an Saint-Pierre anknüpfend und ihn doch weit überflügelnd – als erster den unmittelbar vorrevolutionären Denkimpuls prononciert aus, daß nur eine grundlegende gesellschaftliche Umwälzung, eine Ablösung der Monarchie durch die Republik oder Demokratie, die endliche Errichtung eines Friedens vorzubereiten vermöge, der diesen Namen tatsächlich verdient. Die Diskussion über Krieg und Frieden hat damit abermals ein qualitativ neues Stadium erreicht.

V

Vergleicht man die französischen Friedensprojekte des achtzehnten Jahrhunderts mit solchen, die während des gleichen Zeitraums von deutschen Autoren vorgelegt worden sind, so ergibt sich augenfällig, daß die Franzosen in diesem ideologiegeschichtlichen Parallelprozeß die Avantgarde und das Hauptheer stellen und die Deutschen den Nachtrab liefern. Das besagt freilich nicht, daß sie gänzlich unproduktiv gewesen wären und der

Diskussion überhaupt nichts Neues hätten hinzufügen können. Aber eine gewisse Mediokrität und ein partielles Zurückbleiben sind unverkennbar: bis hin zum Schicksalsjahr 1795 mischen sich nicht die überragenden Geister der deutschen Gelehrtenrepublik in den sich ausweitenden Streit ein, auch verläuft dessen allgemeine Problementwicklung langsamer, unentschiedener, weniger konsequent in progressiver Richtung. Unübersehbar zudem Momente der Partikularisierung und Diskontinuität. Während im französischen Diskussionsfeld eine dialogische Struktur vorherrscht, ein Gestus des bewußt akzeptierten Aufeinanderangewiesen-Seins in wechselseitiger Übereinstimmung wie Nicht-Übereinstimmung, wird im deutschen Handgemenge eher eine Tendenz zum Monologisieren, zum ständig individuell wiederholten Neuansatz, zum Behaupten von Meinungen ohne Meinungsaustausch evoziert. Während für den französischen Entwicklungsgang eine auffällige Kontinuität charakteristisch ist, vollzieht sich der deutsche diskontinuierlich, nämlich in zwei Schüben (der erste in den fünfziger und sechziger Jahren, der zweite in den späten achtzigern), mit einer Pause von zwanzig Jahren dazwischen.

›Von einem beständigen Frieden in Europa‹ handelt das letzte, zusätzlich angehängte Kapitel im ›Entwurf einer Staatskunst‹ (1747) von Johann Michael von Loen, einem preußischen Geheimrat und Regierungspräsidenten. Er zeigt, an Fénelon anknüpfend, ein voluntaristisches Konzept vor: Kriege hätten keine natürliche Ursache, hingen ausschließlich vom menschlichen Willen ab und könnten daher durch eine Versammlung klug ausgewählter Friedensrichter gestoppt werden. Von einem 1745 anonym erschienenen ›Projet d'un nouveau système de l'Europe‹ (Projekt eines neuen Systems von Europa) läßt sich Eobald Toze anregen, um 1752 in einer ebenfalls anonym publizierten Untersuchung, mehr repetierend als eigene Gedanken beisteuernd, den Verlauf der französischen Debatte wenigstens einigermaßen aufzuarbeiten (›Die allgemeine Christliche Republik in Europa nach den Entwürfen Heinrichs des Vierten, Königs von Frankreich, des Abts von St. Pierre und anderer vorgestellt, nebst einigen Betrachtungen über diese Staatsverfassung, worin ihre Möglichkeit untersucht und von den guten und bösen Folgen, die daraus entstehen würden, gehandelt wird‹). Toze gelangt zu dem Ergebnis, daß eine solche Organisation letztlich nicht zustandekommen könne, weil sie zum absolutistischen Prinzip der Staatsräson in unauflöslichem Widerspruch stünde.

Offensichtlich unter dem Eindruck des Siebenjährigen Krieges und seiner Verheerungen melden sich ein poetisierender Justizrat und ein schriftstellernder Offizier zu Wort. Johann Franz von Palthens ›Projekt, einen immerwährenden Frieden zu unterhalten‹ findet sich in der ersten Sammlung seiner ›Versuche zu vergnügen‹ (1758); Lilienfelds ›Neues Staats-Gebäude‹ (1767) ist eine selbständige, umfangreiche, wohl auch in hoher Auflage herausgebrachte Schrift. Beide Autoren bieten vor allem ergreifende, von ehrlicher Empörung durchzogene Schilderungen des Kriegselends. Darüber hinaus haben sie nicht viel Konstruktives vorzuweisen. Mehr blauäugig als realpolitisch gefallen sie sich in pathetischen Appellen an allerlei Fürstenhäuser und schlagen die Einrichtung eines Friedensparlaments (Palthen) oder einer christlichen Vereinigung (Lilienfeld) vor. Hinlängliche Überzeugungskraft gewinnen ihre Ausführungen nur dann, wenn sie beweisen wollen, wie schädlich hochgeschraubte Rüstungen seien, weil sie dem Land und dem Volk produktive Potenzen entzögen.

Bei aller emotionalen Bewegtheit, die sie positiv auszeichnet, signalisieren die Projekte Palthens und Lilienfelds bereits eine Verkümmerung logisch-theoretischen Vermögens. Sie setzt sich fort und verschlimmert sich. Wie gelähmt verharrt die Diskussion nun zwei Jahrzehnte lang an Ort und Stelle. Erst gegen Ende der achtziger Jahre flackert sie erneut auf. Jetzt gewinnt sie an Tempo und Höhe dadurch, daß einige juristische (vor allem naturrechtliche) und ökonomische (vor allem physiokratische) Gesichtspunkte in sie einfließen, die ihr bisher fehlten. Hinsichtlich ihrer spezifisch philosophischen Ausprägung läßt sie sich noch immer nicht an ihrem französischen Pendant messen.

›Eine Idee von der Möglichkeit eines allgemeinen und ewigen Friedens in der Welt‹ legt im Jahrgang 1787 des ›Niederelbischen historisch-politisch-literarischen Magazins‹ ein Unbekannter vor. Er bezieht eine ambivalente Position, in der sich Realismus und Illusionismus widerspruchsvoll durchkreuzen, ist aber sichtlich bemüht, wenigstens einige Denkergebnisse der französischen Vorläuferdiskussion zu berücksichtigen, sogar aufzuarbeiten. Krieg, so meint er, hätte ganz gewiß im Weltenplan des allerhöchsten Schöpfers von jeher einen Platz gehabt. Daraus folge allerdings keineswegs, daß auch in Zukunft immer Kriege notwendig wären. Denn Gott habe seinen Stellvertretern auf Erden, den Potentaten, zugleich eine Wahlmöglichkeit eröffnet: ihnen nämlich sowohl die ›Befugnis‹ zum Kriegführen als auch die ›Pflicht‹ zur Friedenserhaltung auferlegt. Wenn also eine bundesstaatliche Ordnung errichtet würde, könnten Streitigkeiten durch einen Gerichtshof beurteilt und ohne Gewaltanwendung geschlichtet werden. Da dieser dann in der Lage wäre, zwischen Krieg und Frieden zu wählen, sei es höchst wahrscheinlich, daß er sich für die ›volksschonendere‹ Möglichkeit eines friedlichen Schiedsspruchs entscheiden würde. Denn ›von zweien Wegen, die wirklich offen stehen, den unmenschlichen zu erwählen, die Macht hat Gott keinem Sterblichen gegeben‹.

Auch Karl Gottlob Günther kennt zumindest die Projekte des Herzogs von Sully, Saint-Pierres und Lilienfelds. Seinem ›Europäischen Völkerrecht in Friedenszeiten‹ (1787) fügt er ein Kapitel ein, welches die gesellschaftlichen Verbindungen der Nationen bedenkt. Den ›Ungemächlichkeiten‹ der Kriege wäre seiner Meinung nach ›vielleicht dadurch abzuhelfen‹, daß ›die Nationen in eine Art von bürgerlicher Gesellschaft sich vereinigten‹. Auf Ähnliches will Johann Gottfried Schindler hinaus, der den Titel einer kleinen essayistischen Studie, unter dem Pseudonym Schinly veröffentlicht, in die Frage kleidet ›Was ist den größern Fürsten zu raten, um das Wohl und Glück der Länder zu befördern?‹ (1788). Seine Antwort lautet, daß erst eine internationale Organisation der Großmächte, dann ein Friedensbündnis zwischen allen Staaten anzustreben sei.

Die Bedeutung dieser drei deutschen Friedensschriften am Vorabend der Französischen Revolution darf allerdings nicht übertrieben veranschlagt werden. Gewiß ist es ein Fortschritt, wenn sie in einigen Punkten, wenngleich nur mit Mühe und Not, den Anschluß an das eine oder andere naturrechtliche Postulat gewinnen oder zu gewinnen scheinen. In der sozialpolitischen Ausrichtung zielen sie eindeutig auf die Sicherung des status quo und warnen davor, zum Zwecke einer Friedenssicherung die monarchische Gesellschaftsverfassung anzutasten. ›Bürgerlich‹ verfaßt, also in der Form eines Vertrags zwischen Gleichberechtigten angelegt, soll nur die zwischenstaatliche Verbindung sein, nicht die innerstaatliche Sozialstruktur. Günther und Schindler heben diese generelle Einschränkung ausdrücklich hervor, der unbekannte Friedensprojektant aus dem ›Niederelbischen Magazin‹ hält es für ›ein edles und der Menschheit sehr würdiges Werk‹, wenn eine Bundesarmee unverzüglich in die inneren Angelegenheiten eines Staates eingriffe, sobald dort eine Revolution drohe. Bildhaft ausgedrückt: alle diese Autoren bleiben noch 1787/88 vor der gedanklichen Schwelle stehen, die ein Rousseau schon 1761 überschritten hatte. Deswegen sind ihre Projekte eigentlich im Augenblick ihres Erscheinens anachronistisch, werden auch nicht mehr ernsthaft diskutiert.

Gleiches gilt noch für eine 1791 in Leipzig verlegte Schrift mit dem Titel ›Die wichtigste Angelegenheit für Europa, oder System eines festen Friedens unter den europäischen Staaten nebst einem Anhang über einen besonderen Frieden zwischen Rußland und der Pforte‹. Ihr Verfasser, der bekannte Gelehrte Johann August Schlettwein, gehört zu den führenden deutschen Theoretikern des Physiokratismus. Er hält es daher für wichtig, vor allem merkantilistische Hemmnisse und Beschränkungen aller Art zu beseitigen, und für noch wichtiger, ein umfassendes Freihandelssystem einzurichten; sobald dieses einigermaßen funktioniere, könne es leisten, was die Politik bisher nicht habe leisten können: ›das schöne Band der Konfraternität‹ um alle Völker und Staaten zu schlingen. Revolutionen, wie sie jetzt bei den Neufranken wüteten, würde es dann sicherlich nicht mehr geben. Auch Schlettwein ist ein Zuspätgekommener.

Daß die deutschen Friedenspropagandisten während des Zeitraums von 1750 bis 1790, von Loen bis Schlettwein, im wesentlichen systemimmanent denken, oder genauer: daß sie ihre wenigen, ohnehin nicht sehr weitreichenden bürgerlichen Postulate mit Fleiß so zahm, so matt, so zurückhaltend formulieren, bringt sie unausweichlich in beträchtliche Schwierigkeiten. Denn nicht nur, daß sie als weltfremde Spintisierer verlacht, daß sie hämisch verspottet, daß sie nicht ernst genommen werden und daß sie beinahe in die zwielichtige, nicht gerade beneidenswerte Rolle geistig verkrüppelter Hofnarren geraten, denen erlaubt ist, gelegentlich eine ganz absurde Idee zu äußern, damit Serenissimus und Hochwürden sich amüsieren mögen – wobei der Spaß freilich auch wieder nicht zu weit getrieben werden darf. Noch viel schlimmer ist, daß sie selber mit der streng logischen Durchführung ihrer eigenen Gedankengebäude nicht zu Rande kommen und daher Einwänden begegnen, die gut gemeint und kaum zu entkräften sind.

Objektiv besteht die Crux darin, daß sie internationale Konflikte ausschließlich, zumindest überwiegend als formale Rechtsstreitigkeiten auffassen. Also nicht als das, was sie wirklich sind: Kollisionen gesellschaftlicher Interessen. Aus diesem grundsätzlichen Mißverständnis entspringt für ihre Beweisführung ein echter Circulus vitiosus. Einer der glänzendsten Denker der Epoche, Gotthold Ephraim Lessing, hat ihn sofort und gleichsam mühelos durchschaut. Im fünften seiner ›Briefe, die neueste Literatur betreffend‹ (1759) polemisiert er gegen Johann Franz von Palthens ›Projekt, einen immerwährenden Frieden zu unterhalten‹ (1758), um schlagend vorbildlich knapp folgendermaßen zu argumentieren: ›Sein Haupteinfall ist dieser: ein allgemeines Parlament oder Tribunal zu errichten, dessen Ausspruch sich alle europäischen Staaten gefallen ließen … Wenn sich nun unter den europäischen Mächten Halsstarrige fänden, die dem Urteile des Tribunals Genüge zu leisten sich weigerten? Wie da? O, der Herr von Palthen hat vollstreckende Völker, er hat militärische Exekution. Hat er die? Nun wohl, so hat er Krieg …‹ Meisterhaft, weil unwiderleglich ist dieser Einwurf formuliert. Er trifft nicht nur Palthen selbst, sondern auch alle seine deutschen Vorgänger und Nachfolger in der zweiten Hälfte des achtzehnten Jahrhunderts. Noch Immanuel Kant und seine Mitstreiter werden sich mit ihm herumzuschlagen haben.

Das will besagen, alle französischen Friedensprojekte vor Rousseau und alle deutschen Friedensprojekte bis hin zu Kant kommen mit einer gesellschaftlich-politischen Durchdringung des philosophischen Theorie-Praxis-Verhältnisses nur höchst unvollkommen zurecht. Sie sehen sich außerstande, diese fundamentale Frage schlüssig zu beantworten, welche gesellschaftliche Kraft denn nun zugleich mächtig und human genug wäre, einen stabilen, fortwährenden Frieden – vorausgesetzt, es gelänge, ihn per Konföderation, Bündnis, Weltrepublik oder Universalmonarchie, Staatengemeinschaft oder Völkervereinigung zustandezubringen – schließlich ihn aufrechtzuerhalten und zu garantieren. All ihre eirenischen Konstruktionen haben den entscheidenden Mangel, daß sie den Krieg, den sie als ultima ratio der Fürsten leidenschaftlich verdammen, als ultima ratio der eigenen guten Absichten beanspruchen müssen. Wenn jemand unbotmäßigerweise nicht Frieden halten will, bleibt nichts anderes übrig, als jenen zu bekriegen. Ein Scherbenhaufen an Paradoxie: gerade diejenige philosophische Partei, die aus innerster Überzeugung beweisen will, daß Kriege vermeidbar sind, beweist am Ende ihrer Folgerungskette ungewollt die Unvermeidlichkeit von Kriegen. Ihr ›Quod erat demonstrandum‹ scheitert auf der ganzen Linie.

Aber die immanenten Widersprüche, die aufklärerisches Philosophieren über die Dialektik von Krieg und Frieden bis in seine basisbildenden Elemente hinein zerklüpften, die es auszuhöhlen und zu zersprengen drohen, sind noch tiefer und gefährlicher. Sie verursachen – zu einem historisch relativ frühen Zeitpunkt und dennoch mit kaum zu erwartender Radikalität – sogar eine schroffe Umkehrung der generellen Diskussionstendenz, eine Umstülpung ihrer Hauptthesen ins strikte Gegenteil. Seitdem, nach Kants berühmt gewordenem Diktum, alle Aufklärung ihrem Selbstverständnis zufolge den ›Ausgang des Menschen aus seiner selbstverschuldeten Unmündigkeit‹ manifestieren sollte, war ja, wie es schien, bei allen Streitigkeiten im einzelnen die grundsätzliche Überzeugung unbestritten geblieben, daß der Friede ein Gut und der Krieg ein Übel sei, vielleicht ein notwendiges Übel, doch zweifelsohne ein Übel. Demzufolge konnte, aus theoretischen wie praktischen Erwägungen heraus, sogar auch stracks geleugnet werden, daß nun gar ein ewiger Friede realisiert werden könne – zu bestreiten jedoch, daß ein solcher Zustand wünschenswert sei, schien niemandem einzufallen. Indes, das scheint eben nur so.

1779 bringt der kurfürstliche Hofbuchhändler C. F. Schwan in Mannheim ein Oktavbändchen von zweihundert Seiten heraus, gewidmet ›Gustav III., der Schweden, Goten und Wenden Könige‹, betitelt ›Die Abgötterei unsers philosophischen Jahrhunderts. Erster Abgott: Ewiger Friede‹. Eine zweite Auflage erlebt das Pamphlet 1797 unter dem Titel ›Widerlegung des Ewigen-Friedens-Projekts‹. Der Verfasser ist ein gewisser Johann Valentin Embser, von dem wir außer seinem Namen kaum etwas wissen. Er hat keine Skrupel, die *Segnungen* des Krieges den *Greueln* eines ewigen Friedens entgegenzuhalten. Das Fazit, zu dem er gelangt, stellt die herrschenden Vorstellungen der aufklärerischen Epoche auf den Kopf: ›So müßte ewiger Friede notwendig die Erde zur Mördergrube und Hölle umschaffen.‹

Seiner Beweispflicht sucht Embser dadurch zu genügen, daß er ein zweigeteiltes Verfahren anstrengt. Ein erster Abschnitt hat die Überschrift ›Kann der Entwurf des ewigen Friedens ausgeführt werden?‹ Die Frage wird ohne Umschweife verneint. Embser mustert zwar eine ganze Reihe französischer Autoren durch (Saint-Pierre, Rousseau, Fénelon, Richelieu, Helvétius und andere), aber nur, um die Bilanz zu ziehen, dieses Projekt sei ›das baufälligste Gebäude von der Welt‹. Nicht weniger entschieden zeigt er sich bei der Beantwortung der Folgefrage: ›Dürfte der Entwurf des ewigen Friedens ausgeführt werden?‹ Sie fungiert als Überschrift zum zweiten Abschnitt, der dem Nachweis gewidmet ist, daß ewiger Friede ebenso schädlich, wenn nicht noch schädlicher sei als beständiger Krieg, weil dieser nämlich die Menschheit anstachle und anreize, jener aber sie verweichliche und erschlaffen lasse. Ewiger Friede erweise sich als Danaergeschenk, ihn für erstrebenswert zu halten, wäre (abgesehen von seinen Verwirklichungsmöglichkeiten) töricht und reaktionär; ewiger Krieg dagegen müsse gelobt und herbeigewünscht werden, da er dem Kulturfortschritt der Menschheit diene, diesen überhaupt erst richtig ermögliche. Also Schluß, so schreit Embser mit sich überschlagender Stimme, Schluß mit der auf Frieden gerichteten ›Abgötterei unsers philosophischen Jahrhunderts‹!

Gewiß, hier wird eine einzelgängerische, außenseiterische Position vertreten. Aber so exzessiv extrem, daß die Zeitgenossen sie einfach übergangen, sich gar nicht mit ihr auseinandergesetzt hätten, ist sie auch wieder nicht. Schärfstens widersprochen wird dem groben Bellizismus, den sie verkünden will, vermeintlich zum Besten einer leidenden Menschheit. Empörte Zurückweisung erfährt ihre heuchlerische Vorspiegelung angeblicher Objektivität und wissenschaftlicher Redlichkeit. Aber mit dem Paradestück seiner tückischen Beweisführung steht Embser durchaus nicht allein: mit der Einschätzung des Krieges als Promotor allen zivilisatorischen Fortschritts. Sie zu widerlegen, fallen noch dem Kant von 1786 (›Mutmaßlicher Anfang des Menschengeschlechts‹, Schlußanmerkung) und dem Fichte von 1805 (›Die Grundzüge des gegenwärtigen Zeitalters‹, elfte Vorlesung) gar nicht leicht.

VI

Mit radikal neuen Fragestellungen sieht sich die internationale europäische Friedensdiskussion seit dem Losbrechen der revolutionären Ereignisse in Paris konfrontiert. Der jetzt furios praktizierte Gedanke einer völligen Umwälzung alles Bestehenden fordert und erzwingt auch von ihr umwälzende Gedanken. Sie entstehen, propagiert von französischen Ideologen, während der aufsteigenden Phase der Revolution, die in drei Etappen verläuft (Herrschaft der großbürgerlichen konstitutionellen Monarchie vom Juli 1789 bis zum August 1792; Herrschaft der Girondisten bis Mai 1793; Herrschaft der revolutionär-demokratischen Jakobinerdiktatur bis Juli 1794). Die Beschleunigung des historischen Fortschritts in dieser Phase ist so groß, daß ihm die Friedensdiskussion nicht immer auf dem Fuße zu folgen vermag.

Zunächst scheint sich alles gut anzulassen: gut im Sinne von problemlos und hoffnungsvoll. Gleich die Deklaration der Menschen- und Bürgerrechte vom 26. August 1789 atmet einen Geist des Friedens und des Kosmopolitismus. Ihre mitreißenden Losungsworte ›Freiheit, Gleichheit, Brüderlichkeit‹ drücken die Wünsche und Sehnsüchte breiter Volksmassen sehr genau aus. Alle entscheidenden Männer der ersten Stunde in der Französischen Revolution betonen, daß jetzt die Zeit für ein neues Völkerrecht gekommen sei, daß das Frankreich von heute die unverschämte Eroberungslust seiner ehemaligen Könige und Kardinäle verdamme, daß es Frieden wünsche und die Nationen zur Eintracht aufrufe. Der Despotismus, so argumentieren sie, habe die Völker getrennt; die Freiheit müsse sie als Gleiche wieder in Brüderlichkeit vereinigen. Warum sollten sie auch aufeinander neidisch sein, wenn doch alle in gleicher Weise glücklich wären?

Etwa ein Jahr lang dominieren derartige Gesinnungen bei den meisten Debatten in der Konstituierenden Versammlung, drücken ihnen vor allem immer dann ihren Stempel auf, wenn es darum geht, entsprechende Grundsätze für die künftige Verfassung zu formulieren. Getreulich und mit großer Regelmäßigkeit verzeichnet der ›Moniteur‹ dieses Ringen um eine Verankerung aufklärerischer Postulate in der Legislative. Robespierre ergreift am 15. Mai 1790 die wichtigste Initiative, indem er verkündet, daß Frankreich als freie Nation mit allen Nationen brüderlich zu leben wünsche. Pétion de Villeneuve unterstützt die Ideen Robespierres mit einem Antrag. Kriege, so fordert er, dürften nur mit Zustimmung der gesetzgebenden Nationalversammlung erklärt werden, aber diese müsse auch allen europäischen Höfen offiziell mitteilen, daß Frankreich hinfort von allen Eroberungskriegen Abstand nehme, da Ehrlichkeit und Uneigennützigkeit fernerhin seine Außenpolitik bestimmen würden. Beauharnais führt in einer enthusiastischen Rede aus, daß nun, dank der Größe des französischen Volkes, die Zeit gekommen sei, den ewigen Frieden zu verwirklichen, den viele bisher (und mit gewissem Recht) für eine Schimäre hätten halten müssen. Ähnlich äußern sich noch mehrere andere Redner.

Schon bald aber werden Edelmut und Menschenliebe auf harte Proben gestellt. Der Widerstand der Konterrevolution verstärkt sich von innen wie von außen. Im Herzen Frankreichs und jenseits seiner Grenzen sammeln sich ihre Bataillone, bereit, über die neue Gesellschaftsordnung herzufallen und sie in der Wiege zu ersticken. Die junge französische Republik muß zu ihrer Verteidigung Kriege führen, die sie anfangs mehr als einmal an den Rand des Verderbens bringen, allmählich aber das Blatt wenden, ihr fortschreitend mehr Siege als Niederlagen bescheren und ihr schließlich ermöglichen, durch kühne, rasch vorangetragene Interventionen das Banner der Revolution auch in fremden Gebieten aufzupflanzen, die mit Waffengewalt erobert wurden. So wenig alle Friedensproklamationen gefruchtet hatten, so viel war jetzt augenscheinlich durch militärische Operationen gewonnen worden.

Die neu entstandene Situation fordert mit gebieterischem Zwang neue theoretische Reflexionen über das Wechselverhältnis von Krieg und Frieden heraus. Noch verhältnismäßig leicht fällt es dabei, eine notwendige Unterscheidung zu treffen in dem Bemühen, zwiefach das Wesen und den Charakter kriegerischer Auseinandersetzungen zu definieren. Einerseits ›Kabinettskriege‹, geführt von Söldnertruppen und Berufssoldaten im partikulären Interesse einzelner absolutistischer Herrscher; sie tasten die gesellschaftliche Struktur des Feudalismus nicht an, nutzen sie lediglich aus. Andrerseits ›Volkskriege‹, geführt von Freiwilligen oder auf der Grundlage einer allgemeinen Wehrpflicht im nationalen Interesse des Volkes gegen absolutistische Herrscher; sie bedrohen die feudale Gesellschaftsordnung, suchen sie zu Fall zu bringen. Die Unterscheidung ist sachlich und präzise. Sie steht auf der Höhe der Epoche, weil sie qualitative, revolutionäre Veränderungen der Realität angemessen berücksichtigt. Prinzipiell läßt sich gegen sie, selbst unter dem Aspekt der Nachwelt, nichts Stichhaltiges einwenden.

Schwieriger wird es, angesichts der gesellschaftlichen Evolutionen des historischen Augenblicks mit zwei komplizierteren Nachfolgeproblemen fertig zu werden. Daß eine Nation im Recht sei, wenn sie sich ihrer Haut wehrt, weil ausländische Interventen ihr ans Leben wollen, war ohne weiteres und glänzend zu demonstrieren – welche Rechtfertigung aber sollte für den Eroberungskrieg gelten, der aus einem Verteidigungskrieg hervorgegangen ist? Und weiter: daß es einen eminenten historischen Fortschritt bedeutete, wenn nun – endlich! – die neue Idee der Volkssouveränität (und der volonté générale) über die abgewirtschaftete Idee der Königssouveränität (und der Staatsräson) triumphierte, konnte nur noch von Reaktionären oder Dummköpfen geleugnet werden – wie aber sollte gerechtfertigt erscheinen, daß französische Heere überall dort, wo sie in fremde Territorien einmarschierten, das von ihnen verkündete Selbstbestimmungsrecht der Völker gerade nicht einhielten, sondern mit Füßen traten? Beide Antinomien beunruhigen, je weiter sich die revolutionären Ereignisse in den frühen neunziger Jahren entwickeln, desto stärker das philosophische Bewußtsein der Zeitgenossen. Welche Argumente können zu ihrer Erklärung beigebracht werden?

Im Kern ist es das Problem historischer Gerechtigkeit und Moral, das hier aufgeworfen wird. Seine (vorläufige und partielle) Auflösung kann es zur Zeit der Französischen Revolution nur auf der Basis einer ebenso heroischen wie falschen Illusion finden. Eine – subjektiv ehrliche – Selbsttäuschung bürgerlicher Ideologen verleitet oder zwingt diese zu der Annahme, die partikulären und spezifischen Emanzipationsbestrebungen der eigenen Klasse seien identisch mit natürlicher und allgemeiner Emanzipation der ganzen Menschheit. Der Klassencharakter dieser Interessenbildung bestimmt den Ausgangspunkt und alle wesentlichen Konklusionen einer nun gänzlich neu entwickelten Folgerungskette. Das Verhältnis von Krieg und Frieden wird jetzt diskutiert, kann jetzt nicht anders diskutiert werden als unter dem beherrschenden Gesichtspunkt einer weltgeschichtlichen Mission des revolutionären Frankreich.

Das hat zunächst zur Folge, daß einige abstraktere Begriffskonfrontationen, wie sie noch aus den Tagen einer ungebrochen optimistisch gesonnenen Früh- oder Spätaufklärung überliefert worden waren, kalt verabschiedet und verworfen werden müssen. Frieden als Ordnung, Krieg als Unordnung, oder: Frieden als Ruhe, Krieg als Unruhe, oder: Frieden als realisierte Moral, Krieg als aktivierte Unmoral, oder schließlich: Frieden als strahlendes Abbild der Vernunft, Krieg als gräßliche Inkarnation von Unvernunft – mit derlei wohlgemeinten, doch (wie es nun plötzlich scheint) platten und dazu noch recht treuherzigen Gegenüberstellungen ist jetzt nichts mehr anzufangen. Sie werden abgetan als logisch unzulässige, kurzschlüssige, wirklichkeitsfremde, im Grunde unhistorische Simplifizierungen. Denn es gibt ja eine neue Art von Krieg: den Bürgerkrieg. Ihn zu führen ist, wenn man nur historisch urteilt, nicht allein notwendig und vernünftig, sondern moralisch geboten und daher gerechtfertigt. Weswegen auch nicht mehr die kriegerische Gewaltanwendung selber schlechthin als verwerflich eingeschätzt werden darf, sondern nur noch die unmoralische Gewalttat. Mehr noch: dieser Bürgerkrieg, der als gerechter Krieg einen Frieden der Ungerechtigkeit beseitigen soll, kann zur moralischen Pflicht werden. Eine ›pax civilis‹ nämlich, ein ›Staatsfrieden‹, wie ihn etwa ein Thomas Hobbes noch hatte propagieren wollen, existiert im Absolutismus ja gar nicht. Also sagte schon Gabriel Bonnot de Mably die Wahrheit, wenn er ausführte, daß der Bürgerkrieg (la guerre civile) ein hohes Gut sei, weil die Gesellschaft ohne die Hilfe dieses Eingriffs (sans le secours de cette opération) Gefahr laufen würde, am Despotismus zu sterben (de mourir du despotisme). Eindeutiger konnte die neue, die nachaufklärerische Position kaum formuliert werden.

Die so entstandene Doktrin von der Unvereinbarkeit, ja Unvergleichlichkeit gerechter und ungerechter Kriege ist himmelweit entfernt von ähnlichen Verlautbarungen augustinisch-scholastischer Provenienz. Sie hat einen ganz anderen Klasseninhalt als diese, obschon scheinbare terminologische Übereinstimmungen das genaue Gegenteil zu bezeugen scheinen. Mit der (bei Augustin und seinen Nachfolgern unabdingbaren) Trennung von Transzendenz und Diesseitigkeit hat sie nichts mehr zu schaffen. Auf metaphysische oder fideistische Begründungen leistet sie fast vollständigen Verzicht. Höchstens daß sie formal noch mit scholastischen Denkmethoden insofern lose korrespondiert, als auch sie mit der menschenfreundlichen Imagination eines voraussichtlich ›letzten‹ Krieges liebäugelt, der dann endgültig einen allgemeinen und immerwährenden Frieden herbeiführen kann – nach ihm, mit ihm soll sich alles, alles wenden.

All dies sind, im Ganzen wie im Detail, recht spezifisch französische und auch typisch französische Gedankenführungen – nicht allein wegen der Herkunft und Nationalität ihrer Verursacher, sondern wegen ihrer unbedingten Gebundenheit an politische und ideologische Vorgänge im Lande der Revolution selber. Jenseits der Grenzen Frankreichs erfahren sie nur im höchst seltenen Ausnahmefall einigermaßen adäquate Reproduktion, und dann meist verwässert und abgeschwächt. So etwa in einem seltsamen Amalgam aus Demokratismus und Religiosität, Tyrannenfeindschaft und Helvetismus, Radikalität und Philanthropie, das ein ›Weltbürger‹ namens Andreas Moser ›im Lande der Freiheit für das Jahr der Gegenwart und die Zeit der Zukunft‹ (recte in Bern 1800) unter dem Titel ›Gesunder Menschenverstand über die Kunst, Völker zu beglücken‹ drucken läßt. Anders, nämlich weitaus entschiedener, direkter politisch, bar aller Schwafelei hatte zum Exempel der General Dumouriez 1791 den Delegierten der Nationalversammlung (die er später schmählich verraten sollte) unumwunden die Programmatik des letzten befreienden Krieges so erklärt: ›Die Freiheit triumphiert allenthalben; geleitet von der Philosophie, wird sie die Welt durcheilen;

sie wird sich auf alte Throne setzen, nachdem sie den Despotismus vernichtet, nachdem sie die Völker aufgeklärt hat. Die konstitutionellen Gesetze, an denen ihr arbeitet, werden die Grundlagen des Glücks und der Verbrüderung der Nationen werden. Dieser Krieg wird der letzte sein.‹

Und Frankreich, den Franzosen, der großen französischen Nation ist es ja auch, wenn alle Fanale nicht trügen, von der Geschichte aufgegeben, ebendiese Mission ehrenhaft zu erfüllen. Logisch wie historisch scheinen, wenn man nur die Prämissen anerkennt, gegen die Wahrnehmung eines solch hochfliegenden und beglückenden Auftrags kaum noch Einwände möglich. Würde denn der Sieg der Vernunft in *einem* Lande nicht den Beginn ihres unaufhaltsamen Siegeslaufes um die Erde bedeuten? Würden denn nicht die scheußlichen Kriege des ancien régime ein Ende haben, sobald es gelänge, die Selbstbestimmung freier, miteinander nicht verfeindeter Nationen durchzusetzen? Würde nicht Friede sein, wenn die absolutistischen Fürsten gestürzt, wenn die Religions-, Rassen- und Ständeschranken, die sie aufrichteten, niedergerissen wären? Böten denn etwa nicht, nach diesem Befreiungsakt, verwirklichte Freiheit, Gleichheit und Brüderlichkeit die feste Grundlage für eine friedliche Völkerordnung? Einer der Redner der französischen Nationalversammlung hat 1790 die Überzeugung ausgesprochen: ›Sind alle Nationen frei, wie wir es sein wollen, dann wird es keinen Krieg mehr geben.‹ Kurzum, die milde, freundliche, von allen ersehnte Friedensära wird dereinst mit Gewißheit anbrechen, und die gerechten Kriege, die noch geführt werden müssen, um den ungerechten Widerstand der Reaktion zu überwinden, haben keine andere Funktion als die, den Weg in ein allgemeines Reich des Friedens zu ebnen und zu verkürzen.

Ihren konzentriertesten Niederschlag haben derartige Dispositionen in zwei großartigen schriftstellerischen Leistungen gefunden, die mitten in den revolutionären Kämpfen der frühen neunziger Jahre konzipiert und ausgeführt worden sind. Beide sehr problembewußt, mit allergischem Gespür auch für Fragwürdigkeiten der eigenen Positionsbestimmung, für Widersprüche und mögliche Einsprüche; beide dennoch beflügelt vom Hochgefühl eines unwiderstehlichen Aufbruchs und gesättigt mit unstillbarem, strahlendem Optimismus. Das eine Werk mehr praktisch-politisch angelegt, das andere mehr theoretisch-philosophisch. 1792 legt Jean Baptiste Cloots seine ›Universalrepublik‹ (La république universelle) vor. 1793 bringt der Marquis de Condorcet seine Fortschrittstheorie zu Papier (›Esquisse d'un tableau historique des progrès de l'esprit humain‹; Entwurf eines historischen Überblicks über die Fortschritte des menschlichen Geistes; gedruckt erst postum 1795). Cloots stirbt auf dem Schafott, Condorcet endet durch Selbstmord. Man kann ihre Friedensschriften als ihr geistiges Testament ansehen.

Cloots ist von Herkunft Deutscher, ein Edelmann aus Cleve, der sich demokratischen Ideen verschreibt, die französische Staatsbürgerschaft erwirbt und Konventsabgeordneter wird. Voltaire und Rousseau sind die Leitsterne seines publizistischen Wirkens; heftige Angriffe auf Adel und Geistlichkeit verbindet er mit dem Versuch, die Ideen des ›Contrat social‹ und der Volkssouveränität weiterzudenken. Für ihn ist Frankreich das ›Vaterland der Menschheit‹, alle anderen Völker könnten nichts Besseres tun, als sich ihm möglichst bald anzuschließen. Er organisiert anläßlich einer Feier zum Jahrestag der Erstürmung der Bastille eine Deputation von Abgeordneten der ganzen Menschheit und tritt in einer beifallumrauschten Rede als deren Vorsitzender auf. Seitdem nennt er sich, nachdem er seinen Doppelvornamen Jean Baptiste durch ›Anarchasis‹ ersetzt hatte, einen ›Redner des Menschengeschlechts‹ (l'orateur du genre humain).

Gegen Ende des Jahres 1791 ergänzt er seine Verbrüderungsvorstellungen durch eine militante Komponente. Er will jetzt den gerechten und notwendigen Krieg, der den Frieden bringen wird. Vollkommen einverstanden damit, daß am 20. April 1792 das girondistische Ministerium den Krieg an Österreich erklärt (das damals Zentrum und treibende Kraft der antifranzösischen Monarchenverschwörung war), überreicht er einen Tag später der Assemblée Nationale in einem symbolischen Akt sein Buch über die Universalrepublik. Sie soll eingerichtet sein als eine riesige ›nation unique et libre‹. Damit Frieden eintrete, müßten alle Staaten radikal abgeschafft werden. Der Menschheitsstaat soll eine Weltrepublik sein, ohne Grenzen, ohne einzelstaatliche Separatregierungen, eine Vereinigung von Millionen und Milliarden von Menschen, natürlich mit dem Mittelpunkt Paris. Von dort aus werden sich (Cloots gebraucht die Metapher: wie die Strahlen der Sonne) alle Segnungen des künftigen Weltfriedens ausbreiten. Das seltsame Amalgam aus Realpolitik und Schwärmerei hat damals viele Zeitgenossen enthusiasmiert.

Condorcets Ausgangspunkt war ursprünglich der Gedanke der Gleichheit aller Menschen gewesen. Als Schüler Turgots und der Physiokraten hatte er den Krieg deswegen getadelt, weil er die Menschen an ihrer eigentlichen Bestimmung hindere, eine große internationale Arbeitsorganisation zu bilden, die Werte schaffe und auf diese Weise die Entwicklung der ganzen Welt fördere. Seine Abhandlung ›De l'influence de la révolution d'Amerique sur l'Europe‹ (Über den Einfluß der Revolution Amerikas auf Europa; 1786) war deshalb darauf ausgerichtet gewesen, den rationalen Kern im Friedensplan des Abbé de Saint-Pierre zu erforschen und die Gründung eines internationalen Gerichtshofes anzuregen, der Gesetzbücher für Friedens-, Kriegs- und Neutralitätsrechte ausarbeiten solle.

Auch Condorcet wird dann an der Jahreswende 1791/92 unter dem Eindruck einer sich immer bedrückender entwickelnden Kriegsgefahr zu neuen Überlegungen geführt. Nicht zufällig ist er es, der nun in der Nationalversammlung immer wieder zu Fragen der auswärtigen Politik Frankreichs Stellung nimmt und der dann beauftragt wird, ein ›Projet d'une exposition des motifs‹ (Projekt zur Darstellung der Motive) abzufassen – derjenigen Motive nämlich, welche die girondistische Kriegserklärung vom April 1792 veranlaßt hatten. Hier versucht er eine mittlere Position zu befestigen, bei deren Explikation es nicht ohne Spitzfindigkeiten und logische Finten abgeht. Sie verteidigt mit selbstgewissem, mitunter trotzig eingefärbtem Pathos den moralischen Anspruch, Frankreich ziehe nur deshalb ins Feld, um die Intrigen der Aristokraten aller Länder zu durchkreuzen, zeigt sich aber im ausdrücklich hervorgehobenen Dissens zu Männern wie Brissot, die der Auffassung sind, daß die Franzosen berechtigt wären, ihren Freiheitsgedanken anderen Völkern mit dem Schwerte in der Hand aufzudrängen.

Gerade aber als ›Mitverschwörer‹ Brissots wird Condorcet nach dem Sturz der Girondisten vom Revolutionstribunal unter Anklage gestellt und für vogelfrei erklärt. Er entzieht sich seiner Verhaftung, indem er in Paris untertaucht. In seinem Versteck, vom Tode bedroht, entwirft er das fragmentarisch gebliebene Manuskript seines historischen Überblicks über die Fortschritte des menschlichen Geistes. Seine Hauptideen wirken wie ein Schlußakkord der gesamten aufklärerischen Friedensdiskussion. Condorcet definiert den Fortschritt als das Prinzip einer unaufhörlich zunehmenden Vervollkommnung des Menschen im gesellschaftlichen und geistigen Bereich. Menschliche Begrenztheit (finitude) erscheint ihm als ein vorübergehender Mangel, den soziale Erziehung aufbessern und sittliche Selbstvervollkommnung schließlich ganz überwinden wird. Im Zuge dieser generellen Progression humanen Geistes werden alle Interessenkonflikte sich nach und nach auflösen, so daß das Menschengeschlecht im Frieden leben, seine Wirtschaft florieren lassen, seine Künste und Wissenschaften zu Höchstleistungen inspirieren, vielleicht sogar eine gemeinsame Sprache der Gedanken und Gefühle finden kann. Von der Geißel des Krieges wird dann nichts mehr zu spüren sein.

Diese Visionen werden niedergeschrieben unter unaufhörlichem Waffengeklirr, im Pulverrauch von Explosionen, bei Blutgeruch und Leichengestank. Die neue Gesellschaftsordnung, ernsthaft und geistreich darauf bedacht, der Welt wirklich Frieden zu schenken, beschert ihr abermals erbittert geführte, verlustreiche und nicht enden wollende Kriege. Die eirenische Mission der Revolution scheint, wie die Revolution selber, in ihr unmenschliches Gegenteil umzuschlagen. Als der Thermidor herannaht, endet der französische Ideenstrom, der von Saint-Pierre und Rousseau bis zu Cloots und Condorcet eine internationale Debatte zu eröffnen im Begriffe stand, an Auszehrung und Erschöpfung. Nun übernehmen deutsche Aufklärer das Panier. Während der absteigenden Phase der Französischen Revolution, vor dem Hintergrund der Koalitionskriege gegen Frankreich, entfaltet sich die klassische deutsche Friedensdiskussion um 1800.

Walter Dietze

1794

Christoph Martin Wieland
Über Krieg und Frieden

Ajo te, Aeacida, Romanos vincere posse.

Wie geteilt auch in diesem kritischen Zeitpunkt, worin alles eine große Katastrophe des bisherigen Zustandes von Europa zu beschleunigen scheint, die Meinungen über tausend mehr oder minder wichtige Fragen sein mögen, welche das allgemeine Interesse zu Aufgaben für alle nachdenkenden Menschen macht, so sieht und hört man doch allenthalben die große Majorität der verständigsten, erfahrensten und unbefangensten Personen aller Stände und Klassen, sobald unter vier Augen von den gegenwärtigen Zeitläufen gesprochen wird, in diesem *einen* Punkte zusammentreffen und wie aus *einem* Munde gestehen: daß sie nicht begreifen können, wann das Ende und welches der Erfolg des allgemein verabscheuten Krieges sein könne, der seit mehr als zwei Jahren die mächtigsten europäischen Nationen ergriffen hat, und, wie man mit Grunde besorgen muß – falls nicht eine höhere Macht einen baldigen, itzt noch unerratenen Ausgang herbeiführt –, das ganze Europa in einen allgemeinen Brand setzen wird. Ich, an meinem Teil, gestehe, daß ich überzeugt bin, der Delphische Dämon selbst, wenn sein Tempel noch stünde und sein Orakel noch befragt würde, wüßte den Fragenden keine klügere Antwort zu geben als jene zweideutige, die er dem König Pyrrhus erteilt haben soll, da dieser den Ausgang seines berühmten Feldzuges gegen die Römer von ihm erforschen wollte, und die ich zum *Motto* des gegenwärtigen Aufsatzes gemacht habe.

Nie ist ein Krieg an sich selbst abscheulicher und in seinen Folgen schrecklicher gewesen; nie hat ein Krieg ein allgemeineres Interesse gehabt; nie ist ein Krieg so sehr Sache eines jeden, so sehr allgemeine Sache der Menschheit gewesen – als der gegenwärtige. Hierin stimmen beide Hauptparteien überein. Jede *glaubt* oder *gibt vor* zu glauben und will die Zweifelnden überreden, daß sie *für die Sache der Menschheit* fechte, daß das Heil der Welt, die Rettung der Völker aus einem über ihren Häuptern hangenden unabsehbarem Elend ihr letzter *Zweck* sei und die Frucht ihres Triumphes sein werde. Jede scheint daher entschlossen zu siegen oder zu sterben, die Oberhand zu erhalten oder zugrundezugehen; jede verabscheut den Krieg, sobald sie den ungeheuern Schaden, den sie durch ihn erleidet, überrechnet und sich innerlich genötigt fühlt, einen widrigen Ausgang als eine wenigstens nicht schlechterdings unmögliche Sache zu betrachten; und keine will doch etwas vom Frieden hören, weil sie glaubt, daß er nur unter Bedingungen zu erhalten sei, welche sie noch mehr verabscheut und vor deren Folgen sie sich ärger fürchtet als vor dem unglücklichsten Ausgang des Krieges. Dieser ist wenigstens ungewiß, und die Möglichkeit, zuletzt zu siegen, bleibt, so lange der Krieg dauert; aber einen Frieden, der das gewisse Verderben der einen Partei zur Folge hätte, einzugehen, wäre ein Rat, der nur von Wahnsinnigen gegeben und nur von Wahnsinnigen befolgt werden könnte.

Wenn dies, wie es allerdings einem jeden Unbefangenen so scheinen muß, wirklich die Vorstellungsart beider Hauptparteien ist, so wäre wohl keine vergeblichere und undankbarere Bemühung, als Worte des Friedens zu Menschen zu reden, die den Krieg als die einzig mögliche Bedingung ihrer Selbsterhaltung ansehen. Aber man vergesse nicht, daß zwei Parteien, deren jede in der andern einen unversöhnlichen Feind, der sein Dasein allein durch ihren Untergang verlängern kann, zu erblikken glaubt, in einer Gemütsfassung stehen, wo die Stimme der unbefangenen Vernunft im Tumult der Leidenschaften und im Gedränge einer rastlosen, überspannten und von allen Seiten bestürmten Tätigkeit nicht immer deutlich genug gehört werden kann, um von den täuschenden Eingebungen selbstsüchtiger Triebe immer unterschieden zu werden, oder, wo ihr Einfluß nicht mächtig genug ist, um den Ungestüm jener immer aufgereizten und täglich anwachsenden Leidenschaften immer die Waage zu halten.

Bei allem dem ist gleichwohl nichts leichter zu erraten als der Bescheid, den die allgemeine Menschenvernunft den kämpfenden Parteien erteilen würde, wofern irgendwo ein *Orakel* derselben existierte, bei welchem man sich ebenso gut wie die Völker der alten Welt bei dem Delphischen Apollo Rats erholen könnte. Nur unvermeidliche Notwendigkeit kann einen Krieg erlaubt machen, der so vielen hunderttausend Menschen Sicherheit, Wohlstand, Hab und Gut, Leib und Leben kostet; und diese Notwendigkeit ist nur in dem einzigen Falle denkbar, wenn ein billiger Vergleich unmöglich ist; wenn eine der streitenden Parteien den Frieden, ihrer Schätzung nach, so teuer erkaufen müßte, daß der Krieg mit allen seinen Folgen und der Tod selbst in ihren Augen den Bedingungen vorzuziehen ist, unter welchen ihr die andere den Frieden zugestehen will.

Die Sache ist von so unsäglich großer Wichtigkeit, daß es einem jeden nicht nur erlaubt, sondern wirkliche Pflicht ist, sie von allen Seiten in Erwägung zu ziehen, um zu sehen, ob dies letztere denn wirklich der Fall sei, worin die beiden Parteien sich befinden, welche dermalen um ihre Existenz zu kämpfen vermeinen und den Krieg deswegen mit einer Anstrengung aller Kräfte und mit einer Aufopferung von Menschen, wovon die Geschichte kaum ein Beispiel aufzuweisen hat, führen und bis zu einem entscheidenden Sieg oder bis zu beiderseitiger gänzlicher Erschöpfung fortzusetzen entschlossen scheinen.

Unfehlbar müßte jede dieser Parteien geneigt sein, es nicht aufs Äußerste ankommen zu lassen, wenn sich *die Möglichkeit eines Friedens* denken ließe, der dem Risiko dieses Äußersten, welches beide oder doch unfehlbar eine derselben (und welches Orakel kann sagen *welche*?) bei Fortsetzung des Krieges wagt, unleugbar vorzuziehen wäre. Sollte sich eine solche Möglichkeit nicht denken lassen?

Der *Krieg an sich* oder, was ebensoviel ist, ein ewiger Krieg aller gegen alle, kann nie der Zweck polizierter Völker sein: *Friede* ist immer die letzte Absicht des Krieges, und diese Absicht darf und muß also auch bei dem gegenwärtigen auf beiden Teilen vorausgesetzt werden.

Die *Franzosen* – welche hier nicht etwa aus besonderer Vorliebe oder ehrenhalber, sondern bloß als teterrima belli causa zuerst genannt werden – sind unstreitig von der republikanischen Faktion (von welcher sie sich seit Abschaffung der Königswürde mit einer merkwürdigen Geduld tyrannisieren lassen) gewissermaßen in den Krieg *betrogen* worden und sehen sich als den unschuldig leidenden Teil an, der in seinen wesentlichsten Rechten gekränkt ist und gegen unrechtmäßige Gewalt für seine politische Existenz und für das, was ihm noch lieber als das Leben ist, für Nationalehre und Unabhängigkeit zu streiten gezwungen ist. [...] Nennen wir immer (wenn es uns so vorkommt) die dermalige Stimmung des größten Teils des französischen Volkes Betörung, Wahnsinn oder Bezauberung: nur schmeicheln wir uns nicht mit der falschen Hoffnung, daß dieser demokratische Wahnsinn so bald und so leicht vorübergehen werde. [...] Blutige Erfahrungen sollten uns auf Unkosten so vieler Myriaden unglücklicher Opfer der hartnäckigen Entschlossenheit und korybantischen Wut, womit die Franzosen für ihre eingebildete Republik fechten, endlich einmal überzeugen, daß *Gewalt* wenig oder nichts gegen diesen Fanatismus der Freiheit und Gleichheit vermag, von welchem die große Majorität des französischen Volks nun einmal besessen ist. Diese *Majorität* noch länger leugnen zu wollen, sich von den redseligen und witzigen Worthaltern des *unterdrückten und unwiederbringlich verlornen Teils* der Nation bereden zu lassen, daß nur die sogenannte Canaille, nur der Auswurf des verworfensten Pöbels wirklich für die Republik sei [...] und daß der größere Teil des Volkes nichts sehnlicher als die *Wiederkehr der alten Ordnung*, die *Wiederherstellung der Monarchie* wünsche, hieße die Augen vorsätzlich vor dem verschließen wollen, was die Blödsichtigsten sehen und die Blinden mit Händen greifen.

Die Rede ist hier nicht, ob der Volksaufstand vom 14. Juli 1789 rechtmäßig war oder nicht, ob die Konstitution von 91 etwas oder nichts taugte, ob der Jakobiner-Orden die Welt regieren oder desorganisieren will, ob die neun Glieder des *Heilsausschusses* zu Paris, mit Robespierren an der Spitze, Bruta oder Brutusse sind.

Auch davon ist die Rede nicht, ob die französische Demokratie eine politische Chimäre sei, ob die Nation sich bei einer solchen Verfassung wohl befinden würde und wie lange sie wohl dauern könnte. Die Rede ist bloß *davon*: was die *Majorität* dieses Volks, aller Wahrscheinlichkeit nach, *will* und ob ihr das, was sie verlangt, billigerweise zugestanden werden könnte. Wenn es uns sagt: »Ganz Europa sah der Revolution, wozu wir uns durch die Gesinnungen und das Betragen unsrer Aristokraten gezwungen sahen, ruhig zu; keine auswärtige Macht hielt sich berechtigt, zwischen uns und unsern König, seinen Adel, seine Klerisei, seine Parlamenter usw. zu treten und uns zu fragen: Was macht ihr? – geschweige uns mit Heereskraft zu Beibehaltung unsrer alten Verfassung zu nötigen. Alle ließen sich unsre neue Konstitution ausdrücklich oder stillschweigend gefallen und erkannten dadurch an, daß wir, als eine unabhängige Nation, berechtigt waren, nach Auflösung unserer alten Regierungsform uns diejenige zu geben, die wir uns für die zuträglichste hielten. Hatten wir dieses Recht im Jahre 89, 90 und 91, so hatten wir es auch im Jahr 92, da es uns gut dünkte, eine Konstitution, deren Unhaltbarkeit die ganze Welt anerkennt, wieder einzureißen und auf einer Grundlage, die nicht fest genug war, den Armstuhl eines Gonfalonier von Lucca, geschweige den Thron eines Königs zu tragen, ein so leichtes und luftiges Ding, als eine Demokratie von 25 Millionen Menschen ist, aufzuführen. Wie leicht und wie luftig sie immer sei, genug, sie gefällt uns, wir wollen es mit ihr versuchen, und wenn sie uns nicht zuschlägt, so ist es unsere Sache. Womit hätten wir seit 1792 unsere Unabhängigkeit verscherzt? Gesetzt auch, wir hätten uns (wie man *außer* Frankreich sagt und wie vielleicht unsre Nachkommen in hundert Jahren selbst gestehen werden) durch die Ermordung Ludwigs XVI. einen unauslöschlichen Schandfleck zugezogen; gesetzt, wir hätten uns, seitdem wir im Revolutions-Zustand sind, unendliche Verbrechen gegen uns selbst und gegen einen Teil unsrer ehmaligen Mitbürger begangen: welche Macht auf Erden ist unser *Richter*? Und welche Macht auf Erden, wenn sie nicht selbst unmittelbar von uns beleidigt wird, ist berechtigt, uns wegen der Verbrechen, die innerhalb unsrer eignen Grenzen begangen werden, zur Strafe zu ziehen?«

Wenn, sage ich, das französische Volk alles dies sagt, so ist nicht wohl abzusehen, was dagegen mit Bestand eingewendet werden könnte. Auch ist weltbekannt, daß keine jener Tatsachen die wirkliche Ursache des Kriegs gewesen ist. Die Franzosen selbst haben den gegen sie vereinigten Mächten, ja, in der Trunkenheit ihres tollen Freiheits- und Gleichheits-Eifers, allen Staaten der Welt einen Krieg angekündigt, der nur mit dem gänzlichen Umsturz aller itzt bestehenden Verfassungen aufhören sollte. – Aber diese Fieberhitze ist nun vorbei; die wahren Urheber jener voreiligen Kriegserklärungen sind entweder unter der Guillotine gefallen oder, wie Dumouriez, auf immer aus Frankreich verbannt. Der höchste Wunsch der Franzosen ist nun, die Einheit, Unteilbarkeit und Unabhängigkeit ihrer Republik zu erhalten. Würde ihnen diese zugestanden, so fiele auf ihrer Seite die Hauptursache des Krieges weg; denn [...] das Vorgeben, die Franzosen würden nicht eher ruhen, bis sie ganz Europa in eben den heillosen Revolutionszustand gesetzt hätten, dessen Greuel allein mehr als hinlänglich sind, jedem andern Volke die Lust zur Empörung auf immer vergehen zu machen; ich sage, jenes Vorgeben ist in jedem andern Falle ungereimt, als in einem einzigen, der nicht von ihrer Willkür abhängt: nämlich, wenn sie zu einem Zustand von Verzweiflung gebracht würden, worin man zu seiner *Selbsterhaltung* selbst *das Unmögliche* zu versuchen gezwungen ist. Denn *unmöglich* wird jene Zerrüttung und Vernichtung aller bürgerlichen Ordnung, womit man uns noch immer schrecken will, sein und bleiben, so lange die Völker mit ihrer bisherigen Verfassung zufrieden sind und zufrieden zu sein Ursache behalten werden. Dies ist bisher in Deutschland und in den meisten übrigen Staaten Europas der Fall gewesen und wird es überall bleiben, wo eine gerechte, milde, für das allgemeine Beste tätige Regierung die Ergebenheit des Volkes gegen den Regenten und das Zutrauen des Regenten zu seinem Volk immer lebendig erhält.

Aber, höre ich sagen, gesetzt auch, die Faktion, welche dermalen die französische Nation vorstellt, oder sie vielmehr mit dem blutigen Szepter eines beispiellosen Despotismus tyrannisiert, würde sich, unter der obigen Bedingung, zum Frieden geneigt finden lassen: wie viele Umstände und Rücksichten sind nicht, die es dem andern Teil *moralisch und politisch unmöglich* machen, mit einer Bande von Aufrührern, Räubern, Königsmördern, Atheisten und erklärten Feinden aller bürgerlichen Ordnung oder wenigstens jeder andern als der demokratischen Regierungsform, sich in Traktate einzulassen?

Gleichwohl, wie groß auch das Gewicht dieser Betrachtung sein mag, muß doch endlich einmal, über lang oder kurz, wieder Friede werden! Und so soll es also lediglich auf den ungewissen Erfolg ankommen, ob entweder eine Reihe von Siegen den einen Teil der Willkür des andern schlechterdings unterwerfe oder (was doch wenigstens keine absolute Unmöglichkeit ist) eine gänzliche Erschöpfung (andrer besorglicher Folgen eines neuen, auch nur siebenjährigen Krieges nicht zu gedenken) die Kämpfer endlich nötige, voneinander abzulassen und sich dann zu den Bedingungen, die man jetzt so sehr verabscheut, dennoch verstehen zu müssen? So soll auch hier, wo das Leben von Hunderttausenden, das Wohl oder Weh von Millionen, vielleicht das Heil von ganz Europa auf der Spitze steht, nicht die ruhige Vernunft, sondern *der Erfolg*, der nicht in unserer Gewalt ist und dessen Zufälle keine menschliche Klugheit berechnen kann, den Ausschlag geben? Sollte wohl irgendeine andere Betrachtung das Gewicht *dieser einzigen* überwägen können? Der französische National-Konvent, sagt man, ist eine Bande von *Königsmördern*? Leider! ist er das. Aber bestand das *lange Parlament* in England nicht auch aus Königsmördern? Und wurde die durch ebenso abscheuliche Mittel ebenso tumultuarisch errichtete Englische Republik darum weniger von den Mächten Europens anerkannt? [...]

»Aber ist es nicht unerträglich, daß so ungeheure Verbrechen, als die Jakobinische Faktion auf sich geladen, und das abscheuliche Beispiel, das sie den übrigen Völkern gegeben hat, ungestraft bleiben sollten?« – Nicht unerträglicher, als daß so viele andere, nicht weniger große Verbrechen, die zu allen Zeiten gegen die Menschheit, gegen die heiligsten Gesetze der Natur und der Vernunft begangen wurden, ungerochen geblieben sind, wenn man anders Verbrechen, die sich selbst durch ihre natürlichen Folgen bestrafen, ungerochen nennen kann! Aber schon sind ein großer Teil der Mörder des guten Königs Ludwig XVI. von ihren eigenen Mitschuldigen abgeschlachtet worden; und die übrigen werden, auch ohne unser Zutun, ihrem verdienten Schicksal nicht entgehen. Indessen vergesse man nicht, daß ein sehr großer Teil des Volkes sich dieses schändlichen Königsmordes und so vieler andrer Greuel mitschuldig gemacht hat! Sollte auch das Volk, das seine Torheit und Verblendung schon so hart gebüßt hat, dieser Verbrechen wegen noch besonders bestraft werden? Ist der unselige Zustand, in welchen wir diese Nation seit fünf Jahren von einer zu andern Stufe heruntersinken sahen, nicht mehr als hinlänglich, das böse Beispiel, das sie andern gegeben hat, gänzlich zu entkräften? Und wenn alle Franzosen von der Erde vertilgt würden, würde dadurch irgend etwas, das geschehen ist, ungeschehen werden? Und worauf wollten wir das angebliche Recht begründen, große Übel dadurch zu rächen, daß wir sie mit noch größern häufen?

»Aber die Jakobiner«, sagt man, »haben sich verschworen, nicht eher zu ruhen, bis sie die ganze Welt desorganisiert haben; sie haben sich als unversöhnliche Feinde jeder andern Regierungsform außer der einzigen, die ohne gewaltsame gänzliche Zerstörung aller itzt bestehenden bürgerlichen Verfassungen nicht möglich ist, erklärt; sie sind also als wahre Feinde des menschlichen Geschlechts zu betrachten, und also auch als solche zu behandeln.« – Ich antworte: die Wahnsinnigen, denen diese Beschuldigungen mit Grund gemacht werden konnten, sind größtenteils *nicht mehr*; und wenn auch die *dermaligen* Häupter der sich so nennenden Französischen Republik in einer Lage, worin sie sich von allen Seiten bedrängt, gehetzt und beängstiget sehen, gelegentlich noch die *alte Sprache* führen, so ist doch weder erweislich noch glaublich, daß der sinnlose *Plan*, die Welt aus ihren Angeln zu heben, noch immer der ihrige sein sollte. Sie wollen eine *Republik* aus Frankreich machen; *dies* war ihr wahrer Plan von Anfang an; alles, was sie getan haben – diese lange, fürchterliche Reihe von Verbrechen, womit sie belastet sind, wurde bloß um dieses Endzwecks willen begangen: und sie sollten ihre eigene Seele mit dem Bewußtsein so vieler Übeltaten belastet, sollten so viel Jammer über ihr Volk und Vaterland gebracht haben, um auf halbem Wege stehen zu bleiben? Sollten nicht das Äußerste anwenden? Sich nicht, wie bisher, jedes Mittel, zu ihrem Ziel zu gelangen, erlauben? Sollten nicht lieber sich selbst unter den Ruinen von ganz Frankreich (aber schwerlich eher, als bis sie ganz Europa mit in ihr Verderben hineingezogen) begraben, als einem Erfolg entsagen, der ihnen allein ihre eigene Existenz versichern kann? Wer kann das von ihnen erwarten?

Die Anerkennung der Unabhängigkeit des französischen Volkes – oder (was dasselbe ist) der französischen Republik, insofern die Majorität des Volks sich keiner andern als *dieser* Regierungsform unterwerfen will – scheint also, möglicherweise, der einzige Weg zu sein, zum Frieden zu gelangen, wofern es nicht auf die gänzliche Ausrottung des französischen Volkes und Namens abgesehen ist, die, nach den bisherigen Erfolgen zu urteilen, so leicht wohl nicht sein dürfte, als manche emigrierte Brauseköpfe sichs vorstellen. [...]

»Die Französische Republik«, sagt man, »kann nicht bestehen, denn sie ist eine *Chimäre*; sie kann also auch nicht anerkannt werden.« – Schon zu einer Zeit, da die neue Konstitution von 1791 in ganz Europa eine Menge Bewunderer fand, behauptete der Verfasser des gegenwärtigen Aufsatzes, daß sie wegen dem ungeheuren Übergewicht, das sie dem Volke über den konstitutionellen Schattenkönig gebe, von keiner Dauer sein könne; oder mit anderen Worten, daß eine *demokratische Monarchie* eine Chimäre sei. Aber ob diese Benennung auch einer *reinen Demokratie* zukommen könne, ist eine andere Frage, die wohl schwerlich von jemand, der bloß *innerhalb der Theorie* stehen bleibt, bejahet werden kann. Indessen, sobald die Anwendung auf *Frankreich*, auf seine Lage, Größe, Verhältnisse, auf das Temperament und den Nationalcharakter seiner Einwohner, auf ihre alten Gewohnheiten, die Verdorbenheit ihrer Sitten, die Unbeständigkeit ihrer Sinnesart usw. gemacht wurde, schien die plötzliche Verwandlung der französischen Monarchie in eine reine Demokratie auch ihm ein Hirngespinst exaltierter Köpfe zu sein. Dies ist aber gleichwohl nur eine *Meinung*, die auf bloßen (wiewohl sehr überwiegenden) Wahrscheinlichkeiten beruht. Die Erfahrung allein kann uns zeigen, ob Frankreich auf Bedingungen, die unter den gegenwärtigen Umständen möglich sind, eine Republik *werden*, und wie lange es als Republik *bestehen* kann. Übrigens ist dies *ihre* Sache, und man kann sich darauf verlassen, daß sie sich schon selbst zu helfen wissen werden, wenn man sie nur ihre eignen Angelegenheiten selbst besorgen läßt.

Die größte Schwierigkeit, und vielleicht die einzige, die alle übrigen aufwägt, liegt also wohl in der *Entschädigung*, an welche die verbundnen Mächte wegen eines so kostbaren, blutigen und verheerenden Krieges Anspruch machen, wozu sie durch die französischen Kriegserklärungen (von so vielen vorgehenden Beleidigungen aller Art nichts zu gedenken) herausgefordert wurden. Dies ist ein Punkt, den man wohl schwerlich auf die Entscheidung des allgemeinen Vernunftrechts ankommen lassen dürfte. Wem das Glück der Waffen günstig genug ist, um durch Eroberungen auf Unkosten des Feindes die Macht des letztern beträchtlich schwächen, seine eigene hingegen ansehnlich vermehren zu können, dem wird die Frage, ob und wiefern er dazu berechtigt sei, wenig Skrupel machen. Elsaß, Lothringen und die drei Bistümer sind bekanntermaßen abgerissene Stücke des teutschen Reichs, deren gelegenheitliche Wiedereroberung dem jedesmaligen Reichsoberhaupt in der Wahlkapitulation sogar zur Pflicht gemacht wird. Gesetzt also, der gegenwärtig mit so gutem Erfolg angefangene Feldzug würde diese Provinzen den Kriegsheeren der verbundnen Mächte unterwerfen: sollte wohl, wofern sie sich zu dem Ruhm der Waffen auch noch den höhern Ruhm einer weisen Mäßigung im Glück erwerben wollten, das französische Volk betört genug sein, die Anerkennung seiner Freiheit und des Rechts, sich eine selbstbeliebige Verfassung zu geben, nicht mit einer Aufopferung erkaufen zu wollen, wodurch die demokratische Republik, deren Begründung ihm so sehr am Herzen liegt, eher gewinnen als verlieren würde? Denn unleugbar ist Frankreich nach dem Umfang, den es unter der abgeschafften monarchischen Verfassung hatte, viel zu groß für eine Demokratie, und es würde, auch nach Wiedergabe aller von den Königen Ludwig XIII. und XIV. gemachten Eroberungen, noch immer groß und mächtig genug sein, um als Republik seine Unabhänglichkeit und einen hohen Rang unter den europäischen Mächten zu behaupten.

Auf alle Fälle ist zu hoffen, daß *Friede* – ein Friede auf Bedingungen, zu welchen eine gesunde Politik selbst beiden Teilen die Anleitung gibt – das Ziel sei, welchem man sich um so mehr zu nähern suchen wird, je mehr die Wahrscheinlichkeit, sich durch kluge Mäßigung solche Bedingungen verschaffen zu können, zunimmt. Denn einen Feind, der durch seinen Mut und Stolz, durch seine ungeheure Anzahl und seine kaum erschöpflichen innerlichen Hülfsquellen, auch wenn er geschlagen ist, immer furchtbar bleibt – einen Feind, der das Leben so wenig achtet, daß er eine *heutige Niederlage* nur als eine Verpflichtung, *morgen zu siegen* oder zu sterben, ansieht, einen solchen Feind zur äußersten Verzweiflung zu treiben, kann in keinem Falle der Rat der Klugheit sein.

Christoph Martin Wieland
Aufruf an Teutschland

Das teutsche Vaterland ist in Gefahr!!!

Biedere und tapfere teutsche Nation! Blicke auf die alten grausenden Denkmäler französischer Barbarei in der Pfalz! Betrachte die neuren, noch grausameren Verwüstungen, welche jetzt die Jakobinerhorden in dieser gesegneten Gegend unter deinen Augen begehen!! – O, mein Vaterland! Siehe hier das traurige Los, das *deiner* unabwendbar erwartet, wenn du dich nicht *in deiner ganzen Nationalkraft* diesem *alles* verheerenden Strome entgegenstemmest.

Die Pfalz war bis hierher neutral – gegen die Franzosen – und gegen die neutrale Pfalz wüten jetzt so die Franzosen! Auch den ruhigen Hüttenbewohnern nahmen sie alles, sogar das Hemd vom Leibe!! Wie schrecklich würden sie erst in den übrigen Ländern Teutschlands hausen, deren Fürsten die gerechtesten Waffen gegen die Gottesleugner, Königsmörder, Menschenwürger ergriffen!!! – Darum: kömmt vollends diesmal das diesseitige Ufer des Rheins in ihre zerstörende Gewalt – dann ist *ganz Teutschland* unwiederbringlich verloren. Der Hunger peitscht sie nun zu Hunderttausenden aus ihren Höhlen nach dem fruchtbaren Teutschlande. Schrecklicher als ausgehungerte Tiger und Wölfe fallen sie dann über eine Provinz unsres Vaterlandes nach der andern her. Auch den *entferntesten* stehet nichts anders und Gewisseres bevor, als daß sie *nur später aufgefressen werden.* Dies ist das unausbleibliche Schicksal, das ganz Teutschland mit allen seinen Bewohnern ohne Ausnahme bedroht. Wer nur einen Kittel trägt, ist nicht sicher, ihn vor der französischen Raubbegierde zu bergen!!! Und doch wäre der

Verlust aller Habe, alles Eigentums noch das Geringste, was vom Reichsten bis zum Ärmsten gemeinschaftlich die *sämtlichen* Bewohner Teutschlands zu befürchten hätten.

Es ist, selbst aus den französischen Zeitschriften, allgemein bekannt, daß die Volksverführer der verblendeten, irregeleiteten französischen Nation das, was jedem vernünftigen, gesitteten Menschen das Ehrwürdigste ist und sein muß – die *Religion* – durch alle nur mögliche Mittel suchten auszurotten. Die entsetzliche, alle Bande der menschlichen Gesellschaft zerreißende, alle bürgerliche und moralische Ordnung in der Welt zerstörende Lehre: *Es ist kein Gott, der belohnt und bestraft* – sollte sogar öffentlich in ihren *Volksschulen* gelehret werden!! Alle Kirchen in ganz Frankreich haben sie rein ausgeplündert, alle vorgefundenen Gebetbücher und selbst *Gottes Wort, die Bibeln*, trugen sie auf einen Haufen und machten ein Freudenfeuer daraus. Die dem Gotte der Liebe und Allbarmherzigkeit geweihten Altäre wurden von diesen Rasenden teils zertrümmert, teils auf die schändlichste Weise verunreiniget, indem sie *lüderliche Dirnen* zu Göttinnen der Vernunft machten, Prozessionen mit diesen ihnen höchst würdigen Gottheiten anstelleten, ihnen die christlichen Altäre einräumten und diese ihre *Franzosen-Vernunft* auf solche abgöttische Weise verehrten!!!

Neben diesen Gottheiten setzten natürlich die Gottesleugner das *Laster aller Art* auf den Thron. Königsmord, Vatermord, Brüdermord, Mordbrennerei, Straßen- und Kirchenraub zählen diese Ungeheuer unter ihre *bürgerlichen Tugenden.* In den beiden unglücklichen Städten Lyon und Toulon mordet diesen blutdürstigen Menschentigern die Köpf-Maschine zu langsam; sie schießen ihre eignen Landsleute, die sich ihrer Tigerwut entziehen wollen, zu Hunderten an einem Tage tot; die nicht auf der Stelle bleiben, machen sie sich das barbarische Vergnügen, mit dem Säbel vollends hinzuwürgen. Die Häuser dieser Unglücklichen sprengen sie mit Pulver in die Luft!! – Ha! diese alle barbarischen Grausamkeiten der Vorzeit weit übertreffenden Greuel stehen *euch insgesamt* bevor, *biedere Teutsche*, die ihr eure Religion liebt und nach den wohltätigen Gesetzen derselben eure Obrigkeit als Gottesdiener, Zucht und Ordnung in der Welt zu erhalten verehret. Euch treffen alle diese Greueltaten, wenn ihr nicht *jetzt mit vereinigten Kräften* euch den Franzosen widersetzet. Die Franzosen sind eure gemeinschaftlichen Feinde. Von jeher war dieses grausame Volk der Erbfeind der Teutschen, wie die Türken der gesamten Christenheit. Wütender als die Türken, die doch einen Gott glauben und verehren, stehen diese Gottes- und der Menschheit Feinde bereit, euch eure Weiber und Kinder an Leib und Seele zu morden!!!

Und die von jeher durch ihre Tapferkeit so sehr berühmte teutsche Nation sollte sich von Franzosen – denen sie so oft und so sehr furchtbar war – wie Schlachtschafe geduldig hinwürgen lassen???

Nimmermehr!!!

Schon belebt teutscher Mut, teutsche Kraft den oberrheinischen, fränkischen und schwäbischen Kreis. Ewige Schande würde den brandmarken, der noch einen Augenblick zögerte, diesem rühmlichen teutsch-patriotischen Beispiele zu folgen.

Die Franzosen haben bis jetzt ihre äußersten Kräfte angestrengt – *sie sind ihrer vollständigen Entkräftung nahe.* Millionen Menschen haben sie ihrer unsinnigen, ihr eigenes Vaterland verderbenden, zur Wüste machenden *Freiheit und Gleichheit* schon hingeopfert. – Die teutsche Nation *als Nation* stehet noch in ihrer ganzen Kraft da. Beseelt sie der *echte Gemeingeist*, der alle kleinlichen Privatvorurteile *großmütig* verachtet, so ist ein *einziger gemeinschaftlicher, kräftiger Stoß der teutschen Nationalmasse* hinreichend, die Jakobiner-Republik mit allen ihren unerhörten Greueln auf immer zu zernichten.

Der ewige Nachruhm *bleibe der biedern und tapfern teutschen Nation! Sie rächete Gott und die Menschheit an Gottes und der Menschheit abscheulichsten, gefährlichsten Feinden, an den Gott schändenden, Menschen würgenden Franzosen!!! Die biedere und tapfere teutsche Nation blieb in diesem alles entscheidenden Kampfe ihrer Religion und ihrer rechtmäßigen Obrigkeit getreu und rettete dadurch sich und ganz Europa von dem nahen Abgrunde des grenzenlosen und unabsehlichen Verderbens!!!* – Sehet, biedere Teutsche und Tapfere, sehet euer gewisses Los an der neutralen Pfalz vor euch. Darum greifet alle, alle ohne Ausnahme zu den Waffen! Gott ist mit euch. Ihr streitet gegen seine und eure ärgsten Feinde – *euer ist der Sieg!*

Christoph Martin Wieland
Wiederholter Aufruf an die Deutsche Nation

Habt ihr vernommen, ihr deutschen Völker, das neue Aufgebot des Hauses Österreich? Wie? ihr wollet wieder 120000 Mann zur Schlachtbank führen lassen? Ihr wollet eure noch übrigen kraftvollen Jünglinge dem ungerechten Kriege, der gegen die französische Freiheit und gegen die Menschenrechte geführt wird, aufopfern? Schon so viele Tausende eurer blühendsten Jünglinge wurden eine Beute des Kriegs, blieben als unschuldige Opfer auf dem Schlachtfelde – und ihr wollt wieder 120 Tausend Jünglinge töten lassen? Was tut ihr, ihr Völker? Was sagt euch euer Herz? Was sagt euch euer Gewissen? Hat Gott euch eure Söhne dazu gegeben, daß ihr sie zu Menschenmördern macht? Daß ihr sie dem Kriege, dem Schwerte, dem Kriegsfeuer, der Verstümmelung, dem jämmerlichen Tode preisgebet? Oder meint ihr, ihr werdet das Frankenvolk überwinden?

Ha! sie sind unüberwindlich, die Franken-Nation, denn sie streitet und kämpft und ringet für die Freiheit – für Menschenrechte! Die Freiheit begeistert sie; die Freiheit flößet ihr Mut ein; die Freiheit stählt ihre Kräfte. Die Menschheit, welche die Franken-Nation verteidigt, steht ihr zur Seite und hilft ihr siegen.

Wohin die Franken-Nation sich wandte, begleitete sie das Glück; überall waren siegreich ihre Waffen. Jedes feindliche Heer, das der Freiheit heiliges Land betreten und entweihen wollte, entfloh vor ihrer starken Hand, entfloh vor ihrem kräftigen Arme. Schon wieder hat Österreich seine Niederlande – und vielleicht auf immer – verloren. Belgiens Einwohner empfangen die Franken mit Jubel und knüpfen das Band der Freundschaft, das stärker noch ist als das Band der Nachbarschaft; denn es ist geheiligt durch Freiheit, geknüpft durch die anerkannten Rechte der Menschheit.

Wie viele 1000 und 1000 Menschen haben, o Deutschland! dir die Siege der Franken gekostet? Ach! Ströme von Blut ergossen sich über die weiten Gefilde, auf denen die deutschen Krieger gegen die Freiheit und gegen die Menschenrechte kämpften. Erkennt ihr noch nicht, daß nur da, wo man für Freiheit und Menschenrechte kämpft, der Sieg sein kann?

Die Franken-Nation ist eine freie Nation – wie kannst du es wagen, ihr Widerstand zu leisten? Gleich einem reißenden Strome, der, wenn er einmal die Dämme durchbrochen hat, alle sich ihm entgegenstemmenden Hindernisse mit sich unaufhaltsam fortreißt, wird die Franken-Nation alle Heere verschlingen, die das deutsche Volk ihrer Siegerbahn entgegenstellen wird.

Du willst, deutsches Volk, den Feldzug fortsetzen? Den Krieg verlängern? Zu seiner Unterhaltung wieder 120000 Mann, den Kern der Nation, aufopfern? Ahndest du nicht – befürchtest du nicht, daß die Fortsetzung des Kriegs deinen völligen Untergang nach sich ziehen kann? Ahndest du nicht – befürchtest du nicht, daß dein Land der Schauplatz des Kriegs werden kann, der bisher nur an den Grenzen geführt wurde?

Willst du die Franken dadurch, daß du neue Heere gegen sie aufstellst, aufs neue reizen, aufs neue zur Rache auffordern, sie in dein Land herbeirufen? Würde nicht Deutschland alsdann seine junge Mannschaft, allen Handel, alles Gewerbe, alles Geld, alle Lebensmittel etc. verlieren? Wie viele junge Leute werden noch in euren Ländern, ihr Deutschen, übrig bleiben, wenn ihr abermals 120000 Mann ausheben wollt? Wer wird eure Äcker, wer wird eure Werkstätten besorgen? Teurung, Hungersnot, Seuchen und Krankheiten – Pest und Tod werden die schrecklichen Folgen eurer Verblendung sein!

Geschieht diese Truppen-Aushebung freiwillig oder gezwungen? Widersprechen aber Zwangsmittel nicht allen Menschenrechten? Oder, wollt ihr auf alle Menschenrechte Verzicht tun? Wollt ihr solchen Befehlen, die von der Grausamkeit und Unmenschlichkeit eingegeben und auf die gänzliche Vernichtung aller Freiheit und aller Menschenrechte abzielen, Gehorsam leisten?

Sollten die deutschen Völker nicht die Franken-Nation segnen, weil sie für die Freiheit aller Völker streitet? Sollten sie nicht zu ihren außerordentlichen Fortschritten ihr Glück wünschen? Sollten sie ihr nicht Beistand und Unterstützung schenken? Sollten sie sie nicht als die Wiederherstellerin der Freiheit und der Menschenrechte verehren?

Ha! und ihr höret es kaltblütig und gelassen an, daß die Tyrannen ein neues Blutopfer von 120 000 Mann fordern, daß die Tyrannen befehlen, daß Bürger ihre Mitbürger – Menschen ihre Mitmenschen – Brüder ihre Brüder verstümmeln, erwürgen, morden?

Wie lange, o deutsche Nation! wirst du dich noch mißbrauchen lassen? Bedenke doch endlich, welches Verderben du dir selbst dadurch bereitest, daß du an dem Kriege, welchen verbündete Könige mit Frankreich führen, Anteil nimmst.

Weißest du nicht, daß schon vor diesem Kriege deine meisten Fürsten stark verschuldet waren? Wie sehr wird nicht diese Schuldenlast durch diesen ungerechten und schändlichen Krieg angehäuft werden! Und wer wird diese Schulden bezahlen? Die Fürsten, die sie gemacht haben? Womit werden sie diese Schulden bezahlen? Mit ihrem Fleiße? Mit ihrer Arbeitsamkeit, mit ihrer Sparsamkeit, mit ihrem Schweiße? Oder vielmehr mit eurem Fleiße, ihr Völker deutscher Nation, mit eurer Arbeitsamkeit, mit eurer Sparsamkeit, mit eurem Schweiße? Und ihr, deutsche Bürger, bestreitet eine Nation, eure Nachbarin, welche für Freiheit, für Menschenrechte, fürs Volksglück kämpft, damit auch ihr von euren Fürsten in den nämlichen Abgrund hinabgeschleudert werdet, aus welchem sich eure Nachbarn, die Franken, mit so vieler Mühe herauswinden? Wird nicht die ungeheure Menge der besoldeten Soldaten das deutsche Reich zu Boden drücken und umstürzen, weil die Hände nicht mehr zureichen werden, Brot für sie zu gewinnen?

Siehe du Landmann! Siehe, du Handwerksmann! Ihr arbeitet, damit von eurem sauren Schweiße so viele 1000 und 1000 Soldaten, die nicht arbeiten, ernähret und von euren Fürsten blutige Kriege geführt werden können. Du gibst sogar deine Söhne her, die dir im Alter deine Arbeiten erleichtern könnten, damit sie ihre Mitmenschen, die weder euren Söhnen noch euch jemals was zu Leide getan haben, morden oder sich von diesen töten lassen sollen! Der Arm, der den Franken tötet, würde dich, o

Landmann, o Handwerksmann, in deinem Alter unterstützen, und nun mußt du ihn entbehren; die Hand, welche jetzt das Rohr, um den Franken zu zerschmettern, ergreift, würde dir, o Landmann, o Handwerksmann, einst in deinem Tode das Auge zudrücken, und nun mußt du auch dieses Trostes beraubt dich sehen; der Sohn, welcher jetzt nur einem Franken das Leben nimmt und dadurch einer Mutter ihren Sohn raubt, würde nach deinem Tode, o Landmann, o Handwerksmann, deiner Gattin den Verlust ersetzen, der Witwen Stecken und Stab im Alter sein, die Mutter in Krankheiten pflegen und warten, seine jungen Geschwister, deine übrigen Kinder ernähren, versorgen, erziehen, und nun mußt du dein Weib – ohne Sohn, ohne Stütze, ohne Stecken und Stab – im Tode hinter dich zurücklassen! Kannst du, kannst du dieses vor Gott und den Menschen, vor deinem eigenen Gewissen verantworten? Was willst du, was willst du antworten, wenn das Blut der Franken, wenn die Seufzer seiner Mutter, wenn die Seufzer deines eigenen Weibes zu Gott um Rache wider dich schreien, daß du deinen Sohn zum Menschenmörder aufzogst??? und ausliefertest???

Wie lange, deutsche Nation, wirst du dich noch mißbrauchen lassen?

Wisse, daß du dir die Fesseln, welche du schon Jahrhunderte hindurch trägst, weil du sie tragen wolltest, selber noch mehr stählest und drückender machst, indem du den Königen beistehst, welche Frankreich deswegen bekriegen, weil sie die Bewohner Frankreichs nicht in Freiheit sehen können, weil sie wissen, daß die Menschen durch Freiheit glücklich werden, weil sie befürchten, ihre Völker möchten selbst nach Freiheit streben, wenn sie das Frankenvolk durch die Freiheit beglückt sehen würden! Wisse, daß dich deine Könige so mit Fesseln belegen, so mit Ketten belasten, so mit Ketten beschweren werden, daß du nicht einmal die Kraft haben wirst, dich von dem Staube der Sklaverei, in welchem du dich herumwälzen wirst, nur ein wenig emporzuheben.

Bedenke die ungeheure Schuldenlast, welche durch so viele Kriege, die die Könige geführet haben, und besonders durch den gegenwärtigen Krieg aufgehäuft worden ist – welche Anstrengungen, welche Arbeiten, welche Aufopferungen wird sie nicht verursachen? Und wer wird sich anstrengen müssen? Ihr – oder die Könige? Wer wird Aufopferungen machen? Ihr – oder die Könige? Alle diese Fragen werdet ihr euch selbst beantworten können; ihr werdet selbst einsehen, daß die Könige, um ihre Schulden zu bezahlen, die Völker ganz aussaugen werden, und daß sie die Völker daher in Dummheit und Sklaverei zu erhalten suchen werden – damit sie sich geduldig aussaugen lassen.

Wie furchtbar werden klirren eure Fesseln, deutsche Völker! Fürchterlicher, schrecklicher, grausenvoller noch, als sie schon seit vielen Jahrhunderten um die Throne der Könige her klirrten, werden klirren eure Fesseln, daß der Weise, der Edle darob im Innersten seines Herzens ergrimmen wird! Leset in den Annalen der deutschen Nation, wie viele Unschuldige in Gefängnisse geworfen worden sind, ohne ihnen die Ursache ihrer Gefangenschaft zu sagen, ohne ihnen die Wohltat eines Verhörs zustatten kommen zu lassen, ohne ihnen das Recht der Verteidigung einzuräumen.

Der Haß eines ränkevollen, habsüchtigen und ehrgeizigen Ministers, der beleidigte Stolz oder die unbefriedigte Wollust einer Mätresse, die Feindschaft eines Kammerdieners oder Kammermädchens waren oft hinreichend, um den Wohlstand einer ganze Familie zu zerstören – weil es der Fürst gebot. Erlegte der Landmann das Wild, das ihm seine Ernte wegfraß, so wurde er lebendig auf das Wild angeschmiedet – und so dem erbärmlichsten Tode preisgegeben. Fiel ein Jagdhund, so schoß der Fürst den Wärter des Hundes übern Haufen, ob er gleich an dessen Tode unschuldig war – und die Schmarotzer und Speichellecker des Hofs rühmten noch die große Tat des Fürsten, daß Sr. Hochfürstl. Durchlaucht den Hundswärter mit eigner hoher Hand zu morden geruhet hätten. So mißhandelten bisher die Könige und Fürsten ihre Völker. Wie wird es euch, ihr Völker! ergehen, wenn in Zukunft eure Fesseln noch enger, noch stärker, noch gestählter sein werden? Sie werden euch in solche Fesseln schmieden, die ihr werdet zerbrechen wollen, aber – nicht können. Schon machen die Könige Anstalt, euch in den Staub der niedrigsten Sklaverei darnieder zu stoßen; schon verbieten sie freundschaftliche, unschuldige Zusammenkünfte; schon senden sie Spione aus, schuldlose Bürger zu belauschen und sie wegen einiger unbedachtsamer und freier Worte zu fahen, um sie in den Kerker zu werfen und ihnen ihre Habe abnehmen zu können; schon verbieten sie Leihbibliotheken, Lesegesellschaften, Akademien, Konzerte etc.; schon stören und verhindern sie, so viel an ihnen ist, allen Gedankenumlauf und allen Ideenwechsel; schon heben sie alle Druck-, Rede- und Preßfreiheit auf; schon verschließen sie die Schulen, damit die Leute dumm bleiben und Sklaven bleiben bis in ...!

Dies ist das Vorspiel! Wie gefällt es euch, deutsche Völker? Wie wird erst das Nachspiel sein? Wollet ihr es zaghaft erwarten!

Wie lange, o deutsche Nation! wirst du dich noch mißhandeln lassen? Wahrlich, es ist hohe Zeit, einem Kriege ein Ende zu machen, der schon so vieles Menschenblut gekostet hat – einem Kriege, der durch die Herrschsucht übermütiger Tyrannen und unmenschlicher Despoten angefangen worden ist – einem Kriege, bei welchem die Tyrannen die Absicht haben, die Völker, welche zu lange schon die Fesseln der Sklaverei getragen haben, noch mehr in Fesseln zu schmieden – einem Kriege, der den Untergang des ganzen Deutschlandes zur Folge haben kann!

Zittert, ihr Tyrannen der Erde! Zittert, ihr Despoten der Völker! Das Volk erwacht!! Das Volk hört die Stimme der Vernunft!!! – Die Sonne der Wahrheit erleuchtet die Augen aller Nationen – die Göttin der Freiheit verheißt allen Nationen Glück.

Erbebt, ihr Tyrannen der Erde! Erbebt, ihr Despoten der Völker! Das Volk steht auf! Furchtbar, schrecklich, grausenvoll ist sein Aufstand, wenn ihr es dazu zwingt, wenn ihr noch länger den Krieg gegen die Franken-Nation, gegen die Freiheit, gegen die Menschenrechte fortsetzen wollt, wenn ihr euch zu einem neuen Feldzuge vorzubereiten waget. Lange genug sind die Nationen ihrer ewigen und unveräußerlichen Menschenrechte beraubt gewesen – lange genug sind sie von Obertyrannen und Untertyrannen, von geistlichen und weltlichen Fürsten, vom Adel und von der Geistlichkeit gemißbraucht, gemißhandelt und herabgewürdiget worden – lange genug haben sie das Joch der Sklaverei getragen, das ihnen Herrschaften gewaltsam und widerrechtlich auflegten – lange genug haben ihre Ohren die Fesseln an den Füßen der Sklaven rasseln hören – lange genug hat der Rücken der Menschen die Geißelhiebe ihrer Treiber und die

Fuchtel ihrer militärischen Zuchtmeister gefühlt!! Das Volk hat bereits seine Rechte kennengelernt; es ist nicht mehr unwissend. Das Volk hat bereits die Reize der Freiheit erblickt; seine Denkungsart ist nicht mehr sklavisch – ist frei!

Endigt den Krieg, ihr Tyrannen! Macht Friede, ihr Despoten! Das Volk will Friede haben – und wird Friede machen, wenn ihr nicht Friede macht.

Ihr fordert die Völker auf, in Masse aufzustehen? – Wie? Wißt ihr auch, ihr Tyrannen, was ihr verlangt? Ha! die Völker werden in Masse aufstehen – aber um euch in den Staub niederzudonnern, in welchem eure Völker sich bisher haben umherwälzen müssen!

Der Urheber der Natur hat die Menschen zur Freiheit geschaffen; lange genug habt ihr, ihr Despoten, die heilige Freiheit ihnen vorenthalten. Eilet! eilet, sie ihnen wieder zurückzugeben – oder sie nehmen sie sich selbst. Wehe euch alsdann, ihr Tyrannen! Die Völker werden – weil ihr es wollet – in Masse aufstehen, aber um das Reich der Sklaverei und des Despotismus zu zermalmen, alle Throne zu zertrümmern, den übermütigen Adel zu Boden zu treten, den Fanatismus zu brandmarken, der Heuchelei ihre schändliche Larve wegzureißen.

Noch einmal, ihr Tyrannen: macht Friede! – oder das Volk steht auf und macht *Friede*!!!

1795

Johann Wilhelm Ludwig Gleim
Das Schaf

»Macht Frieden«, sprach ein Schaf, »beim Krieg ist doch
kein Segen!«
»Beim Frieden, liebes Schaf, ist keiner!« sprach der Hirt.
»Der Wolf ist unser Feind! Am Krieg ist uns gelegen.
Er steht auf allen unsern Wegen
Und frißt uns, wenn er nicht ganz ausgerottet wird!«

August Hennings
Sollen immer Kriege sein?

Solange noch Leidenschaften toben, solange noch Gelehrte (zum Teil höchst unanständige) Fehden gegeneinander führen, solange, heißt es, werden wir es uns auch gefallen lassen müssen, daß es Kriege gebe, und solange es Kriege gibt, müssen wir stehende Heere haben. Ich gebe es zu, aber dies hindert uns nicht zu lehren: Menschen müssen suchen, ihre Leidenschaften zu bezwingen; Gelehrte müssen friedlich und urban nach Wahrheit forschen; Kriege gehören nur für Barbaren, sie sind mit Staaten, deren Größe im Handel und in der Industrie bestehet, in geradem Widerspruch, sie sind die ungereimtesten Mittel von der Welt, um einem Staate Reichtum, Fleiß, Gewerbe zu schaffen oder Ruhe und Ordnung zu erhalten, weil sie grade alles das zertrümmern. Heutiges Tages ist jeder Krieg unweise, auch wollen Nationen ihn nicht mehr wie ehemals, nur der ministerielle Ehrgeiz, nur die Intrige einer übel verstandenen Politik verschwendet auf eine so fruchtlose Art das Mark und die Stärke kultivierter Staaten. Es ist daher zu wünschen, daß Kriege verhaßt werden, man muß nicht aufhören, dagegen zu reden und davor zu warnen, und siehet man einst das Unrecht und die Torheit der Kriege ein, so wird man auch die große Anzahl stehender Heere lästig, schädlich und überflüssig finden und nicht mehr bewehrte Bürger zu sehen wünschen, als die innere Sicherheit und die Deckung des Landes erfordert.

August Hennings
Krieg und Frieden

Wie lange noch rast wilde Kriegeswut?
Altäre fallen hier, dort Fürstenthronen.
Im Ozean von Flammen und von Blut
Begraben sich Europens Nationen.
Wie? Selbst mit Gottesleugnung sind verschworen
Des Aberglaubens Höllenfurien?
Des Friedens Kind, zum Heil der Welt geboren,
Das wollen sie im Riesenkampf bestehn.

Geheimnisvoll umschwebt mich ein Gesicht.
Im Heiligtume hat der Herr geschworen:
Der gute Fürst nur wankt im Sturme nicht,
Von Gottes Gnaden ist nur er geboren.
Heil ihm! Vom Himmel her ruft er den Frieden;
Heil ihm, der, menschlich, auch die Menschheit schont!
In ihm verehren wir das Bild hienieden
Von dem, der über allen Thronen wohnt.

Wer darf des Himmels Kinde widerstehn?
Der Weisheit Fackel trägt es in der Rechten,
Und in der Linken läßt es Blitze sehn.
Der Menschen schont's; es droht Tyrannenknechten.
Was zaudert ihr, des Friedens Kind zu küssen?
Euch, Völkerhirten, stört's nicht in der Ruh.
Nur euch, o Völkerwürger, tritt's mit Füßen,
Mit Hohn sieht's eurem Umsturz zu.

Immanuel Kant
Zum ewigen Frieden

Ein philosophischer Entwurf

Zum ewigen Frieden

Ob diese satirische Überschrift auf dem Schilde jenes holländischen Gastwirts, worauf ein Kirchhof gemalt war, ⟨für⟩ die *Menschen* überhaupt oder besonders die Staatsoberhäupter, die des Krieges nie satt werden können, oder wohl gar nur die Philosophen gelte, die jenen süßen Traum träumen, mag dahingestellt sein. Das bedingt sich aber der Verfasser des Gegenwärtigen aus, daß, da der praktische Politiker mit dem theoretischen auf dem Fuß steht, mit großer Selbstgefälligkeit auf ihn als einen Schulweisen herabzusehen, der dem Staate, welcher von Erfahrungsgrundsätzen ausgehen müsse, mit seinen sachleeren Ideen keine Gefahr bringe und den man immer seine eilf Kegel auf einmal werfen lassen kann, ohne daß sich der *weltkundige* Staatsmann daran kehren darf, dieser auch im Fall eines Streits mit jenem sofern konsequent verfahren müsse, hinter seinen auf gut Glück gewagten und öffentlich geäußerten Meinungen nicht Gefahr für den Staat zu wittern; – durch welche *Clausula salvatoria* der Verfasser dieses sich dann hiemit in der besten Form wider alle bösliche Auslegung ausdrücklich verwahrt wissen will.

Erster Abschnitt, welcher die Präliminarartikel zum ewigen Frieden unter Staaten enthält

1. ›Es soll kein Friedensschluß für einen solchen gelten, der mit dem geheimen Vorbehalt des Stoffs zu einem künftigen Kriege gemacht worden.‹

Denn alsdann wäre er ja ein bloßer Waffenstillstand (Aufschub der Feindseligkeiten) nicht *Friede*, der das Ende aller Hostilitäten bedeutet und dem das Beiwort *ewig* anzuhängen ein schon verdächtiger Pleonasm ist. Die vorhandenen, obgleich jetzt vielleicht den Paziszierenden selbst noch nicht bekannten Ursachen zum künftigen Kriege sind durch den Friedensschluß insgesamt vernichtet, sie mögen nun aus archivarischen Dokumenten mit noch so scharfsichtiger Aufspähungsgeschicklichkeit ausgeklaubt sein.

– Der Vorbehalt (reservatio mentalis) alter, allererst künftig auszudenkender Prätensionen, deren kein Teil für jetzt Erwähnung tun mag, weil beide zu sehr erschöpft sind, den Krieg fortzusetzen, bei dem bösen Willen, die erste günstige Gelegenheit zu diesem Zweck zu benutzen, gehört zur Jesuitenkasuistik und ist unter der Würde der Regenten so wie die Willfährigkeit zu dergleichen Deduktionen unter der Würde eines Ministers derselben, wenn man die Sache, wie sie an sich selbst ist, beurteilt.

Wenn aber nach aufgeklärten Begriffen der Staatsklugheit in beständiger Vergrößerung der Macht (durch welche Mittel es auch sei) die wahre Ehre des Staates gesetzt wird, so fällt freilich jenes Urteil als schulmäßig und pedantisch in die Augen.

2. ›Es soll kein für sich bestehender Staat (klein oder groß, das gilt hier gleichviel) von einem andern Staate durch Erbung, Tausch, Kauf oder Schenkung erworben werden können.‹

Ein Staat ist nämlich nicht (wie etwa der Boden, auf dem er seinen Sitz hat) eine Habe (patrimonium). Er ist eine Gesellschaft von Menschen, über die niemand anders als er selbst zu gebieten und zu disponieren hat. Ihn aber, der selbst als Stamm seine eigene Wurzel hatte, als Pfropfreis einem anderen Staate einzuverleiben, heißt seine Existenz als einer moralischen Person aufheben und aus der letzteren eine Sache machen und widerspricht also der Idee des ursprünglichen Vertrags, ohne die sich kein Recht über ein Volk denken läßt. [...] – In welche Gefahr das Vorurteil dieser Erwerbungsart Europa (denn die andern Weltteile haben nie davon gewußt) in unseren bis auf die neuesten Zeiten gebracht habe, daß sich nämlich auch Staaten einander heuraten könnten, ist jedermann bekannt, teils als eine neue Art von Industrie, sich auch ohne Aufwand von Kräften durch Familienbündnisse übermächtig zu machen, teils auch auf solche Art den Länderbesitz zu erweitern. – Auch die Verdingung der Truppen eines Staats an einen andern gegen einen nicht gemeinschaftlichen Feind ist dahin zu zählen; denn die Untertanen werden dabei als nach Belieben zu handhabende Sachen gebraucht und verbraucht.

3. ›Stehende Heere (miles perpetuus) sollen mit der Zeit ganz aufhören.‹

Denn sie bedrohen andere Staaten unaufhörlich mit Krieg durch die Bereitschaft, immer dazu gerüstet zu erscheinen; reizen diese an, sich einander in Menge der Gerüsteten, die keine Grenzen kennt, zu übertreffen, und indem durch die darauf verwandten Kosten der Friede endlich noch drückender wird als ein kurzer Krieg, so sind sie selbst Ursache von Angriffskriegen, um diese Last loszuwerden; wozu kommt, daß, zum Töten oder getötet zu werden in Sold genommen zu sein, einen Gebrauch von Menschen als bloßen Maschinen und Werkzeugen in der Hand eines andern (des Staats) zu enthalten scheint, der sich nicht wohl mit dem Rechte der Menschheit in unserer eigenen Person vereinigen läßt. – Ganz anders ist es mit der freiwilligen, periodisch vorgenommenen Übung der Staatsbürger in Waffen bewandt, sich und ihr Vaterland dadurch gegen Angriffe von außen zu sichern. – Mit der Anhäufung eines Schatzes würde es ebenso gehen, daß er, von anderen Staaten als Bedrohung mit Krieg angesehen, zu zuvorkommenden Angriffen nötigte (weil unter den drei Mächten, der *Heeresmacht*, der *Bundesmacht* und der *Geldmacht*, die letztere wohl das zuverlässigste Kriegswerkzeug sein dürfte), wenn nicht die Schwierigkeit, die Größe desselben zu erforschen, dem entgegenstände.

4. ›Es sollen keine Staatsschulden in Beziehung auf äußere Staatshändel gemacht werden.‹

Zum Behuf der Landesökonomie (der Wegebesserung, neuer Ansiedelungen, Anschaffung der Magazine für besorgliche Mißwachsjahre usw.) außerhalb oder innerhalb dem Staate Hülfe zu suchen, ist diese Hülfsquelle unverdächtig. Aber als entgegenwirkende Maschine der Mächte gegeneinander ist ein Kreditsystem ins Unabsehliche anwachsender und doch immer für die gegenwärtige Forderung (weil sie doch nicht von allen Gläubigern auf einmal geschehen wird) gesicherter Schulden – die sinnreiche Erfindung eines handeltreibenden Volks in diesem Jahrhundert – eine gefährliche Geldmacht, nämlich ein Schatz zum Kriegführen, der die Schätze aller anderen Staaten zusammengenommen übertrifft und nur durch den einmal bevorstehenden Ausfall der Taxen (der doch auch durch die Belebung des Verkehrs vermittelst der Rückwirkung auf Industrie und Erwerb noch lange hingehalten wird) erschöpft werden kann. Diese Leichtigkeit, Krieg zu führen, mit der Neigung der Machthabenden dazu, welche der menschlichen Natur eingeartet zu sein scheint, verbunden, ist also ein großes Hindernis des ewigen Friedens, welches zu verbieten um desto mehr ein Präliminarartikel desselben sein müßte, weil der endlich doch unvermeidliche Staatsbankerott manche andere Staaten unverschuldet in den Schaden mit verwickeln muß, welches eine öffentliche Läsion der letzteren sein würde. Mithin sind wenigstens andere Staaten berechtigt, sich gegen einen solchen und dessen Anmaßungen zu verbünden.

5. ›Kein Staat soll sich in die Verfassung und Regierung eines anderen Staats gewalttätig einmischen.‹

Denn was kann ihn dazu berechtigen? Etwa das Skandal, was er den Untertanen eines anderen Staats gibt? Es kann dieser vielmehr durch das Beispiel der großen Übel, die sich ein Volk durch seine Gesetzlosigkeit zugezogen hat, zur Warnung dienen; und überhaupt ist das böse Beispiel, was eine freie Person der anderen gibt (als Scandalum acceptum) keine Läsion derselben. – Dahin würde zwar nicht zu ziehen sein, wenn ein Staat sich durch innere Veruneinigung in zwei Teile spaltete, deren jeder für sich einen besonderen Staat vorstellt, der auf das Ganze Anspruch macht, wo einem derselben Beistand zu leisten einem äußeren Staat nicht für Einmischung in die Verfassung des anderen (denn es ist alsdann Anarchie) angerechnet werden könnte. Solange aber dieser innere Streit noch nicht entschieden ist, würde diese Einmischung äußerer Mächte Verletzung der

Rechte eines nur mit seiner inneren Krankheit ringenden, von keinem anderen abhängigen Volks, selbst also ein gegebenes Skandal sein und die Autonomie aller Staaten unsicher machen.

6. ›Es soll sich kein Staat dem Kriege mit einem anderen solche Feindseligkeiten erlauben, welche das wechselseitige Zutrauen im künftigen Frieden unmöglich machen müssen, als da sind: Anstellung der *Meuchelmörder* (percussores), *Giftmischer* (venefici), *Brechung der Kapitulation*, Anstifung des *Verrats* (perduellio) in dem bekriegten Staat etc.‹

Das sind *ehrlose* Stratagemen. Denn irgendein Vertrauen auf die Denkungsart des Feindes muß mitten im Kriege noch übrig bleiben, weil sonst auch kein Friede abgeschlossen werden könnte und die Feindseligkeit in einen *Ausrottungskrieg* (bellum internecinum) ausschlagen würde, da der Krieg doch nur das traurige Notmittel im Naturzustande ist (wo kein Gerichtshof vorhanden ist, der rechtskräftig urteilen könnte), durch Gewalt sein Recht zu behaupten; wo keiner von beiden Teilen für einen *ungerechten* Feind erklärt werden kann (weil das schon einen Richterausspruch voraussetzt), sondern der *Ausschlag* desselben (gleich als vor einem sogenannten Gottesgerichte) entscheidet, auf wessen Seite das Recht ist, zwischen Staaten aber sich kein *Bestrafungskrieg* (bellum punitivum) denken läßt (weil zwischen ihnen keine Verhältnis eines Oberen zu einem Untergebenen stattfindet). – Woraus denn folgt: daß ein Ausrottungskrieg, wo die Vertilgung beide Teile zugleich und mit dieser auch alles Rechts treffen kann, den ewigen Frieden nur auf dem großen Kirchhofe der Menschengattung stattfinden lassen würde. Ein solcher Krieg also, mithin auch der Gebrauch der Mittel, die dahin führen, muß schlechterdings unerlaubt sein. Daß aber die genannten Mittel unvermeidlich dahin führen, erhellt daraus, daß jene höllischen Künste, da sie an sich selbst niederträchtig sind, wenn sie in Gebrauch gekommen, sich nicht lange innerhalb der Grenze des Krieges halten, wie etwa der Gebrauch der *Spione* (uti exploratoribus), wo nur die Ehrlosigkeit *anderer* (die nun einmal nicht ausgerottet werden kann) benutzt wird, sondern auch in den Friedenszustand übergehen und so die Absicht desselben gänzlich vernichten würden. [...]

Zweiter Abschnitt, welcher die Definitivartikel zum ewigen Frieden unter Staaten enthält

Der Friedenszustand unter Menschen, die nebeneinander leben, ist kein Naturstand (status naturalis), der vielmehr ein Zustand des Krieges ist, d.i. wenngleich nicht immer ein Ausbruch der Feindseligkeiten, doch immerwährende Bedrohung mit denselben. Er muß also *gestiftet* werden; denn die Unterlassung der letzteren ist noch nicht Sicherheit dafür, und ohne daß sie einem Nachbarn von dem anderen geleistet wird (welches aber nur in einem *gesetzlichen* Zustande geschehen kann), kann jener diesen, welchen er dazu aufgefordert hat, als einen Feind behandeln.*

* Gemeiniglich nimmt man an, daß man gegen niemand feindlich verfahren dürfe als nur, wenn er mich schon tätig *lädiert* hat, und das ist auch ganz richtig, wenn beide im *bürgerlich-gesetzlichen* Zustande sind. Denn dadurch, daß dieser in denselben getreten ist, leistet er jenem (vermittelst der Obrigkeit, welche über beide Gewalt hat) die erforderliche Sicherheit. – Der Mensch aber (oder das Volk) im bloßen Naturstande benimmt mir diese Sicherheit und lädiert mich schon durch ebendiesen Zustand, indem er neben mir ist, obgleich nicht tätig (facto), doch durch die Gesetzlosigkeit seines Zustandes (statu iniusto), wodurch ich beständig von ihm bedroht werde, und ich kann ihn nötigen, entweder mit mir in einen gemeinschaftlich-gesetzlichen Zustand zu treten oder aus meiner Nachbarschaft zu weichen. – Das Postulat also, was allen folgenden Artikeln zum Grunde liegt, ist: Alle Menschen, die aufeinander wechselseitig einfließen können, müssen zu irgendeiner bürgerlichen Verfassung gehören.

Alle rechtliche Verfassung aber ist, was die Personen betrifft, die darin stehen, 1) die nach dem *Staatsbürgerrecht* der Menschen in einem Volke (ius civitatis), 2) nach dem *Völkerrecht* der Staaten im Verhältnis gegeneinander (ius gentium), 3) die nach dem *Weltbürgerrecht*, sofern Menschen und Staaten, in äußerem, aufeinander einfließendem Verhältnis stehend, als Bürger eines allgemeinen Menschenstaats anzusehen sind (ius cosmopoliticum). Diese Einteilung ist nicht willkürlich, sondern notwendig in Beziehung auf die Idee vom ewigen Frieden. Denn wenn nur einer von diesen im Verhältnisse des physischen Einflusses auf den andern und doch im Naturstande wäre, so würde damit der Zustand des Krieges verbunden sein, von dem befreit zu werden hier eben die Absicht ist.

Erster Definitivartikel zum ewigen Frieden.
Die bürgerliche Verfassung in jedem Staate soll republikanisch sein.

Die erstlich nach Prinzipien der *Freiheit* der Glieder einer Gesellschaft (als Menschen), zweitens nach Grundsätzen der *Abhängigkeit* aller von einer einzigen gemeinsamen Gesetzgebung (als Untertanen) und drittens die nach dem Gesetz der *Gleichheit* derselben *(als Staatsbürger)* gestiftete Verfassung – die einzige, welche aus der Idee des ursprünglichen Vertrags hervorgeht, auf der alle rechtliche Gesetzgebung eines Volks gegründet sein muß – ist die *republikanische*.* Diese ist also, was das Recht be-

* *Rechtliche* (mithin äußere) *Freiheit* kann nicht, wie man wohl zu tun pflegt, durch die Befugnis definiert werden: alles zu tun, was man will, wenn man nur keinem Unrecht tut. Denn was heißt *Befugnis?* Die Möglichkeit einer Handlung, sofern man dadurch keinem Unrecht tut. Also würde die Erklärung so lauten: Freiheit ist die Möglichkeit der Handlungen, dadurch man keinem Unrecht tut. Man tut keinem Unrecht (man mag auch tun, was man will), wenn man nur keinem Unrecht tut: folglich ist es leere Tautologie. – Vielmehr ist meine äußere (rechtliche) *Freiheit* so zu erklären: sie ist die Befugnis, keinen äußeren Gesetzen zu gehorchen, als zu denen ich meine Beistimmung habe geben können. Ebenso ist äußere (rechtliche) *Gleichheit* in einem Staate dasjenige Verhältnis der Staatsbürger, nach welchem keiner den andern wozu rechtlich verbinden kann, ohne daß er sich zugleich dem Gesetz unterwirft, von diesem wechselseitig auf dieselbe Art auch verbunden werden zu *können.* (Vom Prinzip der *rechtlichen* Abhängigkeit, da dieses schon in dem Begriffe einer Staatsverfassung überhaupt liegt, bedarf es keiner Erklärung). – Die Gültigkeit dieser angebornen, zur Menschheit notwendig gehörenden und unveräußerlichen Rechte wird durch das Prinzip der rechtlichen Verhältnisse des Menschen selbst zu höheren Wesen (wenn er sich solche denkt) bestätigt und erhoben, indem er sich nach eben denselben Grundsätzen auch als Staatsbürger einer übersinnlichen Welt vorstellt. Denn, was meine Freiheit betrifft, so habe ich selbst in Ansehung der göttlichen, von mir durch bloße Vernunft erkennbaren Gesetze keine Verbindlichkeit, als nur sofern ich dazu selber habe meine Beistimmung geben können (denn durchs Freiheitsgesetz meiner eigenen Vernunft mache ich mir allererst einen Begriff vom göttlichen Willen). Was in Ansehung des erhabensten Weltwesens außer Gott, welches ich mir etwa denken möchte (einen großen *Äon*), das Prinzip der Gleichheit betrifft, so ist kein Grund da, warum ich, wenn ich in meinem Posten meine Pflicht tue, wie jener Äon es in dem seinigen, mir bloß die

trifft, an sich selbst diejenige, welche allen Arten der bürgerlichen Konstitution ursprünglich zum Grunde liegt; und nun ist nur die Frage: ob sie auch die einzige ist, die zum ewigen Frieden hinführen kann.

Nun hat aber die republikanische Verfassung außer der Lauterkeit ihres Ursprungs, aus dem reinen Quell des Rechtsbegriffs entsprungen zu sein, noch die Aussicht in die gewünschte Folge, nämlich den ewigen Frieden; wovon der Grund dieser ist: Wenn (wie es in dieser Verfassung nicht anders sein kann) die Beistimmung der Staatsbürger dazu erfordert wird, um zu beschließen, ob Krieg sein solle oder nicht, so ist nichts natürlicher, als daß, da sie alle Drangsale des Krieges über sich selbst beschließen müßten (als da sind: selbst zu fechten; die Kosten des Krieges aus ihrer eigenen Habe herzugeben; die Verwüstung, die er hinter sich läßt, kümmerlich zu verbessern; zum Übermaße des Übels endlich noch eine den Frieden selbst verbitternde, nie – wegen naher, immer neuer Kriege – zu tilgende Schuldenlast selbst zu übernehmen), sie sich sehr bedenken werden, ein so schlimmes Spiel anzufangen: Da hingegen in einer Verfassung, wo der Untertan nicht Staatsbürger, die also nicht republika-

Pflicht zu gehorchen, jenem aber das Recht zu befehlen zukommen solle. Daß dieses Prinzip der *Gleichheit* nicht (so wie das der Freiheit) auch auf das Verhältnis zu Gott paßt, davon ist der Grund dieser, weil dieses Wesen das einzige ist, bei dem der Pflichtbegriff aufhört.

Was aber das Recht der Gleichheit aller Staatsbürger als Untertanen betrifft, so kommt es in Beantwortung der Frage von der Zulässigkeit des *Erbadels* allein darauf an: ob der vom Staat zugestandene *Rang* (eines Untertans vor dem andern) vor dem *Verdienst*, oder dieses vor jenem vorhergehen müsse. – Nun ist offenbar: daß, wenn der Rang mit der Geburt verbunden wird, es ganz ungewiß ist, ob das Verdienst (Amtsgeschicklichkeit und Amtstreue) auch folgen werde; mithin ist es ebensoviel, als ob er ohne alles Verdienst dem Begünstigten zugestanden würde (Befehlshaber zu sein); welches der allgemeine Volkswille in einem ursprünglichen Vertrage (der doch das Prinzip aller Rechte ist) nie beschließen wird. Denn ein Edelmann ist darum nicht sofort ein *edler* Mann. – Was den *Amtsadel* (wie man den Rang einer höheren Magistratur nennen könnte, und den man sich durch Verdienste erwerben muß) betrifft, so klebt der Rang da nicht als Eigentum an der Person, sondern am Posten, und die Gleichheit wird dadurch nicht verletzt, weil, wenn jene ihr Amt niederlegt, sie zugleich den Rang ablegt und unter das Volk zurücktritt.

nisch ist, es die unbedenklichste Sache von der Welt ist, weil das Oberhaupt nicht Staatsgenosse, sondern Staatseigentümer ist, an seinen Tafeln, Jagden, Lustschlössern, Hoffesten u.dgl. durch den Krieg nicht das mindeste einbüßt, diesen also wie eine Art von Lustpartie aus unbedeutenden Ursachen beschließen und der Anständigkeit wegen dem dazu allezeit fertigen diplomatischen Korps die Rechtfertigung desselben gleichgültig überlassen kann.

Damit man die republikanische Verfassung nicht (wie gemeiniglich geschieht) mit der demokratischen verwechsele, muß folgendes bemerkt werden. Die Formen eines Staats (civitas) können entweder nach dem Unterschiede der Personen, welche die oberste Staatsgewalt innehaben, oder nach der *Regierungsart* des Volks durch sein Oberhaupt, er mag sein, welcher er wolle, eingeteilt werden; die erste heißt eigentlich die Form der *Beherrschung* (forma imperii), und es sind nur drei derselben möglich, wo nämlich entweder nur *einer*, oder *einige* unter sich verbunden, oder *alle* zusammen, welche die bürgerliche Gesellschaft ausmachen, die Herrschergewalt besitzen (*Autokratie*, *Aristokratie* und *Demokratie*; Fürstengewalt, Adelsgewalt und Volksgewalt). Die zweite ist die Form der *Regierung* (forma regiminis) und betrifft die auf die Konstitution (den Akt des allgemeinen Willens, wodurch die Menge ein Volk wird) gegründete Art, wie der Staat von seiner Machtvollkommenheit Gebrauch macht: und ist in dieser Beziehung entweder *republikanisch* oder *despotisch*. Der *Republikanism* ist das Staatsprinzip der Absonderung der ausführenden Gewalt (der Regierung) von der gesetzgebenden; der *Despotism* ist das der eigenmächtigen Vollziehung des Staats von Gesetzen, die er selbst gegeben hat, mithin der öffentliche Wille, sofern er von dem Regenten als sein Privatwille gehandhabt wird. Unter den drei Staatsformen ist die der *Demokratie* im eigentlichen Verstande des Worts notwendig ein *Despotism*, weil sie eine exekutive Gewalt gründet, da alle über und allenfalls auch wider Einen (der also nicht mit einstimmt), mithin alle, die doch nicht alle sind, beschließen; welches ein Widerspruch des allgemeinen Willens mit sich selbst und mit der Freiheit ist.

Alle Regierungsform nämlich, die nicht *repräsentativ* ist, ist eigentlich eine *Unform*, weil der Gesetzgeber in einer und derselben Person zugleich Vollstrecker seines Willens (so wenig wie das Allgemeine des Obersatzes in einem Vernunftschlusse zugleich die Subsumtion des Besondern unter jenem im Untersatze) sein kann; und wenngleich die zwei andern Staatsverfassungen sofern immer fehlerhaft sind, daß sie einer solchen Regierungsart Raum geben, so ist es bei ihnen doch wenigstens möglich, daß sie eine dem *Geiste* eines repräsentativen Systems gemäße Regierungsart annähmen, wie etwa Friedrich II. wenigstens *sagte*: er sei bloß der oberste Diener des Staats,* da hingegen die demokratische es unmöglich macht, weil alles da Herr sein will. – Man kann daher sagen: je kleiner das Personale der Staatsgewalt (die Zahl der Herrscher), je größer dagegen die Repräsentation derselben, desto mehr stimmt die Staatsverfassung zur Möglichkeit des Republikanism, und sie kann hoffen, durch allmähliche Reformen sich dazu endlich zu erheben. Aus diesem Grunde ist es in der Aristokratie schon schwerer als in der Monarchie, in der Demokratie aber unmöglich, anders als durch gewaltsame Revolution zu dieser einzigen vollkommen rechtlichen Verfassung zu gelangen. Es ist aber an der Regierungsart** dem

* Man hat die hohen Benennungen, die einem Beherrscher oft beigelegt werden (die eines göttlich Gesalbten, eines Verwesers des göttlichen Willens auf Erden und Stellvertreters desselben), als grobe, schwindlig machende Scheicheleien oft getadelt; aber mich dünkt, ohne Grund. – Weit gefehlt, daß sie den Landesherrn sollten hochmütig machen, so müssen sie ihn vielmehr in seiner Seele demütigen, wenn er Verstand hat (welches man doch voraussetzen muß) und es bedenkt, daß er ein Amt übernommen habe, was für einen Menschen zu groß ist, nämlich das Heiligste, was Gott auf Erden hat, das *Recht der Menschen* zu verwalten, und diesem Augapfel Gottes irgendworin zu nahe getreten zu sein jederzeit in Besorgnis stehen muß.

** Mallet du Pan rühmt in seiner genietönenden, aber hohlen und sachleeren Sprache: nach vieljähriger Erfahrung endlich zur Überzeugung von der Wahrheit des bekannten Spruchs des Pope gelangt zu sein: ›Laß über die beste Regierung Narren streiten; die bestgeführte ist die beste.‹ Wenn das soviel sagen soll: die am besten geführte Regierung ist am besten geführt, so hat er, nach Swifts Ausdruck, eine Nuß aufgebissen, die ihn mit einer Made belohnte; soll es aber bedeuten, sie sei auch die beste Regierungsart, d. i. Staatsverfassung, so ist es grundfalsch; denn Exempel von guten Regierungen beweisen nichts für die Regierungsart. – Wer hat wohl besser regiert als ein Titus und Marcus Aurelius, und doch

Volk ohne alle Vergleichung mehr gelegen als an der Staatsform (wiewohl auch auf diese ihre mehrere oder mindere Angemessenheit zu jenem Zwecke sehr viel ankommt). Zu jener aber, wenn sie dem Rechtsbegriffe gemäß sein soll, gehört das repräsentative System, in welchem allein eine republikanische Regierungsart möglich, ohne welches sie (die Verfassung mag sein, welche sie wolle) despotisch und gewalttätig ist. Keine der alten sogenannten Republiken hat dieses gekannt, und sie mußten sich darüber auch schlechterdings in dem Despotism auflösen, der unter der Obergewalt eines Einzigen noch der erträglichste unter allen ist.

Zweiter Definitivartikel zum ewigen Frieden.
Das Völkerrecht soll auf einen Förderalism
freier Staaten gegründet sein.

Völker als Staaten können wie einzelne Menschen beurteilt werden, die sich in ihrem Naturzustande (d.i. in der Unabhängigkeit von äußern Gesetzen) schon durch ihr Nebeneinandersein lädieren, und deren jeder um seiner Sicherheit willen von dem andern fordern kann und soll, mit ihm in eine der bürgerlichen ähnliche Verfassung zu treten, wo jedem sein Recht gesichert werden kann. Dies wäre ein *Völkerbund*, der aber gleichwohl kein Völkerstaat sein müßte. Darin aber wäre ein Widerspruch: weil ein jeder Staat das Verhältnis eines *Oberen* (Gesetzgebenden) zu einem *Unteren* (Gehorchenden, nämlich dem Volk) enthält, viele Völker aber in einem Staate nur ein Volk ausmachen würden, welches (da wir hier das Recht der *Völker* gegeneinander zu erwägen haben, sofern sie so viel verschiedene Staaten ausmachen und nicht in einem Staat zusammenschmelzen sollen) der Voraussetzung widerspricht.

Gleichwie wir nun die Anhänglichkeit der Wilden an ihre gesetzlose Freiheit, sich lieber unaufhörlich zu balgen, als sich einem gesetzlichen, von ihnen selbst zu konstituierenden

hinterließ der eine einen Domintian, der andre einen Commodus zu Nachfolgern; welches bei einer guten Staatsverfassung nicht hätte geschehen können, da ihre Untauglichkeit zu diesem Posten früh genug bekannt war, und die Macht des Beherrschers auch hinreichend war, um sie auszuschließen.

Zwange zu unterwerfen, mithin die tolle Freiheit der vernünftigen vorzuziehen, mit tiefer Verachtung ansehen und als Rohigkeit, Ungeschliffenheit und viehische Abwürdigung der Menschheit betrachten, so, sollte man denken, müßten gesittete Völker (jedes für sich zu einem Staat vereinigt) eilen, aus einem so verworfenen Zustande je eher, desto lieber herauszukommen: statt dessen aber setzt vielmehr jeder *Staat* seine Majestät (denn Volksmajestät ist ein ungereimter Ausdruck) gerade darin, gar keinem äußeren gesetzlichen Zwange unterworfen zu sein, und der Glanz seines Oberhaupts besteht darin, daß ihm, ohne daß er sich eben selbst in Gefahr setzen darf, viele Tausende zu Gebote stehen, sich für eine Sache, die sie nichts angeht, aufopfern zu lassen,* und der Unterschied der europäischen Wilden von den amerikanischen besteht hauptsächlich darin, daß, da manche Stämme der letzteren von ihren Feinden gänzlich sind gegessen worden, die ersteren ihre überwundenen besser zu benutzen wissen, als sie zu verspeisen, und lieber die Zahl ihrer Untertanen, mithin auch die Menge der Werkzeuge zu noch ausgebreiteteren Kriegen durch sie zu vermehren wissen.

Bei der Bösartigkeit der menschlichen Natur, die sich im freien Verhältnis der Völker unverhohlen blicken läßt (indessen daß sie im bürgerlich-gesetzlichen Zustande durch den Zwang der Regierung sich sehr verschleiert), ist es doch zu verwundern, daß das Wort *Recht* aus der Kriegspolitik noch nicht als pedantisch ganz hat verwiesen werden können, und sich noch kein Staat erkühnt hat, sich für die letztere Meinung öffentlich zu erklären; denn noch werden Hugo Grotius, Pufendorf, Vattel u. a. m. (lauter leidige Tröster), obgleich ihr Kodex, philosophisch oder diplomatisch abgefaßt, nicht die mindeste *gesetzliche* Kraft hat, oder auch nur haben kann (weil Staaten als solche nicht unter einem gemeinschaftlichen äußeren Zwange stehen), immer treuherzig zur *Rechtfertigung* eines Kriegsangriffs angeführt, ohne daß es ein Beispiel gibt, daß jemals ein Staat durch mit Zeugnissen so wichtiger Männer bewaffnete Argumente wä-

* So gab ein bulgarischer Fürst dem griechischen Kaiser, der gutmütigerweise seinen Streit mit ihm durch einen Zweikampf ausmachen wollte, zur Antwort: »Ein Schmied, der Zangen hat, wird das glühende Eisen aus den Kohlen nicht mit seinen Händen herauslangen.«

re bewogen worden, von seinem Vorhaben abzustehen. – Diese Huldigung, die jeder Staat dem Rechtsbegriffe (wenigstens den Worten nach) leistet, beweist doch, daß eine noch größere, obzwar zur Zeit schlummernde moralische Anlage im Menschen anzutreffen sei, über das böse Prinzip in ihm (was er nicht ableugnen kann) doch einmal Meister zu werden und dies auch von andern zu hoffen; denn sonst würde das Wort *Recht* den Staaten, die sich einander befehden wollen, nie in den Mund kommen, es sei denn, bloß um seinen Spott damit zu treiben, wie jener gallische Fürst es erklärte: »Es ist der Vorzug, den die Natur dem Stärkern über den Schwächern gegeben hat, daß dieser ihm gehorchen soll.«

Da die Art, wie die Staaten ihr Recht verfolgen, nie wie bei einem äußern Gerichtshofe der Prozeß, sondern nur der Krieg sein kann, durch diesen aber und seinen günstigen Ausschlag, den *Sieg*, das Recht nicht entschieden wird, und durch den *Friedensvertrag* zwar wohl dem diesmaligen Kriege, aber nicht dem Kriegszustande (immer zu einem neuen Vorwand zu finden) ein Ende gemacht wird (den man auch nicht geradezu für ungerecht erklären kann, weil in diesem Zustande jeder in seiner eigenen Sache Richter ist), gleichwohl aber von Staaten nach dem Völkerrecht nicht eben das gelten kann, was von Menschen im gesetzlosen Zustande nach dem Naturrecht gilt, ›aus diesem Zustande herausgehen zu sollen‹ (weil sie als Staaten innerlich schon eine rechtliche Verfassung haben und also dem Zwange anderer, sie nach ihren Rechtsbegriffen unter eine erweiterte gesetzliche Verfassung zu bringen, entwachsen sind), indessen daß doch die Vernunft vom Throne der höchsten moralisch gesetzgebenden Gewalt herab den Krieg als Rechtsgang schlechterdings verdammt, den Friedenszustand dagegen zur unmittelbaren Pflicht macht, welcher doch ohne einen Vertrag der Völker unter sich nicht gestiftet oder gesichert werden kann – so muß es einen Bund von besonderer Art geben, den man den *Friedensbund* (foedus pacificum) nennen kann, der vom *Friedensvertrag* (pactum pacis) darin unterschieden sein würde, daß dieser bloß *einen* Krieg, jener aber *alle* Kriege auf immer zu endigen suchte. Dieser Bund geht auf keinen Erwerb irgendeiner Macht des Staats, sondern lediglich auf Erhaltung und Sicherung der *Freiheit* eines Staats für sich selbst und zugleich anderer verbündeter

Staaten, ohne daß diese doch sich deshalb (wie Menschen im Naturzustande) öffentlichen Gesetzen und einem Zwange unter denselben unterwerfen dürfen. – Die Ausführbarkeit (objektive Realität) dieser Idee der *Föderalität*, die sich allmählich über alle Staaten erstrecken soll und so zum ewigen Frieden hinführt, läßt sich darstellen. Denn wenn das Glück es so fügt, daß ein mächtiges und aufgeklärtes Volk sich zu einer Republik (die ihrer Natur nach zum ewigen Frieden geneigt sein muß) bilden kann, so gibt diese einen Mittelpunkt der föderativen Vereinigung für andere Staaten ab, um sich an sie anzuschließen und so den Freiheitszustand der Staaten gemäß der Idee des Völkerrechts zu sichern und sich durch mehrere Verbindungen dieser Art nach und nach immer weiter auszubreiten.

Daß ein Volk sagt: »Es soll unter uns kein Krieg sein; denn wir wollen uns in einen Staat formieren, d.i. uns selbst eine oberste gesetzgebende, regierende und richtende Gewalt setzen, die unsere Streitigkeiten friedlich ausgleicht« – das läßt sich verstehen. – Wenn aber dieser Staat sagt: »Es soll kein Krieg zwischen mir und andern Staaten sein, obgleich ich keine oberste gesetzgebende Gewalt erkenne, die mir mein und der ich ihr Recht sichere« – so ist es gar nicht zu verstehen, worauf ich dann das Vertrauen zu meinem Rechte gründen wolle, wenn es nicht das Surrogat des bürgerlichen Gesellschaftsbundes, nämlich der freie Föderalism ist, den die Vernunft mit dem Begriffe des Völkerrechts notwendig verbinden muß, wenn überall etwas dabei zu denken übrigbleiben soll.

Bei dem Begriffe des Völkerrechts, als eines Rechts *zum* Kriege, läßt sich eigentlich gar nichts denken (weil es ein Recht sein soll, nicht nach allgemein gültigen äußern, die Freiheit jedes einzelnen einschränkenden Gesetzen, sondern nach einseitigen Maximen durch Gewalt, was Recht sei, zu bestimmen), es müßte denn darunter verstanden werden: daß Menschen, die so gesinnet sind, ganz recht geschieht, wenn sie sich untereinander aufreiben und also den ewigen Frieden in dem weiten Grabe finden, das alle Greuel der Gewalttätigkeit samt ihren Urhebern bedeckt. – Für Staaten im Verhältnisse untereinander kann es nach der Vernunft keine andere Art geben, aus dem gesetzlosen Zustande, der lauter Krieg enthält, herauszukommen, als daß sie ebenso wie einzelne Menschen ihre wilde (gesetzlose) Freiheit aufgeben, sich zu öffentlichen Zwangsgesetzen bequemen und so einen (freilich immer wachsenden) *Völkerstaat* (civitas gentium), der zuletzt alle Völker der Erde befassen würde, bilden. Da sie dieses aber nach ihrer Idee vom Völkerrecht durchaus nicht wollen, mithin, was in thesi richtig ist, in hypothesi verwerfen, so kann an die Stelle der positiven Idee *einer Weltrepublik* (wenn nicht alles verloren werden soll) nur das *negative* Surrogat eines den Krieg abwehrenden, bestehenden und sich immer ausbreitenden *Bundes* den Strom der rechtscheuenden feindseligen Neigung aufhalten, doch mit beständiger Gefahr ihres Ausbruchs. (Furor impius intus – fremit horridus ore cruento. Vergil).*

Dritter Definitivartikel zum ewigen Frieden. Das Weltbürgerrecht soll auf Bedingungen der allgemeinen Hospitalität eingeschränkt sein.

Es ist hier wie in den vorigen Artikeln nicht von Philanthropie, sondern vom *Recht* die Rede, und da bedeutet *Hospitalität* (Wirtbarkeit) das Recht eines Fremdlings, seiner Ankunft auf dem Boden eines andern wegen von diesem nicht feindselig behandelt zu werden. Dieser kann ihn abweisen, wenn es ohne seinen Untergang geschehen kann, solange er aber auf seinem Platz sich friedlich verhält, ihm nicht feindlich begegnen. Es ist kein *Gastrecht*, worauf dieser Anspruch machen kann (wozu ein

* Nach einem beendigten Kriege, beim Friedensschlusse, möchte es wohl für ein Volk nicht unschicklich sein, daß nach dem Dankfeste ein Bußtag ausgeschrieben würde, den Himmel im Namen des Staats um Gnade für die große Versündigung anzurufen, die das menschliche Geschlecht sich noch immer zuschulden kommen läßt, sich keiner gesetzlichen Verfassung im Verhältnis auf andere Völker fügen zu wollen, sondern stolz auf seine Unabhängigkeit lieber das barbarische Mittel des Krieges (wodurch doch das, was gesucht wird, nämlich das Recht eines jeden Staats, nicht ausgemacht wird) zu gebrauchen. – Die Dankfeste während dem Kriege über einen erfochtenen *Sieg*, die Hymnen, die (auf gut israelitisch) dem *Herrn der Heerscharen* gesungen werden, stehen mit der moralischen Idee des Vaters der Menschen in nicht minder starkem Kontrast: weil sie außer der Gleichgültigkeit wegen der Art, wie Völker ihr gegenseitiges Recht suchen (die traurig genug ist), noch eine Freude hineinbringen, recht viel Menschen oder ihr Glück zernichtet zu haben.

besonderer wohltätiger Vertrag erfordert werden würde, ihn auf eine gewisse Zeit zum Hausgenossen zu machen), sondern ein *Besuchsrecht*, welches allen Menschen zusteht, sich zur Gesellschaft anzubieten vermöge des Rechts des gemeinschaftlichen Besitzes der Oberfläche der Erde, auf der als Kugelfläche sie sich nicht ins Unendliche zerstreuen können, sondern endlich sich doch nebeneinander dulden müssen, ursprünglich aber niemand an einem Orte der Erde zu sein mehr Recht hat als der andere. [...]

Vergleicht man hiemit das *inhospitale* Betragen der gesitteten, vornehmlich handeltreibenden Staaten unseres Weltteils, so geht die Ungerechtigkeit, die sie in dem *Besuche* fremder Länder und Völker (welches ihnen mit dem *Erobern* derselben für einerlei gilt) beweisen, bis zum Erschrecken weit. Amerika, die Negerländer, die Gewürzinseln, das Kap etc. waren bei ihrer Entdeckung für sie Länder, die keinem angehörten; denn die Einwohner rechneten sie für nichts. In Ostindien (Hindustan) brachten sie unter dem Vorwande bloß beabsichtigter Handelsniederlagen fremde Kriegsvölker hinein, mit ihnen aber Unterdrückung der Eingebornen, Aufwiegelung der verschiedenen Staaten desselben zu weit ausgebreiteten Kriegen, Hungersnot, Aufruhr, Treulosigkeit, und wie die Litanei aller Übel, die das menschliche Geschlecht drücken, weiter lauten mag.

China [...] und Japan (Nipon), die den Versuch mit solchen Gästen gemacht hatten, haben daher weislich, jenes zwar den Zugang, aber nicht den Eingang, dieses auch den ersteren nur einem einzigen europäischen Volk, den Holländern, erlaubt, die sie aber doch dabei wie Gefangene von der Gemeinschaft mit den Eingebornen ausschließen. Das Ärgste hiebei (oder, aus dem Standpunkte eines moralischen Richters betrachtet, das Beste) ist, daß sie dieser Gewalttätigkeit nicht einmal froh werden, daß alle diese Handlungsgesellschaften auf dem Punkte des nahen Umsturzes stehen, daß die Zuckerinseln, dieser Sitz der allergrausamsten und ausgedachtesten Sklaverei, keinen wahren Ertrag abwerfen, sondern nur mittelbar und zwar zu einer nicht sehr löblichen Absicht, nämlich zu Bildung der Matrosen für Kriegsflotten und also wieder zu Führung der Kriege in Europa dienen, und dieses Mächten, die von der Frömmigkeit viel Werks machen und, indem sie Unrecht wie Wasser trinken, sich in der Rechtgläubigkeit für Auserwählte gehalten wissen wollen.

Da es nun mit der unter den Völkern der Erde einmal durchgängig überhandgenommenen (engeren oder weiteren) Gemeinschaft so weit gekommen ist, daß die Rechtsverletzung an *einem* Platz der Erde an *allen* gefühlt wird, so ist die Idee eines Weltbürgerrechts keine phantastische und überspannte Vorstellungsart des Rechts, sondern eine notwendige Ergänzung des ungeschriebenen Kodex sowohl des Staats- als Völkerrechts zum öffentlichen Menschenrechte überhaupt und so zum ewigen Frieden, zu dem man sich in der kontinuierlichen Annäherung zu befinden nur unter dieser Bedingung schmeicheln darf.

Erster Zusatz. Von der Garantie des ewigen Friedens.

Das, was diese *Gewähr* (Garantie) leistet, ist nichts Geringeres als die große Künstlerin *Natur* (natura daedala rerum), aus deren mechanischem Laufe sichtbarlich Zweckmäßigkeit hervorleuchtet, durch die Zwietracht der Menschen Eintracht selbst wider ihren Willen emporkommen zu lassen, und darum, gleich als Nötigung einer ihren Wirkungsgesetzen nach uns unbekannten Ursache, *Schicksal*, bei Erwägung aber ihrer Zweckmäßigkeit im Laufe der Welt, als tiefliegende Weisheit einer höheren, auf den objektiven Endzweck des menschlichen Geschlechts gerichteten und diesen Weltlauf prädeterminierenden Ursache, *Vorsehung* [...] genannt wird, die wir zwar eigentlich nicht an diesen Kunstanstalten der Natur *erkennen*, oder auch nur daraus auf sie *schließen*, sondern (wie in aller Beziehung der Form der Dinge auf Zwecke überhaupt) nur *hinzudenken* können und müssen, um uns von ihrer Möglichkeit nach der Analogie menschlicher Kunsthandlungen einen Begriff zu machen, deren Verhältnis und Zusammenstimmung aber zu dem Zwecke, den uns die Vernunft unmittelbar vorschreibt (dem moralischen), sich vorzustellen, eine Idee ist, die zwar in *theoretischer* Absicht überschwenglich, in praktischer aber (z. B. in Ansehung des Pflichtbegriffs *vom ewigen Frieden*, um jenen Mechanism der Natur dazu zu benutzen) dogmatisch und ihrer Realität nach wohl gegründet ist. – Der Gebrauch des Wortes *Natur* ist auch, wenn es wie hier bloß um Theorie (nicht um Religion) zu tun ist, schicklicher für die Schranken der menschlichen Vernunft (als die sich in Ansehung des Verhältnisses der Wirkungen zu ihren Ursachen innerhalb der Grenzen möglicher Erfahrung halten muß) und *bescheidener*, als der Ausdruck einer für uns erkennbaren *Vorsehung*, mit dem man sich vermessenerweise ikarische Flügel ansetzt, um dem Geheimnis ihrer unergründlichen Absicht näherzukommen.

Ehe wir nun diese Gewährleistung näher bestimmen, wird es nötig sein, vorher den Zustand nachzusuchen, den die Natur für die auf ihrem großen Schauplatz handelnden Personen veranstaltet hat, der ihre Friedenssicherung zuletzt notwendig macht – alsdann aber allererst die Art, wie sie diese leiste.

Ihre provisorische Veranstaltung besteht darin: daß sie 1) für die Menschen in allen Erdgegenden gesorgt hat, daselbst leben zu können; 2) sie durch *Krieg* allerwärts hin, selbst in die unwirtbarsten Gegenden getrieben hat, um sie zu bevölkern; 3) durch ebendenselben sie in mehr oder weniger gesetzliche Verhältnisse zu treten genötigt hat. [...]

Indem die [...] Natur dafür gesorgt hat, daß Menschen allerwärts auf Erden leben *könnten*, so hat sie zugleich auch despotisch gewollt, daß sie allerwärts leben *sollten*, wenn gleich wider ihre Neigung, und selbst ohne daß dieses Sollen zugleich einen Pflichtbegriff voraussetzte, der sie hiezu vermittelst eines moralischen Gesetzes verbände – sondern sie hat, zu diesem ihrem Zweck zu gelangen, den Krieg gewählt. [...] Der Krieg aber selbst bedarf keines besondern Bewegungsgrundes, sondern scheint auf die menschliche Natur gepfropft zu sein und sogar als etwas Edles, wozu der Mensch durch den Ehrtrieb ohne eigennützige Triebfedern beseelt wird, zu gelten: so daß *Kriegesmut* (von amerikanischen Wilden sowohl als den europäischen in den Ritterzeiten) nicht bloß, *wenn* Krieg ist (wie billig), sondern auch, *daß* Krieg sei, von unmittelbarem großem Wert zu sein geurteilt wird, und er oft, bloß um jenen zu zeigen, angefangen, mithin in dem Kriege an sich selbst eine innere *Würde* gesetzt wird, sogar daß ihm auch wohl Philosophen, als einer gewissen Veredelung der Menschheit, eine Lobrede halten [...]

Jetzt ist die Frage, die das Wesentliche der Absicht auf den ewigen Frieden betrifft: Was die Natur in dieser Absicht beziehungsweise auf den Zweck, den dem Menschen seine eigene Vernunft zur Pflicht macht, mithin zu Begünstigung seiner *mora-*

lischen Absicht tue und wie sie die Gewähr leiste, daß dasjenige, was der Mensch nach Freiheitsgesetzen tun *sollte*, aber nicht tut, dieser Freiheit unbeschadet auch durch einen Zwang der Natur, daß er es tun *werde*, gesichert sei, und zwar nach allen drei Verhältnissen des öffentlichen Rechts, des *Staats-*, *Völker-* und *weltbürgerlichen Rechts*. – Wenn ich von der Natur sage: sie *will*, daß dieses oder jenes geschehe, so heißt das nicht soviel als: sie legt uns eine *Pflicht* auf, es zu tun (denn das kann nur die zwangsfreie praktische Vernunft), sondern sie *tut* es selbst, wir mögen wollen oder nicht (fata volentem ducunt, nolentem trahunt).

1. Wenn ein Volk auch nicht durch innere Mißhelligkeit genötigt würde, sich unter den Zwang öffentlicher Gesetze zu begeben, so würde es doch der Krieg von außen tun, indem nach der vorher erwähnten Naturanstalt ein jedes Volk ein anderes es drängende Volk zum Nachbar vor sich findet, gegen das es sich innerlich zu einem *Staat* bilden muß, um als *Macht* gegen diesen gerüstet zu sein. Nun ist die *republikanische* Verfassung die einzige, welche dem Recht der Menschen vollkommen angemessen, aber auch die schwerste zu stiften, vielmehr noch zu erhalten ist, dermaßen, daß viele behaupten, es müsse ein Staat von *Engeln* sein, weil Menschen mit ihren selbstsüchtigen Neigungen einer Verfassung von so sublimer Form nicht fähig wären. Aber nun kommt die Natur dem verehrten, aber zur Praxis ohnmächtigen allgemeinen, in der Vernunft gegründeten Willen und zwar gerade durch jene selbstsüchtigen Neigungen, zu Hülfe, so daß es nur auf eine gute Organisation des Staats ankommt (die allerdings im Vermögen der Menschen ist), jener ihre Kräfte so gegeneinander zu richten, daß eine die anderen in ihrer zerstörenden Wirkung aufhält, oder diese aufhebt: so daß der Erfolg für die Vernunft so ausfällt, als wenn beide gar nicht da wären, und so der Mensch, wenngleich nicht ein moralisch-guter Mensch, dennoch ein guter Bürger zu sein gezwungen wird. Das Problem der Staatserrichtung ist, so hart wie es auch klingt, selbst für ein Volk von Teufeln (wenn sie nur Verstand haben) auflösbar und lautet so: ›Eine Menge von vernünftigen Wesen, die insgesamt allgemeine Gesetze für ihre Erhaltung verlangen, deren jedes aber ingeheim sich davon auszunehmen geneigt ist, so zu ordnen und ihre Verfassung einzurichten, daß, ob-

gleich sie in ihren Privatgesinnungen einander entgegenstreben, diese einander doch so aufhalten, daß in ihrem öffentlichen Verhalten der Erfolg eben derselbe ist, als ob sie keine solche böse Gesinnungen hätten.‹ Ein solches Problem muß *auflöslich* sein. Denn es ist nicht die moralische Besserung der Menschen, sondern nur der Mechanism der Natur, von dem die Aufgabe zu wissen verlangt, wie man ihn an Menschen benutzen könne, um den Widerstreit ihrer unfriedlichen Gesinnungen in einem Volk so zu richten, daß sie sich unter Zwangsgesetze zu begeben einander selbst nötigen und so den Friedenszustand, in welchem Gesetze Kraft haben, herbeiführen müssen. Man kann dieses auch an den wirklich vorhandenen, noch sehr unvollkommen organisierten Staaten sehen, daß sie sich doch im äußeren Verhalten dem, was die Rechtsidee vorschreibt, schon sehr nähern, obgleich das Innere der Moralität davon sicherlich nicht die Ursache ist (wie denn auch nicht von dieser die gute Staatsverfassung, sondern vielmehr umgekehrt von der letzteren allererst die gute moralische Bildung eines Volks zu erwarten ist), mithin der Mechanism der Natur durch selbstsüchtige Neigungen, die natürlicherweise einander auch äußerlich entgegenwirken, von der Vernunft zu einem Mittel gebraucht werden kann, dieser ihrem eigenen Zweck, der rechtlichen Vorschrift, Raum zu machen und hiemit auch, so viel an dem Staat selbst liegt, den inneren sowohl als äußeren Frieden zu befördern und zu sichern. – Hier heißt es also: Die Natur *will* unwiderstehlich, daß das Recht zuletzt die Obergewalt erhalte. [...]

2. Die Idee des Völkerrechts setzt die *Absonderung* vieler voneinander unabhängiger benachbarter Staaten voraus; und obgleich ein solcher Zustand an sich schon ein Zustand des Krieges ist (wenn nicht eine föderative Vereinigung derselben dem Ausbruch der Feindseligkeiten vorbeugt), so ist doch selbst dieser nach der Vernunftidee besser als die Zusammenschmelzung derselben durch eine die andere überwachsende und in eine Universalmonarchie übergehende Macht, weil die Gesetze mit dem vergrößerten Umfange der Regierung immer mehr an ihrem Nachdruck einbüßen, und ein seelenloser Despotism, nachdem er die Keime des Guten ausgerottet hat, zuletzt doch in Anarchie verfällt. Indessen ist dieses das Verlangen jedes Staats (oder seines Oberhaupts), auf diese Art sich in den dauernden Friedens-

zustand zu versetzen, daß er wo möglich die ganze Welt beherrscht. Aber die *Natur will* es anders. – Sie bedient sich zweier Mittel, um Völker von der Vermischung abzuhalten und sie abzusondern, der Verschiedenheit der *Sprachen* und der *Religionen** die zwar den Hang zum wechselseitigen Hasse und Vorwand zum Kriege bei sich führt, aber doch bei anwachsender Kultur und der allmählichen Annäherung der Menschen zu größerer Einstimmung in Prinzipien zum Einverständnisse in einem Frieden leitet, der nicht wie jener Despotism (auf dem Kirchhofe der Freiheit), durch Schwächung aller Kräfte, sondern durch ihr Gleichgewicht im lebhaftesten Wetteifer derselben hervorgebracht und gesichert wird.

3. So wie die Natur weislich die Völker trennt, welche der Wille jedes Staats, und zwar selbst nach Gründen des Völkerrechts, gern unter sich durch List oder Gewalt vereinigen möchte: so vereinigt sie auch andererseits Völker, die der Begriff des Weltbürgerrechts gegen Gewalttätigkeit und Krieg nicht würde gesichert haben, durch den wechselseitigen Eigennutz. Es ist der *Handelsgeist*, der mit dem Kriege nicht zusammen bestehen kann und der früher oder später sich jedes Volks bemächtigt. Weil nämlich unter allen der Staatsmacht untergeordneten Mächten (Mitteln) die *Geldmacht* wohl die zuverlässigste sein möchte, so sehen sich Staaten (freilich wohl nicht eben durch Triebfedern der Moralität) gedrungen, den edlen Frieden zu befördern und, wo auch immer in der Welt Krieg auszubrechen droht, ihn durch Vermittelungen abzuwehren, gleich als ob die deshalb im beständigen Bündnisse ständen; denn große Vereinigungen zum Kriege können der Natur der Sache nach sich nur höchst selten zutragen und noch seltener glücken.

* *Verschiedenheit der Religionen:* ein wunderlicher Ausdruck! Gerade, als ob man auch von verschiedenen *Moralen* spräche. Es kann wohl verschiedene *Glaubensarten* historischer, nicht in die Religion, sondern in die Geschichte der zu ihrer Beförderung gebrauchten, ins Feld der Gelehrsamkeit einschlagender Mittel und ebenso verschiedene *Religionsbücher* (Zendavesta, Vedam, Koran usw.) geben, aber nur eine einzige für alle Menschen und in allen Zeiten gültige *Religion.* Jene also können wohl nichts anders als nur das Vehikel der Religion, was zufällig ist und nach Verschiedenheit der Zeiten und Örter verschieden sein kann, enthalten.

Auf die Art garantiert die Natur durch den Mechanism der menschlichen Neigungen selbst den ewigen Frieden; freilich mit einer Sicherheit, die nicht hinreichend ist, die Zukunft desselben (theoretisch) zu *weissagen*, aber doch in praktischer Absicht zulangt und es zur Pflicht macht, zu diesem (nicht bloß chimärischen) Zwecke hinzuarbeiten.

Zweiter Zusatz. Geheimer Artikel zum ewigen Frieden.

Ein geheimer Artikel in Verhandlungen des öffentlichen Rechts ist objektiv, d.i. seinem Inhalte nach betrachtet ein Widerspruch; subjektiv aber, nach der Qualität der Person beurteilt, die ihn diktiert, kann gar wohl darin ein Geheimnis statthaben, daß sie es nämlich für ihre Würde bedenklich findet, sich öffentlich als Urheberin desselben anzukündigen.

Der einzige Artikel dieser Art ist in dem Satze enthalten: *Die Maximen der Philosophen über die Bedingungen der Möglichkeit des öffentlichen Friedens sollen von den zum Kriege gerüsteten Staaten zu Rate gezogen werden.*

Es scheint aber für die gesetzgebende Autorität eines Staats, dem man natürlicherweise die größte Weisheit beilegen muß, verkleinerlich zu sein, über die Grundsätze seines Verhaltens gegen andere Staaten bei *Untertanen* (den Philosophen) Belehrung zu suchen; gleichwohl aber sehr ratsam, es zu tun. Also wird der Staat die letzteren *stillschweigend* (also indem er ein Geheimnis daraus macht) *dazu auffordern*, welches soviel heißt als: er wird sie frei und öffentlich über die allgemeinen Maximen der Kriegsführung und Friedensstiftung *reden lassen* (denn das werden sie schon von selbst tun, wenn man es ihnen nur nicht verbietet), und die Übereinkunft der Staaten untereinander über diesen Punkt bedarf auch keiner besonderen Verabredung der Staaten unter sich in dieser Absicht, sondern liegt schon in der Verpflichtung durch allgemeine (moralisch gesetzgebende) Menschenvernunft. – Es ist aber hiemit nicht gemeint, daß der Staat den Grundsätzen des Philosophen vor den Aussprüchen des Juristen (des Stellvertreters der Staatsmacht) den Vorzug einräumen müsse, sondern nur, daß man ihn *höre*. Der letztere, der die *Waage* des Rechts und nebenbei auch das *Schwert* der Gerechtigkeit sich zum Symbol gemacht hat, bedient sich gemeiniglich des letzteren, nicht um etwa bloß alle fremden Einflüsse von dem ersteren abzuhalten, sondern, wenn die eine Schale nicht sinken will, das Schwert mit hineinzulegen (vae victis), wozu der Jurist, der nicht zugleich (auch der Moralität nach) Philosoph ist, die größte Versuchung hat, weil es seines Amts nur ist, vorhandene Gesetze anzuwenden, nicht aber, ob diese selbst nicht einer Verbesserung bedürfen, zu untersuchen, und rechnet diesen in der Tat niedrigeren Rang seiner Fakultät, darum weil er mit Macht begleitet ist (wie es auch mit den beiden anderen der Fall ist), zu den höheren. Die philosophische steht unter dieser verbündeten Gewalt auf einer sehr niedrigen Stufe. So heißt es z. B. von der Philosophie, sie sei die *Magd* der Theologie (und ebenso lautet es von den zwei anderen). Man sieht aber nicht recht, ›ob sie ihrer gnädigen Frauen die Fackel vorträgt oder die Schleppe nachträgt‹.

Daß Könige philosophieren oder Philosophen Könige würden, ist nicht zu erwarten, aber auch nicht zu wünschen: weil der Besitz der Gewalt das freie Urteil der Vernunft unvermeidlich verdirbt. Daß aber Könige oder königliche (sich selbst nach Gleichheitsgesetzen beherrschende) Völker die Klasse der Philosophen nicht schwinden oder verstummen, sondern öffentlich sprechen lassen, ist beiden zu Beleuchtung ihres Geschäfts unentbehrlich und, weil diese Klasse ihrer Natur nach der Rottierung und Klubbenverbündung unfähig ist, wegen der Nachrede einer *Propagande* verdachtlos.

Anhang

I. Über die Mißhelligkeit zwischen der Moral und der Politik, in Absicht auf den ewigen Frieden.

Die Moral ist schon an sich selbst eine Praxis in objektiver Bedeutung, als Inbegriff von unbedingt gebietenden Gesetzen, nach denen wir handeln *sollen*, und es ist offenbare Ungereimtheit, nachdem man diesem Pflichtbegriff seine Autorität zugestanden hat, noch sagen zu wollen, daß man es doch nicht *könne.* Denn alsdann fällt dieser Begriff aus der Moral von selbst weg (ultra posse nemo obligatur); mithin kann es keinen Streit der Politik als ausübender Rechtslehre mit der Moral als einer solchen, aber theoretischen (mithin keinen Streit der Praxis mit der Theorie) geben: man müßte denn unter der letzteren eine allgemeine *Klugheitslehre*, d.i. eine Theorie der Maximen verstehen, zu seinen auf Vorteil berechneten Absichten die tauglichsten Mittel wählen, d.i. leugnen, daß es überhaupt eine Moral gäbe.

Die Politik sagt: »*Seid klug wie die Schlangen*«; die Moral setzt (als einschränkende Bedingung) hinzu: »*und ohne Falsch wie die Tauben*«. Wenn beides nicht in einem Gebote zusammen bestehen kann, so ist wirklich ein Streit der Politik mit der Moral; soll aber doch durchaus beides vereinigt sein, so ist der Begriff vom Gegenteil absurd, und die Frage, wie jener Streit auszugleichen sei, läßt sich gar nicht einmal als Aufgabe hinstellen. Obgleich der Satz: *Ehrlichkeit ist die beste Politik*, eine Theorie enthält, der die Praxis, leider! sehr häufig widerspricht, so ist doch der gleichfalls theoretische: *Ehrlichkeit ist besser denn alle Politik*, über allen Einwurf unendlich erhaben, ja die unumgängliche Bedingung der letzteren. Der Grenzgott der Moral weicht nicht dem Jupiter (dem Grenzgott der Gewalt); denn dieser steht noch unter dem Schicksal, d.i. die Vernunft ist nicht erleuchtet genug, die Reihe der vorherbestimmenden Ursachen zu übersehen, die den glücklichen oder schlimmen Erfolg aus dem Tun und Lassen der Menschen nach dem Mechanism der Natur mit Sicherheit vorher verkündigen (obgleich ihn dem Wunsche gemäß hoffen) lassen. Was man aber zu tun habe, um im Gleise der Pflicht (nach Regeln der Weisheit) zu bleiben, dazu und hiemit zum Endzweck leuchtet sie uns überall hell genug vor.

Nun gründet aber der Praktiker (dem die Moral bloße Theorie ist) seine trostlose Absprechung unserer gutmütigen Hoffnung (selbst bei eingeräumten *Sollen* und *Können*) eigentlich darauf: daß er aus der Natur des Menschen vorherzusehen vorgibt, *er werde* dasjenige nie *wollen*, was erfordert wird, um jenen zum ewigen Frieden hinführenden Zweck zustandezubringen. – Freilich ist das Wollen *aller einzelnen* Menschen, in einer gesetzlichen Verfassung nach Freiheitsprinzipien zu leben (die *distributive* Einheit des Willens *aller*), zu diesem Zweck nicht hinreichend, sondern daß *alle zusammen* diesen Zustand wollen (die *kollektive* Einheit des vereinigten Willens), diese Auflösung einer schweren Aufgabe wird noch dazu erfordert, damit ein Ganzes der bürgerlichen Gesellschaft werde; und da also über diese Verschiedenheit des partikularen Wollens aller noch eine vereinigende Ursache desselben hinzukommen muß, um einen gemeinschaftlichen Willen herauszubringen, welches keiner von allen vermag, so ist in der *Ausführung* jener Idee (in der Praxis) auf keinen anderen Anfang des rechtlichen Zustandes zu rechnen als den durch *Gewalt*, auf deren Zwang nachher das öffentliche Recht gegründet wird; welches dann freilich (da man ohnedem des Gesetzgebers moralische Gesinnung hiebei wenig in Anschlag bringen kann, er werde nach geschehener Vereinigung der wüsten Menge in ein Volk diesem es nun überlassen, eine rechtliche Verfassung durch ihren gemeinsamen Willen zustande zu bringen) große Abweichungen von jener Idee (der Theorie) in der wirklichen Erfahrung schon zum voraus erwarten läßt.

[...]

Freilich, wenn es keine Freiheit und darauf gegründetes moralisches Gesetz gibt, sondern alles, was geschieht oder geschehen kann, bloßer Mechanism der Natur ist, so ist Politik (als Kunst, diesen zur Regierung der Menschen zu benutzen) die ganze praktische Weisheit und der Rechtsbegriff ein sachleerer Gedanke. Findet man diesen aber doch unumgänglich nötig mit der Politik zu verbinden, ja ihn gar zur einschränkenden Bedingung der letztern zu erheben, so muß die Vereinbarkeit beider eingeräumt werden. Ich kann mir nun zwar einen *moralischen Politiker*, d. i. einen, der die Prinzipien der Staatsklugheit so nimmt, daß sie mit der Moral zusammen bestehen können, aber nicht einen *politischen Moralisten* denken, der sich eine Moral so schmiedet, wie es der Vorteil des Staatsmannes sich zuträglich findet.

Der moralische Politiker wird es sich zum Grundsatz machen: wenn einmal Gebrechen in der Staatsverfassung oder im Staatenverhältnis angetroffen werden, die man nicht hat verhüten können, so sei es Pflicht, vornehmlich für Staatsoberhäupter, dahin bedacht zu sein, wie sie sobald wie möglich gebessert und dem Naturrecht, so wie es in der Idee der Vernunft uns zum Muster vor Augen steht, angemessen gemacht werden könne: sollte es auch ihrer Selbstsucht Aufopferungen kosten. Da nun die Zerreißung eines Bandes der staats- oder weltbürgerlichen Vereinigung, ehe noch eine bessere Verfassung an die Stelle derselben zu treten in Bereitschaft ist, aller hierin mit der Moral einhelligen Staatsklugheit zuwider ist, so wäre es zwar ungereimt, zu fordern, jenes Gebrechen müsse sofort und mit Ungestüm abgeändert werden; aber daß wenigstens die Maxime der Notwendigkeit einer solchen Abänderung dem Machthabenden innigst beiwohne, um in beständiger Annäherung zu dem Zwecke (der nach Rechtsgesetzen besten Verfassung) zu bleiben, das kann doch von ihm gefordert werden.

Ein Staat kann sich auch schon republikanisch *regieren*, wenn er gleich noch der vorliegenden Konstitution nach despotische *Herrschermacht* besitzt: bis allmählich das Volk des Einflusses der bloßen Idee der Autorität des Gesetzes (gleich als ob es physische Gewalt besäße) fähig wird und sonach zur eigenen Gesetzgebung (welche ursprünglich auf Recht gegründet ist) tüchtig befunden wird. Wenn auch durch den Ungestüm einer von der schlechten Verfassung erzeugten *Revolution* unrechtmäßigerweise eine gesetzmäßigere errungen wäre, so würde es doch auch alsdann nicht mehr für erlaubt gehalten werden müssen, das Volk wieder auf die alte zurückzuführen, obgleich während derselben jeder, der sich damit gewalttätig oder arglistig beimengt, mit Recht den Strafen des Aufrührers unterworfen sein würde. Was aber das äußere Staatenverhältnis betrifft, so kann von einem Staat nicht verlangt werden, daß er seine, obgleich despotische Verfassung (die aber doch die stärkere in Beziehung auf äußere Feinde ist) ablegen solle, solange er Gefahr läuft, von andern Staaten sofort verschlungen zu werden; mithin muß bei jenem Vorsatz doch auch die Verzögerung der Ausführung bis zu besserer Zeitgelegenheit erlaubt sein.*

* Dies sind Erlaubnisgesetze der Vernunft, den Stand eines mit Ungerechtigkeit behafteten öffentlichen Rechts noch so lange beharren zu lassen, bis zur völligen Umwälzung alles entweder von selbst gereift, oder durch friedliche Mittel der Reife nahegebracht worden: weil doch irgendeine *rechtliche*, obzwar nur in geringem Grade rechtmäßige Verfassung besser ist als gar keine, welches letztere Schicksal (der Anarchie) eine *übereilte* Reform treffen würde. – Die Staatsweisheit wird sich also in dem Zustande, worin die Dinge jetzt sind, Reformen dem Ideal des öffentlichen Rechts angemessen zur Pflicht machen; Revolutionen aber,

Es mag also immer sein, daß die despotisierenden (in der Ausübung fehlenden) Moralisten wider die Staatsklugheit (durch übereilt genommene oder angepriesene Maßregeln) mannigfaltig verstoßen, so muß sie doch die Erfahrung bei diesem ihren Verstoß wider die Natur nach und nach in ein besseres Gleis bringen; statt dessen die moralisierenden Politiker durch Beschönigung rechtswidriger Staatsprinzipien unter dem Vorwande einer des Guten (nach der Idee, wie sie die Vernunft vorschreibt) nicht *fähigen* menschlichen Natur, soviel an ihnen ist, das Besserwerden *unmöglich machen* und die Rechtsverletzung verewigen.

Statt der Praxis, deren sich diese staatsklugen Männer rühmen, gehen sie mit *Praktiken* um, indem sie bloß darauf bedacht sind, dadurch, daß sie der jetzt herrschenden Gewalt zum Munde reden (um ihren Privatvorteil nicht zu verfehlen) das Volk und womöglich die ganze Welt preiszugeben; nach der Art echter Juristen (vom *Handwerke*, nicht von der *Gesetzgebung*), wenn sie sich bis zur Politik versteigen. Denn da dieser ihr Geschäfte nicht ist, über Gesetzgebung selbst zu vernünfteln, sondern die gegenwärtigen Gebote des Landrechts zu vollziehen, so muß ihnen jede jetzt vorhandene gesetzliche Verfassung und, wenn diese höhern Orts abgeändert wird, die nun folgende immer die beste sein – wo dann alles so in seiner gehörigen mechanischen Ordnung ist.

Wenn aber diese Geschicklichkeit, für alle Sättel gerecht zu sein, ihnen den Wahn einflößt, auch über Prinzipien einer *Staatsverfassung* überhaupt nach Rechtsbegriffen (mithin a priori, nicht empirisch) urteilen zu können; wenn sie darauf groß tun, *Menschen* zu kennen (welches freilich zu erwarten ist, weil sie mit vielen zu tun haben), ohne doch *den Menschen*, und was aus ihm gemacht werden kann, zu kennen (wozu ein höherer Standpunkt der anthropologischen Beobachtung erfordert wird), mit diesen Begriffen aber versehen ans Staats- und Völkerrecht, wie es die Vernunft vorschreibt, gehen: so können sie diesen Überschritt nicht anders als mit dem Geist der Schikane

wo sie die Natur von selbst herbeiführt, nicht zur Beschönigung einer noch größeren Unterdrückung, sondern als Ruf der Natur benutzen, eine auf Freiheitsprinzipien gegründete gesetzliche Verfassung als die einzig dauerhafte durch gründliche Reform zustande zu bringen.

tun, indem sie ihr gewohntes Verfahren (eines Mechanisms nach despotisch gegebenen Zwangsgesetzen) auch da befolgen, wo die Begriffe der Vernunft einen nur nach Freiheitsprinzipien gesetzmäßigen Zwang begründet wissen wollen, durch welchen allererst eine zu Recht beständige Staatsverfassung möglich ist; welche Aufgabe der vorgebliche Praktiker mit Vorbeigehung jener Idee empirisch, aus Erfahrung, wie die bisher noch am besten bestandenen, mehrenteils aber rechtswidrigen Staatsverfassungen eingerichtet waren, lösen zu können glaubt. – Die Maximen, deren er sich hiezu bedient (ob er sie zwar nicht laut werden läßt), laufen ungefähr auf folgende sophistische Maximen hinaus.

1. Fac et excusa. Ergreife die günstige Gelegenheit zur eigenmächtigen Besitznehmung (entweder eines Rechts des Staats über sein Volk oder über ein anderes benachbartes); die Rechtfertigung wird sich weit leichter und zierlicher *nach der Tat* vortragen und die Gewalt beschönigen lassen (vornehmlich im ersten Fall, wo die obere Gewalt im Innern sofort auch die gesetzgebende Obrigkeit ist, der man gehorchen muß, ohne darüber zu vernünfteln), als wenn man zuvor auf überzeugende Gründe sinnen und die Gegengründe darüber noch erst abwarten wollte. Diese Dreustigkeit selbst gibt einen gewissen Anschein von innerer Überzeugung der Rechtmäßigkeit der Tat, und der Gott bonus eventus ist nachher der beste Rechtsvertreter.

2. Si fecisti, nega. Was du selbst verbrochen hast, z.B. um dein Volk zur Verzweiflung und so zum Aufruhr zu bringen, das leugne ab, daß es *deine* Schuld sei; sondern behaupte, daß es die der Widerspenstigkeit der Untertanen, oder auch, bei deiner Bemächtigung eines benachbarten Volks, die Schuld der Natur des Menschen sei, der, wenn er dem andern nicht mit Gewalt zuvorkommt, sicher darauf rechnen kann, daß dieser ihm zuvorkommen und sich seiner bemächtigen werde.

3. Divide et impera. Das ist: sind gewisse privilegierte Häupter in deinem Volk, welche dich bloß zu ihrem Oberhaupt (primus inter pares) gewählt haben, so veruneinige jene untereinander und entzweie sie mit dem Volk: stehe nun dem letztern unter Vorspiegelung größerer Freiheit bei, so wird alles von deinem unbedingten Willen abhängen. Oder sind es äußere Staaten, so

ist Erregung der Mißhelligkeit unter ihnen ein ziemlich sicheres Mittel, unter dem Schein des Beistandes des Schwächeren einen nach dem anderen dir zu unterwerfen. [...]

Um dieser Sophisterei (wenngleich nicht der durch sie beschönigten Ungerechtigkeit) ein Ende zu machen und die falschen *Vertreter* der Mächtigen der Erde zum Geständnisse zu bringen, daß es nicht das Recht, sondern die Gewalt sei, der sie zum Vorteil sprechen, von welcher sie, gleich als ob sie selbst hiebei was zu befehlen hätten, den Ton annehmen, wird es gut sein, das Blendwerk aufzudecken, womit man sich und andere hintergeht, das oberste Prinzip, von dem die Absicht auf den ewigen Frieden ausgeht, ausfindig zu machen und zu zeigen: daß alles das Böse, was ihm im Wege ist, davon herrühre, daß der politische Moralist da anfängt, wo der moralische Politiker billigerweise endigt, und, indem er so die Grundsätze dem Zweck unterordnet (d.i. die Pferde hinter den Wagen spannt), seine eigene Absicht vereitelt, die Politik mit der Moral in Einverständnis zu bringen.

Um die praktische Philosophie mit sich selbst einig zu machen, ist nötig, zuvörderst die Frage zu entscheiden: ob in Aufgaben der praktischen Vernunft vom *materialen Prinzip* derselben, dem *Zweck* (als Gegenstand der Willkür), der Anfang gemacht werden müsse, oder vom *formalen*, d. i. demjenigen (bloß auf Freiheit im äußern Verhältnis gestellten) darnach es heißt: handle so, daß du wollen kannst, deine Maxime solle ein allgemeines Gesetz werden (der Zweck mag sein, welcher er wolle).

Ohne alle Zweifel muß das letztere Prinzip vorangehen: denn es hat als Rechtsprinzip unbedingte Notwendigkeit, statt dessen das erstere nur unter Voraussetzung empirischer Bedingungen des vorgesetzten Zwecks, nämlich der Ausführung desselben, nötigend ist, und wenn dieser Zweck (z. B. der ewige Friede) auch Pflicht wäre, so müßte doch diese selbst aus dem formalen Prinzip der Maximen, äußerlich zu handeln, abgeleitet worden sein. – Nun ist das erstere Prinzip, das des *politischen Moralisten* (das Problem des Staats-, Völker- und Weltbürgerrechts), eine bloße *Kunstaufgabe* (problema technicum), das zweite dagegen, als Prinzip des *moralischen Politikers*, welchem es eine *sittliche Aufgabe* (problema morale) ist, im Verfahren von dem anderen himmelweit unterschieden, um den ewigen Frieden, den man nun nicht bloß als physisches Gut, sondern auch als einen aus

Pflichtanerkennung hervorgehenden Zustand wünscht, herbeizuführen. [...]

Es gibt also *objektiv* (in der Theorie) gar keinen Streit zwischen der Moral und der Politik. Dagegen *subjektiv* (in dem selbstsüchtigen Hange der Menschen, der aber, weil er nicht auf Vernunftmaximen gegründet ist, noch nicht Praxis genannt werden muß) wird und mag er immer bleiben, weil er zum Wetzstein der Tugend dient, deren wahrer Mut (nach dem Grundsatze: tu ne cede malis, sed contra audentior ito) in gegenwärtigem Falle nicht sowohl darin besteht, den Übeln und Aufopferungen mit festem Vorsatz sich entgegenzusetzen, welche hiebei übernommen werden müssen, sondern dem weit gefährlichern, lügenhaften und verräterischen, aber doch vernünftelnden, die Schwäche der menschlichen Natur zur Rechtfertigung aller Übertretung vorspiegelnden bösen Prinzip in uns selbst in die Augen zu sehen und seine Arglist zu besiegen.

In der Tat kann der politische Moralist sagen: Regent und Volk oder Volk und Volk tun *einander* nicht Unrecht, wenn sie einander gewalttätig oder hinterlistig befehden, ob sie zwar überhaupt darin Unrecht tun, daß sie dem Rechtsbegriffe, der allein den Frieden auf ewig begründen könnte, alle Achtung versagen. Denn weil der eine seine Pflicht gegen den andern übertritt, der gerade ebenso rechtswidrig gegen jenen gesinnt ist, so *geschieht* ihnen beiderseits ganz recht, wenn sie sich untereinander aufreiben, doch so, daß von dieser Rasse immer noch genug übrigbleibt, um dieses Spiel bis zu den entferntesten Zeiten nicht aufhören zu lassen, damit eine späte Nachkommenschaft an ihnen dereinst ein warnendes Beispiel nehme. Die Vorsehung im Laufe der Welt ist hiebei gerechtfertigt; denn das moralische Prinzip im Menschen erlöscht nie, die pragmatisch zur Ausführung der rechtlichen Ideen nach jenem Prinzip tüchtige Vernunft wächst noch dazu beständig durch immer fortschreitende Kultur, mit ihr aber auch die Schuld jener Übertretungen. Die Schöpfung allein: daß nämlich ein solcher Schlag von verderbten Wesen überhaupt hat auf Erden sein sollen, scheint durch keine Theodizee gerechtfertigt werden zu können (wenn wir annehmen, daß es mit dem Menschengeschlechte nie besser bestellt sein werde noch könne); aber dieser Standpunkt der Beurteilung ist für uns viel zu hoch, als daß wir unsere Begriffe (von

Weisheit) der obersten, uns unerforschlichen Macht in theoretischer Absicht unterlegen könnten. – Zu solchen verzweifelten Folgerungen werden wir unvermeidlich hingetrieben, wenn wir nicht annehmen, die reinen Rechtsprinzipien haben objektive Realität, d.i. sie lassen sich ausführen; und darnach müsse auch von seiten des Volks im Staate und weiterhin von seiten der Staaten gegeneinander gehandelt werden; die empirische Politik mag auch dagegen einwenden, was sie wolle. Die wahre Politik kann also keinen Schritt tun, ohne vorher der Moral gehuldigt zu haben, und obzwar Politik für sich selbst eine schwere Kunst ist, so ist doch Vereinigung derselben mit der Moral gar keine Kunst; denn diese haut den Knoten entzwei, den jene nicht aufzulösen vermag, sobald beide einander widerstreiten. – Das Recht der Menschen muß heiliggehalten werden, der herrschenden Gewalt mag es auch noch so große Aufopferung kosten. Man kann hier nicht halbieren und das Mittelding eines pragmatisch-bedingten Rechts (zwischen Recht und Nutzen) aussinnen, sondern alle Politik muß ihre Knie vor dem erstern beugen, kann aber dafür hoffen, obzwar langsam, zu der Stufe zu gelangen, wo sie beharrlich glänzen wird.

II. Von der Einhelligkeit der Politik mit der Moral nach dem transzendentalen Begriffe des öffentlichen Rechts.

Wenn ich von aller *Materie* des öffentlichen Rechts (nach den verschiedenen empirisch-gegebenen Verhältnissen der Menschen im Staat oder auch der Staaten untereinander), so wie es sich die Rechtslehrer gewöhnlich denken, abstrahiere, so bleibt mir noch die *Form der Publizität* übrig, deren Möglichkeit ein jeder Rechtsanspruch in sich enthält, weil ohne jene es keine Gerechtigkeit (die nur als *öffentlich kundbar* gedacht werden kann), mithin auch kein Recht, das nur von ihr erteilt wird, geben würde.

Diese Fähigkeit der Publizität muß jeder Rechtsanspruch haben, und sie kann also, da es sich ganz leicht beurteilen läßt, ob sie in einem vorkommenden Falle stattfinde, d.i. ob sie sich mit den Grundsätzen des Handelnden vereinigen lasse oder nicht, ein leicht zu brauchendes, a priori in der Vernunft anzutreffendes Kriterium abgeben, im letzteren Fall die Falschheit (Rechtswidrigkeit) des gedachten Anspruchs (praetensio iuris) gleichsam durch ein Experiment der reinen Vernunft sofort zu erkennen.

Nach einer solchen Abstraktion von allem Empirischen, was der Begriff des Staats- und Völkerrechts enthält (dergleichen das Bösartige der menschlichen Natur ist, welches den Zwang notwendig macht), kann man folgenden Satz die *transzendentale Formel* des öffentlichen Rechts nennen: ›Alle auf das Recht anderer Menschen bezogenen Handlungen, deren Maxime sich nicht mit der Publizität verträgt, sind unrecht.‹

Dieses Prinzip ist nicht bloß als *ethisch* (zur Tugendlehre gehörig), sondern auch als *juridisch* (das Recht der Menschen angehend) zu betrachten. Denn eine Maxime, die ich nicht darf *laut werden* lassen, ohne dadurch meine eigene Absicht zugleich zu vereiteln, die durchaus *verheimlicht* werden muß, wenn sie gelingen soll, und zu der ich mich nicht *öffentlich bekennen* kann, ohne daß dadurch unausbleiblich der Widerstand aller gegen meinen Vorsatz gereizt werde, kann diese notwendige und allgemeine, mithin a priori einzusehende Gegenbearbeitung aller gegen mich nirgend wovon anders als von der Ungerechtigkeit her haben, womit sie jedermann bedroht. Es ist ferner bloß *negativ*, d.i. es dient nur, um vermittelst desselben, was gegen andere *nicht recht* ist, zu erkennen. – Es ist gleich einem Axiom unerweislich-gewiß und überdem leicht anzuwenden, wie aus folgenden Beispielen des öffentlichen Rechts zu ersehen ist.

1. *Was das Staatsrecht* (ius civitatis), nämlich das innere, *betrifft*, so kommt in ihm die Frage vor, welche viele für schwer zu beantworten halten und die das transzendentale Prinzip der Publizität ganz leicht auflöset: ›Ist Aufruhr ein rechtmäßiges Mittel für ein Volk, die drückende Gewalt eines sogenannten Tyrannen (non titulo, sed exercitio talis) abzuwerfen?‹ Die Rechte des Volks sind gekränkt, und ihm (dem Tyrannen) geschieht kein Unrecht durch die Entthronung; daran ist kein Zweifel. Nichtsdestoweniger ist es doch von den Untertanen im höchsten Grade unrecht, auf diese Art ihr Recht zu suchen, und sie können ebensowenig über Ungerechtigkeit klagen, wenn sie in diesem Streit unterlägen und nachher deshalb die härteste Strafe ausstehen müßten.

Hier kann nun vieles für und dawider vernünftelt werden, wenn man es durch eine dogmatische Deduktion der Rechtsgründe ausmachen will; allein das transzendentale Prinzip der Publizität des öffentlichen Rechts kann sich diese Weitläufigkeit ersparen. Nach demselben fragt sich vor Errichtung des bürgerlichen Vertrags das Volk selbst, ob es sich wohl getraue, die Maxime des Vorsatzes einer gelegentlichen Empörung öffentlich bekanntzumachen. Man sieht leicht ein, daß, wenn man es bei der Stiftung einer Staatsverfassung zur Bedingung machen wollte, in gewissen vorkommenden Fällen gegen das Oberhaupt Gewalt auszuüben, so müßte das Volk sich einer rechtmäßigen Macht über jenes anmaßen. Alsdann wäre jenes aber nicht das Oberhaupt, oder, wenn beides zur Bedingung der Staatserrichtung gemacht würde, so würde gar keine möglich sein, welches doch die Absicht des Volks war. Das Unrecht des Aufruhrs leuchtet also dadurch ein, daß die Maxime desselben dadurch, daß man sich *öffentlich dazu bekennte*, seine eigene Absicht unmöglich machen würde. Man müßte sie also notwendig verheimlichen. – Das letztere wäre aber von seiten des Staatsoberhaupts eben nicht notwendig. Er kann frei heraus sagen, daß er jeden Aufruhr mit dem Tode der Rädelsführer bestrafen werde, diese mögen auch immer glauben, er habe seinerseits das Fundamentalgesetz zuerst übertreten; denn wenn er sich bewußt ist, die *unwiderstehliche* Obergewalt zu besitzen (welches auch in jeder bürgerlichen Verfassung so angenommen werden muß, weil der, welcher nicht Macht genug hat, einen jeden im Volk gegen den andern zu schützen, auch nicht das Recht hat, ihm zu befehlen), so darf er nicht sorgen, durch die Bekanntwerdung seiner Maxime seine eigene Absicht zu vereiteln, womit auch ganz wohl zusammenhängt, daß, wenn der Aufruhr dem Volk gelänge, jenes Oberhaupt in die Stelle des Untertans zurücktreten, ebensowohl keinen Wiedererlangungsaufruhr beginnen, aber auch nicht zu befürchten haben müßte, wegen seiner vormaligen Staatsführung zur Rechenschaft gezogen zu werden.

2. *Was das Völkerrecht betrifft.* – Nur unter Voraussetzung irgendeines rechtlichen Zustandes (d. i. derjenigen äußeren Bedingung, unter der dem Menschen ein Recht wirklich zuteil werden kann) kann von einem Völkerrecht die Rede sein: weil es als ein öffentliches Recht die Publikation eines jedem das Seine be-

stimmenden allgemeinen Willens schon in seinem Begriffe enthält, und dieser status iuridicus muß aus irgendeinem Vertrage hervorgehen, der nicht eben (gleich dem, woraus ein Staat entspringt) auf Zwangsgesetze gegründet sein darf, sondern allenfalls auch der einer *fortwährend-freien* Assoziation sein kann, wie der oben erwähnte der Föderalität verschiedener Staaten. Denn ohne irgendeinen *rechtlichen Zustand*, der die verschiedenen (physischen oder moralischen) Personen tätig verknüpft, mithin im Naturzustande kann es kein anderes als bloß ein Privatrecht geben. [...]

3. *Was das Weltbürgerrecht betrifft*, so übergehe ich es hier mit Stillschweigen: weil wegen der Analogie desselben mit dem Völkerrecht die Maximen desselben leicht anzugeben und zu würdigen sind. [...]

Wenn es Pflicht, wenn zugleich gegründete Hoffnung da ist, den Zustand eines öffentlichen Rechts, obgleich nur in einer ins Unendliche fortschreitenden Annäherung wirklich zu machen, so ist der *ewige Friede*, der auf die bisher fälschlich so genannten Friedensschlüsse (eigentlich Waffenstillstände) folgt, keine leere Idee, sondern eine Aufgabe, die, nach und nach aufgelöst, ihrem Ziele (weil die Zeiten, in denen gleiche Fortschritte geschehen, hoffentlich immer kürzer werden) beständig näher kommt.

Johann Wilhelm Ludwig Gleim
*Auf den Friedensschluß zu Basel***

Das souveräne Volk, das duldig sich zerreißen
Von seinen Tigern ließ, macht Frieden mit den Preußen?
Ach, arme Menschheit du! – Es läßt sich prophezeihn:
Der edle Frieden wird von kurzer Dauer sein!

Adolph Franz Friedrich Freiherr von Knigge
*Von Gerechten und Ungerechten Kriegen***

[...] Wenn die Völker der Erde die Waffen gegeneinander ergreifen, so pflegt es eben nicht zu geschehn, um sich einander wohlzutun oder dabei sehr manierlich zu verfahren, sondern um dem Feinde so viel Schaden zuzufügen, als möglich ist. Es ist aber freilich sehr traurig, wenn man in der Geschichte der Kriege liest, daß selbst in neuern Zeiten Völker, die sich der feinsten Kultur rühmten und Armeen, die in dem Rufe der strengsten Mannszucht waren, sich, nicht etwa in der Wut des Angriffs oder der Verteidigung, sondern mit kaltem Blute und auf gnädigsten Befehl, gegen wehrlose Geschöpfe Abscheulichkeiten erlaubt haben, vor denen die Menschheit zurückbebt; und doch liefern der dreißigjährige, der siebenjährige, der amerikanische, der türkische, der polnische Krieg und andre sehr traurige Belege zu diesem Satze. Verfahren ja etwa die Armeen auf Geheiß ihrer Obern und deren Monarchen zuweilen säuberlicher, so geschieht es immer nur aus Politik: sie fürchten entweder das Wiedervergeltungsrecht, oder sie dürfen Provinzen, in denen sie noch länger hausen, die sie vielleicht gar auf immer in Besitz behalten oder wo sie das Volk gewinnen wollen, nicht gänzlich verwüsten. Wo diese oder andre dergleichen Rücksichten nicht eintreten, da pflegen die Heere der hohen Potentaten zu verfahren, wie es besoldeten Mördern und Räubern zukommt. Man dürfte es also schon nicht außerordentlich finden, wenn jetzt die Franzosen so handelten wie alle übrigen kriegführenden Völker. In einem Meinungs-Kriege aber und wo sich Fanatismus einmischt, ist die Erbitterung noch größer und darf man also da noch weniger Manierlichkeit erwarten. Endlich, wo das Volk in Masse losbricht, da läßt sich auch wohl nicht viel Kriegszucht und Ordnung fordern. Fügte man zu solchen Umständen, die grade in diesem Kriege bei den Franzosen eintreten, noch den hinzu, daß die Nation, von so vielen Seiten angegriffen, wohl genötigt sein konnte, alle Mittel zu ergreifen, sich furchtbar zu machen, um die Einwohner der Provinzen, in welchen der Schauplatz des Krieges eröffnet war, zu bewegen, auf einen baldigen Frieden zu dringen, so dürfte man sich wahrlich nicht wundern, wenn man erführe, daß die französischen Heere alle Länder, in welche sie gedrungen wären, mit Feuer und Schwert verwüstet hätten. Was soll man aber sagen, wenn im Gegenteil unverdächtige Augenzeugen uns versichern, daß das Betragen der Franzosen als Feinde in Holland, Brabant, Teutschland, Spanien und Italien, wenngleich nicht durchgehends, doch größtenteils, ohne Vergleichung glimpflicher und sanfter, als das der verbündeten Heere in den Ländern ihrer eignen Bundesgenossen gewesen ist? Daß jene die armen Bauern, bei denen sie einquartiert gewesen, auf alle Weise erleichtert, getröstet, ihre Vorräte mit ihnen geteilt haben und daß sie die Gefangenen fast ohne Ausnahme äußerst gelinde und menschenliebend behandeln? Daß hingegen die Soldaten der Alliierten in manchen Gegenden Verwüstungen haben anrichten dürfen, deren sich Räuber-Banden schämen würden, daß sie ihre eigne Bagage plündern, daß sie die Gefangnen auf die schändlichste Weise mißhandeln, ja! diese Aufführung durch niederträchtige Schriftsteller laut verteidigen und hohe und niedre Personen, die den armen, unter den Händen dieser Henker den Qualen-Tod sterbenden Franzosen einen Labetrunk gereicht haben, lästern und sie für heimliche Jakobiner ausschreien, daß sie in diesem Kriege [...] sich über alle bisher angenommenen Grundsätze des Völkerrechts und gemeinen Rechts hinaussetzen? Allein freilich! davon schreiben ihre gemieteten Zeitungs- und Journal-Fabrikanten nichts.

Der Vorwurf aber, daß die Franzosen ihren zuerst geäußerten, von aller Eroberungssucht entfernten Grundsätzen nicht treu geblieben seien, fällt sehr in das Lächerliche. Die Erklärung, niemand Schaden zufügen zu wollen, setzt natürlicherweise voraus, daß man von niemand angetastet werde, folglich nicht in den Fall der Notwehr komme. Oder sollten etwa die Franzosen ihren raubsüchtigen Feinden ihr Land preisgeben und es sorgfältig vermeiden, das Kriegstheater auf fremden Boden zu verlegen, damit man sie nicht in dem Verdacht der Eroberungssucht haben könnte? Einer Nation, die eine so übel angebrachte Großmut übte, würden in der Tat die untreuen Nachbarn wohl nicht viel Ruhe lassen, und bei allen Händeln würde sie die Zeche bezahlen müssen. Allein man entblödet sich nicht zu behaupten, die Franzosen hätten zuerst den Krieg angefangen, gleich als wollte man einem Manne, der, wenn eine Bande Mordbrenner heimlich Pechkränze an sein Haus heftete, die jedoch noch nicht angesteckt würden, und er auf wiederholte Fragen: was diese Anstalten zu bedeuten hätten? immer die Antwort erhielte, darum habe er sich nicht zu bekümmern, man meine es gut mit ihm – er hierauf endlich den Stock in die Hand nähme, um das Gesindel zu vertreiben, und man wollte dann diesen Mann beschuldigen, er sei der erste Angreifer gewesen, weil er nicht gewartet habe, bis sein Haus in Flammen stände! Wollt Ihr wissen, ob die Franzosen nach Eroberungen lüstern sind, so bietet ihnen Frieden, erkennet ihre Regierungsform an, unter der Bedingung, daß sie in ihre Grenzen zurückkehren; und wenn sie diese Vorschläge mit ungerechten Forderungen an fremdem Eigentume beantworten, dann erst habt Ihr Recht zu klagen, und jeder treue Teutsche wird gern die Waffen gegen die Räuber ergreifen. [...]

Man trauet seinen Augen kaum, wenn man liest, was für herrliche Ratschläge diejenigen Schriftsteller, welche nichts vom Frieden hören wollen, den verbündeten Mächten geben. Ein hoffnungsvoller Jüngling, der Freiherr von Hagern, par la grace de Dieu Geheimerat in Weilburg, schlägt in einem Journale einen Kongreß unter den Fürsten vor, zu welchem auch noch andre einsichtsvolle Männer, wie Goethe, Wieland [...] und – mirabile dictu! – der liebe Herr Rehberg in Hannover eingeladen werden sollen, um den Plan zu einem künftigen Feldzuge zu entwerfen. Nun sind Goethe und Wieland zwei Männer von verehrungswürdigem Charakter, große unnachahmliche Dichter, erhabene Genies, fähig, mit philosophischem Scharfsinne im allgemeinen über große Weltbegebenheiten zu urteilen, und der Sieur Rehberg soll eine hübsche Kanzeleihand schreiben; aber zu Aufstellung eines solchen Operationsplans gehört doch wohl vertrauete, praktische Kenntnis der innern und äußern Verhältnisse der Staaten, die man nur Männern zutrauen kann, die in den

Kabinetten grau geworden sind. Ein andrer Schriftsteller, der sonst so verständige Herr Hofrat und Professor Zimmermann in Braunschweig, beweiset in zwei neuerlich erschienenen Schriften, daß Teutschland an Menschen und Schätzen viel reicher als Frankreich sei, folglich den Krieg länger aushalten könne und gewiß obsiegen werde. Schade, daß er uns nicht zugleich das Geheimnis gelehrt hat, diese Menschenmasse mit dem Enthusiasmus zu erfüllen, den Franzosen gewaltsam eine oder andre Verfassung aufzudringen und die reichen Teutschen geneigt zu machen, ihre Geldsäcke zu diesem Endzwecke auszuleeren!

[...] Ihr fürchtet, die Franzosen würden den geschlossenen Frieden nicht lange halten, sondern bundbrüchig werden? – Sonderbar! Wollt ihr uns glauben machen, es sei in Europa, und überhaupt in der ganzen Welt, je anders hergegangen, als daß die Völker dergleichen heilig beschworne Traktate nur so lange zu halten pflegen, als ihr vermeintliches Interesse es erfordert, oder Mangel an Hülfsmitteln sie abhält, übereinander herzufallen? Ob die Franzosen gewissenhafter sein werden? Man könnte es glauben, da ihre Staatsgrundsätze von den bisher herrschend gewesenen so sehr abzuweichen scheinen; allein wir wollen das nicht verbürgen.

Glaubet also immerhin, daß sie, wenn Eigennutz und Leidenschaft in das Spiel kommen, ebenso eidbrüchig wie Ihr alle handeln werden! Allein darauf wird man sichre Rechnung machen dürfen, daß, wenn einmal der Krieg überstanden ist, der so ungeheure Aufopferungen gekostet hat, Aufopferungen, die man erst dann recht empfinden wird, die Nation lange Zeit hindurch das Bedürfnis der Ruhe fühlen und, wenn auch einzelne Faktionisten es wagen wollten, das Volk zu neuen Feindseligkeiten aufzuhetzen, es diesen gewiß nicht gelingen wird, weder so große Heere zusammenzutreiben noch den Enthusiasmus, der die Nation jetzt beseelt, auf's neue zu erwecken. Von dieser Seite also könnt Ihr sehr ruhig sein. [...]

Johann Friedrich Zöllner
Friedenslied

Preis dem Ewigen und Ehre!
Ihm ertöne Lobgesang!
Unsrer Freude heiße Zähre,
Unsre Rührung ist ihm Dank!

Schöne Friedenspalmen wehen
An dem festlichen Altar,
Wo noch jüngst ein banges Flehen
Zeuge unsres Kummers war.

Unsers Landes Heldenscharen
Rangen rastlos um den Sieg,
Wo im Sturme der Gefahren
Das Gefühl der Menschheit schwieg.

Väter, Kinder, Mütter, Bräute
Schmachteten in Kümmernis,
Weil der Krieg von ihrer Seite
Die Geliebten mit sich riß.

Schrecklich sog dies Ungeheuer
Blut und Mark den Völkern aus,
Wärmte sich am Zwietrachtsfeuer,
Weidete den Blick am Graus,

Spottete der Ohnmacht Bitten,
Teilte lachend seinen Raub,
Trat mit seinen Riesenschritten
Land und Völker in den Staub!

Wo sonst Herd' und Hirten gingen,
Wo im goldnen Sonnenglanz
Trauben an den Reben hingen,
Wo die Freude wohnt und Tanz;

Wo bei seinem kleinen Mahle
Dankbar fromm der Landmann saß,
Wo das Kind im bunten Tale
Schuldlos Frühlingsblumen las;

Wo der Fleiß die Seinen nährte,
Wo empor der Edle klomm,
Wo Natur ihr Füllhorn leerte,
Wo der Weisheit Funk' entglomm:

Überall ward's eine Trümmer,
Jede Lebensfreud' entwich,
Selbst der fernen Hoffnung Schimmer
Hüllt' in schwarze Nebel sich.

Zwar auf unsern Fluren weilte
Freundlich goldne Sicherheit.
Vater Friedrich Wilhelm eilte
Selbst mit seinem Heer zum Streit.

Er und seine Söhne stritten
In dem wilden Kampf voran,
Daß nicht wir in unsern Hütten
Auch des Krieges Greuel sahn.

Doch auch über uns ergossen
Jene Greuel ihre Qual:
Klagen tönten, Tränen flossen
Beim vertrauten Freundesmahl.

Weh der Menschheit, wenn dem Herzen
Eigne Not nur bitter ist,
Wenn der Frohe fremde Schmerzen,
Weil sie fremde sind, vergißt!

Jeden auf dem Erdenrunde,
Der das Bild der Menschheit trägt,
Trifft das Schicksal mit der Wunde,
Die es unsern Brüdern schlägt.

Wer das heilige Gepräge
Unsrer Gottesabkunft ehrt,
Jammert nicht auf seinem Wege,
Wenn er manches Glück entbehrt.

Nur in seinem Herzen glimme
Stets Gefühl der Menschlichkeit;
Nur dem Ruf der Bruderstimme
Sei sein Arm zur Tat bereit.

Was er dann auch missen möge,
Um sich hohen Glücks zu freun,
Bleibt ihm das Bewußtsein rege:
Was er sein soll, Mensch, zu sein!

Dies Gefühl, mit Frevelhänden
Tausendmal entweihet, schien,
Müde, Segen auszuspenden,
Unserm Weltteil zu entfliehn;

Und es pflanzt' an seine Stelle,
Jubelnd über seine Flucht,
Ihre Sprößlinge die Hölle:
Mißtraun, Haß, Verfolgungssucht.

Doch mit holden Frühlingsboten
Kömmt der Völker neues Glück,
Weichen Übel, die uns drohten,
Kehrt die Menschlichkeit zurück!

Unterm Schall der Jubellieder,
Mit dem Ölzweig in der Hand
Grüßen unsre Krieger wieder
Das geliebte Vaterland.

Väter, Kinder, Mütter, Bräute
Schließen sie in ihren Arm;
Schnell verweht ist an der Seite
Der Geliebten aller Harm.

Statt des blut'gen Schwertes glänzen
In der Hand die Sicheln nun.
Bei der Jugend Reihetänzen
Sieht man graue Krieger ruhn.

Alle Friedenskünste grüßen
Sich aufs neue schwesterlich;
Auf dem Meere, auf den Flüssen
Spannen neue Segel sich;

In den Tälern, auf den Hügeln
Sammelt sich ein Jubelchor;
Mit der Andacht heil'gen Flügeln
Steigt der Festgesang empor:

Gott der Götter! Laß in Frieden
Deine Menschen deß sich freun,
Was dein Rat für sie beschieden!
Laß sie wollen glücklich sein!

Vater, laß sie's endlich lernen,
Daß nur Eintracht selig macht!
Laß sie's ahnen an den Sternen,
Fühlen an der Erde Pracht!

Laß ihr eignes Herz sie lesen.
Frieden schriebst du selbst hinein!
Laß vom Taumel sie genesen!
Vater, laß sie Menschen sein!

Wilhelm von Humboldt in einem Briefe vom 30. Oktober 1795 an Friedrich Schiller

[...]

Kants ewigen Frieden habe ich nun gelesen. Für die Horen wäre er doch nur insofern gewesen, als es eine Arbeit von Kant ist. Im Ganzen kann ich die Schrift nicht sehr wichtig nennen. Es ist mir keine einzige Idee aufgestoßen, selbst den Grundsatz der Politik a priori nicht ausgenommen, welche nicht schon durch seine frühern Schriften gegeben wäre. Auch sollen noch z.B. alle Präliminarartikel schon sich bei dem Abbé St.Pierre finden. Aber sehr lieb ist mir diese kleine Schrift doch wegen des treuen und interessanten Bildes, das sie von der Individualität ihres Verfassers gibt. Stellenweise ist sie auch, dünkt mich, sehr genialisch und mit viel Phantasie und Wärme geschrieben. Ein manchmal wirklich zu grell durchblickender Demokratismus ist nun meinem Geschmack nicht recht gemäß, so wenig als auch gewiß dem Ihrigen.

[...]

Johann Gottfried Carl Christian Kiesewetter in einem Briefe vom 5. November 1795 an Immanuel Kant

[...]

Für das Exemplar Ihrer Schrift ›Zum ewigen Frieden‹, was Sie Herrn Nicolovius für mich gegeben haben, danke ich Ihnen recht sehr; Herr Nicolovius ist hier noch nicht angekommen und ich habe es also auch von ihm noch nicht erhalten können; aber unendlich mehr danke ich Ihnen und wird Ihnen die Welt, redlicher, vortrefflicher Mann, für diese Schrift danken. Ich habe den Inhalt derselben verschlungen, Ihre Offenheit hat mich entzückt. – Aber leid tut es mir, daß diese Schrift nur den Deutschen bekannt werden sollte, es finden sich unter uns noch manche Hindernisse, ich will nicht sagen, die Wahrheit zu erkennen, aber doch sie auszuüben; gewiß würde diese Schrift bei jener großen Nation, die so manche Riesenschritte auf dem Wege der politischen Aufklärung gemacht hat, viel Gutes stiften. Ich will sie daher einem meiner Freunde, einem hoffnungsvollen jungen Mann, einem Kenner und Verehrer der kritischen Philosophie, der vor kurzem von hier nach Paris gegangen ist, um dort kritische Philosophie zu lehren, schicken, damit er sie übersetze und dort bekannt mache; ich bin überzeugt, die Schrift wird ihr Glück machen, und Sie, edler Mann, werden mächtig zum ewigen Frieden beitragen. – Daß Ihre Schrift hier nicht bei allen gleiche Aufnahme finden würde, ließ sich zum Voraus vermuten. Herr Gentz, der Übersetzer des Mallet du Pan, der vielleicht fühlt, daß das, was sie von seinem Helden gesagt haben, auch auf ihn angewandt werden könnte, hat eifrig dagegen gesprochen und wird *vielleicht* dagegen schreiben; so wie er ehemals gegen ihren Aufsatz in der Berliner Monatsschrift schrieb. Als Gegner möchte ferner gegen Sie ein gewisser Professor Meyer auftreten, der ehemals Bibliothekar in Göttingen war, jetzt hier privatisiert und wahrscheinlich von einer kleinen Pension lebt, die er, ich weiß nicht recht warum, vom Hofe zieht, ein prätensionenvoller, seichter Mensch. Doch was kümmern Ihnen diese Menschen, Sie haben den herzlichen Dank aller gutgesinnten; und ich wünschte nur, Ihnen beschreiben zu können, mit welchem innigen Entzücken unsere besten Köpfe Ihre Schrift gelesen haben. Die Nachwelt wird es Ihnen erst danken, wenn sie die Früchte Ihrer Arbeit genießen wird.

[...]

Johann Benjamin Erhard in einem Briefe vom 15. November 1795 an Immanuel Kant

[...]

Ihr ewiger Friede hat mir unendliche Freude gemacht, als ich ihn las, aber manchen Verdruß, als ich ihn von andern beurteilen hörte, denn es gab gar Menschen, die ihn mit dem Friedensprojekt des St. Pierre ins Gleiche setzen konnten. Von einer andern Seite ist es aber ganz gut, daß es so geht, denn Wahrheit und Recht behaupten sich vorjetzt nur durch Mißverstand und Eigennutz in der Welt, man duldet die Wahrheit, weil man sie für ein Phantom hält, und das Recht, weil man es für Gewinnsucht ansieht. Aber es wird noch anders werden, und diese Aussicht, die mir immer heller wird, ist mein Trost und meine Freude.

[...]

Prinz August von Sachsen-Gotha in einem Briefe vom 22. November 1795 an Johann Wolfgang Goethe

[...]

Legistine magnum Immanuelem Kantium: *Zum ewigen Frieden?* Diese kleine Schrift verdienet schon Dero besondere Aufmerksamkeit, zumal S. 47 bis 65 und S. 66 bis 79. Sie wird aber den hohen Pautentauten nicht sonderlich zu gefallen das Glück haben. Doch, was liegt daran? Diese Herrn lesen ja nichts, als allenfalls die Ranglisten ihrer Armeen! e fanno sempre benissimo.

[...]

Friedrich Schiller
Die Taten der Philosophen

Der *Satz*, durch welchen alles Ding
Bestand und Form empfangen,
Den Kloben, woran Zeus den Ring
Der Welt, die sonst in Scherben ging,
Vorsichtig aufgehangen,
Den nenn ich einen großen Geist,
Der mir ergründet, wie er heißt,
Wenn *Ich* ihm nicht drauf helfe.
Er heißt: Zehn ist nicht Zwölfe.

Der Schnee macht kalt, das Feuer brennt,
Der Mensch geht auf zwei Füßen,
Die Sonne scheint am Firmament,
Das kann, wer auch nicht Logik kennt,
Durch seine Sinne wissen.
Doch wer Philosophie studiert,
Der weiß, daß, wer verbrennt,
nicht friert,
Weiß, daß das Nasse feuchtet
Und daß das Helle leuchtet.

Homerus singt sein Hochgedicht,
Der Held besteht Gefahren,
Der brave Mann tut seine Pflicht,
Und tat sie, ich verhehl es nicht,
Eh noch Weltweise waren,
Doch hat Genie und Herz vollbracht,
Was *Lock'* und *Leibniz* nie gedacht,

Sogleich wird auch von diesen
Die Möglichkeit bewiesen.

Im Leben gilt der Stärke Recht,
Dem Schwachen trotzt der Kühne,
Wer nicht gebieten kann, ist Knecht;
Sonst geht es ganz erträglich schlecht
Auf dieser Erdenbühne.
Doch wie es wäre, fing der Plan
Der Welt nur erst von vornen an,
Ist in Moralsystemen
Ausführlich zu vernehmen.

›Der Mensch bedarf des Menschen sehr
Zu seinem großen Ziele,
Nur in dem Ganzen wirket er,
Viel Tropfen geben erst das Meer,
Viel Wasser treibt die Mühle.
Drum flieht der wilden Wölfe Stand,
Und knüpft der Staaten daurend Band.‹
So lehren vom Katheder
Herr Pufendorf und Feder.

Doch weil, was ein Professor spricht,
Nicht gleich zu allen dringet,
So übt *Natur* die Mutterpflicht,
Und sorgt, daß nie die Kette bricht,
Und daß der Reif nie springet.
Einstweilen, bis den Bau der Welt
Philosophie zusammenhält,
Erhält *sie* das Getriebe
Durch Hunger und durch Liebe.

Sophie Mereau in einem Briefe aus dem Dezember 1795 an Immanuel Kant

[...]

Ich habe mich zutrauungsvoll an Sie gewandt – Sie sind gewiß *gut*, so groß und berühmt Sie auch sind. Welche edle Humanität atmet aus Ihrem *Ewigen Frieden*! Welche Hoffnungen wissen Sie in den Herzen aller gutmütigen Menschen zu entzünden!

[...]

Wilhelm von Humboldt in einem Briefe vom 11. Dezember 1795 an Friedrich Schiller

[...]

Kants Urteil über Reinhold ist prächtig. Möchte er Ihnen doch noch sein ›Überlegtes‹ über Ihre Briefe vor seinem Hintritt schreiben. Sein Friede wird Sie schwerlich sehr befriedigt haben. Wenigstens hat er auf mich keinen großen Eindruck gemacht. Neue Ideen sind fast keine, und mehreres scheint mir auch fast ganz willkürlich und gewagt. Allein ein großes Vergnügen hat mir die Schrift doch durch viele originelle, witzige und charakteristische Wendungen gemacht.

[...]

Abraham Gotthelf Kästner
Vom ewigen Frieden

Auf ewig ist der Krieg vermieden,
Befolgt man, was der Weise spricht;
Dann halten alle Menschen Frieden,
Allein die Philosophen nicht.

Christian Gottfried Körner in einem Briefe vom 18. Dezember 1795 an Friedrich Schiller

[...]

Was hältst Du von Kants neuester Schrift: zum ewigen Frieden? Mich hat sie weniger befriedigt. Kant scheint hier nicht in seinem Fache zu sein. Aus einseitigen Beobachtungen folgert er Sätze, die eine strenge Prüfung nicht aushalten. Der Vortrag ist hier und da sehr geistvoll, auch sogar launig, aber an andern Stellen wieder sehr vernachlässigt. Ich habe mir nicht versagen können, einiges, was mir darüber einfiel, gleich aufzuschreiben. Wenn Dich diese Untersuchungen interessieren, will ich Dirs schicken. Für den Druck ist es gar nicht bestimmt.

[...]

Friedrich Schiller in einem Briefe vom 21. Dezember 1795 an Christian Gottfried Körner

[...]

Kants kleine Schrift habe ich noch nicht gelesen (Deine Bemerkungen darüber sende mir ja). Mein Buchbinder hat sie noch. Ich lese jetzt überhaupt sehr wenig, und leider! muß ich hinzusetzen, hätte ich es bei meinem Mangel an Umgang und Zufluß aus dem lebendigen Gespräch jetzt am nötigsten.

[...]

Johann Gottfried Herder
Der Janustempel

An die versammleten Friedensstifter

Ich gedenke deiner und weine. Was quälst du das Herz mir?
Ich weiß es, daß du kaum noch Atem holst,
Deutschland. – Weiß, du liegest im Blut, zertreten, im Staube,
Solange jener Tempel offen steht.
Schließet den Tempel, o ihr versammlete heilge Quiriten;
Fünf Lustren hat uns Mavors Wut geraubt.
Schließet den Tempel! Es hat der Orkus traurige Schatten
(Kaum fassete die Haufen Charons Schiff)
Gnug empfangen. Germanien raucht. Es trocknet die Augen
Der Bürger sich an seines Hauses Glut.
Anderes hat er nicht, sie zu trocknen; Skythen und Barbarn
Entrissen ihm sein dürftig-letztes Kleid.
Was Numantium einst, was Ilion, Argos und Thebe
An Not erfahren, haben wir durchprobt.
Sinnlos irret der Schmerz mit losgelassenem Zügel
Durch öder Dörfer wüste Wohnungen,
Durch begrabene Städte. Das Kind, am Busen der Mutter
Verschmachtend, drückt die nahrungslose Brust.
Ceres schauet sich selbst und die hungrigen Scharen mit Zorn an,
Daß ihre Frucht von Menschenblut erwuchs.
Grausam herrschte der Tod. Den rafft' er in Eile; dem andern
Versagt' er sich; die Jungfrau dorfte nicht
Unentweihet zum Grabe. Geschändet-niedergetretne
Leichname sahen die ernsten Manen scheu.
Und wie im brennenden Walde die Glut, so wächset der Krieger
Ruchloser Sinn und Frevel Jahr auf Jahr.
Weithin wütet die Pest. Nicht Deutschlands Fluren allein drückt
Der Jammer; ganz Europa mit ihm bebt.

Thems' und Schelde, der Rhein und die Elb' und Weser und Donau,
Ihr' aller Wogen hat der Sturm empört.
Spanien schleicht mit sinkendem Tritt. Auch Gallien singet
Triumphgesänge zwar, doch ächzend nur.
Rahel weinet um ihre Kinder; der traurige Sieg weint
Um tausend arm Erschlagne seines Volks.
Schließet den Tempel, o ihr von himmlischen Pfeilen Erglühte,
Ihr Friedensboten, schließet Janus Tor.
Bannet hinein den Krieg, das Ungeheuer, und fesselt
Mit hundert Ketten dem Altar es an.
Ihm zu Füßen bindet den Neid und die schreckende Rache,
Den drohenden Ehrgeiz und den wilden Zorn,
Bindet die Habsucht fest; und stoßt der Pforte den Riegel,
Und wälzet Ajax mächtgen Stein ihr vor.
Dann umpflanzet das Haus mit dichten Hainen; auch Phöbus
Geschärftes Feuerauge find' es nicht.
Auf ihm ruhe die Nacht, daß Argwohn, Zweifel und Trugsinn,
Gewalt und Neid kein Ritzchen an ihm späh'.
Palmen sprossen umher und der Ölbaum. Sage die Inschrift
Des dunkeln Haines vor der Pforte dann:
›Lasset den Tempel in Ruh. Der Gott von innen ist dem hold,
Der ihn in fernster Ferne scheu verehrt.‹

Johann Gottfried Herder
Gebet

Als sich die Friedensunterhandlungen verwirrten

Welch ein Ende der Last, die wir getragen,
So viele Jahre getragen ohn' Erbarmung,
Hast du uns bestimmet, o du der Menschen
Retter und Vater.

Heil'ge, erste Vernunft, die aus dem Chaos
Einst erfand das rosige Licht und unser
Dunkel siehet, o holde Macht, erfind' uns
Selber den Frieden.

Johann Gottfried Herder
Zwo Göttinnen

Nicht im Schlummer allein genießt der Dichter
Götterträume; dem Wachenden erscheinet
Auch Apollo. So trat mir heut am Mittag
Herrlich ein Bild vor:

Zwo Göttinnen. Die eine weicht der hohen
Pallas kaum an Gestalt und Königsgröße;
Und der anderen weicht die meerentsprungne
Paphia selber.

Stolzen Ganges erschien die Kriegesgöttin,
In erschreckender Pracht; es klangen Waffen,
Goldenes Erz erklang, wohin ihr Fuß sich
Drohender wandte.

Vor der Brust den leuchtenden unanschaubarn
Harnisch; auf dem Haupte den Helm. Es flogen
An dem blinkenden Helm, gefiedert flogen
Rauschende Büsche.

In der Rechten das nackte Schwert; die Linke
Hielt die Waage, worin auf einer Schale
Alle Reich' Europens und in der andern
Tod und die Pest lag,

Schmerz und Tränen und Grimm und Weh und Ketten. –
Ernsten, heiteren Blickes trat sie vor mich;
Doch mein Auge vermocht' auch nicht den mildern
Blick zu ertragen.

Ihr entgegen erschien im Lichtgewande,
Glänzender als der Schnee und mit smaragdnem
Gurt umgürtet, die liebliche, die schlanke
Göttin des Friedens.

Um ihr bräunliches Haar den Kranz von Myrten
Und von duftenden Veilchen leicht geschlungen;
Freude strömten die Augen, und die Lippen
Liebliche Worte.

In der Rechten den Ölzweig, in der Linken
Sions Palme; sie ging der furchtbarn Göttin
Froh entgegen: »O Schwester, endlich, endlich
Seh' ich dich wieder,

Nach so vielen der Jahre. Ach, dein Kleid ist
Blutrot!« – Traurig erwiderte der Völker
Themis: »Matt von Strafen und matt von Jammer
Komm' ich vom Schlachtfeld

Deutschlands; Ströme von Blut sind viel geflossen.
Jetzt, o Schwester ...« Umarmend küßten beide
Sich die Wange; so küssen sich am Xanthus
Glänzende Tauben.

»Laß die Gewand' uns wechseln!« sprach die muntre
Friedensgöttin. »Ich will die schweren Waffen
Mir versuchen. Hinab den blutgen Panzer!
Drohender Helm, ab!«

Und sie umwand ihn ringsum mit des Ölbaums
Dichten Zweigen. Dem wilden Haar der Schwester
Wand sie Myrten und Veilchen um, und Kühlung
Wehende Palmen.

Jetzo setzte sie sich den schönern Helm auf,
Schwang das blinkende Schwert in leichtem Tanze
Und verbarg es. Die Waag' in ihren Händen
Sprossete Rosen,

Sproßte Lilien: denn das Glück der Völker
Tragend, wäget sie Fleiß und Lohn, der Arbeit
Müh und süßen Genuß, Verdienst und Ruhm in
Goldenen Schalen.

Und mir entschwand das Bild. O daß die Schwestern,
Spät vereinet, sich niemals mehr entzweiten!
Daß kein Frevel der Mächtigen die Göttin
Wieder bewaffne!

1796

Georg Christoph Lichtenberg
*Von den Kriegs- und Fast-Schulen der Schinesen***

[...] Wir fanden auf dem platten Lande von Schina eine besondere Art weitläufiger Gebäude, die ein sehr klostermäßiges Ansehen hatten und wie aus einer Form gegossen schienen, welches in diesem Lande überhaupt bei Dingen einer Art sehr gewöhnlich ist. [...] Wir sahen ihrer auf einer Tour von siebenundfünfzig Meilen (fünfzehn deutsche) wenigstens sechs bis sieben. Auf mein Befragen, was dieses für Gebäude seien, sagte mir der Mandarin, der mir mitgegeben war, sie hießen Tsing-Long, welches unser Dolmetscher, der kleine Wang-o-Tang, [...] durch *Kriegs-* und *Hunger-Akademien* oder *Kriegs-Hunger-Schulen* übersetzte. [...] Unsere Tsing-Long, sagte er, sind Kriegsschulen. Ich weiß, ihr habt auch welche. Ich kenne sie. Sie sind für den *Aktiv-Krieg*, zum Unterricht des eigentlichen Soldaten. Dergleichen haben wir auch; nur, setzte er bescheiden hinzu, sind die unsrigen unendlich viel besser. Wir sind Schinesen und denken weiter. Die Schulen, die ihr hier seht, sind das nicht, was die eurigen sind. Hier lehrt man den *Passiv-Krieg*; nicht die Kunst, den Krieg geschickt zu führen, sondern ihn mit Standhaftigkeit zu ertragen. Der Gedanke frappierte mich, ich kann es nicht leugnen, und ich fing an, die Daumen zu wirbeln. Er stutzte einen Augenblick und hörte mit den seinigen auf. Nach einer Pause fuhr er fort: Wie ist es möglich, daß ein kluges Volk wie Ihr nur darauf denkt, Menschen abzurichten, den Krieg geschickt zu führen, und an die übrigen, die ihn eigentlich leiden, gar nicht denkt! Auch diese lehren wir ihr Exerzitium, auch diese müssen geübt werden, so wie die andern, so wird der Krieg eine Kleinigkeit. Es kommt in der Welt alles auf Übung an. Wo der Feind einfällt, findet er bei uns jetzt ein Volk, das sich so gut auf das Erdulden versteht als er sich auf das Kränken. Ich versichere Euch, wir haben auf diesen Akademien Leute gezogen, die, wenn sie von dem Feinde geplündert, gepeitscht und geschunden wurden, anstatt zu heulen und zu wehklagen sich dabei bloß an die Universitätsjahre erinnerten. Ihr habt bei euch Menschen, aber Ihr wißt nicht, was Ihr aus ihnen machen sollt. Wenn Ihr ein Schiff bauet, so haut Ihr der Eiche die Äste ab, sägt und zimmert und hobelt an ihr, biegt die Bohlen mit Kraft, bekrampt und benagelt sie von allen Seiten. Nicht wahr? Und Ihr wollt eine Staatsverfassung bauen, das künstlichste Schiff von der Welt, und wollt es im Sturm steuern, während Ihr den Bäumen, woraus es besteht, ihr Laub und ihre Äste laßt? Wie? Geht mir weg mit Eurer politischen Baukunst! Das versteht Ihr nicht. [...] Nach einigem Stillschweigen sagte ich, daß ich sehr begierig wäre, die innere Einrichtung einer solchen Akademie kennenzulernen. [...] Das sollt Ihr; Ihr sollt sie kennenlernen, sagte er, [...] und nun hub er mit einer Freundlichkeit, die ich auf der ganzen Reise noch nicht an ihm bemerkt hatte, gegen mich mit einer kleinen Verbeugung an: Eure Ignoranz in der Staatsverfassung des ersten Volks der Erde macht Euch keine Schande, weil Ihr sie demütig eingesteht und Verlangen bezeigt, klüger zu werden. So wißt denn, daß die Schinesen nur bloß in Dingen unterrichtet werden, wovon sie in der Welt dereinst Gebrauch machen können, und daß sie darin zu einem solchen Grade von Vollkommenheit unterrichtet werden, daß sie auch notwendig davon Gebrauch machen müssen, wenn sie fortkommen wollen. Ihr werdet daher gesehen haben, alles, was der Schinese tut, tut er, als hätte ihn die Natur ausdrücklich für das Geschäfte gemacht, das er treibt. So ersparen wir unsern Leuten alles Denken, so wie es die große Weltursache der Biene, dem Biber und der Kreuzspinne erspart. Die Vernunft dazu liegt freilich irgendwo, aber es ist europäischer Wahnwitz, sie noch in dem Instinkt-Menschen ferner fortzuhegen, nachdem sie nicht weiter nötig ist. Ich wette hundert gegen eins: wenn Eure Taschenuhren Eure Vernunft hätten, es würde keine mit der anderen gleichgehen. Ihr exkoliert, wie ich höre, die Vernunft. Nun fürwahr, wenn das nicht ein europäischer Einfall ist, so gibt es keinen! Dabei lachte er zum ersten Male ganz laut. Ihr Hohlköpfe Ihr, habt Ihr denn nicht gemerkt, daß die Vernunft eine

Gabe des Menschen ist, die er bloß zum Gebrauch bekommen hat, *andere Dinge* zu bessern, nicht sie selbst; das kann er nicht, und was Eure Schwätzer so nennen, das war alles schon da, und Ihr habt von diesen sogenannten Verbesserungen oft selbst schon Gebrauch gemacht, ehe Ihr sie erfandet. Hieraus sah ich in der Tat, daß dieser Mensch etwas von unserer Philosophie erfahren hatte. Ich sagte aber bloß: Tsing-Long, damit er sich nicht verlöre. Recht gut, sagte er, ich komme gleich Eurem Verlangen entgegen; ich muß nur notwendig anmerken, daß also der einzige Gebrauch, den wir von der Vernunft machen, der ist, sie selbst nach und nach mit dem Körper unter der Form von Instinkt und Kunsttrieb gleichsam wie zu verschmelzen und aus dem Menschen höhere Tierarten zu schaffen, mit Instinktkünsten, die noch ganz das Ansehen von höchster Vernunft haben, aber eigentlich es nicht mehr sind. Vernunft hat sie geschaffen, hat sich aber nach vollendetem Bau nach und nach weggeschlichen, oder ist durch Verteilung unmerklich geworden. Ebenso ist es mit unserer Philosophie. Diese war bereits vor fünfzigtausend Jahren völlig fertig. Jetzt philosophiert man, wie man lackiert nach Rezepten. Oder so, wie wir Musikanten haben und keine Musiker mehr, so haben wir auch nur bloß *Philosophanten* und *Physikanten* und keine Philosophen und keine Physiker mehr. Aus diesen bestund bloß die konstituierende Versammlung vor fünfzigtausend Jahren. Findet sich jetzt einer, der unsern Kunsttieren wieder Vernunft einhauchen will, so schneidet man ihm ein Ohr ab, brennt ihn auf die Stirn und gibt ihm in eignen Häusern zu leben. Wird er auch da noch zu laut, so gibt man ihm den Genickfang. Nun haben unsere Weisen gezeigt, daß die Summe der Übel in der Welt immer dieselbe bleibt, so wie die Summe der Luft und des Wassers, nur sind sie dem Laufe der Natur nach über das Ganze verteilt, so wie es ungesundes Wasser und ungesunde Luft hier und da gibt. Wäre es aber nicht besser, wenn alles schlechte Wasser und alle schlechte Luft an einem Orte in der Welt beisammen wäre, so würde sich alles dahin ziehen, was nur darin leben und wachsen kann, und wir hätten alles rein. Ja, die Natur hat wirklich schon den Anfang mit dem Wasser gemacht. Hat nicht das Salzwasser seine angewiesenen Grenzen, wo sich nun unzählige Tiere hingezogen haben? So haben wir nun den Gedanken gehabt, das unvermeidliche Übel in der Welt, und zumal das des Passivkrieges, ganz auf eine einzige Menschenklasse zu wälzen, so können die übrigen in Ruhe und im Überflusse leben. Weil es aber hart sein würde, dieses den Leuten ohne Unterricht zuzumuten, so werden sie sorgfältig dazu erzogen, und dieses geschieht in unseren Tsing-Longs. Das Studium ist allerdings schwer, daher hat man den jungen Studenten es durch einen großen Ehrentitel zu erleichtern gesucht, den niemand als sie und der Kaiser führen darf, sie heißen Li-Tsu, das ist die *Himmlischen.* Das Hauptstudium ist Fasten und schlechtes Essen. Sie bekommen zuweilen in fünf Tagen kein Essen zu sehen. Wenn sie ohnmächtig werden, so macht man ihnen Rauch mit Gänsefedern; will es gar nicht mehr gehen, so erhalten sie mäßige Portionen Pferdefleisch oder sonst etwas von weggeworfenen Tieren, kurz, sie leben immer in einem Belagerungszustande, und sie sind dabei vergnügt, weil sie glauben, es wäre in der ganzen Welt so. Ja, ich versichere Euch, wir haben auf diese Weise nun über eine halbe Million Menschen in Wesen umgeschmolzen, die das Feld vortrefflich bauen und schlechterdings nichts essen *wollen* und essen *können*, als was wir wegwerfen, und schlechterdings nicht essen wollen und nicht essen können. Ihr seht daraus, was eine weise Regierung aus dem Menschen machen kann, wenn sie die Kunst versteht, die Vernunft zu Kunsttrieben zu verschmelzen. Der Mensch ist das Tier, das für sich selbst eigentlich nichts ist, aber alles werden kann, und von diesen göttlichen Anlagen macht Ihr keinen Gebrauch. […]

*Politische Moral und Moralische Politik***

Eine Abhandlung dieses Verfassers über solch einen Gegenstand würde auch ohne unsere Anzeige die Aufmerksamkeit des Publikums an sich ziehen. Aber sie hat uns zu viel Vergnügen gemacht, als daß wir nicht auch die unsrige gern bezeugten. Die ersten beiden Abschnitte enthalten die *Präliminar-* und *Definitivartikel* zum ewigen Frieden unter den Völkern. Es sind Sätze, die außer dem Zusammenhange, getrennt von den Distinktionen, die meisterhaft eingewebt sind, leicht Mißverständnis erregen können. Auch ist nicht nötig, wo unsere Vorstellungsarten in einigem abweiche, hier anzumerken. Am meisten haben den Rez. die beiden Zusätze von der Garantie des ewigen Friedens und vom Verhältnis der Moral zur Politik interessiert. Im ersten wird, nach verschiedenen allgemeinern Bemerkungen über die unter dem Mechanismus der Natur hervorgehenden Zwecke, der Gedanke aufgestellt, daß, wie schon durch *Kriege* Verbreitung des menschlichen Geschlechts und Vereinigung in Staaten befördert werden, so endlich der *Handelsgeist* zu friedliebenden und weltbürgerlichen Gesinnungen die Völker bestimmen werde. Ein Erfolg, der sich zwar nicht auf eine bestimmte Zeit vorhersagen läßt, aber doch Grund genug in der Natur für sich hat, um ein Ziel für die Vernunft zu sein. Gegen die Unterordnung der Moral unter die Politik eifert der Verf., wie jeder rechtschaffene Mann, besonders aber der öffentliche Lehrer, der Wahrheit zu tun verpflichtet ist. Aber nicht jeder, auch bei gleichen Zwecken, versteht die Kunst, oder erlaubt es sich, so stark die Wahrheit auszudrücken, als hier mitunter geschieht. Was der Verf. nach seiner Vorstellungsart über die *materiellen*, auf Glückseligkeit bezogenen, moralischen Grundsätze auch hier gelegenheitlich äußert, übergeht Rez., um nur noch die merkwürdigen beiden Grundsätze anzuzeigen, welche als *formale Prinzipien* zur Beurteilung, ob bei gewissen Handlungen die Politik mit der Moral in Eintracht sei, aufgestellt sind. Es sind folgende: 1. Alle auf das Recht anderer Menschen bezogenen Handlungen, deren Maxime sich nicht mit der Publizität verträgt, sind unrecht. 2. Alle Maximen, die der Publizität *bedürfen* (um ihren Zweck nicht zu verfehlen), stimmen mit Recht und Politik vereinigt zusammen. Die Ausführung des letztern Grundsatzes verspart der Verf. auf eine andere Gelegenheit. Den erstern wendet er auch (S. 94) zur Entscheidung der Frage an: Ob *Aufruhr* ein rechtmäßiges Mittel für ein Volk sei, die drückende Gewalt eines *sogenannten* Tyrannen *(non titulo sed exercitio talis)* abzuwerfen? Er glaubt, die Verneinung eines solchen Rechtes werde mittelst jenes Grundsatzes besser als irgend anders einleuchten. Warum in der Fassung der Frage der den Begriff des Unrechtes mit sich führende Ausdruck *Aufruhr*? Und warum das Zweideutige eines *sogenannten* Tyrannen? Aber hiervon abgesehen, scheint dem Rez. das aufgestellte Prinzip zur Verneinung der Frage in dem Sinne, wie sie wirklich noch Streitfrage sein kann, nicht das brauchbarste. Es läßt sich wohl denken, und die Staatengeschichte enthält mehr als ein Beispiel dazu, daß das *Recht der Entsetzung* eines Tyrannen der Konstitution *ausdrücklich* einverleibt ist. Auch kann ja zur Ausübung desselben schon eine *konstitutionsmäßige Repräsentation* vorhanden sein, ohne daß durch diese, bis zum Fall, den das Gesetz bezeichnet, *ruhende Gewalt die Einheit der regierenden Gewalt* aufgehoben würde. Im Prinzip selbst scheint dem Rez. einige Zweideutigkeit oder Unbestimmtheit zu sein. Zugegeben, daß alles, was recht ist, *im allgemeinen* wohl Publizität vertragen müsse: so folgt daraus doch nicht, daß dasselbe *in jedem einzelnen Falle ohne alles Bedenken* öffentlich müsse gesagt werden können. Es könnte beleidigend, unschicklich sein, jemandem zum Voraus öffentlich unter das Gesicht zu sagen, wie man ihn, und zwar mit Recht, behandeln würde, wenn er dieses oder jenes sich zuschulden kommen ließe; da man keine Ursache hätte, ihm dergleichen etwas zuzutrauen. Es könnte um so mehr unschicklich sein, wenn es nicht gesagt zu werden brauchte, weil es sich, aus bekannten Gründen, von selbst versteht; es könnte unklug sein, weil Mißdeutung und Mißbrauch bei den Unverständigen zu befürchten wäre, um welcher willen ja überhaupt nicht alles öffentlich gesagt werden darf, was wahr ist.

*Ewiger Friede und Widerstandsrecht des Volkes***

Wohl ist Kants neue Schrift ein goldenes Büchlein, wie Sie mir ansagten. Daß es da ist, das Büchlein, sehe ich unter allen für jetzt möglichen Fortschritten *zum ewigen Frieden* als einen der wichtigsten und entscheidendsten an. Man braucht nur die Macht der Vernunft einerseits und die Gewalt der Autorität andrerseits zu erwägen, um vorauszusehen, welchen Einfluß die hier vorhandene Vereinigung beider in dem Zeitengang erhalten wird.

Das Menschengeschlecht besitzt Kants ewigen Frieden und Condorcets Entwurf. Mag der Herr der Heerscharen begünstigen, wen er will, mögen die politischen Moralisten mit ihren Eröffnungsreden, mit ihren dem sechsten Präliminarartikel gerade zuwiderlaufenden Allianzen im Innern eines bekriegten Staates einstweilen siegen oder durchfallen: der Despotismus ist durch diese Schriften in der intellektuellen Welt vertilgt, und kann demnach in der physischen nur noch seinen Todeskampf verlängern.

Ich möchte die Gelegenheit geben können, daß irgendein tüchtiger Mann aus der kritischen Schule eine Vergleichung zwischen Condorcet und Kant anstellte. [...] Die Vervollkommnung in's Unendliche ist das Lichtmeer, in welches sich alle Ideen beider Denker verlieren; die Vernunft ist der helle Punkt, von welchem beide stets ausgehen; und zwischen beiden herrscht durchgängig der Unterschied, daß der eine in der Masse der *Kenntnisse* des andern gefehlt hat, während daß jenem nichts von dieser abgegangen ist. Um so interessanter ist es, daß Kant, von Condorcet ignoriert, wie mich dünkt, in mehreren Stellen der Schrift dieses letzteren gleichsam bestimmt von ihm geahndet wird, und wenn die Vernunft auch dieser faktischen Authentizierung nicht bedarf, so verdiente dieselbe doch in jeder andern Rücksicht, besonders ausgehoben und zergliedert zu werden. Hätte ich über die Fonds einer Akademie zu disponieren, so würde ich die Vergleichung zwischen Condorcet und Kant zu einer Preisfrage vorschlagen. Eine *preiswürdige* Frage bleibt sie aber ohne das, und ich hoffe daher so sehr als ich es wünsche, daß sich Konkurrenten zu ihrer Bearbeitung finden werden. Eine andre, für die deutsche Literargeschichte wichtige Parallele wäre auch noch zwischen Lessing und Kant anzustellen; denn ich finde in manchen charakteristischen Zügen der Geistesindividualität dieser zwei großen Männer auffallendere Ähnlichkeiten, als man auf den ersten Blick vermuten sollte, wenn man bloß darauf Rücksicht nimmt, daß der eine ein Vernunftgebäude errichtet und der andre eigentlich nur philosophiert hat.

Ich bin nun, wie Sie wissen, ein ziemlicher Laie in der kritischen Philosophie, indessen habe ich aus ihrer Quelle selbst die wohltätige Überzeugung geschöpft, daß sie mit dem gemeinen – freilich, en attendant mieux, etwas *seltenen* – Menschenverstand in der Hauptsache vollkommen übereinstimmt, und daß daher ein jeder Menschensohn, der nicht auf den Kopf gefallen ist und es redlich meint, gar leicht Kantische Philosophie machen kann, wie Molieres bürgerlicher Edelmann Prose machte, ohne es zu wissen, ja sogar Kantische Philosophie machen *muß*, so oft er richtig denkt. Diese Entdeckung hat mir nun freilich mehr Herz gemacht als die sauern Gesichter oder die zierlich steifen Manieren einiger Adepten aus der kritischen Schule, die mit allem, was in ihrem System, oder auch nur im Sprachgebrauch desselben für Neulinge einigermaßen nach Hexerei schmeckt, dergestalt um sich werfen, daß man sich fürchten möchte, ihnen zu nahe zu kommen: dahingegen ihr ehrwürdiger Meister aus seiner Terminologie gerade nicht mehr und nicht weniger Wesens zu machen scheint, als daraus zu machen ist, gelehrt genug ist, um sich der Gelehrsamkeit ebenso wenig zu überheben als zu schämen, und indem er den wissenschaftlichen Weg als den sichersten, gründlichsten, als den Weg seines eignen Geistes verfolgt, nichtsdestoweniger, so oft es sich treffen mag, mit jedem gesunden Verstand, mit jedem aufrichtigen Gemüt, mit jedem unterrichteten Kopf, außerhalb wie innerhalb der Schule, in vertrauliche Gemeinschaft tritt. Es ist hier ein ähnlicher Fall, wie man schon mehrmals im gemeinen Leben bemerkt hat: daß nämlich in dem Kabinett ansehnlicher Männer oft mehr Artigkeit und verbindliches Wesen gefunden wird als in deren Antichambre; und man könnte auf den königsbergischen Weisen, in Rücksicht auf einige seiner Schüler, anwenden, was von Ludwig dem Vierzehnten gesagt wurde: er ziehe die Herzen wieder an, die seine Ministers und Stellvertreter entfernten. Daher kömmt es, daß ich mich eben nicht scheue, eine Schwierigkeit einzugestehen, die mir bei Gelegenheit des letzten Abschnitts der Schrift vom ewigen Frieden aufgestoßen ist. In der doppelten, sowohl negativen als positiven transzendentalen Formel des öffentlichen Rechts finde ich allerdings die ganze Masse meiner dahin einschlagenden Überzeugungen konzentriert und niedergelegt; und auf diese Formel kann man wohl getrost und mit reinem Gewissen zu leben oder zu sterben geloben. Allein auf das innere Staatsrecht angewendet, scheint mir die erste Formel, um unantastbar zu sein, einer näheren Erklärung zu bedürfen, als sie in der Schrift selbst (S. 94–96) bekommen hat.

Es dünkt mich durch das Wort *Aufruhr* der Begriff *Aufstand* mit dem Begriff *Verschwörung* oder *Komplott* verwechselt zu sein; die Absicht eines Komplotts wird allerdings unmöglich gemacht, wenn man sich öffentlich dazu bekennt, nicht so aber die Absicht eines Aufstands. Vielmehr ist es denkbar, daß die Bürger eines Staates, die einen Aufstand beginnen, *ihren Zweck nur durch die Publizität erreichen können*, und daß sie meinen, *dieser Zweck sei dem allgemeinen Zweck des Publikums gemäß*. Ein sehr frisches Beispiel bieten die letzten Adressen, an die Nation und an den König, der korrespondierenden Gesellschaft in London, welche augenscheinlich einen Aufstand beginnen, mit welchem die Publizität wesentlich verknüpft ist. Auf den bis jetzt unbekannten Erfolg dieses Aufstandes hat die Philosophie keine Rücksicht zu nehmen, so wenig wie auf das Faktum, ob die Urheber desselben, bei ihrem formal rechtmäßigem Gange, in einem materialen Irrtum begriffen sind oder nicht. Von letzterm dünkt mich hier so wenig die Frage zu sein, daß ich kein Bedenken trage, zum Überfluß noch das etwas frühere Beispiel des Aufstandes der Pariser Fraktionen anzuführen, ohngeachtet ich bei diesem von dem materialen Irrtum ebenso vollkommen überzeugt bin, als von dem, hier als zufällig nicht in Anschlag kommenden, Umstand, daß eine geheime Verschwörung, deren Zweck durch die Publizität keinesweges erreicht werden konnte noch sollte, und die dem allein mutmaßlich allgemeinen Zweck des Publikums nicht gemäß war, den eigentlichen Kern jenes Aufstandes ausmachte, der ihr nur zur Schale diente. Ich würde demnach keinen ähnlichen zufälligen Umstand, der leichtlich dem projektierten englischen Aufstand angeschuldigt werden kann, als Einwendung gegen die Tauglichkeit desselben zum hier angeführten Beispiel gelten lassen, so wie ich meinerseits von dem *unerweislichgewissen* formalen Unrecht der dortigen Ministerialpartei zur Begründung meines Beispiels keinen Vorteil ziehen würde. Wenn denn nun aber erwiesen ist, daß ein Aufstand der Publizität bedürfen *kann*, und zwar gerade, weil er als dem allgemeinen Zweck des Publikums gemäß bezweckt werden kann – wenn also erwiesen ist, daß ein Aufstand durch die Formel des andern transzendentalen (bejahenden) Prinzip des öffentlichen Rechts gutgeheißen werden kann: so muß die Anwendung der umgekehrten (verneinenden) Formel ›alle auf das Recht andrer Menschen bezogenen Handlungen, deren Maxime sich nicht mit der Publizität vertrage, seien falsch‹, so muß, sage ich, die Anwendung dieser Formel auf den Begriff des Aufstands notwendig wegfallen. Das Staatsoberhaupt kann auch nicht *frei heraus sagen* (siehe S. 96), es werde einen jeden Aufstand, *selbst wenn derselbe mit der zweiten (bejahenden) Formel des öffentlichen Rechts übereinstimmte*, mit dem Tode der Rädelsführer bestrafen. Das Staatsoberhaupt kann dies *tun*, vermöge des Rechts des Siegers; oder es kann *verschweigen*, daß ein *solcher* Aufstand möglich sei, womit es denn in die Rüge der ersten Formel verfällt; oder es kann *sagen*, daß derselbe *unmöglich* sei, welches aber, da das Staatsoberhaupt *nicht infallibel* ist, an der Sache nichts ändert; oder es kann alle *sophistischen Maximen der politischen Moralisten*, alle *Praktiken*, von denen S. 75f. geschrieben steht, anwenden, um die Übereinstimmung des Aufstands mit der besagten bejahenden Formel zu verdunkeln und […] zu vernichten. Aber *frei heraus sagen*, daß es sich bei dem hier angenommenen Falle nach jenen beliebten, aber nicht öffentlich zu bekennenden Maximen richten und betragen werde: *das* kann das Staatsoberhaupt nicht; es kann hier also den transzendentalen Prinzipien des öffentlichen Rechts nicht willfahren.

Sollte der Irrtum nicht von einer zu großen Ausdehnung des Begriffs der *Unwiderstehlichkeit der Obergewalt* herrühren? Müßte nämlich dieser Begriff nicht, um die Resultate zu rechtfertigen, die in der angeführten Stelle daraus gezogen sind, den Begriff der *Unbeschränktheit der Obergewalt* in sich fassen, was er denn doch weder dem Worte noch der Sache nach tut? Dieser letzte Begriff kann bei Errichtung des bürgerlichen Vertrags dem Volke nicht in den Sinn gekommen sein; sondern der Vertrag selbst, welches auch dessen Bedingungen sein mögen, ist die notwendige Grenze der Obergewalt: widrigenfalls nicht *Vertrag*, sondern *Unterwerfung* statthätte.

Steht alles Vorhergegangne nun fest, wie ich nicht anders erkennen kann, so würde ein *Rechtsgrund*, warum das Volk sich keine Macht über das Staatsoberhaupt anmaßen könnte, das Recht in Widerspruch mit sich selbst bringen, indem einesteils der Vertrag eine notwendige Grenze wäre, jenseits deren der Aufstand rechtmäßig würde und mithin auch die erforderlichen Kennzeichen der Übereinstimmung mit dem öffentlichen Rechte hätte, andernteils aber in diesem Fall die Absicht der Staatserrichtung durch die Kassation der Unwiderstehlichkeit der Obergewalt vereitelt wäre. Es heißt S. 95 beides, nämlich der Vorsatz einer gelegentlichen Empörung und die Einsetzung eines Oberhaupts könne nicht zugleich zur Bedingung der Staatserrichtung gemacht werden, weil alsdann eine solche nicht möglich sein würde, welches doch die Absicht des Volkes war. Allein *zu allererst* erhellt unwidersprechlich, daß eine durch Vertrag errichtete Obergewalt, bei aller *durch* denselben ihr verliehenen *Unwiderstehlichkeit* diesen Vertrag notwendig immer zur *Grenze* hat, widrigenfalls die Bedingung des Vertrags den Vertrag selbst aufheben würde, was nicht gedacht werden kann. Daher denn auch, eine der S. 96 hinzugefügten gerade entgegengesetzte Folgerung, als das Recht des Aufstands dadurch einleuchtet, daß er der Publizität bedarf, um seinen Zweck nicht zu verfehlen, widrigenfalls es nicht Aufstand, sondern Komplott oder Verschwörung wäre. Es würde demnach, wenn jener Satz sich unmittelbar und unwidersprechlich aus dem strengen Rechte ergibt, der andre Satz (daß ein Oberhaupt, gegen welches das Volk eine rechtmäßige Gewalt ausübte, nicht mehr Oberhaupt wäre, und daß mithin die Absicht der Staatserrichtung durch die Ausübung einer solchen Gewalt vereitelt sein würde) einzig und allein eine kluge Bedenklichkeit, einen in Erwägung zu ziehenden Nachteil angeben, womit die *Politik*, als die Kenntnis der besten Mittel, die zu ergreifen, der dringendsten Gefahren, die zu vermeiden sind, gerade so lange und nicht länger sich zu beschäftigen hätte, als der Knoten (siehe S. 91) dem *Rechte* nicht zum Entzweihauen zufiele. Im *Rechte* selbst ist keine *Kollision* denkbar; mithin kann von zwei widersprechenden Sätzen niemals mehr als einer dem Rechte angehören – ich kann im vorliegenden Falle auf dem Weg des Rechtes dem einen nicht ausbeugen und bin dadurch ipso facto genötigt, der Klugheit, so weit ihre Befugnisse reichen werden, den andern zu überantworten. Hier stoße ich denn S. 103 auf die Bestimmung dessen, was der allgemeine Zweck des Publikums ist, mit welchem übereinstimmend ich mir die Maximen denken muß, die der Publizität bedürfen, um ihren Zweck nicht zu verfehlen. Dieser allgemeine Zweck des Publikums, heißt es dort, ist *Glückseligkeit* – und das Wort eröffnet mir mit einemmale ein weites pragmatisches Feld und führt mich auf andre Fragen der Moral und der Politik, die mich, unbeschadet meiner kategorischen Entscheidung jener unmittelbaren Rechtsfrage, beschäftigen und aufhalten müssen, ehe ich mit meiner Überzeugung von der Rechtmäßigkeit des Aufstandes der Sicherheit des bürgerlichen Vertrags zu nahe trete.

August Hennings
*Heil dem Menschenredner Kant!***

Ein Wirtshaus in Holland hatte zum Aushänge-Schilde einen gemalten Kirchhof mit der Überschrift: Zum ewigen Frieden. St. Pierre schrieb einen Entwurf zum ewigen Frieden und ward von jedermann mit der Ausführung jenseits des Grabes verwiesen. Als Heinrich IV. Europa mit Gewalt der Waffen zu einem ewigen Frieden zwingen wollte, ward er von Mörderhand in eine bessere Welt geschickt. Jetzt tritt der Immanuel der Philosophie, der frühe durch höhere Verstandeskräfte und jetzt durch Greisenalter gereifte Denker Kant, mit Vorschlägen zum ewigen Frieden auf. Eines unserer kritischen Blätter nannte ihm vorlängst den Herkules im Denken. Wahrlich eine der herkulischsten Arbeiten, die Menschen zum ewigen Frieden aufzurufen! Einladend klingen freilich die Worte: Menschen, geschaffen zu edlen Gefühlen, seid glücklich! Menschen, mit Vernunft begabt, seid vernünftig! Dort winkt euch euer Herz, hier eure Bestimmung: Der Urheber der Natur gab euch nicht blinden Instinkt, um euch so glücklich als möglich zu machen. Er gab euch Empfänglichkeit zu Gefühlen für Glück und einen Verstand, den ihr bearbeiten sollt. Und, o ihr Toren, eure Gefühle verkehrt ihr in Wut, eure Vernunft glaubt ihr fesseln und unterdrücken zu müssen.

Niemand, dies sollte man glauben, könne dieser Einladung widerstehen, und es bedürfe keines Herkules, sondern nur der unverschleierten Schönheit der Wahrheit, um allgemeinen Beifall zu gewinnen. Und doch sieht man ganz das Gegenteil. Die Menschen handeln nicht bloß in Leidenschaften, sondern mit der bedächtlichsten Anstrengung des Verstandes, als ob sie die größten Barbaren wären, und gehen mit der Vernunft um, nicht als mit der einzigen Gabe Gottes, wodurch sie richtig geleitet werden können, sondern als mit ihrer ärgsten Feindin, der wir nur freien Fortgang verstatten dürfen, um Menschheit und Vernunft zu unterdrücken.

Die größte Kunst oder Wissenschaft, die den seltensten und ausgebildetsten Geist erfordert, die ein Inbegriff fast aller menschlichen Kenntnisse ist, zu denen nur wenige, und gewiß keiner vollkommen, gelangen können – ist die Kunst zu vertilgen und zu morden. Die größte Anstrengung des Verstandes, ja alle Eigenheiten der Seele sind dazu erforderlich. Hätten die Menschen nur halb so viel getan und gedacht, um Staaten zu beglücken, als sie getan, um die Vertilgungs- oder Verteidigungskunst zu vervollkommnen, wie blühend, volkreich, tätig würden alle Nationen sein! Wie ungeheuer sind die verschwendeten Summen, wie noch ungeheurer ist die Verschwendung der Zeit – um zu zerstören, was die Natur hervorzubringen strebt, um die Kräfte und Mittel, welche zur Hervorbringung dienen konnten, dafür zu entziehen und ganz dem schädlichsten aller Geschäfte zu weihen. O, wenn wir einst von diesem unseligen Irrtum erwachen, wie werden wir unser verlornes Leben, wie die verkehrte Anwendung der Kräfte beweinen, die uns zur Verherrlichung der Menschheit und der Natur verliehen sind.

Aber nicht genug, daß diese Barbarei den Verstand zum Sklaven gezwungen und in ihren Mörderdienst genommen; sie hat sogar das moralische Gefühl verkehrt und die Stimme des Gewissens vernichtet. Die Würksamkeit zum Vertilgen, die uns Tränen auspressen sollte, ist ein Gegenstand unsrer Bewunderung geworden, und wir verehren in ihr die erhabenste Tugend. Kann etwas größer sein als Heldenmut, und wo finden wir den? – Ach, nicht unter den Wohltätern der Menschheit, nicht da, wo einzig wahre Tugend, wo Menschen-Glück ist!

Und diese Menschen glauben sich gebildet, denken sich edel, weise, bewunderungswürdig? – Kein Wunder, daß, solange solche Verkehrtheit herrscht, die Vernunft nicht für die einzige Leiterin der Menschen anerkannt, sondern verfolgt, verleumdet, unterdrückt wird.

Der Grundsatz sollte felsenfest sein: derjenige, der das Recht auf seiner Seite hat, derjenige, der die Vernunft unterstützt, derjenige, für den die Wahrheit redet, ist der Stärkste, und nichts muß als stärker wie er möglich gedacht werden können. Wer es denkt, ist nicht Mensch mehr. Er ist Mörder, Räuber, Vernichter der Menschheit, diese bricht über ihn den Stab, verstößt ihn.

Gölte dieser Grundsatz, der so wahr ist als ein Gott und so heilig als er, so hätten wir Gesetzlichkeit und mit ihr ewigen Frieden der Staaten, bürgerlichen Frieden zwischen Regenten und Untertanen, häuslichen Frieden der Bürger, immer Frieden mit uns selbst. Sind die Menschen noch zu roh und zu tief gesunken, um völlig hiezu zu gelangen, so laß sie wenigstens dahin streben! Unsere Vernunft fängt kaum an zu lallen und den Fesseln zu entgehen. Sie muß allmählich reifen und Stärke gewinnen. Sie muß uns erst zu Menschen bilden, und dann Heil dem Menschenredner Kant, der diesen großen Zweck vor Augen hatte! Wer die Würde der Menschheit, wer Seelengröße, wer Wohlsein und Wohltun, wer Tugend und Genuß des Lebens kennt, der trete mit ihm an den Altar des ewigen Friedens und suche das Zeitalter zu dieser edelsten Gabe der Gottheit zu reifen!

Die verschiedentlich von mir geäußerte Meinung, daß die bestmögliche Regierungsform die monarchische sei, die republikanisch (ohne republikanische Form) regiert, ist hin und wieder, als in sich selbst widersprechend, verworfen worden. [...] Jetzt hat es mich nicht wenig gefreuet, sie ebenfalls von Kant angenommen zu sehen. Die bürgerliche Verfassung, sagt er, soll in jedem Staate republikanisch sein. Er unterscheidet dabei die Form der Beherrschung, Forma imperii (Autokratie – richtiger wohl Monarchie –, Aristokratie und Demokratie), und die Form der Regierung, Forma regiminis. Letztere ist die auf die Konstitution gegründete Art, wie der Staat (?) von seiner Machtvollkommenheit (Souveränität?) Gebrauch macht. Sie ist entweder republikanisch oder despotisch. Jene trennt die gesetzgebende Macht von der ausführenden Gewalt, diese häuft beide in einer Eigenmacht.

Diese mit Rousseau völlig übereinstimmenden Grundsätze [...] führen den Verfasser zu einer äußerst wahren und scharfsinnigen Folgerung, worin er a priori als notwendig beweiset, was a posteriori die Geschichte bekräftigt, daß Demokratien, ihrer Natur nach, Despotism enthalten, weil in ihnen die gesetzgebende Macht die ausübende ist. Rousseaus Idee, daß nach dem Beispiel des englischen Parlaments, daß eine demokratische

Konstitution beschließende und dann seine Regierungsmitglieder wählende Volk sich in ein Komitee verwandle, ist mehr sinnreich als genau.

Kant geht weiter. Muß der Gesetzgeber nicht zugleich Vollstrecker seiner Gesetze sein, so ist jede Regierung, die nicht repräsentativ ist, eigentlich eine Unform, und die wahre Regierungsform wird desto mehr zum Republikanism gestimmt, je kleiner das Personale der Staatsgewalt und je größer dagegen die in ihr liegende Repräsentation ist. Ob nun gleich Monarchien ausarten können, wenn sie die Macht der Ausübung in den Willen des Gesetzgebers legen, so fällt doch dieser Fehler weg, wenn der Monarch, wie Friedrich II. sagte, sich bloß für den obersten Diener des Staats hält. Vergrößert sich das Personale, wie in Aristokratien, und wird dadurch die unter mehreren verteilte Repräsentation geschwächt, so wächst der egoistische Wille an Stärke in dem Verhältnis, wie der allgemeine in dem damit beladenen Individuo geringer wird, und der Repräsentante gehet immer mehr in dem Ausübenden verloren.

So wahr diese Hauptsätze in sich, und so sehr sie in der Erfahrung begründet sind, indem das Volk, wenn es demokratisch herrschen will, immer despotisch, grausam und blutdürstig verfährt, und der Aristokratism die Gesetze mehr und mehr in Privilegien (eine andere Art Despotism) verwandelt, dagegen wahre, vollkommene Volksfreiheit von einer reinen Monarchie unzertrennlich ist, so scheint es doch, daß in einer Note (S. 27) Kant sich zu einigen unrichtigen Nebenfolgerungen hat verleiten lassen. Er meint, daß die Benennung, die Fürsten, welche Menschen sind und bleiben, zu göttlichen Gesalbten, zu Verwesern des göttlichen Willens, zu Erben und Stellvertretern der Gottheit machen, ohne Grund als grobe, schwindlich machende Schmeicheleien getadelt werden, weil sie den Landesherrn vielmehr in seiner Seele demütigen als hochmütig machen sollten. Dieses ist allen Begriffen und Erfahrungen widersprechend. Man hat Fürsten als Götter geheiligt, nicht um ihnen zu sagen, daß sie sich durch gottgefälligen Wandel heiligen müßten, sondern um sie zu überreden, daß sie ohne irgendeine Tugend heilig und göttlich sind. Dadurch ist menschlicher Wille als göttlich verehrt und über die Vernunft gesetzt worden. So etwas müssen die Philosophen nicht lehren. Kein Mensch ist an seiner Stelle oder in seinem Berufe der Gottheit näher als der andere. Alle verbindet Humanität mit ihrem Urheber. Alle haben einerlei Organe dazu. Nur sind sie in der Anwendung verschiedentlich berufen, und je größer der Beruf, desto größer ist die Pflicht und Verantwortlichkeit vor dem höchsten Wesen. [...]

Friedrich Schlegel
Versuch über den Begriff des Republikanismus
veranlaßt durch die Kantische Schrift ›Zum ewigen Frieden‹

Der Geist, den die *Kantische Schrift ›Zum ewigen Frieden‹* atmet, muß jedem Freunde der Gerechtigkeit wohltun, und noch die späteste Nachwelt wird auch in diesem Denkmale die erhabene Gesinnung des ehrwürdigen Weisen bewundern. Der kühne und würdige Vortrag ist unbefangen und treuherzig und wird durch treffenden Witz und geistreiche Laune angenehm gewürzt. Sie enthält eine reichliche Fülle fruchtbarer Gedanken und neuer Ansichten für die Politik, Moral und Geschichte der Menschheit. Mir war die Meinung des Verfassers über die Natur des *Republikanismus* und dessen Verhältnis zu andern Arten und Zuständen des Staats vorzüglich interessant. Die Prüfung derselben veranlaßte mich, diesen Gegenstand von neuem zu durchdenken. So entstanden folgende Bemerkungen.

›*Die bürgerliche Verfassung*‹, sagt Kant S. 20, ›*in jedem Staate soll republikanisch sein.* – Die erstlich nach Prinzipien der *Freiheit* der Glieder einer Gesellschaft (als Menschen), zweitens nach Grundsätzen der *Abhängigkeit* aller von einer einzigen gemeinsamen Gesetzgebung (als Untertanen) und drittens die nach dem Gesetz der *Gleichheit* derselben *(als Staatsbürger)* gestiftete Verfassung ist die *republikanische.*‹ Diese Erklärung scheint mir nicht befriedigend. Wenn die rechtliche Abhängigkeit schon im Begriffe der Staatsverfassung überhaupt liegt (S. 21, Anm.), so kann sie kein Merkmal des spezifischen Charakters der republikanischen Verfassung sein. Da kein Prinzip der Einteilung der Staatsverfassung überhaupt in ihre Arten angegeben ist, so fragt sich's, ob durch die Merkmale der Freiheit und Gleichheit der vollständige Begriff der republikanischen Verfassung erschöpft sei. Beide sind nichts Positives, sondern Negationen. Da nun jede Negation eine Position, jede Bedingung etwas Bedingtes voraussetzt, so muß ein Merkmal (und zwar das wichtigste, welches den Grund der beiden andern enthält) in der Definition fehlen. Die despotische Verfassung weiß von jenen negativen Merkmalen (Freiheit und Gleichheit) nichts: sie wird also auch durch ein positives Merkmal von der republikanischen Verfassung verschieden sein. Daß der Republikanismus und Despotismus nicht Arten des Staats, sondern der Staatsverfassung seien, wird ohne Beweis vorausgesetzt, und was Staatsverfassung sei, nicht erklärt. – Die angedeutete Deduktion des so definierten Republikanismus ist ebensowenig befriedigend als die Definition. Es scheint wenigstens, als würde S. 20 behauptet: die republikanische Verfassung sei darum praktisch notwendig, weil sie die einzige ist, welche aus der Idee des ursprünglichen Vertrags hervorgeht. Aber worauf gründet sich denn diese Idee, als auf das Prinzip der Freiheit und Gleichheit? Ist das nicht ein Zirkel? – Alle Negationen sind die Schranken einer Position, und die Deduktion ihrer Gültigkeit ist der Beweis, daß die höhere Position, von welcher die durch sie limitierte Position abgeleitet ist, ohne diese Bedingung sich selbst aufheben würde. Die praktische Notwendigkeit der politischen Freiheit und Gleichheit muß also aus der höhern praktischen Position, von welcher das positive Merkmal des Republikanismus abgeleitet ist, deduziert werden.

Die Erklärung der rechtlichen Freiheit: sie sei die Befugnis, alles zu tun, was man will, wenn man nur keinem Unrecht tut, erklärt der Verfasser für leere Tautologie und erklärt sie dagegen als ›die Befugnis, keinen äußeren Gesetzen zu gehorchen, als zu denen das Individuum seine Beistimmung habe geben können‹. – Mir scheinen beide Erklärungen richtig, aber nur bedingt richtig zu sein. Die bürgerliche Freiheit ist eine *Idee*, welche nur durch eine ins Unendliche fortschreitende Annäherung wirklich gemacht werden kann. So wie es nun in jeder Progression ein erstes, letztes und mittlere Glieder gibt, so gibt es auch in der unendlichen Progression zu jener Idee ein Minimum, ein Medium und ein Maximum. Das *Minimum der bürgerlichen Freiheit* enthält die Kantische Erklärung. Das *Medium* der bürgerlichen Freiheit ist die Befugnis, keinen äußern Gesetzen zu gehorchen als solchen, welche die (repräsentierte) Mehrheit des

Volks wirklich gewollt hat und die (gedachte) Allgemeinheit des Volks wollen könnte. Das (unerreichbare) *Maximum* der bürgerlichen Freiheit ist die getadelte Erklärung, welche nur dann eine Tautologie sein würde, wenn sie von der moralischen und nicht von der politischen Freiheit redete. Die höchste politische Freiheit würde der moralischen adäquat sein, welche, von allen äußern Zwangsgesetzen ganz unabhängig, nur durch das Sittengesetz beschränkt wird. Ebenso ist, was Kant für äußere rechtliche Gleichheit überhaupt erklärt, nur das Minimum in der unendlichen Progression zur unerreichbaren Idee *der politischen Gleichheit.* Das *Medium* besteht darin, daß keine andre Verschiedenheit der Rechte und Verbindlichkeiten der Bürger stattfinde als eine solche, welche die Volksmehrheit wirklich gewollt hat und die Allheit des Volks wollen könnte. Das Maximum würde eine absolute Gleichheit der Rechte und Verbindlichkeiten der Staatsbürger sein und also aller Herrschaft und Abhängigkeit ein Ende machen. – Aber sind diese Wechselbegriffe nicht wesentliche Merkmale des Staats überhaupt? Die Voraussetzung, daß der Wille nicht aller einzelnen Staatsbürger mit dem allgemeinen Willen stets übereinstimmen werde, ist der einzige Grund der *politischen Herrschaft* und *Abhängigkeit.* So allgemein sie aber auch gelten mag, so ist ihr Gegenteil wenigstens denkbar. Sie ist überdem nur eine empirische Bedingung, welche den reinen Begriff des Staats zwar näher bestimmen, aber eben darum selbst kein Merkmal des reinen Begriffs sein kann. Der empirische Begriff setzt einen reinen, der bestimmtere einen unbestimmteren voraus, aus dem er erst abgeleitet wurde. Also nicht ein *jeder* Staat (S. 30) enthält das Verhältnis eines Oberen zu einem Unteren, sondern nur der durch jenes faktische Datum empirisch bedingte. Es läßt sich allerdings ein *Völkerstaat* ohne dies Verhältnis denken und ohne daß die verschiedenen Staaten in einen einzigen zusammenschmelzen müßten: eine nicht zu einer besondern Absicht bestimmte, sondern nach einem unbestimmten Ziel strebende (nicht hypothetisch, sondern thetisch zweckmäßige) Gesellschaft im Verhältnis der Freiheit der einzelnen und der Gleichheit aller unter einer Mehrheit oder Masse von politisch selbständigen Völkern. Die Idee einer *Weltrepublik* hat praktische Gültigkeit und charakteristische Wichtigkeit.

[...]

Folgender provisorische Versuch einer *Deduktion des Republikanismus* und einer *politischen Klassifikation* a priori scheint mir der Prüfung des Lesers nicht ganz unwürdig zu sein. – Durch die Verknüpfung der höchsten praktischen Thesis (welche das Objekt der praktischen Grundwissenschaft ist) mit dem theoretischen Datum des Umfangs und der Arten des menschlichen Vermögens erhält der reine praktische Imperativ so viel spezifisch verschiedene Modifikationen, als das gesamte menschliche Vermögen spezifisch verschiedne Vermögen in sich enthält; und jede dieser Modifikationen ist das Fundament und das Objekt einer besonderen praktischen Wissenschaft. Durch das theoretische Datum, daß dem Menschen, außer den Vermögen, die das rein isolierte Individuum als solches besitzt, auch noch im Verhältnis zu andern Individuen seiner Gattung das *Vermögen der Mitteilung* (der Tätigkeiten aller übrigen Vermögen) zukomme; daß die menschlichen Individuen durchgängig im *Verhältnis* des gegenseitigen *natürlichen Einflusses* wirklich stehen oder doch stehen können – erhält der reine praktische Imperativ eine *neue spezifisch verschiedne Modifikation*, welche das Fundament und Objekt einer neuen Wissenschaft wird. Der Satz: das Ich soll sein, lautet in dieser besondern Bestimmung: *Gemeinschaft der Menschheit soll sein, oder das Ich soll mitgeteilt werden.* Diese abgeleitete praktische Thesis ist das Fundament und Objekt der *Politik*, worunter ich nicht die Kunst verstehe, den Mechanism der Natur zur Regierung der Menschen zu nutzen (S. 71), sondern (wie die griechischen Philosophen) eine *praktische Wissenschaft, im Kantischen Sinne* dieses Wortes, deren Objekt die *Relation* der praktischen Individuen und Arten ist. Eine jede menschliche Gesellschaft, deren Zweck Gemeinschaft der Menschheit ist (die Zweck an sich oder deren Zweck menschliche Gesellschaft ist), heißt *Staat.* Da aber das Ich nicht bloß im Verhältnis aller Individuen, sondern auch in jedem einzelnen Individuo sein soll und nur unter der Bedingung absoluter Unabhängigkeit des Willens sein kann, so ist *politische Freiheit* eine notwendige Bedingung des *politischen Imperativs* und ein wesentliches Merkmal zum Begriff des Staats: denn sonst würde der reine praktische Imperativ, aus den sowohl der ethische als der politische abgeleitet ist, sich selbst aufheben. Der ethische und der politische Imperativ gelten nicht bloß für dies und jenes Individuum, sondern für *jedes*; daher ist auch *politische Gleichheit* eine notwendige Bedingung des politischen Imperativs und ein wesentliches Merkmal zum Begriff des Staats. Der politische Imperativ gilt für *alle* Individuen; daher umfaßt der Staat eine ununterbrochne *Masse*, ein koexistentes und sukzessives *Kontinuum* von Menschen, die *Totalität* derer, die im Verhältnis des physischen Einflusses stehen, z.B. aller Bewohner eines Landes oder Abkömmlinge eines Stammes. Dies Merkmal ist das *äußere Kriterium*, wodurch der Staat sich von politischen Orden und Assoziationen, welche *besondre* Zwecke haben, also auch nur gewisse besonders modifizierte Individuen angehn, unterscheidet. Alle diese Gesellschaften umfassen keine Masse, kein totales Kontinuum, sondern verknüpfen nur einzelne zerstreute Mitglieder. – Die Gleichheit und Freiheit erfordert, daß der *allgemeine Wille* der Grund aller besondern politischen Tätigkeiten sei (nicht bloß der Gesetze, sondern auch der anwendenden Urteile und der Vollziehung). Dies ist aber eben der Charakter des *Republikanismus.* Der ihm entgegengesetzte *Despotismus*, wo der Privatwille den Grund der politischen Tätigkeit enthält, würde also eigentlich gar kein wahrer Staat sein? So ist es auch in der Tat, im strengsten Sinne des Worts. Da aber alle politische Bildung von einem besondern Zwecke, von Gewalt (vgl. die treffliche Entwicklung S. 69) und von einem Privatwillen – von Despotismus – ihren Anfang nehmen und also *jede provisorische Regierung notwendig despotisch sein muß*; da der Despotismus den Schein des allgemeinen Willens usurpiert und wenigstens für einige ihm interessante Zivil- und Kriminalfälle die Gerechtigkeit toleriert; da er sich von allen andern Gesellschaften durch das dem Staat eigne Merkmal der Kontinuität der Mitglieder unterscheidet; da er neben seinem besondern Zwecke* das heilige Interesse der Gemeinschaft wenigstens ne-

* Jeder Staat, der einen besondern Zweck hat, ist *despotisch*, mag dieser Zweck auch anfänglich noch so unschuldig scheinen. Wie viele Despoten sind nicht vom Zweck der *physischen Erhaltung* ausgegangen? Er ist aber *allemal* bei glücklichem Erfolg in den der Unterdrückung ausgeartet. Den praktischen Philosophen können die schrecklichen Folgen jeder auch gutgemeinten Verwechslung des Bedingten und Unbedingten nicht befremden. Das Endliche darf die Rechte des Unendlichen nicht ungestraft usurpieren.

benbei befördert und wider sein Wissen und Wollen den Keim eines echten Staats in sich trägt und den Republikanismus allmählich zur Reife bringt: so könnte man ihn als einen *Quasistaat*, nicht als eine echte Art, aber doch als eine *Abart des Staats* gelten lassen.

Aber wie ist der Republikanismus möglich, da der allgemeine Wille seine notwendige Bedingung ist, der absolut allgemeine (und also auch absolut beharrliche) Wille aber im Gebiete der Erfahrung nicht vorkommen kann und nur in der Welt der reinen Gedanken existiert. Das Einzelne und das Allgemeine ist überhaupt durch eine unendliche Kluft voneinander geschieden, über welche man nur durch einen Salto mortale hinübergelangen kann. Es bleibt hier nichts übrig, als durch eine *Fiktion* einen empirischen Willen als *Surrogat* des a priori gedachten absolut allgemeinen Willens gelten zu lassen und, da die reine Auflösung des politischen Problems unmöglich ist, sich mit der *Approximation* dieses praktischen x zu begnügen. Da nun der politische Imperativ kategorisch ist und nur auf diese Weise (in einer endlosen Annäherung) wirklich gemacht werden kann: so ist diese höchste fictio iuris nicht nur gerechtfertiget, sondern auch praktisch notwendig, jedoch nur in dem Fall gültig, wenn sie dem politischen Imperativ (der das Fundament ihrer Ansprüche ist) und dessen wesentlichen Bedingungen nicht widerspricht. – Da jeder empirische Wille (nach Heraklits Ausdrucke) *in stetem Flusse* ist, absolute Allgemeinheit in *keinem* angetroffen wird, so ist die despotische Arroganz, seinen (väterlichen oder göttlichen) Privatwillen zum allgemeinen Willen selbst, als demselben völlig adäquat, zu sanktionieren, nicht nur ein wahres Maximum der Ungerechtigkeit, sondern auch barer Unsinn. Aber auch die Fiktion, daß der individuelle Privatwille z.B. einer gewissen Familie für alle künftige Generationen als Surrogat des allgemeinen Willens gelten solle, ist widersprechend und ungültig: denn sie würde dem politischen Imperativ (dessen wesentliche Bedingung die Gleichheit ist) ihr eignes Fundament und also sich selbst aufheben. Die einzig gültige politische Fiktion ist die auf das Gesetz der Gleichheit gegründete: Der *Wille der Mehrheit* soll als Surrogat des allgemeinen Willens gelten. *Der Republikanismus ist also notwendig demokratisch*, und das unerwiesne Paradoxon (S. 26), daß der Demokratismus notwendig despotisch sei, kann nicht richtig sein. Zwar gibt es einen *rechtmäßigen Aristokratismus*, ein *echtes* und von dem abgeschmackten Erbadel, dessen absolute Unrechtmäßigkeit Kant (S. 22, 23. Anm.) so befriedigend dargetan hat, völlig verschiedenes *Patriziat*: sie sind aber nur in einer demokratischen Republik möglich. Das Prinzip nämlich, die Geltung der Stimmen nicht nach der Zahl, sondern auch nach dem *Gewicht* (nach dem Grade der Approximation jedes Individuums zur absoluten Allgemeinheit des Willens) zu bestimmen, ist mit dem Gesetz der Gleichheit recht wohl vereinbar. Es darf aber nicht *vorausgesetzt*, sondern es muß authentisch bewiesen werden, daß ein Individuum gar keinen freien Willen oder sein Wille gar keine Allgemeinheit habe, wie der Mangel der Freiheit durch Kindheit und Raserei, der Mangel der Allgemeinheit durch ein *Verbrechen* oder einen direkten Widerspruch wider den allgemeinen Willen. (Armut und *vermutliche* Bestechbarkeit, Weiblichkeit und *vermutliche* Schwäche sind wohl keine rechtmäßigen Gründe, um vom Stimmrecht ganz auszuschließen.) Wenn die politische Fiktion ein Individuum für eine *politische Null*, eine Person für eine *Sache* gelten ließe, so würde sie eben dadurch das Gegenteil der willkürlichen Voraussetzung hindern und also mit dem ethischen Imperativ streiten, welches unmöglich ist, weil sich beide auf den reinen praktischen Imperativ gründen. Der allgemeine Volkswille kann auch nie beschließen, daß die Individuen über den Grad der Allgemeinheit ihres eigenen Privatwillens selbst kompetente Richter sein und das Recht haben sollen, sich selbst eigenmächtig zu Patriziern zu konstituieren. Die Volksmehrheit muß das Patriziat gewollt, die Vorrechte desselben und die Personen bestimmt haben, welche als *politische Edle* (solche, deren Privatwille sich dem präsumtiven allgemeinen Willen vorzüglich nähert) gelten sollen. Sie könnte vielleicht den gewählten Edlen einigen Anteil an der Wahl der künftigen überlassen, doch mit dem Vorbehalt, in der letzten Instanz darüber zu entscheiden: denn die Souveränität kann nicht zediert werden.

Daß aber die Volksmehrheit in *Person* politisch wirke, ist in vielen Fällen unmöglich und fast in allen äußerst nachteilig. Es kann auch sehr füglich durch Deputierte und Kommissarien geschehen. Daher ist die *politische Repräsentation* allerdings ein unentbehrliches Organ des Republikanismus. – Wenn man die Repräsentation von der politischen Fiktion trennt, so kann es auch ohne Repräsentation einen (wenngleich technisch äußerst unvollkommnen) Republikanismus geben; wenn man unter der Repräsentation auch die Fiktion begreift, so tut man unrecht, sie den alten Republiken abzusprechen. Ihre technische Unvollkommenheit ist notorisch. Desto verworrener sind die allgemein herrschenden Begriffe von ihrem innern Prinzip unvermeidlicher Korruption, desto schiefer die Urteile über den politischen Wert dieser bewundernswürdigen, nicht bloß sogenannten, sondern echten, auf die gültige Fiktion der Allheit durch die Mehrheit des Willens gegründeten Republiken. An *Gemeinschaft der Sitten* ist die politische Kultur der Modernen noch im Stande der Kindheit gegen die der Alten, und kein Staat hat noch ein größeres Quantum von Freiheit und Gleichheit erreicht als der *attische.* Die Unkenntnis der politischen Bildung der Griechen und Römer ist die Quelle unsäglicher Verwirrung in der Geschichte der Menschheit und auch der politischen Philosophie der Modernen sehr nachteilig, welche von den Alten in diesem Stücke noch viel zu lernen haben. – Auch ist der behauptete Mangel der Repräsentation nicht uneingeschränkt wahr. Die exekutive Macht konnte auch das attische Volk nicht in Person ausüben; zu Rom ward sogar wenigstens ein Teil der gesetzgebenden und richterlichen Macht durch Volksrepräsentanten (Prätoren, Tribunen, Zensoren, Konsuln) gehandhabt.

Die Kraft der Volksmehrheit, als Proximum der Allheit und Surrogat des allgemeinen Willens, ist die *politische Macht.* Die höchste Klassifikation der politischen Erscheinungen (aller Kraftäußerungen dieser Macht) wie aller Erscheinungen ist die nach dem Unterschiede des *Beharrlichen* und des *Veränderlichen.* Die *Konstitution* ist der Inbegriff der permanenten Verhältnisse der politischen Macht und ihrer wesentlichen Bestandteile. Die Regierung hingegen ist der Inbegriff aller transitorischen Kraftäußerungen der politischen Macht. Die *Bestandteile* der politischen Macht verhalten sich untereinander und zu ihrem Ganzen wie die verschiedenen Bestandteile des Erkenntnisvermögens untereinander und zu ihrem Ganzen. Die *konstitutive* Macht entspricht der Vernunft, die *legislative* dem Verstande, die *richterliche* der Urteilskraft und die *exekutive* der

Sinnlichkeit, dem Vermögen der Anschauung. *Die konstitutive Macht ist notwendig diktatorisch*; denn es wäre widersprechend, das Vermögen der politischen Prinzipien, welche erst die Grundlage aller übrigen politischen Bestimmungen und Vermögen enthalten sollen, dennoch von diesen abhängig machen zu wollen, und eben deswegen nur *transitorisch.* Ohne den *Akt der Akzeptation* würde nämlich die politische Macht nicht repräsentiert, sondern zediert werden, welches unmöglich ist. – Die Konstitution betrifft die *Form der Fiktion* und die *Form der Repräsentation.* Im Republikanismus gibt es zwar nur *ein* Prinzip der politischen Fiktion, aber *zwei* verschiedene *Direktionen* des einen Prinzips und in ihrer größten möglichen Divergenz nicht sowohl zwei reine Arten als zwei entgegengesetzte *Extreme* der republikanischen Konstitution: die *aristokratische* und die *demokratische.* Es gibt unendlich viele verschiedene Formen der Repräsentation (wie Mischungen des Demokratismus und Aristokratismus), aber keine reine Arten und kein Prinzip der Einteilung a priori. Die Konstitution ist der Inbegriff alles politisch Permanenten; da man nun ein Phänomen nach seinen permanenten Attributen, nicht nach seinen transitorischen Modifikationen klassifiziert, so würde es widersinnig sein, den echten (republikanischen) Staat nach der Form der Regierung einzuteilen. – Im Despotismus kann es eigentlich keine politische, sondern nur eine *physische* Konstitution geben: nicht Verhältnisse der politischen Macht und ihrer wesentlichen Bestandteile, welche absolut beharrlich sein sollen, aber wohl solche, die relativ beharrlich sind. Wo es keine politische Konstitution gibt, kann man nur die Form der Regierung dynamisch klassifizieren; denn die physischen Modifikationen geben keine reine Klassen. Die einzige reine Klassifikation gewährt das *mathematische Prinzip der numerischen Quantität des despotischen Personale.*

Die einzige (physisch) permanente Qualität des Despotismus bestimmt die *dynamische* (nicht politische) *Form der despotischen Regierung.* Sie ist entweder *tyrannisch, oligarchisch* oder *ochlokratisch*, je nachdem ein *Individuum*, ein *Stand* (Orden, Korps, Kaste) oder eine *Masse* herrscht. Wenn *alle* herrschen (S. 25, 16), wer wird dann beherrscht? – Im übrigen scheint der von Kant gegebne Begriff der Demokratie der Ochlokratie angemessen zu sein. Die *Ochlokratie* ist der Despotismus der Mehrheit über die Minorität. Ihr *Kriterium* ist ein offenbarer Widerspruch der Mehrheit in der Funktion des politischen Fingenten mit dem allgemeinen Willen, dessen Surrogat sie sein soll. Sie ist – jedoch nebst der Tyrannei: denn die *Neronen* können dem *Sansculottismus* den Preis recht wohl streitig machen – unter allen politischen Unformen das größte physische Übel (S. 29).* Die *Oligarchie* hingegen – der orientalische Kastendespotismus, das europäische Feudalsystem – ist der Humanität ungleich gefährlicher: denn eben die Schwerfälligkeit des künstlichen Mechanismus, welche ihre physische Schädlichkeit lähmt, gibt ihr eine kolossale Solidität. Die Konzentration der durch gleiches Interesse Zusammengebundnen isoliert die Kaste vom übrigen menschlichen Geschlecht und erzeugt einen hartnäckigen esprit de corps. Die geistige Friktion der Menge bringt die höllische Kunst, die Veredlung der Menschheit unmöglich zu machen, zu einer frühen Reife.

Mit argwöhnischem Blicke wittert die Oligarchie jede aufstrebende Regung der Menschheit und zerknickt sie schon im Keime. Die *Tyrannei* hingegen ist ein sorgloses Ungeheuer, welches im einzelnen oft die höchste Freiheit, ja sogar vollkommene Gerechtigkeit übersieht. Die ganze lockre Maschine *hängt an einem einzigen Ressort*; und wenn dieser schwach ist, zerfällt sie bei dem ersten kräftigen Stoß. – Wenn die *Form der Regierung despotisch*, der *Geist* aber repräsentativ oder *republikanisch* ist (siehe die treffliche Bemerkung S. 26), so entsteht die *Monarchie.* (In der Ochlokratie kann der Geist der Regierung nicht republikanisch sein, sonst würde es notwendig auch die Form des Staats sein. In der reinen Oligarchie muß der Geist des Standes despotisch sein, wenn die Form nicht in einen rechtmäßigen demokratischen Aristokratismus übergehn soll; der republikanische Geist einzelner Glieder hilft nichts, denn der *Stand* als solcher herrscht). Der Zufall kann einem gerechten Monarchen despotische Gewalt überliefern. Er kann republikanisch regieren

* Wenn es hier der Ort wäre, so würde es nicht schwer sein, zu erklären, warum bei den Alten die Ochlokratie immer in Tyrannei überging, und bis zur höchsten Evidenz zu beweisen, daß sie bei den Modernen in Demokratismus übergehn muß, der Menschheit also weniger gefährlich ist als die Oligarchie.

und doch die despotische Staatsform beibehalten, wenn nämlich die Stufe der politischen Kultur oder die politische Lage eines Staats eine provisorische (also despotische) Regierung durchaus notwendig macht und der allgemeine Wille selbst sie billigen könnte. Das *Kriterium der Monarchie* (wodurch sie sich vom Despotismus unterscheidet) ist die größtmöglichste Beförderung des Republikanismus. Der Grad der Approximation des Privatwillens des Monarchen zur absoluten Allgemeinheit des Willens bestimmt den Grad ihrer Vollkommenheit. Die monarchische Form ist einigen Stufen der politischen Kultur, da das republikanische Prinzip entweder noch in der Kindheit (wie in der heroischen Vorzeit) oder wieder gänzlich erstorben ist (wie zur Zeit der römischen Cäsare), so völlig angemessen; sie gewährt in dem seltnen, aber doch vorhandenen Fall der *Friedriche* und *Marc-Aurele* so offenbare und große Vorteile, daß es sich begreifen läßt, warum sie der Liebling so vieler politischen Philosophen gewesen und noch ist. – Aber nach Kants trefflicher Erinnerung (S. 28, Anm.) muß man den Geist der Regierung der schlechten (und unrechtmäßigen; S. 22, 23. Anm.) Staatsform nicht zurechnen.

Heilig ist, was nur unendlich verletzt werden kann, wie die Freiheit und Gleichheit: der allgemeine Wille. Wie Kant also den Begriff der Volksmajestät ungereimt finden kann, begreife ich nicht. Die *Volksmehrheit*, als das einzige gültige Surrogat des allgemeinen Willens, ist in dieser Funktion des politischen Fingenten ebenfalls heilig, und jede andre politische Würde und Majestät ist nur ein Ausfluß der *Volksheiligkeit*. Der hochheilige *Tribun* zum Beispiel war es nur im Namen des Volks, nicht in seinem eignen; er stellt die heilige Idee der Freiheit nur mittelbar dar; er ist kein Surrogat, sondern nur ein Repräsentant des heiligen allgemeinen Willens. – Der Staat soll sein, und soll republikanisch sein. Republikanische Staaten haben schon um deswillen einen absoluten Wert, weil sie nach dem rechten und schlechthin gebotenen Zwecke streben. In dieser Rücksicht ist ihr Wert gleich. Sehr verschieden aber kann er nach den Graden der Annäherung zum unerreichbaren Zwecke sein. In dieser Rücksicht kann ihr Wert auf zwiefache Weise bestimmt werden.

Die *technische Vollkommenheit* des republikanischen Staats teilt sich in die Vollkommenheit der Konstitution und der Regierung. Die technische Vollkommenheit der Konstitution wird bestimmt durch den Grad der Approximation ihrer individuellen Form der Fiktion und der Repräsentation zur absoluten (aber unmöglichen) Adäquatheit des Fingenten und Fingierten, des Repräsentanten und Repräsentierten. (Damit stimmt die scharfsinnige Bemerkung S. 27 überein, wenn der Verfasser unter der Repräsentation auch die Fiktion begreift. Möchte doch ein pragmatischer Politiker durch eine Theorie der Mittel, die Fiktion und Repräsentation sowohl extensiv als intensiv zu vergrößern, eine wichtige Lücke der Wissenschaft ausfüllen! – Die Kantische Bemerkung über das Personale der Staatsgewalt, S. 27, dürfte wohl nur für die exekutive und unter gewissen Umständen vielleicht auch für die konstitutive Macht gelten; für die legislative und richterliche Macht hingegen scheint die Erfahrung die Form der Kollegien und Jurys als die beste bewährt zu haben.) Die negative technische Vollkommenheit der Regierung wird bestimmt durch den Grad der Harmonie mit der Konstitution, die positive durch den Grad der positiven Kraft, mit der die Konstitution wirklich ausgeführt wird.

Der *politische Wert* eines republikanischen Staats wird bestimmt durch das extensive und intensive Quantum der wirklich erreichten Gemeinschaft, Freiheit und Gleichheit. Zwar ist die gute moralische Bildung des Volks nicht möglich, ehe der Staat nicht republikanisch organisiert ist und wenigstens einen gewissen Grad technischer Vollkommenheit erreicht hat (S. 61), aber auf der andern Seite ist *herrschende Moralität* die notwendige Bedingung der *absoluten Vollkommenheit* (des Maximums der Gemeinschaft, Freiheit und Gleichheit) des Staats, ja sogar jeder höhern Stufe politischer Trefflichkeit.

Bisher war nur vom *partiellen* Republikanismus eines einzelnen Staats und Volks die Rede. Aber nur durch einen *universellen* Republikanismus kann der politische Imperativ vollendet werden. Dieser Begriff ist also kein Hirngespinst träumender Schwärmer, sondern praktisch notwendig, wie der politische Imperativ selbst. Seine Bestandteile sind:

1) *Polizierung aller Nationen;*
2) *Republikanismus aller Polizierten;*
3) *Fraternität aller Republikaner;*
4) *die Autonomie jedes einzelnen Staats und die Isonomie aller.*

Nur universeller und vollkommener Republikanismus würde ein gültiger, aber auch allein hinlänglicher *Definitivartikel zum ewigen Frieden* sein. – Solange die Konstitution und Regierung nicht durchaus vollkommen wäre, würde, selbst in republikanischen Staaten, deren friedliche Tendenz Kant so treffend gezeigt hat, sogar ein ungerechter und überflüssiger Krieg wenigstens *möglich* bleiben. Der erste Kantische Definitivartikel zum ewigen Frieden verlangt zwar Republikanismus *aller* Staaten, allein der *Föderalismus*, dessen Ausführbarkeit S. 35 so bündig bewiesen wird, kann schon seinem *Begriffe* nach *nicht alle* Staaten umfassen, sonst würde er gegen Kants Meinung (S. 36–38) ein universeller Völkerstaat sein. Die Absicht des Friedensbundes, die Freiheit der republikanischen Staaten zu sichern (S. 35), setzt eine Gefahr derselben, also Staaten von kriegerischer Tendenz, d. h. *despotische Staaten* voraus. Die kosmopolitische Hospitalität, deren Ursprung und Veranlassung durch den Handelsgeist Kant (S. 64) so geistreich entwickelt, scheint aber sogar *unpolizierte Nationen* vorauszusetzen. Solange es aber noch despotische Staaten und unpolizierte Nationen gäbe, würde auch noch *Kriegsstoff* übrigbleiben.

1) *Der Republikanismus der kultivierten Nationen,*

2) *der Föderalismus der republikanischen Staaten,*

3) *die kosmopolitische Hospitalität der Föderierten*

würden also nur *gültige Definitivartikel zum ersten echten und permanenten*, wenngleich nur partiellen *Frieden*, statt der bisherigen fälschlich sogenannten Friedensschlüsse, eigentlich Waffenstillstände (S. 104), sein.

Man kann sie auch als *Präliminarartikel zum ewigen Frieden* ansehn, den sie beabsichtigen und an den vor dem ersten echten Frieden gar nicht zu denken ist. – Der universelle und vollkommene Republikanismus und der ewige Friede sind unzertrennliche Wechselbegriffe. Der letzte ist ebenso *politisch notwendig* wie der erste. Aber wie steht es mit seiner *historischen* Notwendigkeit oder Möglichkeit? Welches ist die *Garantie des ewigen Friedens*?

›Das, was diese Gewähr leistet, ist nichts Geringeres als die große Künstlerin *Natur*‹, sagt Kant S. 47. So geistreich die Ausführung dieses trefflichen Gedankens ist, so will ich doch freimütig gestehn, was ich daran vermisse. Es ist nicht genug, daß die *Mittel* der Möglichkeit, die *äußern Veranlassungen des Schicksals* zur wirklichen allmählichen Herbeiführung des ewigen Friedens gezeigt werden. Man erwartet eine Antwort auf die Frage: ob die *innere Entwicklung der Menschheit* dahin führe? Die (gedachte) *Zweckmäßigkeit der Natur* (so schön, ja notwendig diese Ansicht in andrer Beziehung sein mag) ist hier völlig gleichgültig: nur die (wirklichen) *notwendigen Gesetze der Erfahrung* können für einen künftigen Erfolg Gewähr leisten. Die *Gesetze der politischen Geschichte* und die *Prinzipien der politischen Bildung* sind die einzigen Data, aus denen sich erweisen läßt, ›daß der ewige Friede keine leere Idee sei, sondern eine Aufgabe, die, nach und nach aufgelöst, ihrem Ziel beständig näher kommt‹ (S. 104), nach denen sich die künftige Wirklichkeit desselben und sogar die Art der Annäherung zwar nicht *weissagen* (S. 65) – thetisch und nach allen Umständen der Zeit und des Orts –, aber doch vielleicht theoretisch (wenngleich nur hypothetisch) mit Sicherheit vorherbestimmen lassen würde. – Kant macht zwar hier sonst (wie sich erwarten läßt) keinen transzendenten Gebrauch von dem teleologischen Prinzip in der Geschichte der Menschheit (welches sogar kritische Philosophen sich erlaubt haben): jedoch in einem Stücke scheint mir der praktische Begriff der unbedingten Willensfreiheit mit Unrecht in das theoretische Gebiet der Geschichte der Menschheit herübergezogen zu sein. – Wenn die Moraltheologie die Frage aufwerfen kann und muß: welches der intelligible Grund der Immoralität sei – ob sie es kann und *muß*, lasse ich hier an seinen Ort gestellt sein –, so weiß ich auch keine andre Antwort als die Erbsünde im Kantischen Sinne. Aber die Geschichte der Menschheit hat es nur mit den *empirischen Ursachen des Phänomens* der Immoralität zu tun; der intelligible Begriff der ursprünglichen Bösartigkeit ist im Gebiete der Erfahrung leer und ohne allen Sinn. [...]

Nur aus den *historischen Prinzipien der politischen Bildung*, aus der *Theorie der politischen Geschichte*, läßt sich ein befriedigendes *Resultat über das Verhältnis der politischen Vernunft und der politischen Erfahrung* finden. Statt dessen hat Kant den nicht wesentlichen, sondern nur durch Ungeschicklichkeit zufällig entstandenen Grenzstreitigkeiten der Moral und der Politik nun einen eignen Anhang gewidmet. Er versteht nämlich unter *Poli-*

tik nicht die praktische Wissenschaft, deren Fundament und Objekt der politische Imperativ ist, auch nicht die eigentliche politische Kunst, d. h. die Fertigkeit, jenen Imperativ wirklich zu machen, sondern die despotische Geschicklichkeit, welche keine wahre Kunst, sondern eine *politische Pfuscherei* ist. Die beiden reinen Arten aller denkbaren politisch notwendigen oder möglichen Formen sind der Republikanismus und der Despotismus. Außerdem gibt es aber auch noch zwei, dem ersten Anscheine nach sehr analoge, dem Wesen nach aber durchaus verschiedene *formlose politische Zustände*, deren Begriff als ein *Grenzbegriff* bei der Zergliederung des Republikanismus nicht übergangen werden darf. Nur der eine ist politisch, der andre bloß historisch möglich.

Die *Insurrektion* ist nicht politisch unmöglich oder absolut unrechtmäßig (wie S. 94–97 behauptet wird); denn sie ist mit der Publizität nicht absolut unvereinbar. Von dem (vielleicht unrechtmäßigen) Herrscher (S. 96) gilt, was Kant S. 101 sagt: ›Wer die entschiedene Obermacht hat, darf seiner Maximen nicht hehl haben.‹ – Eine Konstitution, welche jedem Individuum, *wenn es ihm selbst rechtmäßig schiene*, zu insurgieren erlaubte, würde allerdings sich selbst aufheben. Eine Konstitution hingegen, welche einen Artikel enthielte, der *in gewissen vorkommenden Fällen* die Insurrektion *peremtorisch geböte*, würde sich zwar nicht selbst aufheben, aber dieser einzige Artikel würde *null* sein: denn die Konstitution kann nichts gebieten, wenn sie gar nicht mehr existiert; die Insurrektion aber kann nur dann rechtmäßig sein, wenn die Konstitution vernichtet worden ist. Es läßt sich aber sehr wohl denken, daß ein Artikel in der Konstitution die Fälle bestimmt, in welchen die konstituierte Macht für de facto *annulliert* geachtet werden und die Insurrektion also jedem Individuum *erlaubt* sein soll. Solche Fälle sind z. B., wenn der Diktator seine Macht über die bestimmte Zeit behält; wenn die konstituierte Macht die Konstitution, das Fundament ihrer rechtlichen Existenz, und also sich selbst vernichtet usw. Da der allgemeine Wille eine solche Vernichtung des Republikanismus durch Usurpation nicht wollen kann und den Republikanismus notwendig will, so muß er auch die einzigen Mittel, die Usurpation zu vernichten (Insurrektion) und den Republikanismus von neuem zu organisieren (provisorische Regierung) zulassen können. Diejenige Insurrektion ist also *rechtmäßig*, deren Motiv die Vernichtung der Konstitution, deren Regierung bloß provisorisches Organ und deren Zweck die Organisation des Republikanismus ist. – Das zweite gültige Motiv der rechtmäßigen Insurrektion ist *absoluter* Despotismus, d.h. ein solcher, welcher nicht provisorisch ist und also bedingterweise erlaubt sein kann, sondern ein solcher, welcher das republikanische Bildungsprinzip (durch dessen freie Entwickelung allein der politische Imperativ allmählich wirklich gemacht werden kann) und dessen Tendenz selbst zu vernichten und zu zerstören strebt und also absolut unerlaubt ist, d.h. vom allgemeinen Willen nie zugelassen werden kann. Der absolute Despotismus ist nicht einmal ein Quasistaat, sondern vielmehr ein *Antistaat* und (wenn auch vielleicht physisch erträglicher) doch ein ungleich größeres politisches Übel als selbst *Anarchie*. Diese ist bloß eine Negation des politisch Positiven, jener eine Position des politisch Negativen. Die Anarchie ist entweder ein *fließender Despotismus*, in dem sowohl das Personale der herrschenden Macht als die Grenzen der beherrschten Masse stets wechseln, oder eine unechte und *permanente Insurrektion*; denn die echte und politisch mögliche ist notwendig transitorisch.

Johann Gottlieb Fichte
Grundriß des Völker- und Weltbürgerrechts

I. Über das Völkerrecht

§ 1

Jeder einzelne hat [...] das Recht, den einzelnen, den er antrifft, zu nötigen, daß er mit ihm in einen Staat trete oder aus seiner Wirkungssphäre entweiche. Ist einer von beiden schon im Staate und der andere nicht, so zwingt der erstere den anderen, daß er mit seinem Staate sich vereinige. Wäre keiner von beiden schon im Staate, so vereinigen sie sich wenigstens zum Anfange eines Staates. Es folgt daraus der Satz: Wer in keinem Staate ist, kann von dem ersten Staate, der ihn antrifft, rechtlich gezwungen werden, sich entweder ihm zu unterwerfen oder aus seiner Nähe zu entweichen.

Zufolge dieses Satzes würden allmählich alle Menschen, die auf der Oberfläche der Erde wohnen, in einem einzigen Staate vereinigt werden.

§ 2

Aber es wäre ebensowohl möglich, daß an verschiedenen Orten abgesonderte und voneinander nichts wissende Menschenhaufen sich in Staaten vereinigten. An diesem Platze der Erde würde dieses Bedürfnis gefühlt, und ihm abgeholfen, an einem anderen dasselbe gefühlt, und ihm abgeholfen, ohne daß die ersteren von den zweiten, noch die zweiten von den ersteren wüßten. Auf diese Weise würden auf der Erde mehrere Staaten entstehen.

Es ist ein Beweis, daß der Staat nicht eine willkürliche Erfindung, sondern durch die Natur und Vernunft geboten sei, wenn an allen Orten, wo Menschen eine Zeitlang beieinander leben und ein wenig sich bilden, sie einen Staat errichten, ohne zu wissen, daß bei anderen außer ihrem Umkreise dasselbe geschieht oder geschehen ist.

Da die Oberfläche der Erde zerschnitten ist durch Meere, Flüsse, Gebirge, und durch sie die Menschen getrennt, so ward es auch dadurch notwendig, daß verschiedene Staaten entstanden.

§ 3

Die Menschen in diesen verschiedenen Staaten wissen nichts voneinander, sie stehen sonach in gar keinem eigentlichen Rechtsverhältnisse; da [...] die Möglichkeit alles Rechtsverhältnisses bedingt ist durch wirklichen gegenseitigen Einfluß mit Bewußtsein.

§ 4

Zwei Bürger aus diesen verschiedenen unabhängig voneinander gebildeten Staaten treffen aufeinander. Jeder wird von dem anderen die Garantie seiner Sicherheit neben ihm fordern, zufolge seines nachgewiesenen vollkommenen Rechts; dadurch, daß der andere sich mit ihm zugleich seinem Oberherrn unterwerfe. Dies: unterwirf dich meinem Oberherrn, fordert jeder von ihnen mit dem gleichen Rechte; denn jeder ist in einer rechtlichen Verfassung. Es hat sonach keiner Recht; denn ihr Recht hebt sich gegenseitig auf.

Nun aber bleibt es doch dabei, daß sie sich gegenseitig Garantie leisten müssen. Da das nun auf die vorgeschlagene Weise nicht geschehen konnte, wie kann es geschehen? – Sie sollen sich beide einem gemeinschaftlichen Richter unterwerfen; aber jeder hat schon seinen besonderen Richter. – Ihre Richter selbst müssen sich vereinigen, und in Sachen, die sie beide betreffen, der eine gemeinschaftlicher Richter beider werden: d.h. ihre beiden Staaten müssen sich gegenseitig anheischig machen, die Ungerechtigkeit, die durch einen ihrer Mitbürger einem Bürger des anderen Staates widerfahren wäre, zu bestrafen und gut zu machen, als ob sie gegen einen eigenen Bürger wäre verübt worden.

Corollaria

1) Alles Verhältnis der Staaten gründet sich auf das rechtliche Verhältnis ihrer Bürger. Der Staat an sich ist nichts als ein abstrakter Begriff: nur die Bürger als solche sind wirkliche Personen. – Ferner: dieses Verhältnis gründet sich ganz bestimmt auf die angezeigte Rechtspflicht ihrer Bürger, einander, wenn sie in der Sinnenwelt zusammentreffen, die gegenseitige Garantie zu leisten. Also stehen zunächst nur diejenigen Staaten im Verhältnisse zueinander, die miteinander *grenzen.* Wie im Raume getrennte Staaten dennoch in ein Verhältnis kommen können, werden wir tiefer unten sehen.

2) Dieses Verhältnis der Staaten besteht darin: daß sie einander gegenseitig die Sicherheit ihrer Bürger, sowie den Bürgern ihres eigenen Staates, garantieren. Die Kontraktsformel ist die: ich mache mich verantwortlich für allen Schaden, den meine Bürger den deinigen zufügen könnten, unter der Bedingung, daß du gleichfalls verantwortlich seist für allen Schaden, den deine Bürger den meinigen zufügen könnten.

3) Ein solcher Vertrag muß ausdrücklich geschlossen werden und liegt nicht schon im Staatsbürgervertrage; und daß er geschlossen sei, muß den Bürgern durch die Gesetzgebung angekündigt werden. Den Bedingungen des Staatsbürgervertrages tut der Bürger schon dadurch Genüge, daß er nur nicht die Rechte seiner Mitbürger verletzt; auf Fremde ist dabei nicht gesehen. Erst zufolge dieses Vertrages wird es Gesetz, auch die Rechte der mit dem Staate im Vertrage stehenden Staaten zu respektieren, und die Verletzung derselben wird nun erst ein strafwürdiges Vergehen.

§ 5

In dem beschriebenen Vertrage der Staaten miteinander ist die *gegenseitige Anerkennung* notwendig mit enthalten und wird für die Möglichkeit jenes Vertrages vorausgesetzt. Beide Staaten nehmen gegenseitig jeder die Gewährleistung des anderen für seine Bürger an, als eine gültige Garantie, und nehmen gegen dieselbe keine weiteren Sicherungsmaßregeln; es setzt sonach jeder voraus, daß der andere eine legale Verfassung habe und für seine Bürger einstehen könne.

Jeder Staat hat sonach das Recht, über die Legalität eines anderen Staates, mit dessen Bürgern die seinigen in Verbindung kommen, zu urteilen. Doch erstreckt auch, welches wohl zu merken ist, das Recht dieses Urteils sich nicht weiter als darüber: ob der benachbarte Staat zu einem äußeren legalen Verhältnisse tauge. Die innere Verfassung geht keinen das geringste an, und er hat darüber das Recht des Urteils nicht.

Hierin besteht die gegenseitige *Unabhängigkeit* der Staaten.

§ 6

Jedes Volk, das nur nicht im Naturstande lebt, sondern eine Obrigkeit hat, sie sei beschaffen wie sie wolle, hat ein Zwangsrecht auf die Anerkennung durch die benachbarten Staaten. Der Beweis geht aus dem obigen hervor: und ist daselbst unmittelbar schon geführt. Der Staat kann den Bürger eines anderen Staates nicht nötigen, sich ihm zu unterwerfen: denn der benachbarte Staat hätte dann dasselbe Recht; welches sich widerspricht. Doch muß er sich Garantie von ihm geben lassen für die Sicherheit seiner Bürger und sie ihm geben; dies ist aber nur möglich unter Bedingung der Anerkennung. – Einen Staat nicht anerkennen, heißt: seine Bürger für solche ausgeben, die in gar keiner rechtlichen Verfassung stehen; daraus aber folgt das Recht, sie zu unterjochen. Die Verweigerung der Anerkennung gibt sonach ein gültiges Recht zum Kriege.

Die Staaten sind notwendig unabhängig voneinander und selbständig.

§ 7

Auf ein Volk, das keine Obrigkeit hat, sonach kein Staat ist, hat der benachbarte Staat das Recht, es entweder sich selbst zu unterwerfen oder es zu nötigen, daß es sich eine Verfassung gebe; oder es aus seiner Nachbarschaft zu vertreiben. Der Grund davon ist der: wer dem anderen nicht Garantie für die Sicherheit seiner Rechte leisten kann, der hat selbst keine. Ein solches Volk würde sonach völlig rechtslos.

(Man befürchte nicht, daß durch diesen Satz etwas für eroberungssüchtige Mächte gewonnen werde. Es gibt wohl nicht leicht ein Volk wie das beschriebene; und der Satz wird mehr um der Vollständigkeit der Argumentation als um der Anwendung willen aufgestellt. Jedes Volk, das auch nur einen Anführer zum Kriege hat, hat ohne Zweifel eine Obrigkeit. Die fränkischen Republikaner schlugen die koalisierten Mächte einmal über das andere, während diese zweifelten: ob sie auch eine Regierung hätten, und fragten, mit wem sie denn eigentlich Friede schließen sollten. Hätten sie sich doch bei der nächsten Quelle, mit der sie in Berührung standen, bei denen, von welchen sie geschlagen wurden, erkundigt: wer sie denn eigentlich in der Schlacht kommandiere? Vielleicht, daß dieselben, die den Befehl gegeben hatten, sie zu schlagen, auch den Befehl hätten geben können, sie in Ruhe zu lassen. Endlich, nachdem sie nur hinlänglich geschlagen sind, haben sie sich auch glücklich auf diesen Ausweg besonnen, und entdeckt: daß die Franken denn doch eine Regierung haben müßten.)

§ 8

Die benachbarten Staaten garantieren sich gegenseitig die Eigentumsrechte ihrer Bürger. Es muß sonach notwendig über die Grenzen dieser Rechte zwischen ihnen etwas festgesetzt werden. Die *Bestimmung* dieser Grenzen ist schon durch den Vertrag geschehen, den jeder Staat mit seinen eigenen Bürgern schloß, und braucht nicht erst jetzt zu geschehen. Der an den Staat B grenzende Bürger des Staates A hat gegen seinen Staat erklärt, daß er bis so weit Eigentümer sein wolle, und der Staat hat es zugegeben; ebenso der unmittelbar mit jenem grenzende Bürger des Staates B gegen seinen Staat. Diese Verträge werden jetzt auch durch die benachbarten Staaten, als solche, im Namen ihrer Bürger, und vor ihnen garantiert. Was anfangs nur die eigenen Mitbürger verband, verbindet von nun an auch die Bürger der benachbarten Staaten. Streitigkeiten, die darüber allenfalls vorkommen könnten, werden entschieden, so wie einzelne auf dem Boden des Naturrechts sie entscheiden, durch gütliche Übereinkunft; weil es keine Rechtsgründe *a priori* gibt, warum ein Objekt vielmehr diesem als jenem zugehören solle. Die erste Bedingung des legalen Verhältnisses zwischen Staaten ist sonach die Grenzziehung. Diese muß ganz bestimmt und unzweideutig festgesetzt sein: außerdem würden in der Zukunft Grenzstreitigkeiten entstehen. – Es gehört dazu nicht bloß die Grenze des Grundes und Bodens, sondern auch die Grenzbestimmung gewisser Rechte: z. B. der Fischerei, der Jagd, der Schiffahrt usw. Die Grenze der Bürger wird für die Staaten Grenze des Staats.

§ 9

Beide Staaten sind in diesem Vertrage einander völlig gleich. Was der eine tut, um den Bürger des anderen vor Schaden zu bewahren, muß der andere auch tun in Beziehung auf die Bürger des ersteren; welche Gesetze der eine in dieser Rücksicht gibt, dieselben muß der andere auch geben. Größere Sorgfalt aber anzuwenden, als der andere in Beziehung auf ihn anwendet, ist keiner verbunden. Es ist sonach sehr wohl möglich, daß in einem Staate die Rechte der Mitbürger mehr geschützt seien als die der Fremden – weil vielleicht der andere Staat sich von seiner Seite zu keinem sorgfältigeren Schutze verstehen wollte; ja, es ist möglich, daß das Eigentum der Fremden aus *einem* benachbarten Staate mehr geschützt sei, als das der Fremden aus *einem anderen*; weil der erstere Staat auch von seiner Seite größere Sorgfalt anwendet. Das ganze Verhältnis gründet sich lediglich auf Übereinkunft.

§ 10

Durch diesen Vertrag erhalten die darin begriffenen Staaten das Recht der gegenseitigen Aufsicht aufeinander: ob in jedem diesem Vertrage gemäß verfahren und die zufolge desselben gegebenen Gesetze in Ausübung gebracht werden. Der Grund davon läßt sich leicht einsehen. Der Vertrag verbindet nur, inwiefern beide Teile ihn halten; sonach müssen beide wissen, ob er von dem anderen gehalten werde, um darnach ihre eigene Verbindlichkeit beurteilen zu können.

Diese Aufsicht kann nur geschehen in dem Staate selbst, welcher beobachtet wird. Um sie auszuüben, müssen daher die Staaten einander gegenseitig Gesandte zuschicken. Es können allerdings, um entweder den jetzt beschriebenen oder irgend einen besonderen Vertrag abzuschließen, Gesandte von einem Staate in den anderen geschickt werden; aber diese Bestimmung derselben ist teils vorübergehend, teils zufällig (man nennt dergleichen Gesandtschaften Ambassaden). Der eigentliche ursprüngliche Charakter eines beständigen, residierenden Gesandten (Residenten, *Chargé d'affaires*) besteht darin: daß er Aufsicht halte, ob der Staat, an welchen er geschickt ist, seinen Verbindlichkeiten gegen den Staat, der ihn abgeschickt hat, Genüge tue, daß er auch wohl den ersteren an seine Pflicht erinnere und die vertragsmäßigen Handlungen fordere. In die inneren einheimischen Angelegenheiten des Staates aber, an welchen er gesendet ist, darf er sich nicht einmischen; weil der ihn autorisierende Staat es selbst nicht darf.

§ 11

Da der Gesandte in einer gewissen Rücksicht die Aufsicht über den Staat, an welchen er abgeschickt ist, hat, so kann er von demselben nicht abhängen; widrigenfalls er ja gehorchen müßte und durch den befohlenen Gehorsam die Absicht seiner Sendung vereitelt werden könnte. Er steht, solange er sich in den Grenzen seiner Gesandtschaft hält, lediglich unter seiner eigenen Obrigkeit, und diese allein hat über ihn zu richten. Er ist sonach für den Staat, an welchen er gesandt ist, heilig und unverletzlich; er repräsentiert seinen eigenen unabhängigen Staat. (Die Freiheit von allen Auflagen ist dem Gesandten von rechtswegen zuzugestehen: die Abgaben sind ein Beitrag zur schützenden Staatsgewalt, er aber ist kein Bürger dieses Staats. Daß ein Gesandter diese Freiheit über seine eigene Person ausdehne und sich ihrer zu einem Schleichhandel bediene, ist so unwürdig und niederträchtig, daß man die Möglichkeit davon in den Verträgen, welche die Staaten miteinander abschließen, nicht füglich voraussetzen kann.)

Überschreitet der Gesandte die Grenzen seiner Gesandtschaft, indem er entweder einen Einfluß in die einheimischen Geschäfte sich zu erwerben sucht oder durch Vergehungen Unordnungen stiftet, so wird der Staat, an welchen er geschickt ist, zwar nicht sein Richter, denn er hat den Gesetzen desselben sich nie unterworfen, aber er erhält das Recht, ihn zurückzuschicken und von dem absendenden Staate Genugtuung zu begehren.

§ 12

Ist der Vertrag zwischen beiden Staaten nur klar und fest bestimmt – es ist, da er nie eine große Menge von Gegenständen begreifen kann, sehr leicht, ihn genau zu bestimmen, und ein Mangel an Bestimmtheit würde schon den bösen Willen entdekken, welcher einen Vorwand zu künftigen Kriegen sucht, – so ist nicht leicht oder gar nicht eine Ungerechtigkeit aus Irrtum möglich, sondern es läßt dann mit hoher Wahrscheinlichkeit sich auf bösen Willen schließen. Doch verhalte sich dies, wie es wolle:

die Verletzung des Vertrags gibt ein Recht zum Kriege, so gut als die versagte Anerkennung. In beiden Fällen zeigt der zu bekriegende Staat, daß mit ihm ein legales Verhältnis nicht möglich ist; daß er selbst sonach gar keine Rechte hat.

§ 13

Das Recht des Kriegs ist, wie [...] alles Zwangsrecht, unendlich. Der Bekriegte hat keine Rechte, weil er die Rechte des kriegführenden Staats nicht anerkennen will. – Er bittet etwa späterhin um Friede und erbietet sich von nun an, gerecht zu sein. Wie soll aber der Kriegführende überzeugt werden, daß es ihm Ernst sei, und daß er sich nicht bloß eine bessere Gelegenheit ersehen wolle, um ihn zu unterdrücken? Welche Garantie kann er ihm dagegen geben? – Also der natürliche Zweck des Krieges ist immer die *Vernichtung des bekriegten Staats*, d.i. die Unterwerfung seiner Bürger. – Es kann wohl sein, daß zuweilen ein Friede (eigentlich nur ein Waffenstillstand) geschlossen wird, weil entweder ein Staat oder weil beide gegenwärtig entkräftet sind, aber das gegenseitige Mißtrauen bleibt, und der Zweck der Unterjochung bleibt gleichfalls bei beiden.

§ 14

Nur die bewaffnete Macht der kriegenden Staaten führt den Krieg, nicht der unbewaffnete Bürger, noch wird er gegen diesen geführt. Derjenige Teil des Staatsgebiets, den die Truppen desselben nicht mehr bedecken, wird – da ja der Zweck des Krieges die Unterwerfung des bekriegten Staates ist – eine Akquisition des Eroberers; und dieser kann ja, ohne völlig zweckwidrig und vernunftwidrig, also auch (kriegs-) rechtswidrig zu handeln, seine neuen Bürger nicht ausplündern, noch seinen eigenen Besitz verheeren. Sobald er die bewaffneten Verteidiger des Landes vertrieben hat, sind die unbewaffneten seine Untertanen. Derjenige Teil des Staatsgebietes aber, den die Truppen desselben noch bedecken, ist dem Feinde nicht unterworfen. Den ersten kann er um seines eigenen Zwecks willen nicht verheeren; den zweiten zu verheeren, ist physisch unmöglich. – Die gewöhnliche Art Krieg zu führen ist allerdings vernunftwidrig und barbarisch. Der Eroberer verwüstet die eroberten Provinzen, um in der Eile soviel als möglich darauszuziehen, und dem

Feinde so wenig als möglich darin zurückzugeben. Er rechnet also nicht darauf, sie zu behalten. Wenn dies ist, warum führt er denn eigentlich Krieg?

Der entwaffnete Soldat ist gleichfalls nicht mehr Feind, sondern Untertan. Daß er bei uns Kriegsgefangener wird, um ausgewechselt zu werden, ist eine willkürliche Einrichtung unserer neuen Politik, die schon beizeiten darauf denkt, daß sie mit dem Feinde wieder in Unterhandlung treten werde, und überhaupt keinen tüchtigen, vor sich selbst bestehenden Zweck bei ihren Kriegen hat.

Der Zweck eines Kriegszuges ist gar nicht der, zu töten, sondern nur der, die Bewaffneten, die den Bürger und sein Land bedecken, zu vertreiben und zu entwaffnen. Im Handgemenge, wo Mann an Mann gerät, tötet einer seinen Gegner, um nicht von ihm getötet zu werden; zufolge *seines eigenen Rechts der Selbsterhaltung*, nicht aber zufolge *eines ihm von seinem Staate verliehenen Rechts*, totzuschlagen, welches derselbe nicht hat und folglich auch nicht verleihen kann. So läßt auch die neuere Art, mit Kanonen und anderem Schießgewehr Krieg zu führen, sich ansehen. Es ist nicht der Zweck, durch die Kugeln zu töten, sondern nur, den Feind von den Plätzen abzuhalten, wo dieselben fallen. Geht er denn doch dahin, so ist es seine Schuld, wenn er von der nicht gerade auf ihn gerichteten Kugel getroffen wird. (Der Vernunft nach sollte man den Feind erst benachrichtigen, daß man einen Posten beschießen werde, wenn er ihn nicht in Gutem verlasse; gerade so, wie man Festungen erst zur Übergabe auffordert, ehe man sie beschießt.) Das einzige in unserer neueren Kriegskunst, was schlechthin rechtswidrig ist, sind die *Scharfschützen*, die im Dickicht auflauern und kaltblütig und selbstgesichert nach dem Menschen zielen wie nach einer Scheibe. Bei ihnen ist der Mord Zweck. (Ihr erster Gebrauch gegen polizierte Nationen – von dem Hause Österreich gegen Preußen – erregte auch wirklich die allgemeine Indignation von Europa. Jetzt haben wir uns daran gewöhnt und ahmen es nach; und dies macht uns wenig Ehre.)

§ 15

Der verletzte Staat hat, wie wir gesehen haben, das vollkommene Recht, den ungerechten Staat zu bekriegen, bis er ihn als für sich bestehenden Staat ausgetilgt und seine Untertanen mit sich selbst vereinigt habe; und so wäre denn der Krieg ein sicheres und ganz rechtliches Mittel, die Legalität in dem Verhältnisse der Staaten zueinander zu sichern: wenn man nur ein Mittel finden könnte, durch welches der, der die gerechte Sache hat, stets der Sieger wäre. Da aber auch unter den Staaten nicht jeder gerade soviel Gewalt hat, als er Recht hat, so dürfte durch den Krieg das Unrecht wohl ebenso sehr oder auch noch mehr befördert werden als das Recht.

Nun bleibt allerdings der Krieg das einzige Mittel, einen Staat zu zwingen: es müßte sonach nur darauf gedacht werden, es so einzurichten, daß in ihm die gerechte Sache stets siegte und die mächtigere wäre. – Macht entsteht durch die Menge; es müßten sonach mehrere Staaten für die Behauptung des rechtlichen Verhältnisses unter ihnen sich *verbinden* und den ungerechten mit vereinigter Macht anfallen. – Daß dadurch eine stets siegreiche Macht entstehen würde, daran ist wohl nicht leicht ein Zweifel; aber es ist eine höhere Frage: wie kann man es dahin bringen, daß diese Vereinigung der Staaten stets gerecht spreche?

Ich führe zuerst die angegebene Idee weiter aus.

§16

Mehrere Staaten vereinigen sich und garantieren sich selbst untereinander und gegen jeden, der auch nicht mit in der Verbindung ist, ihre Unabhängigkeit und die Unverletzlichkeit des eben beschriebenen Vertrages. Die Formel dieses Bundes würde sein: wir alle versprechen mit vereinigter Macht denjenigen Staat, stehe er mit im Bunde oder nicht, auszutilgen, welcher die Unabhängigkeit eines von uns nicht anerkennen oder den zwischen einem von uns und ihm bestehenden Vertrag brechen wird.

Ich sage die Formel dieses *Bundes*: denn das Beschriebene wäre ein *Völkerbund*, keineswegs ein *Völkerstaat*. Der Unterschied gründet sich darauf. In den Staat zu treten kann der einzelne gezwungen werden; weil außerdem ein rechtliches Verhältnis mit ihm gar nicht möglich ist. Aber kein Staat kann gezwungen werden, diesem Bunde beizutreten, weil er auch außer ihm in einem rechtlichen Verhältnisse sein kann. In dasselbe setzt er sich mit den benachbarten Staaten schon dadurch, daß er sie anerkennt und den oben beschriebenen Vertrag mit ihnen schließt: *auf positiven Schutz* des anderen Staates hat kein Staat das Zwangsrecht. – Also es ist eine freiwillige, keinesweges eine durch Zwang zu begründende Verbindung; und eine solche nennt man einen Bund.

§ 17

Ob die Unabhängigkeit eines Staates anerkannt werde oder nicht, ergibt sich sogleich daraus, ob der andere Staat sich mit ihm in den oben (§ 8 ff.) beschriebenen Vertrag einlasse: hat er das getan, so hat er anerkannt, weigert er sich es zu tun, so will er nicht anerkennen. Über diesen Umstand sonach kann der Bund in seinem Richterspruche sich nicht irren. – Mit Wissen und Willen aber ein ungerechtes Urteil fällen kann er nicht, ohne daß alle Welt sehe, daß es ungerecht sei; und auf einige Scham sollte man doch hoffentlich bei ihm rechnen können. Die Beantwortung der Frage, ob der Vertrag erfüllt sei oder nicht, hängt ab teils von der Zuverlässigkeit des beigebrachten Faktums, teils von den Worten des Vertrages. Was zuvörderst das erste anbetrifft: alle Staaten sollen, schon zufolge des Staatsbürgerrechts, mit Publizität verfahren; ob etwas geschehen sei oder nicht, muß sich sonach wohl ausmachen lassen. Der einer Unterlassung beschuldigte Staat muß den positiven Beweis führen, daß geschehen sei, was gefordert worden; daß z. B. ein Verbrecher bestraft, ein Schaden ersetzt sei u. dergl.; und so etwas sollte sich ja doch wohl ins Reine bringen lassen. Wenn ein Staat dem Bundesgerichte sich nicht stellen wollte, so gäbe er schon dadurch seine Sache auf, und es wäre gegen ihn zu verfahren. – Es könnte etwa ein nicht zum Bunde gehörender Staat sagen: was geht dieses Gericht mich an, es ist nicht mein Richter. Darauf wäre ihm zu antworten: seiner Partei ist er denn doch verantwortlich zufolge des Vertrages. Wenn nun diese das Bundesgericht an ihre eigene Stelle setzt, so hat sie dazu ohne Zweifel das vollkommenste Recht.

Was die Einsicht in den Vertrag anbelangt, so erhält, gerade, weil er nach demselben richten soll, der Bund das Recht der Oberaufsicht über die Klarheit und Bestimmtheit desselben. Es werden ja alle Verträge mit den verbündeten Staaten unter seiner Garantie geschlossen. Unbestimmtheit derselben kann er nicht dulden, weil er nach ihnen zwischen den streitenden Parteien Recht sprechen soll. – Dadurch versichert man sich denn auch seiner eigenen Rechtlichkeit. Er kann nicht ungerecht richten, ohne daß alle es sehen. – Ferner bedenke man, daß diese verschiedenen, in ihren Privatinteressen geteilten Staaten gar kein gemeinschaftliches Interesse haben können, ungerecht zu verfahren. Ein ungerechter Richterspruch gibt ein Beispiel gegen sie selbst. Nach den Grundsätzen, nach denen sie andere richten, werden sie selbst gerichtet werden.

§ 18

Der Bund muß seine Rechtsurteile auch zur Exekution bringen können. Dies geschieht, wie aus dem obigen klar ist, durch einen Vernichtungskrieg gegen den im Bundesgerichte verfallenen Staat. Der Bund muß sonach bewaffnet sein. Es könnte die Frage entstehen: ob eine besondere stehende Bundesarmee errichtet oder ob nur im wirklichen Falle des Krieges eine Exekutionsarmee aus Beiträgen der verbündeten Staaten gesammelt werden solle? Da hoffentlich der Fall des Krieges selten und späterhin nie eintreten wird, so würde ich für das letztere stimmen: denn wozu eine stehende Bundesarmee, welche, der Voraussetzung nach, größtenteils müßig sein müßte?

§ 19

Aber die absolute Unmöglichkeit eines ungerechten Richterspruchs des Völkerbundes ist doch noch nicht dargetan worden? Diese läßt sich nicht dartun: ebensowenig als im Staatsrechte sich die absolute Unmöglichkeit eines ungerechten Richterspruches des versammelten Volkes dartun ließ. Solange die reine Vernunft nicht in Person auf der Erde erscheint und das Richteramt übernimmt, muß immer ein höchster Richter sein, der, weil er denn doch endlich ist, sich irren oder einen bösen Willen haben kann; die Aufgabe ist nur: denjenigen zu finden, von dem dies am allerwenigsten zu befürchten sei; und dieser ist, über das bürgerliche Verhältnis, die Nation, über das Staatenverhältnis der beschriebene Völkerbund.

§ 20

Wie dieser Bund sich weiter verbreitet, und allmählich die ganze Erde umfaßt, tritt der *ewige Friede* ein: das einzige rechtmäßige

Verhältnis der Staaten; indem der Krieg, wenn er von Staaten, die Richter ihrer Sache sind, geführt wird, ebensoleicht das Unrecht siegend machen kann als das Recht, oder, wenn er auch unter der Leitung eines gerechten Völkerbundes steht, doch nur das Mittel ist zum letzten Zweck, zur Erhaltung des Friedens: keinesweges aber der letzte Zweck selbst.

II. Vom Weltbürgerrechte

§ 21

Jeder Bürger hat das Recht, auf dem ganzen Staatsgebiete seinen Verrichtungen nachzugehen. Dieses Recht ist ein Teil der ihm durch den Staatsvertrag garantierten Bürgerrechte. Der Gesandte des fremden Staates hat, zufolge des Vertrages der beiden Staaten, das Recht, in das Land seiner Bestimmung zu kommen, es zu durchreisen: und sich an alle die Orte zu begeben, wohin ihn sein Auftrag ruft. Er hat das Recht zum Zwecke, zur Aufsicht über die vertragsmäßigen Leistungen; er hat es sonach auch zu den Mitteln. Er weist seine Bevollmächtigung an den Grenzen vor; und es ist nun Pflicht des Staates, an welchen er geschickt ist, ihn einzulassen. Die unbedingte Abweisung desselben, als eines Gesandten überhaupt – wenn nicht etwa besondere Gründe der Unzufriedenheit mit seiner Person stattfinden und der abweisende Staat erklärte, daß er eine andere Person gerne aufnehmen würde, – würde ein Recht zum Kriege begründen. Privatpersonen des einen anerkannten und freundschaftlichen Staates verfügen sich in einen anderen; etwa um ihrer Geschäfte willen, oder auch bloß zum Vergnügen. In diesem Falle wird nach den bestehenden Verträgen geurteilt. Haben beide Staaten sich die Sicherheit ihrer gegenseitigen Bürger garantiert, auch wenn sie auf das Gebiet des anderen Staates kommen, so ist der Bürger sicher, zufolge dieses Vertrages. Daß er aber ein Bürger dieses bestimmten Staates ist, tut er dar durch Vorzeigung seines Passes an der Grenze.

Aber wenn ein Fremder, der von keinem verbündeten Staate weder abgesendet, noch durch einen Vertrag mit einem solchen berechtigt ist, das Staatsgebiet betritt: was ist dann rechtens? Diese einzige noch übrige Rechtsfrage ist es, die das Weltbürgerrecht zu beantworten hat.

§ 22

Alle positiven Rechte, die Rechte auf *etwas*, gründen sich auf einen Vertrag. Nun hat dieser fremde Ankömmling gar keinen Vertrag mit dem besuchten Staate für sich; weder daß er für seine Person einen geschlossen hätte, noch daß er sich auf einen berufen könnte, den sein Staat für ihn geschlossen; denn er ist, der Voraussetzung nach, entweder aus keinem Staate, oder der besuchte Staat kennt seinen Staat nicht und steht mit demselben in keinem Vertrage. Ist er denn also rechtslos, oder hat er doch Rechte; welche und aus welchem Grunde? – Er hat das ursprüngliche Menschenrecht, das allen Rechtsverträgen vorausgeht und allein sie möglich macht: *das Recht auf die Voraussetzung aller Menschen, daß sie mit ihm durch Verträge in ein rechtliches Verhältnis kommen können.* Dies allein ist das eigentliche Menschenrecht, das dem Menschen, als Menschen, zukommt: die Möglichkeit, sich Rechte zu erwerben. Diese, aber auch nur sie, müssen jedem zugestanden werden, der sie nicht ausdrücklich durch seine Handlungen verwirkt hat. – Dies wird durch Gegensatz vielleicht deutlicher. Nämlich derjenige, mit welchem der Staat den Bürgervertrag aufhebt, verliert alle seine dadurch erlangten positiven Rechte; aber nicht nur sie, sondern auch das Recht, sich in dieser Gesellschaft Rechte zu erwerben; weil er die absolute Unmöglichkeit, sich mit ihm in ein rechtliches Verhältnis zu setzen, schon gezeigt hat. Der neue Ankömmling hat ebensowenig positive Rechte als der erste; aber das Recht hat er, zu fordern, daß man die Möglichkeit annehme, mit ihm in ein rechtliches Verhältnis zu kommen.

Aus diesem Rechte folgt sein Recht, das Gebiet des fremden Staates zu betreten; denn wer das Recht zum Zwecke hat, hat es zu den Mitteln; aber er kann den Versuch, in ein rechtliches Verhältnis mit diesem Staate sich zu versetzen, nicht machen, ohne auf sein Gebiet zu ihm zu kommen und ihm eine Verbindung anzutragen.

In diesem Rechte, auf dem Erdboden frei herumzugehen und sich zu einer rechtlichen Verbindung anzutragen, besteht das Recht des bloßen *Weltbürgers.*

§ 23

Der Rechtsgrund des fremden Ankömmlings, das Gebiet eines Staates zu betreten, war sein Recht, einen Umgang mit den Bürgern dieses Staates zu versuchen und anzutragen. Zuvörderst also hat der besuchte Staat das Recht, den Fremden zu fragen, was er wolle, und ihn zur Erklärung zu zwingen. Erklärt er sich nicht, so fällt sein Rechtsgrund weg; und er ist von den Grenzen abzuweisen. – Ebenso: erklärt er sich zwar, aber sein Antrag wird nicht angenommen, so wird sein Rechtsgrund gleichfalls aufgehoben und er mit Recht über die Grenze gewiesen. Doch muß dies geschehen unbeschadet seiner Erhaltung. Denn es bleibt ihm die Möglichkeit übrig, mit einem anderen Staate in Verbindung zu treten, nachdem es mit diesem nicht gelang. Diese ist sein vollkommenes Recht und darf ihm nicht geraubt werden.

§ 24

Wird sein Antrag angenommen, so steht er von nun an *unmittelbar* (für seine Person ohne Dazwischenkunft eines Staates von seiner Seite) im Vertrage mit diesem Staate; und die gegenseitigen Rechte beider Parteien werden durch diesen Vertrag bestimmt. Zuvörderst, schon dadurch, daß er sich in einen Vertrag eingelassen, hat er den Staat als ein rechtliches Subjekt anerkannt, mithin die Eigentumsrechte seiner einzelnen Bürger zugleich mit anerkannt. Dies braucht er nicht ausdrücklich zu versprechen; es folgt unmittelbar aus der Handlung des Vertragens. Den übrigen Gesetzen des Staates ist er unterworfen, lediglich inwiefern er sich denselben unterworfen hat.

Übrigens wird dieser Staat notwendig sein Richter; denn da kein anderer Staat für ihn in das Mittel getreten ist, sowie für den Gesandten, so gibt es keinen anderen Richter in seinen Angelegenheiten. So lästig ihm dieser Umstand fallen möge, so muß er sich demselben doch unterwerfen, denn er ist unvermeidlich.

*Erfordernisse und Bedingungen des Friedens***

So wie der Lauf der Naturnotwendigkeit den einzelnen Menschen zwingt, im Erkennen und Wollen Gebrauch von der Vernunft zu machen, und ihn (dem nur die *Art* des Gebrauchs freigelassen ist) nötigt, das ganze Feld seines Wirkungskreises auszumessen, um sich nach und nach, einerseits mit den Gegenständen und andererseits mit sich selbst in bestehendes Verhältnis und ruhiges Gleichgewicht zu versetzen; ebenso wirkt er auch auf die gesamte Menschheit. Diese wird, als bloße Sache, von der Natur so lange getrennt und verbunden und wieder getrennt und verbunden, bis sie einst zur Kenntnis aller ihrer Kräfte und Teilhaber gelangt und durch *sittlichen Verein* sich der eben nicht ehrenvollen Zucht der irdischen Mutter entzieht. Zur Idee eines sittlichen Weltbürgervereins zeichnet der unsterbliche Verf. dieses Entwurfs uns das versinnlichte Schema in Darstellung der wesentlichen Erfordernisse *des ewigen Friedens* vor.

Vorher ebnet er sich seinen Grund, indem er die unzweckmäßigen Erfindungen der *Staatsklugheit*, als ebenso viele Hindernisse der *Staatsweisheit*, in Gedanken aus dem Wege räumt, obgleich die vorerwähnte Zuchtmeisterin der Menschheit wohl noch manche Rute binden wird, ehe man in der Tat jenen Kunstgriffen einer sich selbst zerstörenden Politik entsagen möchte. Erst nach Feststellung der vorangeschickten sechs Präliminarartikel können die Staaten, statt des bisherigen wohlbegründeten Mißtrauens, so viel Vertrauen zueinander bekommen, um einen allgemeinen Völkerbund einzugehen; diese mystischen Personen haben noch immer im gesetzlosen Naturzustande, der an sich ein Zustand des Krieges ist, nebeneinander existiert, und alle bisherigen Friedensschlüsse sind im eigentlichsten Verstande (besonders, seitdem beide Teile auch im Frieden stets gerüstet bleiben) nur Waffenstillstände gewesen. Daher wird im ersten Präliminärartikel festgesetzt, ›daß kein Friedensschluß, der mit dem geheimen Vorbehalt des Stoffs zu einem künftigen Kriege gemacht worden, für einen wirklichen Friedensschluß gelten solle‹. Von ebenso absoluter moralischer Notwendigkeit ist der fünfte: ›daß kein Staat sich in die Verfassung und Regierung eines andern Staats gewalttätig einmischen solle‹, und der sechste: ›daß sich kein Staat im Kriege mit einem andern solche Feindseligkeiten erlauben solle, die das wechselseitige Zutrauen im künftigen Frieden unmöglich machen müssen‹. (Die übrigen, der zweite, dritte und vierte Präliminärartikel, stehen unter Bedingungen der Zeit und setzen der Bundes-, der Heeres- und der Geldmacht insoweit Grenzen, als sie zu gewalttätigen und ungerechten Absichten gegen andere Staaten gebraucht werden sollen.) Aus dem heilsamen Vorschlage, jene an sich moralisch notwendigen Verbote durch Vertrag zu *anerkannten* Gesetzen zu machen, kann sich der Bearbeiter des Naturrechts von Kants Urteile über den wesentlichen Inhalt und die Grenzen seiner Wissenschaft unterrichten. Hat Rez. denselben recht verstanden, so ist ihm das Naturrecht nichts weiter als die auf *Gesellschaft* nebeneinander lebender Menschen *angewandte* Moral, und das Völkerrecht ebendiese Moral, auf das Nebeneinanderbestehen unabhängiger Staaten angewendet.

Ungeachtet der ganze Entwurf von lauter auf Sittlichkeit gegründeten Verhältnissen einzelner Menschen und unabhängiger Völker zueinander handelt, so ist in demselben doch nicht die Rede vom *Rechte zu zwingen*, und man kann daher von dem, seinen Gegenstand zu erschöpfen gewohnten, Verfasser vermuten, daß er den Zwang für einen unwesentlichen fremdartigen Zusatz des Natur- und Völkerrechts ansieht, der nur als *ungewisses physisches* Hülfsmittel gegen die bösartige Neigung, seine Verbindlichkeit nicht zu erfüllen, versucht wird. Setzt man die seltne *Pflicht zu zwingen* beiseite, so kann das *Recht zu zwingen* bloß dem zukommen, der ausdrücklich dazu bevollmächtigt ist, und es deutet dasselbe allezeit auf ein *ungleiches* Verhältnis, in welches die Menschen, ohne ihre Persönlichkeit aufzugeben, nur (als Untertanen) im *Staate* geraten können, wo das *Oberhaupt* Auftrag bekommt, die ungestörte Ausübung der einzelnen

Rechte auf Verlangen zu erzwingen, wo also der Berechtigte nur das *Recht* (nicht das Recht *zu zwingen*), und der Staat nur den *modum coercendi* hat, indem jede Vereinigung dieser beiden, moralisch und physisch sich unterscheidenden Gewalten in einer Person sofort Parteilichkeit und Despotismus herbeiführt.

Die drei Definitivartikel betreffen sodann das zum ewigen Frieden selbst nötige Verhältnis 1) der Untertanen zum Staate; 2) der Staaten gegeneinander; und 3) der einzelnen (wirklichen oder mystischen) Personen, als Teilhaber am Weltbürgerrecht, zueinander.

Mit wenigen Meisterstrichen entwirft der Verf. die Grundzüge einer guten, den ewigen Frieden ihrerseits befördernden Staatsverfassung; spricht der Demokratie, als dem ärgsten unverbesserlichsten Despotismus, ihr gebührendes Urteil und verlangt bei jeder andern Art der *Beherrschung* ein repräsentatives *Regierungssystem*, damit diejenigen an jedem Entschlusse Anteil bekommen, die ihn auf *ihre* Kosten ausführen müssen; wodurch (wenn die Repräsentanten, wie billig, nicht für sich, sondern für die Repräsentierten sorgen) andere Vorteile hier zu übergehen, auch mutwillige Kriege vermieden werden würden.

In Ansehung des *zweiten* Punkts kann bei der zu erhaltenden Selbständigkeit der Völker dem unter den Staaten fortdauernden Kriegsstande nur durch einen *Friedensbund* ein Ende gemacht werden, der nach und nach, durch Anschließen an einen großen Staat, der sich zuerst zum *gemeinen Wesen* gebildet hätte, unter allen Staaten allgemein werden und diese, ihrer Selbständigkeit unbeschadet, in dem einzigen Punkte, nicht nach Willkür Krieg anfangen zu dürfen, freiwillig eingegangenen Zwangsgesetzen (und dem Urteile der Majorität ihrer friedliebenden Nachbarn) unterwerfen könnte (wovon uns die unlängst ausgeführte Idee einer bewaffneten Neutralität eine entfernte Möglichkeit zeigt).

In Hinsicht des *dritten* schränkt der Verf. seine Forderungen auf ein weder von seiten der Besuchenden noch der Besuchten zu verletzendes Hospitalitätsrecht ein, so daß kein Teil die neue Bekanntschaft mit dem Verluste seiner Freiheit, seines Glücks und seines Glaubens an Menschheit büße. Kant ist weit davon entfernt, von einer plötzlichen Veränderung der Denkungsart und einem entschiedenen Hange zum Guten die Annäherung zum ewigen Frieden zu erwarten; er behauptet vielmehr, daß die Naturnotwendigkeit ihn endlich herbeiführen könne, und daß die Menschen, ohne selbst besser zu werden, nur ihren Vorteil besser einzusehen brauchten, um zu dessen Vorbereitung gemeinschaftliche Hände zu bieten; und ob es schon mehr als zuversichtlich sein möchte, einem Zeitalter vor andern den Vorzug moralischer Gesinnung zuzusprechen, so darf man doch wohl von dem jetzigen behaupten, daß nie von mehreren und mit mehrerer Selbständigkeit an planmäßige Verbesserung des eigenen und damit in Verbindung stehenden fremden Zustandes gedacht und jedes Übel an seiner Quelle aufgesucht worden ist, und daß also hoffentlich ›die Zeiten, in denen gleiche Fortschritte geschehen, künftig immer kürzer werden‹.

[...]

Johann Gottfried Seume
*Philanthropische Rhapsodien über Atheismus und Tugend***

[…] Man hat sehr oft, ja man hat fast durchgängig dem Atheisten alle Tugend abgesprochen und ihm nicht die Fähigkeit zugestanden, tugendhaft sein zu können. Lord Shaftesbury hat in seinen ›Charakteristiken‹ eine eigene lange Abhandlung über diese Frage: Ob ein Atheist tugendhaft sein könne? Und mit vielem Aufwand von Mühe und Scharfsinn behauptet er ihm endlich die Möglichkeit, tugendhaft sein zu können aus der Natur der Sache, und führet manche Beispiele an, daß Männer, die man durchaus als Atheisten verdammte, wirklich tugendhaft durch ihr ganzes Leben waren. Wenn man den Begriff der Tugend annimmt als eine beständige Neigung und Fertigkeit, immer nach der ewigen Ordnung und nach dem Begriffe der reinen Pflicht zu handeln, so kann in diesem Sinne der Atheist freilich durchaus keine Tugend haben und ist ihrer durchaus nicht fähig, da für ihn der Begriff der Ordnung und der Pflicht gänzlich leer ist. Nimmt man aber die Tugend an als eine beständige Neigung, sich und folglich auch andern immer wohlzutun, welches mit dem Vorhergehenden im Praktischen doch wohl einerlei ist und nur auf einer andern Vorstellungsart beruht, so können allerdings in diesem Sinne auch Gottesleugner einer hohen Tugend fähig werden. Shaftesbury sagt und beweist mit vielen Schlußfolgen, der Atheist könne tugendhaft sein; und ich setze ohne Bedenken hinzu: er muß tugendhaft sein, wenn er nicht in die auffallendste Inkonsequenz des Lebens mit sich selbst geraten, wenn er nicht gegen seine eigenen Begriffe, gegen seinen eigenen, ausgemachtesten Vorteil streben will. Der Atheist hat freilich nicht die hohen hyperphysischen Ideen von Gott, Universalharmonie, Pflicht, Ursache und Wirkung, und alles löst sich bei ihm endlich nur in sein eigenes Ich auf. Ihm ist nichts Pflicht, als was ihm wohltut; und auch dieses bloß, weil es ihm wohltut und nur so lange es ihm wohltut. Wenn wir aber auch den Begriff von Tugend bei dem geistigsten Religionslehrer mit genauem Forschergeiste verfolgen, so werden wir immer finden, daß er sich ebensowohl beständig auch in den feinsten Egoismus auflösen wird. Wenigstens ich kann nichts anderes finden. [...]

Vom Ich fängt die Philosophie an; und wer beweist uns, daß sie über das Ich hinausgeht? Bei der Auseinandersetzung des Begriffs der Pflicht ergibt sich also endlich, daß jeder Mensch eigentlich immer nur für sich handelt, indem er mit dem heißesten Enthusiasmus für andere zu handeln wähnt. Indem er zur Wohltat anderer arbeitet, arbeitet er sich zu dem höchsten Gefühl der Würde seiner eigenen Natur empor. Wir schämen uns zwar, dieses noch Eigennutz zu nennen – aber ist es im Grunde etwas anders? Nehmt alle Eitelkeit, alle Vorteile, allen Lohn aller Art hinweg: die Tugend ist ihr eigener Lohn, sagt der Moralist und sagt recht. Ihr Lohn ist ihre Würde; aber ihre Würde entsprang aus ihrer Wohltätigkeit und dem Gefühl, wie glücklich das Ganze sein würde, wenn sie allgemein wäre. Was ist nun dieses Gefühl? Der arme Phokion ist in seiner Tugend reicher als der Besitzer der Schätze des großen Königs, der gefolterte Regulus froher als der Schwelger Lukull, über dessen Mahlzeiten die Beherrscherin der Welt, das mächtige Rom, verarmte. Alles ist Gefühl, und Gefühl ist Egoismus: wer den feinsten besitzt, ist der Beste, – und der Tugendhafteste, wer sich auf den seinigen am besten versteht. Durch diesen Gedanken wird die Würde der Tugend und überhaupt die Menschennatur nicht gekränkt, denn die Gottheit hat dazu den Grund zu sehr weisen Zwecken gelegt. Der Durst nach Selbstgenuß ist das große Rad in der Körper- und Geisteswelt. Der Schöpfer wird dadurch nicht entehrt, der die Ordnung der Dinge so festgesetzt hat, daß hohe, wahre Glückseligkeit des einzelnen durchaus nicht gegründet wird und nicht bestehen kann, ohne daß er zu dem Wohl von Tausenden mitwirke. Gott hat alles so bestimmt, daß jeder wahre Genuß eine reine Quelle wahren Wohls für viele auf lange Dauer wird und jeder Mißgriff die Freude des Handelnden und aller mit ihm in Verbindung

Stehenden so lange stört, bis die alte reine Harmonie wiederhergestellt ist. [...]

Denke sich der Atheist in sich selbst, welches Wesen er wolle – seinen Ursprung, seine Dauer, sein Ende, wie er wolle –, so wird er doch immer genötiget sein, wegen seiner selbst zu glauben, alle ihm ähnlichen Wesen um ihn her, an denen allen er die nämlichen Erscheinungen wahrnimmt, seien der nämlichen Natur; er erkläre sich dieselbe, wie er wolle, mit den nämlichen Einrichtungen, den nämlichen Ansprüchen, den nämlichen Befugnissen. Indem er also zugibt, seine Handlungsweise sei durchaus gänzlich und allein auf Eigennutz gegründet, muß er das Nämliche auch von anderen annehmen und jedem die Freiheit geben, auch sich alles das zu nehmen, was er für sich selbst nimmt. Nun wird er sich, muß er sich seiner eigenen Sicherheit wegen, die er beständig zu schützen sucht, immer fragen: ob er andern das gegen sich erlauben wolle, was er sich selbst gegen sie zu erlauben gesonnen ist; und indem er es sich gegen sie erlaubt, gibt er ihnen nach seiner eigenen Denkungsweise sogleich das Recht, sich das Nämliche gegen ihn zu erlauben. Es bleibt also das alte goldene Sprüchelchen, das alle alten und neuen, heiligen und profanen Weisen in so verschiedenen Gestalten und Wendungen den Menschen gepprediget haben: Quod tibi non vis fieri! auch für den Gottesleugner nach seinen eigenen Ideengange die einzige letzte Norm seiner Gesinnungen und Handlungen nicht, als ob er es aus dem reinen Begriffe der Pflicht und Ordnung herleitete oder diesen auf dasselbe zu gründen suchte, sondern weil sein Egoismus mit Sicherheit und Dauer durchaus nur darauf fußen und fest ruhen kann. Denn wollte der Atheist jedem Sturme seiner Begierde, die Folge sei, welche sie wolle, nachgeben und jeder Leidenschaft Genugtuung zu verschaffen suchen und dadurch, wie er selbst nicht leugnen kann, das nämliche Recht auch allen übrigen geben: so entsteht daraus augenblicklich das alte schreckbare bellum omnium contra omnes, gegründete Furcht der Zerstörung des Ganzen, welches ihn freilich nach seinem eigenen System sehr wenig kümmert; aber zugleich leidet seine persönliche Ruhe und Sicherheit den größten Stoß, sein ganzes Ich gerät in Gefahr des Untergangs, und der grobe leidenschaftliche Egoismus muß dem feinen stärkern Egoismus des Nachdenkens weichen. Wenn sich der Atheist in dem angeführten Falle, frei ein Bösewicht sein zu können, heute wirklich als Bösewicht beträgt und ohne Rührung und Nachdenken seinem blinden Eigennutz alles opfert, was er opfern kann, so kann er morgen in dem nämlichen oder einem ähnlichen Falle gegen andere stehen und muß dann in diesem Verhältnisse nach seinem eigenen System nichts anders erwarten, als auch das Opfer ihrer Leidenschaft zu werden. [...]

Er hat für das, was für ihn gut ist, zwei große, immer sichere Kriterien, die auch für jeden andern, er sei von welcher Sekte er wolle, zu allen andern Prüfungen, sie seien von welcher Art sie wollen, nach meiner Meinung gültig sein werden und billig der Probestein aller Wahrheit sein sollten: diese sind Allgemeinheit und Dauer. Was ihm in allen seinen Lagen und Verhältnissen zu allen Zeiten und auf immer wohltut, das hält er mit Recht für gut, ohne sich weiter um die wahre innere Beschaffenheit desselben in Rücksicht auf andere und seine Ableitung aus hyperphysischen Begriffen zu bekümmern. Denn diese liegen außer seiner Sphäre, und über sein Ich kann er bei strenger Untersuchung nicht hinausgehen. So wie er aber diese Kriterien für sich anerkennt, so kann er auch ihre Gültigkeit für andere nicht leugnen, die er für ihm ähnliche Wesen halten und ihnen also nach seiner Konsequenz die nämliche Gedankenfolge zugestehen muß. Da er nun seine Überzeugung für die wahre hält, denn sonst würde sie nicht seine Überzeugung sein, so gewinnt dadurch das Kriterion der Allgemeinheit durch alle seine Verhältnisse natürlich die Gültigkeit für das ganze Menschengeschlecht, dem er ein nämliches Sensorium zuzuschreiben sich genötiget sieht. Bloß sein eigener Vorteil macht und erhält ihn gut; und er ist ehrlich genung, dieses zu gestehen und zu behaupten, daß nur dieses und nichts anders bei jedem andern sein könne. Er sucht seine eigene Glückseligkeit und nicht anderer. Die Gedanken, Gesetz, Tugend, Religion sind ihm als solche fremd; will man sie ihm aber als Mittel zur Glückseligkeit unterschieben, so ist er das wohl zufrieden, da sie mit seinen eigenen Begriffen von Vorteil zusammentreffen. [...]

Der erste und letzte Grund aller Tugend, die Base aller ferneren, höher steigenden philanthropischen heroischen Schwingung, ist das feste, kalte Suum cuique oder Laede neminem, welches zum Grundprinzip unstreitig wieder die alte Philautie hat. Um den Begriff der Gerechtigkeit zu prüfen, nehme man nun wieder die angeführten Kriterien, Allgemeinheit und Dauer, um zu erfahren, wieviel derselben wirklich in der Welt herrsche! Denn kein einziges Menschenwesen darf seine Forderungen zu keiner Zeit verlieren, und Verlust derselben durch Präskription wäre ein Attentat in die allgemeine Menschenvernunft. Aus diesen Ansprüchen aller an alle entstehet der Grundpfeiler einer ganz vernünftig gegründeten Gesellschaft, Isonomie, allgemeine Gerechtigkeit, welche in diesem Sinne wohl noch nicht ihre Erscheinung unter den Menschen gemacht hat. Wenn Asträa diese Göttin war, so ist ihr Verlust dem Menschengeschlechte eine unheilbare Wunde. Die Griechen scheinen eine dunkle Ahndung dieses Gedankens in diesem Mythos gehabt zu haben, und wenn hier und da sich das Gefühl zum Begriffe erhellte, so wußten sie in der Angst nicht, was sie damit anfangen sollten. Auch jetzt, da man die Idee wieder auffängt, ist man in der ängstlichsten Verlegenheit, auf welche Weise man sie mit Sicherheit in das praktische Leben bringen soll. Die Gleichheit der Menschen hat zwar in der Natur unumstößlich seine Richtigkeit. Wenn wir auch nicht in das Wesen des Menschen eingehen wollen, um sie schlußweise aus demselben herzuleiten und zu beweisen, so wird sie schon a posteriori dadurch dargetan, daß kein einziger Mensch sich den andern absolut unterwürfig machen kann. Denn weder die physischen noch die geistigen Kräfte können den einen ganz vor den Angriffen des andern in Sicherheit setzen. Was mir nun noch widerstehen kann, was ich nicht absolut unterdrücken und beherrschen kann, ohne es gänzlich zu vernichten, das ist mir in seiner Grundkraft, also in seiner Natur gleich. Ich habe nicht nötig, dieses weiter auszuführen. Wird man nun diese Gleichheit in Gesellschaften oder gar in Staaten mit übertragen können? Die Idee hat in sich nichts Widersprechendes, sobald nur alle Individuen oder auch nur der größere Teil derselben gerecht sind. Wer wird aber dieses von dem Menschen zu hoffen wagen? Ihn halten nur Furcht und Gesetze, und wo er deren Meister ist, geht der größere rohere Haufe dem Sturm seiner Leidenschaften und seiner Begierden nach: sein grober, blinder Egoismus stürzt alle Schranken vor sich nieder. Gerechtigkeit kann ohne bürgerliche Freiheit nicht bestehen, und kein hoher Grad von Glückseligkeit und Vollkommenheit kann ohne dieselbe erreicht werden. Wer wagt es aber, das richtige Maß, das Zuviel und das Zuwenig unwidersprechlich zu bestimmen? Das Zuviel hat manchen Staat gestürzt, das Zuwenig manche Menschengeneration gemartert und sie zu Marionetten des Elends herabgewürdiget. Man erhebe ja nicht enthusiastisch die Freiheit der Griechen und Römer! Ihr Hochgefühl für dieselbe ist alles, was uns in ihr Interesse gewinnen kann. Beide gepriesenen Völker des Altertums waren in ihren Nationaltransaktionen blutige Barbaren. Es fällt in den römischen Geschichtsschreibern gar nicht auf, wenn sie ganz trocken erzählen: ›Und die gefangenen Anführer wurden im Gefängnisse getötet, die übrigen aber als Sklaven verkauft.‹ Eine Brandmarke drückten die verbündeten Griechen der Menschheit ein, als sie im peloponnesischen Kriege alle braven Platäer nach der Einnahme der Stadt durch das schändlichste Kriegsrecht, das je gehalten wurde, hinrichten ließen: eine Trauerszene, an welcher der kraftvolle menschliche Thukydides sein ganzes Pathos erschöpft hat. Wer kann an Sparta denken, ohne über den Schicksalen der Messenier und Heloten eine menschenfreundliche Verachtung gegen die seelenlosen Eisenmänner zu fühlen? Die Geschichte beider Völker ist voll von Schauspielen, die jetzt das ganz gewöhnliche Menschengefühl empören würden, so sehr, daß die Philanthropie in Versuchung gerät, den Spartakus für den ehrenvollsten Feldherrn der alten Menschenkunde zu halten. Wer kann in Republiken die Gesetze de ambitu eisern genung machen, daß sie nicht durch das Gold, die List, die Verwegenheit, die Kabale, den Parteigeist durchbrochen werden könnten? Und doch sind allein diese Gesetze die Base und Mauer der Regierungsform; sind diese Schranken gebrochen, so ist der Staat verloren. Griechenland und Rom sind davon Beispiele.

Richtig ist es unstreitig: in republikanischen Verhältnissen steigt Menschenwert und Menschenvollkommenheit am höchsten; aber richtig ist es auch unstreitig: in ihnen sinkt Menschennatur und Menschenverderbnis am tiefsten. Selbst die Geschichte unserer Tage, die sich doch aus der alten Tiefe des Unsinns im öffentlichen Rechte ziemlich erhoben haben, hat noch neue, frischblutende Beispiele von beiden. Nur dann, wenn die Begriffe von Bürgerfreiheit und allgemeiner Gerechtigkeit von den Männern der Nationen richtig und lebendig gefaßt werden, können wir Hoffnung haben, daß die innerlichen und äußerlichen Verhältnisse der Staaten in eine solche wohltätige Harmonie treten werden, wo der herrliche philanthropische Traum des Vater Kant vom ewigen Frieden vielleicht einst in Wirklichkeit übergehen mag. [...]

Karl Heinrich von Gleichen
Versuch eines Entwurfs zu einem ewigen Frieden

Die Aufgabe eines ewigen Friedens ist in der Politik eben das, was in der Chemie der Stein der Weisen ist. Niemand kann sich des Wunsches ihres wirklichen Daseins erwehren, aber beide haben den verzweifelten Fehler der Unmöglichkeit. Man hat sie endlich förmlich für lächerlichen Wahn erklärt und der löblichen Absicht des Abbé St. Pierre besondere Gnade widerfahren zu lassen geglaubt, wenn man von seinem Werke das Urteil fällte: es sei der Traum eines guten Mannes.

Ungeachtet dieses Verdammungsurteils ist der berühmte Kant erst kürzlich mit einer Schrift über den ewigen Frieden hervorgetreten. Er hat es gewagt, diese zwei großen Worte des alten politischen Zauberbuches in eben dem Augenblicke auszusprechen, in welchem das neue die Teufel des abscheulichsten und hartnäckigsten Krieges, welcher je geführt wurde, aus der Hölle heraufgefordert hatte. Sein Werk ist aber nur die Metaphysik einer platonischen Theorie und ein Wagestück, jene Aufgabe in die neue Form seines modischen Systems zu gießen. Die ersten Seiten seiner Schrift haben die Miene einer Satire auf unser Völkerrecht, und die übrigen geben keinen einzigen Überredungsgrund, kein ausführbares Auskunftsmittel an die Hand.

Man verzeihe mir, daß ich es zu versuchen wage, ob ich diesem schönen Luftschlosse einen Schatten von Möglichkeit beizulegen imstande sei, oder man gönne mir wenigstens das Vergnügen, einen Plan dazu, nach meiner Art, itzt zu skizzieren, wo die Zwietracht und die Furien des Kriegs in den Tartarus zurückkehren zu wollen scheinen. Ich habe nötig, mich vor den letzten Zuckungen der leidenden Menschheit zu zerstreuen – und mit welchen tröstenderen Gedanken könnte ich mich beschäftigen, als mit dem Traume eines ewigen Friedens?

Was sind die politischen Ursachen der Kriege? Die Furcht, verschlungen zu werden, die das Verlangen, sich zu vergrößern, gebietet und entschuldigt; die Hofintrigen, die Ehrsucht, der Hochmut oder der Geiz der Minister sind hievon die moralischen Ursachen, welche sich unter dem schönen Schleier der ersteren verbergen. Wenn man es nun dahin bringen könnte, den Monarchen die Furcht, verschlungen zu werden, zu benehmen, so würden sie um so leichter auf ihre Vergrößerungslust Verzicht tun, als sie dieselbe der Gefahr, in engere Grenzen zurückgewiesen zu werden, nicht selten aussetzt und des Vergnügens, reich, ruhig und glücklich ihre Tage zu verleben, beraubt [...]

Man müßte demnach damit anfangen, ehr- und habsüchtigen Monarchen zu zeigen, daß sie bei einem allgemein versicherten Frieden auch noch auf ihrem eigenen Grund und Boden, und zwar ohne die mindeste Gefahr, Eroberungen zu machen imstande sind; daß sie ihre Staaten vergrößern können, wenn sie den Händen ihrer Soldaten gebieten, mit der Unfruchtbarkeit des Landes zu kämpfen und die Natur zu besiegen; daß sie in ihrem Reiche mit ihren Armeen neue Pflanzstätten anzulegen und alle ihre Bereicherungsquellen zu vermehren vermögen, wofern sie die Künste, die Manufakturen und den Handel auf immer gegen die Stürme des Krieges sichern.

Man müßte den Fürsten ferner dartun, wieviele Einfälle sie mit den ungeheuren Summen, so die Armeen kosten, ausführen könnten; man müßte ihnen lachende Gemälde von all den Gärten, Palästen und Monumenten, welche sie anlegen, von all den Festen und Schauspielen, die sie veranstalten lassen würden, und von der Freigiebigkeit, womit sie ausspenden könnten, vorhalten. Der letzte Punkt würde wohl sogar die Minister und Höflinge verleiten, sich für unsern Plan zu interessieren. – Vor allem müßte man aber den guten Fürsten – und gut sind sie nur zu viel – den bei all diesem Aufwande allgemein herrschenden Wohlstand schildern; man müßte all die Lobsprüche und Segnungen, so sie erhalten würden, anstimmen; man müßte ihnen endlich begreiflich zu machen suchen, daß sie eines beinahe göttlichen Glücks teilhaftig werden könnten – des Glücks: sich durch Wohltaten und Genüsse zu verewigen.

Als Gegenstücke zu diesen schönen Gemälden müßte man ihnen Schilderungen von den entsetzlichen Wirkungen des Krieges vor die Augen hinstellen: Bilder von verbrannten Städten, von verwüsteten Fluren, von Strömen Bluts und Tränen, vom Hunger und vom Elend des Volks, und wie dabei ihre Schatzkammern geleert, ihre Provinzen überschwemmt, ihre Throne dem Umsturze nahe, ihre eigenen Personen in Lebensgefahr sind.

Wo ist wohl ein so unbesonnener Monarch, daß er zwischen zwei so auffallenden Extremen einen Augenblick lang wählen könnte, wenn er die Gewißheit hätte, bei der Abdankung seiner Truppen und bei der Verwendung ihrer Kosten auf seine Vergnügungen und das allgemeine Beste, die sie beide zugrunderichteten, sich von der Seite seiner Nachbarn keiner Gefahr auszusetzen?

Es kömmt also vorzüglich darauf an, Mittel zu erdenken, wodurch man die Monarchen über die Gefahren einer durchaus friedlichen Verfassung beruhigen könne, und die Möglichkeit eines gerechten Gerichtshofes auszusinnen, welcher die Stelle des ungerechten Ausgangs des Krieges vertreten würde. Es ist um die Angabe einer ausführbaren Art zu tun, wie das barbarische Naturrecht durch ein gesellschaftliches Recht der Völker gebändiget werden könne.

Europa besteht aus großen und kleinen Monarchien. Die großen könnten zufrieden sein, ungestört und ohne Ende ihrer Macht zu genießen, ihre Wohlfahrt immer nur zu vermehren und sich, wie Privatpersonen, bloß Reichtümer und Kenntnisse streitig zu machen. Kleine Monarchen dürfen sich mehr als glücklich schätzen, wenn sie sicher sind, weder verschlungen noch geteilt zu werden.

Diesemnach ginge mein Vorschlag dahin: ein Jahr für den Status quo von Europa zu bestimmen und einen Areopag zu errichten, welcher die Streitigkeiten unter den Mächten aburteilte und diejenigen bestrafte, so es versuchten, den allgewaltigen Bund der vereinigten Souveräns zu stören [...] Dieser erlauchte Gerichtshof bestünde aus Bevollmächtigten, welche bloß den Gesetzen des gesellschaftlichen Vertrags von Europa, über welche man sich einverstanden und die man aufrechtzuerhalten beschworen hätte, unterworfen wären. Jeder Fürst schickte einen

Repräsentanten, der einen Stellvertreter hätte. Beide, sowie sie einmal ernannt wären, könnten nicht mehr zurückberufen werden; sie wären von ihren Höfen unabhängig und nur dem Gerichte ihrer Kollegen unterworfen; sie könnten aber sogar, wegen erwiesener Bestechlichkeit, zum Tode verurteilt werden. Ihr Hauptgeschäft würde unstreitig die Bewahrung des Interesses ihres Landes sein, aber ihre erste Pflicht müßte sie verbinden, das allgemeine Beste im Auge zu haben und die Bundesgesetze aufrechtzuerhalten. Man würde in diesem Gerichtshofe alles nach der Mehrheit der motivierten Stimmen entscheiden, aber der große wie der kleine Souverän müßte nur eine Stimme haben. Denn begreiflicherweise kann bei einer solchen Anstalt nur die Vereinigung der Kleinen, ohne Zuziehung der Großen, der gefährlichen Übermacht die Spitze bieten und eine Schutzwehr der allgemeinen Freiheit werden. [...]

Das Normaljahr wäre die Grundlage und die erste Vorschrift des gesellschaftlichen Vertrags, so ich vorschlage. Außer diesem Grundgesetze gingen die hauptsächlichsten auf die Aufrechterhaltung desselben. Sie würden die Maßregeln enthalten, welche gegen solche zu ergreifen wären, die durch außerordentliche Zurüstungen beunruhigende Entwürfe verrieten, und die Strafen bestimmen, womit derjenige zu belegen wäre, der den allgemeinen Frieden zu stören wagte.

Die übrigen Gesetze würden eine Art von bürgerlichem Gesetzbuche ausmachen und dazu dienen, die Zwistigkeiten der Souveräns wie die der Privatpersonen abzuurteilen. Ich gestehe, daß dieses alles die Inkonvenienzen der Prozesse mit sich führen würde; aber wäre es denn nicht besser, die Streitigkeiten der Großen auf jede andere Art, und wenn es auch durchs Würfelspiel geschehen sollte, zu endigen, als durch zugrunderichtende, unsichere und oft nach ihrer Veranlassung oder ihrem Ausgange ungerechte Kriege?

Wie wäre es aber anzufangen, um zur Gründung eines solchen Instituts zu gelangen? Ich leugne nicht, daß es eine sehr schwere Sache zu sein scheint, so viele gekrönte Häupter unter einen solchen Hut zu bringen, und daß zu befürchten stehet, es möchten sich verschiedene von ihnen der Entstehung eines ihre Ehrsucht beschränkenden Vorhabens widersetzen.

Indessen denke ich, ein mächtiger Monarch von anerkannter

Rechtschaffenheit (o! wären es zwei, dann ging es) könnte in einem unsrer gegenwärtigen Epoche ähnlichen Augenblicke, wenn er die eines Schutzes bedürftigen kleinen Souveräns um sich her versammelte, eine Art provisorischer Neutralität beginnen, an welche sich in kurzem die übrigen bedeutenderen anschließen würden, sobald sie sähen, daß man bloß, so lang als möglich, den Frieden zu erhalten zum Zweck habe. [...]

Aber sobald dieser Bund ein Übergewicht über die nicht mit ihm Verbündeten erhielte, alsdann müßte er alle möglichen Überredungs- und Zwangsmittel zur Vergrößerung seiner Partei und zur Erreichung seines beglückenden Zweckes anwenden – des Zweckes: den allgemeinen gesellschaftlichen Vertrag zustandezubringen, allen Händen die Waffen zu entwinden und die Früchte eines ewigen Friedens zu genießen.

Ludwig Heinrich Jacob
*Über Theorie und Praxis in Kants Schrift ›Zum ewigen Frieden‹***

Diese Schrift des berühmten Mannes ist schon in jedermanns Händen und allgemein gelesen. Es würde daher überflüssig sein, den Inhalt derselben in einem Auszuge hier vorzulegen. Nötiger möchte es vielleicht scheinen, teils den Gesichtspunkt zu bestimmen, aus welchem sie gelesen und beurteilt werden muß, teils die Aufmerksamkeit auf die wichtigen Gedanken in derselben zu lenken, welche zur Rechtstheorie gehören.

Rez. hat Gelegenheit gehabt, sehr viele praktische Weltmänner über das vorliegende Werk urteilen zu hören. So nennen sich Minister, Justiz- und Kammerräte, Ökonomiebeamten, Kaufleute, Buchhändler, Parlamentsmitglieder und alle, welche die Geschichte des Staats oder anderer Menschen Angelegenheiten mit oder ohne Kopf besorgen und diese Besorgung gemeiniglich bloß mechanisch und durch Übung erlernt haben. Auch manche Gelehrte schließen sich an diese Klasse an, besonders die es mit dem sogenannten Praktischen zu tun haben, als Historiker, Naturforscher, Zeitungsschreiber usw. Unter diesen Männern gibt es viele, die vom theoretischen Geiste ganz entblößt sind und sich bis zu Ideen, am wenigsten bis zu praktischen Ideen, nie erheben können. Dabei blähet sie ihre vermeintliche Praxis und Welterfahrung ungemein auf, und es ist Ton unter ihnen, mit großer Selbstgefälligkeit auf alles herabzusehen, was Theorie heißt und was ihrer Meinung nach sich nicht auf der Stelle ausführen läßt. Wenn sie von Ideen hören, deren Ausführung unter den vorhandenen Umständen nicht zu erwarten ist, so denken sie immer an die Jahre ihres Referendarienstandes zurück, wo sie von den älteren Räten ausgelacht wurden, wenn sie den Brotmangel durch Kuchen zu ersetzen einfältig genug in Vorschlag brachten, und freuen sich nun auf eine kindische Art, einen großen Mann auf der gleichen Einfalt zu ertappen, um ihm die Verachtung widerfahren lassen zu können, die sie in ihrer Jugend empfanden. Diese Bemerkung zu machen hat Rez. bei Gelegenheit obengenannter Kantischer Schrift sehr oft machen können.

Unausführbare Vorschläge! Ein ewiger Friede? Die Geschichte der Menschheit lehrt ja, daß immer Krieg gewesen ist; wie will man von den künftigen Geschlechtern etwas anders erwarten, als was die vorigen taten? Abschaffung stehender Heere? Offenbarer Mangel der Sachkenntnis, der Bekanntschaft mit den Verhältnissen und Neigungen der Staaten verrät sich durch einen solchen Vorschlag. Das ganze Buch enthält lauter pia desideria, mit denen sich kein vernünftiger Mann abgeben muß. Nur was ausführbar ist, darf ein kluger Mann vorschlagen. Das ist die allgemeine Stimme solcher, die sich auf den Namen praktischer Weltleute etwas zugute tun.

Aber billigerweise sollten sich diese Männer und Weiber doch bewußt sein, daß ihnen die Erwerbung dieser trivialen Begriffe gar wenig Anstrengung gekostet hat, und daß es gewisse Leute gibt, die sich diese Begriffe und Kenntnisse noch viel leichter erwerben können als sie. Sie sollten also doch in ihrem Verdammungsurteile anstehen und danken, daß doch wohl Kant *wenigstens* ebenso klug und weise sein könne als sie, daß ihm bei seinem weiten Umfange des Wissens diese gemeinen und ganz bekannten Erkenntnisse wohl schwerlich unbekannt sein können, und daß es also doch wohl möglich sei, Kant habe in dieser Schrift einen ganz andern Zweck, als *politische* Vorschläge zu tun, daß und wie ein ewiger Friede realisiert werden könne. Er mag wohl so gut und gründlicher, als sie wissen, daß die politischen Mächte für jetzt und lange noch nicht Lust haben werden, auf einen ewigen Frieden zu denken, daß es töricht wäre, wenn eine einzelne Macht sich entschließen wollte, ihr stehendes Heer abzuschaffen, und daß dieses keine andere Folge haben würde, als sie zur Beute der übrigen zu machen. Ihm ist noch besser als ihnen bekannt, daß der Friede die Nationen, so wie sie jetzt sind, weichlich und schlaff macht, und daß dagegen der Krieg die gute Folge hat, daß der Geist erhoben wird, daß er rüstige Affekte erzeugt und allenthalben Gelegenheit schafft, daß sich die schönsten Tugenden zeigen können.

Der Gesichtspunkt aber, zu welchem sich der große Mann in jener Schrift erhebt, ist gar kein *theoretischer.* Es soll hier gar nicht untersucht werden, was bisher geschehen ist, was nach der Lage der Umstände und nach den vorhandenen Kräften und politischen Denkarten wohl zu tun und zu hoffen sei, sondern Kant schwingt sich über alle diese Fragen hinweg und geht von dem *praktischen* Standorte aus, daß der Friede ein Zustand sei, welchen die *Pflicht* verlangt. Ein pflichtwidriger Zustand mag noch so vorteilhaft sein; so ist es dennoch Pflicht, ihn wegzuschaffen. Daß es aber von *allen* Seiten Pflicht sei, Krieg anzufangen, um nur das Menschengeschlecht nicht in träge Ruhe versinken zu lassen, ist ein so toller Gedanke, daß er wohl in niemandes Gehirn kommen kann. Wenn es aber Pflicht für jeden einzelnen Staat ist, sich so aufzuführen und sich so zu benehmen, daß durch *seine Schuld* kein Krieg entstehe, und also einen *ewigen Frieden*, soviel an ihm liegt, zu erhalten und zu befördern, so muß es ja auch *möglich* sein, diesen Zustand zu erhalten, wenn nur die Staaten gemeinschaftlich *wollen.* Daß sie jetzt nicht wollen, wissen wir alle. Der Philosoph und Moralist kann aber bei einem vorhandenen pflichtwidrigen Willen nichts anders tun, als ihm die Maximen der Pflicht unaufhörlich zurufen, damit er am Ende doch Achtung gegen die Pflicht empfinden und sich schämen lerne, sie zu übertreten. Denn dieses ist die einzige Wirkung, die sich der Moralist von der Deutlichmachung dessen, was Pflicht und Recht ist, versprechen kann. Wenn aber erst ausgemacht ist, daß es Pflicht für alle Staaten sei, den allgemeinen Frieden zu wollen, so ist es auch Pflicht, solche Maximen zu befolgen, welche es allein möglich machen, zu demselben zu gelangen oder diesen Zustand herbeizuführen. Diese Maximen hat Kant unter dem Titel ›Der Präliminar- und Definitivartikel zum ewigen Frieden unter Staaten‹ aufgestellt, und dadurch die Pflichten bestimmt, die jeder Staat zu befolgen hat. So töricht es nun sein würde, eine Moral deshalb für eine Chimäre zu erklären, weil sie Pflichten von den Menschen fordert, die alle Tage übertreten werden, ebenso töricht ist auch die Anforderung an eine Moral für Staaten, daß sie das vortragen soll, was diese wirklich tun, nicht das, was alle Staaten unbedingt oder bedingt tun *sollen.*

Wie großen Einfluß die allgemeine Anerkennung der Pflicht auf das Handeln und die Beurteilung der Handlungen habe, ist bekannt, und derjenige, welcher den Staaten ihre Pflichten vorhält und die Prinzipien derselben zu einer gemeinen Regel der moralischen Beurteilung ihrer Taten erhebt, indem er sie dem moralischen Sinne eines jeden einprägt, erwirbt sich ein wahres Verdienst um die Menschheit; seine Vorschriften mögen nun befolgt werden oder nicht. Es ist genug, daß man nur einsieht, daß sie befolgt werden *sollen.* Wer dann schuld ist, daß sie nicht befolgt werden, über den komme das Weh.

Die Garantie, daß der ewige Friede irgendeinmal unter dem Menschengeschlechte auch eintreten werde, könnte man auf eine doppelte Art stellen. Man könnte sie nämlich erstlich auf den Willen der Staaten selbst gründen. Dieses würde durch den historischen Beweis geschehen, daß der Wille der Staaten durch alle Zeiten hindurch bis jetzt immer an moralischer Vollkommenheit zugenommen habe und daß er also sich der Ausübung seiner Pflichten immer mehr und mehr nähern werde, je älter die Welt würde. Allein, daß Frankreich besser als Rom, England (als Staat) besser als Karthago, Rußland besser als Mazedonien usw. sei, möchte sich schwerlich beweisen lassen, und ein Fortschritt in der Moralität unter großen Reichen ist nirgends sichtbar. Hr. Kant hat daher diese Garantie, wie es auch recht ist, nicht in Anschlag gebracht. Er bauet vielmehr auf die allgemeine, praktisch vorauszusetzende moralische Weltordnung. Allein, ob zu dieser der Zustand des Friedens unter den Staaten auf der Erde in irgendeiner Zeit gehören werde, läßt sich nicht ausmachen, und man würde den Grund zu einer solchen Hoffnung doch nirgends als in einer wirklichen Annäherung der Staaten zu dem ewigen Frieden suchen können, welchen Fortgang Rez. nirgends bemerken kann.

Soll nämlich der ewige Friede von der Vorsehung erwartet werden, so müßte in der Geschichte vergangener Zeiten ein Grund liegen, woraus sich vermuten ließe, daß in Zukunft durch die Umstände das Interesse und durch das Spiel menschlicher Neigungen ein gänzliches Aufhören des Krieges erzwungen würde, wo dann nicht der Wille der Staaten, sondern die *Not,* die so manches Gute wider unsern Willen bewirkt, das erwünschte Gut herbeiführen würde. Hierauf zielen auch die von Kant angegebenen Ursachen ab, welche Rez. zwar mit Vergnügen gelesen, aber nicht hinreichend befunden hat. Rez. glaubt daher, daß sich für nichts weiter eine Garantie leisten lasse als für die *Möglichkeit* eines solchen Zustandes, die aus dem, daß er Pflicht ist, evident eingesehen wird; für die Wirklichkeit aber läßt sich in Ansehung anderer nicht stehen, sowenig als für irgendeinen einzelnen Menschen Garantie geleistet werden kann, daß er seine Pflicht tun werde. Dieses hebt aber die Verbindlichkeit, daß jeder das Seinige tun solle, gar nicht auf. Tue also nur jeder Staat, was er kann, den ewigen Frieden herbeizuführen. Wenn es alle tun, so wird er von selbst erfolgen. So viel über den Gesichtspunkt, aus welchem diese Schrift zu betrachten ist.

Wer ein Interesse an der Wissenschaft, Philosophie genannt, nimmt, wird eine Menge Ideen finden, die seine Aufmerksamkeit rege machen, und die teils Folgen aus dem sind, was dieser vortreffliche Meister uns schon mitgeteilt hat, teils die Erwartung auf die noch zu hoffenden Werke spannen. Der Rez. rechnet dahin 1) was S. 15 über die Erlaubnisgesetze gesagt wird, 2) der Begriff vom Naturstande, der S. 18 usw. zum Grunde gelegt ist, wobei jedoch dem Rez. mancherlei Schwierigkeiten vorkommen. Setzt man nämlich den Naturstand dem willkürlichen oder künstlichen entgegen, so scheint der Krieg ebensowohl ein willkürlicher Zustand zu sein als der Stand des Friedens. Daß der Mensch oder das Volk im bloßen Naturstande andere schon dadurch lädiere, daß er neben ihm existiert, indem sein Zustand gesetzlos und dadurch für den andern gefährlich werde, leuchtet auch nicht ein. Denn angenommen, daß der Mensch im Naturzustande doch frei ist, und folglich die Pflicht gegen andere anerkennt, so wird er doch nur unter Voraussetzung eines *bösen* Willens für andere gefährlich. Denn die Pflicht, andere nicht zu verletzen, muß er vor aller Übereinkunft anerkennen. Daß aber in jedem Menschen ein böser Wille vorauszusetzen sei, und daß solcher aus einem Begriffe schon fließe, läßt sich doch nicht behaupten. Es scheint also doch, als ob vor der wirklichen Äußerung des Willens, andere jetzt oder künftig zu lädieren, die bloße *logische* Möglichkeit, daß andere lädiert werden könnten, die ja doch selbst in der Gesellschaft noch bleibt, kein Befugnis dasein könne, den andern zu zwingen, seinen Naturzustand zu verlassen oder sich von mir entfernt zu halten. 3) Die Einteilung der rechtlichen Verfassung nach dem Staatsbürgerrecht, Völkerrecht und Weltbürgerrecht, S. 19. 4) Die Bestimmung des Begriffs der rechtlichen Freiheit, Abhängigkeit der Untertanen und Gleichheit aller Staatsbürger, einer *republikanischen* Staatsverfassung und was über Erb- und Amtsadel gesagt wird, S. 21 usw. 5) Der anthropologische Versuch, S. 47 usw., erregt die Begierde nach einer Geschichte der Menschheit von der Hand des Verf. außerordentlich. Rez. enthält sich übrigens aller Bemerkungen, die sich noch darüber machen ließen, wie sich die hier geäußerten Ideen zur Ausbesserung mancher Fehler in dem Systeme des Naturrechts benutzen ließen, da er voraussetzen kann, daß jeder, der diese Wissenschaft liebt, dieses kleine gedankenreiche Werk nicht unstudiert lassen werde.

[...]

Carl Friedrich Stäudlin in einem Briefe vom 6. März 1796 an Immanuel Kant

Verehrungswürdigster Mann,

die mir zugekommene Schrift ›Zum ewigen Frieden‹ habe ich ohne Zweifel der Güte und Zuneigung ihres erhabenen Verfassers zu danken. Sie wird die Aufmerksamkeit der Nationen einernten und auf entfernte Geschlechter hinwirken. Eine lehrreiche Lektion für Fürsten und Minister, so wie für den Untertanen, wird sie helfen, die Politik der Moral zu unterwerfen und die Menschen der brüderlichen Vereinigung näher zu bringen. Diese Schrift aus Ihrer Hand zu besitzen, soll mir immer unvergeßlich sein. […]

Ludwig Ferdinand Huber in einem Briefe vom 9. März 1796 an Friedrich Schiller

[...]

Es kann Dich vielleicht interessieren, daß Kants ewiger Frieden ins Französische übersetzt wird: das schreibt mir wenigstens Meier v. Schauensee in Luzern, ein vortrefflicher Kopf. Ich selbst habe, in Ermangelung der Muße und Lage, die ich brauchte, um mehr zu tun, einstweilen doch einen kleinen Versuch gemacht, der mir gelungen ist: ich habe nämlich einen französischen Auszug dieser Schrift gemacht und anonym mit der Post an den Redakteur des Moniteurs gesandt, der würklich Gebrauch davon gemacht hat – der Aufsatz steht wörtlich ohngefähr in der Mitte des letzten nivôse. Im Grunde gibt es, für jetzt wenigstens und solange die äußere Gärung anhaltende spekulative Beschäftigung selbst den wenigen französischen Köpfen, die ihrer fähig wären, unmöglich macht, gar kein Mittel, dort die Bahn für wahre Philosophie und Moral zu eröffnen, als in fliegenden Blättern durch abgerißne Aufsätze einzelne Resultate auszuheben, und zwar so auszuheben, daß sie zu der feurigen schnellen Empfänglichkeit der Franzosen sprechen können. Mit der wissenschaftlichen Methode würde man *zu Anfang* gar nichts ausrichten, wohl aber könnte man sie *nachfolgen* lassen, wenn die Leute den vielen schönen Steinen, die sie mit Vergnügen hätten hinwerfen sehen, endlich doch auch anmerkten, daß sie zu einem ordentlichen festen Gebäude zusammenzufügen wären, und daß sie alsdann gar das Gebäude ausmachten, das man seither zu errichten suchte. Kurz, die Franzosen müssen gewissermaßen in die Wissenschaft hineinbetrogen werden, die sie anfangs, als solche, unfehlbar verschmähen würden.

[...]

Johann Gottlieb Fichte
*Über die Resultate der Kantischen Rechtsphilosophie***

Der Name des großen Verf., das Interesse für die gegenwärtigen und nächstkünftigen politischen Ereignisse, die Parteilichkeit für oder wider gewisse Beurteilungen derselben, die Begierde zu wissen, wie dieser große Mann sie ansehen möge, und wer weiß, welche Gründe noch – haben ohne Zweifel diese Schrift schon längst in die Hände aller, die die Lektüre lieben, gebracht, und unsre Anzeige käme für die meisten Leser dieses Journals wohl zu spät, wenn sie dieselben erst mit ihrer Existenz bekannt machen wollte. Aber gerade diese Beziehung derselben auf das Interesse des Tages, die Leichtigkeit und Annehmlichkeit des Vortrags und die anspruchslose Weise, mit welcher die in ihr vorgetragnen erhabenen, allumfassenden Ideen hingelegt werden, dürften mehrere verleiten, derselben nicht die Wichtigkeit beizumessen, die sie unsers Erachtens hat, und die Hauptidee derselben für nicht viel mehr anzusehen als für einen frommen Wunsch, einen unmaßgeblichen Vorschlag, einen schönen Traum, der allenfalls dazu dienen möge, menschenfreundliche Gemüter einige Augenblicke angenehm zu unterhalten. Es sei uns erlaubt, auf die entgegengesetzte Meinung aufmerksam zu machen, daß diese Hauptidee doch wohl noch etwas mehr sein möge; daß sich vielleicht von ihr ebenso streng als von andern ursprünglichen Anlagen erweisen lasse, daß sie im Wesen der Vernunft liege, daß die Vernunft schlechthin ihre Realisation fordere, und daß sie sonach auch unter die zwar aufzuhaltenden, aber nicht zu vernichtenden Zwecke der Natur gehöre. Auch sei es uns erlaubt anzumerken, daß diese Schrift, wenn auch nicht durchgängig die Gründe, doch zum wenigsten die Resultate der Kantischen Rechtsphilosophie vollständig enthält und sonach auch in wissenschaftlicher Rücksicht äußerst wichtig ist. [...]

Die *Republik* sei von der *Demokratie* wohl zu unterscheiden. Die letztere sei diejenige Verfassung, in welcher das Volk in eigner Person die exekutive Gewalt ausübt, mithin immer Richter in seiner eignen Sache ist, welches eine offenbar unrechtmäßige Regierungsform sei: der Republikanism diejenige, in welcher die legislative und exekutive Macht getrennt (ob nun die letztere an eine Person oder an mehrere übertragen), mithin das Repräsentationssystem eingeführt sei.

Dem Rez. hat diese vorgeschlagene Trennung der legislativen von der exekutiven Macht immer nicht bestimmt genug, wenigstens manchen Mißdeutungen ausgesetzt, geschienen. Er glaubt, daß diejenige Macht, die der exekutiven entgegenzusetzen ist, einer nähern Bestimmung fähig sei. Er hat, wenn es ihm erlaubt ist, seine Darstellung der Kantischen hinzuzufügen, die Sache so gefunden: – Das höchste Rechtsgesetz ist durch die reine Vernunft gegeben –, jeder beschränke seine Freiheit so, daß neben ihm alle übrigen auch frei sein können. *Wie weit* eines jeden Freiheit gehen solle, d. h. über das Eigentum im allerweitesten Sinne des Worts, müssen die Kontrahierenden sich vergleichen. Das Gesetz ist nur *formal, daß* jeder seine Freiheit beschränken soll, aber nicht *material, wieweit* sie jeder beschränken solle. Hierüber müssen sie sich vereinigen. Aber daß überhaupt jeder darüber etwas deklariere, fordert das Gesetz.

Die höchste Formel für alle möglichen Strafgesetze ist durch reine Vernunft gleichfalls gegeben: jeder muß von seiner Freiheit gerade so viel wagen, als er die des andern zu beeinträchtigen versucht ist. Die Menge der Menschen, die sich im Staate vereinigen, der Bezirk, den sie einnehmen, und die Nahrungszweige, die sie bearbeiten, gibt also immer das positive Gesetz für den Staat, den sie errichten; und jeder kann ihnen ihr bestimmtes positives Gesetz aufstellen, dem man nur jene Data gibt. Alle, so wie sie in diesen bestimmten Staat treten wollen, sind verbunden, dieses bestimmte Gesetz anzuerkennen, und es bedarf da keiner Sammlung der Stimmen. Jeder hat nur zu sagen: ich will in diesen Staat treten; und er sagt damit alles. Die Gemeine darf das Zwangsrecht nicht unmittelbar durch sich selbst ausüben, denn sie würde dadurch Richter in ihrer eignen

Sache, welches nie erlaubt ist. Sie muß sonach die Ausübung desselben, es sei einem einzelnen oder einem ganzen Korps, übertragen und wird durch diese Absonderung erst Volk (plebs).

Dieses gewalthabende Korps kann zu nichts verbunden werden, als nur schlechtweg, was rechtens ist, in Ausübung zu bringen. Dafür ist es *verantwortlich*, und die allgemeinen und besondern Anwendungen der Regel des Rechts auf bestimmte Fälle bleiben ihm sonach billigerweise überlassen. Es ist inappellabel; alle Privatpersonen sind ihm ohne Einschränkung unterworfen, und jede Widersetzlichkeit gegen dasselbe ist Rebellion. Wie es das Recht verwalte, darüber ist nur das Volk Richter, und es muß das Urteil hierüber sich schlechthin vorbehalten. Aber solange jenes Korps im Besitz seiner Gewalt ist, gibt es kein Volk, sondern nur einen Haufen von Untertanen; und kein einzelner kann sagen: das Volk soll sich als Volk erklären, ohne sich der Rebellion schuldig zu machen, und die exekutive Gewalt wird das nie sagen; das Volk könnte nur sich selbst konstituieren, aber es kann sich nicht konstituieren, wenn es nicht ist. Es müßte sonach der exekutiven Gewalt ein andrer Magistrat, ein *Ephorat*, an die Seite gesetzt werden, der sie nicht *richtete*, aber, wo er Freiheit und Recht in Gefahr glaubte, immer auf seine eigne Verantwortung *das Volk zum Gericht über sie beriefe.* [...]

Es gibt kein Völkerrecht zum Kriege. Recht ist Friede. Der Krieg ist überhaupt kein rechtlicher Zustand, wäre dieser zu erhalten, so wäre kein Krieg. – Wir begnügen uns auch nur mit Winken, dies anzuzeigen, wie Kant. Es hat wohl nie eine ungereimtere Zusammensetzung gegeben als die eines *Kriegsrechts.* [...]

Wenn sich nun gleich zeigen läßt (wie es sich zeigen läßt), daß die Idee des ewigen Friedens, als Aufgabe, in der reinen Vernunft läge: wer steht uns denn dafür, daß sie mehr als ein bloßer Begriff werden, daß sie in der Sinnenwelt werde realisiert werden? Die Natur selbst, antwortet Kant, durch die nach ihrem Mechanism geordnete Verbindung der Dinge. Nach den drei Arten des rechtlichen Verhältnisses hatte die Natur dreierlei Zwecke sich vorzusetzen.

Zuvörderst, nach dem Postulate des Staatsbürgerrechts, den: die einzelnen zur Vereinigung in Staaten zu treiben. Würde auch nicht die innere Mißhelligkeit, so würde doch der Krieg von außen, der gleichfalls in dem Plane der Natur lag, die Menschen genötiget haben, ihre Macht zu vereinigen. Daß die Form dieser Vereinigung der allein recht- und vernunftmäßigen sich immer mehr nähere, dafür ist durch das Allgemeindrückende der Ungerechtigkeit und Gewalttätigkeit gesorgt, so daß die Menschen endlich durch ihren eigenen Vorteil werden gezwungen werden, zu tun, was rechtens ist.

Dann, nach dem Postulate eines Völkerrechts, den: die Völker voneinander abzusondern, welches durch die Verschiedenheit der Sprachen und Religionen befördert wurde, wodurch zwar anfangs der Krieg erzeugt, endlich aber doch durch das entstandene Gleichgewicht ein beständiger Friede hervorgebracht werden muß; wozu *drittens* der Handelsgeist, der auf den Eigennutz eine Sicherheit gründet, die das Weltbürgerrecht schwerlich hervorgebracht haben würde, beiträgt.

Es sei dem Rez. erlaubt, zur Erläuterung hinzuzusetzen, wie er selbst die Sache ansieht. – Die allgemeine Unsicherheit, welche jede rechtswidrige Konstitution mit sich führt, ist allerdings so drückend, daß man glauben sollte, die Menschen müßten schon längst durch ihren eignen Vorteil, welcher allein die Triebfeder zur Errichtung einer rechtmäßigen Staatsverfassung sein kann, bewogen worden sein, eine solche zu errichten. Dies ist bisher nicht geschehen; die Vorteile der Unordnung müssen sonach noch immer die der Ordnung im allgemeinen überwiegen; ein beträchtlicher Teil der Menschen muß bei der allgemeinen Unordnung noch immer mehr gewinnen als verlieren, und denjenigen, die nur verlieren, muß doch noch die Hoffnung übrig sein, auch zu gewinnen. So ist es. Unsere Staaten sind für Staaten insgesamt noch zu jung, die verschiedenen Stände und Familien haben sich im Verhältnis aufeinander noch wenig befestigt, und es bleibt allen die Hoffnung, durch Beraubung der andern sich zu bereichern; die Güter in unsern Staaten sind noch bei weitem nicht alle benutzt und verteilt, und es gibt noch so vieles zu begehren und zu okkupieren, und endlich, wenn auch zu Hause alles aufgezehrt sein sollte, eröffnet die Unterdrückung fremder Völker und Weltteile im Handel eine stets fließende, ergiebige Hilfsquelle. Solange es so bleibt, ist die Ungerechtigkeit bei weitem nicht drückend genug, als daß man auf die allgemeine Abschaffung derselben sollte rechnen können. Aber sobald der

Mehrheit die sichere Erhaltung dessen, was sie hat, lieber wird als der unsichere Erwerb dessen, was andere besitzen, tritt die recht- und vernunftmäßige Konstitution ein. Auf jenen Punkt nun muß es endlich in unsern Staaten kommen. Durch das fortgesetzte Drängen der Stände und der Familien untereinander müssen sie endlich in ein Gleichgewicht des Besitzes kommen, bei welchem jeder sich erträglich befindet. Durch die steigende Bevölkerung und Kultur aller Nahrungszweige müssen endlich die Reichtümer der Staaten entdeckt und verteilt werden; durch die Kultur fremder Völker und Weltteile müssen doch diese endlich auch auf den Punkt gelangen, wo sie sich nicht mehr im Handel bevorteilen und in die Sklaverei wegführen lassen, so daß der letzte Preis der Raubsucht gleichfalls verschwinde. Zwei neue Phänomene in der Weltgeschichte bürgen für die Erreichung dieses Zwecks: der auf der andern Hemisphäre errichtete blühende nordamerikanische Freistaat, von welchem aus sich notwendig Aufklärung und Freiheit über die bis jetzt unterdrückten Weltteile verbreiten muß; und die große europäische Staatenrepublik, welche dem Einbruche barbarischer Völker in die Werkstätte der Kultur einen Damm setzt, den es in der alten Welt nicht gab, dadurch den Staaten ihre Fortdauer und eben dadurch den einzelnen das nur mit der Zeit zu erringende Gleichgewicht in denselben garantiert. So läßt sich sicher erwarten, daß doch endlich ein Volk das theoretisch so leicht zu lösende Problem der einzig rechtmäßigen Staatsverfassung in der Realität aufstellen und durch den Anblick ihres Glückes andere Völker zur Nachahmung reizen werde.

Auf diese Weise ist der Gang der Natur zur Hervorbringung einer guten Staatsverfassung angelegt: sobald aber diese realisiert ist, erfolgt unter den nach diesen Grundsätzen eingerichteten Staaten das Verhältnis des Völkerrechts, der ewige Friede, von selbst, weil sie bei dem Kriege nur verlieren können; dahingegen vor Erreichung des ersten Zwecks an die Erreichung des zweiten nicht zu denken ist, indem ein Staat, der in seinem Innern ungerecht ist, notwendig auf Beraubung der Nachbarn ausgehen muß, um seinen ausgesogenen alten Bürgern einige Erholung zu geben und neue Hilfsquellen zu eröffnen. [...]

*Gefahr für den Staat durch Schulweisheit?***

Dieser philosophische Entwurf zum ewigen Frieden ist ein Meisterstück des Königsbergischen Weltweisen, worin Gründlichkeit, Gedankenfülle, lichtvolle Darstellung, ernster Witz und edle Freimütigkeit auf das glücklichste miteinander vereiniget sind. Der Titel dieses philosophischen Entwurfs ist von dem Schilde jenes holländischen Gastwirts, worauf ein Kirchhof gemalt war, entlehnt. Der Verf. läßt es übrigens dahingestellt sein, ob diese satirische Überschrift die Menschen überhaupt oder besonders die Staatsoberhäupter, die des Krieges nie satt werden können, oder gar nur die Philosophen gelte, die den süßen Traum vom ewigen Frieden träumen. Dagegen verwahrt er sich gegen alle inkonsequente Insinuationen praktischer Politiker, die zwar mit großer Selbstgefälligkeit auf den theoretischen als einen Schulweisen herabsehen, der mit seinen sachleeren Ideen dem Staat keine Gefahr bringe und den man immer seine eilf Kegel auf einmal werfen lassen könne; am Ende aber doch, wenn er es auf gut Glück wagt, seine Meinungen öffentlich zu äußern, überall Gefahr für den Staat wittern und wohl gar die Sturmglocke anschlagen, um Hülfe gegen die erst so verhöhnten sachleeren Ideen herbeizurufen. [...]

*Im Geiste der jugendlichsten Philanthropie***

Diese wegen ihres tiefsinnigen Inhalts und wegen ihrer lebendigen und kraftvollen Schreibart gleich merkwürdige Schrift unsers großen Lehrers und Meisters ist ganz dazu gemacht, die Besorgnisse und Zweifel zu heben, welche einige der letztern Aufsätze des großen Mannes in Ansehung seiner Denkungsart über einige der interessantesten Punkte der praktischen Philosophie erregt hatten. Hier erklärt er sich mit einer Bestimmtheit, mit einer Freimütigkeit, mit einer Stärke, die keinem Zweifel mehr Raum läßt: hier zeigt sich sein tiefer Geist in das reizende Gewand der wärmsten, der jugendlichsten Philanthropie gekleidet. Aus seinem hohen Standpunkte, der die Menschheit und alles, was menschlich ist, beherrscht, wirft der Lichtverbreiter seine Strahlen bis in die entferntesten Regionen, um desto sicherer die näheren zu beleuchten, und kehrt sich nicht daran, wenn diese Strahlen hier ein Werk der Finsternis erhellen oder dort ein Blendlicht verdunkeln.

Ein förmlicher Auszug aus diesem wichtigen Buche wäre bei dem geringen Umfange desselben überflüssig: und, da es kurz nach seiner Erscheinung ins Französische übersetzt und auch in Frankreich mit Bewunderung aufgenommen worden ist, so wird es sich höchstwahrscheinlich bald in den Händen der gebildeten Menschen aller europäischen Länder befinden. Wir halten es nur hauptsächlich deshalb für nötig, die Aufmerksamkeit des Publikums auf dieses vortreffliche Produkt zu richten, weil es von einer Seite die (hier unnütze) Furcht vor einer zu tiefen und dunkeln Spekulation, von der anderen Seite die irrige Meinung, es enthalte nur das, was St. Pierre und Rousseau schon gesagt hatten, manchen davon zurückschrecken könnte, der es sonst mit großem Gewinn lesen und fassen würde. [...]

Alles, was die Ausführung leistet, hier auch nur kurz zu berühren, wäre unmöglich. Der Vortrag des großen Mannes, in welchem ein Original-Genie vom ersten Range sich mit einem bewundernswürdigen Reichtum von Kenntnissen und Gedächtnisschätzen aller Art gattet, ist eine unversiegbare Quelle der köstlichsten und mannigfaltigsten Belehrung. Die wichtigsten Nebenideen, die fruchtbaren Berichtigungen so mancher wesentlichen Punkte des Staatsrechts, die feinen, launigten, oft in Swiftischem Geiste erzeugten Bemerkungen und Züchtigungen, welche uns allenthalben, sowohl im Text als den Noten, begegnen – alles trägt das Gepräge eines außerordentlichen Kopfes, dessen Name dereinst eine von den Bezeichnungsformeln des achtzehnten Jahrhunderts hergeben wird! Möge er noch lange zum Trost und zum Heil seiner Zeitgenossen in seiner glorreichen Laufbahn fortgehen! Möge sein ehrenvolles Alter in ungestörtem Frieden den einzigen seiner würdigen Lohn genießen, auf den er sich durch seine unsterblichen Verdienste um das menschliche Geschlecht schon längst die entschiedensten Ansprüche erwarb!

Heinrich Zschokke
Metapolitische Ideen

[...]

§ 37. Mehrere größere und kleinere, voneinander unabhängige Reiche existieren außer- und nebeneinander. Insofern sie alle einen gleichen Grad der Vollendung nahen Kultur genössen, würden sie auch alle einen und denselben Staatszweck, mithin auch, dem Wesentlichen nach, einerlei Gesetzgebung haben, als koexistierende Individuen. Die *Rechte der Menschheit* wären folglich auch die *Rechte der Völker.* Weil aber die verschiednen Nationen schwerlich auf gleich erhabnen Stufen der Kultur stehn dürften und, wenn dieses auch wäre, demungeachtet das Interesse der Nationen feindselig zusammentreffen kann, weil ferner in dergleichen Kollisionen nicht immer der Ausspruch eines autorisierten Schiedsrichters genehmigt werden oder auch nur vorhanden sein würde: so leben die Staaten gegeneinander wie Individuen im *Naturstande*, wo jedes für seine eigne Sicherheit wachen und handeln muß.

§ 38. Wenngleich barbarische Völker unvernünftig handeln: so berechtigt dieses keine kultivierte Nation, ebenfalls wider die Vernunft zu sündigen. Ein gebildeter Mann wird unter Narren oder Schurken weder zum Narren noch Schurken werden, aber darum auch nicht ihr Spielball, Sündenbock oder Sklav sein.

§ 39. Jeder Staat ist ein für sich bestehendes Ganzes, ein *Selbstzweck*, ist für sich frei. Kein Staat, wenn er der Barbarei entsagt haben will, darf daher das rechtmäßige Eigentum eines andern an sich reißen oder sich in die Ordnung desselben ungebeten mit Richtergewalt einmischen. Jenes ist ein Diebstahl oder Raub, dessen Schändlichkeit die Diplomatiker umsonst mit Manifesten und Rechtfertigungen überkleben; dieses ist eine freche

Anmaßung, welche nie die Vernunft billigt, sondern nur Habsucht, Stolz oder eine andere Leidenschaft aus dem großen Geschwister der Narrheit eingibt.

§ 40. Kein Staat oder kein Volk kann von einem andern als Eigentum *geerbt, verschenkt* oder *verkauft* werden. Nur so lange Fürsten sich als *Besitzer einer Nation* oder einfältige Nationen ihre Fürsten als Herrn und Eigentümer des Landes und der Leute anerkennen, kann jener vernunftlose Einfall zur Welt geboren und, was noch ärger ist, realisiert werden. Jedes Volk hat das Recht, sich einer solchen Vererbung *mit gewaffneter Faust zu widersetzen.* Nicht nur, daß dergleichen Vererbung den gesunden Menschenverstand und das Menschen*recht* aufs empfindlichste verletzen: so läuft ein kultiviertes Volk dabei Gefahr, an eine barbarische, rohe, vernunftlose Regierung vererbt zu werden und freiwillig unterwerfen zu müssen Vernunft und Tugend den Lüsten der herrschlustigen Tyrannei, welchen den Untertan zum Automat, zur willenlosen Maschine verwandelt.

Freie Leute sind ebenso viele *Selbstzwecke*; können daher keines andern Eigentum sein; selbst das Kind, sobald es zur Welt erschienen ist, hört auf, der Mutter Leibeigentum zu sein, indem der neue Weltbürger jetzt als Selbstzweck betrachtet werden muß. Freie Leute sind nach den rohen Gesetzen der europäischen oder asiatischen Wilden und Halbwilden nie vererblich, verkauf- oder verschenkbar gewesen. Wenn also ganze Staaten veräußert werden, so werden die Untertanen derselben damit in die Rolle der Sklaven geschrieben, und sie selbst erkennen sich schweigend dafür an. Gewalt überwindet freilich das Recht. Es wäre töricht, wenn ein schwacher Staat oder eine Stadt im Gefühl ihres Rechts sich dem despotischen Verfahren großer Reiche widersetzen wollte. Auch der edelste Mann kann von einer Räuberbande überwältigt werden und, um sein Leben einem günstigern Augenblick aufzusparen, einstweilen Ketten schleifen.

§ 41. Völker können aber freiwillig mit andern in Bündnisse treten oder sich miteinander unter *einer* Regierung vermählen. Sobald Staaten mit Staaten Freundschaftsbündnisse schließen, geben sie damit zu erkennen, daß sie nicht gegeneinander im *Naturstande*, sondern – zur wechselseitigen Hülfe wie hilfsbedürftige Individuen – in dem *Stand der Gesellschaft* leben wollen. Sie machen sich folglich anheischig, mit den Vorteilen dieses Standes auch die Pflichten desselben zu übernehmen. Alle Bündnisse, selbst mit unkultivierten Nationen, müssen daher den Rechten der Menschheit und dem höchsten Staatszweck gemäß geschlossen und mit moralischer Treue gehalten werden.

§ 42. Der Staat hat kein Recht, einen Teil seiner Bürger – etwa Soldaten – an einen andern zu verkaufen; es ist dieses ein Verbrechen wider die Freiheit der Individuen, welche dann durchaus Selbstzwecke zu sein aufhören, folglich ein Verbrechen wider den Staatszweck, welcher den Bürgern vollkommne Freiheit zusichern soll. Ebensowenig ist eine Regierung befugt, Menschen ihres Reichs zum Dienste, besonders zu Kriegen andrer Staaten zu *vermieten*, es wäre denn, daß sich ein Teil der Bürger *freiwillig* dazu anböte.

§ 43. Es kann keinem Individuum verweigert werden, wenn es die erwarteten Vorteile der Gesellschaft oder des Staates für sich nicht findet, aus der Gesellschaft zu treten und einem andern Staate sich einzuverleiben. Nur wenn der Austritt solches Individuums dem *Ganzen* zum Nachteil gediehe, ist er unerlaubt.

§ 44. Es darf kein Krieg unternommen werden als allein für die Rechte des Volks oder der Menschheit, oder, welches ebensoviel sagt: zur Beschirmung des höchsten, durch die Vernunft sanzierten Staatszwecks. Bloße Eroberungskriege u. dgl. sind daher barbarische Greuel.

§ 45. Der Krieg ist die alleinige Sache des Volks, und die Sache desselben muß daher notwendig unterschieden werden vom Interesse der Regierenden. Vergehungen der *Regierung* dürfen nicht den *Völkern* aufgebürdet oder *diese* für *jene* gestraft werden. Es ist unvernünftig und grausam, Städte und Völker büßen zu lassen statt der Regierungen.

§ 46. Das reine, emsige Bemühen, das Wohl des Staates zu befördern und zu schützen, heißt *Patriotismus*. Dieser wird vom *Nationalstolz* und *Nationalhaß* unterschieden; beide sind Bastarde jener edlen Empfindung, gezeugt mit der Torheit und Barbarei. Der Patriotismus ist nur *Tugend*, so lange er seine Tätigkeit auf das Heil des Vaterlandes bezieht (also auch in Kriegeszeiten zur Verteidigung desselben) – er wird in den Augen der Vernunft *verächtlich*, sobald er seine Tätigkeit wider fremde

Staaten lenkt, ohne der Wohlfahrt des Vaterlandes dadurch zu nützen. Gegen das Ausland gilt kein Patriotismus, sondern nur *Kosmopolitismus.*

Vaterland heißt der Staat, in welchem man mit dem Gefühl der Freiheit und derjenigen Zufriedenheit lebt, die man im Kreise einer freundlichen Familie, unter der Belehrung und Obhut eines liebenden Vaters (des Gesetzes) empfindet. Da, wo man gezwungen nicht für sich und das Heil der Gesellschaft, sondern für das Heil und Gelüst der regierenden Klasse wohnt, ist ein *Herrenland.* Unser Geburtsland ist nicht immer unser Vaterland.

[...]

§ 50. Wenn ein Staat mit einem andern zu *einem einzigen* verbunden werden soll: so kann nur die gesamte Nation entscheiden; ob sie aufhören wolle, einen selbständigen Staat zu bilden und statt dessen in einen zweiten übergeschmolzen sein wolle, um durch solche Vermählung an Vorteilen zu gewinnen. Behält sich in diesem Falle das Volk das Entscheidungsrecht nicht vor: so bewilligt es stillschweigend der regierenden Klasse die Erlaubnis, es mit einem barbarischen Staate vereinigen oder es nach Gutbefinden und Belieben verkaufen zu können.

§ 51. Die *Stimme des Volks* hat zu entscheiden, ob der Staat sich mit einem andern in Kriege verwickeln solle oder nicht. Denn der Krieg, das Elend und die Lasten desselben, werden allein getragen von den Schultern der Nation; *diese* blutet, und nur diese kann über ihr Blut und Gut disponieren. Wirft das Volk dieses Recht von sich: so macht es sich zugleich anheischig, für die Verbrechen und Fehler seiner Agenten zu büßen, so macht es sich anheischig, den Launen ehrgeiziger und kriegslustiger Regierer Vermögen, Ruhe und Leben zum Opfer zu bringen, für das Interesse der regierenden Klasse das Heil des Ganzen auf ein unsicheres Spiel zu setzen.

Nur wenn sich die Nationen das Entscheidungsrecht zum Kriege vorbehalten, darf die vernünftige Menschheit die schöne Hoffnung empfangen, daß endlich die heillose Barbarei der Kriege vermindert, wenigstens daß nicht mehr, wie bisher, so viele Titel-, Erbschafts-, Sukzessions- und Eroberungskriege geführt werden, bei welchen nur das Privatinteresse der Regenten allein, das Volk aber keine neue Glückseligkeit gewinnt.

§ 52. Allianzen des Staats mit andern Staaten, wodurch die Möglichkeit des Krieges oder wohl gar eine hohe Wahrscheinlichkeit desselben veranlaßt wird, haben keine Gültigkeit, bevor sie nicht von der Nation anerkannt sind.

[...]

Johann Wolfgang Goethe und Friedrich Schiller
Xenien

Zum ewigen Frieden

Bald, kennt jeder den eigenen Vorteil und gönnet dem andern
Seinen Vorteil, so ist ewiger Friede gemacht.

Zum ewigen Krieg

Keiner bescheidet sich gern mit dem Teile, der ihm gebühret,
Und so habt ihr den Stoff ewig und ewig zum Krieg.

Verkehrter Beruf

Forsche der Philosoph, der Weltmann handle! Doch weh uns,
Handelt der Forscher und gibt, der es vollzieht, das Gesetz.

Deutschland

Deutschland? Aber wo liegt es? Ich weiß das Land nicht zu finden.
Wo das gelehrte beginnt, hört das politische auf.

Kant und seine Ausleger

Wie doch ein einziger Reicher so viele Bettler in Nahrung
Setzt! Wenn die Könige baun, haben die Kärrner zu tun.

Theodor Gottlieb von Hippel
*Vom bösen Beispiel des Krieges***

[...]

Wir haben alle einen Gott, alle eine Sonne, alle ein Interesse. – Ein Interesse? Da wir alle Verstand und Willen haben, so scheinen sich die Menschen nur nicht im Willen und im Verstande zu verstehen, um dieses gemeinschaftliche Interesse zu fassen und einzusehen. So lange die Menschen darauf sinnen, sowohl im Großen als im Kleinen, sowohl in Staats- als Weltverhältnissen, sich das Haupt-Kleinod, die Freiheit, zu bestreiten, so lange können alle die Zänkereien und blutigen Streite nichts fruchten, vielmehr hält ein Freiheitstrieb den andern in Untätigkeit. Freiheit ausüben wollen und sie nicht ausüben können, ist das Los der Sterblichen, die sich am Ende die Hälse brechen, um sich so noch völlig außer Stand zu setzen, den Hang zur Freiheit weiter zu befriedigen. Die einzelnen Bürger und ganze Staaten verwenden ihren Mut und Kräfte auf Erweiterungsabsichten, um vor der Zeit ein Haus zu erreichen, das wenige Spannen in der Länge und noch weniger in der Breite hat; und das kann doch unmöglich die Meinung der Natur und die Meinung vernünftiger Menschen sein, sich von dem ganzen Erdboden wegschlagen zu lassen, indem sie über ein Stück Acker oder einen Ehrennamen aneinandergerieten.

Kriege unterbrechen alle guten Anstalten, und was mehr als dies ist, so geben sie ein böses Beispiel, daß von dem besten bürgerlichen Gesetzbuch wenig oder gar nichts, der Kriege halber, erwartet werden kann. Was hilft es, den Tod eines einzigen, oft unnützen, unbrauchbaren Bürgers mit Schwert und Rad zu ahnden, wenn tausend und abermal tausend der Edelsten im Volke ihr Leben ohne Rede und Recht verlieren. Ihre Lebensräuber sind ihre Brüder, gleich edel wie sie.

Montesquieu und viele vor und viele nach ihm behaupten, daß jede Gesellschaft, wenn sie ihre Stärke zu fühlen anfange, einen Stand des Krieges eines Volks wider das andere errege. Auch die einzelnen Personen in jeder Gesellschaft fangen an, ihre Stärke zu fühlen. Sie suchen sich die Hauptvorteile dieser Gesellschaft mit Ausschließung anderer zunutze zu machen, daher ein Stand des Krieges unter ihnen erwächst. Dieser Stand des Krieges von beiderlei Arten macht, setzt unser ›Geist der Gesetze‹ hinzu, daß unter den Menschen Gesetze werden. Wahr! Denn was können und was wollen gewaltsame Faust- und Kolben-Behauptungen des Rechts, wodurch man zu befürchtende Beleidigungen und Unrecht abwendet, oder die, so uns beleidigt und bereits Unrecht zugefügt haben, verbinden will, in Zukunft uns unbeleidigt und unser Recht ungekränkt zu lassen, und wodurch man die, welche verbunden sind, um etwas zu leisten, mit Gewalt dazu anhält – was können und wollen sie, wenn diese nicht von selbst dieser Verbindlichkeit nachkommen wollen? Kann denn Recht durch dergleichen Gewalt ausgemacht werden? Fiel nicht oft der Beleidiger im Zweikampfe, und war nicht oft der tollkühne Fürst, welchen Ruhmsucht außer sich setzte, der Sieger?

Die jetzige beste innere Staatsverfassung ist nur Waffenstillstand, wenn in einem Staate, und nicht in allen, *dieser* Friede geschlossen ist. Nur dann, wenn Friede auf Erden ist, ist der Menschen Wohlgefallen vorhanden. Was hilft's, wenn Bürger mit Bürgern einverstanden sind, wenn sie ein stilles, ruhiges Leben führen, in aller Gottseligkeit und Ehrbarkeit, und ein blutdürstiges Manifest und eine Kriegs-Deklaration alle diese friedlichen Vereinigungen hemmt und dem Bürger, der keinen Feind hatte, ein- oder zweimal hunderttausend Feinde auf einen Tag zuziehet? Zwar weiß ich, daß unsere Hofphilosophen mit einem System allezeit fertig sein werden, um zu behaupten, daß man auch den uns manifestierten oder gegenmanifestierten Feind lieben könne, und daß es ein gewaltiger Unterschied sei, jemandes Feind sein oder jemanden hassen.

Ich weiß, daß man auf gewisse, aus der Kriegskunst verbannte Barbareien stolz tue, daß man nur die, so Waffen tragen, als

Feinde ansehen und den Handel und Wandel treibenden Bürger in seinen Verhältnissen ungestört lassen will; allein, wer weiß es nicht auch, daß es im Kriege an Vorwänden nicht fehlt und fehlen kann, den stillen Bürger bei den Haaren in diese kriegerischen Händel zu ziehen, ihm den Namen eines Spions oder Verräters anzudichten, und die unschuldigsten, die gerechtesten Schritte (was ist hier unschuldig und gerecht?) als todeswürdige Verbrechen auszulegen? Wer kann diese Anratungsgründe (rationes suasorias) von den rechtmäßigen und den sogenannten rechtmäßigen gleichsam (quasi justificis) Kriegsursachen unterscheiden? Wird nicht das Gleichgewicht unter den Staaten immer zu den quasirechtmäßigen gezählt werden? Und wird nicht am Ende ein jeder Krieg, wäre er auch rechtmäßig, den Kunstnamen *tierisch* verdienen? Ist es nicht genug, daß mit kaltem Blute Menschen sich einander umbringen und daß nach der Zahl der Umgekommenen die Ehre des Siegers abgewogen werde? Ist es nicht genug, daß man mit Feuer und Schwefelregen die Menschen vertilgt und aus den Arten der Unmenschlichkeit eine Menschlichkeit herauskünsteln will? Wie ist dies Verfahren mit moralischen Grundsätzen zu vereinigen? Und kann etwas unmoralisch und böse sein, und doch unter Völkern Ehre und Belohnung verdienen? Was kosten die Heere? Wie werden die Summen, sie zu unterhalten, aufgebracht? Wie klein erscheint diesem Staatsbeschützer der ruhige Staatsbürger, der nicht nur im Schweiße seines Angesichts sein Brot für sich, sondern auch für seine müßiggehenden und bloß spielenden und auf den Namen Beschützer so stolzierenden Mitbürgern verdienen muß, die ihn dagegen in Friedenszeiten zur Übung als Feinde ansehen, aus Kurzweil ihn beleidigen und das Seinige als eine gute Beute betrachten? Der beschützende Stand glaubt gerade berufen zu sein, die bürgerliche Freiheit zu verkennen; er hat andere Rechte, andere Richter (er richtet sich selbst), andere Grundsätze, regiert überall, wo er ist, und ist am Ende, wenn der Staatsnachbar mehr dergleichen Beschützer bezahlen kann oder diese besser diszipliniert sind oder tausend andere, oft sehr kleine, unbedeutende Umstände die Waage aus dem Gleichgewicht bringen, noch obendrein nicht imstande, den Bürger zu schützen.

Wir hauen einen Wald aus, um einen Zaun und aus lebenden

Bäumen abgestorbene Pfähle zu machen. Bevor also die Menschen nicht aufhören, ihren Staat als eine Festung und sich als eine Besatzung anzusehen, bevor die Menschen nicht vorbereitet werden, alle Menschen zu lieben, wird jener Traum, einen Völkerbund zu bewirken, wo nach Gesetzen eines vereinigten Willens und durch Macht und Gewalt Streitigkeiten ausgemacht werden, ein Traum bleiben.

[...]

Georg Friedrich von Martens
*Das christliche Europa als ungleiche Staatengemeinschaft***

[...] Man kann auf eine Zeit zurückgehn, wo zwischen den Völkern Europens gar keine allgemeine Verbindung bestand. Erst nachdem die Römer nach der Unterjochung Griechenlands sich Meister von dem größesten Teil Europens machten, konnten die mehresten Völkerschaften dieses Erdteils als *einem* Szepter unterworfen angesehen werden. Das schwache Band, das aus dieser Nominal-Verbindung entstand, ward durch das berühmte Dekret des Caracalla, das allen Überwundenen das römische Bürgerrecht erteilte, durch Gleichförmigkeit der Gesetze, aber mehr noch durch die christliche Religion befestiget, zu der die mehresten der überwundenen Völker sich bekannten. Zwar löste sich dies Band mit dem Sturz des okzidentalischen Kaisertums wieder auf, aber zum zweitenmale knüpfte Rom dasselbe dauerhafter an, seit dessen Bischof sich zum geistlichen Oberhaupt der ganzen, unzertrennlich über alle christlichen Staaten erstreckten Kirchen-Gesellschaft erhob und an seiner Seite den von ihm hervorgerufnen Römischen Kaiser als das weltliche Oberhaupt der christlichen Kirche gelten zu machen wußte. Jetzt glich Europa in mancher Rücksicht einer großen ungleichen Staatengesellschaft, die dem Papst im Geistlichen unterworfen, dem Kaiser untergeordnet wäre.

Zwar ward auch dieses Verhältnis sehr verändert, als mit der Reformation eine beträchtliche Zahl Staaten sich von der Römischen Kirche trennte und das Sinken des Ansehns des Papst auf das des Kaisers zurückwirkte, Könige nun in dem geglaubten Nachfolger des Oberherrn der Welt nur ihresgleichen erblickten.

Doch schon hatte gegenseitiges Interesse, geläuterte Staats-

und Handelspolitik, Ähnlichkeit der Sitten, Blutsverwandtschaft unter den Fürsten der einzelnen Verbindungsfäden so viele angesponnen, daß selbst die Teilung, welche blutige Religionskriege eine Zeitlang veranlaßten, weder alle diese Bande zerreißen noch das Anknüpfen neuer, von der Religions-Verschiedenheit unabhängiger Verbindungen hemmen konnten. Und diese zahllosen Verbindungen eines jeden dieser Staaten mit den mehresten der übrigen, diese Ähnlichkeit der Sitten, des Interesses sind es, um derentwillen das christliche Europa nicht bloß in geographischer, sondern in politischer und rechtlicher Rücksicht als ein von den übrigen Völkern des Erdbodens unterschiedenes Ganze, gleichsam als ein aus Staaten zusammengesetztes Volk, das seine ihm eigenen Gesetze, Gebräuche, Grundsätze hat, zu betrachten ist. Eine Verbindung, der erst später Rußland, die Türkei nie im Ganzen beigetreten ist. Wie übrigens in einem Volke gewisse Stämme und Gemeinheiten in noch näherer, andere in entfernterer Verbindung stehn können, so gibt es auch unter den europäischen Staaten einige, die in engerem Verhältnis gegeneinander stehn: bald so, daß sie eine Person zum Oberherrn haben oder kraft ewiger Bündnisse sich zu einem eigenen Staatensystem vereiniget haben; bald so, daß sie in ungleichem Verhältnisse gegen einen andren (wie z.B. die katholischen Staaten gegen den Papst und die Kirche oder die Mitglieder eines zusammengesetzten Staats gegen dessen Oberhaupt) stehn; bald so, daß ihre geographische Lage sie zu einem gemeinsamen Interesse vereiniget. Wohingegen es andere gibt, die weder Verträge noch Verkehr miteinander haben und sich kaum zu kennen scheinen.

Daß dieses große europäische Staatenvolk sich je entschließe, zu Erhaltung eines ewigen Friedens in einen Staat, in eine Universal-Monarchie oder -Republik sich zu vereinigen, ist weder zu erwarten, noch in aller Hinsicht zu wünschen. Reichstäge und Gerichte gewähren nicht ewigen Frieden, wo die Vollziehung Armeen erheischt. [...]

Aus dem Briefe eines Unbekannten aus Basel vom 10. Dezember 1796 (an Christoph Martin Wieland?)

[...]

Mit der Kantischen Philosophie will es in Frankreich gar nicht so gehen, als wohl die teutschen Herren auf ihren Kathedern sich einbilden mögen. So viel weiß ich gewiß, daß von Kants ewigem Frieden, der auch ins Französische übersetzt wurde und sogar einige Zusätze des Königsberger Philosophen enthielt, kaum einige wenige Exemplare verkauft worden sind. Sie liegen wie Blei auf dem Lager. Die Franzosen lachen über die republikanischen Grundsätze, die darin aufgestellt werden.* Man schicke uns, sagen sie, alle die Toren zu, die durch Revolutionen den Menschen glücklicher machen wollen, und wenn sie 3 Monate unter uns gelebt haben und nicht von der Wurzel aus geheilt sind, so sperre man sie ins Tollhaus. Die Grundsätze, die wirklich in der Kantischen Philosophie von einigem Wert sind, wären, wie die Franzosen meinen, schon längst von ihren Philosophen weit faßlicher und gemeinnützlicher vorgetragen und in Umlauf gebracht worden. Nur die in Paris befindlichen Mainzer Klubisten und übrigen Teutschen suchen mit vielem Eifer Proselyten zu machen.

* Oder sie ärgern sich auch wohl darüber. Dies ist wenigstens der Fall bei einem Liebhaber im *äußern* Frankreich, der Kanten einen sehr naiven und in vieler Rücksicht merkwürdigen Brief zugeschrieben hat: Lettre à Mr. Kant. Braunschweig 1797. 40 S. in 8. Kants Ideen über den ewigen Frieden sind ihm aufgewärmte Träume des Abbé St. Pierre!

Karl August Joseph Hochheim
*Europäische Republik der Fürsten, Staaten und Völker?***

[...]

Bald wird sie vollends vorüber sein, jene Epoche der Finsternis, in der Menschen auf Menschen sich stürzen und sie morden, um die Eroberungssucht und abenteuerliche Ansprüche ihrer Tyrannen zu befriedigen, und die Folgewelt wird Mühe haben zu begreifen, wie Mazedonier einem Alexander und Schweden einem Karl XII. unter feinen Panieren folgen, wie die Nationen ihr Herzblut hergeben konnten, um die tollsinnigen Kaprizen eines einzelnen zu befriedigen.

Alle sind wir Menschenkinder eines Vaters, alle haben wir gleiche Ansprüche an die Natur und die Güter derselben, die sie liebevoll und ohne Wucher ausspendet. Geschöpfe derselben Rasse, Kinder desselben Vaters, ausgesetzt mit einem Herzen voll Teilnahme und Liebe, morden einander, so lange sie ihr Auskommen haben, nicht ohne eine Instigation von außen. – Und wodurch läßt eine solche Aufreizung sich rechtfertigen?

Überall und zu allen Zeiten waren die Menschen in den Grundzügen sich gleich, der innre Kern war und ist unwandelbar immer derselbe. Nie stritt eine Partei mit *Überzeugung* für eine *offenbar ungerechte Sache*, beide Teile kämpften und starben mit der Überzeugung des Rechts auf ihrer Seite, und mit da vollerer Ergebung, je größer diese Überzeugung war. Verblendung und Vorurteil entschuldigen diese Apodikte. [...]

Der Mensch ist von Natur nicht des Menschen Feind, er haßt seinen Mitbürger auf diesem Planeten nicht, als durch die Einwirkung äußerer Umstände. Näher liegen seinem Herzen allerdings die Gegenstände, mit denen er heranwuchs, mit denen er vertraut geworden und die auf diese Art durch die Gewohnheit sich gleichsam in seine Natur verwebt haben. Aber eine vorzüglichere und ausgezeichnetere Neigung zu einer Sache involviert noch keinen Haß gegen fremdartigere Gegenstände, sie ist nicht ausschließend; das menschliche Herz ist groß genug, eine Welt mit Liebe zu umfassen, und wenn es auf wenige Gegenstände beengt, auf Kleinlichkeiten eingeschrumpft ist, wenn der Mensch nur für Ärmlichkeiten fühlt, wo der ganze unbezeichenbare Reichtum der Natur seinem Fühlgenusse sich bietet, so sind es Menschenhände, die das Werk der schaffenden Gottheit verdarben.

Jene Verschiedenheit der Nuancierung, jene Abstufungen und Abweichungen der Menschenrassen, jene Verschiedenheit der Charaktere, Sitten, Gebräuche, der politischen und religiösen Verfassungen, ja der Bildung und des Gehalts der Menschenstämme selbst, geben nur eine entferntere Ursache zu jener Abneigung, die Nationen bisweilen gegen Nationen hegen und bei Gelegenheit blutig geltend machen. Wegen dieser Heterogenität kommen Völker nicht leicht unmittelbar in Kollision, wie sehr dieselbe auch als Stoff hierzu benutzt werden kann, da sie dazu beiträgt oder gar mittelbar dahin führt.

Es ist der Mangel an Aufklärung, die Dummheit mit ihrem Gefolge, welche diese Unleidlichkeit und Bitterkeit bei einem Volke erzeugt und den Dämon Nationalhaß auffüttert, der durch den Zusammenhang der Umstände und die Instigationen jener, die von diesem Vorurteile Nutzen ziehen, genährt und unterhalten wird, und es ist eine sehr alltägliche Bemerkung, daß in dem Maße, als ein Volk oder Völkgen aufgeklärt und gut oder dumm und boshaft ist, es duldsam gegen andere, von ihm geschiedene, anderst denkende und handelnde Nationen neben sich oder unleidsam und bitter gegen sie ist. […]

Friede – ewiger, allgemeiner Friede! ein ungeheuer großer, menschenbeglückender Gedanke! unbedingt durch seine Folgen und Umfang der größte, erhabenste, wohltätigste, den je ein Kopf dachte, je ein Herz empfand; ihn zu realisieren, o, wie ist das des Schweißes der Edlen so wert! – Wenn dann eine bessere Generation sich schätzt und liebt, die Völkerstämme einander näher gebracht sind und der Gaben der Natur genießen, friedlich in patriarchalischer Eintracht, ohne wechselseitige Störung, die Decke der Nationalvorurteile und des Nationalhasses vor den Augen der aufgeklärten Generation fällt, alle es fühlen und üben, daß sie Glieder sind derselben Familie, Kinder eines Vaters – o! dann wird dankbar und segnend die glückliche Nachwelt an den Trophäen der Männer stehen, die dies Glück ihr gaben, und Tränen der Dankbarkeit weinen, während sie schauernd an den Ruinen der Weltüberwinder vorübergeht und mit der Knabenwut eines Alexanders nur Mitleid und Abscheu hat.

Aber, könnte man sagen (und ich muß gestehen, ich war vordem, ehe ich den Kalkül der politischen Berechnung genauer gezogen hatte, auch der Meinung), Krieg ist die Aderlasse der Population und ist als solche eine schreckliche Notwendigkeit im Systeme der Welt der starken Fruchtbarkeit unsrer Rasse wegen. Ohne eine solche Abzapfung der überhäuften Volksmenge zeitweise zu applizieren, würden sich die Menschen so sehr vermehren, daß der Boden gar bald nicht mehr hinreichte, dieselben zu ernähren, die Menschen müßten dann Anthropophagen werden. [...] Eine schauerliche Notwendigkeit! eine Entladungskrise, vor welcher der rechtlich empfindende Mann zusammenschauert!

Es ist ein melancholischer Gedanke, [...] wenn man glaubt, die Menschen seien verdammt, miteinander zu würfeln, wer unter ihnen Hungers sterben müßte. Aber glücklicherweise kann es so weit nicht kommen, und man plagt sich in diesem Einwurfe mit Ängstlichkeiten vor einem Phantome, dessen Unzulässigkeit aus der politischen Arithmetik klar wird. [...]

Die Menschheit ist ungeheuer reich an Ressourcen und hat eben nicht nötig, bei der Giebigkeit und Fülle der Natur um ihre Nahrung verlegen zu sein. Eine verhältnismäßige Verteilung der Bevölkerung und Beschränkung des Luxus wäre das ganze Geheimnis, um es möglich zu machen, daß wohl noch fünfhundert Mal so viel Menschen auf unserm Planeten leben könnten, als wirklich leben. [...]

Wollte man nun noch den Krieg in der Eigenschaft einer Aderlasse und als Transpiration der übermäßigen Menschenmenge im Plane der besten Welt notwendig finden und dann einmal annehmen, es käme die Menschheit auf die Stufe, wo ihre übermäßige Vermehrung ihr lästig wäre – wäre es dann auf diesen Fall nicht besser, lieber die Erzeugung zu hindern, als derselben freien Lauf zu lassen, um Menschen zu haben, die man morden kann? Es ist fürwahr sonderbar, eine Sache zu erzeugen, um sie zernichten zu können! Und ist man nicht gezwungen zu glauben, daß man an den meisten Orten die Bevölkerung zu vermehren suche, bloß um desto mehr Soldaten zu haben, die sich totschießen lassen? [...]

Auch hat die Natur der Vermehrung der menschlichen Gattung, die kraft ihrer Einrichtung rastlos sich zu verewigen und zu vermehren strebt, selbst hierin das Ziel gesteckt, und erhält selbst Bevölkerung und Verzehrung waagerecht. Die Erde ist, wie alle Planeten, den Gesetzen der Bewegung und den hieraus zeitweise eintretenden Revolutionen unterworfen; die Elemente scheinen einen ewigen Kampf zu kämpfen, und dieser erzeugt jeden Augenblick neue Schöpfungen aus der Zernichtung der vorigen. [...]

Es existieren keine andren positiven Völkergesetze als die wenigen Verträge zwischen einzelnen Nationen, deren Befolgung äußerst prekär ist, weil die Garantie fehlt und sie bei jeder sich findenden Gelegenheit von dem, auf dessen Seite der Vorteil ist, gebrochen werden. Das natürliche Völkerrecht ist äußerst schwankend, und die Relativität der Begriffe beweist sich kaum irgendwo so stark als hier; jedes Gouvernement zieht die großen ewigen Normen zu seinem Vorteile an und begründet seine Ansprüche mit Kanonen. Bei dieser Relativität der Begriffe über Recht und Unrecht, bei dieser Regellosigkeit der Völkerbeziehungen würde der Krieg auch dann noch unvermeidlich sein, wenn jeder gerecht sein wollte. Noch nie traten die Völker in einem Kongreß zusammen, um auf irgendeine Weise ihre Rechte zu bestimmen und zu garantieren. Die Nationen wissen nicht, was ihnen zukömmt und was sie einander schuldig sind; sie kennen die Summe ihrer Rechte und Pflichten nicht. Mangel an Aufklärung auf der einen und die Tätigkeit der Intrige auf der andern Seite hat die Sache noch nicht so kontentiös werden lassen, und wenn sie es ward, so entschied wieder die ultima ratio regum.

Weniger noch existieren hier Richter oder Garanten oder Vollstrecker; das ganze Völkerwesen liegt in einer schauerlichen Brache. Krieg und Mord sind das Summarium des Völkerrechtskodex. Sie versetzen die Menschheit in den Zustand der Auflösung und machen alles erlaubt, was zum wechselseitigen Zwecke führt. Der Mensch ist nur ein Glied der isolierten Staatsgesellschaft und hört gewissermaßen auf, ein Glied der großen Menschenfamilie zu sein; die Privatkriege sind sistiert, jene der Gesellschaften um so viel schrecklicher, und die engere Verbindung eines Haufens von Menschen macht diese zu eigentlichen Feinden der ganzen Menschenfamilie.

[...]

Die Menschheit leidet fürchterlich in Staaten, die ihrer Größe wegen schwer zu übersehen sind, und je größer eine Macht ist, um desto mehr wuchert sie zum Schaden ihrer Nachbarn um sich. Dies bedarf wohl keines Beleges. In dem Systeme der europäischen Staatenverbindung und des ewigen Friedens frommt ein zu großer Staat nie, weil es hier mehr als irgendwo unbedingt nötig ist, daß die Kräfte der Staaten möglichst gleich gestellt seien. Einen Staat dritter Größe kann man durch einen andern von gleichem Gehalte zur Ruhe bringen; aber es erfordert schon einen enormen Aufwand von Kräften, um gegen einen ganz großen Staat zu exequieren.

Auf dem bekannten Systeme des europäischen Gleichgewichts, wie sehr ideell dieses System auch ist und was man auch immer dagegen sagen mag, beruht die politische Existenz aller Staaten. Der Geist desselben ist, keinen so sehr hervorragen zu lassen, daß er den übrigen gefährlich werde. Der Mensch geht im Gefühle seiner Kräfte immer so weit, bis er Grenzen findet, und es ist hier die Meisteraufgabe der Politik, Kraft mit Gegenkraft zu dämmen.

Europa befindet sich in diesem statischen Betracht jetzt noch bei seinen dermaligen politischen Verhältnissen erträglich gut, und wenn auch in der Folge ein durch glückliche Umstände übermäßig gedeihender Staat eine Zerstücklung oder Beschränkung nötig machen sollte, so kann dies ohne allgemeine Durcheinanderwerfung durch eine zweckmäßige Einleitung geschehen. Es ist also aus mehr als einem Betrachte rätlich, die europäischen Verhältnisse, so wie sie jetzt sind, genau zu respektieren; [...] so wie es überhaupt immer rätlich ist, die Menschen im Besitze ihres Glaubens, ihrer Verfassung und selbst ihrer Vorurteile zu belassen; denn erzwungene Freiheit ist Sklaverei, und von dem mit seinem Joche zufriednen Sklaven läßt sich nichts anders sagen als: seine Stunde hat noch nicht geschlagen [...]

Der Mensch scheint von allen Tieren den meisten Geselligkeitstrieb zu haben, wenigstens denselben am anschaulichsten zu fühlen. Das richtige Verhältnis seiner Sinnesorgane gegeneinander macht, daß er von seinem Instinkte mehr fühlt und diesen anschaulicher erkennt als die Tiere, oder ihn leitet die Vernunft, so wie jene der Instinkt leitet. Diese lehrt ihn, sich seine Lage zu verbessern, so gut er kann. Er fühlt bald, daß die Verbindung mit mehreren seinesgleichen ihm eine Summe von Vorteilen gewähre, die er isolierter nicht erhalten kann, er wird Glied der Gesellschaft; und vermehrt dadurch seine Bedürfnisse, so wie er seine Lage verbessert. Bedürfnisse sind die Mutter der Schlauheit, der Erfindungen, der Künste und Wissenschaften, in denen der Mensch durch die Vollkommenheit seiner Sinneswerkzeuge und die Fähigkeit, artikulierte Töne auszustoßen (die Sprache, die immer das Maß der Kultur eines Volkes ist [...]), es stufenweise zu einer Vollkommenheit bringen kann, die nur an den Grenzen des Reichs der Möglichkeit ihre Schranken findet. Dies Gefühl wechselseitiger Unentbehrlichkeit knüpft die Menschen vielleicht fester aneinander als alle Bande der Natur, es ist vielleicht der einzige Geselligkeitstrieb; wenigstens haben wir ihm die größeren Staatsverbindungen zu verdanken. Rohe Völker sind nur in kleinen Gesellschaften vereint, sie bilden nur kleine, schlechtorganisierte Haufen, die bei jeder Gelegenheit einander in den Haaren liegen. Erst bei einem gewissen Grade der Kultur sammeln und organisieren sich diese kleinen Haufen zu einer größern Verbindung. Dies beweist die Geschichte. [...]

Menschlicher, klüger, sanfter und besser ist die Generation der Gegenwart, und die folgenden werden noch besser sein. Eine Generation, die wie die jetzige, einen so schrecklichen Kampf kämpft, die sich der folgenden opfert, die die Größe des Gedankens befaßt – nicht bloß fühlt, sondern ausführt –, sich zum Opfer zu bringen, damit die folgenden glücklicher und besser werden, verdient die Ehre des Pantheons der Menschheit, verdient der Adam der neuen Welt genannt zu werden von der dankbaren Nachwelt.

Die Stunde großer Dinge schlug nicht erst seit gestern. Wir stoßen in der neuen Geschichte überall auf politische Wunder;

das größte fehlt noch, in welchem alle übrigen erst recht gedeihen: der ununterbrochene Zustand der Ruhe und Eintracht unter den Völkern, des glücklichen Einverständnisses unter den Bruderstämmen unsres Planeten.

Väter der Völker! fühlt und übt eure große Berufspflicht. Verschwunden ist das Vorurteil, Länder und Völker zu besitzen und zu ererben wie eine Herde Rinder, die Menschheit ist nicht mehr mit ehernen Ketten an den Kaukasus der Vorurteile geschmiedet, die Philosophie hat sie emanzipiert, das Sklavenband wird frei. O, kommt zurück von der Wildheit der Herrschsucht, fühlt die Wonne des Genusses, Väter freier und glücklicher Menschen zu sein! [...] Fester stehen dann eure Throne, bewacht von der einzig unbezwingbaren Garde, der Volksliebe, ruhiger wird euer Leben und größer euer Genuß sein. Das einzige Mittel, gewaltsame Revolutionen zu verhindern, besteht darin, mit dem Geiste der Zeit Schritt zu halten; jeder Despot, der ihm entgegenarbeitet, erliegt im ohnmächtigen Kampfe. [...]

So lange Menschen Menschen bleiben, sind ihnen Schwäche, Verderbtheit des Willens, Egoismus, Leidenschaft und Vorurteile eigen, die ebenso viele unerschöpfliche Quellen ewiger Irrungen sind. Diese Irrungen können nur durch Übereinkunft, Kämpfe oder richterlichen Entscheid beendet werden. Übereinkunft ist das schwankendste, Kämpfe das grausamste, richterliche Auseinandersetzung das solideste Mittel. [...] So auch in dem großen Bilde Europa, wovon Deutschland hier ein verjüngtes Gemälde abgibt. Wir haben so unendlich viele Beispiele von gebrochenen Friedensschlüssen, wozu die Ursachen an jedem Zaune abgebrochen wurden, daß man sich ohne weitern Kommentar überzeugt finden wird, daß diese ein sehr unzuverlässiges Mittel seien.

Die Aufstellung eines allgemeinen Gerichts mit der geeigneten Garantie, einer anpassenden Einrichtung, der zusagenden Kraft und Nachdruck ist demnach das einzige Hülfsmittel dagegen; hier ist die Stelle, wo die Kunst der Natur wohltätig verbessernd zu Hülfe kommen muß. [...] Dies Gericht muß Normen haben, nach denen es prozediert, und Kraft, seinen Entscheiden und Anordnungen Gewicht zu geben und derselben Ausführung zu veranstalten. Wir haben ihm zugleich noch eine weitere Karriere bezeichnet, und es ist in diesem Plane nicht mehr bloß auf die Geschäfte der richterlichen Entscheidung beschränkt; es bildet ein förmliches höchstes Gouvernement unsres Weltteils. Es sind demnach auch hier, so wie bei jedem politischen Verbande, drei voneinander geschiedene und doch zugleich innigst zusammenverkettete Gegenstände zu berücksichtigen, *Legislation, Judikatur* und *Exekution.* [...]

Die Völkerschaften Europas können, sobald sie rücksichtlich auf andre Völkerstämme und in bezug auf diese betrachtet werden, nicht anders angesehen werden denn als moralische Personen; man muß sodann eine – ich mögte sagen: Nationaleinheit der Person zum Grunde legen. Sie handeln dann nicht in Masse, können nicht so handeln, sondern teilen sich auf dem einfachsten Wege einander mit, durch *Repräsentanten.* Diese Organe, welche die moralische Einheit ihrer Kommittenten in ihrer Person zusammenfassen, müssen auf gesetzliche Weise zu ihrem repräsentativen Charakter gelanget sein, und diese gesetzlichen Wege sind Wahl oder Erblichkeit, je nachdem die Kommittenten Republiken und Wahlreiche oder erbliche Monarchien und Aristokratien sind.

Aber auf welche Art dieselben immer zu ihrer erhabenen Würde gelanget sind, so ist dieselbe zu respektieren, sobald keine Usurpation vorliegt, und die Nation, die sie als ihre Repräsentanten bestellt hat, sie hierbei beläßt; und je nach dem Maße der ihnen verliehenen oder zukommenden Macht bedürfen sie keiner neuen und besondern Einwilligung der Völker, die ihr Wohl in seinem ganzen Umfange in ihre Hände gelegt und es sonach ihrem guten Willen und Einsichten überlassen haben, auf welchen schicklichen Wegen sie dasselbe erwirken wollen. Die Beiwirkung zum Kongresse und dessen Bestellung läge demnach in den Händen der respektiven Regierungen, der Könige und Fürsten in Erbmonarchien und der Volkssenate in Republiken, je nach Maß ihrer individuellen Verfassungen, so daß dem Individuo oder Korps, dem die höchste Volkssouveränität anvertraut ist, auch die volle Beiwirkung hierzu zukäme, mit jenen Rücksichten und Beschränkungen, mit denen ihnen die Souveränitätsrechte und derselben Ausübung in der Verfassung übertragen ist. [...] Durch diese ganz gleiche Beiwirkung aller europäischen Souveräne würden dann jene erforderlichen Anstalten zum ewigen Ruhestande Europas bezweckt werden. [...]

Alles käme auf die Garantie an, und auch hier darf man nur wollen. Sobald die Einheit des Willens der Staaten bezweckt, sobald die Mächte Europas oder doch die Majorität derselben übereingekommen wären, würde die Garantie leichter sein, als man beim ersten Anblicke denkt. Alle würden für einen und einer für alle stehen, der Stärkere würde den Schwächern und die Verbindung mehrerer Schwächerer den Stärkern zügeln, wenn sich jemand beikommen lassen wollte, sein Privatinteresse dem allgemeinen Wohl Europas vorzuziehen. Hier ist die Stelle, wo Insurrektionen erlaubt und geheiligt sein würden, wenn der Eigensinn einer Regierung der wohltätigen Absicht der übrigen entgegenzustreben wagte, weil eine Nation sich dem gesamten Willen der übrigen nicht entgegenstellen darf.

Es ist allerdings richtig, daß auf den Fall einer solchen menschenfeindlichen Emanzipation wieder ein Vollstreckungskrieg unvermeidlich wäre, wenn der Opponent Macht und Anhang genug hätte, um sich der Vollstreckung mit Kraft entgegenstemmen zu können. Leider ist es der Fall der menschlichen Unvollkommenheit, daß auch die besten Anstalten und die passendsten Maßregeln zum beglückendsten Zwecke ihre Mängel und Gebrechen haben; aber dies gibt darum noch keinen zureichenden Grund ab, eine ganze Anstalt zu verwerfen, weil sie noch Unvollkommenheiten hat, die sich nicht heben lassen. Es ist ein für allemal ein logisch richtiger Satz, daß man unter zwei Übeln das kleinste wählen müsse, und wenn – wie es dann fast immer der Fall ist – eine Anstalt, deren Vorteile unverkennbar sind, ihre Gebrechen hat, die nicht zu heben sind, so wäre es noch immer Tollheit, eine andere zu belassen, die der Gebrechen und üblen Ausflüsse noch ungleich mehr hat; man müßte vielmehr sein Augenmerk dahin richten, daß diese Gebrechen so selten und so wenig schädlich seien als möglich. [...]

1797

*Georg Christoph Lichtenberg Notizen über Revolutionen, Krieg und Patriotismus***

In einem Lande N. N. müssen bei einem Kriege der Regent sowohl als seine Räte, solange der Krieg währt, über einer Pulvertonne schlafen, und zwar in besondern Zimmern des Schlosses, wo jedermann frei hinsehn kann, um zu beurteilen, ob das Nachtlicht auch jedesmal brennt. Die Tonne ist nicht allein mit dem Siegel der Volks-Deputierten versiegelt, sondern auch mit Riemen an den Fußboden befestigt, die wieder gehörig versiegelt sind. Alle Abend und alle Morgen werden die Siegel untersucht. Man sagt, daß seit der Zeit die Kriege in jenen Gegenden ganz aufgehört hätten.

Da jetzt in den Zeitungen so viel von den Spitzen der Armeen und der Ehre der Kronen gesprochen wird, so wünscht ein wahrer Patriot und Menschen-Freund zu erfahren: 1) Wo eigentlich die Spitzen der Armeen liegen, vornen oder hinten oder auf den Seiten oder in der Mitte, oder ob die Armeen ihre Spitzen, wenn sie gegen den Feind marschieren, gar nicht einmal bei sich führen, sondern als ein Heiligtum unter einer guten Eskorte zurücklassen. 2) Worin eigentlich die wahre Ehre der Kronen besteht? Darin, daß ihre Untertanen bei einem mäßigen Auskommen und bei geraden Gliedern glücklich sind, oder darin, daß man Hunderttausende schlachten oder zu Krüppeln schießen läßt, um ein paar Krämer zu bereichern und von dem Abfall dieses Überflusses Edelsteine für die Krone zu kaufen?

Da man beim Frieden das Te Deum laudamus anstimmt, so wäre doch nichts natürlicher, als wenn man beim Anfang des Krieges das Te Diabolum damnamus anstimmte. Wäre es nicht eines Dichters würdig, ein Te Diabolum zu dichten, und eines Musikers zu komponieren?

Der *Patriotismus*, Vaterlands-Liebe, ist das Kriegs-Genie der Nationen. Nationen, die ohne Patriotismus streiten, sind Mechaniker, zugestutzte, abgerichtete Krieger ohne das eigentliche Genie. Daß auch hier brave Menschen durch Ehrgeiz, lebhaftes Gefühl der Pflicht getrieben, etwas tun können, das nicht nach der Gilde riecht, versteht sich von selbst. Das ist aber subordiniertes, nicht primäres Genie (besser). Das Genie der Nation ist gar sehr von dem der Individuen verschieden. Dieses einmal zu betrachten.

Friedrich Murhard
Darf der Entwurf des ewigen Friedens Ausgeführt werden?

Daß das Projekt des ewigen Friedens mit der Zeit zur Ausführung gelangen werde, das hat gewiß Kant in seinem philosophischen Entwurfe zum ewigen Frieden hinlänglich gezeigt. Ob es aber ausgeführt werden dürfe? ob die Ausführung desselben nicht mit Nachteil für die Menschheit verbunden sei? das ist wieder eine andere Frage.

Herr Embser hat in seiner ›Abgötterei unsers philosophischen Jahrhunderts‹ [...] sich zu zeigen bemüht, daß ein solches Projekt schnurstracks der menschlichen Natur widerspreche. Aber wie wenig ich von seinen Gründen überzeugt worden bin, das werden die folgenden Blätter den Lesern sagen; und hoffentlich werden auch diese alsdann mit mir davon überzeugt werden: daß ewiger Friede nichts weniger als Unglück, vielmehr das größte Glück der Menschheit zuwege bringe.

Herr Embser wirft gleich anfangs die Fragen auf: Welches sind die Hauptanlagen und Triebe der menschlichen Natur? Wozu ist am Ende das ganze Gewebe? Wie erhalten sich die Nationen in ihrem Leben und wie schreiten sie in ihrer Vollkommenheit fort? – Selbstliebe und Sympathie, sagt er, sind die zwei großen Triebfedern der menschlichen Natur und die Quellen ihrer Vollkommenheit. Der Mensch ist offenbar ein handelndes Wesen, durch alle Triebfedern seiner Natur, durch alle seine Verhältnisse und Umstände bestimmt, ein handelndes Wesen zu sein. Kraftübung ist und bleibt die einzige Entwicklung menschlicher Größe, und mit ihr verschwindet auch allmählich wieder jede Fertigkeit. Same zur Entwickelung liegt in der Natur, weil Hang zur Kraftübung in ihr liegt. – Alles dies sind wahre Sätze, aber ich weiß nicht, wie sie als Gegengründe zum Entwurfe eines ewigen Friedens gelten könnten.

Mehr dazu könnte allenfalls dieser Erfahrungssatz dienen: die kriegerischen Nationen sind die vollkommensten. Unkriegerische sind oder werden Sklaven. Es ist wahr, alle Völker, die in der Geschichte glänzen, waren kriegerisch; der kriegerische Geist war seit jeher Same der Größe, und dem Kriege haben wir die Gelegenheit zu unzähligen Erfindungen zu danken. Er ist der Schöpfer vieler Künste und Wissenschaften. Aber ist es denn auch wahr, daß diese im Frieden und besonders in einem ewigen Frieden gewiß nicht würden erzeugt oder entdeckt worden sein? Sicherlich nicht. Was zur Aufklärung und Bequemlichkeit zu Kriegszeiten erfunden ist, hätte, wenn es Nutzen gewährt hätte, auch im Frieden entdeckt werden können. Und wenn der Krieg erst die meisten Nationen zu einer Nation schuf: so war dies wohl ehemals, findet aber gar nicht mehr jetzt statt. Der Krieg war also wohl Vater vieler Künste und Wissenschaften, aber der Friede hätte es ebenso gut und noch besser sein können. [...]

Aber wenn der Krieg auch Schöpfer vieler Künste und Wissenschaften ist: so ist er auch noch mehrerer Störer und Mörder. Und so ließ sich auch leicht schließen, daß, wenn er sie schafft, es nur zufälligerweise geschehen könne. Der Krieg verjagt die Musen, wo er erscheint; wer erfrecht sich, das zu leugnen? Der Krieg fordert außerordentlichen Aufwand, den entweder die Nation und ihr Oberhaupt oder die einzelnen Mitbürger bestreiten. Im erstern Falle geschieht, was wir in allen Jahrhunderten gesehen haben: fürchterliche Auflagen wachsen mit der Dauer des Krieges in gleicher Progression fort und entkräften und zernichten endlich die Nation. Schreckende Beispiele von Völkern, an welchen dieser unheilbare Krebs nach Jahrhunderten immer noch um sich frißt, seien warnende Zorndenkmale für die Nachwelt! Die ganze Schöpferkraft des Geistes wird im Kriege auf Morderfindungen verschwendet. Da erzeugen sich dann Todesarten, deren bloße Erzählung schon zittern macht! Da erfindet man das feu gregois und die gesamten Todesmaschinen zum Angriff und zur Verteidigung. Aber was sonst zur Bildung des Geistes? Nichts, weil man nichts braucht. [...]

Man muß sich nur die Menschen denken, nicht wie sie jetzt

sind, sondern wie sie werden können, werden müssen. Dann wird man nicht mehr den ewigen Frieden als den Tod der Nationen ansehn. Man wird dann nicht glauben, daß: der ganze Erdboden im ewigen Frieden, heiße: der ganze Erdboden in ewiger Untätigkeit und Schwäche! In einem Staate, wo ewiger Frieden thront, kann es Anlässe genug zu großer Geistesanstrengung geben.* Kurz, ewiger Friede erzeugt nicht notwendig Geistestod, Untätigkeit, Weichlichkeit, allgemeinen Geist des Eigennutzes, Grab des Patriotismus, Feigheit, Ungerechtigkeit, schauervolle Bosheit, Despotismus, Sklaverei – Tod aller sanften, edlen, erhabenen Triebe des menschlichen Herzens, Verlust des Eigentums – und wie die Übel alle heißen mögen, die man ihm aufzubürden sich bestrebt hat; *er erhebt vielmehr die Menschheit zum höchsten Erdenglück.*

* Das weiß Gott! Eben daher das notwendige Gesetz: So bald – nicht eher, aber auch dann gewiß – das menschliche Geschlecht durch volle Erkenntnis seiner Kräfte und aller Gegenstände seiner Tätigkeit zu einer Selbsttätigkeit, die, ohne gewaltsame Anstöße von außen und ohne Furcht, wieder stillzustehen, durch bloßen innern Trieb zur vollkommenen Entwicklung der Menschen fortwirkt, gekommen sein wird: dann trifft der Zeitpunkt ein, wo der Krieg aufhören und der ewige Friede anfangen *kann.* Es käme also nur darauf an, die Nähe oder Ferne dieses Zeitpunkts zu berechnen. Vielleicht liefert die folgende Abhandlung einige Vorbereitungen zu dieser – auf allen Fall etwas weitläufigen – Rechnung. Der Herausgeber.

Friedrich Murhard
Ist der ewige Friede mit den Mängeln der menschlichen Natur und der darin gegründeten bösen Neigungen möglich oder nicht?

Wenn man *über den ewigen Frieden* nachdenkt: so scheint seiner Erreichung nichts mehr im Wege zu sein, als daß man immer noch glaubt, es sei dazu eine gänzliche Umänderung oder Verbesserung der menschlichen Natur erforderlich. Unter Engeln, sagt man, ist wohl ein solcher Zustand denkbar: aber vermöge der Schranken der menschlichen Unvollkommenheit wird er für die Menschheit ewig ein frommer Wunsch bleiben.

So lange dies noch ein Satz ist, den man theoretisch nicht widerlegt hat: so lange hat der praktische Politiker, der die Schwierigkeiten in der Wirklichkeit aus dem Wege räumen soll, die der Theoretiker nur in den Irrtümern der Vernunft vorfindet, gar keinen Grund, Hand an ein Werk zu legen, das der Theoretiker selbst noch über die Grenzen der Menschen-Natur hinaussetzt! »Wie soll ich *wirklich* machen, was jener noch kaum für *möglich* erklärt?« sagt dieser; und die Sache – bleibt, wie sie ist. [...]

Seit der Zeit ward denn die ganze Sache, wie Platos Republik, in das Gebiet der gutmütigen Träumereien eines St. Pierre verwiesen. – Kant hat das Verdienst, auch auf sie die Theoretiker wieder aufmerksam gemacht zu haben und zum wenigsten gewiß erwiesen, daß, wenn nur der allgemeine Wille in den Staaten erst gilt, selbiger gar keine unmögliche Sache ist. Er hat es daher zum ersten Definitiv-Artikel gemacht, daß die Regierung in jedem Staate republikanisch sein soll.

Um indes den praktischen Politiker dazu zu bringen, endlich Hand an das Werk zu legen und ihm auch gar keine Einwendung übrig zu lassen, dünkt mich, muß der Theoretiker auch noch die Formel zu einem solchen freien Föderalismus der Staaten auffinden und nicht nur aus dem allgemeinen Weltmechanismus (wie Kant solches getan hat), sondern auch, und noch viel mehr, aus den besondern Anlagen der Menschen-Natur selbst und den dadurch schon vorhandenen Resultaten erweisen, daß der ewige Friede nicht allein erfolgen *kann*, sondern auch notwendig erfolgen *wird* und mit *allen Mängeln der menschlichen Natur denkbar ist.*

Und, mich dünkt, dies wird nach Kantischer Vorarbeitung möglich und folgt aus der Natur des Menschen, so gut wie der bürgerliche Zustand aus dem Stande der Natur folgte: denn auch jener gesellschaftliche Zustand ist auf einen freien Föderalismus der Individuen gegründet. [...] Und so gut wie der äußere und innere Krieg den Föderalism der Individuen hervorbrachte, wird selbiger jetzt den Föderalism der Staaten zur Folge haben. – Weder an den Gang des metaphysischen Denkens gewöhnt, noch für jetzt in der dazu notwendig erforderlichen Ruhe, getraue ich mich nicht, diese Aufgabe in ihren strengsten Forderungen zu lösen; doch glaube ich, daß sich ungefähr aus folgender Schlußfolge eine richtige Formel machen ließe, aus der sich dann die auf dem Titel aufgeworfene Frage von selbst ergeben muß:

1) Der *Naturzustand* des Menschen ist der Zustand *keiner* Assoziation oder ein Zustand der allgemeinen Absonderung jeder Individuen; folglich, vermöge der feindseligen Neigungen der menschlichen Natur, der Habsucht, der Herrschsucht, des Neides usw. ein Zustand der Kollisionen und des Kampfs der Individuen unter sich.

2) Der *gesellschaftliche* oder *bürgerliche Zustand* ist ein Zustand der Assoziation mehrerer Individuen zu einem Ganzen, die ihre feindseligen Neigungen dem Willen aller Individuen dieses Ganzen oder dem Staatsgesetz unterordnen; und folglich ein Zustand des Friedens der zu einem Staat gehörenden Individuen; aber doch, da es mehrere solcher Staaten gibt, von denen ein jeder einen besondern Willen und ein besonderes Interesse hat, welche er noch keinem allgemeinern Willen unterordnet, zugleich ein Zustand der Kollisionen der Staaten; folglich ein Zustand des Kampfes der Staaten untereinander oder ein Zustand des Krieges oder des abwechselnden Kampfes und Friedens.

3) In dem gesellschaftlichen oder Staatenzustand leben folg-

lich die Staaten unter sich in demselben Verhältnis, wie in dem Naturzustande die einzelnen Menschen unter sich lebten; nur mit dem Unterschiede, daß, da es nicht so viel Staaten wie einzelne Menschen gibt, es nicht so viel Kollisionen, und weil die Menschen sich da schon mehr gewöhnten, ihre feindseligen bösartigen Neigungen zu bezähmen, nicht so viel Kriege als einzelne Kämpfe geben kann.

4) Der Zustand der Staatengesellschaften oder der bürgerliche Zustand ist folglich ein Zustand der Annäherung des allgemeinen Friedens.

5) Der *weltbürgerliche Zustand* aber ist der Zustand der Assoziation der Staaten untereinander, die ihr Interesse oder ihre (jeden Staat als Individuum angesehen) Privatneigungen dem allgemeinen Willen aller Staaten oder dem obersten Vernunftgesetz unterwerfen und die sich dann als Staaten untereinander wie die Individuen in einem Staate zueinander verhalten; ihre Kollisionsfälle unter sich durch die allgemeine Stimme aller friedlich schlichten und sich jeder die Pflicht auferlegen, diesem allgemeinen Willen zu gehorchen; folglich dieser Zustand sowohl der Zustand des Friedens der Staaten untereinander als auch des Friedens der Individuen jedes Staats untereinander; folglich dies *der Zustand des allgemeinen ewigen Friedens.*

6) Das Problem einer Staatenverbindung oder die Gesetzgebungsformel zu einem freiwilligen Föderalism der Staaten zum ewigen Frieden oder zum weltbürgerlichen Zustande würde also so lauten: ›Sämtliche Staaten, welche alle als Assoziationen von vernünftigen Wesen allgemeine Gesetze für ihre Erhaltung, Ruhe und Wohlsein verlangen, deren jeder aber insgeheim sich davon auszunehmen und dem Willen der Privatassoziation seiner Bürger zu folgen geneigt ist, – in solche Verhältnisse gegeneinander zu bringen, daß, obgleich jeder durch seine Privatassoziation dem andern entgegenstrebt, diese Privatassoziationen und Gesinnungen sich einander doch so aufhalten, daß in ihrem öffentlichen Verhalten der Erfolg ebenderselbe ist, als ob ihre Privatassoziationen der allgemeinen Assoziation nicht entgegen wären.‹

7) Die Gesetzgebungsformel zum ewigen Frieden dringt also nicht auf die Ausrottung des bösen Prinzips in der Menschen-Natur, sondern verlangt nur *gegenseitige Einschränkung.* Sie ist

nichts als eine republikanische Regierungsform unter Republiken und verlangt so wenig wie die Formel des Republikanism eine Gesellschaft von ganz verbesserten Menschen.

8) Zwar eine solche erforderliche Umänderung der menschlichen bösen Neigungen, da sie bei einzeln ausgebildeten Individuen durch die Wirklichkeit als möglich erwiesen ist: so muß sie theoretisch als möglich auch von dem ganzen Menschengeschlecht angenommen werden. Der weltbürgerliche Zustand oder der Zustand des ewigen Friedens ist indes nicht dieser letzte Grad der menschlichen Ausbildung, sondern mit den Mängeln des Menschengeschlechts denkbar.

9) Der *letzte Grad der menschlichen Ausbildung* durch die bürgerliche Gesellschaft würde vielmehr *der* sein, wo gar keine Kollisionen weder unter den Individuen noch unter den Staaten stattfinden, wo jede Privatneigung nicht dem allgemeinen Willen mehr *untergeordnet* ist, sondern sogleich in seiner Entstehung mit dem allgemeinen Willen aller Menschen dieses Erdkörpers korrespondiert; wo folglich keine Assoziation unter den Menschen mehr nötig ist, um sie nach dem Pflichtbegriff handeln zu lassen, sondern ihre bösartigen Neigungen so ausgerottet und in gute umgewandelt sein werden, daß sie nicht anders als der Pflicht gemäß mehr *empfinden* können.

Man sieht leicht, daß man bis jetzt diesen Zustand der letzten Ausbildung der Menschheit immer mit dem des weltbürgerlichen oder des ewigen Friedens verwechselt und daher an dessen Möglichkeit sogar verzweifelt hat, weil bei dessen großer Forderung es ungewiß ist, ob die Menschheit je zu dieser großen Ausbildung im allgemeinen gelangen werde. [...]

Der ewige Friede ist folglich nicht allein wahrscheinlich oder denkbar, nein, sondern er ist ein auf einer richtigen Schlußfolge beruhendes, als gewiß zu folgerndes Resultat. Denn dieselben Ursachen, die die Menschen dahin brachten, den gesellschaftlichen Zustand mit dem Naturzustand zu vertauschen, existieren noch. Diese Ursachen nämlich waren: die Unannehmlichkeiten des ewigen Kampfs, der Wunsch dauernder Ruhe. Beide liegen in der menschlichen Natur. So wird also der Krieg selbst ein Mittel des ewigen Friedens werden und der Krieg unter Staaten in ewigen Frieden sich auflösen.

Sind dies die Schlüsse des theoretischen Politikers, die, weil sie keine Übertreibung in den Forderungen an die Menschheit und keine Widersprüche in sich haben, ihn zu der Hoffnung des ewigen Friedens berechtigen: so hat der praktische Politiker hingegen mit tausend mehr Schwierigkeiten zu kämpfen. Dem erstern genügt es, die Möglichkeit zu erweisen und die Bedingungen der Wirklichkeit anzugeben; letzterer aber soll an die Wirklichkeit selbst gehen. – Dies ist der Unterschied. Wahrscheinlich, daß ihm da noch mehr Schwierigkeiten aufstoßen möchten, als der unsterbliche Kant schon angegeben hat. [...]

Doch es ist tröstender, die Schwierigkeiten des Praktikers nicht zu denen der Theorie zu fügen, und gewiß schon viel gewonnen, in dieser die Möglichkeit an sich sowie die Verträglichkeit mit allen Fehlern der menschlichen Natur erwiesen zu haben.

Ist es erlaubt, zum Schlusse dieser flüchtig hingeworfenen Ideen noch den frommen Wunsch an den praktischen Politiker zu richten: daß der bevorstehende Friede schon den Forderungen des ewigen Friedens insofern konsequent eingerichtet werden möge, daß darin kein Stoff mehr zu dem Vorbehalt eines künftigen Krieges enthalten sei?

Gerhard Anton von Halem
Moralisch-politische Gebete

Der moralische Politiker

Wollst Politik mir senden, mit der die Moral sich befreunde!

Der politische Moralist

Wollst mir senden Moral, die der Dame Politika diene!

Johann Gottlob Heynig
*Frieden durch antidespotische Volksaufklärung***

[...] Man könnte der Menschheit einen unendlichen Gefallen erweisen, wenn man entweder im allgemeinen berechnete, *wie viele tausend Jahre Krieg und teuflisches Morden auf der ganzen Erde, seitdem sie uns bekannt ist, gewütet*, und im Gegenteil, *wie wenige Jahrhunderte sogenannter Friede und Aufschub von Feindseligkeiten* gedauert haben; oder *wie viele höllische Kriegsjahre jeder einzelne Staat* in seinem ganzen Bestande erlitten und *wie viele Friedensjahre* er dagegen im ganzen Dasein gehabt hat.

Eine solche Übersicht aller schwarzen Kriegszeiten und der wenigen heitern Friedensjahre, welche letztere noch ohnedem der boshafte Weltgenius ohnmächtigen, besiegten und truppen- und geldlosen Tyrannen und Völkergeißeln abgenötigt hat, eine solche lebhaft entworfene Übersicht, sage ich, müßte, zumal in unsern Tagen, einen herrlichen Eindruck auf die europäischen Nationen, die bald *zu fühlen anfangen*, hervorbringen. Ich fordere jeden im Namen der ganzen Menschheit auf, sich diesem heilbringenden Geschäfte, wenn er demselben gewachsen ist, auf der Stelle zu unterziehen; und wenn er nicht mehr als hundert oder tausend Menschen dadurch aus ihrem groben Tierschlummer aufrüttelt, so verdient er schon, daß man seinem Namen eine Stelle an der allgemeinen Menschheitsehrensäule vergönnt. Ich behaupte hier mutig vor den Augen der ganzen Welt und allen Despoten ins Angesicht: *daß sie kein einziges Jahr, keinen Monat, ja keine Woche lang Ruhe und Friede ihren gefesselten Nationen gelassen haben würden, wenn sie immer bei Kräften, bei Geld und Truppen gewesen wären, Krieg zu führen, oder vielmehr ihren ewigen Krieg gegen die Rechte und die Vernunft der Menschheit fortzusetzen.*

Schreckliche, Ohnmacht erregende Behauptung! Mark und Bein erschütternde Wahrheit! vernehmt sie, ihr Völker Europas, und erwacht; denn ihr schlaft unglücklich unter der eisernen Decke eurer Vorurteile! – Überhaupt müßte es wie Blitz und Donner auf die rege werdenden europäischen Nationen wirken, wenn man von der ersten grausamen Verwüstung und Verunstaltung des Erdbodens an bis auf unsere Tage die vornehmsten und auffallendsten Unglücksfälle und Schauderszenen herausgäbe, die das menschliche Geschlecht betroffen haben, und sie mit brennender Einbildungskraft allen Augen vormalte. Man müßte bei dieser göttlichen Beschäftigung ganz *synchronistisch* verfahren, gleichsam über dem Erdball mit seiner schwungvollen Phantasie stehen, um das allgemeine Elend und Unglück recht überschauen zu können, das in allen Zeitaltern, in allen Ländern und unter allen Himmelsstrichen die bedauernswürdigen Sterblichen gequält und gepreßt hat. Dadurch wäre es vielleicht möglich, den Menschen die verschlossenen Augen aufzureißen über sich und über ihren jammervollen Zustand, und das Ende allen Despotismus und aller Volkszermalmung merklich zu beschleunigen. Heuchlerische Andächtler, vergoldete Fürstenmaschinen, beschenkte Frongeschöpfe möchten dann immer Theodizeen zu Dutzenden schreiben – sie würden nie den Eindruck vertilgen, welchen eine solche kraft- und geistvolle *allgemeine Geschichte des menschlichen Ungemachs vom Anbeginn der Tage bis auf unsere Zeiten* machen müßte. [...]

Oh! blickt hin, ihr Völker Europas, auf eure im Kriege ermüdeten und abgematteten Beherrscher! oh! schaut ihre grollenden Gesichter an, weil sie nicht nach ihrem heißen Willen fortfahren können, in den Eingeweiden der Nationen herumzuwühlen! oh! bemerkt, ich bitte euch, ihren Zorn, weil Ohnmacht und Völkergewinsel sie nötigen, einen Waffenstillstand auf einige Jahre einzugehen! Hört! hört! wie sie sich erbittert vorsetzen, künftig ihre Absichten durchzuführen, künftig sich nicht stören zu lassen in der Ausführung ihrer Plane, und sollten alle Nationen in kindischen Zähren zerschmelzen, und sollten Millionen zersplittert werden, Millionen verhungern und alle vor innerer Wut die Hände gen Himmel emporstrecken! Das sind eure Fürsten! das eure Vormünder! das eure Landesväter, denen ihr euch mit Leib und Seel, mit Hab und Gut anvertraut habt!

Heilig, heilig sei euch daher, Europas Völker, folgender Rat, den mein blutendes Herz euch gibt: Wenn die auf Frankreich erbosten Fürsten mit der gröbsten Verachtung der Gottheit das Ende dieses schwarzen, durch alle Geschichte und Zeitalter wie Blut flammenden Krieges durch ein Fest, durch die gewöhnlichen Gesänge zu feiern anordnen, so sei euch dieser Tag *der größte Bußtag*, den jemals die Sonne beleuchtet hat. Geht in die Kirche, fallt sämtlich auf eure Knie und singt wehmütige Klaglieder, oder verschließt euch in eure Wohnungen und trauert in Todeskleidern, und fastet und heulet und jammert; denn dieser Tag, wo das Friedensfest gefeiert werden soll, ist der erste Vorbote zu neuen Kriegen, die unausbleiblich auf euch betäubend hineinstürzen! [...]

Verstockt sind die Fürsten wie Ägyptens Pharao, ihr Herz ist steinern, ihr Blut eiskalt, ihr Inneres vergiftet; sie sehen nicht, sie hören nicht, und wenn ein Engel vom Himmel käme und alle zehn verderblichen Verwüstungsplagen über ihre Untertanen schüttete, so würden sie nicht vom Kriege ablassen, der weder ihnen noch ihrem Lande nur die mindesten Vorteile gewinnt. Schlägt der Würgengel alle junge Mannschaft in einer Nacht, werden auf einmal durch flugschnelle Pesten und Seuchen ganze Millionen verschlungen, die Länder menschenleer, die Felder wüste und öde, die Städte und Dörfer verwaist – dann, dann und nicht eher wird Friede; dann muß Friede werden, denn der Himmel selbst hat ihn gemacht. Teurung, Sündfluten, allgemeine Erderschütterungen, Pesten und Seuchen, Würgengel – das, das sind die mächtigen Dinge, die den Fürsten eilig den Frieden gebieten. Aber was hilft dann Friede, wenn keine Menschen da sind, die ihn genießen können, wenn Grabesstille und verweste Leerheit den Flüchtlingen aus der allgemeinen Zerstörung entgegenweht! Oh! könnt ich – welches Herz angreifende Gemälde wollt ich von den verzehrenden Plagen des Krieges entwerfen! [...]

Auf diese Weise und unter diesen mißlichen Umständen wird also noch kein Friede, nicht einmal ein Saeculum hindurch, geschweige denn auf immerwährende Zeiten. Soll aber dies doch geschehen, so müssen, wie Kant richtig angibt, keine Aufschübe von Feindseligkeiten auf einige unbestimmte Fristjahre, sondern *wirkliche Friedensschlüsse* zwischen Nationen geheiligt werden.

Allein zur Realisierung dieses philosophischen Wunsches ist noch nicht der allermindeste Anschein vorhanden; denn sollte dies möglich sein, so müßten die meisten und wichtigsten und gebildetsten Völker in Europa *eine republikanische Verfassung* angenommen und ihre Unformen abgeschüttelt haben. Solange die meisten Völker von Monarchen oder Despoten im Zaum gehalten werden, d. h. eine verfassungslose Herde Menschentiere für ihre Hirten und geißelnden Treiber sind, die mit derselben vornehmen können, was ihnen nach ihrem rohen Sinne gutdünkt, solange werden furchtbare Kriege ebenso unvermeidlich den Erdball entstellen, als die Sonne, solange sie sichtbar ist, ihren Schein auf uns herunterwirft. Tierische Kriege sind die beste und fast einzige sichere Stütze zur Aufrechthaltung des Despotismus und seiner Throne; bei jedem Kriege hat der Despotismus die herrlichste Gelegenheit, sein erschlichenes Ansehen, seine geraubte Macht, seine widernatürliche Strenge zu Tage zu legen und sich von neuem (wenn der Krieg nicht ganz unglücklich ausfällt und nicht allzulange dauert) in seinen gestohlenen Rechten zu befestigen. [...]

Die Geschichte des itzigen, alles verwirrenden und verunstaltenden Krieges wie auch die Blutpartien aller Jahrhunderte zeigen es deutlich, daß Despoten die allerabscheulichsten und niedrigsten Mittel in Bewegung setzen, um ihre eingebildete Größe – denn wie könnte ein Despot *reelle* Größe besitzen? – oder ihre Herrschaft und Leidenschaft zu befriedigen. Ganze Staaten vernichten durch alle ersinnlichen Machinationen und Vorstellungen, ganze Völker zu Sklaven machen und unter ein fremdes Joch beugen, ist der Despoten größte Lust und herrlichstes Vergnügen. Hier hilft also dieser vorläufige Punkt zum ewigen Frieden nichts, aber wohl bei republikanischen Staatssystemen; da z. B. zwei gleich eingerichtete Republiken unstreitig dergleichen Straßenräuberstreiche bei ihren Kriegen heftig verabscheuen und auf eine ehrlichere Art überall zu Werke gehen würden. Allein, es ist nicht wahrscheinlich, daß zwei Republiken, die gleiches Interesse verbindet und zusammenkettet, einander bekriegen werden; und ist ein ewiger Friede zwischen ihnen bekräftigt, so wird es zur Gewißheit. [...]

Ein republikanischer staatsbürgerlicher Staat weiß ohnedem, daß er keinen andern erheuraten, erhandeln, erwerben usf.

kann und darf, wohl aber sich mit einem andern Staate verbünden, um gemeinschaftliche Zwecke durchzusetzen, zumal gegen die schwarzen Verschwörungen der Despoten. Despoten sind vermöge ihres Systems imstande, andere Staaten durch alle Mittel, durch gute und gewaltsame, durch schändliche und lächerliche usf., an sich zu bringen und mit ihren Ländern zusammenzuschmelzen; es mag mit Willen der freien Bewohner jener Reiche geschehen oder nicht, kurz, sie müssen. Und wer hat was einzuwenden gegen die Kanonenbeweise der Despoten? Wo gibt es eine Vernunft, die gegen den Willen eines Herrschers etwas einzuwenden hätte? *Nicht räsoniert, d. h. keine Vernunft, weg mit ihr!* oder ich lasse mit gehacktem Blei und Kartätschen unter diese Rebellen feuern, um ihnen den Vernunftkitzel auf immer zu vertreiben! [...]

Doch der gegenwärtige Durchbruch der Menschheit verkündet viel für die Zukunft und macht es wahrscheinlich, daß mehrere Völker auf den allgemeinen Entschluß verfallen, *sich die erste Staatsverfassung* in ihrem ganzen Dasein zu erteilen. Denn wer die itzigen Menschenbehälter Staaten oder Staatsverfassungen usf. nennen wollte oder sie im Ernst dafür ausgäbe, der wäre entweder ein ausgemachter Menschenfeind, der vogelfrei ist, oder so dumm, daß er schlechterdings nicht unter die Zahl der Menschen gerechnet werden könnte. Das sind keine Staaten, das sind Menschenherden, in gewisse Reviere, Ställe und Plätze abgeteilt, wo hier solche – und dort andere Sorten stekken, wo hier gemeine – dort bessere, hier edle – dort die zum Spielen und Erlustigen abgerichteten, hier angehängte – dort zum Wachen bestimmte usf. sich herumbewegen. Geh, Elender! nach Nordamerika und in einigen Jahren nach Frankreich, und hole dir wenigstens ein Bild, einen Begriff von einem Menschenstaat, von einer verbundenen Bürgergesellschaft! [...]

Kant, der mir nicht natürlich genug bei der Vorstellung seiner Idee zum ewigen Frieden zu Werke gegangen zu sein scheint, schreibt seine Präliminarartikel despotischen Staaten (worunter ich alle die verstehe, die nicht republikanisch sind) oder Despoten zur Analysierung vor, indem diese, lächerlich genug, überall den Staat ausmachen. Despotische Reiche sollen sich nämlich durch allmähliche Reformen zu repräsentativen Bürgergesellschaften, wozu die Befolgung jener Artikel allerdings viel beitragen würde, erheben. Despoten sollen keinen anderen für sich bestehenden Staat, sei es auf welche Art es immer wolle, an sich bringen, indem ein Staat, so wie eine freie, moralische Person, gar nicht erworben werden kann, sondern in alle Ewigkeit für sich unabhängig existieren muß. Despoten sollen ihre stehenden Kriegsheere mit der Zeit ganz abschaffen. Despoten sollen keine Staatsschulden in Beziehung auf äußere Staatshändel machen. Despoten sollen sich nicht in die Verfassung und Regierung eines andern Staats gewalttätig einmischen. Despotische Staaten sollen im Kriege mit einem andern sich keine solchen Feindseligkeiten erlauben, welche das wechselseitige Zutrauen im künftigen Frieden unmöglich machen müssen. Nur erst, wenn dies alles in verschiedenen Kriegen schon beobachtet und gehalten worden, wenn die Wichtigkeit und Notwendigkeit dieser Punkte den Despoten einleuchtet, und erst, wenn despotische Staaten sich so weit verbessert und vermildert haben, daß jeder dieser Artikel für ein heiliges Völkergesetz gilt – dann erst kann es heißen: kein Friedensschluß soll für einen solchen gelten, der mit dem geheimen Vorbehalt des Rechts zu einem künftigen Kriege gemacht worden. Den ersten Präliminarartikel hätte Kant gerade zum letzten machen sollen, weil alle folgenden Artikel völlig überflüssig und schon im ersten enthalten sind, wenn dieser realisiert ist. [...]

Überhaupt scheint mir Kant einen unrichtigen Weg eingeschlagen zu haben bei seiner Schrift zum ewigen Frieden und bei den darin aufgestellten 6 Präliminarartikeln; er will die despotischen Staaten, oder, welches ebensoviel ist, die Despoten selbst reformieren und sie etwa zu dem machen, was Friedrich, der wahre Regent, war. Auf diesem Wege kommt man eben nicht fort: wer reformieren und aufklären will, der muß nicht *von oben herunter*, nicht an den hartnäckigeren Thronbesitzern beginnen, sondern *von unten*, von den Bauern und Bürgern herauf. Die itzt sogenannten untern Volksklassen müssen kultiviert und fortgebildet, auf diese muß alle Aufmerksamkeit und Sorgfalt verwendet werden, von hier aus muß das Licht der Vernunft leuchten, wenn es dauren und nicht wieder verdunkelt werden soll. Wer den sogenannten Adel und die Fürsten reformieren wollte, der würde die vergeblichste Arbeit von der Welt tun und einen Knaben gleichen, der mit einem Löffel das Wasser eines

Flusses ausschöpfen wollte. Hier ist alles verkettet und verrammelt, hier findet kein Aufklärer Gehör, und wenn Christus und Sokrates von den Toten wieder erstanden wären und an den Höfen herumwandelten: schon am ersten Hofe würden sie Johannes des Täufers Schicksal erleiden. Hier gelten nur leere Höflinge, eitle Windmenschen, hirnlose Schwätzer, zwitschernde Schmeichler, wertlose Fußlecker, kalte Phlegmatiker, saugende Blutigel, luftige Projektmacher, um den Untertanen mit der besten Manier den Schweiß auszupressen, verstockte Bösewichter, die ihre Fürsten betrügen und von nichts als Volksglückseligkeit schwatzen, während alle Untertanen unter ihrem viehischen Druck schmachten und seufzen. [...]

Da nun nach unserer zuverlässigen Behauptung in der adeligen und fürstlichen Sphäre gar nichts getan werden darf, sondern alles in der untern Menschheitsregion, da von oben herab nichts für die Vervollkommnung der Menschen zu hoffen ist, sondern alles von unten herauf, so müssen wir itzt auch *andere Präliminarartikel zum ewigen Frieden* aufstellen, als Kant aufgestellt hat. Dies ist schlechterdings nach diesem veränderten Gesichtspunkt nötig, der zugleich weit wichtiger und natürlicher ist als der Kantische. Denn es ist leicht begreiflich, daß, wenn die untern Volksstände, *durch welche* und *mit welchen* alle Despoten Krieg führen, so weit aufgeklärt und dahin gebracht sind, daß sie sich nicht mehr von ihren Fürsten mißbrauchen lassen, daß sie jeden Krieg aufs allerheftigste verabscheuen usw., als dann ein ewiger Friede zwischen allen Nationen von selbst erfolgt.

Dieser Weg ist weit sicherer und trifft näher zum Ziel als der, welchen Kant einschlägt. Wenn ich jemandem das Geld entziehe, durch dessen verschwenderischen Gebrauch er sündigt und ausschweift, so ist dieses Mittel wirksamer als jenes, wo ich ihm immer schöne Maximen vorrede, ihn immer zum vernünftigen und billigen Betragen ermahne, ihn immer aufzuklären suche usf. Ein solcher Verschwender wird wohl ohnedem besser wirtschaften lernen und – müssen, er wird ohnedem mäßiger und menschlicher leben, wenn man ihm kein Geld mehr überläßt.

Ebendies gilt auch von allen Despoten, denen einmal alle Aufklärung, alle Vernunft, alles billige Verhalten zuwider und zum Gespötte ist. Sie werden wohl gerne aufhören zu kriegen, wenn niemand mehr Lust hat, in Krieg zu ziehen, sich schlachten, verstümmeln zu lassen und andere freundliche und gute Weltbewohner unseres Planeten abzuwürgen. Da stand Alexander am Ganges und konnte keinen Schritt weiter vorwärts tun, hier rannte er wie ein Verrückter herum, mit den Zähnen knirschend, und mußte den Krieg auf dieser Seite beendigen, weil ihm kein Soldat, er mochte sagen und machen, was er wollte, nachfolgte. Hier in den Hütten der Bauern und Bürger muß der erste Same zum ewigen Frieden ausgesät werden, hier muß der Grundstein zum allgemeinen Friedenstempel in der Welt gelegt werden. Der Friedenssame geht gewiß auf, sollte es auch etwas lange dauern, aber doch gewiß nicht so lange, als wenn er auf den ehernen Boden des Despotismus hingestreut wird; er bringt gewiß Früchte und Gewächse, unter deren lieblichen Schatten alle Unruhe wegschwindet.

Überhaupt sind keine Mühwaltungen des Lebens besser und schicklicher angewandt als die zum Besten der niedern und unterdrückten Menschenklassen. Hier ist das wahre Feld, worauf der Menschenfreund geschäftig sein muß; hier muß gearbeitet werden, wenn es besser und zufriedener auf dieser Erde sich wohnen lassen soll. Wer hier seinen Geist ausläßt, wer hier seine Kräfte verbraucht, der mache auf Seligkeiten, auf Belohnungen, so groß sie immer sein mögen, vollen Anspruch. Helft, helft der unterdrückten, der verlassenen Menschheit, ihr Weisen, ihr Patrioten, ihr Gelehrten! Zertrümmert die Schranken, zerreißt die Netze der Vorurteile, die man um die geplagten, abgeängstigten niedern Volksklassen herumgezogen hat! Kommt, kommt, ihr wahren Menschenfreunde, dringt mit dem leuchtenden Licht eurer Vernunft bis in die Hütten der beklommenen Landleute! Predigt Menschenwürde, verkündigt das geweihte Reich der Vernunft, ruft laut der Menschheit an allen Orten, gießt Menschenwärme aus, reizt alles Brudergefühl auf, schafft selbsttätige Menschen, belehrt sie von ihren Rechten und Pflichten!

Wach auf, schlummernde Menschheit, stehe auf von deinem matten Todesschlummer; die Stimmen aller Weisen rufen dich donnerstark zum neuen Leben! Auf, auf, ihr Menschen, die Häupter empor, und laßt euch vom Glanze der neuen Beherrscherin des Erdbodens, der *Vernunft*, anscheinen! Rüttelt, rüttelt die Zaudernden und führt sie sanft in die erste Dämmerung des Lichts, denn blöde sind ihre Augen, von den Zauberbinden hämischer Priester geschwächt; sonderbar sind ihre Bewegungen, denn sie sind des freien Raums und dieses Lebens ungewohnt, von den Despoten bekettet und belastet! Siehe, ich sende Hülfe den Nationen des Erdballs, ich strafe mutig die Tyrannen, die meine Völker gepeinigt haben, ich erhöre das Seufzen der Unterdrückten und stürze ihre Feinde in ewige Verzweifelung! – Gibt es keinen Gott mehr, der so spricht? Ist Gott nur ein Gott der Meere, der Sonnen, der Monde und nicht der Erde? Ei, gibt es keinen Gott für die Menschheit, so gibt es gar keinen; doch die Menschheit ist stark genug, sie kann sich selber helfen, wenn sie will; sie muß sich selber helfen, denn sie verlangt ja Glückseligkeit.

Wir wollen itzt unsere Präliminarartikel zum ewigen Frieden ganz kurz angeben. [...] Man vergesse hiebei ja nicht – dies bittet sich der Verf. von seinen Lesern aus –, daß die Menschheit in allen Ländern und Weltteilen *nur ein Ganzes ist*, daß alle Erdenvölker zu einer einzigen Wesengattung gehören. Ferner vergesse man nicht, daß einerlei Instinkte, einerlei Grundtriebe die Menschheit unter allen Himmelstrichen beseelen, daß alles ein Brudergeschlecht ausmacht, das wechselseitig aufeinander einwirken muß, ein Glied auf alle und alle Glieder auf eines, indem die ganze Menschheit nur einem organisierten Körper gleicht, der aus vielen Millionen Teilen besteht. Endlich bedenke man, daß mit der Zeit alle Schranken werden weggerissen werden, welche itzt Völker von Völkern scheiden, daß dereinst die ganze Menschheit wird wieder zusammenfließen und nur ein einziges Ganzes bilden, wie es schon vor den Zeiten des Despotismus der Fall war.

Alle Sekten werden eingehen, alle Völkerreligionen als veraltet aufhören, alle Sprachen werden vermischt werden, aller Krieg wird wegfallen, Harmonie wird beginnen unter den Menschen aller Erdgegenden, ein Weltteil wird auf den andern wirken, und alle Güter der Erden werden überall zu genießen sein. [...] Dies ist dann der Himmel für die seligen Menschen, den unsre Priester seltsam genug erst prophezeihen, wenn diese Erde im Feuer zerschmolzen ist, wenn das alte, neue und neueste Menschengeschlecht mit Leib und Seel sich in die Sterne der Freuden aufgeschwungen hat. – Nein, Täuschung! Nie, nie, auch in Millionen Ewigkeiten nicht wird sich das Menschengeschlecht von diesem Weltlande entfernen; es kann nur auf diesem Planeten glücklich sein und sonst nirgends, und wenn es in der Nähe der Gottheit selber wäre. Die Menschheit ist ewig, ewig an diese Erde gebunden, so wie der Mond an sie und sie wieder an die Sonne; kein Stäubchen von einem Menschen wird jemals in ein anderes Land des Alls sich verfliegen, geschweige dann die ganze Menschengattung. Es ist kein Himmel für uns, sondern bloß eine Erde, aber diese kann und soll für uns Himmel werden. Es kommt kein Reich zu uns, aber wir selber sollen ein Reich der Tugend und Glückseligkeit auf diesem Erdball begründen.

Erster Einleitungspunkt zum ewigen Frieden. – Jeder Mensch ohne Ausnahme soll und muß sich als ein freies, selbständiges Wesen betrachten, das *beständig um sein selbst willen und niemals für andere da ist.* Jeder soll und muß aber auch *alle anderen Menschen* (sie mögen wohnen auf der Erde, wo sie wollen; sie mögen zu einer Nation gehören, zu welcher sie wollen; sie mögen eine Sprache reden, welche sie wollen) als solche Wesen ansehen und behandeln, wie er selbst ist und wie er sich selbst behandelt. – Widrigenfalls wäre ja der Mensch ein Mittel, eine Sache, eine Maschine für andere, und andere für ihn, die einander gebrauchen und verbrauchen könnten (wie z.B. Tiere, Holz, Gerätschaften), welches allem Möglichen widerspricht.

Zweiter Punkt. – Jeder Mensch erkenne in jedem andern Menschen auf der Welt einen Mitmenschen, einen Bruder, einen Mitbewohner dieses Planeten, der mit ihm zu einerlei Gattung, zu einerlei Geschlecht gehört, der mit ihm und neben ihm glücklich sein soll. – Sonst hätte es das traurige Ansehen, als wenn die Menschen sich einbildeten, wo die Grenze ihres Landes ist, sei auch die Grenze ihrer Menschenliebe, ihres Wohlwollens und ihrer Handlungssphäre. Jede Nation macht nur einen größern oder kleinern Teil von der Menschheit aus, aber alle Nationen des Erdbodens gehören zusammen und sind ein einziges Ganzes, eine einzige Wesengattung. Der Türke ist so gut mein Mitmensch wie der Franke, der Engländer usw.

Dritter Punkt. – Kein Mensch auf dem ganzen Erdboden hat und kann nicht mehr Recht haben als jeder andere, er sei wer er wolle. Der Mensch kann in keinem möglichen Falle seine

Rechte verlieren, aber auch nicht vermehren, denn *der Mensch und seine Rechte sind eins*, und eben indem der Mensch *diese Rechte hat und gebraucht*, welche er hat, ist er Mensch, ist er vernünftiges Wesen.

Wäre dies nicht so, so käme es heraus, als wenn man bald mehr als Mensch, bald weniger als Mensch sein könnte, je nachdem wir Rechte verlören oder Rechte gewönnen, welches abgeschmackt ist. Es gibt keinen Zustand, keine Staatsverfassung, keine Lage, wo der Mensch bald mehr, bald weniger Rechte besäße. Der Mensch lebt und muß in Gesellschaft leben, aber diese heiße milder oder wilder Naturstand, Monarchie oder Demokratie, Aristokratie oder Republik usw., so kann der Mensch doch in keiner derselben irgendein Recht gewinnen oder irgendeines verlieren. Überall bleibt der Mensch mit seinen Rechten und Verhältnissen gegen andere völlig unveränderlich. Wer von seinen Rechten etwas abgeben wollte, der müßte sein eignes Wesen vermindern und sich selbst zerstören; wer zu seinen Rechten etwas hinzusetzen wollte, der müßte sich *ein übermenschliches, ein höheres Wesen* anschaffen können, welches beides Unsinn ist.

Vierter Punkt. – Jeder Mensch bekümmere sich in der ganzen Dauer seines Daseins um sich selber, um seine Lebenszwecke, um sein ganzes Tun und Lassen; jeder sorge für sich und seine Angelegenheiten und lasse alle anderen für die ihrigen sorgen; jeder denke und glaube und mache, was er will und was er als Mensch darf, und lasse alle anderen auch denken und glauben und machen, was sie wollen und was sie als *Menschen* dürfen.

Der Mensch mag Allah schreien oder Jehova rufen oder Christum anbeten oder Tien verehren usw., er mag einen Gott oder drei Götter oder Millionen Götter oder gar keinen Gott glauben, er mag Religion haben, und zwar was für eine er wolle (heidnische, jüdische, natürliche usf.) oder er mag gar keine Religion haben – so bleibt er Mensch, so ist er das, was ich bin, so hat er die nämlichen Rechte, die nämlichen Pflichten, die nämlichen Gesetze, die ich habe, ob ich gleich alles glaubte, in 20 Religionen eingeweiht, 70mal getauft und 700mal zum heiligen Abendmahl gegangen wäre, und bei ihm nichts von alledem stattfände. Und wenn jeder Mensch 1000 Jahre lebte, so hat er stets sich bloß mit sich selbst zu beschäftigen und darf sich gar nicht in fremde Dinge einmischen, sonst bewiese er sich wie ein Narr, der nicht einmal eines kurzen Fliegenlebens würdig wäre. Jeder trage die Sorge für seine Seele und für sein Gewissen selber, dies kann kein Priester, kein Fürst, kein Erlöser, diese alle müssen selber ihre Seele und ihren Geist besorgen. Bloß durch gutes Handeln wird der Mensch gerecht und gut, und nimmermehr durch das Verdienst eines andern, auch nicht einmal der Gottheit. Jeder helfe sich, so gut er kann, selber – so hilft sich die ganze Menschheit, so viel sie kann, selbst, und allen ist geholfen.

Fünfter Punkt. – Jeder Mensch bringe dieses ganze Leben so angenehm, so vergnügt, so ruhig, so zufrieden hin, als er nur kann und weiß, und lasse sich von keinem Menschen (er heiße Papst oder Sultan oder Kaiser oder König oder Fürst usw.) unter keinerlei Vorwand in seinem frohen Lebensgenusse stören. Jeder lasse aber auch alle anderen so angenehm, so vergnügt, so ruhig, so zufrieden leben, als sie nur können und wissen, und störe sie nicht im mindesten, lasse sich auch nicht von anderen (von Fürsten, Königen usw.) dazu auffordern und gebrauchen.

Wenn man itzt die Menschen betrachtet, so scheint es, als wenn sie gar keine Zwecke hier zu erreichen hätten, als wenn sie bloß aus Langerweile und anderen zum Spiel da wären oder als wenn ununterbrochenes, saures Arbeiten ihre ganze Bestimmung auf Erden ausmachte. Nein, ihr gutmütigen Geschöpfe! Ihr seid da, um diese Erde und alle ihre Güter so viel als möglich zu genießen, um eure natürlichen Triebe und Instinkte zu befriedigen – kurz, als sinnlich vernünftige Wesen im ganzen Umfange zu leben. Ihr sollt eure Glückseligkeit nicht, wie Blödsinnige, an Fürsten und Könige verpachten, ihr sollt, ihr müßt selber glückselig sein und genießen, was euch die Natur darbietet.

Ihr sollt keinen Menschen, keine Nation unter irgendeinem Vorwande und auf irgendeinen Befehl stören und beunruhigen, bekriegen und erwürgen; nein, ihr müßt, ihr sollt beständig in eurer Ruhe, in eurer Hütte bleiben und euch durch nichts aus eurer Lage herausreißen lassen. Denn über euer Leben hat niemand zu befehlen, über eure Kräfte niemand zu gebieten, über euren Zustand niemand zu herrschen. Ihr seid freie, unabhängige Menschen, die mit der ganzen Welt in Friede und Freundschaft leben, die alle als Brüder einander erkennen, die alle gerne wohlleben und sich und die schöne Natur genießen wollen. Ihr laßt jeden auf seine ihm gefällige Weise leben (mit oder ohne einen Gott, mit der Hoffnung der Unsterblichkeit oder mit keiner, mit der Bibel in Händen oder mit Spielwerkzeugen – dies gilt euch eines und dasselbe). Ihr lebt auf eure Art ruhig und glücklich und andere auf die ihrige.

Sechster Punkt. – Jeder *irdische* Mensch, insofern er bloßer Weltbürger ist, sollte sich bloß in seinem ganzen Dasein auf diese Erde einschränken. Er sollte nicht mit seinen Gedanken und Wünschen und Hoffnungen über die Grenzen dieser Welt hinausgehen; er sollte nichts von einer zukünftigen, herrlichen Auferstehung träumen; er sollte nicht an den Himmel und seine unermeßlichen Freuden und unaussprechlichen Seligkeiten denken; er soll nicht sein zweites Leben, seine Unsterblichkeit, seine glänzenden Belohnungen als ein Wesen, das diesem zur Rechten des Weltrichters gestellt wird, im Kopfe herumtragen.

Wenn man die albernen, von ihren Priestern versühnten Menschen ansieht, so sollte man meinen, sie wären bloß auf der Durchreise zu ihrem Himmel begriffen, sie wären bloß auf Erden, um auf ihr ewiges Leben unter Trübsalen und Nöten zu warten. Ihr Toren, was wollt ihr, was hofft ihr, was leidet ihr? Es weiß ja kein Mensch mit Bestimmtheit, ob ein zweites Leben auf dieses folgt, ja es ist sogar unwahrscheinlich und zweifelhaft. Hier, hier sollt ihr leben, hier sollt ihr genießen, hier soll euer Himmel sein. Ihr sollt nicht in der schwarzen Zukunft herumtappen, nicht an leeren Erwartungen herumkauen, nicht auf chimärische Seligkeiten harren und euch hier wie Unwürdige gängeln lassen usw. Auf Erden ist euer Element, wenigstens solange ihr darauf wohnt; nur die Erde ist euch bekannt, der Himmel nicht, nur dieses Leben ist gewiß, es ist in euren Händen, ein zweites aber nicht; nur irdische Genüsse und Vergnügungen sind itzt in der Tat vorhanden, die himmlischen nur in der Hoffnung.

Wer will so einfältig sein und beständig nach seinem Schatten schauen und sich selbst darüber vergessen? Wer will ein Leben verschlummern, um im zweiten zu leben? Wer will ein Leben verschmachten und vertrauern, um im zweiten aus aller Macht zu jubeln und ausgelassen zu sein? O, es ist gut auf dieser Erde! Weist nur mutig alle die zurecht und lernt ihnen Bescheidenheit, die das Wohlsein anderer stören und ihre Nahrung wegfressen wie die Haifische zur See den andern Meerbewohnern! *Macht euch wohl hier: so ist euch wohl! Stoßt die Ungeheuer aus: so werdet ihr alle froh und vergnügt!* Und sollte es auch ein zweites Leben geben, so kann es doch nur der genießen, der das gegenwärtige recht genossen hat; und sollte euch unaussprechliche Glückseligkeit im Himmel erwarten, so wird sich nur der darin wohlbefinden, der sich hier auf Erden wohl befunden hat. Nur der *wahre*, der *ordentliche* Wollüstling auf der Erde, so wie ihn die Natur haben will, kann vergnügt und heiter wieder auferstehen, kann ruhig und zufrieden in den Himmel eingehen, kann fröhlich und wonnevoll sein zweites Leben beginnen und eine Seligkeit nach der anderen ausschlürfen.

Der glücklichste, der beste Erdenmensch genießt überall am meisten, weil er teils am meisten zu genießen versteht, teils auch zu allen Vergnügungen die meiste Genußfähigkeit mitbringt. Kurz, wer diese Erde, dieses Leben nicht genießt, so viel nur in seinem Vermögen steht, der ist ein armseliger Tor, ein dummer Blindling, ein strafbarer Sünder gegen sich selbst und seine erhabenen Lebenszwecke.

Man lege einmal allem Volk diese Punkte zur Beherzigung und Unterschrift vor, man verkündige dieselben überall laut unter der Autorität, welche das Volk verlangt, man predige darüber nur den vierten Teil der Zeit, als lange man schon über die Vorschriften Jesu oder eines anderen Weisen gepredigt hat – und sehe dann, ob noch Kriege diesen Erdboden verwüsten werden! Wahrlich, wo diese Punkte als wahr angenommen werden, da hört man nichts mehr von Kriegen und Kriegsgeschrei, von Morden und Unterjochen anderer Völker, von Rauben und Plündern, von Soldaten und Kanonen usw. Wo diese Grundsätze in eine Nation eindringen und sich in dem Herzen der untern Stände festsetzen, da muß der Despotismus seine Blutfahnen einziehen und weiße Friedenszeichen ausstecken, da muß der Despotismus verstummen und allmählich verschwinden und zuletzt eine *republikanische Bürgergesellschaft daraus hervorgehen.* Wo dies Evangelium von einem Volk geglaubt wird, da muß bald Friede und Eintracht mit allen benachbarten Völkern und so mit der ganzen Welt entspringen, da geht niemand mehr in bluttriefende Schlachten, da darf niemand den anderen, kein

Volk das andere in seinem Zustande stören, wenn er nicht als ein auf die Welt sich verlaufener Teufel gebrandmarkt und in eine unterirdische Grube gestoßen sein will.

Kant mag seine Präliminarartikel 4000 Jahr lang den Despoten vorsagen, sie werden sie höhnisch verlachen und naserümpfend von sich abweisen, es wird kein ewiger Friede zustandekommen. Allein man schärfe und präge unsere Präliminarartikel nur 500 Jahre lang den unteren Volksklassen ein, man lasse sie die Wahrheit derselben im Innern fühlen, so wird unvermerkt, ohne allen Friedensschluß, ein ewigwährender Friede seinen Anfang auf diesem Planeten feierlich eröffnen, so wird eine solche Stille, Ruhe und Zufriedenheit beginnen, von der das menschliche Geschlecht leider noch nichts weiß. [...]

Johann von Döring
Bitte an die kriegenden Mächte,
den 15. März 1797

Macht endlich uns durch Frieden froh!
Und schließt ihn menschenfreundlich so:
Daß, wenn ihr teilt ein Stückchen Erde,
Nicht Krieg darin gepflanzet werde.

Johann Gottfried Carl Christian Kiesewetter in einem Briefe vom 11. April 1797 an Immanuel Kant

[...]

Jetzt aber habe ich noch eine Bitte an Sie. Ihr Werkchen über den ewigen Frieden hat mich entzückt; und ich habe angefangen, einen Kommentar darüber auszuarbeiten, worin ich die darin enthaltenen Sätze aus dem Natur- und Völkerrecht nach Anleitung Ihrer Metaphysik des Rechts auseinandergesetzt und erläutert habe. Ich sehe aber wohl ein, daß ich ohne Ihre Erlaubnis dies nicht drucken lassen kann; daher will ich, wenn Sie es mir gütigst erlauben, Ihnen das Manuskript, sobald es fertig ist, zuschicken; erhält es Ihren Beifall nicht, so mag es ungedruckt bleiben, und ich habe wenigstens den Vorteil, meine Gedanken über so wichtige Gegenstände mir auseinandergesetzt zu haben.

[...]

Carl Grass
Friedensfeier, im Mai 1797

Flieht, ihr des Jammers Schauernächte!
Ein Freudenstern beut seinen Gruß.
Mit Friedenspalmen in der Rechte
Erscheint der Menschheit Genius.

Er ruft der Kriegerwut: Nicht weiter!
Die Sanftmut wandelt vor ihm her,
Und tausend würgensmüde Streiter
Umarmen sich nun menschlicher.

Aus wilden Kämpfern wurden Brüder.
Ihr Losungswort ist: Heimat, Ruh!
Und leiser schwebt der Frühling nieder,
Und sieht entzückt der Szene zu.

Er kömmt, mit Blumen zu verdecken,
Wie vieler Blut die Erde trank,
Und Hoffnungskeime da zu wecken,
Wo vieler Menschen Hoffnung sank.
Er kömmt, die Wunden sanft zu heilen,
Die furchtbar das Verderben schlug.
Er kömmt, im Wehen zu erteilen,
Was Zwietracht sonst im Sturme trug.

Nur euch, ach! kehrt kein Frühling wieder,
Euch, den der Blitz der Krieger traf;
Des Jubels Laut tönt euch nicht wieder,
Kein Ruf weckt euch vom Todesschlaf.

Doch fromme Dankestränen fließen,
Euch von den Glücklichern geweiht,
Und über eure Gräber sprießen
Die Saaten einer bessern Zeit.

Ertöne lauter, Freuden-Saite!
Du Freund des Lichtes, freue dich!
Du, der sich an das Ganze reihte,
Empfang vom Ganzen nun dein Ich.
Kann dich dein Pfad noch furchtbar dünken
Und schrecken seine Dämmerung?
Der Menschheit Steigen durch dein Sinken
verbürget eine Vorsehung.

Nicht Franken, Welsche, nicht Germanen
Der Menschheit Sache hat gesiegt.
Das Vorurteil verlor die Fahnen,
Und Unterdrückung ward bekriegt.

O Menschheit! Menschheit! Diesem Lenze
Des Friedens bringe Opfer dar!
Du Nachwelt, winde dankbar Kränze!
Es reift der Menschheit großes Jahr.
Komm, Duldung, wandle in der Mitte
Der Güte und Gerechtigkeit!
Komm wieder, heilge Unschulds-Sitte,
Und werde Genius der Zeit!

Immanuel Kant
*Über den Frieden als höchstes politisches Gut***

Das Völkerrecht

§ 53

Die Menschen, welche ein Volk ausmachen, können als Landeseingeborne nach der Analogie der Erzeugung von einem gemeinschaftlichen *Elterstamm* (congeniti) vorgestellt werden, ob sie es gleich nicht sind: dennoch aber in intellektueller und rechtlicher Bedeutung als von einer gemeinschaftlichen Mutter (der Republik) geboren, gleichsam eine Familie (gens, natio) ausmachen, deren Glieder (Staatsbürger) alle ebenbürtig sind und mit denen, die neben ihnen im Naturzustande leben möchten, als unedlen keine Vermischung eingehen, obgleich diese (die Wilden) ihrerseits sich wiederum wegen der gesetzlosen Freiheit, die sie gewählt haben, vornehmer dünken, die gleichfalls Völkerschaften, aber nicht Staaten ausmachen. Das Recht der *Staaten* im Verhältnis zueinander [welches nicht ganz richtig im Deutschen das *Völkerrecht* genannt wird, sondern vielmehr das Staatenrecht (ius publicum civitatum) heißen sollte] ist nun dasjenige, was wir unter dem Namen des Völkerrechts zu betrachten haben: wo ein Staat, als eine moralische Person, gegen einen anderen im Zustande der natürlichen Freiheit, folglich auch dem des beständigen Krieges betrachtet, teils das Recht *zum* Kriege, teils das *im* Kriege, teils das, einander zu nötigen, aus dem Kriegszustande herauszugehen, mithin eine den beharrlichen Frieden gründende Verfassung, d.i. das Recht *nach dem* Kriege, zur Aufgabe macht, und führt nur das Unterscheidende von dem des Naturzustandes einzelner Menschen oder Familien (im Verhältnis gegeneinander) von dem der Völker bei sich, daß im Völkerrecht nicht bloß ein Verhältnis eines Staats gegen den anderen im Ganzen, sondern auch einzelner Personen des einen gegen einzelne des anderen, imgleichen gegen den ganzen anderen Staat selbst in Betrachtung kommt; welcher Unterschied aber vom Recht Einzelner im bloßen Naturzustande nur solcher Bestimmungen bedarf, die sich aus dem Begriffe des letzteren leicht folgern lassen.

§ 54

Die Elemente des Völkerrechts sind: 1) daß Staaten, im äußeren Verhältnis gegeneinander betrachtet (wie gesetzlose Wilde), von Natur in einem nicht-rechtlichen Zustande sind; 2) daß dieser Zustand ein *Zustand* des Krieges (des Rechts des Stärkeren), wenngleich nicht wirklicher Krieg und immerwährende wirkliche Befehdung (Hostilität) ist, welche (indem sie es beide nicht besser haben wollen), obzwar dadurch keinem von dem anderen unrecht geschieht, doch an sich selbst im höchsten Grade unrecht ist, und aus welchem die Staaten, welche einander benachbart sind, auszugehen verbunden sind; 3) daß ein Völkerbund nach der Idee eines ursprünglichen gesellschaftlichen Vertrages notwendig ist, sich zwar einander nicht in die einheimischen Mißhelligkeiten derselben zu mischen, aber doch gegen Angriffe der äußeren zu schützen; 4) daß die Verbindung doch keine souveräne Gewalt (wie in einer bürgerlichen Verfassung), sondern nur eine *Genossenschaft* (Föderalität) enthalten müsse; eine Verbündung, die zu aller Zeit aufgekündigt werden kann, mithin von Zeit zu Zeit erneuert werden muß, – ein Recht in subsidium eines anderen und ursprünglichen Rechts, den Verfall in den Zustand des wirklichen Krieges derselben untereinander von sich abzuwehren (foedus Amphictyonum).

§ 55

Bei jenem ursprünglichen Rechte zum Kriege freier Staaten gegeneinander im Naturzustande (um etwa einen dem rechtlichen sich annähernden Zustand zu stiften) erhebt sich zuerst die Frage: welches Recht hat der Staat *gegen seine eigenen Untertanen*, sie zum Kriege gegen andere Staaten zu brauchen, ihre Güter, ja ihr Leben dabei aufzuwenden oder aufs Spiel zu setzen: so daß es nicht von dieser ihrem eigenen Urteil abhängt, ob sie in den Krieg ziehen wollen oder nicht, sondern der Oberbefehl des Souveräns sie hineinschicken darf?

Dieses Recht scheint sich leicht dartun zu lassen; nämlich aus dem Rechte mit dem Seinen (Eigentum) zu tun, was man will. Was jemand aber der Substanz nach selbst *gemacht* hat, davon hat er ein unbestrittenes Eigentum. – Hier ist also die Deduktion, so wie sie ein bloßer Jurist abfassen würde.

Es gibt mancherlei *Naturprodukte* in einem Lande, die doch, was die *Menge* derselben von einer gewissen Art betrifft, zugleich als *Gemächsel* (artefacta) des Staats angesehen werden müssen, weil das Land sie in solcher Menge nicht liefern würde, wenn es nicht einen Staat und eine ordentliche machthabende Regierung gäbe, sondern die Bewohner im Stande der Natur wären. – Haushühner (die nützlichste Art des Geflügels), Schafe, Schweine, das Rindergeschlecht u. a. m. würden entweder aus Mangel an Futter oder der Raubtiere wegen in dem Lande, wo ich lebe, entweder gar nicht, oder höchst sparsam anzutreffen sein, wenn es darin nicht eine Regierung gäbe, welche den Einwohnern ihren Erwerb und Besitz sicherte. – Eben das gilt auch von der Menschenzahl, die ebenso wie in den amerikanischen Wüsten, ja selbst dann, wenn man diesen den größten Fleiß (den jene nicht haben) beilegte, nur gering sein kann. Die Einwohner würden nur sehr dünn gesäet sein, weil keiner derselben sich mitsamt seinem Gesinde auf einem Boden weit verbreiten könnte, der immer in Gefahr ist, von Menschen oder wilden und Raubtieren verwüstet zu werden; mithin sich für eine so große Menge von Menschen, als jetzt auf einem Lande leben, kein hinlänglicher Unterhalt finden würde.

So wie man nun von Gewächsen (z.B. den Kartoffeln) und von Haustieren, weil sie, was die Menge betrifft, ein *Machwerk* der Menschen sind, sagen kann, daß man sie gebrauchen, verbrauchen und verzehren (töten lassen) kann: so, scheint es, könne man auch von der obersten Gewalt im Staat, dem Souverän, sagen, er habe das Recht, seine Untertanen, die dem größten Teil nach sein eigenes Produkt sind, in den Krieg wie auf eine Jagd und zu einer Feldschlacht wie auf eine Lustpartie zu führen.

Dieser Rechtsgrund aber (der vermutlich den Monarchen auch dunkel vorschweben mag) gilt zwar freilich in Ansehung der Tiere, die ein *Eigentum* des Menschen sein können, will sich aber doch schlechterdings nicht auf den Menschen, vornehmlich als Staatsbürger, anwenden lassen, der im Staat immer als mitgesetzgebendes Glied betrachtet werden muß (nicht bloß als Mittel, sondern auch zugleich als Zweck an sich selbst), und der also zum Kriegführen nicht allein überhaupt, sondern auch zu jeder besondern Kriegserklärung vermittelst seiner Repräsentanten seine freie Beistimmung geben muß, unter welcher einschränkenden Bedingung allein der Staat über seinen gefahrvollen Dienst disponieren kann.

Wir werden also wohl dieses Recht von der *Pflicht* des Souveräns gegen das Volk (nicht umgekehrt) abzuleiten haben; wobei dieses dafür angesehen werden muß, daß es seine Stimme dazu gegeben habe, in welcher Qualität es, obzwar passiv (mit sich machen läßt), doch auch selbsttätig ist und den Souverän selbst vorstellt.

§ 56

Im natürlichen Zustande der Staaten ist das *Recht zum Kriege* (zu Hostilitäten) die erlaubte Art, wodurch ein Staat sein Recht gegen einen anderen Staat verfolgt, nämlich, wenn er von diesem sich lädiert glaubt, durch eigene *Gewalt*: weil es durch einen *Prozeß* (als durch den allein die Zwistigkeiten im rechtlichen Zustande ausgeglichen werden) in jenem Zustande nicht geschehen kann. – Außer der tätigen Verletzung (der ersten Agression, welche von der ersten Hostilität unterschieden ist) ist es die *Bedrohung*. Hiezu gehört entweder eine zuerst vorgenommene *Zurüstung*, worauf sich das Recht des *Zuvorkommens* (ius praeventionis) gründet, oder auch bloß die *fürchterlich* (durch Ländererwerbung) anwachsende *Macht* (potentia tremenda) eines anderen Staats. Diese ist eine Läsion des Mindermächtigen bloß durch den *Zustand* vor aller *Tat* des *Übermächtigen*, und im Naturzustande ist dieser Angriff allerdings rechtmäßig. Hierauf gründet sich also das Recht des Gleichgewichts aller einander tätig berührenden Staaten.

Was die *tätige Verletzung* betrifft, die ein *Recht zum Kriege* gibt, so gehört dazu die selbstgenommene Genugtuung für die Beleidigung des einen Volks durch das Volk des anderen Staats, die *Wiedervergeltung* (retorsio), ohne eine Erstattung (durch friedliche Wege) bei dem anderen Staate zu suchen, womit der Förmlichkeit nach der Ausbruch des Krieges ohne vorhergehende Aufkündigung des Friedens *(Kriegsankündigung)* eine Ähnlichkeit hat: weil, wenn man einmal ein Recht im Kriegszustande finden will, etwas Analogisches mit einem Vertrag angenommen werden muß, nämlich *Annahme* der Erklärung des anderen Teils, daß beide ihr Recht auf diese Art suchen wollen.

§ 57

Das Recht im Kriege ist gerade das im Völkerrecht, wobei die meiste Schwierigkeit ist, um sich auch nur einen Begriff davon zu machen und ein Gesetz in diesem gesetzlosen Zustande zu denken (inter arma silent leges), ohne sich selbst zu widersprechen; es müßte denn dasjenige sein: den Krieg nach solchen Grundsätzen zu führen, nach welchen es immer noch möglich bleibt, aus jenem Naturzustande der Staaten (im äußeren Verhältnis gegeneinander) herauszugehen und in einen rechtlichen zu treten.

Kein Krieg unabhängiger Staaten gegeneinander kann ein *Strafkrieg* (bellum punitivum) sein. Denn Strafe findet nur im Verhältnisse eines Obern (imperantis) gegen den Unterworfenen (subditum) statt, welches Verhältnis nicht das der Staaten gegeneinander ist. – Aber auch weder ein *Ausrottungs-* (bellum internecinum) noch *Unterjochungskrieg* (bellum subiugatorium), der eine moralische Vertilgung eines Staats (dessen Volk nun mit dem des Überwinders entweder in eine Masse verschmelzt, oder in Knechtschaft verfällt) sein würde. Nicht als ob dieses Notmittel des Staats zum Friedenszustande zu gelangen an sich dem Rechte eines Staats widerspräche, sondern weil die Idee des Völkerrechts bloß den Begriff eines Antagonismus nach Prinzipien der äußeren Freiheit bei sich führt, um sich bei dem Seinen zu erhalten, aber nicht eine Art zu erwerben, als welche durch Vergrößerung der Macht des einen Staats für den anderen bedrohend sein kann.

Verteidigungsmittel aller Art sind dem bekriegten Staat erlaubt, nur nicht solche, deren Gebrauch die Untertanen desselben, Staatsbürger zu sein, unfähig machen würde; denn alsdann machte er sich selbst zugleich unfähig im Staatenverhältnisse nach dem Völkerrecht für eine Person zu gelten (die gleicher Rechte mit andern teilhaftig wäre). Darunter gehört: seine eignen Untertanen zu Spionen, diese, ja auch Auswärtige zu

Meuchelmördern, Giftmischern (in welche Klasse auch wohl die sogenannten Scharfschützen, welche einzelen im Hinterhalte auflauern, gehören möchten), oder auch nur zur Verbreitung falscher Nachrichten zu gebrauchen; mit einem Wort, sich solcher heimtückischen Mittel zu bedienen, die das Vertrauen, welches zur künftigen Gründung eines dauerhaften Friedens erforderlich ist, vernichten würden.

Im Kriege ist es erlaubt, dem überwältigten Feinde Lieferungen und Kontribution aufzulegen, aber nicht das Volk zu plündern, d.i. einzelnen Personen das Ihrige abzuzwingen (denn das wäre Raub: weil nicht das überwundene Volk, sondern der Staat, unter dessen Herrschaft es war, *durch dasselbe* Krieg führte): sondern durch *Ausschreibungen* gegen ausgestellte Scheine, um bei nachfolgendem Frieden die dem Lande oder der Provinz aufgelegte Last proportionierlich zu verteilen.

§ 58

Das Recht *nach dem Kriege*, d.i. im Zeitpunkte des Friedensvertrags und in Hinsicht auf die Folgen desselben, besteht darin: der Sieger macht die Bedingungen, über die mit dem Besiegten übereinzukommen und zum Friedensschluß zu gelangen *Traktaten* gepflogen werden, und zwar nicht gemäß irgend einem vorzuschützenden Recht, was ihm wegen der vorgeblichen Läsion seines Gegners zustehe, sondern, indem er diese Frage auf sich beruhen läßt, sich stützend auf seine Gewalt. Daher kann der Überwinder nicht auf Erstattung der Kriegskosten antragen, weil er den Krieg seines Gegners alsdann für ungerecht ausgeben müßte: sondern ob er sich gleich dieses Argument danken mag, so darf er es doch nicht anführen, weil er ihn sonst für einen Bestrafungskrieg erklären und so wiederum eine Beleidigung ausüben würde. Hiezu gehört auch die (auf keinen Loskauf zu stellende) Auswechselung der Gefangenen, ohne auf Gleichheit der Zahl zu sehen.

Der überwundene Staat oder dessen Untertanen verlieren durch die Eroberung des Landes nicht ihre staatsbürgerliche Freiheit, so daß jener zur Kolonie, diese zu Leibeigenen abgewürdigt würden; denn sonst wäre es ein Strafkrieg gewesen, der an sich selbst widersprechend ist. – Eine *Kolonie* oder Provinz ist ein Volk, das zwar seine eigene Verfassung, Gesetzgebung,

Boden hat, auf welchem die zu einem anderen Staat Gehörigen nur Fremdlinge sind, der dennoch über jenes die oberste *ausübende* Gewalt hat. Der letztere heißt der *Mutterstaat.* Der Tochterstaat wird von jenem beherrscht, aber doch von sich selbst (durch sein eigenes Parlament, allenfalls unter dem Vorsitz eines Vizekönigs) regiert (civitas hybrida). Dergleichen war *Athen* in Beziehung auf verschiedene Inseln und ist jetzt Großbritannien in Ansehung Irlands.

Noch weniger kann *Leibeigenschaft* und ihre Rechtmäßigkeit von der Überwältigung eines Volks durch Krieg abgeleitet werden, weil man hiezu einen Strafkrieg annehmen müßte. Am allerwenigsten eine erbliche Leibeigenschaft, die überhaupt absurd ist, weil die Schuld aus jemandes Verbrechen nicht anerben kann.

Daß mit dem Friedensschlusse auch die *Amnestie* verbunden sei, liegt schon im Begriffe desselben.

§ 59

Das *Recht des Friedens* ist 1) das im Frieden zu sein, wenn in der Nachbarschaft Krieg ist, oder das der *Neutralität*; 2) sich die Fortdauer des geschlossenen Friedens zusichern zu lassen, d. i. das der *Garantie*; 3) zu wechselseitiger *Verbindung* (Bundesgenossenschaft) mehrerer Staaten, sich gegen alle äußere oder innere etwanige Angriffe gemeinschaftlich zu *verteidigen*; nicht ein Bund zum Angreifen und innerer Vergrößerung.

§ 60

Das Recht eines Staats gegen einen *ungerechten Feind* hat keine Grenzen (wohl zwar der Qualität, aber nicht der Quantität, d. i. dem Grade, nach): d. i. der beeinträchtigte Staat darf sich zwar nicht *aller* Mittel, aber doch der an sich zulässigen in dem Maße bedienen, um das Seine zu behaupten, als er dazu Kräfte hat. – Was ist aber nun nach Begriffen des Völkerrechts, in welchem wie überhaupt im Naturzustande ein jeder Staat in seiner eigenen Sache Richter ist, ein *ungerechter Feind*? Es ist derjenige, dessen öffentlich (es sei wörtlich oder tätlich) geäußerter Wille eine Maxime verrät, nach welcher, wenn sie zur allgemeinen Regel gemacht würde, kein Friedenszustand unter Völkern möglich, sondern der Naturzustand verewigt werden müßte. Dergieichen ist die Verletzung öffentlicher Verträge, von welcher man voraussetzen kann, daß sie die Sache aller Völker betrifft, deren Freiheit dadurch bedroht wird, und die dadurch aufgefordert werden, sich gegen einen solchen Unfug zu vereinigen und ihm die Macht dazu zu nehmen; – aber doch auch *nicht, um sich in sein Land zu teilen*, einen Staat gleichsam auf der Erde verschwinden zu machen; denn das wäre Ungerechtigkeit gegen das Volk, welches sein ursprüngliches Recht, sich in ein gemeines Wesen zu verbinden, nicht verlieren kann, sondern es eine neue Verfassung annehmen zu lassen, die ihrer Natur nach der Neigung zum Kriege ungünstig ist.

Übrigens ist der Ausdruck eines ungerechten Feindes im Naturzustande *pleonastisch*; denn der Naturzustand ist selbst ein Zustand der Ungerechtigkeit. Ein gerechter Feind würde der sein, welchem meinerseits zu widerstehen ich unrecht tun würde; dieser würde aber alsdann auch nicht mein Feind sein.

§ 61

Da der Naturzustand der Völker eben so wohl als einzelner Menschen ein Zustand ist, aus dem man herausgehen soll, um in einen gesetzlichen zu treten: so ist vor diesem Ereignis alles Recht der Völker und alles durch den Krieg erwerbliche oder erhaltbare äußere Mein und Dein der Staaten bloß *provisorisch* und kann nur in einem allgemeinen *Staatenverein* (analogisch mit dem, wodurch ein Volk Staat wird) *peremtorisch* geltend und ein wahrer *Friedenszustand* werden. Weil aber bei gar zu großer Ausdehnung eines solchen Völkerstaats über weite Landstriche die Regierung desselben, mithin auch die Beschützung eines jeden Gliedes endlich unmöglich werden muß, eine Menge solcher Korporationen aber wiederum einen Kriegszustand herbeiführt: so ist der *ewige Friede* (das letzte Ziel des ganzen Völkerrechts) freilich eine unausführbare Idee. Die politischen Grundsätze aber, die darauf abzwecken, nämlich solche Verbindungen der Staaten einzugehen, als zur kontinuierlichen *Annäherung* zu demselben dienen, sind es nicht, sondern, so wie diese eine auf der Pflicht, mithin auch auf dem Recht der Menschen und Staaten gegründete Aufgabe ist, allerdings ausführbar.

Man kann einen solchen *Verein* einiger *Staaten*, um den Frieden zu erhalten, den *permanenten Staatenkongreß* nennen, zu welchem sich zu gesellen jedem benachbarten unbenommen bleibt; dergleichen (wenigstens was die Förmlichkeit des Völkerrechts in Absicht auf Erhaltung des Friedens betrifft) in der ersten Hälfte dieses Jahrhunderts in der Versammlung der Generalstaaten im Haag noch stattfand; wo die Minister der meisten europäischen Höfe und selbst der kleinsten Republiken ihre Beschwerden über die Befehdungen, die einem von dem anderen widerfahren waren, anbrachten und so sich ganz Europa als einen einzigen föderierten Staat dachten, den sie in jener ihren öffentlichen Streitigkeiten gleichsam als Schiedsrichter annahmen, statt dessen späterhin das Völkerrecht bloß in Büchern übrig geblieben, aus Kabinetten aber verschwunden, oder nach schon verübter Gewalt in Form der Deduktionen der Dunkelheit der Archive anvertraut worden ist.

Unter einem *Kongreß* wird hier aber nur eine willkürliche, zu aller Zeit *auflösliche* Zusammentretung verschiedener Staaten, nicht eine solche Verbindung, welche (so wie die der amerikanischen Staaten) auf einer Staatsverfassung gegründet und daher unauflöslich ist, verstanden; – durch welchen allein die Idee eines zu errichtenden öffentlichen Rechts der Völker, ihre Streitigkeiten auf zivile Art, gleichsam durch einen Prozeß, nicht auf barbarische (nach Art der Wilden), nämlich durch Krieg, zu entscheiden, realisiert werden kann.

Das Weltbürgerrecht

§ 62

Diese Vernunftidee einer *friedlichen*, wenngleich noch nicht freundschaftlichen, durchgängigen Gemeinschaft aller Völker auf Erden, die untereinander in wirksame Verhältnisse kommen können, ist nicht etwa philanthropisch (ethisch), sondern ein *rechtliches* Prinzip. Die Natur hat sie alle zusammen (vermöge der Kugelgestalt ihres Aufenthalts, als globus terraqueus) in bestimmte Grenzen eingeschlossen; und da der Besitz des Bodens, worauf der Erdbewohner leben kann, immer nur als Besitz von einem Teil eines bestimmten Ganzen, folglich als ein solcher, auf den jeder derselben ursprünglich ein Recht hat, gedacht werden kann: so stehen alle Völker *ursprünglich* in einer Gemeinschaft des Bodens, nicht aber der *rechtlichen* Gemeinschaft des Besitzes (communio) und hiemit des Gebrauchs oder des Eigentums an demselben, sondern der physischen möglichen *Wechselwirkung* (commercium), d. i. in einem durchgängigen Verhältnisse eines zu allen anderen, sich zum *Verkehr* untereinander *anzubieten*, und haben ein Recht, den Versuch mit demselben zu machen, ohne daß der Auswärtige ihm darum als einem Feind zu begegnen berechtigt wäre. – Dieses Recht, sofern es auf die mögliche Vereinigung aller Völker in Absicht auf gewisse allgemeine Gesetze ihres möglichen Verkehrs geht, kann das *weltbürgerliche* (ius cosmopoliticum) genannt werden.

Meere können Völker aus aller Gemeinschaft miteinander zu setzen scheinen, und dennoch sind sie vermittelst der Schiffahrt gerade die glücklichsten Naturanlagen zu ihrem Verkehr, welcher, je mehr es einander nahe *Küsten* gibt (wie die des mittelländischen), nur desto lebhafter sein kann, deren Besuchung gleichwohl, noch mehr aber die Niederlassung auf denselben, um sie mit dem Mutterlande zu verknüpfen, zugleich die Veranlassung dazu gibt, daß Übel und Gewalttätigkeit an einem Orte unseres Globs an allen gefühlt wird. Dieser mögliche Mißbrauch kann aber das Recht des Erdbürgers nicht aufheben, die Gemeinschaft mit allen zu *versuchen* und zu diesem Zweck alle Gegenden der Erde zu *besuchen*, wenn es gleich nicht ein Recht der *Ansiedelung* auf dem Boden eines anderen Volks (ius incolatus) ist, als zu welchem ein besonderer Vertrag erfordert wird.

Es frägt sich aber: ob ein Volk in neuentdeckten Ländern eine *Anwohnung* (accolatus) und Besitznehmung in der Nachbarschaft eines Volks, das in einem solchen Landstriche schon Platz genommen hat, auch ohne seine Einwilligung unternehmen dürfe. – Wenn Anbauung in solcher Entlegenheit vom Sitz des ersteren geschieht, daß keines derselben im Gebrauch seines Bodens dem anderen Eintrag tut, so ist das Recht dazu nicht zu bezweifeln; wenn es aber Hirten- oder Jagdvölker sind (wie die Hottentotten, Tungusen und die meisten amerikanischen Nationen), deren Unterhalt von großen öden Landstrecken abhängt, so würde dies nicht mit Gewalt, sondern nur durch Vertrag, und selbst dieser nicht mit Benutzung der Unwissenheit jener Einwohner in Ansehung der Abtretung solcher Ländereien geschehen können; obzwar die Rechtfertigungsgründe scheinbar genug sind, daß eine solche Gewalttätigkeit zum Weltbesten gereiche; teils durch Kultur roher Völker (wie der Vorwand, durch den selbst Büsching die blutige Einführung der christlichen Religion in Deutschland entschuldigen will), teils zur Reinigung seines eigenen Landes von verderbten Menschen und gehoffter Besserung derselben oder ihrer Nachkommenschaft in einem anderen Weltteile (wie in Neuholland); denn alle diese vermeintlich guten Absichten können doch den Flecken der Ungerechtigkeit in den dazu gebrauchten Mitteln nicht abwaschen. – Wendet man hiegegen ein: daß bei solcher Bedenklichkeit, mit der Gewalt den Anfang zu Gründung eines gesetzlichen Zustandes zu machen, vielleicht die ganze Erde noch in gesetzlosem Zustande sein würde: so kann das ebensowenig jene Rechtsbedingung aufheben, als der Vorwand der Staatsrevolutionisten, daß es auch, wenn Verfassungen verunartet sind, dem Volk zustehe, sie mit Gewalt umzuformen und überhaupt einmal für allemal ungerecht zu sein, um nachher die Gerechtigkeit desto sicherer zu gründen und aufblühen zu machen.

Beschluß

Wenn jemand nicht beweisen kann, daß ein Ding ist, so mag er versuchen zu beweisen, daß es nicht ist. Will es ihm mit keinem von beiden gelingen (ein Fall, der oft eintritt), so kann er noch fragen: ob es ihn *interessiere*, das eine oder das andere (durch eine Hypothese) *anzunehmen*, und dies zwar entweder in theoretischer oder in praktischer Rücksicht, d. i. entweder um sich bloß ein gewisses Phänomen (wie z. B. für den Astronom das des Rückganges und Stillstandes der Planeten) zu erklären, oder um einen gewissen Zweck zu erreichen, der nun wiederum entweder *pragmatisch* (bloßer Kunstzweck) oder *moralisch*, d. i. ein solcher Zweck sein kann, den sich zu setzen die Maxime selbst Pflicht ist. – Es versteht sich von selbst: daß nicht das *Annehmen* (suppositio) der Ausführbarkeit jenes Zwecks, welches ein bloß theoretisches und dazu noch problematisches Urteil ist, hier zur Pflicht gemacht werde, denn dazu (etwas zu glauben) gibt es keine Verbindlichkeit; sondern das Handeln nach der Idee jenes Zwecks, wenn auch nicht die mindeste theoretische

Wahrscheinlichkeit da ist, daß er ausgeführt werden könne, dennoch aber seine Unmöglichkeit gleichfalls nicht demonstriert werden kann, das ist es, wozu uns eine Pflicht obliegt.

Nun spricht die moralisch-praktische Vernunft in uns ihr unwiderstehliches Veto aus: *Es soll kein Krieg sein*; weder der, welcher zwischen mir und dir im Naturzustande, noch zwischen uns als Staaten, die, obzwar innerlich im gesetzlichen, doch äußerlich (in Verhältnis gegeneinander) im gesetzlosen Zustande sind; – denn das ist nicht die Art, wie jedermann sein Recht suchen soll. Also ist nicht mehr die Frage: ob der ewige Friede ein Ding oder Unding sei, und ob wir uns nicht in unserem theoretischen Urteile betrügen, wenn wir das erstere annehmen, sondern wir müssen so handeln, als ob das Ding sei, was vielleicht nicht ist, auf Begründung desselben und diejenige Konstitution, die uns dazu die tauglichste scheint (vielleicht den Republikanism aller Staaten samt und sonders) hinwirken, um ihn herbeizuführen und dem heillosen Kriegführen, worauf als den Hauptzweck bisher alle Staaten ohne Ausnahme ihre inneren Anstalten gerichtet haben, ein Ende zu machen. Und wenn das letztere, was die Vollendung dieser Absicht betrifft, auch immer ein frommer Wunsch bliebe, so betrügen wir uns doch gewiß nicht mit der Annahme der Maxime dahin unablässig zu wirken; denn diese ist Pflicht; das moralische Gesetz aber in uns selbst für betrüglich anzunehmen, würde den Abscheu erregenden Wunsch hervorbringen, lieber aller Vernunft zu entbehren und sich seinen Grundsätzen nach mit den übrigen Tierklassen in einen gleichen Mechanism der Natur geworfen anzusehen.

Man kann sagen, daß diese allgemeine und fortdauernde Friedensstiftung nicht bloß einen Teil, sondern den ganzen Endzweck der Rechtslehre innerhalb den Grenzen der bloßen Vernunft ausmache; denn der Friedenszustand ist allein der unter *Gesetzen* gesicherte Zustand des Mein und Dein in einer Menge einander benachbarter Menschen, mithin die in einer Verfassung zusammen sind, deren Regel aber nicht von der Erfahrung derjenigen, die sich bisher am besten dabei befunden haben, als einer Norm für andere, sondern die durch die Vernunft a priori von dem Ideal einer rechtlichen Verbindung der Menschen unter öffentlichen Gesetzen überhaupt hergenommen werden muß, weil alle Beispiele (als die nur erläutern, aber nichts beweisen können) trüglich sind, und so allerdings einer Metaphysik bedürfen, deren Notwendigkeit diejenigen, die dieser spotten, doch unvorsichtigerweise selbst zugestehen, wenn sie z. B., wie sie es oft tun, sagen: »Die beste Verfassung ist die, wo nicht die Menschen, sondern die Gesetze machthabend sind.« Denn was kann mehr metaphysisch sublimiert sein als eben diese Idee, welche gleichwohl nach jener ihrer eigenen Behauptung die bewährteste objektive Realität hat, die sich auch in vorkommenden Fällen leicht darstellen läßt, und welche allein, wenn sie nicht revolutionsmäßig, durch einen Sprung, d. i. durch gewaltsame Umstürzung einer bisher bestandenen fehlerhaften (denn da würde sich zwischeninne ein Augenblick der Vernichtung alles rechtlichen Zustandes ereignen), sondern durch allmähliche Reform nach festen Grundsätzen versucht und durchgeführt wird, in kontinuierlicher Annäherung zum höchsten politischen Gut, zum ewigen Frieden, hinleiten kann.

Johann Wilhelm Ludwig Gleim
An das achtzehnte Jahrhundert

Mit Kriegen fingst du an,
        mit Kriegen endigest du,
Mit Säbel- und mit Federkriegen,
Jahrhundert! Allen Kriegeszügen
Sah Gott vom höchsten Himmel zu!
War Kriege sehen sein Vergnügen?

Nein! riefs vom Himmel, Menschenkind!
Nein! aber eure Seelen sind
Von Gott dem Schöpfer frei erschaffen,
Das Reich der Tugenden, das Reich
Der Wissenschaften lag vor euch –
Und ihr erwähltet Waffen!

Johann Gottfried Herder
*Frieden als Beförderung der Humanität***

Da jetzt im unseligsten Kriege, in dem ein *zeitiger* Friede so schwer wird, von Entwürfen *zum ewigen Frieden* viel gesprochen wird, so teile ich Ihnen einen zu diesem Zweck gemachten wirklichen Versuch in den Worten dessen mit, der ihn berichtet.

Zum ewigen Frieden

Eine irokesische Anstalt

Die Delawaren wohnten ehedem in der Gegend von Philadelphia und weiterhin nach der See zu. Von da aus taten sie oftmals Einfälle in die Dörfer der Cherokesen, mischten sich unerkannt in ihre nächtlichen Tänze und ermordeten während derselben plötzlich viele. Noch heftiger und älter waren die Kriege der Delawaren mit den Irokesen. Nach dem Vorgeben der Delawaren waren *sie* den Irokesen immer überlegen, so daß diese endlich einsahen, daß bei längerer Fortsetzung des Krieges ihr völliger Untergang die unausbleibliche Folge sein müßte.

Sie sandten also Gesandte an die Delawaren mit folgender Botschaft: »Es ist nicht gut, daß alle Nationen Krieg führen; denn das wird endlich den Untergang der Indianer nach sich ziehen. Darum haben wir auf ein Mittel gedacht, diesem Übel vorzubeugen; es soll nämlich *eine* Nation die *Frau* sein. Die wollen wir in die Mitte nehmen; die andern kriegführenden Nationen aber sollen die *Männer* sein und um die Frau herum wohnen. Niemand soll die *Frau* antasten, noch ihr etwas zuleide tun;

und wenn es jemand täte, so wollen wir ihn gleich anreden und zu ihm sagen: ›Warum schlägst du die *Frau?*‹ Dann sollen alle *Männer* über *den* herfallen, der die *Frau* geschlagen hat. Die *Frau* soll nicht in den Krieg ziehen, sondern soviel möglich den Frieden zu erhalten suchen. Wenn also die *Männer* um sie herum sich einmal miteinander schlagen und der Krieg heftig werden will, so soll die *Frau* Macht haben, selbige anzureden und zu ihnen zu sagen: ›Ihr Männer, was macht ihr, daß ihr euch so herumschlagt? Bedenkt doch, daß eure Weiber und Kinder umkommen müssen, wo ihr nicht aufhört. Wollt ihr euch denn selbst vom Erdboden vertilgen?‹ Und die *Männer* sollen alsdann auf die *Frau* hören und ihr gehorchen.«

Die Delawaren ließen sich's gefallen, die *Frau* zu werden. Nun stellten die Irokesen eine große Feierlichkeit an, luden die Delawar-Nation dazu ein und hielten an die Bevollmächtigten derselben eine nachdrückliche Rede, die aus drei Hauptsätzen bestand. In dem ersten erklärten sie die Delawar-Nation für die *Frau*, welches sie durch die Redensarten: ›Wir ziehen euch einen langen Weiberrock an, der bis auf die Füße reicht, und schmücken euch mit Ohrgehängen‹, ausdrückten und ihnen damit zu verstehen gaben, daß sie von nun an mit den Waffen sich nicht weiter abgeben sollten. Der zweite Satz war so gefaßt: ›Wir hängen euch einen Kalabasch mit Öl und mit Arznei an den Arm. Mit dem Öl sollt ihr die Ohren der übrigen Nationen reinigen, damit sie aufs Gute und nicht aufs Böse hören; die Arznei aber sollt ihr bei solchen Völkern brauchen, die schon auf törichte Wege geraten sind, damit sie wieder zu sich selbst kommen und ihr Herz zum Frieden wenden.‹ Der dritte Satz, darin sie den Delawaren den Ackerbau zu ihrer künftigen Beschäftigung anwiesen, war so ausgedrückt: ›Wir geben euch hiemit einen Welschkornstengel und eine Hacke in die Hand.‹ Jeder Satz wurde mit einem Belt of Wampum (Gürtel von Muschelschalen) bekräftigt. Diese Belte sind bis daher sorgfältig aufgehoben und ihre Bedeutung von Zeit zu Zeit wiederholt worden.

Seit diesem sonderbaren Friedensschluß sind die Delawaren von den Irokesen *Schwesterkinder* benannt worden; die drei Delawar-Stämme heißen einander *Mitgespielinnen.* Diese Titel aber werden nur in ihren Ratsversammlungen, und wenn sie einander etwas Erhebliches zu sagen haben, gebraucht. Von besagter Zeit ist die Delawar-Nation die *Friedensbewahrerin* gewesen, der der große Friedensbelt in Verwahrung gegeben und die Kette der Freundschaft anvertrauet ist. Sie hat darüber zu wachen, daß dieselbe unverletzt erhalten werde. Nach der Vorstellung der Indianer liegt die Mitte der Kette auf ihrer Schulter und wird von ihr festgehalten; die übrigen Indianernationen fassen das eine Ende und die Europäer das andre an. [...]

So die *Irokesen.* Es waren Zeiten in Europa, da die *Hierarchie* die Stelle dieser *Frau* vertreten sollte. Auch sie trug das lange Kleid; Öl und Arznei waren in ihrer Hand. Man gibt ihr schuld, daß sie, statt ihr Friedensamt zu verwalten, oft selbst Kriege zwischen den Männern erregt und angefacht habe; wenigstens hat ihr Öl die Ohren der Völker noch nicht gereinigt, ihre Arznei die Kranken noch nicht geheilet.

Sollen wir statt ihrer in der Mitte Europas einer *wirklichen* Nation Weibskleider anziehen und ihr das Friedensrichteramt auftragen? Welcher?

Wie könnte sie's aber verwalten, da oft über einige Pelze an der Hudsonbai, über einige Flecken am Paraguaistrom, in deren Lage bisweilen die Kriegführenden selbst sich geirrt haben, über einen Hafenplatz im Stillen Meer, über Neckereien der Gouverneurs gegeneinander weltverwüstende Kriege geführt werden? Ja, wie oft entsprangen diese aus einer Grille des Monarchen, aus einer niedrigen Kabale des Ministers! Eine Geschichte vom *wahren* Ursprunge der Kriege in Europa seit den Kreuzzügen wäre ein siebenfacher *Hudibras*, das niedrigste Spottgedicht, das geschrieben werden könnte. In einer Welt, in der dunkle Kabinette Kriege anspinnen und fortleiten, wäre alle Mühe der *Friedensfrau* verloren.

Leider auch bei den Wilden selbst erreichte diese Anstalt ihren Zweck nicht lange. Als die Europäer näherdrangen, sollte auf Erfordern der Männer selbst die *Frau* an der Gegenwehr mit Anteil nehmen. Man wollte, wie man sich ausdrückte, zuerst ihr den Rock kürzen, sodann gar wegnehmen und ihr das Kriegsbeil in die Hand geben. Eine fremde, unvorhergesehene Übergewalt störte das schöne Projekt der Wilden zum Frieden untereinander; und dies wird jedesmal der Fall sein, solange der Baum des Friedens nicht mit festen, unausreißbaren Wurzeln *von innen heraus* den Nationen blühet.

Wie manche andre Mittel haben die Menschen schon versucht, streitsüchtigen Nationen Einhalt zu tun und ihnen die Wege zu sperren. Zwischen Gebürgen wurden ungeheure Mauern errichtet, Zwischenländer zur Wüste gemacht, abschrekkende Fabeln ersonnen und in diese Wüste gepflanzet. In Asien sollte ein *heiliges Reich* den Streifereien der Mongolen ein Ziel setzen; der *große Lama* sollte die Friedensfrau sein. In Afrika wurden Obelisken und Tempel die *Freistätten* des Handels, die Mutter von Gesetzgebungen und Kolonien. In Griechenland sollten *Orakel*, *Amphiktionen*, das *Panionium*, *Panätolium*, der *Achäerbund* u. f. wo nicht einen ewigen, so doch einen langen Frieden bewirken; mit welchem Erfolg, hat die Zeit gelehret. Am besten wäre es, wenn, wie bei jenem Handel im innern Afrika, die Nationen einander selbst *gar nicht sehen dörften.* Sie legen die Waren hin und entfernen sich, bieten und tauschen. Einander erblickend, ist Betrug und Zank unvermeidlich. – Meine große *Friedensfrau* hat einen andern Namen. Ihre Arznei wirket spät, aber unfehlbar; vergönnen Sie mir dazu einen andern Brief.

[...]

Meine große *Friedensfrau* hat nur einen Namen: sie heißt *allgemeine Billigkeit*, *Menschlichkeit*, *tätige Vernunft.*

Ich habe ein sehr sinnreiches Manuskript gelesen; in dem der Menschengeschichte folgende Sätze zum Grunde lagen: 1. Menschen sterben, um Menschen Platz zu machen. 2. Und da ihrer weniger sterben als geboren werden, so macht die Natur durch gewaltsame Mittel Raum. 3. Dahin gehören nicht nur Pest, Mißwachs, Erdbeben, Erdrevolutionen, sondern auch Völkerrevolutionen, Verwüstungen, Kriege. 4. Wie eine Tierart die andre vermindert, so setzt das Menschengeschlecht sich selbst in Proportion und wehrt der Überzahl. 5. Es gibt in ihm also *erhaltende* und *zerstörende* Charaktere.

Schreckliches System, das uns vor unsrem eignen Geschlecht Schauder und Furcht einjagt, indem wir nach ihm jedem ins Angesicht, auf seinen Gang und auf seine Hände sehen müssen, ob er ein fleisch- oder grasfressendes Tier sei, ob er einen *erhaltenden* oder *zerstörenden* Charakter an sich trage. Gewiß hat uns die Natur an Mitteln nicht entblößt, uns vor dieser *zerstörenden* Gattung unseres eignen Geschlechts zu sichern; nur sie gab uns diese Mittel als Waffen nicht in die Hände, sondern in Kopf und Herz. Die *allgemeine Menschenvernunft und Billigkeit* ist die Matrone, die Öl und Arznei am Arm, die einen Fruchtstengel in der Hand trägt, nicht etwa nur als Symbole, sondern als die stillwirkenden Mittel, wo nicht zu einem ewigen Frieden, so gewiß doch zu einer allmählichen Verminderung der Kriege. Lassen Sie mich, da wir hier auf des ehrlichen St.-Pierre Wege geraten, auch seiner Methode uns nicht schämen und die große *Friedensfrau* (pax sempiterna) mit festen Grundsätzen in ihr Amt weisen. Sie ist dazu da, ihrem Namen und ihrer Natur nach *Friedensgesinnungen* einzuflößen.

Erste Gesinnung
Abscheu gegen den Krieg

Der Krieg, wo er nicht erzwungene Selbstverteidigung, sondern ein toller Angriff auf eine ruhige, benachbarte Nation ist, ist ein unmenschliches, ärger als tierisches Beginnen, indem er nicht nur der Nation, die er angreift, unschuldigerweise Mord und Verwüstung drohet, sondern auch die Nation, die ihn führet, ebenso unverdient als schrecklich hinopfert. Kann es einen abscheulichern Anblick für ein höheres Wesen geben als zwei einander gegenüberstehende Menschenheere, die unbeleidigt einander morden? Und das Gefolge des Krieges, schrecklicher als er selbst, sind Krankheiten, Lazarette, Hunger, Pest, Raub, Gewalttat, Verödung der Länder, Verwilderung der Gemüter, Zerstörung der Familien, Verderb der Sitten auf lange Geschlechter. Alle edlen Menschen sollten diese Gesinnung mit warmem Menschengefühl ausbreiten, Väter und Mütter ihre Erfahrungen darüber den Kindern einflößen, damit das fürchterliche Wort Krieg, das man so leicht ausspricht, den Menschen nicht nur verhaßt werde, sondern daß man es mit gleichem Schauder als den St. Veitstanz, Pest, Hungersnot, Erdbeben, den schwarzen Tod zu nennen oder zu schreiben kaum wage.

Zweite Gesinnung
Verminderte Achtung gegen den Heldenruhm

Immer mehr muß sich die Gesinnung verbreiten, daß der ländererobernde *Heldengeist* nicht nur ein Würgengel der Menschheit sei, sondern auch in seinen Talenten lange nicht die Achtung und den Ruhm verdiene, die man ihm aus Tradition von Griechen, Römern und Barbaren her zollet. So viel Gegenwart des Geistes, so viel zusammenfassende Vorsicht und Voraussicht und schnellen Blick er fodern möge, so wird der edelste Held vor und nach der Schlacht nicht nur das Geschäft beweinen, dem er seine Gaben aufopfert, sondern auch gern gestehen, daß, um *Vater eines Volks* zu sein, wenn nicht mehr, so doch edlere Gaben in *fortgehender Bemühung* und ein *Charakter* erfordert werde, ein *Charakter*, der seinen Kampfpreis weder *einem* Tage zu verdanken hat noch ihn mit dem Zufall oder dem blinden Glück teilet. Alle Verständigen sollten sich vereinigen, durch echte Kenntnis alter und neuer Zeiten den falschen Schimmer wegzublasen, der um einen Marius, Sulla, Attila, Gengischan, Tamerlan gaukelt, bis endlich jeder gebildeten Seele Gesänge auf sie und auf Lips Tullian gleich heroisch erschienen.

Dritte Gesinnung
Abscheu der falschen Staatskunst

Immer mehr muß sich die *falsche Staatskunst* entlarven, die den Ruhm eines Regenten und das Glück seiner Regierung in Erweiterung der Grenzen, in Erjagung oder Erhaschung fremder Provinzen, in vermehrte Einkünfte, schlaue Unterhandlungen, in willkürliche Macht, List und Betrug setzt. Die Mazarins, Louvois, Du Terrai und ihresgleichen müssen nicht nur im Angesicht des ehrlichen Volks, sondern der Weichlinge selbst, wie sie sind, erscheinen, so daß es wie das Einmaleins klar wird, daß jeder Betrug einer falschen Staatskunst am Ende *sich selbst betrüge.* Die allgemeine Stimme muß über den Wert des bloßen *Staatsranges* und seiner *Zeichen*, selbst über die aufdringendsten Gaukeleien der Eitelkeit, selbst über früheingesogene Vorurteile siegen. Mich dünkt, man sei im Verachten einiger dieser

Dinge jetzt schon weit und vielleicht zu weit fortgeschritten; es kommt darauf an, daß man das Schätzenswerte bei allem, was uns der Staat auflegt, auch redlich und um so höher achte, je mehr es die Menschheit der Menschen fördert.

Vierte Gesinnung
Geläuterter Patriotismus

Der *Patriotismus* muß sich notwendig immer mehr von Schlakken reinigen und läutern. Jede Nation muß es fühlen lernen, daß sie nicht im Auge andrer, nicht im Munde der Nachwelt, sondern nur in sich, in sich selbst groß, schön, edel, reich, wohlgeordnet, tätig und glücklich werde und daß sodann die fremde wie die späte Achtung ihr wie der Schatte dem Körper folge. Mit diesem Gefühl muß sich notwendig Abscheu und Verachtung gegen jedes leere Auslaufen der Ihrigen in fremde Länder, gegen das nutzlose Einmischen in ausländische Händel, gegen jede leere Nachäffung und Teilnehmung verbinden, die unser Geschäft, unsre Pflicht, unsre Ruhe und Wohlfahrt stören. Lächerlich und verächtlich muß es werden, wenn Einheimische sich über ausländische Angelegenheiten, die sie weder kennen noch verstehen, in denen sie nichts ändern können und die sie gar nicht angehn, sich entzweien, hassen, verfolgen, verschwärzen und verleumden. Wie fremde Banditen und Meuchelmörder müssen die erscheinen, die aus toller Brunst für oder gegen ein fremdes Volk die Ruhe ihrer Mitbrüder untergraben. Man muß lernen, daß man nur auf dem Platz etwas sein kann, auf dem man stehet, wo man etwas sein *soll.*

Fünfte Gesinnung
Gefühl der Billigkeit gegen andre Nationen

Dagegen muß jede Nation allgemach es unangenehm empfinden, wenn eine andre Nation beschimpft und beleidigt wird, es muß allmählich ein *gemeines Gefühl* erwachen, daß jede sich an die Stelle jeder andern fühle. Hassen wird man den frechen Übertreter fremder Rechte, den Zerstörer fremder Wohlfahrt, den kecken Beleidiger fremder Sitten und Meinungen, den prahlenden Aufdringer seiner eignen Vorzüge an Völker, die diese nicht begehren. Unter welchem Vorwande jemand über die Grenze tritt, dem Nachbar als einem Sklaven das Haar abzuscheren, ihm seine Götter aufzuzwingen und ihm dafür seine Nationalheiligtümer in Religion, Kunst, Vorstellungsart und Lebensweise zu entwenden, im Herzen *jeder* Nation wird er einen Feind finden, der in seinen eignen Busen blickt und sagt: ›Wie, wenn das mir geschähe?‹ – Wächst dies Gefühl, so wird unvermerkt eine *Allianz aller gebildeten Nationen* gegen jede einzelne anmaßende Macht. Auf diesen stillen Bund ist gewiß früher zu rechnen als nach St. Pierre auf ein förmliches Einverständnis der Kabinette und Höfe. Von diesen darf man keine Vorschritte erwarten; aber auch sie müssen endlich ohne Wissen und wider Willen der *Stimme der Nationen* folgen.

Sechste Gesinnung
Über Handelsanmaßungen

Laut empört sich das menschliche Gefühl gegen freche Anmaßungen im Handel, sobald ihm unschuldige frönende Nationen um einen Gewinn, der ihnen nicht einmal zuteil wird, aufgeopfert werden. Handel soll, wenn auch nicht aus den edelsten Trieben, die Menschen *vereinigen*, nicht trennen; er soll sie, wenngleich nicht im edelsten Gewinn, ihr gemeinschaftliches und eigenes Interesse wenigstens als Kinder kennen lehren. Dazu ist das Weltmeer da; dazu wehen die Winde; dazu fließen die Ströme. Sobald *eine* Nation allen andern das Meer verschließen, den Wind nehmen will, ihrer stolzen Habsucht wegen, so muß, je mehr die Einsicht ins *Verhältnis der Völker gegeneinander* zunimmt, der Unmut aller Nationen gegen eine Unterjocherin des freiesten Elements, gegen die Räuberin jedes höchsten Gewinnes, die anmaßende Besitzerin *aller* Schätze und Früchte der Erde erwachen. Ihrem Stolz, ihrer Habsucht zu dienen, wird kein fremder Blutstropfe willig fließen, je mehr der wahre Satz eines vortrefflichen Mannes anerkannt wird, *›daß die Vorteile der handelnden Mächte einander nicht durchkreuzen und daß diese Mächte von einem gegenseitigen allgemeinen Wohlstande und von der Erhaltung eines ununterbrochenen Friedens vielmehr den größten Nutzen haben würden‹*. […]

Siebente Gesinnung
Tätigkeit

Endlich der *Kornstengel* in der Hand der *indischen Frau* ist selbst eine Waffe gegen das Schwert. Je mehr die Menschen Früchte einer nützlichen Tätigkeit kennen und einsehen lernen, daß durchs Kriegsbeil nicht gewonnen, aber viel verheert wird, je mehr die schmähenden Vorurteile von einer mit göttlichem Beruf zum Kriege gebornen Kaste, in der von Vater Kain, Nimrod und Og zu Basan an *Heldenblut* fließe, verächtlich und lächerlich werden, desto mehr Ansehen wird der Ährenkranz, der Apfel- und Palmzweig vor dem traurigen Lorbeer erhalten, der neben dunkeln Zypressen wächst und samt Nesseln und Dornen nur Lazerten und Bubonen unter sich liebet.

Die sanfte Verbreitung dieser Grundsätze sind das *Öl* und die *Arznei* der großen Friedensgöttin *Vernunft*, deren Sprache sich endlich niemand entziehen kann. Unvermerkt wirkt die Arznei, sanft fließt das Öl hinunter. Leise tritt sie zu diesem und jenem Volk und spricht in der Sprache der Indianer: »Bruder, Enkel, Vater, hier bringe ich dir ein Bundeszeichen in Öl und Arznei. Damit will ich deine Augen reinigen, daß sie scharf sehen; ich will damit deine Ohren säubern, daß sie recht hören; ich will deinen Hals glätten, daß meine Worte geschmeidig hinuntergehen; denn ich komme nicht umsonst; ich bringe Worte des Friedens!«

Und der Angeredete wird antworten: »Schwester, dieser *String of Wampum* soll dich willkommen heißen. Ich will die Dornen aus deinen Füßen ziehen, die dir etwa möchten hineingefahren sein. Ich will die Müdigkeit, die dich auf der Reise befallen hat, wegschaffen, daß deine Knie wieder stark und mutig werden. Das rote Kriegsbeil und die Keule sollen in die Erde verscharret sein, und über sie wollen wir einen Baum pflanzen, der bis in den Himmel wachse. Solange Sonne und Mond scheinen und auf- und niedergehen, solange Sterne am Himmel stehen und die Flüsse mit Wasser fließen, soll unsre Freundschaft dauren.« [...]

Wenn, wie ich fast glaube, ein ewiger Friede *förmlich* erst am Jüngsten Tage geschlossen werden wird, so ist dennoch kein Grundsatz, kein Tropfe Öl vergebens, der dazu auch nur in der weitsten Ferne vorbereitet.

Friedrich Wilhelm von Schütz
Kommentar über Kants ewigen Frieden

Es geschieht nichts Neues unter der Sonne. Und so ist denn auch Kants Idee, einen Entwurf zum ewigen Frieden zu liefern, nichts Neues zu nennen, denn schon mehrere Philosophen haben uns solche Entwürfe geliefert, die aber sehr bald in Vergessenheit gekommen sind, weil das unphilosophische Publikum so unartig gewesen ist, dergleichen Entwürfe für nichts mehr und nichts weniger als – Hirngespinste zu halten.

Von einem so gereiften Denker, als Kant ist, konnte man erwarten, daß er in dieser Absicht nicht eher die Feder ergreifen würde, bis er gewiß sei, etwas Großes – etwas für die Menschheit Brauchbares zu liefern, und doch – was enthalten diese Bogen wohl anders als: ein Lehrgebäude, welches auf Grundsätzen beruhet, die voraussetzen, daß Vernunft für die einzige Leiterin der Menschen anerkannt würde. Weil aber dieses nicht der Fall ist, und nie der Fall werden kann, solange die Menschen mit Leidenschaften und mit so manchen andern Gebrechen geboren werden, so kann der Gedanke eines ewigen Friedens wohl manchem Leser Unterhaltung verschaffen, ist aber nicht fähig, auf Realität Anspruch zu machen.

Ich erinnere mich, gelesen zu haben, daß auch diese Bogen ein Meisterstück des philosophischen Scharfsinns zu nennen sind, weil ein Kant nicht fähig sei, etwas Mittelmäßiges zu liefern.

Wenn ich überzeugt wäre, daß alle Leser so urteilten, würde ich es nie wagen, auch nur ein Wort über und gegen diesen Entwurf zu erinnern. Denn es wäre gewiß, daß man meine Einwürfe ohne weitere Prüfung aus der Hand legen und mir mit dem einzigen Satze: was Kant sagt, muß wahr sein, alle Beurteilungskraft absprechen würde. Weil aber doch heutzutage die Freiheit im Denken und Urteilen ziemliche Fortschritte gemacht hat, und der Despotism in dem Gebiete der Philosophie am wenigsten Platz finden darf, so erlaube ich mir, auch über diese Schrift eines unsrer ersten Denker meine Meinung zu sagen, und bitte die so eifrigen Anhänger Kants – dessen Verdiensten ich in andrer Hinsicht volle Gerechtigkeit widerfahren lasse –, dieser Freiheit wegen im voraus um Verzeihung. Um widersprechen zu wollen, darum ist es mir nicht zu tun, aber ich hasse alle Autoritäten und bekenne aufrichtig, daß selbst, wenn ein Engel vom Himmel käme, ich seinen Worten nicht eher glauben würde, als bis solche sich durch ihren Wert bei mir Eingang verschafft, und so glaube ich auch nicht, der ewige Friede werde bald geschlossen sein, und Krieg werde man dann nur den Namen nach kennen, weil Kant – der Herkules im Denken, wie man ihn nennt – einen Plan erdacht hat, wie man allen Kriegen zuvorkommen und die Friedenspalme über den ganzen Erdboden ausbreiten könne.

Ich werde dem Kantschen Entwurf der Ordnung nach folgen und die Hauptsätze wörtlich abschreiben, so darf ich doch wenigstens nicht befürchten, daß es mir wie Dumouriez gehe, dem man neulich so kurz als bündig bewiesen hat, daß er eine Kritik der französischen Konstitution von 1795 geliefert hat, ohne diese Konstitution gelesen zu haben. (Siehe ›Genius der Zeit‹, Junius 1796, Seite 682). Kann und will man mich aber belehren, wo ich den Autor unrichtig kommentiert und übel verstanden habe, so ist es mir desto angenehmer, denn der Gedanke eines *ewigen* Friedens hat für mich etwas so Reizendes, daß ich wohl wünschte, überzeugt zu werden, er sei für mehr als für eine philosophische Träumerei zu halten.

Der *erste* Abschnitt dieses Entwurfs enthält die Präliminarartikel zum ewigen Frieden unter Staaten.

1) *›Es soll kein Friedensschluß für einen solchen gelten, der mit dem geheimen Vorbehalt des Stoffs zu einem künftigen Kriege gemacht worden.‹*

Denn, setzt Kant sehr richtig hinzu, alsdann wäre er ja ein bloßer Waffenstillstand, Aufschub der Feindseligkeiten, nicht *Friede.* So ist es auch wirklich, es gibt eigentlich gar keinen dauerhaften Frieden, sondern jeder Friede ist nur als ein Waffenstillstand auf unbestimmte Zeit anzusehen. Friede zwischen zwei Staaten wird nie deshalb gemacht, weil einer von beiden, oder beide zugleich, ihr Unrecht einsehen, sondern weil die eine Partei es ihrem Privatinteresse angemessener findet, gegenwärtig Friede zu machen, als – durch Fortsetzung eines Krieges sich zugrunde zu richten. Friede setzt von der einen Seite gleichsam einen Zwang voraus, und es ist also sehr natürlich, daß der Friedenstraktat nur so lange gehalten wird, als man es seinem Interesse gemäß findet. Es kann aber auch der Fall sein, daß bei dem besten Willen, den Friedenstraktat zu halten, neuere Vorfälle oder solche Ursachen den Friedensschluß vernichten, an welche man damals, als man solchen unterzeichnete, nicht dachte, vielleicht nicht denken konnte.

2) ›*Es soll kein für sich bestehender Staat von einem andern Staate durch Erbung, Schenkung, Tausch etc. erworben werden können.*‹

Sehr richtig, weil der Staat eine Gesellschaft von Menschen ist, über die niemand anders als er selbst zu gebieten und zu disponieren hat. Aber dieser Satz kann wahrscheinlich doch nur bei einer republikanischen Verfassung gelten? In einem monarchischen Staate – der doch auch ein Staat ist und mit Recht so genannt wird – hat nicht der Staat selbst über sich, sondern der Monarch hat über ihn zu gebieten. Damit man nicht glauben soll, daß dieser Satz der Idee eines *Erbreichs* entgegenstehe (wie ich ganz gewiß glaube), so sagt Kant in einer Note S. 7: ›Bei einem Erbreich erwirbt der Staat einen Regenten, aber nicht dieser den Staat.‹ Das scheint doch in der Tat, ich will nicht Sophisterei sagen, sondern – Subtilität in Worten zu sein. Man mag den Satz herumdrehen, wie man nur will, so bleibt die Sache immer die nämliche. Wenn ein Edelmann durch Erbgangsrecht Herr von 100 Leibeigenen geworden ist, so ist der Effekt einerlei, ob ich sage: Der Edelmann hat 100 Leibeigene geerbt, oder: 100 Leibeigene haben durch Erbschaft einen Edelmann erworben.

3) ›*Stehende Heere sollen mit der Zeit ganz aufhören.*‹

Wäre es nicht besser, wenn es hieße: Große stehende Heere usw., denn ein kleines stehendes Heer, welches den Kräften des

Landes angemessen ist und dazu dient, innere Unruhen zu dämpfen, würde sich sehr gut mit dem ewigen Frieden vertragen.

4) *›Es sollen keine Staatsschulden in Beziehung auf äußere Staatshändel gemacht werden.‹*

Da der Verfasser einräumt, daß zum Behuf der Landesökonomie erlaubt sei, außerhalb oder innerhalb dem Staate Hülfe zu suchen, so scheint dieser Präliminarartikel von keiner großen Erheblichkeit zu sein, denn wenn in einem Erbreiche z.B. Staatsschulden gemacht werden, wie kann der Staat wissen, zu welchem Behuf solche gemacht werden? Darf er auch fragen? Und bekömmt er eine befriedigende Antwort? Man wird sich sehr hüten, ihm die wahre Ursache zu entdecken; und der Staat, der nicht befugt ist, oder vielmehr, dem man keine Befugnis einräumen wird, von seinem Monarchen Ablegung einer Jahresrechnung zu fordern, weiß nicht, ob die angegebenen Ursachen, warum Schulden gemacht worden, gegründet waren oder nicht.

5) *›Kein Staat soll sich in die Verfassung und Regierung eines andern Staats gewalttätig einmischen.‹*

Aber doch einmischen? So gibt es sicher die erste Veranlassung nicht zum ewigen Frieden, sondern zum ewigen Kriege. Denn wer Lust hat, sich in andre Händel zu mischen, dem wird es auch nie an Gründen fehlen, um der Welt vorzuspiegeln, daß er aus der besten wohltätigsten Absicht sich in diese Händel gemischt habe. Wenn auch viele das Schwankende und Unrichtige solcher Deduktionen einsehen, dürfen sie es wohl wagen, öffentlich zu behaupten, daß das Vorgehen nicht die wahre Ursache gewesen sei? – Kant sagt: ›Dahin würde zwar nicht zu ziehen sein, wenn ein Staat sich durch innere Veruneinigung in 2 Teile spaltete, deren jeder für sich einen besondern Staat vorstellt, der auf das Ganze Anspruch macht, wo einen derselben einen äußern Staat nicht für Einmischung in die Verfassung des andern angerechnet werden könnte.‹ – Nun, so hätten wir doch ja Krieg mitten im ewigen Frieden! – Wie? ein Staat sollte das Recht haben, wenn ein benachbarter Staat durch innere Veruneinigung sich in 2 Teile spaltete, solchen mit Krieg zu überfallen, unter dem Vorgeben, einem Teile desselben Beistand zu leisten? So hätten ja also die koalisierten Mächte im gegenwärtigen Kriege mit Recht sich in die Französischen Händel gemischt, und so wäre es ja, nach Kant zu urteilen, lobenswert, wenn sie in ihren Deduktionen und Manifesten sagten, sie wollten dem einen Teile beistehen und Ludwig XVI. wieder auf den Thron helfen? – Nichts, gar nichts kann einen Staat berechtigen, sich in die Verfassung eines andern Staats gewalttätig einzumischen. Hier gelten keine Ausnahmen, und am wenigsten darf sie ein Philosoph machen, der den ewigen Frieden predigt.

6) ›*Es soll sich kein Staat im Kriege mit einem andern solche Feindseligkeiten erlauben, welche das wechselseitige Zutrauen im künftigen Frieden unmöglich machen müssen, als da sind: Anstellung der Meuchelmörder, Giftmischer, Brechung der Kapitulation, Anstiftung des Verrats in dem bekriegten Staate etc.*‹

Das sind ehrlose Stratageme, sagt Kant. – Das ist freilich wahr, aber – was ist jeder Krieg an und für sich? – Ist er nicht überhaupt ein ehrloses Stratagem? – Und wie ist es möglich, daß S. 14 der Verfasser dem Gebrauch der Spione das Wort reden kann, wo nur die Ehrlosigkeit andrer (wie er sich ausdrückt), die nun nicht einmal ausgerottet werden kann, benutzt wird? Der Gebrauch der Spione soll erlaubt, aber Anstiftung des Verrats ein ehrloses Stratagem sein? – Welch ein Widerspruch! – Den Spion zu bezahlen, ist das nicht die gröbste Anstiftung des Verrats, die sich denken läßt? – Wenn der gedungene Spion mir die schwache Seite meiner Gegner verraten hat, ich durch dessen Hülfe das feindliche Lager beschleiche und so Tausende morde, die sorglos schliefen und keinen Angriff vermuten konnten – das sollte kein größerer Meuchelmord sein, als wenn vielleicht ein feindlicher General durch einen Gifttrank aus dem Wege geschafft würde? – Und wenn es wahr ist, was der Verfasser S. 14 sagt, daß die Ehrlosigkeit andrer nicht ausgerottet werden kann, wie kann man sich wohl einen ewigen Frieden versprechen? Doch wir wollen künftig hören, ob die Kantischen Definitivartikel vielleicht von stärkerem Gewicht sind, um den ewigen Frieden zu gründen.

Ein ewiger Friede ist etwas so Wünschenswertes, daß wir uns nun auch mit den Definitivartikeln bekannt machen wollen, durch welche wir dazu gelangen sollen. Der erste heißt so:

1. *Die bürgerliche Verfassung in jedem Staate soll republikanisch sein.* – Wahr ist es auch, nur diese Verfassung könnte Aussicht zum ewigen Frieden geben, besonders weil dann die Staatsbürger beschließen würden, ob Krieg sein solle oder nicht, diese aber sich sehr bedanken werden, einen Krieg anzufangen, der ihnen auf jeden Fall eine Menge Drangsale zuziehet. Nur drei Formen der Beherrschung sind möglich, da *einer*, oder *einige*, oder *alle* zusammen die Herrschergewalt besitzen (Monarchie, Aristokratie und Demokratie). Unter diesen drei Staatsformen, sagt Kant, soll Demokratie notwendig ein Despotismus, dagegen die monarchische noch immer die bestmöglichste Regierung sein, wenn sie republikanisch regiert. Es ist äußerst auffallend, wenn von vielen behauptet wird, daß diese Sätze nie mit solchem Scharfsinn betrachtet würden, und daß Kant der erste gewesen sei, der dergleichen philosophisch vorgetragen habe. Man muß, um dieses zu bestreiten, doch weder Pope noch Mallet du Pan, und am wenigsten Rousseau gelesen haben, bei welchem letztern insbesondere man diese Räsonnements weit ausführlicher und deutlicher als bei Kant findet, denn auch Rousseau behauptete, daß Demokratien, ihrer Natur nach, Despotism enthalten, weil in ihnen die gesetzgebende Macht zugleich die ausübende ist. Rousseau schien von der englischen Konstitution sehr eingenommen zu sein, wenigstens führt er sie oft als Muster an, nach welcher sich andre Staaten bilden sollten. Wer weiß aber nicht, daß die englische Konstitution (nach welcher der König Macht hat, Krieg zu erklären und Traktaten zu schließen) durchaus nicht zum ewigen Frieden geschickt sei. Wehe den Staaten, wenn sie eine solche Regierung, so wie sie sich jetzt unter den Händen eines Pitt befindet, zum Muster annehmen wollten! – Kant scheint sich eben nicht auf England zu beziehen, aber er hält es doch bei der monarchischen Regierungsart für *möglich*, daß sie eine dem Geiste eines repräsentativen Systems gemäße Regierungsart annehmen könne. Wer wird auch die Möglichkeit leugnen, da überhaupt das Reich der Möglichkeiten so groß ist, aber zwischen der Möglichkeit und der Wirklichkeit eines ewigen Friedens ist leider eine sehr große Kluft befestigt, denn Kant selbst setzt hier zum voraus, daß, wie Friedrich II. gesagt hat, der Monarch der oberste Diener des Staats sein müßte. Das *sagte* freilich Friedrich II., und es klingt auch vortrefflich be-

sonders aus einem Königsmunde, aber – auch der große Friedrich machte es, wie alle unsre Philosophen, die treffliche Lehrer sind, nur ihre Lehrsätze selbst nicht befolgen. Sehr auffallend ist es, wenn Kant S. 27 in der Note sagt: ›Man hat die Benennungen, die einem Beherrscher oft beigelegt werden, eines göttlichen Gesalbten, Stellvertreters auf Erden, als grobe schwindlig machende Schmeicheleien oft getadelt, aber mich dünkt, ohne Grund.‹ Kant meint, daß diese Benennungen keinen Landesherren hochmütig machten, sondern ihn vielmehr demütigen müßten. Das kann man doch in der Tat eine neue, aber gewiß keine gute Philosophie nennen, wenn auf solche Art Höflinge und andere kriechende Schmeichler ermuntert werden, in ihrem festen Götzendienste fortzufahren. Auch ist eine solche Behauptung jedes Philosophen unwürdig, weil sie den Begriffen widerspricht, die man mit dergleichen kriechenden und vernünftigen Menschen ekelhaften Schmeicheleien verbinden muß. Man weiß ja, daß dergleichen Benennungen regierenden Herren nur in der Absicht gegeben werden, um ihnen zu schmeicheln; wie kann ein Philosoph sie also entschuldigen wollen? Überhaupt ist kein Mensch in seinem Berufe der Gottheit näher als der andre, und solche Lehren oft und laut vorzutragen, ist die Pflicht der Philosophen und der einzige Nutzen der Philosophie; wer aber Fürst zu sein für etwas Größeres und Heiligeres ansieht, als wenn der Hausvater oder Staatsbürger seine Pflichten erfüllt, der handelt gegen die ersten Grundgesetze der Philosophie, die nie dem Menschen nach seinem Stande, sondern nach seinen Eigenschaften beobachtet. Was der Verfasser durch die Note S. 28 hat sagen wollen, ist nicht einzusehen. Er tadelt Mallet überaus bitter, weil dieser Popens Ausspruch beitritt, und sagt: ›über Formen laß Toren streiten, was am besten regiert wird, ist das Beste‹, und doch behauptet Kant grade das nämliche, wenn er auf ebendieser Seite sagt: ›an der Regierungsart ist dem Volke mehr als an der Staatsform gelegen.‹

2. *Das Völkerrecht soll auf einen Föderalism freier Staaten gegründet sein.* Das heißt, Völker sollen nämlich, da sie keinen Weltbürgerstaat errichten können, einen Bund (Föderalism) errichten und dadurch der Gesetzlosigkeit der Gewalt zu entgehen suchen.

Bei dieser Gelegenheit wundert sich der Verfasser, daß das Wort *Recht* aus der Kriegspolitik noch nicht als pedantisch hat verwiesen werden können, und schließt daraus, daß eine zur Zeit schlummernde moralische Anlage im Menschen anzutreffen sei, über das böse Prinzip in ihm, doch einmal Meister zu werden. – Im Ernst kann doch nie ein solcher Schluß gemacht werden? – Denn daraus, daß moralische *Anlage* im Menschen anzutreffen ist, kann doch nimmermehr folgen, daß solche über das böse Prinzip noch einmal Meister werde? Wenn ein *böses* und *gutes* Prinzip im Menschen liegt, und diese Prinzipien miteinander in Streit kommen, so wird es gradeso wie in Staaten ergehen, der schwächere Teil wird dem stärkern unterliegen müssen, und ich fürchte sehr, daß, wenn Staaten einander befehlen wollen, das böse Prinzip die Oberhand behalten werde, besonders da der Verfasser die Bösartigkeit der menschlichen Natur nicht ableugnet.

3. *Das Weltbürgerrecht soll auf Bedingungen der allgemeinen Hospitalität eingeschränkt sein.* Unter Hospitalität versteht der Verfasser das Recht eines Fremdlings, seiner Ankunft auf dem Boden eines andern wegen, von diesem nicht feindselig behandelt zu werden. – Und bei dieser Gelegenheit werden philosophische Wahrheiten vorgetragen, die, so scharfsinnig sie auch betrachtet sind, dennoch nie dazu dienen können, einen ewigen Frieden zu erzwecken. Überhaupt setzt der Aufruf zum ewigen Frieden voraus, daß die Vernunft als Leiterin der Menschen anerkannt werde. Es ist aber eine ausgemachte Sache, daß den Regierungen die Ausbildung des Geistes nicht am Herzen liegt, und daß die Vernunft von ihnen nicht nur verfolgt, sondern, wo möglich, unterdrückt wird. Mußte doch noch in diesem Jahre ein Gedicht, der Zensur halber, aus dem Göttinger Musenalmanach geschnitten werden, welches durchaus nichts Anstößiges enthielte, als daß in solchem die Vernunft, als wahre Leiterin der Menschen, in folgenden Worten um Beistand angerufen wurde:

Vernunft! mein Gott, ich bitte dich,
Nie laß von dir mich weichen,
Bewahre heut und immer mich
Vor allen dummen Streichen etc.

Ich schließe hieraus: 1) Daß, solange Regierungen das Recht haben, die Vernunft unterdrücken zu können, solange ist auch an keinen ewigen Frieden zu denken. 2) Wer es nicht leiden will, daß die Vernunft angerufen werde, den Menschen vor dummen Streichen zu bewahren, muß wahrscheinlich willens sein, noch manche dumme Streiche zu begehen, und ebendiese Streiche sind, wie bekannt, die größte Hindernis des ewigen Friedens.

1798

Matthias Claudius
Krieg und Friede

Der Vorsänger:
Es ertönt ein Lied vom Frieden;
Macht den Sängern Platz!
Denn er ist fürwahr hienieden
Gar ein großer Schatz;
Und zu Felde gehn und kriegen
Ist kein Glück und kein Vergnügen!
Saget an!
Saget an!

Alle:
Nicht zu Felde gehn und kriegen.
Menschenblut
Ist doch viel zu gut.

Der Vorsänger:
Heißt zwar: Völker überwinden,
Glorreich insgemein.
Glor-reich können wir's nicht finden,
Glor-arm mag's wohl sein.
Ohne Not ist auch zu siegen
Uns kein Glück und kein Vergnügen.
Saget an!
Saget an!

Alle:
Wollen ohne Not nicht siegen
Menschenblut
Ist doch viel zu gut.

Der Vorsänger:
Wenn der Fürst nur leibt und lebet
Für den Untertan,
Und das stille Hausglück schwebet
Über Frau und Mann,
Und die Kinder in der Wiegen
Wohlgemut und sicher liegen!
Saget an!
Saget an!

Alle:
Ja, du lieber Fürst! Nicht kriegen!
Menschenblut
Ist doch viel zu gut.

Der Vorsänger:
Doch, wenn ohne Fug und Ehren
Jemand trotzt und droht,
Herd und Altar zu zerstören.
– Not hat kein Gebot –
Denn zu kriegen und zu siegen,
Und zu schlagen, bis sie liegen!
Saget an!
Saget an!

Alle:
Das ist Recht und ist Vergnügen.
Menschenblut
Ist denn nicht zu gut!

Matthias Claudius
Noch eine Idee, wie der ewige Friede zustandezubringen wäre

Die Fürsten Deutschlands müssen vorerst ihre Marksteine setzen, ohne viel zu hadern, weil das zu nichts nütze ist, sondern sehr übel für manche ausfallen könnte. England legt sich, wie wir hoffen, bald zum Ziele und erhält dann auch Schranken und Grenze; die strittigen Grenzpunkte der übrigen europäischen Mächte müßten auch beruhigt werden; und nach so geschehener Abmarkung würden Frankreich, Cisalpinien, Batavien die Garanten dieser Begrenzungen, ferner verbürgten alle übrigen Mächte für eine, und eine für alle, daß es mit diesen Grenzen sein ewiges Bewenden haben solle.

Sollte aber in künftigen Zeiten ein paar Königen die Lust ankommen, wegen übel verstandener Beleidigung Krieg zu führen, so müßte vorher die Sache vor einen Kongreß der Majestäten gebracht werden. Würde da gesprochen, daß die Sache so oder so abgetan sein solle, und ein Teil wollte sich nicht fügen, so müßten alle Garanten zusammentreten und den Unbiegsamen zur Raison bringen. Der Teil, welcher zuerst Krieg erklärt, ohne die Sache vor dem gedachten Kongreß vorgebracht zu haben, der müßte in eine namhafte Strafe verurteilt werden. Sollten beide Teile sich in die Haare kommen, ohne daß man so recht den Urheber wüßte, so müßten doch nach dem Kriege alle Eroberungen wieder herausgegeben werden, und dazu müßte die Garantie zwingen. Dies letzte Mittel wäre, wenn man wegen dem Kongreß nicht einig werden könnte, vielleicht allein zureichend, die Kriegslust zu erstücken, weil nichts durch Krieg zu gewinnen wäre. Was man aber auch immer für Mittel ergreifen will, diese Idee vom ewigen Frieden wirklich zu machen, so wäre dies Stück Arbeit des gegenwärtigen Jahrhunderts würdig.

Der Mensch würde im Feuerkleide bei dieser Unterhandlung erscheinen.

Aber wie ging's, wenn neue Republiken entstunden? Wir antworten, daß man für noch nicht geborne Kinder keine Kontrakte und Verbindlichkeiten machen könne. Wenn solche Kinder einmal da sind, so haben sie das Recht zu existieren. Und kein Volk will Krieg, wenn es ein Wort in der Politik zu sprechen hat. Und wenn eine Republik sich einen König geben wollte? Antwort: sie wird aber nicht wollen. [...]

Joseph Görres
Der allgemeine Frieden, ein Ideal

[...]

Unsrer Generation war es aufbehalten, nach verflossenen Jahrtausenden voll Graus und Menschenelends plötzlich eine mächtige Nation erscheinen zu sehen, welche die durch den Rost eines so langen Zeitraums unkenntlich gemachten Menschenrechte ihrem Usurpator entriß und sie verklärt, in ihrem ursprünglichen Glanze, vor die Augen des erstaunten Europas hinpflanzte. Der mächtige Schimmer, der wie ein Blitzstrahl alle Winkel durchdrang, schreckte die Despoten, sie blinzten das in gedrängter Fülle dahinströmende Licht an; ihnen war nur in Finsternis wohl. Sie bebten bei den schwachen tremulierenden Bewegungen, die dieser allbelebende, den trägsten Körper expandierende Stoff in ihren Völkern hervorbrachte, und sie beschlossen, mit gemeinsamer Kraft die Quelle des für sie so verderblichen Wesens zu vertrocknen.

Da fielen beinahe alle Rassenkönige über den jugendlichen Staat her. Der mächtige Stoß veränderte auf einen Augenblick seine äußere Form, aber die bald erfolgende Wiederherstellung derselben schnellte die andringenden Scharen der Despotenrotte weit weg von den Grenzen der neuen Republik. Betäubt und zusammengedonnert standen sie eine Zeitlang da, mit allen Symptomen der ohnmächtigen Wut des aufs schrecklichste getäuschten Übermuts, trotzten noch eine Weile, schmiegten sich endlich, und einer nach dem andern erbettelt den Frieden bei dem einst so verachteten Gegner.

Bei diesen Ereignissen kann nun mit allem Rechte dem Kosmopolitiker aufgegeben werden, einen Teil seines Berufs zu erfüllen, indem er die dem Naturzwecke gemäßeste Art, jene bevorstehende allgemeine Pazifikation zu bewirken, angibt. Er soll ein Ideal aufstellen, worin den Forderungen der Natur und dem Interesse der Menschheit nicht das mindeste vergeben ist, ein Urbild, worin nach der strengsten Theorie die Rechte und Verhältnisse der teilnehmenden bestimmt sind, das er dann freilich dem praktischen Staatsmanne überlassen muß, der durch die Kenntnis der individuellen Lage, Kräfte und Verbindungen der paziszierenden Teile instand gesetzt wird, zu beurteilen, inwiefern bei der Realisierung derselben die Theorie von ihren strengen Forderungen nachlassen muß, wenn sie sich nicht durch gar zu große Rigidität selbst zerstören soll. Denn es ist leider das Los jeder Wissenschaft, solange sie noch ihre Kindheit nicht zurückgelegt hat, daß ihr theoretischer Teil vom praktischen durch eine große Kluft getrennt ist.

Ohne die lächerliche Arroganz zu besitzen, die mich glauben machen könnte, daß ich der Sterbliche sei, der da kommen mußte, um die Nationen über ihr Interesse beim allgemeinen Frieden zu belehren; aber ohne auch durch eine mißverstandene Bescheidenheit den Beruf von mir abzulehnen, den ich in meinem Inneren fühle, der Menschheit nützlich zu werden, glaube ich, daß es überhaupt die Pflicht jedes Weltbürgers sei, eine Regierung, die nach Aufklärung strebt, mit allen seinen Einsichten (sei ihr Grad auch noch so unbedeutend) zu unterstützen, doppelte unnachläßliche Pflicht, wenn er sich durch die Umstände der Zeit und des Orts mit einiger Wahrscheinlichkeit als integrierenden Teil eines Staates ansehen kann, dem er durch dieselbe Nutzen verschaffen soll. In dieser Hinsicht wage ich es also, der fränkischen Regierung folgende Bemerkungen zur Beherzigung vorzulegen.

Zuvörderst noch einige Prolegomena.

Vermöge des ersten Axioms der Mechanik kann ein Körper beim Wechsel seiner räumlichen Verhältnisse nicht zur Ruhe kommen, ohne vorher in Bewegung gewesen zu sein, ebenso können auch Nationen keinen Frieden unterhandeln, ohne eine angebliche Zeit im Zustande des Krieges gewesen zu sein. Bei einer philosophischen Erörterung beider Begriffe muß also der letztere der Reihe nach zuerst vorgenommen werden.

Krieg schlechthin heißt daher Suspendierung der zwischen

den hadernden Nationen bisher bestandnen politischen Verhältnisse, verbunden mit dem Eintreten der militärischen.

Politische Verhältnisse nenne ich die wechselseitigen Beziehungen mehrerer Staaten als selbständige, regelmäßig geformte Einheiten, deren Gesamtzweck Erhaltung ihrer eignen Persönlichkeit und der aller ihrer koexistierenden Teile ist, militärische oder physische, die ebendieser Staaten als künstlich organisierte materielle Körper, die von innen heraus ihre Existenz als solche behaupten, jedem äußern Angriff widerstehen und im Notfalle selbst angreifen können.

Gibt es außer jenem formalen Verhältnisse noch mehrere andre, so wird eine Suspendierung, die die ganze Totalität derselben betrifft, ein Universalkrieg heißen müssen.

Wird aber diese Totalität nicht bloß suspendiert, sondern für immer und mit dem Vorbehalte, sie nie wieder eintreten zu lassen, aufgehoben, dann entsteht ein Ausrottungskrieg, wie ihn Barère und Fitzwilliam predigten und die Römer bei ihren meisten Fehden realisierten.

Dieser geht endlich in einen Menschenfresserkrieg, die höchste Stufe menschlicher Bosheit oder Verblendung, über, wenn der Sieger, nicht zufrieden, die Einheit des besiegten Staates aufgelöst zu haben, nun auch noch den Einheiten in demselben ihr Grab in den Individuen seiner Gesamtheit anweist, und so die moralische Persönlichkeit desselben ganz zerstört, die physische aber innerhalb der seinigen konzentriert.

So wie Zwist im besondern der leidenschaftliche Zustand der streitenden Individuen ist, so ist Krieg im allgemeinen der leidenschaftliche Zustand der veruneinigten Nationen und als solcher psychologische Nationalkrankheit, die kurze Zeit vor der Aussöhnung ihre Krisis erreicht und dann den leidenschaftslosen, gesunden Friedenszustand wieder eintreten läßt.

In der Natur geschieht nichts durch einen Sprung, ist die trivialste aller Wahrheiten; alle positiven Größen der Mathematik gehen durch 0 ins Entgegengesetzte über, so auch hier. Wenn Nationen den Zustand eines Universalkrieges mit dem eines Universalfriedens verwechseln, so suspendieren sie zuerst das einzige bisher noch zwischen ihnen bestandene Verhältnis, nämlich das militärische, d. i. sie schließen einen Waffenstillstand und werden nun zu geometrischen Körpern, die ihren Raum einnehmen, ohne ihn zu erfüllen. Während demselben werden nach und nach die zerrissenen Fäden wieder angeknüpft und so allmählich jene bisher unterbrochene Gesundheit wiederhergestellt.

Frieden schlechthin ist daher das Wiedereintreten der mit dem Beginnen der Krankheit abgebrochenen politischen Verhältnisse, verbunden mit dem gänzlichen Aufheben der militärischen.

Er wird zum Universalfrieden, wenn die Auflösung alle denkbaren Verhältnisse der kämpfenden betroffen hatte und diese nun aufs neue bestimmt werden.

Nach vollbrachter Krisis des Ausrottungs- und Kannibalenkrieges, d. i. nach Verschlingung des einen Objekts der Verhältnisse, würden diese selbst aufhören und also subjektive Ruhe, Sättigung, nicht Frieden erfolgen.

Der Zweck jedes Friedens ist Völkerbeglückung, das erste Requisit, um diesen Zweck zu erreichen, Dauer. Ein Frieden, der seiner Form und seinem Inhalt nach für alle Zeiten gelten kann und den Völkern für ihre ganze unbegrenzte Existenz ihren Wohlstand verbürgt, nur ein solcher kann seinen Namen sich mit Recht anmaßen, jeder andre, der wie alle bisherigen schon bei seiner Geburt die Keime der Verwesung zeigt, ist eine Mißgeburt, ein Mittelding zwischen Krieg und Frieden, das die Menschen ärger lastet als der Krieg selbst.

Der ewige Frieden, wie ihn St. Pierre und Rousseau aufstellten und Kant gegen die engbrüstigen Einwürfe kleinmütiger Empiriker in Schutz nahm, ist also das Ideal, dem die Menschheit unaufhörlich nachstreben muß, weil in seiner Erreichung absolutes Glück für sie liegen würde, so wie Vernichtungskrieg das Urbild eines solchen, von dem sie sich immer weiter entfernen muß, weil seine völlige oder auch nur partielle Realisierung ihr unabsehliches Unglück nach sich ziehen würde.

Um nun diesem lauten Rufe der Natur zu gehorchen, ist es unsere Pflicht, die Bedingungen zu erörtern, deren Auseinandersetzung jedem eigentlichen Friedensschlusse vorangehen müssen, Bedingungen, die allein dem Frieden Allgemeingültigkeit geben können. Wenn Schranzen und Mätressen in den Tagen unsrer Väter einen Frieden schlossen, dann weinte der Genius der Menschheit, denn wohl sah er, daß die Mordfackel nicht erloschen, sondern nur versteckt sei, um aufs neue, mit brennbarer Materie versehen, in der Hand der rasenden Furien desto ärgere Verwüstungen anzustellen, aber heuer wird er sich freuen, wenn er endlich einmal dem gesunden Menschenverstande das Friedensgeschäft übertragen und nun einer dauernden Ruhe ins künftige Jahrhundert entgegensieht. Machen wir einen Versuch, seinen philanthropischen Absichten zu entsprechen.

[...]

Materie und Form sind es, die vereinigt bei jedem Staat ins Auge fallen. Materie eines Staats ist die Summe aller in demselben verbundenen Individuen, kollektiv genommen. Zwei Staaten unterscheiden sich materialiter durch die Menge dieser Individuen, durch den Charakter derselben, insofern er auf Klima, Temperament, Rassenunterschied beruht und einen Nationalcharakter bildet. Allein eine Klassifikation nach diesen physischen Differenzen würde politische Physiologie, nicht Typologie sein und überdem keinen wesentlichen Einfluß auf unsren Gegenstand haben, mithin außer unsrem Wege liegen. Nur die formalen Differenzen können also hier erwogen werden.

Form überhaupt ist Verbindungsart mehrerer Teile zur Einheit, unternommen, um irgendeinen bestimmten Zweck zu erreichen. Form eines Staates ist also Verbindung aller Partialpersönlichkeiten zu einer Universalpersönlichkeit, ihr Zweck das Gesamtwohl. Diese Verbindungsart wird dann, wenn sie legal sein soll, durch den Gesellschaftsvertrag bestimmt.

In diesem Vertrage wird nun fürs erste darauf Rücksicht genommen, daß jene Universalselbständigkeit nur eine moralische Einheit ist, die als solche in der Reihe der Erscheinungen keinen Platz findet, mithin, da sie doch in derselben wirken soll, einer physischen Person inhärierend gemacht werden muß, die dann durch den Zusammenhang des inneren und äußeren Sinnes den Willen in Tat zu verwandeln vermag.

Diese Inhärenz wird nun entweder mittelbar oder unmittelbar bewirkt. Mittelbar, indem man ein transzendentes Wesen mit der obersten Selbständigkeit bekleidet, das dann entweder durch Eingebung von oben herab Menschen zu seinen Werkzeugen macht und so physische Wirkungen hervorbringt oder durch Eingriffe in den Gang der Dinge vermöge seiner Allmacht alles auf jenen Zweck hinlenkt, oder zweitens unmittelbar, indem man einer immanenten Person dies Vorrecht zugesteht, die dann ihrer Quantität nach entweder eine Einheit oder eine Vielheit oder eine Allheit im Staate ist.

Im ersten Falle entsteht Monarchie, die ganze Nationalpersönlichkeit ist in einem Manne konzentriert.

Im zweiten Polyarchie im weiteren Sinne, eine Menge Menschen, heißen sie nun Suffeten, Archonten, Ephoren, Patrizier, Nobilis oder Pairs, teilen sich in die oberste Gewalt. Diese Form zerfällt in mehrere Unterordnungen, sie wird Hierarchie, wenn jene Menschen vom Priesterstande, Aristokratie, wenn sie vom Adel, Emporokratie, wenn es Kaufleute, endlich Polemokratie, wenn es Soldaten sind. Jede teilt sich wieder in mehrere untergeordnete Zweige, die Machthaber besitzen ihre Stelle entweder durch Wahl, durch Erbrecht, durch Zufall (Los) oder Alter.

Endlich entsteht im dritten Falle Holarchie, die ganze Nation ist Quelle und zugleich Depositär ihrer Selbständigkeit, ihr Wille hat sie selbst zum Organ und bedarf keiner künstlichen Maschinerie, um in Handlung überzugehen. Zweitens wird die Qualität jener Universalpersönlichkeit betrachtet. Einmal denkt man sich dieselbe nämlich unzersetzt, ein andermal zerlegt in eine Universalspontaneität und in eine Universalkausalität, d. i. in eine gesetzgebende und eine ausübende Macht. Da zieht nun nach der Kategorie der Realität der Gesamtwille beide Mächte in einen Punkt zusammen, oder er entfernt sie nach jener der Negation unendlich weit voneinander, oder die entfernende und nähernde Kräfte begrenzen einander so, daß beide nach der Kategorie der Limitation in eine Art von mittlerer gemäßigter Entfernung voneinander stehenbleiben.

Was der absolute Punkt in der Geometrie ist, das ist das einzelne Individuum im Staate, was dort unendlicher Raum, ist hier die Totalität aller Bürger.

So bekömmt man also erstens legislative und exekutive Macht in einem Individuum vereinigt, Despotie.

Zweitens beide Funktionen so weit als möglich voneinander getrennt, also durch die ganze Masse aller Bürger verteilt, Demokratie. Die Befugnis, diese Regierungsform Demokratie zu nennen, muß in dem Umstande gesucht werden, daß es in der Theorie völlig einerlei ist, ob ich von *n* herrschenden Individuum der einen Hälfte die exekutive, der andern die legislative

Macht gebe, oder ob ich die Totalsumme beider Mächte mit *n* dividiere und nun jedem Machthaber ein *n* Teil der ganzen Totalität der höchsten Gewalt übertrage, vorausgesetzt, daß in beiden Fällen kein einziger für sich ohne die Beiwirkung aller andern etwas unternehmen könne. Denn was sich der Vereinigung aller zu dem gemeinschädlichen Zwecke, sich über die Gesetze hinauszuschwingen und ihre übertragne Macht zur Befriedigung ihrer Leidenschaften zu mißbrauchen, widersetzt, ist in beiden Fällen kein physisches (also undurchdringliches), sondern nur ein moralisches Hindernis. Es liegt also einmal wie das andremal gleich sehr an dem Willen der Machthaber, ob sie nicht, von ihrem gemeinschaftlichen Interesse getrieben, übereinkommen wollen, ihrem Privatwohl das öffentliche nachzusetzen und jene Hindernisse wegzuschaffen; eine Operation, die im ersten wie im zweiten Falle gar keines Aufwandes von physischer Kraft bedarf. Die Wahrscheinlichkeit zu so einer Übereinkunft nimmt nur mit der wachsenden Zahl der Herrschenden ab, und wenn Sicherheit vor derselben der Bestimmungsgrund zur Trennung jener beiden Zweige der Staatsgewalt ist, so wird jener Zweck um so vollkommener erreicht, mithin die Trennung beider Funktionen um so größer, je größer die Zahl der Gewalthaber wird, sei es auch, daß so wie die Verteilung nach und nach die Halbierung aller Staatsbürger übersteigt, nur einige oder bei der vollkommnen Holarchie alle einen Teil der legislativen und exekutiven Macht zugleich bekommen. Die Regierung, wo daher die Entfernung beider Zweige des Maximum erreicht hat, wird die Demokratie sein.*

* Daraus folgt denn auch, daß Demokratie nicht, wie einige wenige neuere, unter andern Kant behaupten, ihrem Wesen nach Despotism sei. Denn wäre sie das, so liefe ja auch des letztern zur Erreichung des ewigen Friedens vorgeschlagner Völkerbund auf die Organisation einer Völkerdespotie hinaus, indem auch in einem solchen Bunde wie in einer Volksregierung alle befehlen, alle ausüben und alle gehorchen. Jede Verfassung, sie sei, welche sie wolle, wäre überdem, da bei ihrer Akzeptation die Wahl der Repräsentanten und Magistratsmitglieder eine Funktion der exekutiven Macht ist, weil sie sich mit einem partikulären Gegenstande beschäftigt, diese Wahl aber vom ganzen Volke geschieht, daß also in diesem Augenblicke eine Demokratie mithin nach jener Vorstellung Despotie bildet, so wäre, sag ich, jede Verfassung auf Despotie

[…]

Aus der in der Einleitung gegebenen Definition eines Universalfriedens folgt, daß die Bedingungen, unter denen die Zustandebringung desselben möglich ist, auf die genaue Bestimmung aller Verhältnisse des Normalstaates (so nenne ich nämlich den, der als Sieger den Frieden schließt) als Einheit und als Koalition mehrerer selbständiger Individuen gegen den oder die Regulativstaaten (mit denen als überwundenen der Frieden geschlossen wird), ebenfalls unter jenen beiden Gesichtspunkten betrachtet, hinauslaufen. Soll er dann ferner auf Dauer Anspruch machen können, so muß noch eine sichere, wechselseitige Garantie, daß die einmal so bestimmten Verhältnisse ohne Einwilligung beider Teile nicht mehr geändert oder aufgehoben werden können, ausgefunden werden. Beschäftigen wir uns also fürs erste mit der Festsetzung jener Verhältnisse.

Verhältnisse der Dinge sind Situationen derselben, wofür Gesetze bestimmt oder denen schon vorhandne angepaßt werden

gegründet, also illegal. Demokratie verhält sich vielmehr zur Despotie wie jede menschliche Autokratie zur hyperphysischen Theokratie. Es mag sein, daß diese Verfassung am leichtesten in Anarchie sich auflöst, den meisten inneren Stürmen ausgesetzt ist, dem Parteigeist den freiesten Spielraum verschafft, für das gegenwärtige, alle vorhergegangene und noch manche kommende Menschengeschlechter schlechterdings gar nicht paßt, so sind das alles doch nur Inkonvenienzen, die nicht der Form, sondern nur der Materie, der dieselbe angepaßt werden soll, aufgebürdet werden müssen. Wenn einmal Moralität nicht mehr örtlich unter den Menschen angehäuft, Aufklärung nicht wie heuer das Los einiger weniger sein wird, dann wird sie zuverlässig in ihre Rechte wieder eintreten und das Repräsentationssystem, für jetzt ein absolut notwendiges Übel, verdrängen. Heuer, nach Erfindung der Buchdruckerei, wird sie dann auch mit weit weniger Schwierigkeiten als im Altertum verbunden sein, da jetzt nicht einmal Volksversammlungen mehr nötig sind uns so mit dem wenigsten Aufwand das meiste Gute bewirkt werden kann. ›S'il y avoit un peuple de Dieux, il se gouverneroit démocratiquement. Un gouvernement si parfait ne convient pas a des hommes‹, sagt der unsterbliche Verfasser des ›Contrat social‹, aber er sagt auch, ›la souveraineté ne peut être représentée, par la même raison, qu'elle, ne peut être alienée, elle consiste essentiellement dans la volonté générale, et la volonté ne se représente point, elle est la même, ou elle est autre, il n'y a point de milieu‹.

sollen. Entkleiden wir eine Substanz von allen ihren Akzidenzen, so hören zugleich alle innern und äußern Verhältnisse auf, die reine nackte Substanz steht da, isoliert von aller Welt, ohne irgendeine denkbare Beziehung auf dieselbe. Bloß die Akzidenzen also, oder vielmehr ihre Verbindung zur zweckmäßigen Einheit, d.i. ihre Form macht Verhältnisse möglich. Es gibt also so viel Arten, nach denen Dinge miteinander in Verhältnisse kommen können, als Formen denkbar sind, nach denen ihre Akzidenzen zur Einheit verbunden werden können.

Das, was nun für eine einfache Substanz gilt, wird auch für die Verbindung mehrerer zu einem formalen Ganzen gelten müssen. Die Verhältnisse mehrerer Nationen sind daher auch so vielseitig, als oft ihre Akzidenzen nach irgendeinem Prinzip sich zur formalen Einheit aneinanderfügen lassen. Die Akzidenzen eines Staates sind nun die einzelnen Persönlichkeiten seiner Individuen, der Zweck der Verbindung derselben mag nun politisch, religiös, merkantilisch oder jeder andre sein, und der Formen, nach denen diese Persönlichkeiten zu jenen verschiedenartigen Zwecken verbunden werden können, sind, wie wir soeben entwickelten, vier, nach den Regeln der Kombination werden also der verschiednen Situationen, in die diese vier Formen gegeneinander geraten können, in allem zwölf. Zum Beispiel

1. Die Form des Normalstaats ist die demokratische – die der Regulativstaaten ebenfalls die demokratische.

2. Die Form des Normalstaates ist die polyarchisch republikanische – die der Regulativstaaten ebenfalls die polyarchisch republikanische.

3. Der Normalstaat hat die polyarchisch republikanische Form; die Regulativstaaten die despotische.

4. Die Form des Normalstaates ist die despotische, die der Regulativstaaten ebendieselbe und so weiter. […]

Unter den vier oben aufgezählten Verbindungen macht allein die erste bei einer vollendeten Kultur der Majorität des Menschengeschlechtes die völlige Realisierung eines ewigen Friedens möglich; die Schwierigkeiten, die die zweite derselben in den Weg legt, sind zwar größer, aber doch im Ganzen von weniger Bedeutung, besonders bei der polyarchisch demokratischen. Endlich neigt sich die vierte ihrer Natur gemäß zu jenem obigen Schreckensideal, dem Vernichtungskrieg, und läßt, um demselben womöglich zuvorzukommen, ein sogenanntes Gleichgewichtssystem eintreten, das aber, weil bloße zurückstoßende Kräfte einander nicht einschränken können, dem ganzen Körper nur dann einige Ruhe, obgleich auf einem künstlichen Wege, verschafft, wenn, wie im dritten Falle, durch einen mächtigen republikanischen Staat eine hinreichende Ziehkraft hinzukommt. Lassen wir dann die übrigen, deren Erörterung jetzt nicht hiehin gehört, und beschäftigen uns mit dieser, die nun unser Fall ist.

Wenn es heißt, der Normalstaat hat die polyarchisch republikanische, die Regulativstaaten die despotische Form, und durch die Einmischung dieser in die innern Verhältnisse von jenem entstand der Krieg, der nun wieder beigelegt werden soll, so wird dabei vorausgesetzt, daß der angegriffne Teil auf das durch den Angriff erhaltne Recht, sich hinwiederum in die innern Verhältnisse der angreifenden zu mischen, um sich vor künftigen ähnlichen Angriffen zu sichern und mithin alles auf die erste oder zweite Kombination zu reduzieren, förmlich Verzicht getan habe.

Ich mag hier nicht strenge untersuchen, inwiefern ein von innen gesetzmäßig organisierter Normalstaat das Recht aufgeben kann, sich in die innern Verhältnisse benachbarter, gesetzwidrig organisierter Regulativstaaten einzumischen. Der Zweck einer solchen Einmischung wäre nämlich Selbsterhaltung und Sicherheit, fortan in seinen Rechten und Genüssen durch solche zügellose Nachbarn nicht mehr gefährdet zu werden. Allein ebendieser Zweck würde durch die Erklärung, nicht eher die Waffen niederzulegen, bis alle Regulativstaaten die despotische Form verlassen hätten, vereitelt werden; indem der Despotismus in Verzweiflung alle die Riesenkräfte, die ihm vorderhand noch zu Gebote stehen, zusammenraffen würde, um den drohenden Untergang abzuwenden; und überdem der Stolz aller Völker sich beleidigt fände, deren jedes sich genug Kraft zutraut, um sich selbst eine gesetzmäßige Form zu geben, ohne der Zwischenkunft einer andern Macht zu bedürfen. Hätte der Stifter des peruanischen Staates allen benachbarten Völkerstämmen angekündigt: ›Barbaren! Ich bin gekommen, um euern Nacken unter das Joch der Gesetze zu beugen, ihr sollt nicht mehr rauben und kriegen, keine Menschen dürft ihr mehr fressen, den Acker sollt ihr bauen, die Sonne sei euer Gott, mir und meinen Nachfolgern als Kinder derselben sollt ihr ohne Widerrede gehorchen‹, so würden auf eine solche Zumutung alle sich, eifersüchtig auf ihre brutale Unabhängigkeit, vereinigt haben, über ihn hergefallen sein und den aufblühenden Staat in seiner Knospe zerstört haben. Statt dessen begnügte er sich, sein einmal gewonnenes Terrain ruhig zu bebauen und es dann seinen Nachfolgern zu überlassen, jene wilden Horden durch Überredung, Gewalt der Waffen oder bei sonst einer Gelegenheit, die ihnen die Inkonvenienzen ihres isolierten Zustandes fühlbar machte, seinem Urstaate anzuknüpfen; und er befand sich wohl dabei. Dieselbe den Zeitumständen sich anschmiegende Politik wird auch Frankreich beobachten müssen, und es hat sie während dem Laufe dieses Krieges bei Holland, bei der cisalpinischen Republik, und da, als Venedig durch Verrat unbesonnenerweise den Umsturz einer Staatsverfassung rechtfertigte, die es nur durch Meuchelmorde und Noyaden aufrechtzuerhalten vermochte, treulich beobachtet, und es wird sie noch einmal beobachten müssen, wenn England, von der Koalition getrennt, sich selbst überlassen dasteht. Dann wird es wieder Pflicht für Frankreich sein, die Nation in ihrem Ringen nach Gesetzmäßigkeit von innen und außen zu unterstützen und durchaus keinen ruhigen Zuschauer dabei abzugeben; wenn es sich nicht vorher durch seine Stipulationen mit andern Mächten feierlich zu einer solchen Untätigkeit anheischig gemacht hat.

Das vorausgesetzt, lautet also unsre Aufgabe folgendermaßen: ›Ein Staat hatte anfangs die despotische Form; durch einen gewaltsamen Umsturz wurde dieselbe in die polyarchisch republikanische geändert. Diese Änderung hatte als Ursache die Wirkung, daß alle äußern Verhältnisse mit einer Koalition von despotischen Staaten abgebrochen wurden. Die Angriffe der Koalition wurden abgetrieben, der angegriffene Staat erhob sich zum Normalstaate, die angreifenden sanken zu Regulativstaaten herab, und unter ihnen änderten durch den Einfluß des Normalstaates mehrere die despotische Form, ebenfalls in eine polyarchisch republikanische, und nun soll der Normalstaat neue Verhältnisse a) zwischen sich und den despotischen Regulativstaaten, b) zwischen sich und den republikanischen Regulativstaaten, c) zwischen den republikanischen und den despotischen

Regulativstaaten ausfinden, die auf die längste Dauer Anspruch machen können, nachdem er sich vorher des Rechtes entäußert hat, sich in die innern Verhältnisse der die despotische Form behaltenden Regulativstaaten einzumischen.‹

[...]

Wären alle bisher bestehenden Staaten in einen allumfassenden Universalstaat verschmolzen und die Form desselben z. B. die despotische, so verlöre in ihm jedes einzelne Individuum seine Persönlichkeit, ohne doch seine Existenz zu verlieren, und die Kollisionen, in die also mehrere derselben noch kommen könnten, würden durch die Maximen des Despoten bestimmt: durch die Gesetze der Republik und den allgemeinen Willen aber, wenn jene Form republikanisch wäre. Da aber schon der große Rassenunterschied (der freilich bei zunehmender Kultur immer mehr verschwindet) von allem andern abstrahiert, eine solche Gleichförmigkeit der Gesetze oder Maximen nicht erlaubt, so müssen wir in der Theorie sowohl als Praxis auf die gegenwärtig existierenden Partikularsysteme zurückkommen.

Man denke sich nun einmal alle diese Systeme republikanisiert, so kann und muß doch nach dem eben Gesagten in jedem Staate nach dem Bedürfnis und dem Willen seiner Bewohner eine andre Gesetzgebung herrschen; deren keine – weil das Sittengesetz es schlechterdings verbietet, daß ein Staat dem andern seine Gesetzgebung (wie etwa die Römer taten) durch Gewalt aufdringe – bei den Kollisionen nicht verwandter Bürger auf den Vorrang Anspruch machen kann: es ist daher kein anderer Ausweg übrig, als daß sich alle Individuen als Weltbürger konventionellen Gesetzen unterwerfen, einen Völkerkodex kreieren und diesem durch die Sanktion des Gesamtwillens seine Allgemeingültigkeit geben.

Haben alle jene Staaten die illegale despotische Form, so bestimmen sich die Kollisionsgesetze durch die Maxime des Despoten; entweder, je nachdem nun beide übereingekommen sind, desjenigen, dessen Untertan der Verletzer ist, oder jenes, der dem Verletzten gebietet; für den Fall insbesondere, wo von Verletzungen die Rede ist: und an eine Feststellung dieser Verhältnisse durch den Gesamtwillen ist so lange nicht zu denken, als derselbe noch beim Fürsten im Depot liegt.

Haben endlich, wie in unserm Falle, einige Nationen die republikanische, andere die despotische Form, und die Gesetze für jene Kollisionen sollen durch einen Söhnungsvertrag, der auf eine Verletzung der Urrechte der erstern durch die letztere erfolgt, bestimmt werden, so ist, da hier für einen Völkerkodex nur eine einseitige Sanktion möglich ist, kein anderes Mittel übrig, als das durch die Läsion bekommene Recht des Verletzten: dem Verletzer ebenfalls ein Urrecht zu kränken, geltend und nun die Gesetze der republikanischen Staaten für die Untertanen der despotischen in Kollisionsfällen verbindlich zu machen. Diese Maßregel wird noch überdem dadurch gerechtfertigt, weil erstlich die republikanische Gesetzgebung auf die heiligen Rechte der Menschheit gegründet ist und dem Genius der Zeit sich anschmiegt, die despotische europäische hingegen vor Jahrtausenden mit Hintansetzung aller dieser Rechte von einem Fremdling zusammengepfuscht wurde, und überdem noch von der Kaprice des jedesmaligen Despoten abhängt; zweitens kein Untertan der Regulativstaaten sich über Zwang beklagen kann, weil ihm auch die Gesetze, denen er sich fügt, ohne seine Beistimmung aufgedrungen wurden, und er also bei der Wahl zweier gleich sehr aufgedrungenen Gesetzgebungen ohne Zweifel nach der bessern greifen wird, weil es endlich des Republikaners unwürdig wäre, in seinen Kollisionen mit Wesen tieferer Art als er selbst von den Machthabern derselben sich bestimmen zu lassen; der an Zwang gewöhnte Sklave es aber gar nicht befremdend finden wird, hier wie immer einer Heteronomie zu gehorchen.

[...]

Die Geschichte der Menschheit – ein Gemälde der Situationen, in die der Mensch gekommen ist und kommen mußte, um das zu werden, was er sein soll – wird von zwei Hauptsituationen begrenzt, von denen sie und alle mit ihr verwandten Untersuchungen ausgehen und auf die sie zurückkommen müssen.

Die erste – der sogenannte Naturstand, besser der Stand der Barbarei, der Anfangspunkt der Skala; die Menschheit in der Wiege aufs höchste imstande, mit Schlangen zu kämpfen, der Mensch seiner innern Würde nach zwar schon höheres, selbstgesetzliches Wesen, seinem äußeren Betragen nach aber ein reißendes Tier; die Sinnlichkeit roh und ungebildet, nach Laune die unterjochte Vernunft despotisierend; das Sittengesetz ungeachtet und unbefolgt; die tierischen Kräfte, so ungeregelt sie sind, in vollem zerstörendem Spiel; die zweite – der Stand der höchsten Kultur, die Endsprosse der Stufenleiter, die Menschenwürde in ihrer ganzen Majestät, das Sittengesetz auf dem Throne, die Sinnlichkeit mit ihren Anmaßungen zurechtgewiesen, allseitig gebildet, aber dem unbeschränkt gebietenden Verstande untergeordnet, tierische Kräfte unschädlich in ihrem Konflikte, das Reich des Geistes mit dem der Materie harmonisch ineinandergeflossen.

Zwischen diesen beiden Grenzgebieten liegen nun alle unsre gesellschaftliche Verbindungen, jenem oder diesem näher, je nachdem das Kolorit der Tierheit oder das der Geistigkeit in ihnen prädominiert. Gibt es aber nun keinen andern Weg, sich aus jenem verworfnen Zustande zum Gipfel der Humanität hinaufzuarbeiten als den solcher abstufenden Assoziationen; und ist das Streben nach Erreichung desselben unbedingte Pflicht für jedes vernünftige Wesen, so hat auch jeder Mensch im Stande der Wildheit unbedingte Pflicht, denselben mit dem gesellschaftlichen überhaupt zu verwechseln.

[...]

Die Geschichte und die tägliche Erfahrung belehren uns, daß die Machthaber aller bisherigen Staaten beinahe ganz im Verhältnisse eigentlicher Barbaren gegeneinander und zu ihren Untertanen stehen. An der Idee des Völkerrechts, das sie aber in ein Despotenrecht umschufen (und umschaffen mußten, wenn sie konsequent handeln wollten), um es dann unter dieser Travestation nur insoferne achten zu dürfen, als es die Beschönigungsgründe zu ihren wechselseitigen unaufhörlichen Raufereien auf Kosten ihrer armen Archiven an die Hand gab: – an dieser Idee verriet sich zwar eine schwache Spur von aufkeimender Kultur, allein seit Jahrhunderten sind sie nun schon auf der einmal erreichten Stufe derselben stehengeblieben.

[...]

In einem gesetzwidrig organisierten oder verwalteten Staate hat nach unsern Vordersätzen jedes Mitglied die Befugnis, seinen Vertrag mit demselben aufzuheben und sich von ihm zu trennen.

Wird nun in einem solchen das Gefühl dieser Gesetzwidrigkeit so lebhaft, daß die Mehrheit in ihm jenes Recht reklamiert und sich von demselben loszählt, so bildet sich die Stimme der öffentlichen Opinion, die da sagt: ›wir wollen diese Verfassung nicht mehr, laßt uns eine andere wählen‹. Diese auf Änderung gestimmte Majorität bewirkt nun entweder durch Selbsthilfe und durch gewaltsame Mittel die Beistimmung der Minorität (die ohngeachtet ihrer geringern Zahl doch die stärkere sein kann) und es entsteht eine Revolution, oder sie erlaubt sich einen solchen Kampf von Bürger gegen Bürger nicht, ohngeachtet sie von seinem guten Ausschlag für ihre Partei gewiß zu sein glaubt, sondern begnügt sich, den benachbarten Völkerstaat zum Schiedsrichter zwischen sich und der weniger kultivierten Gegenpartei zu wählen. Dann wäre es Hochverrat an der Menschheit, wenn derselbe diese Zwischenkunft ausschlagen wollte; in beiden Fällen ist es unbedingte Pflicht für ihn, seinem Nachbar allen Vorschub zu tun, um ihn aus dem verworfenen Zustande zu heben, in den ihn seine Vormünder niedergedrückt hatten. Mit seiner Hilfe muß sich die Majorität sogleich auf einen gesetzmäßigen Fuß setzen: und nun wird die Minorität, die durch den Widerspruch gegen jene in den Naturstand zurücktrat, auch als Naturmensch behandelt und vermöge des Zueignungsrechtes dem neuen Staate beigefügt werden können, der nun seinerseits wieder einen integrierenden Teil des großen Gebäudes, des Völkerstaates abgibt. Da es den übrigen Despoten einfallen könnte, eine solche Aneignung zu hindern, so muß ihre gegenwärtige Ohnmacht benützt werden und der Normalstaat sich durch den Friedensvertrag gegen ihren allenfallsigen Einspruch sicherstellen. [...]

Aus dem oben Entwickelten folgt nun endlich noch, daß jene Völkerrepublik nach Vollendung ihrer Form das Eigentumsrecht auf die ihr zugebildeten Staaten bekömmt, mehr oder minder, je unbedeutender oder beträchtlicher im Augenblicke der Formation ihre äußere Kultur war; solange nämlich diese Form nicht an sich, oder in ihrer Darstellung in der Sinnenwelt vom Gesamtzwecke abweicht. Ein Staat, der also die Gesellschaft verläßt, um isoliert für sich zu leben oder sich gar an die Despoten anzuschließen, wird daher mit Rechte zur Rückkehr gezwungen werden können; und das zwar so lange, bis alle andere das Maximum von Kultur erreicht haben, indem alsdann gar keine gesellschaftliche Verbindung mehr nötig ist. Auf zweierlei Art wäre ein solches Losreißen erklärbar; entweder durch die bloße

Laune des abtrünnigen Volkes oder bei Veranlassung eines innern Formenwechsels, eines Zurückfalls in Despotie oder gar Anarchie. Im ersten Falle wird die Regierung des Völkerstaates den abgegangenen erst durch gütliche Mittel zurückzubringen versuchen; und wenn diese fruchtlos sind, mit allem Fuge zum Zwange schreiten können. Im zweiten Falle wird er jene Veranlassung wegräumen; er wird den oder die Usurpatoren wieder unter den Willen des Volkes beugen, über den sie sich gewaltsam hervorgeschnellt hatten (denn es ist nicht denkbar, daß eine Nation, die einmal die Vorteile einer rechtmäßigen republikanischen Verfassung gekostet hat, wieder unter eine unrechtmäßige oder die Gesetzwidrigkeit begünstigende despotische, von freien Stücken sich schmiegen sollte), oder im Falle der Anarchie die Ursache derselben heben und das Reich der Gesetze wiederherstellen. Auch hier könnte es den Despoten, die nur gar zu gern im trüben fischen, in den Sinn kommen, die Ausübung dieses Majestätsrechtes der Völkerrepublik zu hemmen.

[...]

Der Genius der Zeit läßt uns eine Reihe von Revolutionen erwarten, die mit Schnelligkeit einander folgen werden. Wenn nun die Verhältnisse der republikanischen Staaten mit den neugebornen Nationen nicht zum voraus bestimmt werden, so wird eine traurige Kette nacheinanderfolgender Kriege, die nur mit der absoluten Ohnmacht der Despoten und ihrer Trabanten endigen würden, die Folge dieser Unterlassung sein.

[...]

Handel schlechthin in der Theorie ist die Bestimmung der Verhältnisse des disponiblen Eigentums (der Ware, sie sei nun ein Produkt der Industrie oder der Kunst) eines Individuums zu dem eines andern. Wird diese Bestimmung zugleich mit der wechselseitigen Veränderung der Proprietärverhältnisse der Ware zum Eigentümer verbunden, so entsteht Handel in praxi. Jener Handel ist Tauschhandel, wenn beide Glieder des Verhältnisses Waren sind; Geldhandel (nicht Goldhandel, der zum Tauschhandel wird, wenn der Staat Gold und Silber zur Ware erklärt), wenn sie gar keinen oder doch unverhältnismäßig geringen innern (in unmittelbarer Beziehung auf die Bedürfnisse der Menschen), hingegen einen großen konventionellen Wert haben; Handel im engern Sinne, wenn ein Glied eine Ware, das andre aber ein solches imaginäres Surrogat; endlich Menschenhandel, wenn derselbe ein Untertan der handelnden oder jeder andern wie immer gefärbten Nation ist. Die Verhältnisse zwischen Ware und Ware, Geld und Geld oder Ware und Geld, d.i. die Preise, sind also die Gesetze oder besser Maximen des Handels, die also mit Zeit und Ort variieren und vom Verhältnisse der Geldmenge zur Warenmenge und der größern oder geringern Seltenheit eines von beiden abhangen.

Eine Menge Individuen, welche die nämlichen Maximen anerkennen, bilden eine Handelsnation, die wegen des geringen Umfanges, in dem eine und dieselbe Maxime herrscht, nur eine verhältnismäßig geringere oder größere Zahl von Subjekten und ein weiteres oder engeres Terrain begreift, je mehr oder minder Flüsse, Meere, Kanäle, Landstraßen den wechselseitigen Verkehr erleichtern. Es gibt daher gar keine große Handelsnation, und eben dieselbe politische zerfällt in eine ungemeine Menge kleiner Handelsstaaten, deren jeder andre Gesetze anerkennt und sich keiner obersten Gesetzgebung (im Geldhandel etwa zum Teil ausgenommen) zu unterwerfen gezwungen ist.

[...]

Ist uns aufgegeben, einer Menge Individuen eine freie rechtmäßige merkantilische Form zu geben, so wird das auf folgende Art geschehen müssen. Erstens nach dem Prinzip der Freiheit; jedes Individuum hat das Recht, die Handelsmaximen theoretisch immer, die Verhältnisse der Ware zu ihren Eigentümern aber nur dann, wenn er einer derselben ist oder von dem Besitzer den Auftrag dazu hat, zu bestimmen; zweitens nach dem Prinzip der Gleichheit, keiner kann dem Handelsbürger eine Maxime aufdringen, ohne daß dieser sie nicht hinwiederum gegen ihn geltend machen könnte; endlich drittens nach dem Prinzip der Abhängigkeit, jeder Bürger ist dem Gesamtwillen untergeordnet. Das erste verbietet alle Kauf- und Handwerksgilden, die den übrigen Teil der Nation als Laien ausschließen; das zweite alle Monopolien, die jedem Bürger Zwangsgesetze auflegen, ohne daß die Begünstigten von ihm wieder darunter gebeugt werden könnten, wenn es ihm etwa einfiele, mit denselben Waren zu handeln; das dritte endlich gibt der Nation die legislative Macht. Dies übt sie dann nun entweder in Masse aus, und durch die wechselseitige Konkurrenz, bei der sich die Ausbrüche der Habsucht gegenseitig aufheben, bestimmt sich der Marktpreis als augenblickliche Norm des Wechselverkehrs; oder sie überträgt es einem oder mehrern, gemeiniglich den Machthabern des politischen Staates als Repräsentanten, und diese bestimmen dann das Maximum.

[...]

Bei tierisch geistigen Wesen gibt es zweierlei Gewähr für ihre gegenseitigen Versprechungen; eine moralische dadurch, daß sich beide Teile der höhern Gesetzgebung der praktischen Vernunft freiwillig unterwerfen; und eine physische, die der Stärke. Die erste kann immer wechselseitig für beide Teile geltend sein, die zweite nie. Denn im Augenblicke der Anerkennung der Autorität des Sittengesetzes von beiden Teilen sind beide vor seinem Richterstuhle gleich sehr gebunden; die Bürgschaft ist Wechselbürgschaft. Wird aber die Stärke zum Garanten gewählt, so kann das nur auf dreierlei Art geschehen. Entweder gibt ein Staat, um sich der Leistung der Versprechungen eines andern zu versichern, einem dritten diese Stärke zur Disposition; allein dann haben beide wieder eine Bürgschaft gegen diesen dritten nötig, daß er das ihm anvertraute Zwangsmittel nicht zu ihrer Unterdrückung mißbraucht. Oder beide verteilen jene Stärke zu gleichen Teilen unter sich, und dann heben sich beide gegeneinander auf, und es bleibt nichts zur Bürgschaft als der beiderseitige gute Willen. Oder endlich einer bekömmt sie ganz, und dann wäre die Garantie nur einseitig: der Schwächere wäre dem Gutdünken des Stärkern überlassen. Fürsten achten bei ihren Verhältnissen untereinander keine als die letzte; dafür wird ihnen auch die Ehre zuteil, bei der vorhabenden Untersuchung, von republikanischen Nationen – die dadurch, daß sie mit ihresgleichen keine andere als moralische Garantie anerkennen, sich zu reinen geistigen Wesen qualifizieren – ihrer eigenen Würdigung gemäß behandelt zu werden. Nun wird es zwar noch eine geraume Zeit zugehen, bis Frankreich und die andern republikanischen Regulativstaaten das Ideal einer Nation – die aufs genaueste die Gesetze der Moralität in den Verhältnissen zu ihren Nachbarn befolgt, ohne je, durch Abweichen von denselben, Nationalsünden zu begehen – auch nur seinen Hauptzügen nach erreichen; allein der Wahrscheinlichkeitskalkül zeigt doch, daß die Zahl der Fälle, worin solche Sünden von ihrer Seite begangen werden können, unverhältnismäßig kleiner ist als bei den despotischen Staaten. Daher lautet unsere Aufgabe folgendermaßen: ›Ein seinen Maximen nach beinahe geistiges Wesen hat mit einem, seinen Handlungen nach, beinahe tierischen gewisse Verhältnisse bestimmt: welche Garantie soll den beiderseits eingegangenen Verbindlichkeiten gegeben werden?‹ Hier sind nur zwei Fälle möglich: entweder die Garantie ist einseitig – das erste muß auf seine Maximen Verzicht tun und die Handlungsweise des andern annehmen – oder die Garantie ist allseitig, und das zweite vertauscht seine Handlungsweise mit des ersteren Maximen. Da das letzte von einer Menge launischer Menschen, die mit ihrem Willen die Welt aus ihren Angeln heben zu können wähnen, nicht zu erwarten ist, so wird nur der erste Fall eintreten können, und nun ist die Frage, in wessen Schale muß das Übergewicht der Stärke gelegt werden, um die Waage im Gleichgewicht zu erhalten, in die der republikanischen Staaten oder in die der despotischen? Man kann, wenn man den Sinn der Aufgabe auch nur oberflächlich betrachtet, keinen Anstand nehmen, dasselbe den erstern zuzusprechen. Denn die rohe tierische Stärke der letztern gibt ohnedem dem Hebel zu ihrem Vorteil eine Überwucht, der nur der Enthusiasmus – eine Feder, die aber bald erschlafft und dann durch die sanftern Gefühle des Friedens ersetzt wird, die aber im Kampfe gegen die zerstörenden Kräfte des Krieges nicht auszuhalten vermögen – von der andern Seite im gegenwärtigen Kriege das Gleichgewicht zu erhalten vermogte.

[...]

Man hat die Vorteile, welche Frankreich durch die Rheingrenze an Volksmenge, Handel und Industrie gewinnen würde, weitläufig aufgezählt; aber einen, der den größten Einfluß auf das innere Wohlsein der Republik haben würde, scheint man vergessen zu haben. Im vorigen Jahrzehnt nämlich fiel in Deutschland bekanntlich jene Revolution vor, wodurch sich dies Land theoretisch um die Kultur der Menschheit beinahe ebenso verdient gemacht hat als Frankreich praktisch; ich meine: die Reformation der Philosophie durch unsern unsterblichen Kant. Ein gründliches, allen Angriffen trotzendes System der Moral, eine neue Formation beinahe des ganzen wissenschaftlichen Gebietes und ein seinen Gegenstand fest ins Auge fassender, vorher unbekannter systematischer Geist, der den ganzen Umfang unsers Wissens umspannte, waren die wohltätigen Folgen dieser großen Veränderung der Dinge, die nicht weniger in die Theorie der Erziehung – in der es auch schon vorhin Deutschland vor allen Ländern am weitesten gebracht hatte – den wichtigsten und unverkennbarsten Einfluß zu äußern begann. Frankreich, nach mehr als achtjährigen Agonien, nach Verfluß jener anarchischen Periode, die auf die Moralität und die Kultur seiner Bewohner den nachteiligsten Einfluß äußerte, muß jetzt mehr wie je das Bedürfnis einer auf feste Grundsätze gebauten Erziehungsmethode und einer richtigen unantastbaren Moral fühlen. Beides nun bieten ihm die Rheinländer an. Zwar wird jener Staat auch ohne nähere Verbindung mit diesen Gegenden doch über kurz oder lang dasselbe Ziel erreichen; allein dies wird doch weit früher und inniger durch eine Amalgamation mit jenem wichtigen Teile von Deutschland geschehen, der Männer genug besitzt – und in der Folge noch mehrere, die ihr Freiheitssinn zu ihm hin treibt, sich assimilieren wird –, die, vertraut mit dem heurigen Zustande unsers Wissens, zum Organ dienen werden, durch die sich beide durch eine mächtige Kluft (die deutsche Sprache) getrennte Nationen ihre Aufklärung einander mitteilen können. Dann wird das Französische Phlogiston, mit dem deutschen Oxyde zementiert, einen philosophischen König bilden, wie ihn die Welt noch nie sah, und der gleich dem Steine der Weisen die Existenz der Nation, die ihn besitzt, auf Ewigkeiten verlängert.

[...]

Die Fränkische Regierung muß nun ihr inneres und äußeres Verhältnis mit ihren Nachbarn am besten übersehen können, ihre Urteilskraft muß ihr an die Hand geben, inwiefern die Nachteile eines unbiegsamen Beharrens auf den strengen Forderungen der Theorie die zu erhaltenden Vorteile überwiegen könnten, während Nachgiebigkeit zur rechten Zeit dieselbe verdoppeln würde; sie kann bedenken, daß nicht bloß die folgende Generationen, sondern auch die jetzige, die schrecklich unter dem Kriege leidet und verwildert, Ansprüche auf ihre Aufmerksamkeit macht, und sie muß daher am besten wissen, wie viele und welche dieser Artikel sie realisieren will und kann. Sie hätte die eroberten Länder diesseits des Rheins dem höhern Interesse der Menschheit in Italien aufopfern können: allein sie hätte sich auch in diesem Falle die Inkonvenienzen, die dieser Schritt für Frankreich haben müßte, das Unglück der Bewohner dieser Gegenden sowie die Ansprüche, die sie durch ihre Aufopferungen auf die Dankbarkeit der Nation sich erworben haben, nicht verhehlt. Es hing von ihr ab, diesen Ländern nach dem Wunsche eines großen Teils ihrer Bewohner die Independenz zu schenken und eine besondere unabhängige Republik daraus zu bilden, sie hätte selbe sogar der Batavischen Republik einverleiben können; das alles verschlägt der Theorie nichts. Ihr genügt es, die Rechtmäßigkeit und den Nutzen ihrer Aussprüche gerechtfertigt zu haben. Sie sagt kalt und fest: ›Dort steht das vorgesteckte Ziel, dort vorbei geht der Weg, auf dem ihr dasselbe gewiß erreichen werdet. Fehlt euch nun der gute Willen, reichen eure Kräfte nicht so weit, glaubt ihr, bessere und bequemere Fußpfade zu wissen; wohlan! so wählt sie; ich zwinge niemand, den meinigen zu gehen.‹ Mit diesem Ausspruch verliert sich unsere bisherige Führerin aus unserem Gesichte, und wir schließen daher mit dem vortrefflichen Fränkischen Philosophen, womit wir begannen: ›Il arrivera donc ce moment, où le soleil n'élairera plus sur la terre, que des hommes libres, et ne reconnoissant d'autre maître, que leur raison, où les Tyrans et les esclaves, les prêtres, et leurs stupides, où hypocrites instruments n'existeront plus, que dans l'histoire, et sur les theâtres, où l'on ne s'en occupera plus, que pour plaindre leurs victimes, et leurs dupes, pour s'entretenir par l'horreur de leurs excès, dans une utile vigilance, pour savoir reconnoître et étouffer sous le poids de la raison, les premiers germes de la superstition et de la tyrannie, si jamais ils osoient reparaîtra.‹

Sixt Gottlieb Kapf
Am Schlusse des achtzehnten Jahrhunderts

Ha! wann legt sich einmal der Orkan im Reiche der Geister,
Sonne, wann strahlst du hervor aus der chaotischen Nacht?
Soll dann das Brudergeschlecht in ewigem traurigem Kampfe
Mit sich selber vergehn? Friede, wo flohest du hin?
Kehre doch wieder, und stille der Menschheit blutende Wunden,
Gieß in des Edleren Herz Trost und balsamische Ruh,
Daß er mit heiliger Glut dem Leben wieder sich weihe,
Das ihn ach! schon so oft äffte mit nichtigem Schein.
Menschen, verblendete Menschen! was raset ihr gegen euch selber,
Brüder seid ihr, euch schuf alle ein liebender Gott!
Was zerfleischt ihr euch dann wie reißende Tiere? O! lasset
Reuig den Unsinn, und gebt freundlich einander die Hand.
Schmeichelnd locket der Ruhm, und schön ist der Lorbeer des Helden,
Aber noch schöner der Kranz, welchen der Friede uns pflückt.
Warum naht ihr euch nicht dem Ziel in seliger Eintracht,
Warum hindert ihr euch selber am herrlichen Flug?
Wahr ist, den göttlichen Keim rief immer die Ruhe ins Leben,
Und der Genius stärb', ach! schon in seiner Geburt;
Denn in der innersten Schacht glimmt still der himmlische Funken,
Den einst Mutter Natur senkt' in die menschliche Brust.
Aber, o armes Geschlecht! dir ersetzen nur Kampf und Verzweiflung
Jenen magischen Schwung, den dir der Schlummer geraubt.

Dann, wenn du völlig geleert den schäumenden Becher
des Jammers,
Hebst du dich schröcklich erwacht wieder zu Wahrheit
und Recht.
Oft ein gauklendes Spiel dünkt mir der Mensch und das
Schicksal,
Doch durch die ganze Natur waltet das große Gesetz:
›Licht entkeimt nur der Nacht, nur aus Stürmen quillet die Ruhe,
Und nur aus Leiden hervor gehet der edlere Geist!‹

Immanuel Kant
Erneuerte Frage: Ob das menschliche Geschlecht im beständigen Fortschreiten zum Besseren sei

[...]

Durch Erfahrung unmittelbar ist die Aufgabe des Fortschreitens nicht aufzulösen

Wenn das menschliche Geschlecht, im Ganzen betrachtet, eine noch so lange Zeit vorwärts gehend und im Fortschreiten begriffen gewesen zu sein befunden würde, so kann doch niemand dafür stehen, daß nun nicht gerade jetzt vermöge der physischen Anlage unserer Gattung die Epoche seines Rückganges eintrete; und umgekehrt, wenn es rücklings und mit beschleunigtem Falle zum Ärgeren geht, so darf man nicht verzagen, daß nicht eben da der Umwendungspunkt (punctum flexus contrarii) anzutreffen wäre, wo vermöge der moralischen Anlage in unserem Geschlecht der Gang desselben sich wiederum zum Besseren wendete. Denn wir haben es mit frei handelnden Wesen zu tun, denen sich zwar vorher *diktieren* läßt, was sie tun *sollen*, aber nicht *vorhersagen* läßt, was sie tun *werden*, und die aus dem Gefühl der Übel, die sie sich selbst zufügten, wenn es recht böse wird, eine verstärkte Triebfeder zu nehmen wissen, es nun doch besser zu machen, als es vor jenem Zustande war. – Aber: ›Arme Sterbliche‹, sagt der Abt Coyer, ›unter euch ist nichts beständig als die Unbeständigkeit!‹

Vielleicht liegt es auch an unserer unrecht genommenen Wahl des Standpunktes, aus dem wir den Lauf menschlicher Dinge ansehen, daß dieser uns so widersinnig scheint. Die Planeten, von der Erde aus gesehen, sind bald rückgängig, bald stillstehend, bald fortgängig. Den Standpunkt aber von der Sonne aus genommen, welches nur die Vernunft tun kann, gehen sie nach der Kopernikanischen Hypothese beständig ihren regelmäßigen

Gang fort. Es gefällt aber einigen sonst nicht Unweisen, steif auf ihrer Erklärungsart der Erscheinungen und dem Standpunkte zu beharren, den sie einmal genommen haben: sollten sie sich darüber auch in Tychonische Zyklen und Epizyklen bis zur Ungereimtheit verwickeln. – Aber das ist eben das Unglück, daß wir uns in diesen Standpunkt, wenn es die Vorhersagung freier Handlungen angeht, zu versetzen nicht vermögend sind. Denn das wäre der Standpunkt der *Vorsehung*, der über alle menschliche Weisheit hinausliegt, welche sich auch auf *freie* Handlungen des Menschen erstreckt, die von diesem zwar *gesehen*, aber mit Gewißheit nicht *vorhergesehen* werden können (für das göttliche Auge ist hier kein Unterschied), weil er zu dem letzteren den Zusammenhang nach Naturgesetzen bedarf, in Ansehung der künftigen *freien* Handlungen aber dieser Leitung oder Hinweisung entbehren muß.

Wenn man den Menschen einen angebornen und unveränderlich-guten, obzwar eingeschränkten Willen beilegen dürfte, so würde er dieses Fortschreiten seiner Gattung zum Besseren mit Sicherheit vorhersagen können: weil es eine Begebenheit träfe, die er selbst machen kann. Bei der Mischung des Bösen aber mit dem Guten in der Anlage, deren Maß er nicht kennt, weiß er selbst nicht, welcher Wirkung er sich davon gewärtigen könne.

An irgend eine Erfahrung muß doch die wahrsagende Geschichte des Menschengeschlechts angeknüpft werden

Es muß irgend eine Erfahrung im Menschengeschlechte vorkommen, die als Begebenheit auf eine Beschaffenheit und ein Vermögen desselben hinweiset, *Ursache* von dem Fortrücken desselben zum Besseren und (da dieses die Tat eines mit Freiheit begabten Wesens sein soll) *Urheber* desselben zu sein; aus einer gegebenen Ursache aber läßt sich eine Begebenheit als Wirkung vorhersagen, wenn sich die Umstände eräugnen, welche dazu mitwirkend sind. Daß diese letztere sich aber irgend einmal eräugnen müssen, kann wie beim Kalkül der Wahrscheinlichkeit im Spiel wohl im allgemeinen vorhergesagt, aber nicht bestimmt werden, ob es sich in meinem Leben zutragen und ich die Erfahrung davon haben werde, die jene Vorhersagung bestätigte. – Also muß eine Begebenheit nachgesucht werden, welche auf das Dasein einer solchen Ursache und auch auf den Akt ihrer Kausalität im Menschengeschlechte unbestimmt in Ansehung der Zeit hinweise, und die auf das Fortschreiten zum Besseren als unausbleibliche Folge schließen ließe, welcher Schluß dann auch auf die Geschichte der vergangenen Zeit (daß es immer im Fortschritt gewesen sei) ausgedehnt werden könnte, doch so, daß jene Begebenheit nicht selbst als Ursache des letzteren, sondern nur als hindeutend, als *Geschichtszeichen* (signum rememorativum, demonstrativum, prognostikon), angesehen werden müsse und so die *Tendenz* des menschlichen Geschlechts im *Ganzen*, d. i. nicht nach den Individuen betrachtet (denn das würde eine nicht zu beendigende Aufzählung und Berechnung abgeben), sondern wie es in Völkerschaften und Staaten geteilt auf Erden angetroffen wird, beweisen könnte.

Von einer Begebenheit unserer Zeit, welche diese moralische Tendenz des Menschengeschlechts beweiset

Diese Begebenheit besteht nicht etwa in wichtigen, von Menschen verrichteten Taten oder Untaten, wodurch, was groß war, unter Menschen klein oder, was klein war, groß gemacht wird, und wie gleich als durch Zauberei alte, glänzende Staatsgebäude verschwinden und andere an deren Statt wie aus den Tiefen der Erde hervorkommen. Nein: nichts von allem dem. Es ist bloß die Denkungsart der Zuschauer, welche sich bei diesem Spiele großer Umwandlungen *öffentlich* verrät und eine so allgemeine und doch uneigennützige Teilnehmung der Spielenden auf einer Seite gegen die auf der andern, selbst mit Gefahr, diese Parteilichkeit könne ihnen sehr nachteilig werden, dennoch laut werden läßt, so aber (der Allgemeinheit wegen) einen Charakter des Menschengeschlechts im Ganzen und zugleich (der Uneigennützigkeit wegen) einen moralischen Charakter desselben wenigstens in der Anlage beweiset, der das Fortschreiten zum Besseren nicht allein hoffen läßt, sondern selbst schon ein solches ist, so weit das Vermögen desselben für jetzt zureicht.

Die Revolution eines geistreichen Volks, die wir in unseren Tagen haben vor sich gehen sehen, mag gelingen oder scheitern; sie mag mit Elend und Greueltaten dermaßen angefüllt sein, daß ein wohldenkender Mensch sie, wenn er sie zum zweitenmale unternehmend glücklich auszuführen hoffen könnte, doch das Experiment auf solche Kosten zu machen nie beschließen würde, – diese Revolution, sage ich, findet doch in den Gemütern aller Zuschauer (die nicht selbst in diesem Spiele mit verwickelt sind) eine *Teilnehmung* dem Wunsche nach, die nahe an Enthusiasm grenzt, und deren Äußerung selbst mit Gefahr verbunden war, die also keine andere als eine moralische Anlage im Menschengeschlecht zur Ursache haben kann.

Diese moralische einfließende Ursache ist zwiefach: erstens die des *Rechts*, daß ein Volk von anderen Mächten nicht gehindert werden müsse, sich eine bürgerliche Verfassung zu geben, wie sie ihm selbst gut zu sein dünkt; zweitens die des *Zwecks* (der zugleich Pflicht ist), daß diejenige Verfassung eines Volks allein an sich *rechtlich* und moralisch-gut sei, welche ihrer Natur nach so beschaffen ist, den Angriffskrieg nach Grundsätzen zu meiden, welche keine andere als die republikanische Verfassung, wenigstens der Idee nach, sein kann,* mithin in die Bedingung einzutreten, wodurch der Krieg (der Quell aller Übel und Verderbnis der Sitten) abgehalten und so dem Menschengeschlechte bei aller seiner Gebrechlichkeit der Fortschritt zum Besseren negativ gesichert wird, im Fortschreiten wenigstens nicht gestört zu werden.

Dies also und die Teilnehmung am Guten mit *Affekt*, der *Enthusiasm*, ob er zwar, weil aller Affekt als ein solcher Tadel verdient, nicht ganz zu billigen ist, gibt doch vermittelst dieser Ge-

* Es ist aber hiemit nicht gemeint, daß ein Volk, welches eine monarchische Konstitution hat, sich damit das Recht anmaße, ja auch nur in sich geheim den Wunsch hege, sie abgeändert zu wissen; denn seine vielleicht sehr verbreitete Lage in Europa kann ihm jene Verfassung als die einzige anempfehlen, bei der es sich zwischen mächtigen Nachbaren erhalten kann. Auch ist das Murren der Untertanen nicht des Innern der Regierung halber, sondern wegen des Benehmens derselben gegen Auswärtige, wenn sie diese etwa am Republikanisieren hinderte, gar kein Beweis der Unzufriedenheit des Volks mit seiner eigenen Verfassung, sondern vielmehr der Liebe für dieselbe, weil es wider eigene Gefahr desto mehr gesichert ist, je mehr sich andere Völker republikanisieren. – Dennoch haben verläumderische Sykophanten, um sich wichtig zu machen, diese unschuldige Kannegießerei für Neuerungssucht, Jacobinerei und Rottierung, die dem Staat Gefahr drohe, auszugeben gesucht: indessen daß auch nicht der mindeste Grund zu diesem Vorgeben da war, vornehmlich nicht in einem Lande, was vom Schauplatz der Revolution mehr als hundert Meilen entfernt war.

schichte zu der für die Anthropologie wichtigen Bemerkung Anlaß: daß wahrer Enthusiasm nur immer aufs *Idealische* und zwar rein Moralische geht, dergleichen der Rechtsbegriff ist, und nicht auf den Eigennutz gepfropft werden kann. Durch Geldbelohnungen konnten die Gegner der Revolutionierenden zu dem Eifer und der Seelengröße nicht gespannt werden, den der bloße Rechtsbegriff in ihnen hervorbrachte, und selbst der Ehrbegriff des alten kriegerischen Adels (ein Analogon des Enthusiasm) verschwand vor den Waffen derer, welche das *Recht* des Volks, wozu sie gehörten, ins Auge gefaßt hatten* und sich

* Von einem solchen Enthusiasm der Rechtsbehauptung für das menschliche Geschlecht kann man sagen: postquam ad arma Vulcania ventum est, – mortalis mucro glacies ceu futilis ictu dissiluit. – Warum hat es noch nie ein Herrscher gewagt, frei herauszusagen, daß er gar kein *Recht* des Volks gegen ihn anerkenne; daß dieses seine Glückseligkeit bloß der *Wohltätigkeit* einer Regierung, die diese ihm angedeihen läßt, verdanke, und alle Anmaßung des Untertans zu einem Recht gegen dieselbe (weil dieses den Begriff eines erlaubten Widerstands in sich enthält) ungereimt, ja gar strafbar sei? – Die Ursache ist: weil eine solche öffentliche Erklärung alle Untertanen gegen ihn empören würde, ob sie gleich, wie folgsame Schafe von einem gütigen und verständigen Herren geleitet, wohlgefüttert und kräftig beschützt, über nichts, was ihrer Wohlfahrt abginge, zu klagen hätten. – Denn mit Freiheit begabten Wesen gnügt nicht der Genuß der Lebensannehmlichkeit, die ihm auch von anderen (und hier von der Regierung) zu Teil werden kann; sondern auf das *Prinzip* kommt es an, nach welchem es sich solche verschafft. Wohlfahrt aber hat kein Prinzip, weder für den, der sie empfängt, noch der sie austeilt (der eine setzt sie hierin, der andere darin): weil es dabei auf das *Materiale* des Willens ankommt, welches empirisch und so der Allgemeinheit einer Regel unfähig ist. Ein mit Freiheit begabtes Wesen kann und soll also im Bewußtsein dieses seines Vorzuges vor dem vernunftlosen Tier nach dem *formalen* Prinzip seiner Willkür keine andere Regierung für das Volk, wozu es gehört, verlangen, als eine solche, in welcher dieses mit gesetzgebend ist: d.i. das Recht der Menschen, welche gehorchen sollen, muß notwendig vor aller Rücksicht auf Wohlbefinden vorhergehen, und dieses ist ein Heiligtum, das über allen Preis (der Nützlichkeit) erhaben ist, und welches keine Regierung, so wohltätig sie auch immer sein mag, antasten darf. – Aber dieses Recht ist doch immer nur eine Idee, deren Ausführung auf die Bedingung der Zusammenstimmung ihrer *Mittel* mit der Moralität eingeschränkt ist, welche das Volk nicht überschreiten darf; welches nicht durch Revolution, die jederzeit

als Beschützer desselben dachten; mit welcher Exaltation das äußere, zuschauende Publikum dann ohne die mindeste Absicht der Mitwirkung sympathisierte.

Wahrsagende Geschichte der Menschheit

Es muß etwas *Moralisches* im Grundsatze sein, welches die Vernunft als rein, zugleich aber auch wegen des großen und Epoche machenden Einflusses als etwas, das die dazu anerkannte Pflicht der Seele des Menschen vor Augen stellt, und das menschliche Geschlecht im Ganzen seiner Vereinigung (non singulorum, sed universorum) angeht, dessen verhofftem Gelingen und den Versuchen zu demselben es mit so allgemeiner und uneigennütziger Teilnehmung zujauchzt. – Diese Begebenheit ist das Phänomen nicht einer Revolution, sondern (wie es Hr. *Erhard* ausdrückt) der *Evolution* einer *naturrechtlichen* Verfassung, die zwar nur unter wilden Kämpfen noch nicht selbst errungen wird – indem der Krieg von innen und außen alle bisher bestandene *statuarische* zerstört –, die aber doch dahin führt, zu einer Verfassung hinzustreben, welche nicht kriegssüchtig sein kann, nämlich der republikanischen; die es entweder selbst der *Staatsform* nach sein mag, oder auch nur nach der *Regierungsart*, bei der Einheit des Oberhaupts (des Monarchen) den Gesetzen analogisch, die sich ein Volk selbst nach allgemeinen Rechtsprinzipien geben würde, den Staat verwalten zu lassen.

Nun behaupte ich dem Menschengeschlechte nach den Aspekten und Vorzeichen unserer Tage die Erreichung dieses Zwecks und hiemit zugleich das von da an nicht mehr gänzlich rückgängig werdende Fortschreiten desselben zum Besseren auch ohne Sehergeist vorhersagen zu können. Denn ein solches Phänomen in der Menschengeschichte *vergißt sich nicht mehr*, weil es eine Anlage und ein Vermögen in der menschlichen Natur zum Besseren aufgedeckt hat, dergleichen kein Politiker aus dem bisherigen Laufe der Dinge herausgeklügelt hätte, und welches allein Natur und Freiheit, nach inneren Rechtsprinzipien im Men-

ungerecht ist, geschehen darf. – Autokratisch *herrschen* und dabei doch republikanisch, d.h. im Geiste des Republikanism und nach einer Analogie mit demselben, *regieren*, ist das, was ein Volk mit seiner Verfassung zufrieden macht.

schengeschlechte vereinigt, aber, was die Zeit betrifft, nur als unbestimmt und Begebenheit aus Zufall verheißen konnte.

Aber wenn der bei dieser Begebenheit beabsichtigte Zweck auch jetzt nicht erreicht würde, wenn die Revolution oder Reform der Verfassung eines Volks gegen das Ende doch fehlschlüge, oder, nachdem diese einige Zeit gewährt hätte, doch wiederum alles ins vorige Gleis zurückgebracht würde (wie Politiker jetzt wahrsagern), so verliert jene philosophische Vorhersagung doch nichts von ihrer Kraft. – Denn jene Begebenheit ist zu groß, zu sehr mit dem Interesse der Menschheit verwebt und ihrem Einflusse nach auf die Welt in allen ihren Teilen zu ausgebreitet, als daß sie nicht den Völkern bei irgend einer Veranlassung günstiger Umstände in Erinnerung gebracht und zu Wiederholung neuer Versuche dieser Art erweckt werden sollte; da dann bei einer für das Menschengeschlecht so wichtigen Angelegenheit endlich doch zu irgend einer Zeit die beabsichtigte Verfassung diejenige Festigkeit erreichen muß, welche die Belehrung durch öftere Erfahrung in den Gemütern aller zu bewirken nicht ermangeln würde.

Es ist also ein nicht bloß gutgemeinter und in praktischer Absicht empfehlungswürdiger, sondern allen Ungläubigen zum Trotz auch für die strengste Theorie haltbarer Satz: daß das menschliche Geschlecht im Fortschreiten zum Besseren immer gewesen sei und so fernerhin fortgehen werde, welches, wenn man nicht bloß auf das sieht, was in irgend einem Volk geschehen kann, sondern auch auf die Verbreitung über alle Völker der Erde, die nach und nach daran Teil nehmen dürften, die Aussicht in eine unabsehliche Zeit eröffnet [...] Denn für die Allgewalt der Natur, oder vielmehr ihrer uns unerreichbaren obersten Ursache ist der Mensch wiederum nur eine Kleinigkeit. Daß ihn aber auch die Herrscher von seiner eigenen Gattung dafür nehmen und als eine solche behandeln, indem sie ihn teils tierisch, als bloßes Werkzeug ihrer Absichten, belasten, teils in ihren Streitigkeiten gegen einander aufstellen, um sie schlachten zu lassen, – das ist keine Kleinigkeit, sondern Umkehrung des *Endzwecks* der Schöpfung selbst. [...]

1799

Johann Wilhelm Ludwig Gleim
Der Schafmann und das Schaf

›Mit Wölfen macht' ich keinen Frieden!
Sie halten keinen! sie ermüden,
Und neuer Krieg ist da, sobald
Kraft und Gewalt
In ihren Knochen wieder ist. Sie wüten
Dann ärger als zuvor, befehlen und verbieten
Was Unausstehliches! Dann ist der neue Krieg!
Wir müssen einen großen Sieg
Erfechten, müssen sie bezwingen;
In nichts verwandeln müssen wir
All ihre fräßige Begier,
In unsre Herden einzudringen!
Sie müssen Frieden auf den Knien
Erflehn von uns; wir müssen ihn
Nicht geben, bis sie, matt und müde,
Nach dir verlangen, edler Friede,
Du seligmachender, nach dir!
So bieder und so gut wie wir!‹
Sprach Hans der Schafmann zu den Schafe,
Das ihn um Rat zu fragen kam,
Und das den Krieg für eine Strafe
Der hocherzürnten Götter nahm!

›Nicht doch!‹ sprach Hans, ›der Wolf ist Knecht
Von Leidenschaft, hat Lust zu kriegen.
Und Furcht vor ihm hilft ihm zu Siegen!‹
Hans, dünkt mich, hatte recht!

Johann Wilhelm Ludwig Gleim
Den 30ten Januar 1799

I

Ich hatte einen schönen Traum.

Ich träumte, Friederich, die Ehre
Der seltnen großen Menschen, wäre
Mensch wieder in der Menschenwelt
Und wieder auch in ihr ein Held.

Macht Frieden! Wer nicht Frieden macht,
Dem, sprach er, liefr' ich eine Schlacht,
Der soll mit seines Heeres Haufen
So leicht dem Tode nicht entlaufen,
Wie der bei Roßbach ihm entlief
Und Gnade! Gnade! Gnade! rief.
Und Friede war in allen Landen!
Mars lag in Ketten, lag in Banden,
Und Friede war, und Friederich,
Der Friedensstifter, freute sich.

Am Himmel stand ein Regenbogen,
Und eine Wolke kam gezogen,
Weiß wie der Schnee! Te Deum sang
Die Menschenwelt; die Wolke sank
Und hob den Friedensstifter, selig
Ob seiner Stiftung, dann allmählich
Gen Himmel, und ein Freiheitsbaum,
Hoch wie die Wolken und voll Früchte,

Stand an dem hellsten Sonnenlichte.
Franzosen! Welch ein schöner Traum!

II

Als Bonaparte totgesagt wurde

Macht er die Sklaven dort im fernen Lande frei,
Ist er in ihm nicht selbst ein Dey,
Will beßre Menschen er im fernen Land erschaffen,
Mit Güte, nicht mit Waffen,
So leb er! So sei er ein göttlicher Prophet,
Wie Moses war, in ihm, so sei er ein Poet,
Wie Klopstock ist, in ihm, so bringe
Die Menschheit er in ihm empor!
Und ist emporgebracht sie göttlich, dann so singe
Sein Lob ein Engelchor!
Ist aber er in ihm, wie all die andern Dinge,
Gewaltsam ein Despot,
Macht er zu Sklaven alle Freie,
Dort auch – so sei er tot!

III

Beim Anblick des Schlachtfeldes zu ...

Ha, wie doch die Menschen rasen!
Schlachtgewinn wird ausgeblasen,
Ausgepfiffen, ausgelacht,
Siegern will man Blumen streuen.
Ha, wir grausen! Menschen freuen
Sich des Blutstroms einer Schlacht!

Und doch liegen unbegraben
Ihre Toten! Geier, Raben
Sollen ihre Gräber sein.
Menschen! Sieger und Besiegte!

Wenn ein Gottfeind mich bekriegte,
Jeden Frieden ging ich ein.

Hast ein Schlachtfeld du betrachtet,
Wandrer, und nicht mit geschlachtet
Und bist Mensch noch, geh beiseit.
Schwimm in Tränen oder fluche
Friedensfeinden! Geh und suche
Bei Huronen Menschlichkeit.

IV

Im Kriege Heldentum erwerben
Ist leicht! Man braucht ja nur zu sterben!

Friedrich Hölderlin
An die Deutschen

Spottet ja nicht des Kinds, wenn es mit Peitsch und Sporn
  Auf dem Rosse von Holz mutig und groß sich dünkt,
    Denn, ihr Deutschen, auch ihr seid
      Tatenarm und gedankenvoll.

Oder kömmt, wie der Strahl aus dem Gewölke kömmt,
  Aus Gedanken die Tat? Leben die Bücher bald?
    O ihr Lieben, so nimmt mich,
      Daß ich büße die Lästerung.

Novalis
Die Christenheit oder Europa

Es waren schöne glänzende Zeiten, wo Europa ein christliches Land war, wo *eine* Christenheit diesen menschlich gestalteten Weltteil bewohnte; *ein* großes gemeinschaftliches Interesse verband die entlegensten Provinzen dieses weiten geistlichen Reichs. – Ohne große weltliche Besitztümer lenkte und vereinigte *ein* Oberhaupt die großen politischen Kräfte. – Eine zahlreiche Zunft, zu der jedermann den Zutritt hatte, stand unmittelbar unter demselben und vollführte seine Winke und strebte mit Eifer seine wohltätige Macht zu befestigen. Jedes Glied dieser Gesellschaft wurde allenthalben geehrt, und wenn die gemeinen Leute Trost oder Hülfe, Schutz oder Rat bei ihm suchten, und gerne dafür seine mannigfaltigen Bedürfnisse reichlich versorgten, so fand es auch bei den Mächtigeren Schutz, Ansehn und Gehör, und alle pflegten diese auserwählten, mit wunderbaren Kräften ausgerüsteten Männer wie Kinder des Himmels, deren Gegenwart und Zuneigung mannigfachen Segen verbreitete. Kindliches Zutrauen knüpfte die Menschen an ihre Verkündigungen. – Wie heiter konnte jedermann sein irdisches Tagewerk vollbringen, da ihm durch diese heiligen Menschen eine sichere Zukunft bereitet und jeder Fehltritt durch sie vergeben, jede mißfarbige Stelle des Lebens durch sie ausgelöscht und geklärt wurde. Sie waren die erfahrnen Steuerleute auf dem großen unbekannten Meere, in deren Obhut man alle Stürme geringschätzen und zuversichtlich auf eine sichre Gelangung und Landung an der Küste der eigentlichen vaterländischen Welt rechnen durfte.

Die wildesten, gefräßigsten Neigungen mußten der Ehrfurcht und dem Gehorsam gegen ihre Worte weichen. Friede ging von ihnen aus. – Sie predigten nichts als Liebe zu der heiligen, wunderschönen Frau der Christenheit, die, mit göttlichen Kräften versehen, jeden Gläubigen aus den schrecklichsten Gefahren zu retten bereit war. Sie erzählten von längst verstorbenen himmlischen Menschen, die durch Anhänglichkeit und Treue an jene selige Mutter und ihr himmlisches, freundliches Kind die Versuchung der irdischen Welt bestanden, zu göttlichen Ehren gelangt und nun schützende, wohltätige Mächte ihrer lebenden Brüder, willige Helfer in der Not, Vertreter menschlicher Gebrechen und wirksame Freunde der Menschheit am himmlischen Throne geworden waren. Mit welcher Heiterkeit verließ man die schönen Versammlungen in den geheimnisvollen Kirchen, die mit ermunternden Bildern geschmückt, mit süßen Düften erfüllt und von heiliger erhebender Musik belebt waren. In ihnen wurden die geweihten Reste ehemaliger gottesfürchtiger Menschen dankbar in köstlichen Behältnissen aufbewahrt. – Und an ihnen offenbarte sich die göttliche Güte und Allmacht, die mächtige Wohltätigkeit dieser glücklichen Frommen, durch herrliche Wunder und Zeichen. So bewahren liebende Seelen Locken oder Schriftzüge ihrer verstorbenen Geliebten und nähren die süße Glut damit bis an den wiedervereinigenden Tod. Man sammelte mit inniger Sorgfalt überall, was diesen geliebten Seelen angehört hatte, und jeder pries sich glücklich, der eine so tröstliche Reliquie erhalten oder nur berühren konnte. Hin und wieder schien sich die himmlische Gnade vorzüglich auf ein seltsames Bild oder einen Grabhügel niedergelassen zu haben. – Dorthin strömten aus allen Gegenden Menschen mit schönen Gaben und brachten himmlische Gegengeschenke: Frieden der Seele und Gesundheit des Leibes, zurück. Emsig suchte diese mächtige friedenstiftende Gesellschaft alle Menschen dieses schönen Glaubens teilhaftig zu machen und sandte ihre Genossen in alle Weltteile, um überall das Evangelium des Lebens zu verkündigen und das Himmelreich zum einzigen Reiche auf dieser Welt zu machen. Mit Recht widersetzte sich das weise Oberhaupt der Kirche frechen Ausbildungen menschlicher Anlagen auf Kosten des heiligen Sinns und unzeitigen gefährlichen Entdeckungen im Gebiete des Wissens. So wehrte er den kühnen Denkern öffentlich zu behaupten, daß die Erde ein unbedeutender Wandelstern sei, denn er wußte wohl, daß die Menschen mit der Achtung für ihren Wohnsitz und ihr irdisches Vaterland auch die Achtung vor der himmlischen Heimat und ihrem Geschlecht verlieren und das eingeschränkte Wissen dem unendlichen Glauben vorziehn und sich gewöhnen würden, alles Große und Wunderwürdige zu verachten und als tote Gesetzwirkung zu betrachten. An seinem Hofe versammelten sich alle klugen und ehrwürdigen Menschen aus Europa. Alle Schätze flossen dahin, das zerstörte Jerusalem hatte sich gerächt, und Rom selbst war Jerusalem, die heilige Residenz der göttlichen Regierung auf Erden geworden. Fürsten legten ihre Streitigkeiten dem Vater der Christenheit vor, willig ihm ihre Kronen und ihre Herrlichkeit zu Füßen, ja sie achteten es sich zum Ruhm, als Mitglieder dieser hohen Zunft den Abend ihres Lebens in göttlichen Betrachtungen zwischen einsamen Klostermauern zu beschließen. Wie wohltätig, wie angemessen der innern Natur der Menschen diese Regierung, diese Einrichtung war, zeigte das gewaltige Emporstreben aller andern menschlichen Kräfte, die harmonische Entwicklung aller Anlagen; die ungeheure Höhe, die einzelne Menschen in allen Fächern der Wissenschaften des Lebens und der Künste erreichten, und der überall blühende Handelsverkehr mit geistigen und irdischen Waren in dem Umkreis von Europa und bis in das fernste Indien hinaus.

Das waren die schönen wesentlichen Züge der echtkatholischen oder echtchristlichen Zeiten. Noch war die Menschheit für dieses herrliche Reich nicht reif, nicht gebildet genug. Es war eine erste Liebe, die im Drucke des Geschäftslebens entschlummerte, deren Andenken durch eigennützige Sorgen verdrängt und deren Band nachher als Trug und Wahn ausgeschrien und, nach spätern Erfahrungen beurteilt, auf immer von einem großen Teil der Europäer zerrissen wurde. Diese innere große Spaltung, die zerstörende Kriege begleiteten, war ein merkwürdiges Zeichen der Schädlichkeit der Kultur für den Sinn des Unsichtbaren, wenigstens einer temporellen Schädlichkeit der Kultur einer gewissen Stufe. Vernichtet kann jener unsterbliche Sinn nicht werden, aber getrübt, gelähmt, von andern Sinnen verdrängt. [...]

Einmal war doch das Christentum mit voller Macht und Herrlichkeit erschienen, bis zu einer neuen Weltinspiration herrschte seine Ruine, sein Buchstabe mit immer zunehmender Ohnmacht und Verspottung. Unendliche Trägheit lag schwer auf der sicher gewordenen Zunft der Geistlichkeit. Sie war stehngeblieben im Gefühl ihres Ansehns und ihrer Bequemlichkeit, während die Laien ihr unter den Händen Erfahrung und Gelehrsamkeit entwandt und mächtige Schritte auf dem Wege der Bildung vorausgetan hatten. In der Vergessenheit ihres eigentlichen Amts, die Ersten unter den Menschen an Geist, Einsicht und Bildung zu sein, waren ihnen die niedrigen Begierden zu Kopf gewachsen, und die Gemeinheit und Niedrigkeit ihrer Denkungsart wurde durch ihre Kleidung und ihren Beruf noch widerlicher. So fielen Achtung und Zutrauen, die Stützen dieses oder jedes Reichs, allmählich weg, und damit war jene Zunft vernichtet, und die eigentliche Herrschaft Roms hatte lange vor der gewaltsamen Insurrektion stillschweigend aufgehört. Nur kluge, also auch nur zeitliche Maßregeln hielten den Leichnam der Verfassung noch zusammen und bewahrten ihn vor zu schleuniger Auflösung, wohin denn zum Beispiel die Abschaffung der Priesterehe vorzüglich gehörte. – Eine Maßregel, die analog angewandt auch dem ähnlichen Soldatenstand eine fürchterliche Konsistenz verleihen und sein Leben noch lange fristen könnte. Was war natürlicher, als daß endlich ein feuerfangender Kopf öffentlichen Aufstand gegen den despotischen Buchstaben der ehemaligen Verfassung predigte, und mit um so größerm Glück, da er selbst Zunftgenosse war.

Mit Recht nannten sich die Insurgenten Protestanten, denn sie protestierten feierlich gegen jede Anmaßung einer unbequemen und unrechtmäßig scheinenden Gewalt über das Gewissen. Sie nahmen ihr stillschweigend abgegebenes Recht auf Religionsuntersuchung, -bestimmung und -wahl als vakant wieder einstweilig an sich zurück. Sie stellten auch eine Menge richtiger Grundsätze auf, führten eine Menge löblicher Dinge ein und schafften eine Menge verderblicher Satzungen ab; aber sie vergaßen das notwendige Resultat ihres Prozesses; trennten das Untrennbare, teilten die unteilbare Kirche und rissen sich frevelnd aus dem allgemeinen christlichen Verein, durch welchen und in welchem allein die echte, dauernde Wiedergeburt möglich war. Der Zustand religiöser Anarchie darf nur vorübergehend sein, denn der notwendige Grund, eine Zahl Menschen lediglich diesem hohen Berufe zu widmen und diese Zahl Menschen unabhängig von der irdischen Gewalt in Rücksicht dieser Angelegenheiten zu machen, bleibt in fortdauernder Wirksamkeit und Gültigkeit. – Die Errichtung der Konsistorien und die Beibehaltung einer Art Geistlichkeit half diesem Bedürfnisse nicht ab und war kein zureichender Ersatz. Unglücklicherweise hatten sich die Fürsten in diese Spaltung gemischt, und viele benutzten diese Streitigkeiten zur Befestigung und Erweiterung ihrer landesherrlichen Gewalt und Einkünfte. Sie waren froh, jenes hohen Einflusses überhoben zu sein, und nahmen die neuen Konsistorien nun unter ihre landesväterliche Beschützung und Leitung. Sie waren eifrigst besorgt, die gänzliche Vereinigung der protestantischen Kirchen zu hindern, und so wurde die Religion irreligiöserweise in Staatsgrenzen eingeschlossen, und damit der Grund zur allmählichen Untergrabung des religiösen kosmopolitischen Interesses gelegt. So verlor die Religion ihren großen politischen friedestiftenden Einfluß, ihre eigentümliche Rolle des vereinigenden, individualisierenden Prinzips, der Christenheit. Der Religionsfriede ward nach ganz fehlerhaften und religionswidrigen Grundsätzen abgeschlossen, und durch die Fortsetzung des sogenannten Protestantismus etwas durchaus Widersprechendes – eine Revolutionsregierung permanent erklärt.

Indes liegt dem Protestantismus bei weitem nicht bloß jener reine Begriff zum Grunde, sondern Luther behandelte das Christentum überhaupt willkürlich, verkannte seinen Geist und führte einen andern Buchstaben und eine andere Religion ein, nämlich die heilige Allgemeingültigkeit der Bibel, und damit wurde leider eine andere höchst fremde irdische Wissenschaft in die Religionsangelegenheit gemischt – die Philologie –, deren auszehrender Einfluß von da an unverkennbar wird. Er wurde selbst aus dunkelm Gefühl dieses Fehlgriffs bei einem großen Teil der Protestanten zum Rang eines Evangelisten erhoben und seine Übersetzung kanonisiert.

Dem religiösen Sinn war diese Wahl höchst verderblich, da nichts seine Irritabilität so vernichtet wie der Buchstabe. Im ehemaligen Zustande hatte dieser bei dem großen Umfange, der Geschmeidigkeit und dem reichhaltigen Stoff des katholischen Glaubens, sowie der Esoterisierung der Bibel und der heiligen Gewalt der Konzilien und des geistlichen Oberhaupts, nie so schädlich werden können; jetzt aber wurden diese Gegenmittel vernichtet, die absolute Popularität der Bibel behauptet, und nun drückte der dürftige Inhalt, der rohe abstrakte Entwurf der Religion in diesen Büchern desto merklicher und erschwerte dem heiligen Geiste die freie Belebung, Eindringung und Offenbarung unendlich.

Daher zeigt uns auch die Geschichte des Protestantismus keine herrlichen großen Erscheinungen des Überirdischen mehr, nur sein Anfang glänzt durch ein vorübergehendes Feuer des Himmels, bald nachher ist schon die Vertrocknung des heiligen Sinns bemerklich; das Weltliche hat die Oberhand gewonnen, der Kunstsinn leidet sympathetisch mit, nur selten, daß hie und da ein gediegener, ewiger Lebensfunke hervorspringt und eine kleine Gemeinde sich assimiliert. Er verlischt, und die Gemeinde fließt wieder auseinander und schwimmt mit dem Strome fort. So Zinzendorf, Jakob Böhme und mehrere. Die Moderatisten behalten die Oberhand, und die Zeit nähert sich einer gänzlichen Atonie der höhern Organe, der Periode des praktischen Unglaubens. Mit der Reformation war's um die Christenheit getan. Von nun an war keine mehr vorhanden. Katholiken und Protestanten oder Reformierte standen in sektirischer Abgeschnittenheit weiter voneinander als von Mahomedanern und Heiden. Die übriggebliebenen katholischen Staaten vegetierten fort, nicht ohne den schädlichen Einfluß der benachbarten protestantischen Staaten unmerklich zu fühlen. Die neuere Politik entstand erst in diesem Zeitpunkt, und einzelne mächtige Staaten suchten den vakanten Universalstuhl, in einen Thron verwandelt, in Besitz zu nehmen.

[...]

Die Reformation war ein Zeichen der Zeit gewesen. Sie war für ganz Europa bedeutend, wenn sie gleich nur im wahrhaft freien Deutschland öffentlich ausgebrochen war. Die guten Köpfe aller Nationen waren heimlich mündig geworden und lehnten sich im täuschenden Gefühl ihres Berufs um desto dreister gegen verjährten Zwang auf. Aus Instinkt ist der Gelehrte Feind der Geistlichkeit nach alter Verfassung; der gelehrte und der geistliche Stand müssen Vertilgungskriege führen, wenn sie getrennt sind; denn sie streiten um *eine* Stelle. Diese Trennung tat sich immer mehr hervor, und die Gelehrten gewannen desto mehr Feld, je mehr sich die Geistlichkeit der europäischen

Menschheit dem Zeitraum der triumphierenden Gelehrsamkeit näherte und Wissen und Glauben in eine entschiedenere Opposition treten. Im Glauben suchte man den Grund der allgemeinen Stockung, und durch das durchdringende Wissen hoffte man sie zu heben. Überall litt der heilige Sinn unter den mannigfachen Verfolgungen seiner bisherigen Art, seiner zeitigen Personalität. Das Resultat der modernen Denkungsart nannte man Philosophie und rechnete alles dazu, was dem Alten entgegen war, vorzüglich also jeden Einfall gegen die Religion. Der anfängliche Personalhaß gegen den katholischen Glauben ging allmählich in Haß gegen die Bibel, gegen den christlichen Glauben und endlich gar gegen die Religion über. Noch mehr – der Religionshaß dehnte sich sehr natürlich und folgerecht auf alle Gegenstände des Enthusiasmus aus, verketzerte Phantasie und Gefühl, Sittlichkeit und Kunstliebe, Zukunft und Vorzeit, setzte den Menschen in der Reihe der Naturwesen mit Not obenan und machte die unendliche schöpferische Musik des Weltalls zum einförmigen Klappern einer ungeheuren Mühle, die, vom Strom des Zufalls getrieben und auf ihm schwimmend, eine Mühle an sich, ohne Baumeister und Müller und eigentlich ein echtes Perpetuum mobile, eine sich selbst mahlende Mühle sei.

[...]

Gott wurde zum müßigen Zuschauer des großen rührenden Schauspiels, das die Gelehrten aufführten, gemacht, welcher am Ende die Dichter und Spieler feierlich bewirten und bewundern sollte. Das gemeine Volk wurde recht mit Vorliebe aufgeklärt und zu jenem gebildeten Enthusiasmus erzogen, und so entstand eine neue europäische Zunft: die Philanthropen und Aufklärer. Schade, daß die Natur so wunderbar und unbegreiflich, so poetisch und unendlich blieb, allen Bemühungen, sie zu modernisieren, zum Trotz. Duckte sich ja irgendwo ein alter Aberglaube an eine höhere Welt und sonst auf, so wurde gleich von allen Seiten Lärm geblasen und womöglich der gefährliche Funke durch Philosophie und Witz in der Asche erstickt; dennoch war Toleranz das Losungswort der Gebildeten, und besonders in Frankreich gleichbedeutend mit Philosophie. Höchst merkwürdig ist diese Geschichte des modernen Unglaubens und der Schlüssel zu allen ungeheuren Phänomenen der neuern Zeit. Erst in diesem Jahrhundert und besonders in seiner letzten Hälfte beginnt sie und wächst in kurzer Zeit zu einer unübersehlichen Größe und Mannigfaltigkeit; eine zweite Reformation, eine umfassendere und eigentümlichere war unvermeidlich und mußte das Land zuerst treffen, das am meisten modernisiert war und am längsten aus Mangel an Freiheit in asthenischem Zustande gelegen hatte. Längst hätte sich das überirdische Feuer Luft gemacht und die klugen Aufklärungspläne vereitelt, wenn nicht weltlicher Druck und Einfluß denselben zustatten gekommen wären. In dem Augenblick aber, wo ein Zwiespalt unter den Gelehrten und Regierungen, unter den Feinden der Religion und ihrer ganzen Genossenschaft entstand, mußte sie wieder als drittes tonangebendes vermittelndes Glied hervortreten, und diesen Hervortritt muß nun jeder Freund derselben anerkennen und verkündigen, wenn er noch nicht merklich genug sein sollte. Daß die Zeit der Auferstehung gekommen ist und gerade die Begebenheiten, die gegen ihre Belebung gerichtet zu sein schienen und ihren Untergang zu vollenden drohten, die günstigsten Zeichen ihrer Regeneration geworden sind, dieses kann einem historischen Gemüte gar nicht zweifelhaft bleiben. Wahrhafte Anarchie ist das Zeugungselement der Religion. Aus der Vernichtung alles Positiven hebt sie ihr glorreiches Haupt als neue Weltstifterin empor. Wie von selbst steigt der Mensch gen Himmel auf, wenn ihn nichts mehr bindet, die höhern Organe treten von selbst aus der allgemeinen gleichförmigen Mischung und vollständigen Auflösung aller menschlichen Anlagen und Kräfte als der Urkern der irdischen Gestaltung zuerst heraus. Der Geist Gottes schwebt über den Wassern, und ein himmlisches Eiland wird als Wohnstätte der neuen Menschen, als Stromgebiet des ewigen Lebens zuerst sichtbar über den zurückströmenden Wogen.

Ruhig und unbefangen betrachte der echte Beobachter die neuen staatsumwälzenden Zeiten. Kommt ihm der Staatsumwälzer nicht wie Sisyphus vor? Jetzt hat er die Spitze des Gleichgewichts erreicht, und schon rollt die mächtige Last auf der andern Seite wieder herunter. Sie wird nie oben bleiben, wenn nicht eine Anziehung gegen den Himmel sie auf der Höhe schwebend erhält. Alle eure Stützen sind zu schwach, wenn euer Staat die Tendenz nach der Erde behält, aber knüpft ihn durch eine höhere Sehnsucht an die Höhen des Himmels, gebt ihm eine Beziehung auf das Weltall, dann habt ihr eine nie ermüdende Feder in ihm und werdet eure Bemühungen reichlich gelohnt sehn. An die Geschichte verweise ich euch, forscht in ihrem belehrenden Zusammenhang nach ähnlichen Zeitpunkten, und lernt den Zauberstab der Analogie gebrauchen.

Frankreich verficht einen weltlichen Protestantismus. Sollten auch weltliche Jesuiten nun entstehn und die Geschichte der letzten Jahrhunderte erneuert werden? Soll die Revolution die französische bleiben, wie die Reformation die lutherische war? Soll der Protestantismus abermals widernatürlicherweise als revolutionäre Regierung fixiert werden? Sollen Buchstaben Buchstaben Platz machen? Sucht ihr den Keim des Verderbens auch in der alten Einrichtung, dem alten Geiste? und glaubt euch auf eine bessere Einrichtung, einen bessern Geist zu verstehn? Oh! daß der Geist der Geister euch erfüllte, und ihr abließet von diesem törichten Bestreben, die Geschichte und die Menschheit zu modeln und eure Richtung ihr zu geben. Ist sie nicht selbständig, nicht eigenmächtig, so gut wie unendlich liebenswert und weissagend? Sie zu studieren, ihr nachzugehn, von ihr zu lernen, mit ihr gleichen Schritt zu halten, gläubig ihren Verheißungen und Winken zu folgen – daran denkt keiner.

[...]

Von den übrigen europäischen Ländern, außer Deutschland, läßt sich nur prophezeien, daß mit dem *Frieden* ein neues höheres religiöses Leben in ihnen zu pulsieren [beginnen] und bald alles andere weltliche Interesse verschlingen wird. In Deutschland hingegen kann man schon mit voller Gewißheit die Spuren einer neuen Welt aufzeigen. Deutschland geht einen langsamen, aber sichern Gang vor den übrigen europäischen Ländern voraus. Während diese durch Krieg, Spekulation und Parteigeist beschäftigt sind, bildet sich der Deutsche mit allem Fleiß zum Genossen einer höhern Epoche der Kultur, und dieser Vorschritt muß ihm ein großes Übergewicht über die andere[n] im Lauf der Zeit geben. In Wissenschaften und Künsten wird man eine gewaltige Gärung gewahr. Unendlich viel Geist wird entwickelt. Aus neuen, frischen Fundgruben wird gefördert.

[...]

Jetzt stehn wir hoch genug, um auch jenen oberwähnten, vorhergegangenen Zeiten freundlich zuzulächeln und auch in jenen wunderlichen Torheiten merkwürdige Kristallisationen des historischen Stoffs zu erkennen. Dankbar wollen wir jenen Gelehrten und Philosophen die Hände drücken; denn dieser Wahn mußte zum Besten der Nachkommen erschöpft und die wissenschaftliche Ansicht der Dinge geltend gemacht werden. Reizender und farbiger steht die Poesie wie ein geschmücktes Indien dem kalten, toten Spitzbergen jenes Stubenverstandes gegenüber. Damit Indien in der Mitte des Erdballs so warm und herrlich sei, muß ein kaltes starres Meer, tote Klippen, Nebel statt des gestirnvollen Himmels und eine lange Nacht die beiden Enden unwirtbar machen. Die tiefe Bedeutung der Mechanik lag schwer auf diesen Anachoreten in den Wüsten des Verstandes; das Reizende der ersten Einsicht überwältigte sie, das Alte rächte sich an ihnen, sie opferten dem ersten Selbstbewußtsein das Heiligste und Schönste der Welt mit wunderbarer Verleugnung und waren die ersten, die wieder die Heiligkeit der Natur, die Unendlichkeit der Kunst, die Notwendigkeit des Wissens, die Achtung des Weltlichen und die Allgegenwart des wahrhaft Geschichtlichen durch die Tat anerkannten und verkündigten und einer höhern, allgemeinern und furchtbarern Gespensterherrschaft, als sie selbst glaubten, ein Ende machten.

[...]

Nun wollen wir uns zu dem politischen Schauspiel unsrer Zeit wenden. Alte und neue Welt sind in Kampf begriffen, die Mangelhaftigkeit und Bedürftigkeit der bisherigen Staatseinrichtungen sind in furchtbaren Phänomenen offenbar geworden. Wie, wenn auch hier wie in den Wissenschaften eine nähere und mannigfaltigere Konnexion und Berührung der europäischen Staaten zunächst der historische Zweck des Krieges wäre, wenn eine neue Regung des bisher schlummernden Europa ins Spiel käme, wenn Europa wieder erwachen wollte, wenn ein Staat der Staaten, eine politische Wissenschaftslehre uns bevorstände! Sollte etwa die Hierarchie, diese symmetrische Grundfigur der Staaten, das Prinzip des Staatenvereins als intellektuale Anschauung des politischen Ichs sein? Es ist unmöglich, daß weltliche Kräfte sich selbst ins Gleichgewicht setzen, ein drittes Element, das weltlich und überirdisch zugleich ist, kann allein diese Aufgabe lösen. Unter den streitenden Mächten kann kein Friede geschlossen werden, aller Friede ist nur Illusion, nur Waffenstillstand; auf dem Standpunkt der Kabinetter, des gemeinen Bewußtseins ist keine Vereinigung denkbar. Beide Teile haben große notwendige Ansprüche und müssen sie machen, getrieben vom Geiste der Welt und der Menschheit. Beide sind unvertilgbare Mächte der Menschenbrust; hier die Andacht zum Altertum, die Anhänglichkeit an die geschichtliche Verfassung, die Liebe zu den Denkmalen der Altväter und der alten glorreichen Staatsfamilie, und Freude des Gehorsams; dort das entzückende Gefühl der Freiheit, die unbedingte Erwartung mächtiger Wirkungskreise, die Lust am Neuen und Jungen, die zwanglose Berührung mit allen Staatsgenossen, der Stolz auf menschliche Allgemeingültigkeit, die Freude am persönlichen Recht und am Eigentum des Ganzen, und das kraftvolle Bürgergefühl. Keine hoffe die andere zu vernichten, alle Eroberungen wollen hier nichts sagen, denn die innerste Hauptstadt jedes Reichs liegt nicht hinter Erdwällen und läßt sich nicht erstürmen.

Wer weiß, ob des Kriegs genug ist, aber er wird nie aufhören, wenn man nicht den Palmenzweig ergreift, den allein eine geistliche Macht darreichen kann. Es wird so lange Blut über Europa strömen, bis die Nationen ihren fürchterlichen Wahnsinn gewahr werden, der sie im Kreise herumtreibt, und von heiliger Musik getroffen und besänftigt zu ehemaligen Altären in bunter Vermischung treten, Werke des Friedens vornehmen und ein großes Liebesmahl als Friedensfest auf den rauchenden Wahlstätten mit heißen Tränen gefeiert wird. Nur die Religion kann Europa wieder aufwecken und die Völker sichern und die Christenheit mit neuer Herrlichkeit sichtbar auf Erden in ihr altes friedenstiftendes Amt installieren.

Haben die Nationen alles vom Menschen – nur nicht sein Herz? – sein heiliges Organ? Werden sie nicht Freunde, wie diese, an den Särgen ihrer Lieben, vergessen sie nicht alles Feindliche, wenn das göttliche Mitleid zu ihnen spricht – und *ein* Unglück, *ein* Jammer, *ein* Gefühl ihre Augen mit Tränen füllte? Ergreift sie nicht Aufopferung und Hingebung mit Allgewalt, und sehnen sie sich nicht, Freunde und Bundesgenossen zu sein?

Wo ist jener alte, liebe, alleinseligmachende Glaube an die Regierung Gottes auf Erden, wo ist jenes himmlische Zutrauen der Menschen zueinander, jene süße Andacht bei den Ergießungen eines gottbegeisterten Gemüts, jener allesumarmende Geist der Christenheit?

Das Christentum ist dreifacher Gestalt. Eine ist das Zeugungselement der Religion als Freude an aller Religion. Eine das Mittlertum überhaupt als Glaube an die Allfähigkeit alles Irdischen, Wein und Brot des ewigen Lebens zu sein. Eine der Glaube an Christus, seine Mutter und die Heiligen. Wählt, welche ihr wollt, wählt alle drei, es ist gleichviel, ihr werdet damit Christen und Mitglieder einer einzigen, ewigen, unaussprechlich glücklichen Gemeinde.

Angewandtes, lebendig gewordenes Christentum war der alte katholische Glaube, die letzte dieser Gestalten. Seine Allgegenwart im Leben, seine Liebe zur Kunst, seine tiefe Humanität, die Unverbrüchlichkeit seiner Ehen, seine menschenfreundliche Mitteilsamkeit, seine Freude an der Armut, Gehorsam und Treue machen ihn als echte Religion unverkennbar und enthalten die Grundzüge seiner Verfassung.

Er ist gereinigt durch den Strom der Zeiten, in inniger, unteilbarer Verbindung mit den beiden andern Gestalten des Christentums wird er ewig diesen Erdboden beglücken.

Seine zufällige Form ist so gut wie vernichtet, das alte Papsttum liegt im Grabe, und Rom ist zum zweitenmal eine Ruine geworden. Soll der Protestantismus nicht endlich aufhören und einer neuen, dauerhafteren Kirche Platz machen? Die andern Weltteile warten auf Europas Versöhnung und Auferstehung, um sich anzuschließen und Mitbürger des Himmelreichs zu werden. Sollte es nicht in Europa bald eine Menge wahrhaft heiliger Gemüter wieder geben, sollten nicht alle wahrhaften Religionsverwandten voll Sehnsucht werden, den Himmel auf Erden zu erblicken und gern zusammentreten und heilige Chöre anstimmen?

Die Christenheit muß wieder lebendig und wirksam werden und sich wieder eine sichtbare Kirche ohne Rücksicht auf Landesgrenzen bilden, die alle nach dem Überirdischen durstige Seelen in ihren Schoß aufnimmt und gern Vermittlerin der alten und neuen Welt wird.

Sie muß das alte Füllhorn des Segens wieder über die Völker ausgießen. Aus dem heiligen Schoße eines ehrwürdigen europäischen Konziliums wird die Christenheit aufstehn und das Geschäft der Religionserweckung nach einem allumfassenden, göttlichen Plane betrieben werden. Keiner wird dann mehr protestieren gegen christlichen und weltlichen Zwang, denn das Wesen der Kirche wird echte Freiheit sein, und alle nötigen Reformen werden unter der Leitung derselben als friedliche und förmliche Staatsprozesse betrieben werden.

Wann und wann eher? darnach ist nicht zu fragen. Nur Geduld, sie wird, sie muß kommen, die heilige Zeit des ewigen Friedens, wo das neue Jerusalem die Hauptstadt der Welt sein wird; und bis dahin seid heiter und mutig in den Gefahren der Zeit, Genossen meines Glaubens, verkündigt mit Wort und Tat das göttliche Evangelium, und bleibt dem wahrhaften, unendlichen Glauben treu bis in den Tod.

Daniel Jenisch

An die Sonne, am ersten Morgen des letzten Jahres in dem scheidenden Jahrhundert

[...]

Viel Großes hat der scheidende Sohn der Zeit
Getan! Doch viel auch Schreckliches, Gräßliches!
Viel Samen ausgestreut zu Ernten,
Aber auch keimende frech zertreten.

[...]

Hah! immer trägt den Dolch in dem Busen noch
Die Menschheit: immer wütet noch ungezähmt
Ihr Plage-Dämon, Nationen-
Mord, wo der Bruder erschlägt den Bruder.

So unterjochen Menschen-Beglücker nur
Die Menschen!! So, ach! wägen die Völker selbst
Gerechtigkeit einander!! Krieg nur
Festet den Thron und erhält den Freistaat.

Auch gar im Frieden irrt das Gespenst umher,
Und rasselt grause Ketten ins scheue Ohr
Des Bürgers, welcher Gold darwäget,
Daß nur das gräßliche Scheusal fliehe!

[...]

Karl Ludwig von Knebel
Dem neuen Jahrhundert

Unter Tränen beginnt den lieblichsten Tag Aurora,
Und aus düsterer Nacht strahlet die Sonne hervor.
Möge dein Bild dies sein, Jahrhundert! das uns emporsteigt,
Und auf Blindheit und Nacht folge nun Licht und Vernunft.

1800

Wilhelm Traugott Krug
*Anmerkung zur Philosophie des Rechts***

[...] Das *Weltbürgerrecht,* welches man in den neuesten Zeiten als einen besondern Teil des öffentlichen Rechts aufgeführt hat, ist eigentlich nur ein Teil des Völkerrechts, oder vielmehr eine einzelne Aufgabe desselben, die an sich wichtig genug ist, aber nicht unter einem eigenen Titel, gleich als machte sie ein abgesondertes Stück des Ganzen aus, aufgeführt zu werden verdient. Übrigens hat man das Völkerrecht selbst oder wohl gar das ganze Naturrecht, nicht ganz unschicklich *ius belli ac pacis* genannt.

Denn Völker leben im Naturstande, wie einzelne Menschen, in einem Stande des (geführten oder angedroheten) *Kriegs.* So wie nun diese durch Errichtung einer Bürgergesellschaft in den Stand des *Friedens* übergehen sollen, so sollen es auch jene durch Errichtung eines Völkerbundes, damit der Friede auf Erden nicht bloß provisorisch, sondern peremtorisch, nicht bloß verbaliter *ewig*, sondern auch realiter *ewig* geschlossen werde. Wer diese Foderung als gutmütige Schwärmerei belächeln kann, der sollte fortan gar nicht mehr von Recht und Pflicht reden! Denn obgleich der sogenannte *ewige Friede* unter den Völkern nie würklich abgeschlossen werden möchte, weil er ein Ideal der Vernunft ist, dem man sich wohl allmählich annähern, das man aber wegen einer Menge von Hindernissen, die aus gewissen empirischen Bedingungen des Zustandes der Menschen und der Völker hervorgehen, nie erreichen kann, so bleibt doch die Foderung der Vernunft immer und ewig in ihrer Gültigkeit: Es soll kein Krieg sein, weil der Krieg das heilige Recht dem Zufalle und der Willkür preisgibt.

Die Völker, wenn sie Frieden nach einem geführten Kriege

schließen, erkennen auch diese Foderung der Vernunft an, indem sie ihren Frieden immer *auf ewig* schließen, ob sie gleich nie Wort halten. Man darf daher den Philosophen, der die Bedingungen des ewigen Friedens aufsucht, wegen eines solchen Projekts zum ewigen Frieden nicht als einen Träumer verlachen, woferne man nicht alle Ideen von Recht und Pflicht als Chimären der Vernunft bespötteln und so die ganze Würde des Menschen mit einem Schlage zernichten will. Was aber die hochgepriesenen Vorteile des Kriegs betrifft, so weiß ich nicht, ob diese von den Nachteilen nicht weit überwogen werden dürften.

Friedrich Hölderlin
Der Tod fürs Vaterland

Du kömmst, o Schlacht! schon wogen die Jünglinge
  Hinab von ihren Hügeln, hinab ins Tal,
    Wo keck herauf die Würger dringen,
      Sicher der Kunst und des Arms, doch sichrer

Kömmt über sie die Seele der Jünglinge,
  Denn die Gerechten schlagen, wie Zauberer,
    Und ihre Vaterlandsgesänge
      Lähmen die Kniee der Ehrlosen.

O nimmt mich, nimmt mich mit in die Reihen auf,
  Damit ich einst nicht sterbe gemeinen Tods!
    Umsonst zu sterben, lieb ich nicht, doch
      Lieb ich, zu fallen am Opferhügel

Fürs Vaterland, zu bluten des Herzens Blut
  Fürs Vaterland – und bald ist's geschehn! Zu euch,
    Ihr Teuern! komm ich, die mich leben
      Lehrten und sterben, zu euch hinunter!

Wie oft im Lichte dürstet ich euch zu sehn,
  Ihr Helden und ihr Dichter aus alter Zeit!
    Nun grüßt ihr freundlich den geringen
        Fremdling und brüderlich ist's hier unten;

Und Siegesboten kommen herab: Die Schlacht
  Ist unser! Lebe droben, o Vaterland,
    Und zähle nicht die Toten! Dir ist,
      Liebes, nicht einer zu viel gefallen.

Jean Paul
Huldigungspredigt vor und unter dem Regierungsantritt der Sonne, gehalten am Neujahr 1800 vom Frühprediger dahier*

Da unsere Zarin, liebe Mituntertanen und Erdsassen, sich erst um 8 Uhr 15 Minuten 2 Sekunden zu uns erhebt: so kann ich vorher ein vernünftiges Wort mit euch reden.

Nach diesem Exordium schreit' ich zu den Teilen; denn ein Längeres oder gar Doppeltes ist nicht möglich, da ich genug werde zu tun haben, wenn ich von 7¾ bis 8 Uhr den ersten Teil und in der zweiten Viertelstunde den zweiten so durchtreiben will, daß ich bei dem ersten Strahle unserer Regentin vor der Nutzanwendung halte.

Der erste Teil soll diese loben, der zweite euch, liebe Zuhörer, heruntersetzen, indes mäßig.

I. Viertelstunde und Pars. Wenn das politische und das Schachspiel von zwei Meistern gespielet werden, so bleiben zuletzt die *Bauern* auf dem Brett. Ich beweise dieses so gern als ein anderer; aber warum ist das 18te Jahrhundert so sehr auf die Fürsten erboset, die stets ein wenig besser sind als ihre Hofleute, indes wieder diese nichts schlimmer als Weltleute, die wieder nichts anderes sind als eben die Elementargeister und Oberlogenmeister des Jahrhunderts selber? Das einzige, was das Säkulum für seine Angriffe auf Fürsten anführen kann, sind die Engländer, die im Seegefecht zuerst das Admiralschiff berennen, um die Signale und das Kommando zu verwirren.

[...]

* Der Kalenderanhang nimmt unter die Heptarchie der 7 regierenden Planeten auch die Sonne auf und gibt ihr gerade auf das Valetjahr des Säkulums den Zepter. 1801 regiert der *Morgenstern*, der 1809 wieder regiert als *Abendstern*, und 1799 der *Mars*. Ich nenne solche sonderbare Zusammentreffungen den Witz des Schicksals. [...]

Gelehrten ist wohl nichts an einem Regenten wichtiger, als daß er sie beschützt und pensioniert; und falls ein gekrönter Brotdieb des Landes nur ein guter Nutritor der Akademien und Akademisten ist, so weiß jeder Dekan, daß ein Fürst ein Mensch ist, und mutzt ihm nicht alles auf. Einmütig wird nun von den Gelehrten hienieden unsere neue Regentin erhoben. In ihrer Jugend privatisierte sie, als Amazone verkleidet, lange in Griechenland; und noch führt sie den Namen Apollo. Viele Länder wurden über das Geschlecht dieser Ritterin d'Eon irre, wiewohl man aus dem jungfräulichen Gefolge der neun Musen oder filles d'honneur und aus der schönen jugendlichen unbärtigen Gestalt dieses Apollo leicht hätte merken können, wieviel Uhr es sei. Sie machte übrigens in Griechenland, wie mehre ihres hohen Standes, nicht die besten Verse (weil in den Orakeln der Stoff über die Form vorsprang), aber doch die besten Versmacher. Da erfand sie den Lorbeer, um uns etwas, wenn auch nicht in die Arme, doch auf den Kopf zu geben und uns auf diese Weise fürstlich zu belohnen. Manchen armen Teufel von Gelehrten hält sie noch ein ganzes halbes Jahr licht- und holzfrei. [...]

II. Wir haben nun den zweiten Teil der Huldigungspredigt zu betrachten, nämlich uns selber, die Reichs- und Sonnenkinder. Bekanntlich stehen wir sämtlich um das Sterbebette unsers 99jährigen Redakteurs, des kritisierenden Jahrhunderts. Dieses ist gleichsam die allgemeine deutsche Bibliothek der Zeit und beurteilt, sich ausgenommen, alles. Wir warfen darin alle Fesseln ab und ließen uns gern die Füße zugleich mit den Ketten abnehmen und gingen ledig davon; gleich römischen Sklaven und Kindern wurden wir öffentlich emanzipiert durch Ohrfeigen. Gelinde abführende Mittel sind jetzt unser Essen und *Manna*; und die politische und kritische Revolution ist ein Erbrechen, das noch fortfährt, wenn nichts mehr da ist; – daher kann es uns am Ende (fatal für jeden) an den nötigsten Dingen gebrechen, die abzuführen sind. Das Wenige, was gegen Ende des Säkuls geschaffen wurde, ist dem nicht ganz ungleich, was am letzten Schöpfungstage, am Freitag, nachgeschaffen wurde, welches das Maul der bileamitischen Eselin war, die Buchstaben, eine Zange, Abrahams Widder, der Regenbogen und der Teufel. [...]

Ich vermute, im künftigen Jahrhundert, in dessen erstem Jahre schon der milde Hesperus regiert und tröstet, werde der schaffende Brahma auf unsre dürren, von Weltteil zu Weltteil brennenden Steppen voll überständigem Gras wieder Samenkörner werfen. Wir haben also nur noch ein Sonnenjahr zum Sengen übrig. Und hier ist nichts zu versäumen. In diesem Jahre muß noch alles gar untersucht werden, sogar das Untersuchen – alles rezensiert, sogar die Rezensenten – bloß auf filtrierendes Löschpapier muß geschrieben – und jede Kornmühle in eine Fegemühle umgebauet werden.

Ich glaube, dadurch kommt Enthusiasmus in die Welt; nämlich jener allgemeine Enthusiasmus gegen den Enthusiasmus, jene bessere Tollheit, die nicht aus Hitze entsteht, sondern aus Frost.

[...]

Sei gegrüßet, Mutter der Erden und Blüten und Früchte! Wie blickst du so mild und weich das scheidende Jahrhundert an! – O, seine Schlachtfelder sind jetzt nur unter unschuldigen Schnee versteckt. – Zieh dem Jahrhundert, diesem wilden Titan [...], wie sonst, das Schwert aus der Hand, und gib ihm deinen geheiligten Ölzweig ins Grab! – Wie? war nicht seine letzte Bahn, wie die einer Königleiche, mit Trauertuch belegt, und wird es nicht wie diese unter Kanonen eingesenkt? – Gib uns Liebe und Friede, Mutter des Lebens und der Wärme! Schick uns den weißen sanften Schwan, der dir heilig ist, und baue mit deiner reinen Leier die Menschheit wieder auf, welche Mißtöne zertrümmert haben! – Gib uns Liebe und Friede, das bleibe unser letztes Gebet! [...]

Aber wenn du über den letzten Tag des Jahrhunderts gezogen bist und über schönere Saaten unter dem Winter, also jetzo vermodern – und wenn der letzten Nacht des Säkulums dein lieblicher verklärter Friedenengel, der Mond, ins erblassende Antlitz schauet: Ach! wirst du dann noch, segnendes Gestirn, unter unsern Füßen auf eine ganz neue Welt voll geraubter, mit Narben und Schweiß bedeckter Menschen scheinen, welche dein heiliges Licht nur quälen kann? – O gib Liebe der alten Welt und Freiheit der neuen!

Christian August Gottlob Eberhard
Das scheidende Jahrhundert

Ich nannte lange, froh verwundert,
Ein *großes Schauspiel* dies Jahrhundert,
Das so viel Helden uns gebar,
Das reich wie keines noch an großen Taten war.

Doch da mit so viel Blutvergießen,
Mit Jammer ohne Maß und Ziel
Sich seine letzten Szenen schließen,
So nenn' ichs weinend nun das *größte Trauerspiel.*

Andreas Moser
*Dauerhafter Weltfrieden für alle Kinder Gottes?***

Hat ein Volk eine beglückende Staatsverfassung, durch welche ihm alle Menschenrechte und alle bürgerlichen Freiheiten zugesichert sind; hat es gute und weise Stellvertreter; kann es sich der allgemeinen uneingeschränktesten Gewissens- und Religionsfreiheit freuen, welche am gewissesten und schnellsten zur Verbrüderung führt; wird für edle Erziehung der gesamten Staatsjugend väterlich gesorgt; rückt eine Regierung das erwachsene Volk durch moralische und physische Veredlung dem Ziele der Aufklärung immer und immer näher, und wendet sie alles Mögliche daran, das Volk auf die höchste Stufe von höchstmöglicher Vervollkommnung zu führen; wird die Würde der zweiten Menschenhälfte, des weiblichen Geschlechts, anerkannt und dasselbe nach dieser Würde behandelt; sorgt man durch ergötzende und belehrende Nationalfeste auch für das Vergnügen des Volkes; reformiert man die Ehen zur Aufnahme der Population des Staates und zur allgemeinern Aneinanderkettung der Menschenkräfte; wird für die Armen gesorgt; tut man dem Luxus Einhalt und den Verbrechen, die von ihm stammen; gibt man einem Volke weise Gesetze; übt man im Staate unbestechliche Gerechtigkeit; wacht über die Staatsordnung eine wohlgeordnete, kluge Polizei; erhebt man mäßige gerechte Abgaben; erlaubt man sich keine Erpressungen, sie möchten Titel haben, wie sie wollten; führt man kluge Staatshaushaltung – sichtbar dem ganzen Volke; zieht man Verdienste und Tugend mit Aufmerksamkeit und Beifall hervor – so ist in einem Staate wahrhaftig alles getan, was den *innern Frieden, dieses notwendig jedem Volke schätzbarste Diadem*, festsetzen kann.

So ein Staat hat nie eine merkliche Veränderung oder Umwälzung seiner Verfassung *(Revolution)* zu befürchten, und gewiß würde jeder, der den Frieden und die innere Staatsruhe durch Empörung und Aufruhr erschüttern wollte, die ganze Masse der Staatsbürger gegen sich haben und bald in die Schranken der Gerechtigkeit zurückgewiesen werden. Die Landeskultur, die Gewerbe, Künste und Wissenschaften würden in so einem Staate im Schatten der Friedenspalme ungestört der immer höhern Vollkommenheit entgegeneilen, und ein ganzes Volk würde vergnügt die Freuden eines freien, glücklichen Lebens einander mitteilen und Eintracht und Liebe tiefer und weiter um sich wurzeln als schattenreiche hundertjährige Eichen. Die Regierungen selbst würden in solchen Friedensstaaten sich dann in den Stand gesetzt sehen, äußerst geringe Abgaben von den Bürgern zu fordern, weil mit anhaltendem Frieden sich die Staatsbedürfnisse immer mehr und mehr vereinfachen. Dies alles zu erzwecken, muß das heißeste Bestreben der Regierungen sein.

Um aber auch einen *dauerhaften*, nicht ephemerischen, sondern *ewigen Friedensbund der gesamten Menschheit zustande zu bringen*, welcher *notwendig* ist, den *innern Frieden einzelner Staaten für immer zu sichern*, ist es notwendig, daß ganze Völkerschaften, ja es wäre zu wünschen, daß die ganze Menschheit eine *gleiche beglückende Staatsverfassung* annähme, daß unter einer einförmigen Konstitution sich alle Regierungen der Völker vereinigten und alle auf das allgemeine Völkerglück hinarbeiteten. Dann könnte der Friede allgemein, er könnte dauerhafter Weltfrieden werden. Sich für diesen zu verwenden, ist Pflicht der Regierungen und Pflicht eines jeden Menschen, der Religion üben und die Liebe Gottes und des nächsten nicht entheiligen will.

Friede und Liebe soll das Losungswort aller Völker und der ganzen Menschheit werden; *Freundschaft* das Band, das die Nationen um das Erdenrund und vom nordischen Eispol bis zum südlichen unter allen Linien und Zonen aneinanderkettet und ewig miteinander verbindet; und alle Völker sollen mit Weisheit, Mäßigung und Gerechtigkeit unter eine gleiche Regierungsform vereinigt, durch ihre Repräsentationen einen *allgemeinen ewigen Friedensbund* (foedus pacificum universale aeternum) zu schließen, und *allen Kriegen auf immer ein Ende zu machen suchen.* Dann können die Menschen sich an allen Orten und Enden *Kinder Gottes* nennen. Die Lehre: ›Selig sind die Friedsamen, denn sie werden Kinder Gottes genennt werden‹ (Evangelium des Matthäus, Kapitel 5, Vers 9) wird die ausgebreitetste Weltlehre sein, überall gefühlt und überall als göttliche Wahrheit anerkannt werden.

Durch Aufklärung der Völker und durch Vereinigung derselben kann diese höchste Stufe der Veredlung bei der gesamten Menschheit erzielt werden. Ist Friede unter den Völkern hergestellt, dann wache man in allen Staaten, ihn zu erhalten und zu verewigen. Man lehre ihn in allen Volksschulen und von allen Kanzeln; man setze aber auch schon, um ihn herzustellen, *Friedensgerichte* zur jedesmaligen und schnellen Vereinigung entzweiter Bürger *im* Staate und *National-Friedensräte* zur Verbrüderung der Völker *mit* Völkern nieder, und gebe ihnen für ihre edlen Zwecke die ausgedehntesten Vollmachten. Hat man Kriegsräte niedergesetzt zur Sicherung der Macht und Größe oder wohl gar des übermütigen Stolzes einzelner Staaten, warum soll man nicht vielmehr Friedensräte niedersetzen zur Sicherung des Wohls der Menschheit, das einzig und allein aus dem Frieden und der gegenseitigen Völkerliebe erwachsen kann? […]

Krieg sollte nur das traurige Notmittel, durch Gewalt sein Recht zu behaupten, bei Völkern sein, die im Naturzustande lebten, bei welchen keine Gerichtshöfe wären, die rechtskräftig urteilen und über Recht oder Unrecht entscheiden könnten – und selbst in diesem Falle würde er nicht anzuraten sein, weil Waffen nur zu oft dem Unterdrücker Siege bringen und durch sie der Gerechte an das Sklavenjoch gefesselt wird. Da nun aber die Völker allgemein aus dem Zustande hervorgetreten sind, in welchem nicht Nationalgerichtshöfe niedergesetzt werden könnten, um über Recht und Unrecht zu entscheiden; da der Krieg gleichsam nur zum Pharaotisch des Ehrgeizes, des Stolzes und der Eroberungssucht, und die Nationen die Betrogenen des Spiels geworden sind; da, wo sich immer zwei Völker miteinander schlagen, eine dritte, vierte und oft noch mehrere ruhige Nationen im Genusse ihres Glückes gestört und unschuldige Menschen unglücklich gemacht werden, ist Krieg allgemein zu verwerfen. Keine Sittenlehre erlaubt einem Menschen, einem Dritten und Vierten Unrecht zu tun und sie zu kränken, um sich gegen einen andern Recht zu verschaffen! […]

Doch so lange Völker unter verschiedenen, einander entgegengesetzten Regierungsformen stehen; solange sie nicht unter gleiche Rechte und Freiheiten vereinigt werden; solange es Fürstenhöfe gibt, an welchen Herrschsucht auf dem Throne sitzt, und goldgierige Höflinge mit Bürgern und Völkern spielen dürfen wie Buben mit Haselnüssen; solange der Unterschied der Stände dem einen das Recht erteilt, sich im Müßiggange von dem andern zu ernähren und ihn zum Danke gering zu schätzen und von vielen Rechten auszuschließen, auf die er gerechte Ansprüche hätte; solange sich Hochmut und Stolz einiger Weniger noch Soldknechte erkaufen und mit ihnen ausziehen kann, Elend und Verderben zu verbreiten: *so lange ist auch das friedlichste Volk nicht sicher, bekriegt zu werden* und auch die weiseste Regierung *gezwungen*, ein Kriegsheer, das übermütigen Stolzen Ehrfurcht abdringen kann, zu halten.

Diese Notwendigkeit wird fortdauern, bis der Tyrannismus von der Welt verbannt und die Rechte der Menschheit erkämpft und festgesetzt sind. Und dieser Kampf – *der Kampf der unterdrückten Menschheit gegen die tyrannischen Unterdrücker – ist der einzige, der noch zu rechtfertigen ist*, dem selbst die Vorsehung die Fahne vorträgt und welchen weder Vernunft noch Religion verwirft, weil der Kämpfende für das allgemeine Menschenwohl, für die Rechte seiner Mitbrüder und für die Entjochung so vieler Millionen schwer belasteter Sklaven streitet. *Wollte Gott, dieser Kampf wäre bald vollendet*, und es würde kein Blut mehr vergossen als höchstens noch das Blut eines erbosten Tyrannen!!!

Diesen Kampf kämpfen zu können, hat die Vorsehung Völker frei gemacht; ihn zu kämpfen, eben diese freien Völker ausersehen; ihn aber früher und leichter vollenden zu können, ist es nötig, daß alle Bürger, die nicht sich allein, sondern der gesamten Menschheit leben wollen, Herz, Mut, Kraft und Willen vereinigen – nur Eintracht macht stark! – und mit ausdauernder Entschlossenheit die Zerstörung alles dessen, was künftige Völkerkriege verursachen könnte und stehende Kriegsheere notwendig macht, bewerkstelligen. Welch Glück für die Menschheit, wenn dieser Kampf *ohne Mordgewehre*, bloß *mit den Waffen der Vernunft* könnte gestritten werden!

Nur dann, wenn die Völker der Erde im Besitze ihrer Freiheit sind; *wenn ein allgemeines Bürgerreich gegründet ist*; wenn alle Bürger der Erde gleiche Rechte haben; wenn alles sich einst reihen wird unter das dreifärbige Panier, was groß, edel und tugendhaft ist; *wenn die große Menschenrepublik wird hergestellt sein*; nur *dann hört die Ursache der Kriege auf.* Denn es ist undenkbar, daß Bürger gegen Bürger sein sollen, da es kein Beispiel gibt, daß Bürger Bürger hassen, wenn nicht große stolze Bürgerkriege anflammen. Ist das allgemeine Bürgerreich gegründet, dann wird die Weissagung des Propheten Jesaja (Kapitel 2, Vers 4) erfüllet werden, wo er sagt: ›Die Völker werden ihre Schwerter zu Pflugscharen und ihre Spieße zu Sicheln schmieden; kein Volk wird das Schwert mehr ergreifen wider das andere; man wird sie auch hinfüro zum Krieg nicht mehr abrichten.‹ [...] Wenn kein Bajonett mehr blinkt, kein Säbel mehr durch die Luft pfeift, keine tötende Kugel mehr fliegt, kein Schlachtruf mehr brüllt, *dann ist jene Epoche da, in welcher die Völker zur Gottheit zurückgekehrt sind, die einzige wahre Religion haben und deren Gebote heilig üben*, und von welcher an *das goldene Zeitalter der Völker* beginnen wird. [...]

Kant sagt in seinem philosophischen Entwurfe zum ewigen Frieden folgendes: ›Wenn [...] die Beistimmung der Staatsbürger dazu erfodert wird, um zu beschließen, ob Krieg sein solle oder nicht, so ist nichts natürlicher, als daß, da sie alle Drangsale des Krieges über sich selbst beschließen müßten (als da sind: selbst zu fechten; die Kosten des Krieges aus ihrer eigenen Habe herzugeben; die Verwüstung, die er hinter sich läßt, kümmerlich zu verbessern; zum Übermaße des Übels endlich noch eine den Frieden selbst verbitternde, nie – wegen naher, immer neuer Kriege – zu tilgende Schuldenlast selbst zu übernehmen), sie sich sehr bedenken werden, ein so schlimmes Spiel anzufangen: Da hingegen in einer Verfassung, wo der Untertan nicht Staatsbürger, die also nicht republikanisch ist, es die unbedenklichste Sache von der Welt ist, [...]‹.

Verteidiger der Freiheit und Menschenrechte! Sucht euer Ziel soviel möglich ohne Schwertstreich, *mit den Waffen der Vernunft* zu erreichen; *verbreitet Licht*, daß Völker das Tyrannenspiel einsehen; laßt den Richtpunkt aller eurer politischen Maßregeln, das Ziel aller eurer militärischen Anstrengungen, den höchsten Gipfel eurer Weisheit sein – *den Krieg abzuwenden, wo ihr könnt!* Bleibt aber auch, solange Tyrannenwut wütet, *beständig dazu gerüstet*, weil, wenn gleich die Gerechtigkeit eurer Sache hinreicht, euch gegen ungerechte Angriffe zu sichern, nur *eure Furchtbarkeit* allein euch vor den Ungerechten schützen kann. Wißt, ein starkes und geübtes Kriegsheer ist die bedeutendste Präliminärsache des Friedens und Ruhestandes! Militärische Macht kann euren Feinden die Neigung, eure Klugheit muß ihnen mit der Neigung auch selbst die Veranlassung zu Feindseligkeiten benehmen!!!

Zwingen euch die Tyrannen, durch Waffen die gerechte Sache zu erkriegen, so ergreift sie insgesamt, die ihr waffenfähig seid; erhebt euch furchtbar aus euren Sitzen, um die der Menschheit widerfahrne Gewaltsamkeit, das euch drohende Ungemach mit der Gesamtkraft abzutreiben; vergeßt nicht, daß Eintracht und Disziplin die Seele unüberwindlicher Heere sein müssen; harret aus mit Mut und Tapferkeit und wißt: alle Massen von Tyrannenkoalitionen sind nichts gegen republikanische Tapferkeit und Stärke! Euer Kriegsgesang sei Mut und Eintracht, euer lauter Siegesgesang: *Friede der Menschheit!* [...]

Für diejenigen Leser, die zu schnell das Urteil sprechen und zu rasch verdammen, merke ich noch an, daß sie mich, wo ich über Tyrannen und Tyrannismus sprach und Freiheit erhob, *nicht als parteiisch verurteilen* möchten. Ich sprach für die gute Sache, und diese ist ja *für alle Menschen*, demzufolge meine Sprache nicht die Sprache der Parteilichkeit. [...]

Jonathan Ludwig Lebrecht Nöller
An den Genius des Jahres 1800

Noch rauscht des Krieges todesschwangrer Flügel,
Und Deutschlands Genius
Steht mit verhülltem Haupt, und setzt auf Leichenhügel
Den ungewissen Fuß.

Noch tobt in meinem armen Vaterlande
Der Krieger wütend Chor,
Und von zerstörter Städte wildem Brande
Steigt schwarzer Rauch empor.

In jenen Bergen, wo am Rebenfeste
Der Winzer Hochgesang
Ertönte, dorren jetzt des Weinstocks Reste,
Der pfleglos niedersank.

Die Ebn', auf der sich einst im goldnen Glanze
Ein Ährenmeer ergoß,
Dampft schauderhaft vom Blute, das der Lanze
Des wilden Mars entfloß.

Die Furien des finstern Orkus richten
Ihr Schlangenhaupt empor,
Und alle Grazien und Musen flüchten
Vor Ares wildem Chor.

O Genius des jungen Jahres, wende
Den trübumflorten Blick,
Entschwebe zum Olymp, und send', o sende
Den Frieden uns zurück.

Wenn dann nach langer Nacht voll Raub und Morden
Ein schönrer Morgen tagt,
Nicht mehr, bestürmt von Kannibalenhorden,
Die arme Menschheit zagt,

Wenn nicht, im Duft von deinen Blütenbäumen,
Der Gattin Zähre sinkt,
Nicht länger mehr der Braut in Schreckensträumen
Des Lieblings Schatten winkt,

Wenn auf des Rheines Rebenberge nieder
Des Weingotts Segen träuft,
Und aus der blutgedüngten Erde wieder
Ein Wald von Ähren reift:

Dann, dann ergießt in tausend Jubelliedern
Der Dank der Menschheit sich,
Und selig preist vor allen deinen Brüdern
Die spätste Nachwelt dich.

Drum laß nicht länger Kriegesdonner schallen,
Gib wieder Glück und Ruh,
Und schleuß des ernsten Janus Tempelhallen
Auf ewig, ewig zu!

Daß wiederum die Frucht der Hesperiden,
Von dir gepflegt, gedeih,
Und daß des Weisen Wort: ›Zum ew'gen Frieden‹
Nicht schöner Traum nur sei.

Friedrich Gentz
Über den Ewigen Frieden

[...]

Der *ewige Friede*, oder vielmehr die völkerrechtliche Verfassung unter den Staaten, die man als die Grundlage des ewigen Friedens anzusehen pflegt, ist kein willkürliches Hirngespinst einer dichtenden oder träumenden Einbildungskraft, sondern eine ernste, tiefe, überschwenglich große Idee, eine bestimmte Aufgabe, sogar eine Forderung der Vernunft, ein notwendiges Resultat der fortschreitenden Entwicklung unsrer Begriffe von Recht und Ordnung und Sittlichkeit in dem großen Ganzen der Menschenverbindung. So wie sich überhaupt kein vollkommnes Recht unter den Individuen denken läßt, solange sie nicht in eine gesetzmäßige Gesellschaft treten und in einer gesetzmäßigen obersten Gewalt die vollständige Garantie ihrer wechselseitigen Ansprüche und der wechselseitigen Beschränkungen dieser Ansprüche suchen, so kann auch keine vollkommen rechtliche Gemeinschaft unter unabhängigen Gesellschaften stattfinden, solange nicht eine allgemein geltende Gesetzgebung ihre rechtlichen Verhältnisse bestimmt, ein oberster Gerichtshof ihre Streitigkeiten nach den Vorschriften jener Gesetzgebung entscheidet und eine oberste ausübende Gewalt den Aussprüchen dieses Gerichtshofes Ansehen und Eingang verschafft. Bis dahin ist und bleibt das Verhältnis, in welchem die Staaten untereinander stehen, im völkerrechtlichen Sinne Anarchie.

Die Verträge, wodurch sie von Zeit zu Zeit diesen oder jenen einzelnen Punkt, oder auch ihre ganze wechselseitige Lage aus dieser Anarchie herauszuheben suchen, sind keinesweges ein hinreichendes Äquivalent für eine durchaus bestimmte gesellschaftliche Verfassung. Dergleichen Verträge können immer nur das Bedürfnis des Augenblicks, nie die entferntern Konjunkturen der Zukunft, nie alle in den Tiefen dieser Zukunft verborgnen Streitfälle umfassen, und, wenn sie es könnten, so ginge ihnen doch immer das wichtigste Erfordernis zu einer wahren Garantie der Rechte ab: sie binden nur so lange, als der einseitige Wille derer, die sie geschlossen haben, ihre bindende Kraft anerkennt: da, wo sie am wirksamsten sein müßten, sind sie am ohnmächtigsten. Unser gesamtes jetziges Völkerrecht ist nichts als eine unzusammenhängende Reihe von solchen gebrechlichen Verträgen; das Bruchstück einer Vorrede zu einem wirklichen Völkerrecht. Die Entscheidung jeder kritischen Frage muß in einer Sphäre gesucht werden, die mit der rechtlichen nicht die entfernteste Gemeinschaft hat. Nichts ist einem Rechtsstreite fremder als die Gewalt der Waffen; und doch bleibt die Gewalt der Waffen der einzige und letzte Richterstuhl in jedem völkerrechtlichen Prozesse. Die Vernunft steht allerdings, so oft sie nur ihre Stimme erheben darf, gegen eine so vernunftwidrige Verfassung auf. Sie ruft aus der trostlosen Tiefe dieser unauflöslichen Verwirrung, dieser immer bejammerten, und doch immer erneuerten, und doch immer unvermeidlichen Kämpfe mit gebietender Stimme hervor: *Es soll kein Krieg sein!* Und unter den Gründen, auf die sie ihren ehrwürdigen Anspruch stützt, steht – mächtiger noch als alles, was Menschenliebe und zartes Gefühl und höhere Staatsweisheit und Sorge für die Erhaltung und Wohlgefallen am ruhigen Fortschritt der gesellschaftlichen Kultur und Sehnsucht nach Ordnung, Festigkeit und dauernder Harmonie im großen Weltstaate vorschreiben kann – steht dieser obenan: Es soll kein Krieg sein, weil der Krieg das *heilige Recht* dem *Zufall* und der *Willkür* preisgibt.

Die Idee eines Zustandes, worin *rechtliche* Streitfragen nur durch *rechtliche* Mittel entschieden würden, und in welchem der Krieg auf immer aus der Gesellschaft verbannt wäre, verdient also nicht als *gutmütige Schwärmerei* belacht zu werden. Auch wenn die *Unerreichbarkeit* eines solchen Zustandes nicht bloß für den gegenwärtigen Augenblick, sondern für alle künftigen Zeiten aufs strengste erwiesen werden könnte, auch dann noch bliebe es Pflicht, und Pflicht der Weisesten und Besten unsrer Gattung, sich mit den Bedingungen, unter denen dieses *höchste politische Gut* auf Erden zu realisieren wäre, von Zeit zu Zeit ernsthaft zu beschäftigen. Es kann in der sittlichen Weltordnung Zwecke geben, denen im Reiche der Wirklichkeit durchaus kein Mittel entspricht: es kann zwischen den Forderungen der Vernunft und den Kräften beschränkter Naturen eine unübersteigliche Kluft befestigt sein. Aber eine solche Dissonanz zu studieren, wenngleich alles uns droht, daß sie unauflöslich sein wird, an einem großen Gedanken festzuhalten, wenngleich keine Hoffnung, ihn in einer glücklichern Zukunft zur Realität zu erheben, uns belebt, und immer noch den Himmel über uns zu sehen, wenn auch rund um uns her eine undurchdringliche Nacht die Erde umhüllt: das ist unser klarer Beruf, und das ist unser edelster Trost.

Diese Untersuchung gewinnt noch dadurch eine ganz vorzügliche Würde, daß eine tiefere Einsicht in den Grund der Unmöglichkeit der Verfassung, nach welcher wir streben, uns der Gefahr überhebt, auch an andern sittlichen Ideen, die mit jener Verfassung näher oder entfernter zusammenhängen, ungläubig zu werden. Wenn man auf der einen Seite den gesellschaftlichen Zustand, aus welchem der ewige Friede hervorgehen soll, als die höchste Sanktion des Rechtes unter den Menschen schildert, wenn man sagt, daß er ebenso fest als der Begriff von Recht und Pflicht überhaupt in der Quelle aller Rechte und Pflichten, in der Vernunft begründet ist, und wenn sich auf der andern Seite auch nicht die entfernteste Aussicht in eine mit diesem Ideal übereinstimmende Wirklichkeit darbietet, so könnte gar leicht, zumal in diesen Zeiten der höchsten moralischen Ohnmacht, der Argwohn, daß es wohl mit den Grundsätzen des Rechts überall nicht besser stehe und daß sie, ein löblicher Zeitvertreib der Denker, mit den Angelegenheiten der Welt so gar viel nicht gemein haben möchten, auch in bessern Köpfen Eingang finden. Es ist also nichts weniger als unnütz, zu zeigen, wie und warum der ewige Friede ein ewiges Ideal der Vernunft sein muß, und doch nie mehr als dieses sein kann; zu zeigen, daß selbst dieser anscheinende Widerspruch die Grundpfeiler der sittlichen Weltordnung nicht erschüttert; zu zeigen, daß wenn auch die tiefsinnigste Staatskunst in ihrem Nachdenken über dieses große Problem zuletzt nur zur Verzweiflung gelangt, doch gegen die Verzweiflung selbst in der alles umfassenden und alles heilenden Kraft der sittlichen Gesetze noch ein Mittel und eine Rettung zu finden ist.

Um ein für allemal zu verhindern, daß die Nationen, die einen gewissen Strich der Erde bewohnen, untereinander in Kriege geraten, gibt es drei verschiedne Mittel, unter welchen auch alle bisher getanen Vorschläge zur Beförderung des ewigen Friedens begriffen sind und notwendig begriffen sein müssen.

Das *erste* ist die absolute *Vereinigung* dieser Nationen in einen und denselben Staat, wodurch alle die Kollisionen wegfallen, die die Trennung ihrer Regierungen erzeugt.

Das *zweite* ist die absolute *Absonderung* derselben oder eine Verfassung der Staaten, wodurch alles Interesse des einen, den andern in seinen Rechten zu verletzen, aufhörte.

Das *dritte* ist endlich eine Organisation des von diesen Nationen gebildeten gesellschaftlichen Ganzen, vermöge welcher ihre Streitigkeiten auf einem friedlichen Wege entschieden werden müßten und auf keinem andern entschieden werden könnten. Es wird sich nachher ergeben, daß diese Organisation wieder auf doppelte Weise denkbar ist. Sie besteht entweder in einer freiwilligen Übereinkunft der Staaten, nach welcher sie sich gegeneinander verbindlich machen, alle unter ihnen aufkommende Rechtsfragen vor einem dazu ernannten oder in jedem einzelnen Falle zu ernennenden Schiedsrichter aburteilen zu lassen und dem Ausspruch der Gewalt auf immer zu entsagen; oder in einer förmlichen, völkerrechtlichen Verfassung, durch welche ein höchster Gerichtshof, dem alle Staaten sich unterwerfen, gestiftet und zugleich mit der zur Ausführung seiner Sentenzen erforderlichen Macht bekleidet wird.

[...]

Die Idee, die sämtlichen in einem gewissen Bezirk der Erde verbreiteten Völkerschaften in einen einzigen Staat zusammenzuziehen, ist dieselbe die in frühern Zeiten, unter dem Namen der *Universal-Monarchie*, mehr als einen kühnen und emporstrebenden Kopf in Bewegung und mehr als einmal Europa in Schrecken gesetzt hat. Es versteht sich von selbst, daß hier von der Ausführbarkeit einer solchen Idee gar nicht erst die Rede sein darf, so wie es überflüssig ist, zu bemerken, daß der Versuch, sie zur Wirklichkeit zu bringen, mehr Unglück stiften möchte als alle Kriege, denen sie ein Ende machen sollte. [...]

In den neuesten Zeiten ist Europa durch zwei Erscheinungen heimgesucht worden, die, obgleich an und für sich nichts weniger als preiswürdig oder erwünscht, doch diesem großen Reunionsprinzip, welches man als eins der natürlichen Gesetze des politischen Weltlaufs betrachten darf, eine mächtige Nahrung gaben. Die eine war das *Teilungssystem*, das seit dem Jahre 1772 eine von den Grundflächen der europäischen Staatskunst geworden zu sein scheint, die andre die *Französische Revolution.* In den wenigen rechtlich gestimmten Gemütern, die weder der Schimmer gelungner Usurpationen noch die täuschende Magie, die oft den schnödesten Mißbrauch der Macht umschwebt, aus dem Heiligtum wahrer sittlicher Grundsätze zu entführen vermag, ist beiden längst ihr ewiges Urteil gesprochen. Mit dem *Teilungssystem* kann überall kein *Völkerrecht* bestehen, und solange noch eine *Revolution* für eine erlaubte Unternehmung gilt, darf man überhaupt nicht von *Recht* in der bürgerlichen Gesellschaft sprechen. Auch haben sie beide, und besonders die Revolution, weit entfernt, die Quellen des Krieges auch nur unter den europäischen Völkern zu verstopfen, den Frieden auf lange Zeit so gut als unmöglich gemacht. [...]

Das *zweite* Mittel, einen dauerhaften Frieden unter den Staaten zu errichten – nämlich eine *absolute Trennung* des einen von dem andern durch eine hierauf berechnete Verfassung jedes einzelnen –, würde vielleicht nicht einmal einer nähern Erörterung bedürfen, wenn nicht ein berühmter deutscher Philosoph es ganz neuerlich in einem eignen Buche* umständlich auseinandergesetzt und ernstlich angeraten hätte.

[...]

Die durchgängige Gemeinschaft unter den Bewohnern dieser Erde ist die oberste Bedingung aller wahrhaft menschlichen Kultur. So wie diese Gemeinschaft fortschritt, entwickelten sich auch die edelsten Kräfte unsers Wesens: Nur von dem Augenblick an, wo durch Schiffahrt und Handel die entferntesten Punkte miteinander in Verbindung traten, wurde das menschli-

* Der geschlossne Handels-Staat. Ein philosophischer Entwurf als Anhang zur Rechtslehre, und Probe einer künftig zu liefernden Politik, von J. G. Fichte. Tübingen 1800. – Die Idee des ewigen Friedens war zwar nicht die, von welcher der Verfasser unmittelbar ausging; daß aber sein philosophischer Entwurf unter andern großen Zwecken auch diesen befördern würde, hat er an verschiednen Stellen deutlich gesagt; und es geht auch so aus dem Ganzen seines Systems von selbst hervor.

che Geschlecht auf immer gegen jeden Rückfall in eine allgemeine Barbarei gesichert. Allerdings gingen aus dieser Gemeinschaft auch unzählige Laster und unzählige Leiden hervor: Aber reiner Fortschritt zum Guten und reiner Genuß des Guten sollte und konnte das Los der Menschheit nicht sein. Wenn jeder Staat im Sinne dieses unfreundlichen Systems *geschlossen* gewesen wäre, so hätten wir weder Stoff noch Fähigkeit zum höhern Lebensgenuß, weder Stoff noch Fähigkeit zur höhern Humanität erlangt. Unsre gesellschaftlichen Verhältnisse, die Produkte unsrer Arbeit, unsre Künste, unsre Wissenschaften, unsre physische und intellektuelle Bildung wären in ewiger Kindheit geblieben; der Philosoph, der jetzt mit undankbarem Stolze auf eine Verfassung herabsieht, die seine Ideale nicht erfüllt, lebte noch in der gröbern Atmosphäre der rohen Bedürfnisse und der eiserner Arbeit, wo nicht einmal der Flug in eine idealische Welt ihm vergönnt sein würde. Und sollte noch jetzt mit allen Schätzen, welche die große Verbindung der Nationen untereinander wohltätig über uns ausgoß, eine unübersteigliche Scheidewand zwischen Staaten und Staaten errichtet werden, so kehrte die Welt unvermeidlich in ihre Kinderjahre zurück. Der wahre Reiz des Lebens wäre dahin; kein höheres Interesse als das der augenblicklichen Erhaltung unsrer nackten physischen Existenz; kein Sporn und kein Lohn für die Industrie, keine ausgebreitete Unternehmung, kein vielumfassender Plan, keine Aussicht auf Ruhm, kein begeisternder Antrieb zu großen Taten mehr. Eine einförmige abspannende Leere, die Ruhe der Trägheit würde sich über allen Ländern, eine grauenvolle Öde über allen Meeren lagern und bald die alte Finsternis wieder zur Herrschaft über die Welt gelangen. […]

Nein! Es ist nicht genug, der Menschheit den Frieden zu verheißen; man muß es auch unter den Bedingungen tun, unter denen er allein der Menschheit wert sein kann. Das Bedürfnis, über den engen Kreis, der unsre erste ungesellige Existenz umschließt, hinauszugehen und mit unsern Wünschen und mit unsrer Tätigkeit nach und nach über Land und Meer, soweit der Erdkreis sich erstreckt, zu wandern, ist tief in unsre Brust gepflanzt. Ein unwiderstehlicher Trieb zieht alle Nationen aneinander. In seiner Befriedigung liegt das ganze Geheimnis der Kultur, das ganze Geheimnis der höhern kosmopolitischen

Erziehung; je mannigfaltiger die Berührungspunkte, desto gebildeter, desto vollendeter, desto menschlicher der Mensch. Jedes wahre Gut muß uns auf diesem Wege dargeboten werden: Was diesen Weg uns verschließt, muß immer ein Übel sein. Wir hassen den Krieg; aber wäre er unglücklicherweise an jene große Völkergemeinschaft auf immer gebunden, so müssen wir ihn tragen, wie man eine schwere Abgabe trägt, um die unendlich überwiegenden Vorteile einer bürgerlichen Verfassung zu genießen. Wir sehnen uns nach einem Zustande, in welchem der Friede einheimisch unter den Staaten würde; wenn aber selbst der ewige Friede nur durch eine ewige Trennung der Nationen erreicht werden kann, so ist der Entschluß schon gefaßt: Wir bleiben, wie wir sind, und entsagen dem ewigen Frieden.

Das *dritte* Mittel zur Stiftung oder Vorbereitung des ewigen Friedens wäre ein *freier Bund* oder eine vollständig bestimmte und organisierte *Föderativ-Verfassung* unter den Staaten. Die Absicht einer solchen Verbindung müßte immer dahin gehen, daß die Streitigkeiten, in welche ihre Mitglieder geraten können, auf einem friedlichen und rechtlichen Wege ausgeglichen, und daß durch die vereinte Macht des Bundes jeder einzelne darin aufgenommenne Staat in die Unmöglichkeit, sein Recht durch Waffen zu behaupten, gesetzt würde. Es lassen sich zur Erreichung dieser Absicht verschiedne Formen denken. Die verbündeten Staaten können sich vorbehalten, in jedem einzelnen Streitfalle einen oder mehrere *Schiedsrichter* zu ernennen; oder sie können festsetzen, daß die Minorität der Glieder jedesmal dem *Ausspruch der Majorität* unterworfen sein soll; oder sie können endlich einen *permanenten Kongreß* errichten, vor dem alle gemeinschaftlichen Angelegenheiten der Bundesgenossen verhandelt, alle ihre Prozesse geführt und geschlichtet, und alle zweifelhaften Rechtspunkte in oberster Instanz entschieden würden. [...]

Wenn es wahr wäre, was Rousseau sagt, daß dieser Friedensbund nur deshalb nicht zustande kommen könnte, weil die Häupter der Staaten, die ihn eingehen müßten, nie freiwillig in eine Verfassung treten würden, welche es ihnen unmöglich machte, ›nach eigner Willkür ungerecht zu sein‹, wenn es wahr wäre, was er ferner behauptete, ›daß ein solcher Bund *nur einen Tag* existieren dürfte, um nie wieder zerstört zu werden‹ – so dürften wir die Hoffnung, ihn früher oder später realisiert zu sehen, nicht schwinden lassen. Es hat mehr als einen Augenblick in der neuern Geschichte von Europa gegeben, wo alle Regenten die Sicherheit eines anhaltenden Friedens dem ungewissen Erfolg der Kriege mit Bereitwilligkeit vorgezogen haben würden; es kann und wird noch mehr als ein solcher Augenblick kommen, und alles, was unter den Menschen von einem augenblicklichen Entschlusse abhängt, ist möglich und praktisch möglich. Die Schwierigkeit oder vielmehr die gänzliche Unmöglichkeit der Sache liegt keineswegs in der *Entstehung* des Bundes: sie liegt in den Bedingungen seiner *Dauer*.

Wenn eine gesetzliche Verfassung unter einzelnen Personen oder unter Staaten Bestand haben soll, so muß eine *Garantie*, und zwar eine *äußere* Garantie vorhanden sein, worauf ihre Wirksamkeit und ihre Festigkeit beruht. Sobald eine solche Verfassung vom bloßen fortwährenden *Willen* ihrer Mitglieder abhängt, ist sie auf Sand gebaut. Die Neigungen der Menschen und der Staaten sind wandelbarer als die Natur, und ihre Moralität ist ein Rohr, das der Wind bewegt. Eine rechtliche Verbindung setzt notwendig Zwang, und Zwang setzt eine oberste Gewalt voraus. An dieser fehlt es gänzlich in jedem Projekt eines Staatenbundes. Es gibt in allen diesen Projekten zwar eine *gesetzgebende* und eine *richtende* Behörde, aber keine *vollziehende* Macht, und folglich keine Garantie. Dies ist der wichtige Umstand, der ihre radikale Untauglichkeit nicht bloß in der Ausführung, sondern sogar – was besonders zu ihrer Verdammnis gereicht – in der *bloßen Idee* charakterisiert.

Ein freier Vertrag unter Staaten wird immer nur so lange beobachtet werden, als keiner von denen, welche ihn schlossen, zugleich den Willen und die Macht, ihn zu brechen, besitzt, d. h. mit andern Worten, solange auch ohne einen solchen Vertrag der Friede, welchen er gründen soll, bestehen würde. Sobald ein einzelner Staat oder eine Privatkoalition von mehrern ihr Interesse dabei finden, und sobald ihnen Kraft genug zu Gebote steht, sich dem gemeinschaftlichen Interesse zu widersetzen, fällt das ganze System über den Haufen. Von Stunde an haben die übrigen Teilnehmer an dem Bunde kein andres Mittel mehr, die Widerstrebenden zur Unterwürfigkeit unter den Ausspruch der Schiedsrichter oder der Majorität oder des Kongresses zu zwingen, als *Krieg*. Nun sollte ja aber die Vermeidung des Krieges der einzige Zweck der großen Verbindung sein. Mithin kann diese Verbindung nur durch Mittel aufrechterhalten werden, die ihren Zweck, anstatt ihn zu befördern, zerstören würden; und folglich ist sie eine Idee, die sich selbst widerspricht.

Es hat seit ungefähr hundertfünfzig Jahren in dem wirklichen Verhältnisse der europäischen Staaten eine Art von unvollkommner Nachbildung dieser beim ersten Anblick so reizenden und bei einer nähern Prüfung so unhaltbaren Idee gegeben; eine Nachbildung, die unter dem Namen des *politischen Gleichgewichts* bekannt war. Die Erfahrung hatte gelehrt, daß die meisten Kriege aus dem zu großen Übergewicht entstanden, welches eine oder die andere Macht sich durch günstige Umstände zu verschaffen wußte. Hieraus zog die Staatskunst den Schluß, daß, wenn man durch zweckmäßige Allianzen, durch geschickte Unterhandlungen, und im Falle der Not selbst durch die Waffen die Entstehung eines solchen Übergewichts, oder, wenn es einmal entstanden war, seine schädlichen Wirkungen neutralisieren könnte, die Ruhe und die Sicherheit des Ganzen dadurch notwendig und wesentlich gewinnen müßte. Die Absicht dieses Systems war nie, wie man ihm oft mit Unrecht vorgeworfen hat, daß alle Staaten ungefähr gleich mächtig sein sollten; sie ging nur dahin, die schwächern durch ihre Verbindung mit mächtigern gegen die Unternehmungen eines präponderierenden Staates soviel als möglich sicherzustellen. Man wollte die natürliche Föderativverfassung von Europa so geschickt organisieren, daß jedem Gewicht in der großen politischen Masse irgendwo ein Gegengewicht zusagte. Man wollte die Kriege, wenngleich nicht unmöglich machen – welches *keine* Verbindung, eine allgemeine sowenig als eine besondre vermag –, doch vermindern, indem man neben den Reiz immer gleich die Schwierigkeit stellte, und durch Furcht und Interesse überwinden, was, bei dem Mangel einer obersten Gewalt, weder das Recht noch die Moralität zu unterdrücken imstande war. Man wollte, mit einem Worte, durch *Separat-Bündnisse* erreichen, was das Projekt von St. Pierre durch ein *allgemeines Bündnis* zu leisten versprach.

Dieses System des politischen Gleichgewichts ist freilich mehr als einmal in den Händen des Ehrgeizes und der Selbstsucht zu einem Werkzeug der Zerstörung geworden und hat mehr als einmal den Krieg, den es zu hintertreiben vorgab, befördert.

[...]

Wenn es eine Wissenschaft gäbe, die die Mittel zum *ewigen* Frieden lehrte, so wäre diese unter allen menschlichen die höchste; da es eine solche Wissenschaft nicht gibt, so muß die mit Ehrfurcht genannt werden, die in ihrer Vollendung den *möglichst dauerhaften* Frieden begründet.

Der *vierte* und letzte Weg, auf den das Nachdenken über die Möglichkeit eines immerwährenden Friedens uns führt, ist der einer förmlichen völkerrechtlichen Verfassung, in welcher gesetzgebende, richtende und vollziehende Gewalt in irgendeinem obersten Organ des gemeinschaftlichen Willens vereinigt wäre.

In einer solchen Verfassung allein sind alle Bedingungen der großen Aufgabe erfüllt. In einer solchen Verfassung allein tritt jeder Staat zum andern in eben das vollständig geordnete Verhältnis, welches unter der bürgerlichen Gesetzgebung die sämtlichen Mitglieder eines einzelnen Staates umschließt. Ein höchster Gerichtshof, der alle Prozesse im Völkerrecht nach unwandelbaren Gesetzen entscheidet und, mit der Fülle der höchsten Macht bekleidet, seine Aussprüche, wie der bürgerliche Richter die seinigen, zur Vollziehung bringt, gewährt allein jene alles umfassende Garantie, ohne welche sich keine Gesellschaft und mithin auch keine Staatengesellschaft zu einer rechtlichen Existenz im ganzen Umfange des Wortes erhebt.

Diese einzig befriedigende Verfassung ist unglücklicherweise eine Chimäre und wird und muß eine ewige Chimäre sein. Denn:

1. Sie müßte, um das Ideal des ewigen Friedens zu realisieren, den ganzen Erdkreis umschlingen können. Ein vollständig ausgebildetes Föderativsystem, das nur einen Teil der Erde unter sich begriffe, wäre noch keinesweges eine vollständige Friedensgarantie. Der Naturstand unter den Völkern hört nur dann erst durchgängig auf, wenn sie sich alle zu einem Staat verbinden können; welches schlechthin unmöglich ist.

2. Selbst für eine beträchtliche Anzahl von Völkern, und besonders von großen Völkern läßt sich ein durchaus vollendetes Föderativsystem unter keiner Bedingung errichten. Eine Gesellschaft kleiner Staaten, die ein gemeinschaftliches Interesse un-

tereinander verbindet, kann allerdings unter einer solchen Verfassung leben und gedeihen.* Sollte aber das Föderativsystem auf große Staaten angewendet, sollte zum Beispiel Europa, nicht etwa nach dem unzureichenden Plane von St. Pierre, sondern in dem hier zugrunde gelegten und einzig haltbaren Sinne in eine wahre Föderativrepublik verwandelt werden, so müßte der höchste Senat dieser ungeheuren Republik mit einer Macht bekleidet sein, gegen welche die Macht jedes einzelnen Staates in keine Vergleichung käme; welches abermals schlechthin unmöglich ist.

3. Wenn sich endlich eine Macht erdenken ließe, die groß genug wäre, um in einem so ungeheuren Föderativstaate, wie ihn auch nur Europa bilden würde, ihren richterlichen Ausspruch an die Stelle der Privatgenugtuung zu setzen, so würde selbst dann – und diese Bemerkung trifft sogar den bloßen idealischen Wert des Projekts – noch *kein ewiger Friede* unter den Völkern sein. Denn es ist unmöglich anzunehmen, daß sich jeder einzelne Staat dem Ausspruch des obersten Gerichtshofes gutwillig unterwerfen würde. So wie im Innern der Staaten sehr oft die Gewalt ins Mittel treten muß, um das Recht zur Vollziehung zu bringen, so würde auch in den Prozessen der Völker und vielleicht noch öfter als in den Privatverhältnissen die Notwendigkeit einer durch Zwangsmaßregeln gesicherten Vollziehung der richterlichen Entscheidung obwalten. Nun sind aber Zwangsmaßregeln gegen einen *Staat* nie etwas andres als *Krieg*, mithin wäre selbst in dieser Verfassung der Krieg unvermeidlich.

Und so ist es denn vollständig erwiesen, daß es schlechterdings keinen Plan zum ewigen Frieden gibt, der auch nur in der Idee, und ohne noch an die Schwierigkeiten der Ausführung zu denken, Stich hielte. Dieses niederschlagende Resultat scheint nicht bloß die Menschheit, sondern gewissermaßen sogar die

* Die *gelungnen* Beispiele einer Organisation dieser Art sind jedoch immer nur solche gewesen, wo selbst die Gesamtheit der föderierten Staaten nur einen mittelmäßigen oder kleinen Staat ausmachte. Zweimal ist der Versuch auf einem größern Schauplatze angestellt worden, in *Deutschland* und in *Nordamerika*. Das Schicksal des einen dieser Versuche ist bekannt: der Zukunft bleibt es vorbehalten, das Urteil über den andern zu sprechen. Wenn aber nicht ganz außerordentliche Umstände die Einheit des nordamerikanischen Freistaates aufrechthalten, so wird sie schwerlich auch nur fünfzig Jahre bestehen.

Weltregierung anzuklagen. Wir müssen versuchen, ob nicht wenigstens die letztre sich rechtfertigen läßt.

[...]

In jedem einzelnen Staate sind durch die gesetzliche Verfassung alle rechtlichen Verhältnisse bestimmt; aber die Staaten untereinander können kein gemeinschaftliches durchaus nach Gesetzen organisiertes Ganzes bilden. Sie leben nicht gerade im *Stand der Natur* – welches die gewöhnliche, aber nicht die richtige Vorstellung ist, sondern in einer *unvollkommenen gesellschaftlichen Verfassung*. Ihr Verhältnis ist das der Individuen vor der Stiftung einer bürgerlichen Gesellschaft, wo allerdings gültige Verträge geschlossen werden können, nur kein alles umfassendes Band die gesamte rechtliche Existenz, die gesamten wirklichen und die gesamten möglichen Verträge, die Vergangenheit, die Gegenwart und die Zukunft umgibt. Sie können daher den Krieg auch immer nur *provisorisch*, nie *definitiv* aus ihrer Mitte verbannen.

Aus diesem Gesichtspunkt betrachtet, ist der Krieg offenbar nur *beziehungsweise* ein *Übel* zu nennen. Mit größern Übeln verglichen, denen gerade der unvollkommne Zustand der menschlichen Gesellschaft, aus welcher der Krieg hervorgeht, uns entreißt, verdient er den Namen eines *Gutes*. Die ursprüngliche Tendenz der Vernunft oder des Rechtsgefühles im Menschen strebt nach einer durchgängigen und vollständigen Garantie der Rechte, die nur durch eine allgemeine gesetzliche Verbindung unter *allen* Bewohnern der Erde erreicht werden kann. Eine solche Verbindung ist unmöglich. Soll also eine rechtliche Verfassung überhaupt zur Wirklichkeit kommen, so muß sie von einer gewissen Anzahl von Menschen, die sich als *Volk* einem gemeinschaftlichen Gesetz unterwerfen, geschlossen werden. Es muß sich, damit nur der furchtbare und die Vernunft empörende Stand der Natur auf irgendeine Weise ein Ende nehme, eine *Reihe von Staaten* bilden, weil nun einmal *ein einziger Staat* schlechterdings nicht erreicht werden kann. Nun ist doch wenigstens der Krieg aus der Sphäre jedes einzelnen Staates verbannt; und wenn er sich zwischen den Staaten nicht bleibend verbannen läßt, so ist er der Preis, um welchen die Menschheit das Glück, nur in irgendeiner gesetzlichen Verfassung zu leben, erkaufen muß. Es ist kein geringer Gewinn, daß durch die Errichtung der Staaten der Krieg, der im Stande der Natur das Verhältnis aller Individuen war, aus dem Busen der menschlichen Gesellschaft vertrieben und nur auf die Grenzen verpflanzt wird, welche die großen rechtlich geschlossnen Bezirke voneinander trennen. Man muß die Kriege der Staaten wie Ableiter betrachten, an denen der einmal vorhandne Stoff der feindseligen Neigungen des Menschen, der sich selbst überlassen alles verwüsten und jede rechtliche Verbindung sogar unter einzelnen verhindern würde, auf gewisse Punkte konzentriert und gleichsam in bestimmte Kanäle verwiesen wird. Der Krieg ist mit allen seinen Schrecknissen die Bürgschaft der einzigen gesetzlichen Verfassung, die unter den Menschen möglich war, und, wie paradox es auch klingen mag, es ist dennoch eine unleugbare Wahrheit: ohne Krieg wäre kein Friede auf Erden.

Wenn man nun noch weiter gehen und fragen wollte: *warum* uns denn die oberste Weltregierung zu diesem unvollkommnen Zustande verdammt hat, und ob sie nicht mit sich selbst im Widerspruch war, indem sie auf einer Seite die heiligen Ideen des Rechtes in unsre Seelen grub und uns doch auf der andern Seite das einzige Mittel zur absoluten Realisierung dieser Ideen, die Fähigkeit, eine allgemeine gesellschaftliche Verfassung unter dem ganzen Menschengeschlechte zu stiften, versagte, so würde ungefähr folgendes die Antwort sein:

Es ist ein Irrtum, zu glauben, daß auch nur in den Privatverhältnissen des Menschen, welche die bürgerliche Gesellschaft durch gesetzliche Ordnungen bestimmt, das Recht je vollständig garantiert und in seinem ganzen Umfange gesichert wäre. Die bürgerliche Gesellschaft ist immer nur ein mehr oder weniger gelungner Versuch, die Herrschaft des Rechtes zu gründen. Auch bei der vollkommensten Form, welche die menschliche Weisheit ihr geben kann, bleiben ungerechte Gesetze und ungerechte Regenten und ungerechte Richter möglich. Gegen die absolute Anarchie des außergesellschaftlichen Zustandes ist sie freilich ein unschätzbares Gut, aber von dem reinen Ideal einer vollkommenen rechtlichen Verfassung bleibt sie weit und ewig entfernt. Überdies ist selbst der Zwang, wodurch die Gesellschaft in tausend Fällen ihre Mitglieder zur Unterwürfigkeit führen und ihren Beschlüssen Nachdruck verschaffen muß, eine Art von beständigem Kriege gegen das geheime Streben nach ungebundener gesetzloser Freiheit, das sich stets in den Neigungen des Menschen, sosehr die Vernunft es auch bekämpfen mag, offenbart. Selbst im Schoße der bürgerlichen Ordnung ist immer nur ein relativer, nie ein absoluter Friede zu finden.

Zwischen dem wahren Charakter des gesetzlichen Verhältnisses im *Staate* und dem wahren Charakter des gesetzlosen Verhältnisses *unter den Staaten* herrscht also eine größere Analogie, als man auf den ersten Anblick vermuten sollte. Die bürgerliche Gesellschaft genießt zwar den wichtigen und entscheidenden Vorzug, daß wenigstens durch ihre *Form* der gänzlichen Rechtlosigkeit in ihrem Innern auf immer vorgebeugt worden ist; ein Vorzug, auf welchen die Staatengesellschaft nicht Anspruch machen darf. Aber auch die Staatengesellschaft kann nach und nach, wenngleich durch weniger befriedigende und weniger dauerhafte Mittel, zu einem hohen Grade von rechtlicher Ordnung emporsteigen. Nach dem Ideal gemessen, ist keine von beiden vollkommen: aber keiner von beiden ist es versagt, sich auf ihrem eignen Wege zu höherer Vollkommenheit zu entwickeln.

[...]

Der Weg zum Frieden im gesellschaftlichen Verhältnisse der Nationen ist also derselbe, der auch zur Vervollkommnung des bürgerlichen Bandes und folglich zum Frieden im Innern der Staaten führt. Wenngleich dort mehr Schwierigkeiten zu bekämpfen sein sollten als hier, so ist doch das letzte Ziel, ein mit den Geboten der Vernunft durchaus übereinkommender Zustand, vielleicht in beiden Aufgaben gleich fern. Unter den Staaten eine Verfassung zu errichten, die den Krieg auf immer verbannte, ist unmöglich; aber durch Regierungsformen und Gesetze die Menschen auch nur im Schoße der Gesellschaft zur Gerechtigkeit, zur Sittlichkeit und zum Frieden, der ohne Gerechtigkeit und Sittlichkeit nie dauerhaft sein kann, mit vollständigem Erfolge zu erziehen, ist ein nicht viel hoffnungsvolleres Werk. Die Unzulänglichkeit der bürgerlichen Verfassung unterscheidet sich nur dem Grade nach von der Unzulänglichkeit der Völkerverfassung, aber beide sind einer fortschreitenden Verbesserung fähig; und die Mittel dazu liegen in der sittlichen Kraft des Menschen. Das Ideal des *ewigen Friedens* fällt mit dem Ideal des *vollkommenen Staates* zusammen: Ihr gemeinschaftliches

Fundament ist die unumschränkte Herrschaft des Rechtes; erhebt die Menschheit zu dieser, und alle ihre vernünftigen Zwecke sind erfüllt.

Auf die Frage: *Wann* denn wohl endlich der Zeitpunkt herankommen wird, wo die Kriege unter den Völkern ihr Ende nehmen? gibt es nur eine einzige Antwort: Wenn Recht und Sittlichkeit im Innern jedes Staates regieren werden, *dann* wird auch das Völkerrecht, das jetzt nur Stückwerk ist, ein vollendetes Ganzes sein. Der *ewige Friede* ist freilich eine Chimäre: aber er ist es nur insofern, als eine vollkommen rechtliche Verfassung unter den Menschen überhaupt eine Chimäre bleibt. Wir sollen nach beiden mit Ernst und Mut und unermüdeter Tätigkeit streben; aber solange wir Menschen sind, werden beide unerreichbar für uns sein.

[...]

Friedrich Gottlieb Klopstock
Losreißung

Weiche von mir, Gedanke des Kriegs, du belastest
Schwer mir den Geist! Du umziehst ihn, wie die Wolke,
Die den weckenden Strahl einkerkert,
Den uns die Frühe gebar;

Steckest ihn an mit Trauer, mit Gram, mit des Abscheus
Pestigen Glut, daß, verzweifelnd an der Menschheit,
Er erbebet, und ach nichts Edles
Mehr in den Sterblichen sieht!

Kehre mir nie, Gedanke! zurück, in den Stunden
Selbst nicht zurück, wenn am schnellsten du dich regest,
Und vom leisesten Hauch der Stimme
Deiner Gefährten erwachst.

Schöne Natur, Begeisterung sei mir dein Anschaun!
Schönheit der Kunst, werd' auch du mir zu Beseelung!
Völkerruhe, die war, einst wieder
Freuen wird, sei mir Genuß!

Schöne Natur ... O blühen vielleicht mir noch Blumen?
Ihr seid gewelkt; doch ist süß mir die Erinnrung.
Auch des heiteren Tags Weissagung
Hellet den trüben mir auf.

Aber wenn ihr nun wieder mir blüht; wenn er wirklich
Leuchtet: so strömt mir Erquickung; so durchwall' er
Mit Gefühl mich, das tiefre Labung
Sei, wie der Flüchtige kennt.

Höret! Wer tönt vom Siege mir dort? vom Gemorde?
Aber er ist, o der Unhold! schon entflohen:
Denn ich bannet' ihn in die Öde,
Samt den Gespensten der Schlacht!

Lebender Scherz sei unser Genoß, und das sanfte
Lächeln, dies geh' in dem Auge, wie der junge
Morgen auf; der Gesang erhebt; ihr
Kränzet die Traub' im Kristall;

Weckt zu Gespräch, deß Freude den Ernst nicht verscheuchet.
Freundschaft und Pflicht, die nur handelt und nicht redet,
Sei von allem, was uns veredelt,
Unser geliebteres Ziel!

Forschung, die still in dem sich verliert, was schon lange
War, und was wird, in der Schöpfung Labyrinthe!
Du bist Quelle mir auch, von der mir
Wonne der Einsamkeit rinnt.

Hat sich mein Geist in Wahrheit vertieft, die auch fern nur
Spuren mir zeigt vom Beherrscher des Erschaffnen:
O so töne man rings vom Kriege,
Kriege! ich höre dann nicht.

Johann Gottlieb Fichte
*Über das Ziel der Menschheit auf ihrer unendlichen Bahn***

[...]

Im Andrange der Not zuerst geweckt, soll späterhin besonnener und ruhig die Wissenschaft eindringen in die unverrückbaren Gesetze der Natur, die ganze Gewalt dieser Natur übersehen und ihre möglichen Entwicklungen berechnen lernen, soll eine neue Natur im Begriffe sich bilden und an die lebendige und tätige eng sich anschmiegen und auf dem Fuße ihr folgen. Und jede Erkenntnis, welche die Vernunft der Natur abgerungen, soll aufbehalten werden im Laufe der Zeiten und Grundlage neuer Erkenntnis werden für den gemeinsamen Verstand unseres Geschlechts. So soll uns die Natur immer durchschaubarer und durchsichtiger werden bis in ihr geheimstes Innere, und die erleuchtete und durch ihre Erfindungen bewaffnete menschliche Kraft soll ohne Mühe diesselbe beherrschen und die einmal gemachte Eroberung friedlich behaupten. Es soll allmählich keines größeren Aufwandes an mechanischer Arbeit bedürfen, als ihrer der menschliche Körper bedarf zu seiner Entwicklung, Ausbildung und Gesundheit, und diese Arbeit soll aufhören, Last zu sein – denn das vernünftige Wesen ist nicht zum Lastträger bestimmt.

Aber es ist nicht die Natur, es ist die Freiheit selbst, die die meisten und die fürchterlichsten Unordnungen unter unserem Geschlechte verursacht; des Menschen grausamster Feind ist der Mensch. Noch durchirren gesetzlose Horden von Wilden ungeheure Wüsteneien; sie begegnen sich in der Wüste und werden einander zur festlichen Speise; oder, wo die Kultur die wilden Haufen endlich unter das Gesetz zu Völkern vereinigte, greifen die Völker einander an mit der Macht, die ihnen die Vereinigung gab und das Gesetz. Den Mühseligkeiten und dem Mangel trotzend, durchziehen die Heere friedlich Wald und Feld; sie erblicken einander, und der Anblick von ihresgleichen ist des Mordes Losung. Mit dem Höchsten, was der menschliche Verstand ersonnen, ausgerüstet, durchschneiden die Kriegsflotten den Ozean; durch Sturm und Wellen hindurch drängen sich Menschen, um auf der einsamen unwirtbaren Fläche Menschen zu suchen; sie finden sie und trotzen der Wut der Elemente, um mit eigener Hand sie zu vertilgen. Im Innern der Staaten selbst, wo die Menschen zur Gleichheit unter dem Gesetze vereinigt zu sein scheinen, ist es großenteils noch immer Gewalt und List, was unter dem ehrwürdigen Namen des Gesetzes herrscht; hier wird der Krieg um so schändlicher geführt, weil er sich nicht als Krieg ankündigt und dem Befehdeten sogar den Vorsatz raubt, sich gegen ungerechte Gewalt zu verteidigen. Kleinere Verbindungen freuen sich laut der Unwissenheit, der Torheit, des Lasters und des Elendes, in welche die größeren Haufen ihrer Mitbrüder versunken sind, machen es sich laut zum angelegensten Zwecke, sie darin zu erhalten und sie tiefer hineinzustürzen, damit sie dieselben ewig zu Sklaven behalten – und jeden zu verderben, der es wagen sollte, sie zu erleuchten und zu verbessern. Noch kann überall kein Vorsatz irgendeiner Verbesserung gefaßt werden, der nicht ein Heer der mannigfaltigsten selbstsüchtigen Zwecke aus ihrer Ruhe aufrege und zum Kriege reize, der nicht die verschiedensten und einander widersprechendsten Denkarten zum einmütigen Kampfe gegen sich verbinde. Das Gute ist immer das schwächere, denn es ist einfach, und kann nur um sein selbst willen geliebt werden; das Böse lockt jeden einzelnen mit der Versprechung, die für ihn die verführendste ist, und die Verkehrten, unter sich selbst im ewigen Kampfe, schließen Waffenstillstand, sobald das Gute sich blicken läßt, um diesen mit der vereinigten Kraft ihres Verderbens entgegenzugehen. Jedoch, kaum bedarf es ihres Widerstandes; denn noch immer bekämpfen aus Mißverstand und Irrtum, aus Mißtrauen, aus geheimer Eigenliebe die Guten einander selbst – oft um so heftiger, je ernstlicher jeder von seiner Seite, was er fürs Beste erkennt, durchzusetzen strebt; und reiben eine Kraft, die vereinigt kaum dem Bösen die Waage halten würde, im Streite gegeneinander selbst auf. Da tadelt einer den anderen, daß er mit stürmischer Ungeduld alles übereile, und nicht erwarten könne, bis der gute Erfolg gehörig vorbereitet sei; während der andere diesen beschuldigt, daß er aus Zaghaftigkeit und Feigheit nichts ausführen, gegen seine bessere Überzeugung alles lassen wolle, wie es ist, und daß für ihn die Stunde des Handelns wohl nie anbrechen werde: und nur der Allwissende könnte sagen, ob einer, und welcher von beiden in diesem Streite Recht habe. Da hält fast jeder das Geschäft, dessen Notwendigkeit *ihm* gerade am meisten einleuchtet und zu dessen Ausführung er sich die meiste Fertigkeit erworben, für das wichtigste und angelegenste, für den Punkt, von welchem alle andere Verbesserung ausgehen müsse; fordert alle Guten auf, ihre Kräfte mit ihm zu vereinigen und sie ihm für die Ausführung seines Zweckes zu unterordnen, und hält es für Verrat an der guten Sache, wenn sie sich dessen weigern; indes die anderen von ihrer Seite dieselben Ansprüche an ihn machen und ihn desselben Verrates beschuldigen, wenn er sich weigert. So scheinen alle guten Vorsätze unter den Menschen in leere Bestrebungen zu verschwinden, die keine Spur ihres Daseins hinter sich lassen; indessen alles so gut oder so schlecht geht, als es ohne diese Bestrebungen durch den blinden Naturmechanismus gehen kann, und ewig fortgehen wird.

Ewig fortgehen wird? Nimmermehr; wenn nicht das ganze menschliche Dasein ein zweckloses und nichts bedeutendes Spiel ist. – Jene wilden Stämme können nicht immer wild bleiben sollen: es kann kein Geschlecht erzeugt sein mit allen Anlagen zur vollkommenen Menschheit, das da bestimmt wäre, diese Anlagen nie zu entwickeln, und nie mehr zu werden, als das, wozu die Natur eines künstlicheren Tieres völlig hinreichte. Jene Wilden sind bestimmt, die Stammväter kräftiger, gebildeter und würdiger Generationen zu sein; außerdem ließe sich kein Zweck ihres Daseins denken, noch die Möglichkeit dieses Daseins in einer vernünftig eingerichteten Welt begreifen. Wilde Stämme können kultiviert werden, denn sie sind es schon geworden, und die kultiviertesten Völker der neuen Welt stammen selbst von Wilden ab. Ob nun die Bildung unmittelbar aus der menschlichen Gesellschaft sich natürlich entwickle oder ob sie immer durch Unterricht und Beispiel von außen kommen müsse; und die erste Quelle aller menschlichen Kultur in einem übermenschlichen Unterrichte zu suchen sei: auf demselben Wege, auf welchem die ehemaligen Wilden nunmehr zur Kultur gelangt sind, werden allmählich auch die gegenwärtigen sie erhalten. Sie werden allerdings durch dieselben Gefahren und Verderbnisse der ersten bloß sinnlichen Kultur hindurchgehen, von welchen gegenwärtig die gebildeten Völker gedrückt sind; aber sie werden dadurch denn doch in Vereinigung mit dem großen Ganzen der Menschheit treten und fähig werden, an den weiteren Fortschritten desselben Anteil zu nehmen.

Es ist die Bestimmung unseres Geschlechtes, sich zu einem einigen, in allen seinen Teilen durchgängig mit sich selbst bekannten und allenthalben auf die gleiche Weise ausgebildeten Körper zu vereinigen. Die Natur, und selbst die Leidenschaften und Laster der Menschen haben von Anfang an gegen dieses Ziel hingetrieben; es ist schon ein großer Teil des Weges zu ihm zurückgelegt, und es läßt sich sicher darauf rechnen, daß dasselbe, die Bedingung der weiteren gemeinschaftlichen Fortschritte, zu seiner Zeit erreicht sein werde. Befrage man doch die Geschichte nicht, ob die Menschen im Ganzen rein sittlicher geworden! Zu ausgedehnter, umfassender, gewaltiger Willkür sind sie herangewachsen; aber beinahe wurde es notwendig durch ihre Lage, daß sie diese Willkür fast nur zum Bösen anwendeten. Befrage man sie ebensowenig, ob die auf einige wenige Punkte zusammengedrängte ästhetische Bildung und Verstandes-Kultur der Vorwelt nicht die der neueren Welt dem Grade nach übertroffen haben möchte! Es könnte kommen, daß man eine beschämende Antwort erhielte, und daß in dieser Rücksicht das Menschengeschlecht durch sein Alter nicht vorgerückt, sondern zurückgekommen zu sein schiene. Aber befrage man sie, diese Geschichte, in welchem Zeitpunkte die vorhandene Bildung am weitesten ausgebreitet und unter die mehrsten einzelnen verteilt gewesen; und man wird ohne Zweifel finden, daß vom Anfange der Geschichte an bis auf unsere Tage die wenigen lichten Punkte der Kultur sich von ihrem Mittelpunkte aus erweitert und einen einzelnen nach dem anderen und ein Volk nach dem anderen ergriffen haben, und daß diese weitere Verbreitung der Bildung unter unseren Augen fortdauere. – Und dies war das erste Ziel der Menschheit auf ihrer unendlichen Bahn. Bis dieses erreicht, bis die vorhandene Bildung jedes Zeitalters über den ganzen bewohnten Erdball verteilt und unser Geschlecht der uneingeschränktesten Mitteilung mit sich selbst fähig ist, muß eine Nation die andere, ein Weltteil den anderen auf der gemeinschaftlichen Bahn erwarten und jeder dem allgemeinen Bunde, um dessen willen allein sie selbst da sind, seine Jahrhunderte des scheinbaren Stillstandes oder Rückganges zum Opfer bringen. Nachdem jenes erste Ziel erreicht sein wird, nachdem alles Nützliche, was an einem Ende der Erde gefunden worden, sogleich allen bekannt und mitgeteilt werden wird, dann wird ununterbrochen, ohne Stillstand und Rückgang, mit gemeinschaftlicher Kraft und mit einem Schritte die Menschheit zu einer Bildung sich erheben, für welche es uns an Begriffen mangelt.

Im Innern jener sonderbaren Verbindungen, die das vernunftlose Ohngefähr zusammengebracht und welche man Staaten nennt, erhält, nachdem sie nur eine Zeitlang ruhig bestanden haben, der gegen die noch neue Unterdrückung gereizte Widerstand erschlafft ist und die Gärung der verschiedenen Kräfte sich gesetzt hat, – der Mißbrauch durch seine Fortdauer und durch die allgemeine Duldung eine Art von fester Form, und die herrschenden Stände, im unbestrittenen Genusse ihrer errungenen Vorrechte, haben nichts mehr zu tun, als dieselben zu erweitern und auch der Erweiterung dieselbe feste Form zu geben. Durch ihre Unersättlichkeit getrieben, werden sie dieselben von Geschlecht zu Geschlecht erweitern und nimmer sagen: Hier ists genug; bis endlich die Unterdrückung das höchste Maß erreicht hat und völlig unerträglich geworden ist und die Unterdrückten von der Verzweiflung die Kraft zurückerhalten werden, die ihnen ihr schon seit Jahrhunderten ausgetilgter Mut nicht geben konnte. Sie werden dann nicht länger irgendeinen unter sich dulden, der sich nicht begnügt, allen gleich zu sein und zu bleiben. Um vor gegenseitiger Gewalttätigkeit untereinander selbst und vor neuer Unterdrückung sich zu schützen, werden sie alle untereinander sich die gleichen Verbindlichkeiten auflegen. Ihre Verabredungen, in welchen jeder über sich selbst beschließt, was er beschließt, und nicht über einen Untergebenen, dessen Leiden ihm selbst nie weh tun und dessen Schicksal ihn selbst nie treffen wird: diese Verabredungen, nach denen keiner hoffen kann, daß er es sein werde, der die verstattete Ungerechtigkeit *ausüben*, sondern jeder befürchten muß, daß er sie *erdulden* werde – diese Verabredungen, welche allein den Namen einer

Gesetzgebung verdienen, die ganz etwas anderes ist als jene Verordnungen der verbündeten Herren an die zahllosen Herden ihrer Sklaven, diese Verabredungen werden notwendig gerecht sein und einen wahren Staat begründen, in welchem jeder einzelne durch die Sorge für seine eigene Sicherheit unwiderstehlich gezwungen wird, die Sicherheit aller anderen ohne Ausnahme zu schonen, da, zufolge der getroffenen Einrichtung, jede Beschädigung, die er dem anderen zufügen will, nicht den anderen trifft, sondern unfehlbar auf ihn selbst zurückfällt.

Durch die Errichtung dieses einigen, wahren Staates, diese feste Begründung des innerlichen Friedens, ist zugleich der auswärtige Krieg, wenigstens mit wahren Staaten, seiner Möglichkeit nach abgeschnitten. Schon um seines eigenen Vorteils willen, schon um in seinem eigenen Bürger keinen Gedanken an Unrecht, Raub und Gewalttätigkeit aufkommen und ihm keine Möglichkeit des Gewinnes übrig zu lassen, außer durch Fleiß und Arbeitsamkeit in der vom Gesetze angewiesenen Sphäre, muß jeder Staat die Verletzung eines Bürgers des benachbarten Staates ebenso streng verbieten, so sorgfältig verhindern, so genau ersetzen lassen und so hart bestrafen, als ob sie an dem eigenen Mitbürger ausgeübt wäre. Dieses Gesetz über die Sicherheit der Nachbaren ist notwendiges Gesetz jedes Staates, der kein Räuberstaat ist. Und hierdurch ist dann die Möglichkeit jeder gerechten Klage eines Staates gegen den anderen und jeder Fall der Notwehr unter den Völkern völlig aufgehoben. Es gibt nicht notwendig und fortdauernd unmittelbare Verhältnisse der Staaten als solcher zueinander, über die sie in Streit geraten könnten; es gibt in der Regel nur Beziehungen der einzelnen Mitbürger eines Staates auf die einzelnen Mitbürger des anderen; nur in der Person eines seiner Bürger könnte ein Staat verletzt werden; aber diese Verletzung wird auf der Stelle ersetzt, und so der beleidigte Staat befriedigt. – Es gibt zwischen solchen Staaten keinen Rang, der da beleidigt, keinen Ehrgeiz, der da verletzt werden könnte; zur Einmischung in die inneren Angelegenheiten eines fremden Staates ist kein Beamter bevollmächtigt, noch kann er dazu versucht werden, indem ihm für seine Person nicht der geringste Vorteil aus einem solchen Einflusse entstehen könnte. Daß eine ganze Nation beschließen solle, des Raubes halber ein benachbartes Land mit Kriege zu überziehen, ist unmöglich, indem in einem Staate, in welchem alle gleich sind, der Raub nicht die Beute einiger wenigen werden, sondern unter alle sich gleich verteilen müßte, dieser Anteil des einzelnen aber ihm nimmermehr die Mühe des Krieges lohnen würde. Nur da, wo der Vorteil den wenigen Unterdrückern zuteil wird, der Nachteil aber, die Mühe, die Kosten auf das zahllose Heer der Sklaven fällt, ist ein Raubkrieg möglich und begreiflich. – Nicht von Staaten ihresgleichen könnten diese Staaten Krieg zu befürchten haben; lediglich von Wilden oder Barbaren, die die Ungeschicklichkeit, durch Arbeit sich zu bereichern, zum Raube reizte, oder von Sklavenvölkern, die durch ihre Herren auf einen Raub ausgetrieben würden, von welchem sie selbst nie etwas genießen werden. Gegen die ersteren ist ohne Zweifel schon jeder einzelne Staat durch die Künste der Kultur der stärkere; gegen die letzteren durch Verbindung sich zu stärken, heischt der gemeinsame Vorteil aller. Kein freier Staat kann Verfassungen, deren Oberherren Vorteile davon haben, wenn sie benachbarte Völker unterjochen, und die daher durch ihr bloßes Dasein die Ruhe der Nachbaren unaufhörlich bedrohen, vernünftigerweise neben sich dulden; die Sorge für ihre eigene Sicherheit nötigt alle freie Staaten, alles um sich herum gleichfalls in freie Staaten umzuschaffen und so um ihres eigenen Wohles willen das Reich der Kultur über die Wilden, das der Freiheit über die Sklavenvölker rund um sich her zu verbreiten. Bald werden die durch sie gebildeten oder befreiten Völker mit ihren noch barbarischen oder sklavischen Nachbaren in dieselbe Lage geraten, in welcher die früher freien vor kurzem noch mit ihnen selbst waren, und genötigt sein, dasselbe für diese zu tun, was soeben für sie geschah: und so wird denn, nachdem nur einige wahrhaft freie Staaten entstanden, notwendig das Gebiet der Kultur und der Freiheit, und mit ihm des allgemeinen Friedens, allmählich den ganzen Erdball umschlingen.

So erfolgt notwendig aus der Errichtung einer rechtlichen Verfassung im Innern und aus der Befestigung des Friedens zwischen den einzelnen Rechtlichkeit im äußeren Verhältnisse der Völker gegeneinander und allgemeiner Friede der Staaten. Jene Errichtung einer rechtlichen Verfassung im Innern aber und die Befreiung des ersten Volkes, das da wahrhaftig frei wird, erfolgt notwendig aus dem stets wachsenden Drucke der herrschenden

Stände auf die beherrschten, so lange, bis er unleidlich wird – ein Fortschritt, welchen man den Leidenschaften und der Verblendung jener Stände, auch wenn sie gewarnt werden, sehr ruhig überlassen kann.

In diesem einzig wahren Staate wird überhaupt alle Versuchung zum Bösen, ja sogar die Möglichkeit, vernünftigerweise eine böse Handlung zu beschließen, rein abgeschnitten sein, und es wird dem Menschen so nahe gelegt werden, als es ihm gelegt werden kann, seinen Willen auf das Gute zu richten.

Es ist kein Mensch, der das Böse liebe, weil es böse ist; er liebt in ihm nur die Vorteile und Genüsse, die es ihm verheißet und die es ihm in der gegenwärtigen Lage der Menschheit mehrenteils wirklich gewährt. So lange diese Lage fortdauert, so lange ein Preis auf das Laster gesetzt ist, ist eine gründliche Verbesserung der Menschen im Ganzen kaum zu hoffen. Aber in einer bürgerlichen Verfassung, wie sie sein soll, wie sie durch die Vernunft gefordert wird, wie der Denker leicht sie beschreibt, ohnerachtet er bis jetzt sie nirgends findet, und wie sie sich unter dem ersten Volke, das sich wahrhaftig befreit, notwendig bilden wird – in einer solchen Verfassung zeigt das Böse keine Vorteile, sondern vielmehr die sichersten Nachteile, und durch die bloße Selbstliebe wird die Ausschweifung der Selbstliebe in ungerechte Handlungen unterdrückt. Nach der untrüglichen Einrichtung in einem solchen Staate ist jede Bevorteilung und Unterdrückung des anderen, jede Vergrößerung auf desselben Kosten nicht nur sicher vergeblich und alle Mühe dabei verloren, sondern sie kehrt sich sogar gegen ihren Urheber; und ihn selbst trifft unausbleiblich das Übel, das er dem anderen zufügen wollte. *In* seinem Staate, *außer* seinem Staate, auf dem ganzen Erdboden trifft er keinen, den er ungestraft beleidigen könne. Aber es ist nicht zu erwarten, daß jemand Böses beschließen werde, bloß um Böses zu beschließen, ohnerachtet er es nie ausführen kann und nichts daraus erfolgt, als sein eigener Schade. Der Gebrauch der Freiheit zum Bösen ist aufgehoben; der Mensch muß sich entschließen, diese seine Freiheit entweder gänzlich aufzugeben und geduldig ein leidendes Rad in der großen Maschine des Ganzen zu werden, oder dieselbe auf das Gute zu wenden. Und so wird denn auf dem so vorbereiteten Boden leicht das Gute gedeihen. Nachdem keine selbstsüchtigen

Absichten mehr die Menschen zu teilen und ihre Kräfte im Kampfe untereinander selbst aufzureiben vermögen, bleibt ihnen nichts übrig, als ihre vereinigte Macht gegen den einigen gemeinschaftlichen Gegner zu richten, der ihnen noch übrig ist, die widerstrebende, ungebildete Natur; nicht mehr getrennt durch Privatzwecke, verbinden sie sich notwendig zu dem einigen, gemeinsamen Zwecke, und es entsteht ein Körper, den allenthalben derselbe Geist und dieselbe Liebe belebt. Jeder Nachteil des einzelnen ist nun, da er nicht mehr Vorteil für irgend einen anderen sein kann, Nachteil für das Ganze und für jedes einzelne Glied desselben und wird in jedem Gliede mit demselben Schmerze empfunden und mit derselben Tätigkeit ersetzt; jeden Fortschritt, den ein Mensch gemacht hat, hat die ganze menschliche Natur gemacht.

Hier wo das kleine, enge Selbst der Personen schon durch die Verfassung vernichtet ist, liebt jeder jeden anderen wahrhaft als sich selbst, als Bestandteil jenes großen Selbst, das allein für seine Liebe übrig bleibt und von dem auch er nichts mehr ist als ein bloßer Bestandteil, der nur mit dem Ganzen zugleich gewinnen oder verlieren kann. Hier ist der Widerstreit des Bösen gegen das Gute aufgehoben, denn es kann kein Böses mehr aufkommen. Der Streit der Guten untereinander, selbst über das Gute, verschwindet, nun es ihnen erleichtert ist, das Gute wahrhaft um sein selbst, nicht um ihrer selbst willen, als der Urheber davon, zu lieben; nun es ihnen nur noch darum zu tun sein kann, daß es geschehe, daß die Wahrheit gefunden, daß die nützliche Tat ausgeführt werde, nicht aber, durch wen es geschehe. Hier ist jeder immer in Bereitschaft, seine Kraft an die Kraft des anderen anzuschließen und sie der des anderen unterzuordnen; wer nach dem Urteile aller das Beste am besten ausführen wird, den werden alle unterstützen und des Gelingens mit gleicher Freude genießen.

[...]

Friedrich Schiller
Von Europas Großem Besten.
*Ein Streitgespräch***

[…]

Octavio: Mein Sohn! Laß uns die alten, engen Ordnungen
Gering nicht achten! Köstlich unschätzbare
Gewichte sind's, die der bedrängte Mensch
An seiner Dränger raschen Willen band;
Denn immer war die Willkür fürchterlich –
Der Weg der Ordnung, ging' er auch durch Krümmen,
Er ist kein Umweg. Grad aus geht des Blitzes,
Geht des Kanonballs fürchterlicher Pfad –
Schnell, auf dem nächsten Wege, langt er an,
Macht sich zermalmend Platz, um zu zermalmen.
Mein Sohn! Die Straße, die der Mensch befährt,
Worauf der Segen wandelt, diese folgt
Der Flüsse Lauf, der Täler freien Krümmen,
Umgeht das Weizenfeld, den Rebenhügel,
Des Eigentums gemeßne Grenzen ehrend –
So führt sie später, sicher doch zum Ziel.

Questenberg: Oh! hören Sie den Vater – hören Sie
Ihn, der ein Held ist und ein Mensch zugleich.

Octavio: Das Kind des Lagers spricht aus dir, mein Sohn.
Ein fünfzehnjähr'ger Krieg hat dich erzogen,
– Du hast den Frieden nie gesehn! Es gibt
Noch höhern Wert, mein Sohn, als kriegerischen,
Im Kriege selber ist das Letzte nicht der Krieg.
Die großen, schnellen Taten der Gewalt,
Des Augenblicks erstaunenswerte Wunder,

Die sind es nicht, die das Beglückende,
Das ruhig, mächtig Daurende erzeugen.
In Hast und Eile bauet der Soldat,
Von Leinwand seine leichte Stadt, da wird
Ein augenblicklich Brausen und Bewegen,
Der Markt belebt sich, Straßen, Flüsse sind
Bedeckt mit Fracht, es rührt sich das Gewerbe.
Doch eines Morgens plötzlich siehet man
Die Zelte fallen, weiter rückt die Horde,
Und ausgestorben, wie ein Kirchhof, bleibt
Der Acker, das zerstampfte Saatfeld liegen,
Und um des Jahres Ernte ist's getan.

MAX: Oh! laß den Kaiser Friede machen, Vater!
Den blut'gen Lorbeer geb ich hin, mit Freuden,
Fürs erste Veilchen, das der März uns bringt,
Das duftige Pfand der neuverjüngten Erde.

OCTAVIO: Wie wird dir? Was bewegt dich so auf einmal?

MAX: Ich hab den Frieden nie gesehn? – Ich hab ihn
Gesehen, alter Vater, eben komm ich –
Jetzt eben davon her – es führte mich
Der Weg durch Länder, wo der Krieg nicht hin
Gekommen – oh! das Leben, Vater,
Hat Reize, die wir nie gekannt. – Wir haben
Des schönen Lebens öde Küste nur
Wie ein umirrend Räubervolk befahren,
Das in sein dumpfig-enges Schiff gepreßt,
Im wüsten Meer mit wüsten Sitten haust,
Vom großen Land nichts als die Buchten kennt,
Wo es die Diebeslandung wagen darf.
Was in den innern Tälern Köstliches
Das Land verbirgt, oh! davon – davon ist
Auf unsrer wilden Fahrt uns nichts erschienen.

OCTAVIO *wird aufmerksam*: Und hätt es diese Reise dir gezeigt?

MAX: Es war die erste Muße meines Lebens.

Sag mir, was ist der Arbeit Ziel und Preis,
Der peinlichen, die mir die Jugend stahl,
Das Herz mir öde ließ und unerquickt
Den Geist, den keine Bildung noch geschmücket?
Denn dieses Lagers lärmendes Gewühl,
Der Pferde Wiehern, der Trompete Schmettern,
Des Dienstes immer gleichgestellte Uhr,
Die Waffenübung, das Kommandowort, –
Dem Herzen gibt es nichts, dem lechzenden.
Die Seele fehlt dem nichtigen Geschäft –
Es gibt ein andres Glück und andre Freuden.

Octavio: Viel lerntest du auf diesem kurzen Weg, mein Sohn!

Max: O schöner Tag! wenn endlich der Soldat
Ins Leben heimkehrt, in die Menschlichkeit,
Zum frohen Zug die Fahnen sich entfalten,
Und heimwärts schlägt der sanfte Friedensmarsch.
Wenn alle Hüte sich und Helme schmücken
Mit grünen Maien, dem letzten Raub der Felder!
Der Städte Tore gehen auf, von selbst,
Nicht die Petarde braucht sie mehr zu sprengen,
Von Menschen sind die Wälle rings erfüllt,
Von friedlichen, die in die Lüfte grüßen, –
Hell klingt von allen Türmen das Geläut,
Des blut'gen Tages frohe Vesper schlagend.
Aus Dörfern und aus Städten wimmelnd strömt
Ein jauchzend Volk, mit liebend emsiger
Zudringlichkeit des Heeres Fortzug hindernd. –
Da schüttelt, froh des noch erlebten Tags,
Dem heimgekehrten Sohn der Greis die Hände.
Ein Fremdling tritt er in sein Eigentum,
Das längstverlaßne, ein, mit breiten Ästen
Deckt ihn der Baum bei seiner Wiederkehr,
Der sich zur Gerte bog, als er gegangen,
Und schamhaft tritt als Jungfrau ihm entgegen,
Die er einst an der Amme Brust verließ.
Oh! glücklich, wem dann auch sich eine Tür,
Sich zarte Arme sanft umschlingend öffnen –

QUESTENBERG *gerührt*: Oh! daß Sie von so ferner, ferner Zeit,
Und nicht von morgen, nicht von heute sprechen!

MAX *mit Heftigkeit sich zu ihm wendend*:
Wer sonst ist schuld daran, als ihr in Wien? –
Ich will's nur frei gestehen, Questenberg!
Als ich vorhin Sie stehen sah, es preßte
Der Unmut mir das Innerste zusammen –
Ihr seid es, die den Frieden hindern, ihr!
Der Krieger ist's, der ihn erzwingen muß.
Dem Fürsten macht ihr's Leben sauer, macht
Ihm alle Schritte schwer, ihr schwärzt ihn an –
Warum? Weil an Europas großem Besten
Ihm mehr liegt als an ein paar Hufen Landes,
Die Östreich mehr hat oder weniger –
Ihr macht ihn zum Empörer, und, Gott weiß!
Zu was noch mehr, weil er die Sachsen schont,
Beim Feind Vertrauen zu erwecken sucht,
Das doch der einz'ge Weg zum Frieden ist;
Denn hört der Krieg im Kriege nicht schon auf,
Woher soll Friede kommen? – Geht nur, geht!
Wie ich das Gute liebe, haß ich euch –
Und hier gelob ich's an, versprützen will ich
Für ihn, für diesen Wallenstein, mein Blut,
Das letzte meines Herzens, tropfenweis, eh daß
Ihr über seinen Fall frohlocken sollt! *Er geht ab.*

Friedrich Wilhelm Joseph Schelling
*Die Rolle der Vorsehung in der Menschheitsgeschichte***

[...] Die Geschichte als Ganzes ist eine fortgehende, allmählich sich enthüllende Offenbarung des Absoluten. Also man kann in der Geschichte nie die einzelne Stelle bezeichnen, wo die Spur der Vorsehung oder Gott selbst gleichsam sichtbar ist. Denn Gott *ist* nie, wenn Sein das *ist*, was in der objektiven Welt sich darstellt; *wäre er*, so wären *wir* nicht: aber er *offenbart* sich fortwährend. Der Mensch führt durch seine Geschichte einen fortgehenden Beweis von dem Dasein Gottes, einen Beweis, der aber nur durch die ganze Geschichte vollendet sein kann. Es kommt alles darauf an, daß man jene Alternative einsehe. *Ist* Gott, d. h. ist die objektive Welt eine vollkommene Darstellung Gottes, oder was dasselbe ist, des vollständigen Zusammentreffens des Freien mit dem Bewußtlosen, so kann nichts *anders* sein, als es ist. Aber die objektive Welt ist es ja nicht. Oder ist sie etwa wirklich eine vollständige Offenbarung Gottes? – Ist nun die Erscheinung der Freiheit notwendig unendlich, so ist auch die vollständige Entwicklung der absoluten Synthesis eine unendliche, und die Geschichte selbst eine nie ganz geschehene Offenbarung jenes Absoluten, das zum Behuf des Bewußtseins, also auch nur zum Behuf der Erscheinung, in das Bewußte und Bewußtlose, Freie und Anschauende sich trennt, *selbst* aber in dem unzugänglichen Lichte, in welchem es wohnt, die ewige Identität und der ewige Grund der Harmonie zwischen beiden ist.

Wir können drei Perioden jener Offenbarung, also auch drei Perioden der Geschichte annehmen. Den Einteilungsgrund dazu geben uns die beiden Gegensätze, Schicksal und Vorsehung, zwischen welchen in der Mitte die Natur steht, welche den Übergang von dem einen zum andern macht.

Die erste Periode ist die, in welcher das Herrschende nur noch als Schicksal, d. h. als völlig blinde Macht kalt und bewußtlos auch das Größte und Herrlichste zerstört; in dieser Periode der Geschichte, welche wir die tragische nennen können, gehört der Untergang des Glanzes und der Wunder der alten Welt, der Sturz jener großen Reiche, von denen kaum das Gedächtnis übrig geblieben, und auf deren Größe wir nur aus ihren Ruinen schließen, der Untergang der edelsten Menschheit, die je geblüht hat, und deren Wiederkehr auf die Erde nur ein ewiger Wunsch ist.

Die zweite Periode der Geschichte ist die, in welcher, was in der ersten als Schicksal, d. h. als völlig blinde Macht, erschien, als Natur sich offenbart, und das dunkle Gesetz, das in jener herrschend war, wenigstens in ein offenes *Naturgesetz* verwandelt erscheint, das die Freiheit und die ungezügeltste Willkür zwingt, einem *Naturplan* zu dienen, und so allmählich wenigstens eine mechanische Gesetzmäßigkeit in der Geschichte herbeiführt. Diese Periode scheint von der Ausbreitung der großen römischen Republik zu beginnen, von welcher an die ausgelassenste Willkür, in allgemeiner Eroberungs- und Unterjochungssucht sich äußernd, indem sie zuerst allgemein die Völker untereinander verband, und was bis jetzt von Sitten und Gesetzen, Künsten und Wissenschaften nur abgesondert unter einzelnen Völkern bewahrt wurde, in wechselseitige Berührung brachte, bewußtlos, und selbst wider ihren Willen, einem Naturplan zu dienen gezwungen wurde, der in seiner vollständigen Entwicklung den allgemeinen Völkerbund und den universellen Staat herbeiführen muß. Alle Begebenheiten, die in diese Periode fallen, sind daher auch als bloße Naturerfolge anzusehen, so wie selbst der Untergang des römischen Reichs weder eine tragische noch moralische Seite hat, sondern nach Naturgesetzen notwendig, und eigentlich nur ein an die Natur entrichteter Tribut war.

Die dritte Periode der Geschichte wird die sein, wo das, was in den früheren als Schicksal und als Natur erschien, sich als *Vorsehung* entwickeln und offenbar werden wird, daß selbst das, was bloßes Werk des Schicksals oder der Natur zu sein schien, schon der Anfang einer auf unvollkommene Weise sich offenbarenden Vorsehung war.

Wann diese Periode beginnen werde, wissen wir nicht zu sagen. Aber wenn diese Periode sein wird, dann wird auch Gott *sein.* […]

1801

Friedrich Gentz
*Nichteinmischung?***

[…] Der Grundsatz, daß kein Staat die Befugnis habe, sich in die innern Angelegenheiten andrer Staaten zu mischen, ist […] in seiner unbeschränkten Allgemeinheit falsch. Er ist es nach der allgemeinen Idee des gesellschaftlichen Verhältnisses im Völkerrecht; er ist es noch ungleich mehr nach den besondern Bedingungen, unter denen das Staaten-System von Europa lebt.

Allerdings wäre es eine schwierige Aufgabe, den Punkt, wo die Befugnis eines Staates, den andern in seinen einheimischen Unternehmungen zu beschränken, anfängt und aufhört, durch allgemeine Regeln zu bestimmen; und doch ist nicht zu leugnen, daß die Regellosigkeit selbst hier große Gefahren mit sich führt. Denn sollte jene Befugnis einer blinden Willkür oder jeder despotischen Anmaßung des Mißtrauens und der Eifersucht preisgegeben sein, so würde Europa keinen ruhigen Augenblick mehr zu erwarten haben. Aber diese Schwierigkeit trifft nicht etwa ausschließend die Frage, womit wir uns jetzt beschäftigen: sie ist allen gemein, die nach den Grundsätzen eines notwendig unvollkommnen Völkerrechts entschieden werden müssen.

Noch keinem philosophischen Publizisten ist es gelungen, durch feste und unzweideutige und allgemeingültige Merkmale zu bezeichnen, was einen rechtmäßigen Krieg von einem unrechtmäßigen unterscheidet; noch keiner hat eine klare, auf alle Fälle anwendbare Regel gefunden, wonach die Befugnis eines Staates, den Feindseligkeiten eines andern, ehe dieser sie förmlich erklärt hat, zuvorzukommen, mit untrüglicher Sicherheit beurteilt werden könnte. Die Rechte der neutralen Schiffahrt und die Rechte der kriegführenden Mächte, die neutrale Schiffahrt zu beschränken, schweben in einer immerwährenden Kollision, die seit langer Zeit dem Scharfsinn der geübtesten Diplomatiker Trotz bietet; es gibt kaum ein großes Problem im ganzen Umfange dieser Wissenschaft, das nicht in einem gewissen Sinne an die Unauflöslichkeit grenzte. Zu dieser mangelhaften Ausbildung ist das Völkerrecht durch seine Natur verdammt; ohne eine oberste, allgemein gebietende Gesetzgebung, die unter den Unabhängigen nie statthaben kann, ist keine feste Grenzbestimmung der Rechte denkbar; und wir wissen alle, daß die Bürgschaft eines glücklichen, und selbst eines leidlichen Verhältnisses zwischen den Nationen nur in der Gerechtigkeit und Weisheit der einzelnen Staaten gesucht werden muß.

Wenn es aber auch schwer und gewissermaßen unmöglich ist, die Grenze, wo sich eine erlaubte Einmischung in die Angelegenheiten eines fremden Staates von einer unerlaubten scheidet, zum Voraus mit Sicherheit anzudeuten, so gibt es doch Fälle, wo sich ein solches Recht, von keinem Zweifel gestört, mit unverkennbarer Klarheit darbietet. [...] In allen diesen Fällen würden alle übrigen Staaten ebenso vollständig berechtigt sein, ihn, wenn Vorstellungen nichts fruchteten, durch Gewalt zur Ordnung zurückzuführen, als die Obrigkeit eines Landes berechtigt ist, einen Bürger, der sein Haus in Brand stecken will, mit Gewalt daran zu hindern. So wie ohne diese Befugnis kein Staat, so ist ohne jene keine Staaten-Gesellschaft, kein Völkerrecht und keine öffentliche Sicherheit denkbar.

Die Französische Revolution war eine von den Begebenheiten, die allen Staaten das Recht beilegen, von einem unter ihnen über das, was in seinem Innern vorgeht, Rechenschaft zu fordern. [...]

Friedrich Schiller
*Fragmentarisches über deutsches Selbstgefühl***

Darf der Deutsche in diesem Augenblicke, wo er ruhmlos aus seinem tränenvollen Kriege geht, wo zwei übermütige Völker ihren Fuß auf seinen Nacken setzen und der Sieger sein Geschick bestimmt – darf er sich fühlen? Darf er sich seines Namens rühmen und freun? Darf er sein Haupt erheben und mit Selbstgefühl auftreten in der Völker Reihe?

Ja, er darf's! Er geht unglücklich aus dem Kampf, aber das, was seinen Wert ausmacht, hat er nicht verloren. Deutsches Reich und deutsche Nation sind zweierlei Dinge. Die Majestät des Deutschen ruhte nie auf dem Haupt seiner Fürsten. Abgesondert von dem politischen hat der Deutsche sich seinen eigenen Wert gegründet, und wenn auch das Imperium unterginge, so bliebe die deutsche Würde unangefochten.

Sie ist eine sittliche Größe, sie wohnt in der Kultur und im Charakter der Nation, der von ihren politischen Schicksalen unabhängig ist. – Dieses Reich blüht in Deutschland, es ist in vollem Wachsen, und mitten unter den gotischen Ruinen einer alten barbarischen Verfassung bildet sich das Lebendige aus. Der Deutsche wohnt in einem alten sturzdrohenden Haus, aber ein strebendes Geschlecht wohnt in dem alten Gebäude, und der Deutsche selbst ist ein edler Bewohner, und indem das politische Reich wankt, hat sich das geistige immer fester und vollkommener gebildet.

Dem, der den Geist bildet, beherrscht, muß zuletzt die Herrschaft werden, denn endlich an dem Ziel der Zeit, wenn anders die Welt einen Plan, wenn des Menschen Leben irgend nur Bedeutung hat, endlich muß die Sitte und die Vernunft siegen, die rohe Gewalt der Form erliegen – und das langsamste Volk wird alle die schnellen flüchtigen einholen. [...]

Friedrich Schiller
Gespräch zwischen dem alten und neuen Jahrhundert

Das alte Jahrhundert

Wandle! Was schauderst du weibisch? Da nimm die blutige Sichel!
Reich an Taten und Ruhm räum ich dir scheidend das Feld.

Das neue Jahrhundert

Lieber hätt' ich von dir den Kranz des Friedens empfangen.
Könnt' ich tief in den Schoß graulicher Zukunft zurück!
Denn wie ein Schlachtfeld, grausend, dampfet der stürmische Erdball,
Und ich hör ein Geschrei Würgender, Sterbender fern.

Das alte Jahrhundert

Über Schädel und Schwerter führt dich die blutige Laufbahn,
Volksrecht und Königsgewalt kämpft um den wechselnden Sieg.
In der Freiheit stolzem Gefühl erweckt' ich die Völker;
Keine eiserne Zeit soll mir zerstören das Werk!
Sieh! es tobt der Geist der Gewalt schon verzweifelnd im Kampfe
Gegen den Volksgeist, und Mars wütet im eigenen Land.
Leise flammt ein Vulkan im stillen: der Geist der Empörung;
Wüten soll er nach mir weit über Länder und Meer!

Das neue Jahrhundert

Ach! welch Übel nah und ferne hast du der Menschheit
Blutig bereitet, und fliehst schreckliche, lachend der Not.

Das alte Jahrhundert

Still! so steht im Plan der Natur in Erz es gegraben;
Drum mit ehernem Sinn rüste zum Laufe dich aus.
Ewiger Friede der Welt und Herrschaft des heiligen Rechtes
Blühen dem Menschen noch einst auf aus der blutigen Saat.
Lebe nun wohl und vollende mit Kraft, was kühn ich begonnen,
Baue der Wahrheit, dem Recht über den Trümmern ihr Reich!

Johann Gottfried Herder
Erbfolgekrieg.

Entscheidet Krieg über Recht?

Beim Anfange des verflossenen Jahrhunderts verwickelte sich der größteste Teil von Europa in den langen und widrigen Krieg, den man unter dem Namen des *Spanischen Sukzessionskrieges* kennet. Er endigte damit, daß man im Frieden gab, was man durch ihn hatte verhindern wollen: Philipp bekam die spanische Krone.

Wie? müssen einer Erbfolge wegen blutige Kriege geführt werden? Wird durch den Krieg ein Recht gegründet, das man nicht hatte oder in ihm ein dunkles Recht klärer? Umgekehrt; die Parteien erhitzen sich, der Sieger ist verblendet. Beim Glück der Waffen ward auf Ludwigs XIV. Anträge, der mit Teilen seines eignen Reichs den Frieden erkaufen wollte, nicht geachtet; seine Gesandten und er wurden, damit der Krieg fortgesetzt würde, mit Forderungen, die er mit Ehren nicht annehmen konnte, beschimpfet. Und da sich durch Veranlassungen, die beinahe ein Nichts scheinen, das Blatt wandte, behielt er nicht nur, was er in der größesten Enge dargeboten hatte, sondern erhielt auch seine Wünsche. Philipp blieb auf dem ungeteilten spanischen Throne.

Was hatte der Krieg also entschieden? Verwirret hatte er: Meinungen geteilt, Parteien gemacht, Länder gedruckt, geplagt, geängstet, entvölkert, ungeheure Summen gekostet, vielen Tausenden Gesundheit, Ruhe, Lebenszweck und Leben geraubt, unendliche Mühe nutzlos veranlaßt, Haß und Erbitterung der Nationen gegeneinander gestärket. Er endigte mit dem Mißvergnügen fast aller, die ihn geführt hatten, zur Ehre des, der diesmal ungern an ihn ging, der ihn vermeiden wollte, Ludwigs.

In jeder Stadt, in jedem Dorf, ja in jeder Gemeinheit der Räuber und barbarischen Völker sind Übereinkommnisse, Statuten, Gesetze oder Sitten über die Erbfolge der Verstorbenen vorhanden; oft unterscheiden sich hierin die nachbarlichsten Städte und Dörfer sonderbar. Aber alle erkennen, daß ein *allgemeiner Wille* über die Verlassenschaft eines Sterbenden vorhanden sein müsse, der dem Willen jedes einzelnen Schranken setze oder Freiheit gebe, der, wenn der Verstorbene willenlos starb, den Hinterlassenen (wer es auch sei) ihre Rechte an ihn sichere. Der Staat oder die Gemeine sieht diese als *Waisen* an, die sie zu unterstützen, rechtlich zu vertreten, nicht aber zu berauben Pflicht auf sich haben. Plünderung der Habe eines Toten, Verteilung derselben unter die Ersten und Stärksten als die Besten ist der offenste Akt der Barbarei, ein häßlicher Anblick.

Waren die *Teilungsvorschläge* der spanischen Monarchie, die dem Tode Karls vorhergingen und bei denen Wilhelm von Oranien so geschäftig war, war die *große Allianz*, die er zustande brachte, in deren Andenken er als ein geschworner Feind Ludwigs glücklich starb, waren sie, betreffend die Krone, die geteilt werden sollte, in den Augen Spaniens etwas anders als Raubprojekte? Welche edle Nation läßt sich teilen? Die spanische, damals noch ganz im Gefühl ihrer Stärke und Würde, ertrug den Gedanken nicht. Der Staatsrat griff zu, vereinigte sich in der Stille kräftig, vermochte den kranken König, sein Testament zu ändern, dem Wohl der Nation zu gut seinen Liebling aufzugeben, Gewissens wegen hierüber den Papst zu befragen. Selbst dies Umhertappen nach Recht und Bestandheit, was zeigets? Daß den Staaten Europas, d. i. dem großen europäischen Staat wie dem kleinsten Dorf ein *Kodex der Erbfolgen* und mit ihm ein *Tribunal des Rechts und der Wahrheit* gebühre, das *verwaisete Nationen* wie Hinterlassene in Schutz nehme und jedem zu seinem Rechte helfe. Die gebornen Richter dieses Tribunals sind die *großen Pairs* von Europa, die höchsten Regenten selbst; *ein* großer Gedanke, *ein* kräftiger Wille in der Brust einiger von ihnen kann sie zu diesem hohen Werk, zu einer *sichern Norm aller Angelegenheiten dieser Art* vereinen. Haben alle Regenten es für Pflicht gehalten, in ihren Ländern und Häusern die Erbfolge zu bestimmen, dem gehässigen Streit über dem Leichnam zuvorzukommen oder ihn aufs eilfertigste zu schlichten? Fordert es nicht der erste Begriff eines Rechts, einer Vernunft für das

Wohl der Länder, die Regierung derselben, mithin auch die Erbfolge der Regenten in Ländern und Reichen so sicher zu setzen, daß über sie nie ein Krieg entstehen müsse, entstehen dürfe? Eben weil der gewaltsame Krieg alles Recht, weil er Vernunft und gemeinsame Konvenienz wie das Wohl der Staaten selbst aufhebt. Wer sein Recht nicht anders als durch die Faust beweisen kann, hat gewiß Unrecht. Wer den Ausspruch der Vernunft aus Mörsern erwartet, trägt in seinem obern Runde wenig Vernunft mit sich.

Ohne also in die liebenswürdige Torheit eines St. Pierre zu fallen und diesen Kodex der Erbfälle und Erbfolgen zu bestimmen, ihren Gerichtshof einrichten zu wollen, geben wir die Hoffnung nicht auf, daß ihn irgendein großer Regent oder mehrere große Regenten, dem Recht und der Vernunft zu Ehren, wenn die Zeit kommt, mit leichter Mühe durchsetzen und feststellen werden: denn sein Gegenteil, der blutige Prozeß des Krieges, ist für die Interessenten selbst zu gefährlich, der Vernunft zu widersprechend, d. i. sinnlos. Hinter einem Sukzessionskriege ist man in Ansehung des Rechts nicht nur gerade da, wo man vor dessen Anfange war, sondern man ist zurückgewichen, die Nationen sind erbittert, durch Unglück und Glück die Meinung der Menschen verführt und irregeleitet. Der Krieg selbst hat gekostet: er fordert Schadloshaltung, Ersatz, Vergütung. Durch einen ungerecht-erzwungenen Frieden erben sich die Ursachen des Kriegs mit Haß der Nationen gegeneinander fort, und mit diesem Haß Vorurteile, Blindheit. Ausrotten lassen sich die Kriege nicht oder schwerlich; vermindert oder werden sie unwidertreiblich, *wenn man die Ursachen zu ihnen mindert.* Nicht anders als durch *Gesetze*, durch *Statuten der Vernunft*, durch *anerkannte Verträge* zum gesamten Wohl aller Nationen kann dieses geschehen; wer sie aufheben oder durchlöchern wollte, würde als ein *Gesamtfeind* nicht nur der europäischen Republik, sondern der Menschenvernunft behandelt.

Gottlieb Conrad Pfeffel
An das Neue Jahrhundert

Schauernd grüß ich dich, schicksalsschwangres Kind!
Blut und Tränen baden deine Wiege.
Über deinem Haupte brüllt ein Wirbelwind,
Um dich her liegt eine Welt im Kriege.

Sieh, der Menschheit Blick wendet ahnungsvoll
Sich nach dir vom großen Todesgarten:
Bist du, ruft sie, der, welcher kommen soll,
Oder soll ich eines andern warten?

Bist du, Fremdling, das, was der Sykophant,
Dein gepriesner Vorfahr, scheinen wollte,
Dessen Taschenspiel Weisheit dem Verstand
Und dem Herzen Tugend geben sollte?

Zweifel gab er nur statt der Weisheit mir,
Statt der Tugend Gold nur eitle Blende.
Freiheit gab er zwar; aber neben ihr
Schwang die Zwietracht Schwert und Feuerbrände.

Täusche nicht, wie er, mich durch falsches Licht;
Schmücke mit dem Kranz des Philosophen
Meinen ärgsten Feind, den der Gottheit, nicht;
Ach! und glänze nicht durch Katastrophen.

Glänze wie der Mond im Zypressenhain,
Sanft und hell. Kannst du der tränenmüden
Armen Dulderin sonst kein Gut verleihn,
O, so gib zum Gruß ihr doch den Frieden!

Johann Wilhelm Ludwig Gleim
Als die Nachricht vom Frieden zwischen Frankreich und England ankam

Den 10ten Oktober 1801

Und also wäre denn die große Fehd' entschieden:
Rom und Karthago hätten Frieden!
Die Menschheit sollte sich der frohen Nachricht freun.
Weil aber tausend rote Mützen
zu sehn noch sind und noch auf Brutus-Köpfen sitzen –
Welch' einer kann er sein?

Friedrich Emerich
Blick in die Zukunft bei dem Luneviller Frieden

Mit Wehmut, mit bitterm Vorgefühl künftigen Unglücks beobachten einige den jetzigen Zustand von Europa, während andre mit Entzücken, mit schwärmerischen Hoffnungen die Morgenröte des Friedens empfangen. Viele glauben an eine allgemeine Ausgleichung, viele nur an augenblickliche Ruhe wegen Krafterschöpfung. Jeder unterstützt seine Meinung durch Gründe der Leidenschaft, Erfahrung und Menschenkunde.

Die verschiedenartigen Gemälde, welche daher entstehen, sind gleich treffend, sind erschütternd, und aus diesem Labyrinth hilft kein Genius, als jener der stillen Untersuchung, welche die mächtigsten Völker in ihren innern und äußern Verhältnissen umfassen und soviel möglich in das Gebiet der Zukunft dringen muß. Die großen Zuckungen von Parteiwut sind in Europa vorüber. Furcht, jene allgewaltige Beherrscherin der Menschen in den ersten Zeiten der Revolution, umlagert nicht mehr die Throne und Konsularstühle. Die verschiedenartigsten Regierungen können sich verbinden, wiewohl mit wechselseitigen Besorgnissen, welche dem Bunde keine politische Familiarität gestatten, aber das Ringen des Verstandes, das Wachen über entfernte Interessen, die Aufmerksamkeit auf den Keim von Mißhelligkeiten so erhöhen könnten, daß der Friede mehr Garantie bekömmt als ehedem. Die Vernichtung der ehemaligen Lage der Staaten, das riesenhafte Mißverhältnis einiger darunter gegen dritte, und die Kraftgleichheit untereinander kann von heilsamen Folgen für Humanität und Aufklärung sein. Denkende Regierungen können nicht mehr an der Vernichtung ihres Gegners arbeiten. Sie müssen sich einen untergeordneten Alliierten erhalten. – Neue Ereignisse haben alte Monarchien, haben junge Republiken gelehrt, wie wenig Sicherheit der Sieg gibt und wie kraftlos die Kabale der Umwälzung und Wiederumwälzung ohne den deutlich ausgesprochenen Willen des Volkes ist. Obrigkeiten, die eben aus dem Kerker steigen, Könige, über deren Häuptern der fränkische Säbel schwebte, werden nicht mehr mit knabenhafter Schadenfreude Beunruhigungen organisieren, sondern sich mit ernster Höflichkeit beobachten.

In dieser Lage, wo der Parteigeist ermüdet, die Systeme sich nähern und die Leidenschaftlichkeit auf eine beinahe gewöhnliche Stufe zurücktritt, gelten also wieder die alten Berechnungen auf innere und äußere Kraft und Schwäche, auf Launen der Regenten in Monarchien, auf Existenz jener in Freistaaten, auf Neigung, Erziehung, steigende oder fallende Bildung der Völker. [...]

In Europa, welches durch seine Leidenschaften die Besitzungen über dem Meere verlieren wird, die es seinen Kenntnissen verdankt, haben drei Mächte den Beruf zum Erobern. *Rußland* fühlt, daß es nicht wie andre Staaten von einem Ende der Welt bis an das andre sich durchraufen muß, um überall zu herrschen. Es streckt die Hände nach Nord, nach Polen, nach Griechenland, nach Indien, und glaubt dann, Preußen und Österreich werfen und bis an den Rhein seine Macht festsetzen zu können. *Preußen* hat den [...] Hang, in Teutschland durch Bund und Besitz sich zu vergrößern, und kann furchtbarer werden als man glaubt, weil es gleichartige Stämme amalgamiert, und o, daß es die Stufe von Glück und Größe erreiche, welche nötig ist, dem teutschen Namen jenen stillen Glanz wiederzugeben, der so ganz verschwand, daß er keine Zeugen mehr hat als die Gräber! Es zieht die Feinheit der Gewalt vor, welche kleinen Staaten nur ephemeren Glanz gibt. Ununterbrochene Ruhe in Europa ist ebenso wenig sein Wunsch wie jener von Rußland. *Frankreich* allein ist so glücklich, daß es gegen die Aussichten von Krieg und Frieden gleichgültig sein kann. Sollte die Republik einige Zeitlang Ruhe haben, so wird ihr das Erobern gehässig. Denn was soll sie mehr fordern? Drängt sie immer mehr heterogene Bestandteile zusammen, so wandelt sich die Verfassung in eine föderative um, und auch diese ist selten im Angriffsfalle. Sie muß immer gespannt sein, aber jetzt Ruhe wünschen, damit sie die Anwendbarkeit ihrer Grundsätze rechtfertige. Zum Trost der

Welt, welche das römische Eroberungssystem von der Seine her fürchtet, sei es gesagt, daß der friedliche Föderalism dort siegen wird, sobald das kolossale Seewesen reguliert ist.

England und *Österreich* machen Meisterwerke, wenn sie sich auf ihrer Größe erhalten und den innern Flor befördern. Äußere Machtvergrößerungen sind für sie unmöglich. England spielt die ehrenvollste Mittlerrolle oder wird, bei Verlust der Niederlassungen und Schiffe, Provinz unter dem Titel eines selbständigen Landes. Österreich kann im Kriege seine Existenz verlieren, und dennoch hat es Stimmung dafür, weil es zu sehr gedemütiget ward. – Für lange Ruhe ist keine Sicherheit da. Aber die Revolutionswut ist vorüber, und wenn auch Verfassungen gestürzt werden. Scheint es doch, als predige der Genius der Milde den Menschen aus jedem Grabe, jedem Tale, von jeder Bergspitze, wo Blut floß: »Soll die Wut, welche euch, o unselige Schwärmer, zu Attilas umstempelte, soll sie nie aufhören? Soll die erste Verirrung wie ein Alpenquell alle Ströme des Gehässigen an sich ziehen, bis sie aus einer unermeßlichen Mündung Länder- und Völkertrümmer in den Ozean der Erfahrung fortrollt? Ihr glaubt, Wahrheiten aufzustellen, und ihr, welche zu schirmen. Seid ihr Adler, so schwingt euch gegen die Sonne! [...] Denkt für die Welt, handelt für euch, bildet euch selbst, damit euer Beispiel, wie ein Cherub, den beschämten Irrtum wegblitze! Verzeihen müßt ihr. Denn ihr seid alle schuldig.« So ruft er, und die Menschheit ist empfänglich für seine Lehren, wenn ihre Schwäche dauernde Empfänglichkeit für's Gute gestatten sollte.

Aber *Ruhe* – nein, sie ist dennoch *unmöglich*, bis die Welt große, voll abgerundete, durch Sitte und Sprache zusammengekittete Völker umfaßt. Das ungeheure Schlachten im Mittelalter konnte nur aufhören, sobald bedeutende Massen dastanden. Ebenso kann die Dauer der Ruhe nicht eher vergewissert werden, bis die Welt die bessern Formen annimmt, welche sie wider ihren Willen sucht, indem sie für vaterländisches und monarchisches Interesse zu arbeiten wähnt. Vergebens würden Held und Denker sich entgegenstimmen. Die Schicksale müssen ihren Weg finden, und ihr Strom läßt sich nur stellenweise eindämmen, wie die Fluten des Weltenmeeres.

Christian Ludwig Neuffer
Auf den Frieden 1801

Welch eine Gottheit eilt zur Erde nieder?
Der Ölzweig glänzt in ihrer Hand!
Versöhnen sich mit uns des Himmels Mächte wieder,
Die zürnend sich gewandt,

Daß aus des Orkus nachtumfloßnem Lande
Die tolle Zwietracht und der Krieg,
Zum Fluch der Völker und zu des Jahrhunders Schande,
Mit Schlangengeißeln stieg?

Genug hat Tellus strömend Blut getrunken,
Ach, ihrer eignen Kinder Blut!
Genug der Heldenseelen sind hinabgesunken
Zu des Cocytus Flut.

Genug hat Ares die entmenschten Krieger
Zu wilder Greueltat entflammt,
Von seinem Werk den Künstler und vom Pflug den Pflüger
Zum Wechselmord verdammt.

Ja, lang genug hat selbst auf allen Meeren
Sein Donner schreckenvoll gebrüllt,
Und von Herakles Säulen bis zum Land der Seren
Die Welt mit Not erfüllt.

Wir sahn den Raub aus weitgetrennten Reichen
Von Mordgesellen weggeschleift;
Von Bürgerdolchen gegen Bürger sahn wir Leichen
Auf Leichen aufgehäuft;

Erwürgt in Kerkern und auf Blutgerüsten
Die Unschuld durch des Henkers Hand,
Und, wo einst Paradiese blühten, öde Wüsten,
Verheert durch Mord und Brand.

Für ihre Kronen sahn wir Fürsten zittern,
Und fliehen mit gesunknem Mut
Aus ihrer Väter Land, nicht trauend den Gewittern
Der blinden Volkeswut.

Wir sahen Staaten durch Gewalt der Waffen
Und Arglist plötzlich untergehn,
Und neue Reiche, wie durch Zauberei geschaffen,
Aus ihrer Asch' erstehn.

Wir sahn, die einst in sichern Eichenhainen
Gebot, des Herrscherstabs beraubt,
Wir sahn Germania ihr Mißgeschick beweinen
Mit nachtumhülltem Haupt.

Doch jetzt, wie wenn umringt von goldnen Horen
Auf lichtem, lebensreichem Pfad
Der bräutlichen, verjüngten Tellus neugeboren
Der schöne Frühling naht:

So kömmt sie jetzt, die holde, heißerflehte
Irene kömmt, und jauchzend hebt
Sich jedes Herz, da sie die langen Angstgebete
Erhörend niederschwebt!

Sie kömmt, von des Olympos Glanz umgeben;
Wo sie den strahlenvollen Fuß
Zur Erde setzt, da reifen Ähren, blühen Reben,
Da leert der Überfluß

Das volle Horn, da kehrt die alte Treue
Und die Gerechtigkeit zurück,
Da tritt in unsern Kreis mit trunknem Mut aufs neue
Das sichre Bürgerglück.

Schon ziehen ausgesöhnt die wilden Heere
Und schnellgehemmt in blutgem Lauf,
Vom rauhen Kampf, und hängen ihre Mordgewehre
In Janus Tempel auf.

Sie kehren heim in unabsehbarn Scharen,
Lautjubelnd Mann an Mann gereiht,
Vergessend alle Müh'n und drohende Gefahren
Der blut'gen Schreckenzeit.

Hier eilen Brüder sehnsuchtsvoll zu Brüdern,
Der Vater zu dem Sohn; dort ruft
Dem Bräutigam die Braut; von Lust und Freudenliedern
Erschallt die weite Luft.

Es steigen neue Dörfer und Paläste
Aus dem verfallnen Schutt empor;
Gern furcht der Pflug das Feld, denn bei dem Erntefeste
Führt Sicherheit den Chor.

Dich, Ceres, dich, o Liber, Freudenspender!
Entreißt kein frecher Schwarm uns mehr,
Und ungestört bringt uns die Schätze ferner Länder
Der frohe Schiffer her.

Kronions Töchter sehn wir bei uns weilen,
Die Musen, die kein Lärm ergötzt,
Sie sind uns hold, und fest ruht auf der Eintracht Säulen
Das Heil der Staaten jetzt.

Laß unsre Hymnen, Göttin! dir gefallen,
Und neige mild zu uns dein Ohr;
Die heil'ge Flamme weht, des Opfers Düfte wallen
Zu deinem Thron empor,

Daß nie verwelkend uns dein Ölzweig ziere,
Daß dich, erhabne Göttin! nicht
Im Wettersturm aufs neu ein schwarz Gewölk entführe
Vor unserm Angesicht.

Den Krieg, den schändenden, laß den Barbaren,
Den Tigern Libyens laß ihn,
Uns aber weisheitsvoll stets das Geschenk bewahren,
Das du uns jetzt verliehn.

Verschwunden ist die schwangre Donnerwolke,
Die drohend auf dem Haupt uns lag.
Nach blut'ger Jahre Lauf erscheint Tuiskons Volke
Des Friedens heitrer Tag.

1802

*Noch ein Wort über den ewigen Frieden***

Mehrere Schriftsteller haben sich bemüht, die Unausführbarkeit eines ewigen Friedens unter den Völkern Europas darzustellen, am bündigsten wohl Herr Kriegsrat Gentz im Dezemberheft 1800 des Historischen Journals. Allein, eigentlich zeigt auch er nur, wie schwach bis itzt die Hoffnungen sind, unter deren Schutz sich die leidende Menschheit gerne flüchten mögte; und er überläßt es bessern Zeiten, ob dessen Möglichkeit nicht noch dereinst in Erfüllung gehen werde.

In der Tat ist jene Idee eine der erhabensten Spekulationen. Sie ehrt die Menschheit: denn sie hat das höchste Glück der Völker und ihrer Vorsteher – den Frieden – zum Gegenstande; und ihre Realisierung würde den Menschen auf eine Stufe der Kultur setzen, auf der er noch nie stand.

Es sei mir erlaubt, über eine Stelle jenes trefflichen Aufsatzes, auf die der angeführte Verfasser das größte Gewicht zu legen scheint, ein paar Bedenklichkeiten zu äußern. Er sagt bei Gelegenheit des großen Staatenbundes, der den ewigen Frieden herbeiführen soll, ganz richtig: »Ein freier Vertrag unter Staaten wird immer nur so lange beobachtet werden, als keiner von denen, welche ihn schlossen, zugleich den Willen und die Macht, ihn zu brechen, besitzt. Tritt aber dieser Fall ein«, fährt er fort, »so haben die Teilnehmer am Bunde kein anderes Mittel mehr, die Widerstrebenden zur Unterwürfigkeit unter den Ausspruch des Schiedsrichters oder der Majorität oder des Kongresses zu zwingen, als Krieg. Nun sollte ja aber die Vermeidung des Krieges der einzige Zweck der großen Verbindung sein.«

Man kann dies zugeben, und doch folgt daher keine Unausführbarkeit des Systems.

1. Ohne einen großen Geist unter den Staatenbeherrschern ist freilich durchaus nicht daran zu denken, ja nicht einmal, daß es damit zum Vorschlage kommen werde. Allein, man nehme an, Friedrich sei es, der, nach dem so glorreich geendigten siebenjährigen Kriege, dies System auszuführen beschlossen hätte. Würde das Gewicht dieses starken Geistes nicht mächtig über einen solchen Bund gewaltet haben? Würde er, dessen erhabenes Beispiel auf sein Zeitalter so allgewaltig wirkte, nicht auch mit kraftvoller Hand diesen Staatenverein, der sein Werk gewesen wäre, gehalten und geschützt haben? – Hätte aber ein solcher Bund auch nur einige Jahre gedauert, wie würden ihm die Völker je entsagt haben? Welcher Fürst, welcher Ratgeber desselben hätte Mut genug gehabt, ihn zernichten zu wollen?

2. Diesem System liegt das System des Gleichgewichts offenbar zum Grunde, nur in veredelter Form. Herr Gentz verteidigt jene Balance von Europa mit großem Scharfsinn als das Beste unter den itzigen Umständen. Ist nun dieses ausführbar – warum nicht jenes, da es auf gleiche Prinzipien gestützt wird?

3. Freilich läßt es sich denken, daß ein feindseliger Genius einem Staate unter ihm günstig scheinenden Umständen, wenigstens in der ersten Zeit, den Versuch anraten könnte, sich den Verbindlichkeiten des Bundes zu entziehen. Allein dieser Versuch würde augenblicklich erstickt werden: freilich nur durch Krieg; aber, welch ein kurzes, vorübergehendes Übel gegen die Dauer der Kriege, welche bisher Europa verwüstet haben? Und wenn nun dieser bundbrüchige Staat verschlungen, geteilt würde; läßt es sich denken, daß er bei den andern Nachahmung fände? – Zuckt doch der Tiger noch, wenn man ihn erlegt hat; aber es ist ein krampfhaftes Zucken, welches in Vernichtung übergeht!

Friedrich Hölderlin
Friedensfeier

Ich bitte, dieses Blatt nur gutmütig zu lesen. So wird es sicher nicht unfaßlich, noch weniger anstößig sein. Sollten aber dennoch einige eine solche Sprache zu wenig konventionell finden, so muß ich ihnen gestehen: ich kann nicht anders. An einem schönen Tage läßt sich ja fast jede Sangart hören, und die Natur, wovon es her ist, nimmt's auch wieder.

Der Verfasser gedenkt dem Publikum eine ganze Sammlung von dergleichen Blättern vorzulegen, und dieses soll irgend eine Probe sein davon.

Der himmlischen, still widerklingenden,
Der ruhigwandelnden Töne voll,
Und gelüftet ist der altgebaute,
Seliggewohnte Saal; um grüne Teppiche duftet
Die Freudenwolk und weithinglänzend stehn,
Gereiftester Früchte voll und goldbegrenzter Kelche,
Wohlangeordnet, eine prächtige Reihe,
Zur Seite da und dort aufsteigend über dem
Geebneten Boden die Tische.
Denn ferne kommend haben
Hieher, zur Abendstunde,
Sich liebende Gäste beschieden.

Und dämmernden Auges denk ich schon,
Vom ernsten Tagwerk lächelnd,
Ihn selbst zu sehn, den Fürsten des Fests.
Doch wenn du schon dein Ausland gern verleugnest,
Und als vom langen Heldenzuge müd,

Dein Auge senkst, vergessen, leichtbeschattet,
Und Freundesgestalt annimmst, du Allbekannter, doch
Beugt fast die Knie das Hohe. Nichts vor dir,
Nur eines weiß ich, Sterbliches bist du nicht.
Ein Weiser mag mir manches erhellen; wo aber
Ein Gott noch auch erscheint,
Da ist doch andere Klarheit.

Von heute aber nicht, nicht unverkündet ist er;
Und einer, der nicht Flut noch Flamme gescheuet,
Erstaunet, da es stille worden, umsonst nicht, jetzt,
Da Herrschaft nirgends ist zu sehn bei Geistern
und Menschen.
Das ist, sie hören das Werk,
Längst vorbereitend, von Morgen nach Abend, jetzt erst,
Denn unermeßlich braust, in der Tiefe verhallend,
Des Donnerers Echo, das tausendjährige Wetter,
Zu schlafen, übertönt von Friedenslauten, hinunter.
Ihr aber, teuergewordne, o ihr Tage der Unschuld,
Ihr bringt auch heute das Fest, ihr Lieben! und es blüht
Rings abendlich der Geist in dieser Stille;
Und raten muß ich, und wäre silbergrau
Die Locke, o ihr Freunde!
Für Kränze zu sorgen und Mahl, jetzt ewigen Jünglingen
ähnlich.

Und manchen möcht ich laden, aber o du,
Der freundlichernst den Menschen zugetan,
Dort unter syrischer Palme,
Wo nahe lag die Stadt, am Brunnen gerne war;
Das Kornfeld rauschte rings, still atmete die Kühlung
Vom Schatten des geweiheten Gebirges,
Und die lieben Freunde, das treue Gewölk,
Umschatteten dich auch, damit der heiligkühne
Durch Wildnis mild dein Strahl zu Menschen kam, o Jüngling!
Ach! aber dunkler umschattete, mitten im Wort, dich
Furchtbarentscheidend ein tödlich Verhängnis. So ist schnell
Vergänglich alles Himmlische; aber umsonst nicht;

Denn schonend rührt des Maßes allzeit kundig
Nur einen Augenblick die Wohnungen der Menschen
Ein Gott an, unversehn, und keiner weiß es, wenn?
Auch darf alsdann das Freche drüber gehn,
Und kommen muß zum heil'gen Ort das Wilde
Von Enden fern, übt rauhbetastend den Wahn,
Und trifft daran ein Schicksal, aber Dank,
Nie folgt der gleich hernach dem gottgegebnen Geschenke;
Tiefprüfend ist es zu fassen.
Auch wär uns, sparte der Gebende nicht,
Schon längst vom Segen des Herds
Uns Gipfel und Boden entzündet.

Des Göttlichen aber empfingen wir
Doch viel. Es ward die Flamm uns
In die Hände gegeben, und Ufer und Meeresflut.
Viel mehr, denn menschlicher Weise
Sind jene mit uns, die fremden Kräfte, vertrauet.
Und es lehret Gestirn dich, das
Vor Augen dir ist, doch nimmer kannst du ihm gleichen.
Vom Allebendigen aber, von dem
Viel Freuden sind und Gesänge,
Ist einer ein Sohn, ein Ruhigmächtiger ist er,
Und nun erkennen wir ihn,
Nun, da wir kennen den Vater
Und Feiertage zu halten
Der hohe, der Geist
Der Welt sich zu Menschen geneigt hat.

Denn längst war der zum Herrn der Zeit zu groß
Und weit aus reichte sein Feld, wann hat's ihn aber erschöpfet?
Einmal mag aber ein Gott auch Tagwerk erwählen,
Gleich Sterblichen und teilen alles Schicksal.
Schicksalgesetz ist dies, daß alle sich erfahren,
Daß, wenn die Stille kehrt, auch eine Sprache sei.
Wo aber wirkt der Geist, sind wir auch mit, und streiten,
Was wohl das Beste sei. So dünkt mir jetzt das Beste,
Wenn nur vollendet sein Bild und fertig ist der Meister,

Und selbst verklärt davon aus seiner Werkstatt tritt,
Der stille Gott der Zeit und nur der Liebe Gesetz,
Das schönausgleichende gilt von hier an bis zum Himmel.

Viel hat von Morgen an,
Seit ein Gespräch wir sind und hören voneinander,
Erfahren der Mensch; bald sind wir aber Gesang.
Und das Zeitbild, das der große Geist entfaltet,
Ein Zeichen liegt's vor uns, daß zwischen ihm und andern
Ein Bündnis zwischen ihm und andern Mächten ist.
Nicht er allein, die Unerzeugten, Ew'gen
Sind kennbar alle daran, gleichwie auch an den Pflanzen
Die Mutter Erde sich und Licht und Luft sich kennet.
Zuletzt ist aber doch, ihr heiligen Mächte, für euch
Das Liebeszeichen, das Zeugnis
Daß ihr's noch seiet, der Festtag,
Der Allversammelnde, wo Himmlische nicht
Im Wunder offenbar, noch ungesehn im Wetter,
Wo aber bei Gesang gastfreundlich untereinander
In Chören gegenwärtig, eine heilige Zahl
Die Seligen in jeder Weise
Beisammen sind, und ihr Geliebtestes auch,
An dem sie hängen, nicht fehlt; denn darum rief ich
Zum Gastmahl, das bereitet ist,
Dich, Unvergeßlicher, dich, zum Abend der Zeit,
O Jüngling, dich zum Fürsten des Festes; und eher legt
Sich schlafen unser Geschlecht nicht,
Bis ihr Verheißenen all,
All ihr Unsterblichen, uns
Von eurem Himmel zu sagen,
Da seid ihr in unserem Hause.

Leichtatmende Lüfte
Verkünden euch schon,
Euch kündet das rauchende Tal
Und der Boden, der vom Wetter noch dröhnet,
Doch Hoffnung rötet die Wangen,
Und vor der Türe des Hauses
Sitzt Mutter und Kind,

Und schauet den Frieden
Und wenige scheinen zu sterben,
Es hält ein Ahnen die Seele,
Vom goldnen Lichte gesendet,
Hält ein Versprechen die Ältesten auf.

Wohl sind die Würze des Lebens,
Von oben bereitet und auch
Hinausgeführet, die Mühen.
Denn alles gefällt jetzt,
Einfältiges aber
Am meisten, denn die langgesuchte,
Die goldne Frucht,
Uraltem Stamm
In schütternden Stürmen entfallen,
Dann aber, als liebstes Gut, vom heiligen Schicksal selbst,
Mit zärtlichen Waffen umschützt,
Die Gestalt der Himmlischen ist es.

Wie die Löwin, hast du geklagt,
O Mutter, da du sie,
Natur, die Kinder verloren.
Denn es stahl sie, Allzuliebende, dir
Dein Feind, da du ihn fast
Wie die eigenen Söhne genommen,
Und Satyren die Götter gesellt hast.
So hast du manches gebaut,
Und manches begraben,
Denn es haßt dich, was
Du, vor der Zeit
Allkräftige, zum Lichte gezogen.
Nun kennest, nun lässest du dies;
Denn gerne fühllos ruht,
Bis daß es reift, Furchtsamgeschäftiges drunten.

Georg Wilhelm Friedrich Hegel
*Deutschlands Schicksal: Unfriede und Staatslosigkeit***

[...]

Die Auflösung des Problems, wie es möglich wäre, daß Deutschland kein Staat sei und doch ein Staat sei, ergibt sich sehr leicht: daß es ein Staat ist in Gedanken und kein Staat in der Wirklichkeit, daß Formalität und Realität sich trennen, die leere Formalität dem Staat, die Realität aber dem Nichtsein des Staates zugehört. [...]

Weil die Masse der deutschen Staaten keine Macht bildet, kann die Unabhängigkeit ihrer Teile nur so lange respektiert werden, als der Vorteil anderer Mächte es erfordert und höhere Interessen oder auch Rechte der Entschädigung usw. nicht ins Spiel kommen. Was das Interesse betrifft, so konnte z. B. Frankreich, als seine Armeen die Hälfte Deutschlands besetzt hatten, so gut als es die unabhängigen Staaten und unmittelbaren Standschaften in den Niederlanden und in den Ländern des linken Rheinufers, die nachher im Frieden an Frankreich abgetreten worden sind, aufgehoben hat, auch die Verfassungen der Länder auf dem rechten Rheinufer aufheben und, wenn diese Zertrümmerung der Unabhängigkeit so vieler Fürstentümer, Grafschaften, Bistümer, Abteien, Reichsstädte, Freiherrschaften auch keinen Bestand haben konnte, diese Länder hierdurch in noch viel größeres Unglück stürzen, wenn nicht die Politik, nämlich die Rücksicht gegen Preußen und die zu fürchtende Erschwerung des Friedens usw., und schon *der* Nutzen es abgehalten hätte, den eine einmal feststehende Ordnung zur Eintreibung von Kontributionen hat, welche nach den französischen offiziellen Blättern *in geringem Maße* in diesen Ländern erhoben worden sind.

Dieser Übergang vom Zustand der offenbaren Gewalt in den Zustand der berechneten Gewalt hat sich natürlich nicht auf einmal gemacht, sondern es ist im Gegenteil durch eine rechtliche Verfassung geschehen. Man konnte nach dem Landfrieden Deutschland allerdings eher als einen Staat ansehen als heutzutage. Durch die Lehensverfassung war die Staatsgewalt in sehr viele Teile zersplittert, aber wegen der Menge der Teile waren einzelne nicht mächtig genug, dem Ganzen sich zu widersetzen. Aber als wenn das Schicksal Deutschland zu einem solchen Zustand schlechterdings nicht bestimmt hätte, überwand es den Überdruß an der Rechtlosigkeit und den Versuch eines festeren Zusammenhangs durch den Landfrieden bald durch das tiefere Interesse der Religion, das die Völker auf ewig entzweite.

[...]

Als durch Veränderung der Sitten und der Lebensart jeder mehr mit seiner Not und seinen Privatangelegenheiten beschäftigt wurde, als der der Zahl nach ungleich größte Teil der freien Männer, der eigentliche Bürgerstand, ausschließlich auf seine Not und den Erwerb hinsehen mußte, als die Staaten größer und diejenigen, die sich ausschließlich damit beschäftigen mußten, zu einem eigenen Stand wurden und die Menge der Bedürfnisse des freien Mannes, des Adels sich vermehrte, der durch Industrie und Arbeit für den Staat sich in seinem Stand erhalten mußte, und also die äußeren Verhältnisse verwickelter Nationalangelegenheiten jedem einzelnen fremder wurden, sammelte sich die Besorgung der Nationalangelegenheiten immer enger und enger in einen Mittelpunkt, der in dem Monarchen und Ständen besteht, d. h. einem Teile der Nation, der teils als Adel und Geistlichkeit für sich selbst persönlich mitspricht, teils als dritter Stand ein Repräsentant des übrigen Volkes ist. Der Monarch besorgt die Nationalangelegenheiten, besonders insofern sie die äußeren Verhältnisse mit anderen Staaten betreffen, er ist der Mittelpunkt der Staatsmacht, von dem alles ausgeht, was nach den Gesetzen Zwang erfordert. Die gesetzliche Macht ist also in seinen Händen; die Stände haben Teil an der Gesetzgebung, und sie reichen die Mittel, welche die Macht erhält.

Dies System der Repräsentation ist das System aller neuern europäischen Staaten. Es ist nicht in Germaniens Wäldern gewesen, aber es ist aus ihnen hervorgegangen; es macht Epoche in der Weltgeschichte. Der Zusammenhang der Bildung der Welt hat das Menschengeschlecht nach dem orientalischen Despotismus und der Herrschaft einer Republik über die Welt aus der Ausartung der letzteren in diese Mitte zwischen beide geführt, und die Deutschen sind das Volk, aus welchem diese dritte universale Gestalt des Weltgeistes geboren worden ist.

[...]

Deutschland hat sein Prinzip, das es der Welt gegeben, für sich nicht ausgebildet und darin seine Erhaltung nicht zu finden gewußt. Es hat sich nicht nach demselben organisiert, sondern, indem es die Lehensverfassung nicht zu einer Staatsmacht ausbildete, sondern seinem ursprünglichen Charakter der Unabhängigkeit der einzelnen von einem Allgemeinen, dem Staat, durchaus treu bleiben wollte, sich desorganisiert. Es ist in eine Menge von Staaten zerfallen, deren Art zu bestehen durch feierliche Verträge unter sich ausgemacht und von großen Mächten garantiert ist. Diese Art zu bestehen beruht aber nicht auf eigener Macht und Kraft, sondern ist von der Politik der großen Mächte abhängig.

Welche wahre Garantie bliebe dieser Existenz der einzelnen Staaten? Da ihr die wahre Staatsmacht fehlt, so könnte diese Garantie nur auf der Ehrwürdigkeit der Rechte an und für sich selbst beruhen, die durch eine Dauer von Jahrhunderten, durch eine Menge feierlicher Friedensschlüsse bis zur Unmöglichkeit, angetastet zu werden, erhoben worden wären; und es ist überhaupt allgemeiner Ton, die Art des politischen Bestandes der einzelnen Staaten zu einer moralischen Macht zu machen und ihre Heiligkeit in die Gemüter zu pflanzen, so daß sie etwas so Festes und Unantastbares würde als die allgemeinen Sitten oder die Religion eines Volkes.

[...]

Jeder Friedensschluß – und Friedensschlüsse sind die eigentlichen Verträge, worauf sich die politischen Rechte der Mächte gegeneinander gründen – enthält den Hauptartikel, daß Freundschaft zwischen den kontrahierenden Mächten statthaben soll. Außer diesem Hauptartikel enthält er die Bestimmung der übrigen Verhältnisse, besonders derjenigen, worüber vorher Streit entstanden war. So allgemein der Hauptartikel Erhaltung des guten Einverständnisses ausdrückt, so ist für sich klar, daß dies nicht unbedingt zu verstehen ist.

[...]

Kriege, man mag sie Angriffs- oder Verteidigungskriege nennen, über welche Benennung die Parteien nie zu einem Einverständnis kommen, würden nur ungerecht genannt werden, wenn die Friedensschlüsse *unbedingten* gegenseitigen Frieden stipulierten; und wenn der Ausdruck eines ewigen Friedens und ewiger Freundschaft zwischen den Mächten auch diesen Ausdruck hat, so ist er mit der in der Natur der Sache liegenden Einschränkung zu verstehen: bis von einem Teil angegriffen oder feindselig gehandelt wird. Dazu kann sich kein Staat verbinden, sich feindselig behandeln oder angreifen zu lassen und doch sich nicht zu wehren, doch Frieden zu halten.

[...]

Es sind die Menschenfreunde und Moralisten, welche die Politik als ein Bestreben und eine Kunst verschreien, den eigenen Nutzen auf Kosten des Rechts zu suchen, als ein System und Werk der Ungerechtigkeit, und das kannegießernde unparteiische Publikum, d.h. eine interesse- und vaterlandslose Menge, deren Ideal von Tugend die Ruhe der Bierschenke ist, klagt die Politik einer Unsicherheit in Treue und einer rechtlosen Unstetigkeit an oder ist wenigstens anteilnehmend und deswegen mißtrauisch gegen die Rechtsform, in welcher die Interessen ihres Staates erscheinen. Wenn diese Interessen ihre eigenen sind, so wird sie auch die Rechtsform behaupten; aber jene sind die wahre innere treibende Kraft, nicht diese.

[...]

Johann Wilhelm Ludwig Gleim
An die britischen Gesandten zu Amiens

Im Dezember 1801

Soll euch nach dem Friedensschlusse,
Nach gegebnem Bruderkusse
Wohl zu Hause sein, so sprecht,
Wie die Pufendorfe sprachen,
Die der Weisheit Bahnen brachen
Für Natur- und Völkerrecht:

Keine Macht muß ihren Willen,
Machtgesetze zu erfüllen,
Machen wollen allgemein.
Alle müssen Einen zwingen,
Den Personen und den Dingen
Gut und allgerecht zu sein.

[...]

Karl Salomo Zachariä
Janus

Einleitung

Die Frage: Soll ein ewiger Krieg oder soll ein ewiger Frieden unter den Völkern herrschen? – verdient in der Tat kaum eine ernsthafte Beantwortung. Denn zweifelt man noch, ob Vernunft oder Willkür, Gesetz oder Zufall, Freiheit oder Naturnotwendigkeit über das Schicksal der Menschen entscheiden soll?

Der Krieg steht in unmittelbarem Widerspruche mit dem Gesetze des Rechts, einem Gesetze, das einem jeden das Seine nur nach dem Rechtsausspruche des Richters zugeteilt wissen will. Der Stand der Natur, in welchem die Völker noch immer gegenseitig stehen, ist ein Zustand der Rechtlosigkeit – fiat iustitia et pereat mundus.

[...]

Jedoch, daß ein ewiger Friede unter den Völkern wünschenswert, daß er selbst moralisch notwendig sei, diesen Beweis wird man uns gern erlassen. Nur die politische Unausführbarkeit dieses Gedankens ist es, die den Menschen gewöhnlich schon an dem ernsthaften Nachdenken über diesen Gegenstand und an dem ernstlichen Willen, planmäßig auf diesen Endzweck hinzuarbeiten, hindert. Aber vergißt er denn, daß ihm nichts unmöglich sein kann, was sich durch freien Entschluß realisieren läßt? Daß die Schwierigkeiten eines Endzwecks nur das Interesse desselben erhöhen? Daß der, welcher nach dem Höchsten strebt, wenigstens eine Menge untergeordneter Vorteile erringen wird? Endlich daß, je weiter die Menschheit fortschreitet, desto weiter das Ziel ihrer Fortschritte gesteckt werden muß?

Der gegenwärtige Versuch soll die Frage beantworten: Was

muß überhaupt, was muß insbesondere jetzt geschehen, um einen ewigen Frieden unter den Völkern zu stiften? [...] So wie der einzelne Mensch wohl tut wenn er in seinem Leben gewisse Tage bestimmt zum Nachdenken über sich selbst, über den Weg, den er zurückgelegt hat und der ihm noch zu machen übrig ist, so sollte auch der Anfang eines neuen Jahrhunderts, den jetzt ein großer Teil der Menschen feiert, als eine Gelegenheit benutzt werden, den Zustand der Nationen in Erwägung zu ziehen. Sollte nach den Wundern, die die Geschichte des achtzehnten Jahrhunderts enthält, dem Menschen noch irgend etwas unmöglich scheinen? Könnte er noch an dem Einflusse der Ideen auf die wirkliche Welt zweifeln? Könnte ihm irgendein Zeitraum in der Geschichte den Wunsch, den Tempel des Janus auf immer zu schließen, dringender ans Herz legen?

Erster Teil
Was muß überhaupt geschehen, um einen ewigen Frieden auf Erden zu stiften?

[...]

Von der Stiftung eines ewigen Friedens durch einen allgemeinen Völkerbund.

Ein Bündnis unter den Völkern zur Erhaltung eines ewigen Friedens kann entweder ein *gleiches* oder ein *ungleiches* Bündnis sein. Im erstern Falle behalten sich die Völker das Recht vor, über die aus dem Vertrage entstehenden Rechte und Verbindlichkeiten ein selbständiges Urteil zu fällen, im letztern unterwerfen sie sich einer Gewalt, d. h. einem Zwange, dem ein Widerstand weder entgegengesetzt werden kann noch darf; mit einem Wort, sie errichten einen Völkerstaat.

I. *Von einem allgemeinen und auf gleiche Bedingungen zu schließenden Friedensvertrage unter den Völkern.*

Der Inhalt eines solchen allgemeinen Friedens- und Sicherheitsvertrages würde, wenn er auf das Vollkommenste seinem Zwecke entsprechen sollte, der sein: die Völker geben sich gegenseitig das Versprechen, eine jede unter ihnen entstehende Streitigkeit auf dem Wege der Güte, z.B. durch gewisse vertragsmäßig bestimmte Vermittler oder Schiedsrichter zu vergleichen, einen jeden gewaltsamen Angriff, der ohne den Weg der Güte zu versuchen oder gegen den getroffenen Vergleich geschieht, sowie eine jede Rechtsverweigerung mit gewaffneter Hand und mit vereinigter Kraft zu ahnden, und treten zu dem Ende in eine gewisse Bundesverfassung, d. h. z. B. sie vereinigen sich über die Haltung eines fortdauernden Völkerkongresses, über die gegenseitigen Rechte der Staaten selbst, über die Art der Hülfsleistung usw.

An der Ausführbarkeit eines solchen Vertrages ist wohl an sich keineswegs zu zweifeln, sobald man ihn nicht gerade auf alle Staaten der Erde erstreckt. Freilich würden neue Schwierigkeiten entstehen, wenn mehrere Verbindungen dieser Art existierten. Allein, sollten sich diese auch vertragsmäßig heben lassen, so leistet doch der ganze Vorschlag gar nicht das, was er zu leisten verspricht. Würde denn am Ende durch einen solchen Bund der Kriegsstand, in welchem jetzt die Völker stehen, aufgehoben werden? – Den Völkern verbleibt ja das Recht, über die aus dem Bunde entstehenden Rechte und Verbindlichkeiten und mithin, da dieser Bund ein Sicherheitsbund überhaupt ist, über alle ihre Rechte und Verbindlichkeiten nach wie vor ein selbständiges Urteil zu fällen. Wie nun, wenn sich der Bund in mehrere Parteien trennt? Wenn der eine Teil, der durch sich selbst oder seinen Anhang mächtig genug ist, den übrigen zu widerstehen, den Ausspruch des erkornen Schiedsrichters für ungerecht hält oder in der Erklärung eines geschlossenen Vertrags von dem anderen Teile abweicht? Oder wenn die Paziszenten dem beeinträchtigten Staate ihre Hülfe verweigern? – Mit einem Worte, wie kann ein Bund einen ewigen Frieden unter den Völkern stiften, bei welchem der Naturstand selbst unangetastet bleibt und eigentlich nur das System des politischen Gleichgewichts in einer rechtlichen Form zum Grunde liegt?
Wenn Kant in einem solchen Bunde einen Definitiv-Artikel des ewigen Friedens findet, so versteht er wohl unter einem solchen Artikel nur die höchste Forderung, die man an die Regierungen, so wie die Menschen einmal sind, machen kann.

II. *Von dem Völkerstaate.*

Die Idee eines Völkerstaates läßt sich schon nach Vernunftgründen fast durchgängig bestimmen. Denn sie ist nichts anders als die Idee des Staates überhaupt, inwiefern die einzelnen Staaten als Glieder desselben betrachtet werden.

Der *Endzweck* des Völkerstaates ist die Handhabung des Rechtsgesetzes in Beziehung auf das gegenseitige Verhältnis der Völker durch eine konstituierte Gewalt. So gewiß durch den Staat der Naturstand unter den Menschen, einzeln betrachtet, aufgehoben wird, so gewiß würden die Völker aus diesem Zustande herausgehen, sobald sie sich in Beziehung auf ihr gegenseitiges Rechtsverhältnis einer einzigen Gewalt unterwerfen wollten, welcher zu widerstehn rechtlich und physisch unmöglich sein müßte.

Die Beherrschungsform eines solchen Staates könnte nach Rechtsgesetzen nur demokratisch, d. h. nur auf das Gesetz der Freiheit und Gleichheit der Völker gegründet sein. Vermöge des erstern Rechtes würde teils die gesetzgebende Gewalt in diesem Staate nur von dem Inbegriffe aller Völker nach der Mehrheit der Stimmen ausgeübt werden, teils aber eine jede Regierung, was die innern Angelegenheiten eines jeden einzelnen Staates beträfe, nur ihrem eigenen Gutbefinden zu folgen befugt sein. Auf dem erstern Prinzipe würde die politische, auf dem letztern die bürgerliche Freiheit der Staaten beruhen. Jedoch würde diese letztere fürs erste insofern eine Einschränkung leiden, als kein Volk Anordnungen treffen dürfte, wodurch die Rechte des andern oder der Fremden überhaupt gekränkt würden, da unter der Voraussetzung eines Völkerstaates alle Völker und alle Menschen als Mitglieder eines einzigen bürgerlichen Gemeinwesens zu betrachten sind; es würde mit andern Worten die Gesetzgebung des Völkerstaates einen Kodex des Völker- und Weltbürgerrechtes zu entwerfen und über die Heiligkeit desselben zu wachen haben. Fürs zweite dürfte auch die Garantie der Verfassung eines jeden einzelnen Staates insofern für den Völkerstaat gehören, als in keinem Falle die Selbständigkeit des Volkes, die Bedingung seines Staatsbürgerrechtes, angetastet werden könnte. Übrigens versteht es sich von selbst, daß der Völkerstaat die Regierungen, als seine Untertanen, zu denjenigen Handlungen und Maßregeln zu nötigen befugt sein würde, ohne welche der Endzweck des erstern nicht erreicht werden könnte. – Durch das andre Recht, das Recht auf Gleichheit, würde einem jeden Staate, sein Umfang oder seine politische Macht möchte sein welche sie wollte, ein gleiches Stimmrecht mit den übrigen, sowie die Gleichheit vor dem Gesetze zugesichert.

Die Rechte der Staatsgewalt in einem solchen Staate würden dieselben sein, die in der Staatsgewalt überhaupt enthalten sind; denn nur der Gegenstand dieser Gewalt, nicht aber die Rechte desselben, verändern sich in diesem Staate. Freilich würden einige Rechte, die der einzelne Staat auszuüben berechtiget und befugt ist, namentlich das Recht des Krieges und des Friedens, wegfallen; aber nur deswegen, weil es an einem Gegenstande desselben fehlte. Andre, z.B. das Recht der Erziehung, die, nach den Grundsätzen eines Völkerstaates, in einem weltbürgerlichen Geiste eingerichtet werden müßte, würden besser durch eine jede einzelne Regierung ausgeübt werden. Wieder andre, z. B. die Kriminalgewalt des Staates, würden einen weit beschränktern Wirkungskreis erhalten. Überhaupt aber würde es eine der schwierigsten Fragen bei der Organisation eines solchen Staates sein, alle diese Rechte mit den Rechten der Staatsgewalt in einem jeden einzelnen Staate in Übereinstimmung zu setzen; eine Schwierigkeit, die man schon aus dem Beispiele einer föderalistischen Staatsverfassung (wie die Verfassung der nordamerikanischen Freistaaten ist) hinlänglich abnehmen kann. Jedoch dürften die Schwierigkeiten der Sache mit der Größe der konföderierten Staaten eher abnehmen als wachsen.

Wenn man diese Idee nach allen ihren Teilen und in allen ihren Folgen mit Aufmerksamkeit überdenkt – und die Regierungen können sich nicht oft genug das Ideal eines vollkommen politischen Zustandes, so wie der einzelne Mensch nicht oft genug das Ideal des Weisen vergegenwärtigen – so dürfte, so überschwenglich auch dieses Ideal zu sein scheint, dennoch die Hoffnung, daß es noch einmal besser mit den Menschen werden könne, das Herz des Menschenfreundes erweitern. Wie herrlich müßte es auf Gottes Erde sein, wenn Friede und allgemeine Freiheit des Handelns und der gegenseitigen Mitteilung die Menschen von allen den Fesseln befreiten, die die Willkür dem emporstrebenden Geiste des Menschen anlegte? Wenn die Regierungen in der ihnen anvertrauten Gewalt nur ein von der gesamten Menschheit ihnen übertragenes Amt erblickten und, von diesem Geiste beseelt, nur als Friedensstifter unter den Menschen erschienen? Wenn die Einheit unsers Geschlechts durch das Band des Staates nur versinnlicht, nur erleichtert und befestiget würde? Und warum sollte diese große Hoffnung nur zu den müßigen Träumen gehören? Zwar auch so hat sie ihren Wert. Aber brauchen die Menschen etwas mehr, um sie zu realisieren, als – zu wollen?

Ein physisches Hindernis steht jedoch allerdings der Ausführbarkeit dieses Planes entgegen: der geographische Umfang der bewohnten Erde. So wie der einzelne Staat seine Grenzen hat, die er nicht überschreiten kann, ohne sich selbst aufzulösen, so würde auch ein Völkerstaat nur auf einen verhältnismäßigen Teil der Erde zu berechnen sein. Diese Schwierigkeit allein würde jedoch keinesweges die Hoffnungen des Weltbürgers vernichten können. Denn vorausgesetzt, daß die Erde unter einige große Völkerstaaten verteilt wäre, so würde die Gerechtigkeit selbst, die das Grundgesetz eines jeden einzelnen wäre, schon die Bestimmung ihres gegenseitigen Verhältnisses leicht finden lassen.

[...]

VII. *Von dem politischen Gleichgewichte.*

Das System des politischen Gleichgewichts, dieses Kleinod der neuen europäischen Politik, beruht auf dem Prinzipe: daß ein Staat dem andern, in Beziehung auf die Masse der Streitkräfte, die ihm zu Gebote stehen, und in Rücksicht auf das Vermögen, einen zweckmäßigen Gebrauch davon zu machen, durchgängig gleich sein soll. – Man sieht daher, daß durch dieses System der Grundsatz der Statik von dem Gleichgewichte der physischen Kräfte auf das gegenseitige Verhältnis der Völker übergetragen wird. So wie Ruhe in der physischen Welt die Folge von jenem Gleichgewichte der Kräfte ist, so hofft man, mit eben dieser Gewißheit Ruhe in der politischen Welt durch die Begründung eines politischen Gleichgewichts unter den Völkern zu stiften.

Und worauf beruht diese Hoffnung? – Es wäre lächerlich, sich auf die Gesetze der Statik berufen zu wollen; obwohl die Erscheinung, daß sich der Mensch mit Analogien hinhalten ließe, nicht befremdend sein könnte. Ebenso wird sich dieses System die Erreichung jenes Zwecks nicht deshalb versprechen, daß es mit der Hoffnung des Siegs die vorzüglichste Triebfeder zum Kriege abschneidet. Denn ein jeder Krieg muß über kurz oder lang das Gleichgewicht der Kräfte aufheben. Sondern auf die Furcht vor einer solchen Störung gründet es eigentlich seine

Hoffnungen. Der Staat, der den Friedenszustand durch eine Rechtsverletzung unterbricht, muß, bei einem vollkommenen Gleichgewicht der Staatskräfte, jederzeit voraussehen, daß der Ausschlag des Kampfes gegen ihn sein werde, wenn er auch nicht schon von dem Gedanken, daß der Ausgang der Sache an sich von dem Zufalle abhänge, zurückgehalten würde. Denn der Teil, welcher sich gegen eine Ungerechtigkeit des andern verteidigt, legt doch allemal die Gerechtigkeit seiner Sache als ein Gewicht in die politische Waagschale, das, wenn alles andre gleich ist, entscheiden muß.

Sollte dieses System in seiner ganzen Vollkommenheit in der Erfahrung dargestellt werden, so dürfte wohl Gleichheit der Staaten in Beziehung auf ihre *innere* Macht die einzige Bedingung desselben sein müssen. Sobald bei der Bestimmung der Kräfte eines Staates auch die Bundesmacht in Anschlag kommt, so wird nicht nur das System des Gleichgewichts unendlich verwickelter, sondern auch einer jeden festen Basis beraubt. Und wenn es daher auch an sich haltbar wäre, so würden sich doch schon aus dieser Bemerkung die Ursachen ergeben, warum der Versuch, diese Idee zu realisieren, in dem neuern Europa so vollständig mißglücken, ja selbst wiederum die Quelle unzähliger Kriege werden müßte.

Allerdings hat dieses System, indem es z. B. die Regierungen zur Nachahmung der auswärts gemachten Verbesserungen aufforderte und die Vorteile der Kultur allgemein verbreitete, mittelbar sehr wohltätige Folgen für die Menschheit gehabt. Allein die Frage ist hier nur die: ob es seinen eigentlichen Zweck zu erreichen tauglich sei oder nicht. – Schon an sich aber, d. h. seinem Prinzipe nach, scheint dieses System auf einer ganz unstatthaften Analogie zu beruhen. Der Grundsatz der Statik von dem Gleichgewicht der physischen Kräfte ist schlechterdings nicht anwendbar auf ein Verhältnis, in welchem die einzelnen Glieder des Verhältnisses unaufhörlich wechseln, in welchem nicht tote, sondern lebendige Kräfte, die, auf einen einzelnen Punkt gerichtet, das Gleichgewicht augenblicklich vernichten können, wirken, in welchem endlich eine jede einzelne Kraft, verstärkt durch die Verbindung mit einer andern, das Moment des Widerstandes, das ihnen eine dritte entgegensetzt, in einem jeden Augenblicke aufheben kann. Mit einem Worte, die Untauglichkeit des politischen Gleichgewichtes läßt sich sogar mathematisch erweisen; und nimmt man hierzu die Schwierigkeiten, die sich der Darstellung dieses Systems in der Erfahrung entgegensetzen, die Unmöglichkeit, Staatskräfte nach Zahlen zu bestimmen, die Rechnungsfehler, zu welchen noch außerdem Herrschsucht und Stolz verleiten, die Vorteile, die auf der andern Seite der angreifende Teil für sich hat, so dürfte man sich leicht das Glück, das dieses System unter den Politikern gemacht hat, nur *daraus* erklären können, daß diese überhaupt den Menschen nach mechanischen Gesetzen zu beurteilen gewohnt sind.

[...]

Zweiter Teil
Was ist bis jetzt in Europa für die Stiftung eines fortdauernden Friedens geschehen?

[...]

Europa teilt sich in eine Menge voneinander unabhängiger Staaten, die in Beziehung auf Macht und Umfang des Gebiets die auffallendste Mannigfaltigkeit zeigen. Die Frage: ob kleine oder große Staaten den Vorzug verdienen? – läßt, nach der Verschiedenheit des Gesichtspunktes, von welchem man ausgeht, mehr als eine Beantwortung zu. Für den Anfang der Kultur dürften kleinere Staatenverbindungen in eben dem Grade vorteilhaft sein, in welchem sie beim Steigen der Kultur dem Fortschreiten zur Vollkommenheit schon wegen des engeren Gesichts- und Wirkungskreises, auf den sie den Menschen beschränken, nachteilig sind. So viel ist aber gewiß, daß, solange dies Mißverhältnis unter den europäischen Staaten dauert, schon deswegen an einen immerwährenden Frieden nicht zu denken sein dürfte, weil dadurch die Hoffnung, sich mit leichter Mühe zu vergrößern, unaufhörlich in den Staaten genährt wird.

Unverkennbar geht jedoch aus der Geschichte des zuletzt verflossenen Jahrhunderts die Tatsache hervor, daß sich die europäischen Staaten immer mehr und immer schneller zu größern Massen runden, so wie in einem Walde die schwächern Stämme von den stärkern nach und nach unterdrückt werden. Die Teilung von Polen, der neueste Friede zwischen dem Kaiser und der französischen Republik liefern Beweise genug für diese Behauptung. Mag man auch noch so sehr an der Rechtmäßigkeit der Mittel, die zu diesem Resultate führten, zweifeln, so verspricht doch das Resultat selbst für die auswärtige Politik die wesentlichsten Vorteile; besonders dann, wenn die neuen politischen Grenzen des Staates mit den natürlichen Grenzen des Gebiets zusammentreffen. Die Teilung von Polen dürfte nicht in diese Klasse der Eroberungen gehören. Zu neuen, für die politische Gestalt von Europa leicht entscheidenden Kriegen dürfte man durch diese Teilung den Samen ausgestreut haben.

Gleichwohl scheint der Versuch, einen Universalstaat in Europa zu stiften, in jedem Falle in der Ausführung scheitern zu müssen. Es gründet sich diese Hoffnung nicht sowohl auf die Geschichte der Vorzeit oder auf die gegenwärtige Eifersucht der Staaten, sondern hauptsächlich auf den Geist der neuern Kriegskunst. Da nach demselben die Grenze, welche die feindseligen Staaten trennt, als eine ununterbrochene Angriffs- und Verteidigungslinie zu betrachten ist, so muß ein jeder Angriff in dem Grade unwürksamer werden, in welchem sich jene Linie vergrößert. Ich bin zu wenig Kenner, als daß ich aus diesem Gesichtspunkte die gegenseitige militärische Lage der europäischen Staaten beurteilen könnte, so interessant auch Aufklärungen über diesen Gegenstand selbst in kosmopolitischer Rücksicht sein würden. Zwei Mächte scheinen jedoch ganz vorzüglich die Ruhe von Europa zu bedrohen: Frankreich und Rußland. Allein der eine Staat hat wegen seiner Verfassung, der andere durch den geographischen Umfang seines Gebiets die Grenzen schon erreicht, die er nicht überschreiten darf, ohne in sich selbst zu zerfallen.

Allerdings berechtigt also der Blick auf die politische Einteilung von Europa zu Hoffnungen für die Zukunft. Nur liegt diese Hoffnung noch in einer blauen Ferne. Der politische Zustand von Teutschland und Italien läßt noch Erschütterungen fürchten, ohne welche die politische Gleichheit der Staaten, diese politisch notwendige Bedingung eines ewigen Friedens, nicht zu bewirken sein dürfte.

Oder haben vielleicht die verschiedenen Staaten unsres Weltteils Verbindungen untereinander geschlossen, wodurch sie ihre gegenseitigen Rechte, ungeachtet jener politischen Ungleichheit, sicherten? Haben sie den Wink benutzt, den die Natur ihnen schon gab und die christliche Religion nur deutlicher ausdrückte? Dieses Band, das die gesamten Staaten Europens zu einem einigen Bunde vereinigen würde, kann entweder eine religiöse oder eine politische Gesellschaft sein, in welche die einzelnen Völker getreten sein müßten. Hier ist zuvörderst vom ersten Fall die Rede.

Die Kirche kann überhaupt in einem dreifachen Verhältnisse zu der auswärtigen Politik der Staaten stehen. – Entweder stiftet sie unter ihnen Frieden, indem sie ihre gegenseitigen Streitigkeiten ausgleicht oder entscheidet, oder sie ist selbst die Ursache des Kriegs, oder sie hat unmittelbar gar keinen Einfluß auf das gegenseitige Rechtsverhältnis der Völker. Im Mittelalter suchte die christliche Kirche die erstere Idee zu realisieren. Allein, so wie sie schon in dieser Periode teils ihren Zweck nur unvollständig erreichte, teils selbst zu Kriegen, deren Zweck Vertilgung oder Bekehrung der Ungläubigen und Abtrünnigen war, aufforderte, so trat in der Folge, als die Einheit dieser Kirche durch die Reformation erschüttert wurde, gerade der entgegengesetzte Fall ein, daß die Religion (im 16ten und 17ten Jahrhundert) eine der Hauptursachen wurde, welche die Ruhe von Europa störten.

Es war daher in politischer Rücksicht ein sehr bedeutender Fortschritt, den Europa in dem 18ten Jahrhunderte tat, daß der Einfluß der Kirche in Beziehung auf Krieg und Frieden immer mehr und mehr neutralisiert wurde. Selbst der nun beendigte Revolutionskrieg, der sich doch ganz besonders zu einem Religionskriege eignete, ist der beste Beweis, daß die Zeit, wo das Kreuz der Kirche Regierungen und Untertanen entflammte, vorbei sei. Eine andere Frage ist es, ob nicht die Gegenwart Gründe an die Hand gibt, die Wiederkehr des einen oder des andern Zustandes vorauszusagen. Die Aufsuchung dieser Gründe will ich jedoch denen überlassen, die von der moralischen Notwendigkeit einer allgemeinen *sichtbaren* Kirche überzeugt sind. [...]

Selbst im Kriege, wie er jetzt unter den Staaten Europens geführt wird, sind die Spuren von einem rechtlichen Verhältnisse, das unter ihnen stillschweigend getroffen wurde, unverkennbar. Auf diesem und keinem andern Grunde beruht das neuere europäische Kriegsrecht, wodurch der Krieg nur in ein Mittel verwandelt werden soll, den Frieden wiederherzustellen. Aus dieser und keiner andern Idee entwickelte sich das System der

Neutralität, ein System, welches allerdings insofern mit dem strengen Rechte streitet, als nach diesem das Recht, dem Feinde zu schaden und ihm mithin eine jede Art der Unterstützung abzuschneiden, ins Unendliche geht; welches aber seinen guten Grund hat, sobald man die Staaten als Mitglieder eines einzigen politischen Gemeinwesens betrachtet und mithin die Rechte der kriegführenden Mächte auf die Bedingungen beschränkt, unter welchen sie mit den Rechten und Verbindlichkeiten der neutralen Staaten in Übereinstimmung stehn. [...]

Endlich ist für die vorliegende Untersuchung noch der Umstand von Wichtigkeit, daß das Weltbürgerrecht (das Fremden-Recht) durch die Gesetze und Verträge der Völker immer mehr und mehr geehrt wird. Denn so, wie dieses Recht unmittelbar und mittelbar ein rechtliches Verhältnis unter den Völkern selbst vorbereiten muß, so ist die Sanktion dieses Rechts auch umgekehrt ein Beweis, daß sich die Staaten schon merklich einem Verhältnisse genähert haben, in welchem mit der gegenseitigen Unabhängigkeit der Staaten auch aller rechtlicher Unterschied zwischen Einheimischen und Fremden wegfallen würde. Freilich fehlt noch viel daran, daß das Weltbürgerrecht allgemein und seinem ganzen Umfange nach von den europäischen Staaten anerkannt wäre. Noch immer gehört eine allgemeine Freiheit des Handelns und des Glaubens zu den frommen Wünschen. Dennoch, wenn man die Gegenwart mit dem Mittelalter vergleicht, wenn man erwägt, daß überall der Fremde unter demselben Schutze der Gesetze steht wie der Einheimische, daß in den meisten Staaten selbst das Staatsbürgerrecht von ihm unter gewissen Bedingungen erworben werden kann, daß das Indigenats-, das Heimfalls-Recht und andere ähnliche Rechte immer mehr und mehr aus den Gesetzbüchern der europäischen Nationen verschwinden, wenn man endlich dem Geiste nachforscht, in welchem die Friedens- und Handelverträge der neuern Zeit verfaßt sind, so eröffnen sich Aussichten, die zu den kühnsten Hoffnungen zu berechtigen scheinen.

Die französische Revolution schien anfangs dieser ganzen Idee eines europäischen Völkerstaates den Untergang zu drohen, und das System der europäischen Politik, das in einem Zeitraume von mehrern Jahrhunderten mit so vielem Aufwande an Menschen und Gelde begründet worden war, ebenso von Grund aus umkehren zu wollen, wie sie die älteste Monarchie in Europa in einen Freistaat verwandelt hatte. So, wie die Anarchie im Innern Frankreichs die Folge dieser Revolution war, so wurden auch dadurch anfangs fast alle die Grundsätze, Einrichtungen und Maximen verdunkelt, welche so lange die Gesetzlosigkeit der auswärtigen Politik wenigstens verschleiert hatten. [...]

Alle diese Folgen, welche die französische Revolution in Beziehung auf die auswärtige Politik hatte, konnten denjenigen nicht befremden, der das System dieser Politik und insbesondere die Gründe, auf welchen die Einheit des europäischen Völkerstaates beruhte, durchschaut hatte. Die Revolution in der auswärtigen Politik, die anfangs durch die französische Staatsveränderung bewirkt wurde, war eine notwendige Folge von den Grundgesetzen des europäischen Völkervereines und der beste Beweis für das Dasein einer solchen Verbindung. Es ist lange noch nicht der Zeitpunkt gekommen, wo man über die bleibenden Folgen, die diese große Begebenheit für die auswärtige Politik haben muß, ein gültiges Urteil fällen kann.

Ein wichtiger Vorteil, den sie in dieser Rücksicht hatte, indem sie die Mängel oder Fehler der bestehenden Politik entschleierte, liegt freilich am Tage. Freilich hat es die Zeitgeschichte so unwidersprechlich bewiesen, als man Erfahrungssätze nur immer beweisen kann, daß das europäische Gleichgewicht auf einem sehr losen Grunde beruhe, daß die Bundesmacht unter allen Arten der Macht die unsicherste sei, daß die Gewalt der öffentlichen Meinung ein ganz besonderes Gewicht in die politische Waagschale lege usw. Freilich eröffnen sich manche bessre Aussichten in die Zukunft, wenn man bemerkt, daß durch die neuesten Friedensschlüsse nicht die ältern Verträge, und mit ihnen nicht eine Menge Ansprüche und Vorbehalte bestätiget werden; daß die französische Republik und die nach ihrem Muster gebildeten Staaten dem Weltbürgerrechte in einem höheren Grade zu huldigen scheinen; daß diese Republik mit ihren Töchtern einen Bund bildet, von welchem sie der Mittelpunkt ist, einen Bund, welcher entweder sich zu vergrößern droht oder die übrigen Staaten zu ähnlichen Verbindungen auffordert; daß schon jetzt die auswärtige Politik mehr als eine Sache der Völker, denn als eine Privatangelegenheit der Regierung betrachtet wird; daß die Neutralität im Kriege in ihre alten Rechte zu treten sucht; daß das Recht der Staaten, ihre innere Verfassung willkürlich einzurichten, eine neue Bestätigung durch die Begebenheiten des Tages erhalten hat.

Aber immer sind und bleiben doch drei Hauptstützen der bisherigen Politik umgestürzt: das Ansehn des Herkommens, die Gleichheit der europäischen Verfassungen und das System eines angeblichen politischen Gleichgewichts von Europa. Noch immer stehn die neugeschaffenen Republiken in mehr als einer Rücksicht allein und getrennt von den übrigen Staaten. Daß jetzt Frankreich einen Oberkonsul hat, ist zwar schon ein großer Schritt zur gegenseitigen Annäherung; aber noch immer entdeckt sich dem aufmerksamen Beobachter eine Gärung, deren Resultat wohl erst die folgenden Generationen erleben werden. [...]

Dritter Teil
Was muß bei dieser Lage der Dinge geschehen, um die Wirklichkeit jenem Ideale zu nähern?

Die einzig mögliche, die einzig rechtmäßige Bedingung, unter welcher ein ewiger Friede unter den Völkern gestiftet werden kann, ist die Gründung eines Völkerstaates. Betrachtet man aber die gegenwärtige Lage von Europa, inwiefern dadurch die Darstellbarkeit dieser Idee begünstigt wird oder nicht, so würde es Torheit sein, wenn man schon jetzt an die Möglichkeit eines Völkerstaates denken oder auch nur politische Maximen, welche unmittelbar auf diesen Zweck berechnet wären, aufstellen wollte. Sondern das Äußerste, was sich bei dieser Lage der Dinge als ausführbar annehmen läßt, ist das Analogon eines Völkerstaates, d. h. eine durch das politische Gleichgewicht gesicherte Vereinigung der europäischen Mächte nach Rechtsgesetzen. Man ahne in dieser Behauptung nicht einen Widerspruch mit dem, was in dem ersten Abschnitte gesagt worden ist. Das politische Gleichgewicht, für das ich mich in jenem Satze erkläre, soll nicht für sich die Basis des Friedenszustandes von Europa sein, sondern es soll nur dadurch unter der Voraussetzung, daß sich die europäischen Staaten für ihre gegenseitigen

Rechte und unter allgemeinen Gesetzen vereinigten, eine Art von exekutiver Gewalt in diesem Völkerbunde begründet werden. Durch diese Beziehung, in welche hiermit das politische Gleichgewicht gesetzt wird, scheint es allen den Einwürfen zu entgehn, die oben dagegen gemacht wurden. Diesem Zwecke untergeordnet, könnte es der Ruhe von Europa um so weniger gefährlich sein, je weniger zu diesem Ende gerade eine mathematische Gleichheit der Staatskräfte erfordert wird. Es ist genug, wenn nur der Wille der Majorität den Frieden gebietet. [...]

Wir machen jetzt den Versuch, die Vollkommenheit der Staatsverfassung aus dem Gesichtspunkte des Völkerrechts zu bestimmen; mithin sowohl die Art, wie der Staat organisiert sein muß, als auch die Art, wie die Regierung zu verwalten ist, nach diesem Prinzipe festzusetzen. [...]

Erster Abschnitt

Erster Artikel.

Die Verfassung des Staates muß so organisiert sein, daß sie für die friedlichen Gesinnungen der Regierung Bürgschaft leistet.

Die Verfassung eines Staates kann überhaupt auf eine doppelte Art für die Handlungsweise der Regierung Sicherheit leisten: entweder indem sie die Staatsgewalt, so viel an ihr ist, nur dem Würdigsten anvertraut, oder indem sie eine Opposition begründet, die der Regierung, wenn sie gegen den wahren Vorteil des Staates handeln wollte, in den Weg tritt.

Die erstere Art der Gewährleistung scheint allerdings die vorzüglichere zu sein. Stünden nur vollkommene Menschen an der Spitze der Staaten, so würde, um auf die vorliegende Aufgabe Rücksicht zu nehmen, ganz ohnfehlbar ein ununterbrochener Friede unter den Völkern herrschen. Jedoch, da es mit der Vollkommenheit der Menschen überhaupt so mißlich aussieht, da insbesondere eine jede dem Menschen anvertraute Gewalt der Moralität so leicht gefährlich wird, endlich, da die Konstitution allein für die zweckmäßige Besetzung der öffentlichen Ämter doch nur sehr wenig tun kann: so ist es kein Wunder, wenn die Politiker weit mehr Vertrauen in die andere Art der Gewährleistung setzen. Allemal wird jedoch z. B. die Auswahl, die der Staat bei Besetzung seiner Gesandtschaften trifft, von nicht geringer Wichtigkeit für das gegenseitige Verhältnis der Völker sein.

Der Gedanke aber, die Regierung durch eine Opposition auf dem rechten Wege zu erhalten, mußte sich den Staatskünstlern um so eher darbieten, da ja die Einheit des ganzen Weltsystems im Großen und im Kleinen, und ebenso die politische Möglichkeit des Staates auf keinem andern Grunde als dem Gleichgewicht entgegengesetzter Kräfte beruht. So wie dieses die Sterne in ihren Bahnen, die organische Natur in ihrem Wachstume, die menschliche Gesellschaft in dem Kreise der Humanität erhält, so läßt sich analogisch nur dann von der Regierung die Beförderung des öffentlichen Wohls erwarten, wenn die Verfassung den Widerstreit, durch welchen sich die Begierden und Leidenschaften der Menschen gegenseitig entkräften – einen Kampf, den der Egoismus in einem jeden gesellschaftlichen Verhältnisse zwischen dem einen und dem andern Teile entzündet – zum Besten des Ganzen benutzte. Und wenn anders die Mathematik, in Beziehung auf die Gewißheit ihrer Sätze, die erste unter den Wissenschaften ist, so scheint eine solche Organisation der Staatsverfassung auch aus dem Grunde den Vorzug zu verdienen, weil sie gewissermaßen die Staatswissenschaft zu einem Teile der angewendeten Mathematik erhebt.

Diese Opposition kann nun überhaupt von doppelter Art sein. Entweder tritt sie ein zwischen der Regierung und den Untertanen oder zwischen den verschiedenen Teilhabern der Staatsgewalt. Die erstere Art der Opposition findet sich bei einem jeden Staate und bei einer jeden möglichen Verfassung (man müßte etwan die reine Demokratie ausnehmen, wo das Volk Souverän und Regent zugleich ist, die aber eben deswegen auf einen Widerspruch hinausläuft). Denn die Regierung verlangt Gehorsam, und niemand mag gern gehorchen. Die andere Art der Opposition aber entsteht allererst durch die Verfassung selbst, indem sie die Ausübung der Staatsgewalt verschiedenen Personen anvertraut. [...]

Vergleicht man nun die verschiedenen möglichen Verfassungen, inwiefern durch die Opposition, die im Staate herrscht, für die friedlichen Gesinnungen der Regierung Bürgschaft geleistet wird, so kann man als Maßstab für diese Vergleichung den Grundsatz aufstellen: Eine Regierung wird in dem Grade friedlicher sein, in welchem sie teils von dem Volke abhängiger, teils von dem Einflusse der exekutiven Gewalt unabhängiger ist. Denn das Volk ist bei dem Kriege der leidende und die exekutive Gewalt der gewinnende Teil. Sobald also nicht besondere Umstände eintreten, so muß das Volk friedlich, die exekutive Gewalt aber kriegerisch gesinnt sein.

Wir prüfen jetzt die verschiedenen möglichen Staatsformen nach diesem Prinzipe, d.h. die Monarchie, die Aristokratie und die Demokratie. Die gemischten Beherrschungsformen können hier um so mehr übergangen werden, da sie schon gegen die [...] Regel, daß in keinem Staate mehr als ein Souverän sein darf, verstoßen; so sehr man auch diese Verfassungen, eben aus dem Gesichtspunkte des einen politischen Gleichgewichts, gepriesen hat. – Also erstens: Die Monarchie entspricht allerdings in einem gewissen Grade jenem Grundsatze. Da in dieser Verfassung der Souverän nur ein einzelner Mensch ist, da er eben aus diesem Grunde teils zur Vollziehung seines Willens der Hülfe anderer bedarf, teils das physische Übergewicht, das die Masse des Volkes über ihn, bloß als Individuum betrachtet, hat, fürchten muß, so kann man annehmen, daß die Stimme des Volkes einen sehr bedeutenden Einfluß auf seine Entschließungen haben werde. Jedoch wenn man auf der andern Seite erwägt, daß die vollziehende Gewalt in dieser Verfassung wenigstens keinen konstitutionellen Grenzen unterworfen ist, wenn man bedenkt, wie viele Mittel dem Monarchen zu Gebote stehen, seinen Willen zum Gesetze zu machen, wenn man endlich, nach der gewöhnlichen Handlungsweise des einzelnen Menschen, auch das von dem Monarchen zu erwartende Verfahren beurteilen darf, so wird die Hoffnung zum Frieden, inwiefern sie auf die monarchische Verfassung gegründet werden soll, wenigstens sehr unsicher. – Zweitens: Die Aristokratie scheint in dieser Rücksicht den Vorzug vor der Monarchie zu verdienen. Nicht als wenn sie die Stimme des Volks in einem höhern Grade achtete, sondern weil sie, eifersüchtiger auf ihre Gewalt, den Krieg als eine Gelegenheit fürchten muß, die entweder das Volk oder eins ihrer Mitglieder selbst zur Vernichtung einer Verfassung benutzen könnte, die schon, weil sie zu vielen und doch auch zu wenigen einen Anteil an der höchsten Gewalt einräumt, ohnmächtiger als jede andre ist. Allein, sie verfällt dadurch in den entgegengesetzten Fehler. Ohnmächtig gegen auswärtige Feinde, im Innern von Mißvergnügten umgeben, reizt die Aristokratie nur durch ihre Schwäche die mächtigern Staaten zum Angriffe. – Desto besser scheint drittens: Die repräsentative Demokratie, wenn sie zugleich republikanisch organisiert ist, dem Zwecke des Völkerrechtes zu entsprechen. Die friedliche Stimme des Volkes muß am entscheidendsten in einer Verfassung sein, in welcher die öffentlichen Beamten eine Gewalt, die sie der Wahl des Volkes verdanken, nicht ohne Gefahr für die Fortdauer dieser Gewalt gegen die öffentliche Meinung ausüben würden. [...]

Zweiter Artikel.

Die Regierung darf nicht durch die Beschaffenheit der physischen Macht, die ihr zu Gebote steht, von dem Volke unabhängig gemacht werden.

Da es der Klugheit gemäß ist, sich weniger auf den guten Willen der Menschen als auf das Gesetz der Not zu verlassen, da der Regierung doch allemal, insbesondre im Kriege selbst, eine Menge Mittel zu Gebote stehn, sich von dem Volke unabhängig zu machen, so fragt sich's, ob nicht die Regierung durch die Beschaffenheit der Macht, die ihr anvertraut wird, gleichsam gezwungen werden kann, die Stimme des Friedens zu ehren.

Die innere Macht des Staates war entweder eine Macht der Meinungen oder eine Geld- oder eine Heeresmacht. Soll nun *erstens* die Macht der Meinungen der Regierung die Notwendigkeit auflegen, den Krieg möglichst zu vermeiden, so muß *Aufklärung* der Charakter der öffentlichen Meinung sein. Ich verstehe unter der Aufklärung die Selbständigkeit der praktischen Urteilskraft. Ich nenne ein Volk in politischer Rücksicht aufgeklärt, wenn es seinen wahren Vorteil, die Natur seiner Verfassung, die äußere und innere Lage des Staates teils kennt, teils nach allgemeinen Grundsätzen beurteilt, und wenn es nach dieser Kenntnis und nach diesen Grundsätzen die Schritte der Regierung vor seinen Richterstuhl zieht. [...]

Zweitens. Es läßt sich vielleicht nicht entscheiden, ob die öffentlichen Abgaben der politischen Freiheit nicht in eben dem

Grade vorteilhaft gewesen sind, in welchem sie die bürgerliche Freiheit beschränkt haben. Wenigstens ist so viel gewiß, daß dadurch die Regierung jederzeit von dem Volke mehr oder weniger politisch abhängig gemacht wird; daß die Entwicklung der Staatsverfassung eben aus diesem Grunde jederzeit in einer unmittelbaren Verbindung mit der Geschichte der Steuerverfassung steht; daß die öffentlichen Abgaben zu denjenigen Punkten gehören, mit welchen der Staat am unmittelbarsten in das Interesse der einzelnen eingreift. Allein diese Abhängigkeit, in welche die Regierung durch das Geldbedürfnis versetzt wurde, hörte von dem Augenblicke an in Europa zu einem großen Teile auf, als das System des Staatskredits der Regierung ein Mittel in die Hände gab, sich, ohne das Volk mit neuen Abgaben merklich zu belasten, eine Geldmacht zu verschaffen, die schon ihres nicht zu berechnenden Umfanges wegen die Ruhe von Europa unaufhörlich bedrohen mußte. Soll daher diese Ruhe auch auf diesem Wege gesichert werden, so ist die *Beschränkung des Staatskredits* eine notwendige Aufgabe der Politik. [...]

Endlich *drittens*: So wie ein Heer die unmittelbarste Bedingung der Kriegsmacht ist, so entscheidet auch die Art, wie die Armee organisiert ist, und die Lage der Kriegskunst überhaupt ganz besonders über den äußern Friedens-Zustand. Die ganze Geschichte des gegenseitigen Verhältnisses der Völker läßt sich beinahe an die Geschichte dieser Kunst reihen. Ja auch in der innern Staatsgeschichte machen die Veränderungen Epoche, die mit der Kriegsverfassung und ihrer Gehülfin, der Steuerverfassung, vorgingen. Mehr als durch alle anderen Mittel kann daher die Regierung an das Interesse des Volkes dadurch gebunden werden, wenn ihr nur eine *National-Armee* zu Gebote steht, d.h. eine Armee, die aus allen Mitgliedern der Nation, und nur aus diesen zusammengesetzt ist. – Es sollte also der Regierung schlechterdings verboten sein, fremde Truppen in Sold zu nehmen. Ohnehin ist der Kriegsdienst, so wie er ausschließend die Pflicht der Staatsbürger ist, ebenso als ein ausschließendes Recht derselben zu betrachten. Ohnehin kann der Staat ganz anders auf eine Armee rechnen, die nur aus Inklination besteht. Aber außerdem wird ein solches Heer schon wegen des Geistes, der es beseelt, nur als ein Schwert der Gerechtigkeit gebraucht werden können. [...]

Dritter Artikel.

Der Geist, in welchem der Staat beherrscht wird, muß ein Geist der Liberalität sein.

Eine Regierung handelt im allgemeinen in einem liberalen Geiste, wenn Achtung für die Freiheit des einzelnen das Prinzip ihrer Politik ist. Daß eine solche Handlungsweise zugleich nicht ohne Einfluß auf die auswärtige Politik sein werde, brauche ich um so weniger zu erinnern, da diese fast immer ein treues Bild von der innern Politik der Regierung selbst zu sein pflegt. Und wie wäre es anders möglich, da es dieselben Menschen sind, welche auf dem einen und auf dem andern Schauplatze handeln, da es ein und ebenderselbe Zweck ist, welchen die Regierung in dem einen und in dem andern Falle verfolgt.

Insbesondere aber verstehe ich in dem vorliegenden Falle unter einer liberalen Regierungsart eine Politik, die den gegenseitigen Verkehr der Menschen mit keinen andern Fesseln belastet als mit solchen, die die Sicherheit dieses Verkehrs selbst erfordert. Nun beruht der gegenseitige Verkehr der Menschen teils auf der Möglichkeit, sich einander gegenseitig an einem bestimmten Orte zu nähern, teils auf dem Tausche der Gedanken oder Waren. Wenn daher von der Regierung in diesem Sinne eine liberale Handlungsweise erfordert wird, wenn diese Maxime insbesondre zum Behufe der auswärtigen Politik aufgestellt wird, so ist es *die Freiheit der Ein- und Auswanderung, die Denkfreiheit und die Freiheit des Handels und der* Gewerbe, welche nach diesem Grundsatze von der Regierung Fremden und Einheimischen auf gleiche Weise gewährt werden muß. – Ich will nicht die Vorteile auseinandersetzen, die eine solche Politik für das auswärtige Verhältnis des Staates haben würde. [...]

Zweiter Abschnitt

[...] Erster Artikel.

Die Verträge, die ein Volk mit dem andern nicht bloß über Privatverhältnisse schließt, müssen so beschaffen sein, daß sie zu allgemeinen Gesetzen für alle Völker dienen können.

[...]

Was also *erstens* die *Form* der zu schließenden Verträge betrifft, so muß die erste Eigenschaft derselben *Einfachheit* sein. Geradeso wie es der größte Fehler der Gesetzgebung ist, wenn sie eine Menge einzelner Fälle entscheidet, anstatt wenige, aber allgemeine Grundsätze zu enthalten, wonach alle vorkommenden Fälle überhaupt entschieden werden könnten, ebenso ist es in dem höchsten Grade nachteilig, wenn die Völkerverträge bloß eine Streitfrage des Augenblicks beseitigen, anstatt durch allgemeine Grundsätze auch für die Zukunft einem jeden ähnlichen Streite vorzubeugen. Wozu hat denn der Mensch die Vernunft, wenn er nicht das Besondere durch das Allgemeine bestimmen, wenn er sich nur an der Hand der Erfahrung gängeln lassen will? – Die Verträge, die ein Volk mit einem andern schließt, sollten ferner soviel als möglich *vollständig* sein, d. h. es sollten dadurch alle die rechtlichen Verhältnisse bestimmt werden, welche auch immer unter ihnen eintreten könnten. [...] – Endlich muß ein Vertrag auch *bestimmt* und *deutlich* abgefaßt sein, wenn er der obigen Forderung entsprechen soll. Es ist bedenklich, diesen oder jenen wesentlichen Punkt des Vertrags zu weiterer Erörterung auszusetzen. Es ist schlechterdings verwerflich, wenn unbestimmte Klauseln oder Vorbehalte in den Vertrag aufgenommen werden. [...]

Betrachtet man *zweitens* den *Inhalt* der zu schließenden Verträge, so muß dieser überhaupt *die Grundsätze des Völker- und Weltbürgerrechts wiederholen und auf die wirkliche Welt anwenden.* Die Grundsätze jener Wissenschaften auf der einen und der gegenwärtige Zustand von Europa, bezogen auf jene Grundsätze, auf der andern Seite sind daher die Normen, nach welchen sich der Politiker bei der Unterhandlung solcher Verträge zu richten hat. [...]

Zweiter Artikel.

Die gegenseitigen Unterhandlungen der europäischen Mächte sind so einzurichten, daß durch die Art, wie diese Unterhandlungen gepflogen werden, der allgemeine Ruhestand von Europa zum Zwecke derselben gemacht wird.

[...]

Fürs erste [...] dürfte die Unterhandlungsart durch *Gesandte* einer jeden andern vorzuziehen sein. In den neuern Zeiten scheint zwar eine unmittelbare Korrespondenz zwischen dem einen Kabinett und dem andern oder zwischen den Regenten selbst immer gewöhnlicher zu werden. Allein zu geschweigen, daß man bei dieser Methode den Vorteil mündlicher Verhandlungen entbehrt, daß das Privatinteresse der Regierungen, die individuelle Stimmung des Regenten in dem Grade einen größern Einfluß auf den Gang der Unterhandlungen haben muß, in welchem der Instanzen dabei weniger werden, und daß eben die Vervielfältigung der Instanzen eine der vorzüglichsten politischen Erfindungen ist, um das Privatinteresse der handelnden Personen bei einer jeden öffentlichen Angelegenheit zu neutralisieren – so ist der Umstand gegen diese und für die andere Art der Unterhandlung entscheidend, daß die letztere eine Hauptbedingung ist, unter welcher eine jede einzelne Unterhandlung zur Wissenschaft aller andern Völker gelangen und zu einer gemeinsamen Angelegenheit des europäischen Völkerstaates gemacht werden kann. [...]

Die Verbindung, die also durch Gesandte (die Beamten des Völkerstaates) unter den europäischen Mächten erhalten werden soll, muß zweitens eine *fortdauernde*, eine *allgemeine* und *gegenseitige* Verbindung sein. [...]

Drittens: Der obige Friedensartikel kann daher zugleich als *ein Prinzip des Gesandtschaftsrechtes* betrachtet werden. Eine jede Regierung muß dem Abgeordneten der andern alle die Rechte zugestehn, die dem kosmopolitischen Zwecke der Unterhandlungen entsprechen. Die Exterrialität der Gesandten beruht z.B. auf diesem Prinzipe. Die Handlungsweise eines Gesandten würde durch Privatrücksichten zweideutig gemacht werden, wenn er einer andern Gewalt als der Gewalt seines Kommittenten unterworfen wird.

Endlich viertens: Alle Unterhandlungen sollten öffentlich sein, d.h. wenigstens zur Kenntnis aller europäischen Regierungen gelangen, sollten diese auch nicht insgesamt unmittelbar dabei interessiert sein. [...]

Dritter Artikel.
Alle offensiven und defensiven Allianzen sollen unter den europäischen Mächten wegfallen.

So wie durch die ersten beiden Friedensartikel eine Art von gesetzgebender und richterlicher Gewalt in dem europäischen Völkerstaate aufgestellt wurde, so sollte jetzt dieser Staat durch die Begründung einer exekutiven Gewalt gleichsam geschlossen werden. [...]

Man wundere sich übrigens nicht, daß hier kein Unterschied zwischen Offensiv- und [...] Defensivbündnissen gemacht worden ist. Beide sind in der Tat nur dem Namen nach unterschieden, da die Paziszenten, wenn es in Frage kommt, ob ein Krieg ein Angriffs- oder Verteidigungskrieg, gerecht oder ungerecht sei, nur ihrem eigenen Urteile zu folgen befugt sind. Im Stande der Natur ist eigentlich ein jeder Krieg äußerlich gerecht, denn am Ende ist dieser Stand selbst eine hinlängliche Ursache; den Krieg zu rechtfertigen. [...]

Schluß

Es ist sehr unrecht, daß man die politische Vorhersagungskunst in einen so üblen Ruf gebracht hat. Setzt nicht am Ende eine jede politische Maßregel, die der Staat oder der einzelne Mensch ergreift, einen Blick in die Zukunft voraus? Liegt nicht in einem jeden Menschen der Hang, den Schleier zu lüften, der die Zukunft unsern Augen verbirgt? Freilich kann ich mir die Scham, diesen Hang zu gestehen, daraus sehr wohl erklären, daß der Mensch, selbst der bessere, sogar Ahnungen nicht verschmäht, um einen Blick in die Zukunft zu tun. Freilich wird der Seher in vielen, ja in den meisten Fällen irren. Aber liegt nicht der Grund zu diesen Irrtümern mehr in der Methode der Untersuchung, als in der Sache selbst? Sollte man sich nicht darauf beschränken, unter allen möglichen Fällen den wahrscheinlichsten zu entdecken; oder auch nur Fragen aufzustellen, um den Blick in die Zukunft zu schärfen? Oder darf man wegen der Schwierigkeiten der Sache dieses so interessante Spiel des menschlichen Geistes ganz aufgeben? Wie weit sind wir noch zurück in der Untersuchung der allgemeinen Gesetze, unter welchen doch gewiß die Begebenheiten stehn.

*Friedenslied***

Nach der Melodie:
Freude, schöner Götterfunken.

Freunde! himmlisch sind die Gaben,
Die der Liebe Hand gewährt;
Der wird nimmer Freude haben,
Welcher Haß im Busen nährt.
Fühlt, wie wir uns liebend freuen,
Wie der große Geist uns liebt!
Preiset ihn, den immer Treuen,
Der uns Heil und Liebe gibt.

Chor: Großes Heil hat er gegeben.
Preist ihn, Brüder, überall
Mit des Liedes Jubelschall,
Mit der Rührung stummem Beben.

Ach, ihr kennt die neue Sonne,
Die den Erdkreis überscheint,
Kennt des Wortes süße Wonne,
Das die Streitenden vereint.
Aus der Freiheit Schwesterlande:
Friede! schallt es, Fried und Ruh!
Von des Niles blut'gem Strande
Rufet Echo: Friede! zu.

Chor: Friede, Friede! Herz, erhebe,
Jauchzend hebe dich empor!
Ruft im großen Völkerchor:
Friede, goldner Friede, lebe!

Menschheit! Tief warst du gefallen,
Wild dein Auge, starr dein Herz.
Mag vergangne Schuld verhallen,
Sanft verbluten langer Schmerz!
Seht, das Toben hat geendet,
Gott hat Maß und Ziel gewußt.
Wärmer nach dem Streite wendet
Sich, versöhnet, Brust zu Brust!

Chor: Milde denen, die verwegen
Eitlem Wahne sich vertraut!
Euch, die mutig ihn durchschaut,
Friedensstifter, Gottes Segen!

Friede allen Nationen!
Inn're Ruhe, Sicherheit!
Bürger-Achtung auf den Thronen!
In den Hütten Dankbarkeit!
Nicht mehr Streit um Meereswogen!
Nicht mehr Haß um andern Sinn!
Volk von Volk nicht mehr betrogen!
Menschenliebe Königin!

Chor: Daß das Reich der Eintracht komme!
Eins sei, was den Staub bewohnt!
Edle Tat schon hier belohnt!
Und die Falschheit nicht mehr fromme!

Friede, Friede jedem Herzen,
Kämpfend mit der Leidenschaft!
Friede, Friede stillen Schmerzen,
Und zum Dulden hohe Kraft!
Fried' im großen Geisterbunde!
Eine Wahrheit, eine Pflicht!
Friede, Fried' in dieser Stunde!
Friede, wenn das Auge bricht!

Chor: Daß er mild herniederschwebe,
Leite segnend uns zu dir,
Großer Vater! rufen wir:
Friede, goldner Friede, lebe!

Johannes Tobler
Stimme des Friedens

Ich wollte, es wäre dem Zwist und den Fehden dadurch ein Ende zu machen, daß alles nach der Gerechtigkeit entschieden würde. Wer wollte nicht am liebsten sehen, daß die gerechte Sache den Sieg erhielte? Aber der Ausfindigmacher dieser gerechten Sache wird fast immer schwerer, je länger man zumal in Staatsuneinigkeiten, bei republikanischen Irrungen nach ihr gesucht, auch mitunter gestritten und gezankt hat. Wie leicht dürft' es da der Fall sein, daß man die Rechtsgründe unter anderm im Dunkeln des Altertums finden sollte, wo das Dunkel zu dicht wäre! – Und dann geht es mit der Gnosis des Rechtes wie mit der Philosophie- und Religionsgnosis! Einsicht – wahre, noch mehr die geglaubte – ist mit Stolz verbunden, wird mit Stolz gesucht und gefunden. Möchte doch etwa davon abstrahiert und dafür das Billige und das Gütige zur Hand genommen, vorgezogen, mit diesem ein Versuch gemacht werden! – Wenn man doch begriffe, auch wohl gestünde, man könne mit der Rechtsbehauptung keine Endschaft erreichen, sei schon zu weit auseinander. Viele sind wohl eher bereits im Begriff, ihr einseitig ausgemachtes Recht mit Gewalt oder dem Degen in der Faust durchzusetzen. Ich schlage *Güte* vor. Die Gegenpartei das allzuliebe Recht [...], und ich nochmals Güte.

Denn das Menschenherz öffnet sich ja zuweilen der Güte, und dann gibts Friede. Mit dem Degen in der Hand könnte man zuletzt sich aufreiben, aber mit der Güte nicht. Das Erlassen, das Nachgeben, die Milde – ist sie denn allemal so ganz einfältig, nicht wenigstens oft so edel als das Rechthaben?

Wo Partei- und wohl gar Fraktionsgeist Platz gefaßt hat, da ist's unklug und unduldsam, wenn die eine die andre auf Gottesfurcht verweist. Heutzutage hat das freie Denken zu weit um sich gegriffen, als daß man einem Gegner das *Fürchten* vor Gott mit Erfolg anmuten könnte. Die Philosophie, das reinere Christentum will immer zur Gottes- oder Menschenliebe, oder besser zu beiden sich neigen oder hinweisen lassen; wer den andern Gott nur fürchten heißt, der fürchte selbst ihn zuerst.

Wie häufig wollen die warmen Verfechter der Religion das Religiöse bei andern erzwingen! – Wollen dies *Freiwilligste* erzwingen! So freiwillig war gewiß der Glaube des verflossenen Jahrhunderts nicht, wie der des neuen sein wird. Die Jugend des letztern wird sich dem Gebieterton allgemeiner und stärker widersetzen, aber der Herzensstimme folgsamer als ehedem werden. Das ist so gewahrsagt; aber wer das Gegenteil behaupten will, wird etwas sehr Trauriges auch nur im Künftigen vorauszusehen sich anmaßen.

Da geht ein getaufter, auf's Christentum unterwiesener oder auf Menschenrecht und Menschlichkeit Anspruch machender Mensch daher; er trägt einen Degen, eine Flinte, ein Bajonett, vielleicht noch ein Brustblatt, eine Pistole, etwas Helmartiges auf dem Kopfe. Den Degen (Säbel) hat er, um damit einem Menschen die Klinge in den Leib zu stecken, wenigstens dazu gefaßt und bereit zu sein. Die Flinte hat er (nicht ohne manche Patrone), um dem Gegner eine Kugel vor den Kopf oder die Brust zu schießen, damit er elend oder tot werde. Das Bajonett hat er stilettmäßig zu ähnlichem Gebrauch. Für irgendeine Handwerkerverrichtung oder Feldarbeit oder Kunstarbeit hat er – nichts bei sich. Und wir sehen ihn als eine fast natürliche, sehr gewöhnliche Erscheinung an; sie macht uns weder weinen noch lachen. – Wohin ist's mit der Menschheit gediehen! [...]

Wäre es nicht am geratensten, man hielte den Krieg überhaupt für unerlaubt, mithin schmählich für alle, die sich dazu entschließen? Wenn sich auch zuletzt eine sehr seltene Ausnahme bei einem Verteidigungskriege finden läßt – es bleibt doch wahr: Man kann allemal mit sehr scheinbaren, wirklich erheblichen Gründen jeden angehenden Krieg zum bloßen Verteidigungskrieg machen, und so muß das Kriegführen immerfort in der armen Welt bleiben. [...] Oder wie? Du arme Menschheit: Hast du wirklich den Krieg auch in der Zukunft nötig? [...]

Friedrich Schiller
*An****

Edler Freund! Wo öffnet sich dem Frieden,
  Wo der Freiheit sich ein Zufluchtsort?
Das Jahrhundert ist im Sturm geschieden,
  Und das neue öffnet sich mit Mord.

Und die Grenzen aller Länder wanken,
  Und die alten Formen stürzen ein,
Nicht das Weltmeer setzt der Kriegswut Schranken,
  Nicht der Nilgott und der alte Rhein.

Zwo gewalt'ge Nationen ringen
  Um der Welt alleinigen Besitz,
Aller Länder Freiheit zu verschlingen,
  Schwingen sie den Dreizack und den Blitz.

Gold muß ihnen jede Landschaft wägen,
  Und wie Brennus in der rohen Zeit
Legt der Franke seinen ehrnen Degen
  In die Waage der Gerechtigkeit.

Seine Handelsflotten streckt der Brite
  Gierig wie Polypenarme aus,
Und das Reich der freien Amphitrite
  Will er schließen wie sein eignes Haus.

Zu des Südpols nie erblickten Sternen
  Dringt sein rastlos ungehemmter Lauf,
Alle Inseln spürt er, alle fernen
  Küsten – nur das Paradies nicht auf.

Ach umsonst auf allen Länderkarten
  Spähst du nach dem seligen Gebiet,
Wo der Freiheit ewig grüner Garten,
  Wo der Menschheit schöne Jugend blüht.

Endlos liegt die Welt vor deinen Blicken,
  Und die Schiffahrt selbst ermißt sie kaum,
Doch auf ihrem unermeßnem Rücken
  Ist für zehen Glückliche nicht Raum.

In des Herzens heilig stille Räume
  Mußt du fliehen aus des Lebens Drang,
Freiheit ist nur in dem Reich der Träume,
  Und das Schöne blüht nur im Gesang.

1803

Jakob Fries
Die Gesetzgebung im Staatenverein

Ein Staatenverein, Völkerstaat oder Völkerbund ist eben das für einzelne Staaten als moralische Personen, was der Staat für einzelne Menschen ist, eine Verbindung zur Einführung des Rechtsgesetzes in die gesellschaftlichen Verhältnisse der Völker oder Staaten.

Wir können die Rechtsgesetzgebung für einen Staatenverein entweder nur in Beziehung auf einzelne Staaten im *Völkerrechte* oder in Beziehung auf alle Völker der Erde im *Weltbürgerrechte* betrachten. Die Lösung dieser Aufgabe ist von rechtswegen ebenso notwendig als die der Gesetzgebung für den Staat; ja die letztere Gesetzgebung selbst kann eigentlich erst dann fest und vollständig werden, wenn eine weltbürgerliche Staatenvereinigung eingeleitet ist. Die natürliche Gemeinschaft der Staaten durch Gewalt gibt den *Kriegszustand* derselben; dieser allgemeine Aufwand von Kraft des einen gegen den andern verursacht aber den einzelnen Staaten einen solchen Aufwand, daß keiner seiner Bürger im ruhigen Besitze des ihm zugeteilten Eigentums bleiben kann, und macht es unmöglich, den einzelnen Staat ohne alle despotische Eigengewalt der Regierung zu beherrschen. Außerdem könnte nur dann eine wirkliche peremptorische Verteilung des Eigentums stattfinden, wenn jedes Volk sich auch mit allen andern abgefunden hätte, und nicht durch Plünderungen der Besitz des einen gewalttätig vermindert, der des andern vermehrt würde.

Die bisherigen Versuche zu Völkerstaaten in der Geschichte zeigen alle, außer den barbarischen Unterjochungen mehrerer Völker unter die Despotie einer Republik (z. B. bei Karthagern und Römern), eine demokratische Verfassung, welche entweder durch Repräsentation eine öffentliche Macht zur Verteidigung regiert, oder sich ohne solche Macht bloß darauf beschränkt, durch gütliche Ausgleichungen, so lange es gehen will, den Krieg zu vermeiden.

Von der letzten Art sind die Verbindungen der griechischen Staaten, der Schweizer und die jetzige europäische Staatenvereinigung, für welche man bisher noch keine andere rechtliche Tendenz ersonnen hat, als durch ein *politisches Gleichgewicht* den Krieg auf einige Zeit wegzurechnen. Dies Mittel hat aber bisher nicht leicht geholfen, um Staaten bei gleicher Stärke vom Versuche des Kampfes abzuhalten, sondern nur um sie zu vermögen, bei gleicher Entkräftung den Angriff auf eine Zeitlang einzustellen.

Staatenvereinigungen, durch welche innere Kriege wirklich verhindert worden wären, sind nur solche, die eine öffentliche Macht aufstellten und in die Hände eines *Kongresses* gaben; die sich also, wie ehemals Holland und jetzt Nordamerika, noch einer höheren Regierung unterwarfen.

Krieg und Frieden

Von einem Rechte im Kriege und zum Kriege kann in einer philosophischen Rechtslehre so wenig die Rede sein als von einem Rechte zum Zwingen überhaupt. Recht und Krieg sind sich einander hier gerade entgegengesetzt. Krieg ist ein bloßes Verhältnis der Gewalt, und Friede die erste Bedingung, um nur vom Rechte sprechen zu lassen.

Ein positives Recht mag es wohl geben, worin weitläufig ausgemacht wird, wie man wieder mit Gesandtschaften anfangen wolle, wie man Trompeter schicke und Gefangene halte und mit Mäßigkeit plündere – oder daß man zwar mit runden, aber nicht mit eckigen Stücken Blei sich totschlagen wolle; daß man nicht den man totzuschlagen sucht, zugleich zu verbrennen suchen wolle; daß man allerlei Haken und garstige Ketten weglassen, sich lieber mit netten runden Kugeln Leids zufügen wolle; daß man endlich Gift, Meuchelmord, Brand und Aufhetzung zum Aufruhr, Raub usw. nur zuweilen heimlich gegen seinen Feind anwenden will, wo man etwa denkt, er wirds nicht merken, aber nicht öffentlich vor jedermanns Augen. Philosophisches aber wird in dem allen nicht sein; vielmehr gibt hier, wie in allem positiven Völkerrechte, die *Observanz* das höchste Gesetz, d.h. es wird nicht von dem gesprochen, *was geschehen solle*, wie doch das Recht verlangt, sondern nur zur Belehrung der Unwissenden von dem, was gewöhnlich zu geschehen pflegt.

Was aber von seiten der Philosophie hier bemerkt zu werden verdient, ist, daß der jetzt so gewöhnliche Ruhm der Menschlichkeit, mit der die neuern Kriege geführt werden, die schlimmste Sottise ist, welche eine Regierung ihrem Volke sagen kann, indem mit dieser eleganten Art zu morden und zu plündern das Volk eigentlich wie eine bloße Kriegsmaschine in der Hand der Regierung behandelt wird, mit der diese nach Gefallen in guter Ruhe ihre Zwecke verfolgt, ohne eben alle Kräfte aufzubieten, um der äußersten Not, welche allein den Krieg herbeiführen sollte, zu steuern.

Das einzige, was in Rücksicht des Krieges als rechtliches Verhältnis gelten kann, ist: *im Frieden zu sein, wenn andere Krieg führen*, oder das Recht der *Neutralität*, welches so lange gilt, als der Stärkere es nicht übelnehmen will, daß man sich so wenig für ihn und sein Recht interessiere.

Wir haben es hier nur mit der Idee zu tun, welche als Vorschrift gelten kann, wenn Staaten die Absicht haben, sich rechtlich zu vereinigen.

Das Prinzip

Das Prinzip dieses Teils der Rechtslehre ist eben wie das Prinzip aller philosophischen Rechtslehre die *persönliche Gleichheit.* Jeder Staat soll den andern als seinesgleichen behandeln. Diese Gleichheit ist aber wiederum, wie im einzelnen Staate, keine Gleichheit des Besitzes oder des Eigentums und der Macht, sondern nur eine Gleichheit des Rechtes. Es wird hiermit nicht gefordert, daß jeder Staat am Wohlstand und der Kraft des andern tätigen Anteil nehmen soll, sondern ein jeder sorge für sich selbst; aber es wird gefordert, daß die Staaten sich einander in ihrem Verkehr nicht mit hinterlistigem Eigennutz, sondern mit Liberalität und Anerkennung der gegenseitigen Rechte behandeln sollen. Diese Liberalität der Denkungsart kann aber von den Regierungen ohne alle weitern Vorkehrungen gefordert werden; denn das Interesse des Staats ist nicht so sehr Privatinteresse des Regenten wie das Interesse jedes einzelnen für seine Geschäfte, und bei hinlänglicher Bildung der Regierungen wird jede einsehen, daß sie mit dieser Liberalität auf die Dauer selbst ihren eignen Vorteil am besten bedenkt, indem es so allein einem jeden möglich wird, es ehrlich mit den andern zu meinen und einen ganz freien Handelsverkehr zu gestatten.

Anstatt dessen aber geht unsre gewöhnliche Politik der Regierungen nur darauf, für sich selbst *Eroberungen zu machen*, oder für ihr Volk andere *im Handelsverkehr zu übervorteilen.*

Seitdem die Idee einer europäischen Polizeibedienung in den Morästen der Champagne verlorengegangen ist, muß man die politischen Deklamationen der französischen Regierungen besonders gegen England loben, doch mit der Warnung, welche Jesus gegen die Pharisäer gab, wohl ihren Worten, aber nicht ihren Werken zu folgen. Denn hier wird wenigstens der Grundsatz einer aufrichtigen Anerkennung fremder Rechte als wahr anerkannt, wenn man gleich noch mit seiner Anwendung betrügt. Dagegen hat sich England mit seiner arroganten Selbstsucht vor ganz Europa verhaßt und verächtlich gemacht. So lange noch niemand von der Anerkennung dieser öffentlichen Gerechtigkeit hören will, kann man den Entschluß der Preußen nicht tadeln, sich soviel möglich zu isolieren und von fremdem Einfluß unabhängig zu machen; dagegen die Anmaßungen der Engländer geradezu zur Anfeindung einladen.

Die Verkennung dieses Rechtsverhältnisses der Gleichheit ist die größte Last jedes einzelnen Landes und hält den Wohlstand jedes gut regierten Staates zurück. Denn jede gute Regierung muß jetzt noch Vergrößerung suchen, und wenn dann ein Staat durch die Arbeit von 10 Millionen Menschen eine Macht erhalten will, die den 20 oder 30 Millionen eines andern gewachsen ist, so wird dies ohne Mangel oder Bedrückung des einzelnen nicht leicht geschehen können.

Die Anerkennung des gleichen Rechtes für jedes Volk würde hingegen einen gleichmäßigen Wohlstand über alle Völker verbreiten und dabei doch zugleich den vorzüglich betriebsamen Völkern den Absatz ihrer Fabrikate ins Ausland am besten sichern, indem dann jeder Staat sich aller seiner individuellen Vorteile der Lage, des Klimas und der Bildung am freiesten bedienen könnte. Aber freilich dürfte dann keiner seine ganze Existenz an das Monopol eines gewissen Handels wagen wie jetzt England, und keiner würde seine Macht höher spannen wollen, als es das natürliche Verhältnis seiner Kräfte mit sich brächte.

Der Handel

Eroberungen und *Welthandel* sind die beiden Mittel des allgemeinen Völkerverkehrs. Die Eroberung kann vielleicht ein Ende finden, der Welthandel aber nie. Was die glühende Sonne an den schwarzen Felsen der Molukken zur Reife bringt, das wird keine Kunst einem kältern Klima ersetzen können. Es muß der ewige Mechanismus im Austausch der Waren, der so alt ist als irgend unsere Geschichte, sich immer unter den Menschen erhalten, indem die betriebsamern Bewohner gemäßigter Himmelsstriche gegen ihre Kunst die Vorteile der reicheren Metalle und Steine und der üppigeren Vegetation Indiens eintauschen.

Bis jetzt wird noch teils durch Unkultur, teils durch Gewalt und Bedrückung dem Welthandel ein einzelner und erzwungener Weg angewiesen; das rechtlichste Verhältnis wäre aber hier vollkommene Freiheit des Verkehrs. Solange aber diese Freiheit nicht allgemein anerkannt ist, solange wird auch fast jede Regierung Einschränkungen zu ihrer Verteidigung nötig haben, um nicht von andern übervorteilt zu werden; es wird jede genau darauf achten, wie sie von einer andern behandelt wird, um ihr Gleiches mit Gleichem zu vergelten. Wenn ein Staat bei seinen Handelsverhältnissen einzig den Transito-Handel zu beachten hat, wogegen die eigne Fabrikation und Konsumtion unbeträchtlich ist, so wird er immer bei einer Beibehaltung des freien Verkehrs gewinnen; muß er hingegen die eigne Produktion und Konsumtion vorzüglich in Anschlag bringen, so werden ihm Gegenanstalten gegen fremde Beschränkungen unentbehrlich werden. Es gibt hier zwei feindliche Maximen in Rücksicht des Handels, von denen die eine nur *defensiv*, in einer erzwungenen Genügsamkeit besteht, indem ein Staat sich soviel möglich zu isolieren und von andern unabhängig zu machen sucht, wie z. B. der preußische; die andere aber ist *offensiv*, ein Prinzip der Übervorteilung und Beherrschung eines fremden Handels und der Unterdrückung fremder Betriebsamkeit, welcher Maxime jetzt England folgt, so wie es jede große handelnde Nation tun wird, die sich von Kaufleuten regieren läßt.

Die Kolonien

Politische Auswanderungen und Privatvorteile im Handel haben die Einrichtung von *Kolonien* in den Ländern der Gewinnung der ersten Produkte allgemein gemacht, wodurch entfernte Länder einem Hauptstaate als untergeordnete, abhängige Staaten unterworfen werden. Dieses widerrechtliche Verhältnis ist die größte Abscheulichkeit der neueren Politik.

Durch die beständigen Ausplünderungen beider Indien und die Mißhandlungen der Afrikaner in Amerika ist der edle Charakter einer europäischen Nation nach der andern gesunken. Die stolzen, tätigen Spanier versanken in armselige Trägheit; die geistvollen, mutigen Niederländer verwandelten sich in phlegmatische Holländer und kleinliche Krämer; die edeln, freien Briten wurden zu unverschämten, niederträchtigen Engländern. Solange man in den Kolonien noch untergeordnete Staaten und nicht gleiche Mitbürger desselben Staates sehen wird, wird dieses Gift nicht unschädlich zu machen sein. England hat einmal das Unglück erlebt, daß es einen solchen Tochterstaat nicht schlecht genug regierte, um ihm seine Befreiung unmöglich zu machen; es wird sich wohl vorsehen, daß seine ungeheueren Besitzungen in Ostindien nicht auch etwa einmal eine erträgliche Regierung bekommen. Sobald es diese, anstatt eines Kriegs-Kommissariates der Franzosen, diesem Mitteldinge zwischen einer Regierung und einer Räuberbande, durch eine wirkliche Regierung verwalten ließe, so müßte es fürchten, daran gleiche Freude zu erleben wie an Nordamerika. Man scheint aber bisher noch nicht bedacht zu haben, daß weder Birmingham noch Manchester jemals gewünscht haben, sich von der Regierung in London unabhängig zu machen, nur weil man diese als seinesgleichen behandelt, jene aber nicht.

Die Eroberung

Man kann die Kriege der Art nach einteilen in rohe Befehdungen, bei denen es nur auf Plünderung abgesehen ist, in Eroberungskriege, Religionskriege und Handelskriege. Plünderung und Religion werden nur bei größerer Rohheit und Unkultur Kriege veranlassen; Handelskriege werden mit vortrefflicher Menschlichkeit geführt, indem man nur soviel aufwendet, als die Spekulation eben erfordert; sie werden wie Handelsspekulationen geleitet, indem man Menschen gelegentlich ausrottet wie Zimt- und Nelkenbäume, eben dadurch werden sie leicht kleinlich und niederträchtig geführt.

Die ehrlichste Art, Krieg zu führen, ist der Eroberungskrieg.

Nach welchen Verhältnissen gerade Länder und Völker in einzelne Staaten vereinigt oder in verschiedene getrennt sind, dies ist etwas bloß Geschichtliches und gar kein Rechtsverhältnis. Das Recht fordert aber, daß alle Völker entweder zu einer Universalregierung zusammentreten, oder daß alle Staaten sich in einem Staatenverein vereinigen sollen; über die einzelnen Verteilungen gibt es hingegen gar kein Recht. Ist nun ein Staat nicht sicher, daß seine Nebenstaaten sich mit ihm auf einen rechtlichen Fuß setzen wollen: so hat er das volle Recht zu versuchen, ob er sie dazu zwingen kann; ein solcher Versuch würde dann fast notwendig in einen Eroberungskrieg ausarten: denn daß zwei Feinde ohne eine dritte Vermittelung sich plötzlich zu aufrichtigen Freunden umändern sollten, ist schwerlich vorauszusetzen.

Die einzige honette Art des Krieges wird also ein Eroberungskrieg sein, bei dem das Recht die Absicht des Eroberers wäre. Hier zeigt uns aber die Geschichte, daß zum Erobern Monarchen weit wünschenswerter sind als sogenannte Republiken. Durch die Eroberungen der letztern wird immer ein Volk dem andern als Sklave unterworfen, das siegende Volk will das herrschende bleiben, und es kommt nie zu einer rechtlichen Ausgleichung. Unter einem erobernden Monarchen hingegen lernen sich leicht alle Untertanen als gleiche Mitgenossen derselben Sklaverei kennen, sie vereinigen sich zu einem Staate und erhalten in ihrem Beherrscher nach und nach einen Regenten, wenn sie nur Energie genug besitzen.

Was endlich den Vorschlag zu Beendigung des Kriegführens überhaupt betrifft, so haben die Politiker, deren Zeitungen und Chroniken dann ihr jetziges Interesse verlieren müßten, diese Idee als so phantastisch und absurd in Ruf gebracht und den Krieg als ein notwendiges Übel dem Schutze aller Gutdenkenden empfohlen, wenigstens der Vorsehung, so daß man kaum zugunsten der Vernichtung desselben sprechen darf. Doch ist in der Tat die Forderung, allmählich auf die Vernichtung des Kriegs hinzuwirken, gar nicht idealischer als die, eine gute Polizeiordnung in einem Lande einzuführen. Diejenigen, welche diese Idee für unnütz halten, urteilen eben wie ein Lissaboner oder Römer, welcher es für unmöglich halten wollte, dem Meuchelmorde, Diebstahl und der Bettelei auf den Straßen einer großen Stadt Einhalt zu tun. Nur daß wir jenem eben noch kein Berlin zur faktischen Widerlegung aufweisen können.

1804

Friedrich Ancillon
*Reflexionen über die Ohnmacht der Vernunft***

[...] Gewalt und Recht sind Vorstellungen, die sich einander widerstreiten, und die eine vermag nimmer die andere zu gründen. Aber die Gewalt ist die natürliche Garantie des Rechts; sie gibt ihm erst Realität; sie sichert seine Existenz; ohne sie ist es schwankend und nichtig. Nun gibt es in dem Naturzustande keine andere Gewalt als die der einzelnen, und diese ist ungleich verteilt; in dem einen ist sie mächtig genug, um die Rechte seiner Mitbrüder zu bedrohen, anzugreifen, zu verletzen, in dem andern ist sie zu ohnmächtig, um seine Existenz und seine Freiheit zu verteidigen und zu beschützen.

Hobbes hatte Unrecht, wenn er behauptete, daß es in einem, dem gesellschaftlichen Zustande vorhergehenden Zustande, wenn man sich einen solchen dächte, weder Rechte noch Verpflichtungen geben und daß in ihm das Maß der Kräfte das einzige rechtmäßige Richtmaß der Handlungen sein würde. Das Gesetz, welches die Tätigkeit eines Menschen durch die der andern begrenzt und zwischen ihnen die Schranken des Rechts hinstellt, würde zwar immer in der Theorie existieren, und jedes vernünftige Wesen, das als Schiedsrichter der Streitigkeiten, die unter ihnen sich erheben, gewählt wäre, würde zwar nach dieser Regel das Recht sprechen; aber dieses Gesetz wäre in der Wirklichkeit nichtig, weil es bei dem Mangel einer äußern Garantie und einer einschränkenden Gewalt, welche es in Achtung erhält, unaufhörlich verletzt werden würde. Die Ungleichheit der Angriffs- und Verteidigungsmittel, die Gleichheit der Bedürfnisse und der Gegenstände der Begierden würden aus diesem Zustande, worin die Menschen zwar von niemandem abhingen, sich aber unaufhörlich einer vor dem anderen fürchteten, einen wahren Zustand des Krieges bilden; und von diesem Gesichtspunkte aus betrachtet, hatte Hobbes Recht.

Also ist es nicht die Existenz der Gesellschaft, welche die Begriffe von Rechten und Verpflichtungen hervorgebracht hat, sondern es ist die schwankende Existenz der Rechte und Verpflichtungen, welche selbst erst die gesellschaftliche Verbindung herbeigeführt hat. Die Bestimmung des Menschen ist es, in Gesellschaft zu leben; ohne sie würde er umkommen, oder wenigstens seine Fähigkeiten nicht entwickeln; ohne sie würde er nichts besitzen, weil er alles nur sehr ungewiß besitzen könnte; jetzt wäre er Räuber, dann der Beraubte; seine Persönlichkeit ginge verloren, oder er würde die der andern zerstören. [...]

Die Gewalt muß also notwendig das Recht sichern. Ohne sie ist es ein leerer Name, ein wahres Schattenbild. Diese Gewalt existiert aber nur in dem gesellschaftlichen Zustande und durch denselben, oder vielmehr; sie gründet ihn erst. Nicht die Sittlichkeit der Menschen ist es, welche den Mißbrauch, den sie von ihren Kräften und Mitteln machen könnten, verhütet und welche Recht und Gerechtigkeit unter ihnen walten läßt; sondern es ist die Existenz einer öffentlichen Gewalt, welche diese schöne Wirkung hervorbringt. Die Bedürfnisse sind so dringend, die Leidenschaften so glühend, das Interesse sich so entgegengesetzt, die Herrschaft der Vernunft ist so ohnmächtig, daß nur die Unmöglichkeit des Widerstandes gegen die öffentliche Gewalt, welche die Aussprüche der Gerichtshöfe garantiert und vollzieht, die Menschen, die sich auf eine vorgebliche Gültigkeit ihrer Rechte berufen, noch immer hindert, an ihre Kraft zu appellieren. Gebt dem Beklagten die Hoffnung, sich mit Erfolg der Vollziehung des richterlichen Ausspruchs, der ihn verdammt, entgegensetzen zu können, so wird er, wenn er an Kraft seinem Gegner überlegen ist, Gewalt anwenden, um sich in den Besitz des streitigen Gegenstandes zu setzen oder sich in demselben zu erhalten. Unter hundert Menschen gibt es vielleicht nicht fünf, welche Rechtsgründe von der Sucht, Streitigkeiten anzufangen, abhielten, oder welche die innige Überzeugung von der Gerechtigkeit eines Urteils verpflichtete, sich demselben zu unterwerfen. [...]

Hier nun stößt man auf eine Frage, die alle Freunde der Humanität auf das lebhafteste interessieren sollte. Der Naturzustand, in welchem die Gesellschaften untereinander noch leben, stehet dem Glück und der Bestimmung des Menschen durchaus entgegen, weil hier die Gewalt nur existiert, um ungestraft das Recht zu übertreten, da sie doch nur existieren sollte, um es zu beschützen und die Übertreter zu bestrafen. Dieser Zustand verewigt alles Unglück, das sich in der einzigen Plage des Krieges vereinigt; er erzeugt immer neu sich gebärende Gefahren, oder er unterhält wenigstens Eifersucht, Mißtrauen, fortwährende Furcht, und macht Vorsichtsmaßregeln nötig, die schon an sich ein wirkliches Übel sind. Sollten die Staaten nicht trachten, diese gefahrvolle Lage zu verlassen? Sollten sie es nicht lebhaft wünschen? Und welches sind die Mittel, die diesem Zweck am angemessensten scheinen?

Würde es, wie einige Schriftsteller vorgegeben haben, die Gründung einer Universalmonarchie in Europa sein? Dies hieße, allen Staatskörpern ihr Todesurteil unterzeichnen, aus Furcht, sie grausamen Krankheiten und Zerfleischungen ausgesetzt zu sehen! In der Tat, ein solches Mittel wäre übler als das Übel selbst; und wo ist denn nun der Staatskörper, der sich dieser Maßregel hingeben, der diesen Selbstmord begehen wollte? Ferner ist die unabhängige Existenz einer großen Anzahl von Staaten, verschieden an Konstitutionen und Gesetzen, der Grund von der Entwicklung, der Kultur, der Arbeit und dem Reichtum Europas. Die Verschiedenheit der Regierungsformen hat einen nützlichen Wetteifer, eine Mannigfaltigkeit und einen Überfluß von Ideen, Gefühlen, Charakteren hervorgebracht, der unter dem einförmigen Szepter *eines* Herrn bald vertilgt werden würde. Der Stolz, das Selbstvertrauen, der Patriotismus, die Nationalphysiognomie, kurz alles, was die Individualität eines Volks bildet, würde in dieser Mischung ungleichartiger Elemente bald verschwinden. [...]

Würde es die Konstitution eines allgemeinen Bündnisses aller Mächte sein, deren Repräsentanten ein souveränes Tribunal bildeten, welches die Rechte eines jeden Staats bestimmte, ihre wechselseitigen Verhältnisse festsetzte und diese mittelst Anwendung einer großen Zwangsgewalt sicherte? Diesen Plan hatte Heinrich der Vierte; er war nach seinem ganzen Umfange von dem tugendhaften Abbé de Saint-Pierre entwickelt, freilich mit mehr Menschenliebe als Solidität; vor kurzem hat noch ein berühmter Metaphysiker, der den Menschen besser zu kennen schien als die Menschen, und der sich mehr damit beschäftigte, was sie sein sollten, als was sie in der Tat sind, jenes Projekt vom ewigen Frieden wieder in Anregung gebracht, und zwar als das einzige Mittel, welches in die Verbindung der Staaten den gesellschaftlichen Zustand statt des Naturzustandes einführen sollte.

Folgende einfache und einleuchtende Beobachtungen sind hinreichend, um die Unausführbarkeit dieses Projekts darzulegen. Um überhaupt eine solche Ordnung der Dinge rechtmäßig begründen zu können, müßten alle Souveräne hierin einstimmig sein und dazu die Hände bieten. Nun läßt das Entgegengesetzte ihres Interesses und ihrer Absichten so etwas nicht hoffen; und so lange dieses Hindernis existiert, wird auch kein Mittel zustandekommen, das jenes für immer verschwinden lassen soll.

Die Monarchen würden diesen Areopag selbst nicht bilden können, weil sie zu gleicher Zeit Richter und Partei sein müßten. Es würde schwierig sein, dieses Tribunal so zu organisieren, daß die Repräsentanten der verschiedenen Staaten Unabhängigkeit und Macht genug hätten, um ihren erhabenen Amtspflichten vollkommen Genüge zu leisten, und doch wieder diese nicht in einem so hohen Grade besäßen, daß sie selbst nach unumschränkter Macht streben und sich derselben bemächtigen könnten. [...]

Um Frieden statt Krieg, und eine gesellschaftliche Garantie statt des Zustandes der Natur, worin sich die Mächte Europas noch befinden, hervorzubringen, würde es wohl wünschenswert sein, den Plan des berühmten Kant, des jetzigen Patriarchen der deutschen Metaphysik, auszuführen, nach welchem alle Regierungen nach repräsentativen Formen eingerichtet werden müßten? Und würden diese Formen wohl das Reich der Gerechtigkeit sichern?

Die gesamte Geschichte legt ein Zeugnis gegen diese Behauptung ab. Beinahe alle Regierungsformen haben zu verschiedenen Zeiten auf der Oberfläche des Erdballs existiert, und keine von ihnen gibt es, welche allen Arten von Ungerechtigkeiten und Rechtsverletzungen vorgebeugt hätte. Mäßigung und Weisheit gibt es in allen Regierungsformen, weil sie von den persönlichen Eigenschaften der Herrscher abhängen. Mangel an Mäßigung findet man von Zeit zu Zeit in der Geschichte aller Staaten.

Furcht und Hoffnung, Leidenschaften und gewinnsüchtige Anschläge, als die Ursachen aller Kriege, sind zu allen Zeiten und an allen Orten dieselben; ist eine dieser Ursachen mehr oder weniger wirksam, so liegt der Grund davon in lokalen Nebenumständen. Liebe nach Ruhm, eine unbestimmte Unruhe von seiten der Fürsten, ehrgeizige Absichten der Minister haben in den Monarchien oft Kriege ohne Rechtlichkeit und ohne Grund hervorgebracht. In den Aristokratien, in denen etwas Demokratisches sich findet, wendet der Senat alle Kunst an, Kriege hervorzubringen, um das Volk außerhalb zu beschäftigen und auf diese Weise um so sicherer ein ungeteiltes Ansehn zu erhalten. Keine andere Politik kannten die Patrizier in Rom. – Beim ersten Anblick könnte es scheinen, als ob in den Demokratien die Kriege seltener sein müßten. Das Volk, sagt man, unternimmt ihn auf seine eigenen Kosten, und es kann doch nicht selbst sein Blut und Geld verschwenden wollen. Aber die Demagogen wissen es auf eine leichte Weise zu leiten; bald schaffen sie eingebildete Gefahren oder vergrößern die wirklichen und überreden das Volk, daß ein Krieg notwendig sei, da er doch nur willkürlich war; bald schmeicheln sie seiner Habsucht, indem sie ihm in der Ferne reiche Beute zeigen, oder sie nähren und reizen den Stolz und den Nationalhaß. Auch sind es vorzüglich die Republiken, wo das Bedürfnis des Menschen, der überhaupt die Ruhe haßt, nach starken Erschütterungen und gewaltigen Bewegungen allgemeiner und dringender herrscht, wo die Formen selbst die Unruhen vervielfältigen und am Ende Gefallen daran hervorbringen. Die Aristokratien scheinen ihrer Natur nach die ruhigsten Staaten zu sein; sie fürchten die Bewegungen, und da sie auf den Schlummer des Volks oder auf sein Wohl oder auf die Macht der Gewohnheit ihre Existenz gründen, so suchen sie in allen Fällen ihr Heil in der Trägheit. [...]

Sind es endlich etwa die Fortschritte der Vernunft und der Moralität, von denen wir jene Garantie für die Existenz und die Unabhängigkeit der Staaten erwarten sollen? Wird die moralische Kraft jemals die physische, welche die einzelnen in der Gesellschaft zusammenhält, ersetzen können? So schön und tröstend auch diese Ideen sein mögen, so verdienen sie doch eben keine große Aufmerksamkeit; es sind Dunstgebilde, auf eine schöne Weise ausgeschmückt, doch ohne die geringste Konsistenz. Niemals werden Ideen die Welt regieren, denn der Mensch ist keine reine Intelligenz; immer werden es mehr oder weniger die Bedürfnisse, die Neigungen und Leidenschaften sein; diese letztern sind unsterblich, weil sie mit den Generationen, welche gleichfalls von ihnen beherrscht wurden, wiederkehren, und weil die Gegenstände unveränderlich bleiben, welche die Leidenschaften erwecken und unterhalten. Furcht und Mißtrauen haben den größten Teil der politischen Verbindungen und die gesamte Wissenschaft der Verhältnisse, welche die Staaten aneinander knüpfen, gegründet. Diese Furcht und dieses Mißtrauen, unvertilgbar wie die Leidenschaften, welche sie hervorbringen und rechtfertigen, sind es, welche den Zustand offner und in der Stille schleichender Befehdungen und den Naturzustand, in welchem die Mächte Europas noch leben, unaufhörlich verlängern.

Wer uns Schaden zufügen *kann*, der *will* oder *wird* ihn uns zufügen *wollen.* Dies ist das Prinzip, welches den Menschen bei der Bildung politischer Gesellschaften geleitet und eine Macht hervorgebracht hat, welche den Willen und die Möglichkeit, Schaden zuzufügen, in allen Individuen unterdrückt hält. Dies ist noch das Prinzip, welches mehrere Völker darauf geführt hat, die eine höchste Macht zu trennen und zu verteilen, weil ihnen eine unumschränkte Macht der Regierung, welche die öffentliche Sicherheit und den Zweck der Verbindung bedrohen könnte, oftmals eine Gefahr mehr dünkte. Dies ist endlich die Grundmaxime und der Grundstein aller Politik. Nicht die Tugend ist es, auf die man bauen kann; diese ist entweder zweifelhaft und zweideutig oder verborgen und unbekannt. [...]

In dem Plan der Fortschreitung des Menschengeschlechts sind die Kriege Mittel, die allen andern Mitteln analog sind, welche die Natur anwendet, um den Menschen zur Arbeit zu zwingen und ihn durch diese zur Übung aller seiner Kräfte anzureizen. In der Tat sind es die Beschwerden, das Unglück, das Bedürfnis, welche bei uns die Stelle eines Lehrmeisters vertreten. Vulkane, Überschwemmungen, Erdbeben, Orkane und Schloßen bedrohen und zerstören unaufhörlich die Früchte der menschlichen Arbeit und zwingen den Menschen, eine neue Arbeit zu unternehmen.

Ein langer Friede vervollkommnet die Künste und die Talente, aber der Krieg, welcher den Geistern einen mächtigen Schwung mitteilt, wird die Quelle neuer Schöpfungen, Erfindungen und Entdeckungen: ohne diesen würde es vielleicht an erzeugender Kraft und Tätigkeit fehlen, so wie ohne jenen an Zeit und Muße, das Begonnene zu bearbeiten und mit Vollendung zu krönen.

Der Friede erzeugt Wohlstand, der Wohlstand vervielfältigt die Vergnügungen der Sinne, und die Angewohnheit dieser Vergnügen bringt Weichlichkeit und Egoismus hervor. Erwirb und genieße! wird der Wahlspruch eines jeden; der Geist versinkt in Trägheit, der Charakter verschlimmert sich. Die Kriege und die Unglücksfälle, welche er in seinem Gefolge mit sich führt, entwickeln männliche und starke Tugenden; ohne ihn würde der Mut, die Geduld, Standhaftigkeit, Aufopferung und Verachtung des Todes von der Erde entfliehen. Auch diejenigen Klassen, die nicht Anteil am Kriege nehmen, müssen entbehren lernen und Aufopferungen bringen. Anfänglich sind diese Opfer unstreitig erzwungen, aber dadurch, daß man sie bringt, gewinnt die Seele Kraft, sie lernt das Geheimnis zu wollen, und später wird sie sie freiwillig bringen; da die Existenz, so wie die Güter schwankend werden, so lernt man das verachten, was man jeden Augenblick verlieren kann. Bei einem bis zum Verderben gebildeten Volke muß der gesamte Staat zuweilen in Gefahr kommen, damit der Gemeingeist nur wieder erwache, und in diesem Falle kann man sagen, was Themistokles den Atheniesern sagte: wir wären verloren, wären wir nicht verloren gewesen.

Fern sei von mir der Gedanke, durch diese Reflexionen den natürlichen Schauder schwächen zu wollen, mit welchem der Krieg uns erfüllt und den ich mit allen gefühlvollen Herzen teile! Sie zwecken einzig und allein nur dahin ab, den Beweis zu führen, daß in der allgemeinen Verkettung der Dinge aus diesem verwüstenden Übel oft ein großes Gut entsprieße. Der Friede wird immer die größte aller Wohltaten bleiben. Heil den Fürsten, welche ihn ihren Völkern zu erhalten wissen! Heil den Staatsmännern, die alle Sorgfalt aufbieten, ihn zu befestigen! Aber nie soll es auch ein Volk vergessen, daß es noch ein größeres Übel gibt als das des Krieges – ich meine den Verlust seiner politischen Freiheit und seiner Nationalexistenz. Und oft soll es sich zurufen:

Summum crede nefas, animam praeferre pudori
Et propter vitam, vivendi perdere causas.

1805

Friedrich von Raumer
*Dialog über Kriegsschuld und Friedensliebe***

A: Gottlob, daß Bonaparte in Wien ist, nun wird Kaiser Franz wohl Friede machen müssen, und dann ist alles gut.

B: Sie meinen also doch, daß Friede besser ist als Krieg?

A: Wer kann daran zweifeln.

B: Man führt also nur Krieg, nicht um des Krieges, sondern um des daraus folgenden Friedens willen?

A: Versteht sich.

B: Zum Kriegführen gehören noch zwei Parteien, so wie zum Friedenschließen?

A: Allerdings; und beide Parteien sollten immer Friede haben wollen, dann ginge es nach meinem Wunsche.

B: Sie sprechen also mit Goethe:

> Bald es kenne nur jeder den eigenen, gönne dem andern
> Seinen Vorteil, so ist ewiger Friede gemacht.

A: Sehr wahr, in allen Palästen der Fürsten sollte das mit großen Buchstaben angeschrieben stehn.

B: Meinen Sie, daß jene Erkenntnis mit dem Anschreiben entstehn würde?

A: Das nicht; aber die Fürsten würden doch täglich an das Ziel erinnert.

B: Sie halten doch den für strafbar, der den Fürsten von diesem Ziele abführte?

A: Allerdings; jeder Minister, der dies täte, müßte am Leben gestraft werden.

B: Wenn es nun aber nicht der Minister, nicht der Fürst, überhaupt niemand aus dem Staate tut, sondern der Minister, der Fürst des andern Staats?

A: So ist jener strafwürdig.

B: Kann denn aber der Fürst des ersten Staats den andern strafen, ihn zur Erkenntnis, zum Frieden zwingen?

A: Leider nicht.

B: Wie wirds also um ihren ewigen Frieden stehn, zu dem mehrere Parteien beitragen sollen, die aber der Natur der Sache nach nicht immer wollen, die nicht dazu von einer höhern Gewalt ohne mögliche Widersetzlichkeit gezwungen werden können? Wie wird er stattfinden können bei der Unmöglichkeit der generellen, durchdringenden Einwirkung des einzelnen zur Umformung der Masse, bei der Unmöglichkeit, die höhere Kraft des einzelnen Geistes durch Hinzufügung einer Form zu diesem Zweck hinlänglich und auf viele Geschlechter zu verstärken?

A: Leider werden wir uns also des ewigen Friedens wohl erst zu erfreuen haben, wenn das ganze Geschlecht sich ändert; aber wenigstens sollte man itzt nie Angriffskriege führen.

B: Sie folgern also aus dem Obigen doch nicht die Notwendigkeit eines ewigen Krieges?

A: Keineswegs; der letzte Friede bestimmt den Zustand: wer den ändert, greift an; ändert ihn niemand, so bleibt Friede.

B: Also bleibt am längsten Friede, wenn der Zustand zweier Staaten so ist, daß keiner hoffen kann, aus einer Änderung Vorteil zu ziehen?

A: Allerdings; und sie werden keinen Vorteil erwarten können, wenn ihre Macht sich balanciert.

B: Glauben Sie, daß itzt Frankreich oder Österreich mächtiger ist?

A: Frankreich.

B: Also ist wohl eher für Frankreich vom Kriege Gewinn zu hoffen als für Österreich?

A: Ohne Zweifel, wie die Ereignisse bis itzt beweisen.

B: Das mächtigere Frankreich führt also den Krieg, um zu gewinnen; es greift also an, ist strafwürdig.

A: Diese Schlüsse sind noch nicht begründet, denn auch der wirklich Schwächere kann sich einbilden, der Stärkere zu sein, kann angreifen, strafwürdig sein, und auch wirklich Strafe leiden; so gings, so gehts Österreich.

B: Sie halten Österreich also für den angreifenden Teil?

A: Ohne Zweifel; es ließ seine Truppen in Bayern einrücken,

während Bonapartes Armee in Boulogne stand, um die Feinde Europas anzugreifen.

B: Wenn ich Ihnen dagegen sagte, daß Bonaparte selbst wünschte, von der gefährlichen, jahrelang verzögerten Expedition gegen England loszukommen, und dies nur mit Ehren durch Krieg auf dem Kontinent möglich zu machen war?

A: So antworte ich, das ist Hypothese!

B: Wenn ich Ihnen sage, daß schon im August 1805 Truppen von Boulogne gegen den Rhein zu marschierten?

A: So antworte ich, daß das vielleicht sein kann; aber auch um die Zeit schon österreichische Truppen aus Ungarn angerückt sein mögen.

B: Würde also der als angreifender Teil anzusehen sein, der einen Tag früher als der andre Truppen in einer Direktion hat marschieren lassen, die gegen den zweiten Staat zuführt?

A: Das gerade nicht; denn der Marsch kann ja ohne feindliche Absichten, zu andern Zwecken angeordnet worden sein.

B: Es würde also hauptsächlich auf die Absichten ankommen?

A: Allerdings; zweifeln Sie aber an den feindlichen Absichten Österreichs gegen Frankreich?

B: Keineswegs, sobald Sie mir dartun, daß Österreich Grund hatte, feindliche Absichten zu hegen.

A: Gründe genug gibt der Neid gegen einen so mächtigen Nachbarn, die Bestechungen des englischen Kabinetts.

B: Lassen wir die Bestechungen, bis einmal vorzugsweise von England die Rede ist. Sollte denn aber Österreich, wenn England nicht existierte, in gar keine Berührung, gar keinen Streit mit Frankreich kommen können; bedarf es immer dieser äußern Anreizung?

A: Keineswegs; Staaten von solcher Größe, die zum Teil miteinander grenzen, die auf die Angelegenheiten von ganz Europa Einfluß haben, können auf tausend verschiedne Weisen in Zwiespalt geraten.

B: Also wenn z. B. des einen Einfluß so mächtig wäre, daß der andre nicht mit gleicher Stärke gegenwirken, den Zustand der Dinge erhalten könnte?

A: Sie setzen voraus, daß überall ein solcher Einfluß nicht strafwürdig ist, weil dies Wachsen oder die Abnahme desselben zu gegründetem Zwist Veranlassung geben soll. Ein solcher

Einfluß widerspricht aber der schlechthin notwendigen Unabhängigkeit der einzelnen Staaten.

B: Zugegeben; ist also der strafwürdig, der seinen Einfluß auf unabhängige Staaten so ausdehnt, daß sie abhängig werden?

A: Gewiß, sobald Zwang dabei stattfindet.

B: Ferner hatten wir oben festgesetzt: strafwürdig sei der, welcher den letzten ruhigen Zustand, den Frieden ändert.

A: Und das mit großem Recht; denn ein fester Punkt muß angenommen werden, sonst hätten wir ewigen Krieg.

B: Ist also der Einfluß von Frankreich oder von Österreich größer auf Spanien, Portugal, Italien, Holland, die Schweiz?

A: Von Frankreich.

B: Ist dieser französische Einfluß so groß, daß jene Staaten abhängig genannt werden müssen?

A: Freilich abhängig vom Mächtigern; allein das ist zu ihrem eigenen Wohl.

B: Was hat Holland seit zehn Jahren für Vorteile vom französischen Schutz? Was hat Spanien erworben, Portugal für die schwer bezahlte Neutralität erhalten, der König von Neapel für die Beherbergung der französischen Armeen?

A: Das sind weitläufige Dinge, lassen Sie uns nicht abspringen; ich behauptete, Österreich sei am Kriege schuld.

B: Inwiefern hat es den Zustand der Dinge seit dem letzten Frieden verändert und so den Grund zum Kriege gegeben; denn äußerer Einfluß war, wie Sie behaupten, gering.

A: Es hat die venetianischen Staatsschulden nicht bezahlt.

B: Hat Frankreich die auf den abgetretenen deutschen Ländern ruhenden, mit übernommenen Schulden auch nur verzinset?

A: Freilich nicht; allein Österreich vergrößert sich, nimmt Lindau weg.

B: Wollen Sie im Ernst diesen Erwerb gegen die von Frankreich seit dem Luneviller Frieden vorgenommenen Veränderungen anführen? Vergessen Sie die Einnahme von Genua und Lucca, die Einverleibung Italiens, die Verheerung Neapels und so viele gleich wichtige Dinge?

A: Nein, ich will Ihnen zugeben, daß Frankreich den Zustand der Dinge änderte; allein ich behaupte, dies sei notwendige Folge der Macht eines solchen Staats, dies ist unaufhaltbares Einwirken, was der Buchstabe des Friedensschlusses nicht begrenzt, es ist Gang des Schicksals, und der ein Tor, der sich dagegen auflehnt.

B: Sie verändern den Gesichtspunkt; ich will mich suchen zu orientieren. Der Friede ward von Frankreich nicht gehalten, es ward angreifend, ist also strafwürdig nach dem Obigen, von Ihnen Eingeräumten. Sie wenden sich itzt zu höhern Ansichten, und nennen natürlich, notwendig, nicht strafbar, nicht zu hindern, das, was ein Staat vermöge seiner gesamten Verhältnisse unternimmt, ausführt.

A: Sie haben mich verstanden.

B: Sie gestehen doch jedem Staat dies Recht zu?

A: Allerdings.

B: Man kann also sagen, die Unternehmung, welche dem Staate gelingt, ist aus allen seinen Verhältnissen hervorgegangen, oder wenigstens, seine Verhältnisse werden nicht zerrüttet, wenn er Unternehmungen glücklich ausführt?

A: Gewiß; darum ist für Frankreich der Krieg gerechtfertigt, für Österreich nicht.

B: Daß Frankreich viel akquirierte, ist für dasselbe so natürlich und notwendig, als daß andre Staaten weniger erwarben?

A: Ohne Zweifel.

B: Steht diese Vergrößerung mit jedem einzelnen Verhältnisse in Frankreich, z. B. zwischen einem Bauern und dem andern als Schwiegervater und Schwiegersohn in so genauer Verbindung, daß man sagen könnte, sie sei daraus hervorgegangen?

A: Keineswegs wirkt der einzelne so bestimmt auf diese Ereignisse, keineswegs wird derselbe darüber befragt, ob er gleich zuletzt unsichtbar und unwissend auch dazu gehört.

B: Diese Verhältnisse erscheinen also nur dem Machthaber konzentriert, er allein läßt sie wirken?

A: Gewiß.

B: Die Erscheinung und die Wirksamkeit wird verschieden sein nach dem Grade der Einsicht und der Tätigkeit des Machthabers?

A: Ohne Zweifel.

B: Jene gerühmte Natürlichkeit und Notwendigkeit hängt also ab von der Klugheit des einzelnen.

A: Der einzelne ist der Schlußstein der Verhältnisse.

B: Wenn nun der einzelne lediglich die Ausführbarkeit der Unternehmungen berücksichtigt, so nennen wir ihn klug; wenn zugleich die Rechtlichkeit, so ist er auch gut und gerecht.

A: Gern gebe ich dies zu.

B: Der Machthaber, welcher nun auf Gerechtigkeit nicht sieht, sondern nur auf Ausführbarkeit ohne Gerechtigkeit, der sich nicht durch den Buchstaben des Friedens beschränken läßt, die sittliche Notwendigkeit der äußern Möglichkeit unterwirft, steht doch geistig niedriger als der andre, der dies allgemeine Gute, wobei jegliches in seinem Wesen besteht, sich erhält, damit zu verbinden weiß, der dies unbedingt verehrt.

A: Solange das Sittliche das Unbedingte ist, läßt sich dies nicht bestreiten.

B: So hätten wir also die Untersuchung nicht auf einen höhern Punkt gehoben, indem wir, das innere Gesetz vergessend, nur der äußern Gewalt, dem Ereignis unbedingt huldigen wollten?

A: Es scheint nicht.

B: Wir werden im Gegenteil doppelt überzeugt den verdammen, der das Talent am Ungerechten übt, der, im Irdischen versunken, Notwehr erzwingt, und frech den Beleidiger nennt, den er zerstört.

1806

Christoph Martin Wieland
Eine neue politische Idee [...] zu einem ewigen Frieden in Europa

Ihre Majestät der französische Kaiser Napoleon I. wünscht, den öffentlichen Blättern zufolge, bei dem jetzigen neuen Arrangement der Staaten eine solche Einrichtung zu treffen, daß Europa auf viele Jahre hinaus Friede und Ruhe zugesichert werde. Wenn nun dieser fromme Wunsch und erhabene Zweck gewiß erreichet werden soll, so glaube ich, daß nur nachstehende Idee am meisten zum Zweck führen und dadurch mancher länderverderbende Krieg vermieden werden kann:

›Alle europäischen Staaten müssen sich vereinigen, ein hohes Staatengericht irgendwo in einem kleinen unabhängigen Staate in Europa aufzustellen. Vor diesem hohen Staaten-Tribunal müssen alle Zwistigkeiten, die unter Monarchen und Staaten entstehen können, ventiliert werden, und jeder Monarch und Staat muß sich verpflichten, den Urteilsspruch dieses hohen europäischen Staaten-Tribunals anzuerkennen und demselben Folge zu leisten. Dieses hohe europäische Staatengericht könnte ohne neuen Aufwand in Regensburg, als gleichsam im Zentrum von Europa, errichtet werden; denn nur noch 3 oder 4 Staaten als Spanien, Portugal, Neapel etc. dürften noch daselbst Gesandte haben, so wäre schon das hohe europäische Staatengericht formiert. Der Kur-Erzkanzler, der weise Thalberg, würde ebenfalls als Oberrichter das Präsidium in diesem hohen europäischen Staatengericht führen und müßte das votum decisivum haben.‹

Friedrich Gentz
*Gestörtes Gleichgewicht durch Revolutionskriege***

[...]

Das, was man gewöhnlich *politisches Gleichgewicht* (balance du pouvoir) nennt, ist diejenige Verfassung nebeneinander bestehender und mehr oder weniger miteinander verbundner Staaten, vermöge deren keiner unter ihnen die Unabhängigkeit oder die wesentlichen Rechte eines andern – ohne wirksamen Widerstand von irgendeiner Seite und folglich ohne Gefahr für sich selbst – beschädigen kann.

Die Ähnlichkeit mit körperlichen Gegenständen, nach welchen das Wort gebildet ward, hat Gelegenheit zu mancherlei Mißdeutung gegeben. Man hat sich vorgestellt, die, welche in dem *Gleichgewicht der Macht* die Grundfläche einer Staaten-Verbindung erkannten, beabsichteten eine möglichst vollständige *Gleichheit* oder *Ausgleichung* der Kräfte, und verlangten, daß die verschiedenen Staaten eines durch politische Bande in ein Ganzes verknüpften Bezirkes, in Rücksicht auf Größe, Volksmenge, Reichtum, Hülfsquellen usf., aufs genauste einer gegen den andern abgemessen, abgewogen und abgerundet sein sollten. Aus dieser falschen Voraussetzung sind, je nachdem man sie gläubig oder skeptisch auf die Staatsverhältnisse anwenden wollte, zwei einander entgegenstehende Irrtümer, der eine fast so schädlich als der andre, entsprungen.

Die, welche jenes eingebildete Prinzip in seinem ganzen Umfange annahmen, wurden dadurch zu der Meinung geführt, als ob in jedem Falle, wo sich ein Staat durch äußern Zuwachs oder innre Entwicklung verstärkte, die übrigen Widerstand leisten und so lange kämpfen müßten, bis sie sich entweder ein Äquivalent errungen oder jenen in die vorige Verfassung zurückgebracht hätten. Dagegen erklärten die andern, in ihrer ganz richtigen Überzeugung von der Unmöglichkeit eines solchen Systems, die ganze Idee eines politischen Gleichgewichts der Macht für ein Hirngespinst, von Träumern erfunden und von Schlauköpfen künstlich benutzt, damit es nur an Vorwänden zum Streit, zur Ungerechtigkeit und zur Gewalttätigkeit nicht gebreche. Der erste dieser Irrtümer würde den Frieden von der Erde verbannen; der letzte würde der Alleinherrschaft eines eroberungssüchtigen Staats die erwünschtesten Aussichten eröffnen.

Beide Irrtümer beruhen auf eben der Verwechselung der Begriffe, der wir auf dem Gebiet der innern Staatsverhältnisse alle lockren und luftigen Theorien von *bürgerlicher Gleichheit* und alle mißlungenen praktischen Versuche, diese zur Vollziehung zu bringen, verdanken. *Gleich im Rechte* oder *gleich vor dem Rechte* sollen in jedem wohlgeordneten Staate die sämtlichen Bürger, und in jeder wohlgeordneten Völker-Gemeinschaft die sämtlichen Staaten sein – aber *gleich an Rechten* keineswegs. Die wahre Gleichheit, die einzige auf rechtmäßigen Wegen erreichbare, besteht in einem wie in dem andern Falle nur darin, daß dem Kleinsten wie dem Größten sein Recht gesichert sei und daß er durch unrechtmäßige Gewalt weder gezwungen noch verletzt werden könne.

So wie es die Grundlage eines richtig organisierten Staates und der Triumph seiner Verfassung ist, daß eine Menge an Rechten und Kräften, an Fähigkeiten und Ausbildung derselben, an ererbten und erworbenen Besitzungen im höchsten Grade ungleicher Personen durch gemeinschaftliche Gesetze und Regierung so glücklich nebeneinander bestehen, daß keine mit Willkür in die Sphäre des Nachbarn greifen könne, und dem Ärmsten seine Hütte und sein Feld in eben der uneingeschränkten Fülle, wie dem Reichsten sein Palast und seine Herrschaften gehören: eben so wird es der eigentliche Charakter eines völkerrechtlichen Gemeinwesens (wie es im neuern Europa sich gebildet) und der Triumph seiner Vortrefflichkeit sein, daß eine gewisse Anzahl auf sehr verschiednen Stufen von Macht und Reichtum stehender Staaten, unter dem Schutz eines gemeinschaftlichen Bandes, ein jeder unangetastet in seinen sichern Grenzen verharre, und der, dessen ganzes Gebiet eine einzige

Stadtmauer umschließt, von seinen Nachbarn so heilig gehalten werde als jener andre, dessen Besitz und Gewalt sich über Länder und Meere erstreckt.

So wie aber auch die beste, von Menschen zu erfindende Staats-Verfassung ihrem Zwecke nie vollständig entspricht und immer noch einzelnen Verletzungen, Bedrückungen und Ungerechtigkeiten Raum läßt: desselben gleichen ist die vollkommenste Völker-Verfassung nicht stark genug, um jedem Eingriffe eines mächtigern Staates in die Gerechtsame eines minder mächtigen zuvorzukommen. Noch mehr: unter sonst gleichen Bedingungen wird allemal eine Völker-Verbindung verhältnismäßig weniger geschickt sein, die Unabhängigkeit und Sicherheit ihrer Glieder, als ein Staat die rechtliche Gleichheit und Sicherheit seiner Bürger zu schützen.

[...] Es bildete sich unter den Staaten dieses Weltteils eine ausgebreitete gesellschaftliche Verbindung, deren wesentlicher und charakteristischer Zweck auf Erhaltung und wechselseitige Verbürgung der wohlerworbnen Rechte eines jeglichen ihrer Mitglieder gerichtet war. Von der Zeit an, da dieser ehrwürdige Zweck in seiner vollen Klarheit erkannt ward, entwickelten sich auch nach und nach die notwendigen und ewigen Bedingungen, von denen seine Erreichbarkeit abhing. Man wurde gewahr, daß es in dem Verhältnis der Kräfte jedes einzelnen Bestandteiles zum Ganzen gewisse Grundregeln gab, ohne deren beharrlichen Einfluß die Ordnung nicht gesichert sein konnte; und es setzten sich allmählich folgende allgemeine Maximen als immerwährende Richtpunkte fest:

Daß, wenn das Staaten-System von Europa bestehen und durch gemeinschaftliche Anstrengungen behauptet werden soll, nie *einer* der Teilnehmer an demselben so mächtig werden müsse, daß die Gesamtheit der übrigen ihn nicht zu bezwingen vermöchte;

Daß, wenn jenes System nicht bloß bestehen, sondern auch ohne beständige große Gefahr und heftige Erschütterungen behauptet werden soll, jeder einzelne, der es verletzt, nicht bloß von der Gesamtheit der übrigen, sondern schon von irgendeiner Mehrheit (wenn nicht von einem einzelnen) müsse bezwungen werden können;

Daß aber, um der Wechsel-Gefahr einer ununterbrochenen

Reihe von Kriegen oder willkürlichen Unterdrückung der Schwächern in jedem kurzen Zwischenraum des Friedens zu entrinnen, *die Furcht* vor gemeinschaftlichem Widerstande oder gemeinschaftlicher Rache der andern in der Regel schon hinreichend sein müsse, um jeden in seinen Schranken zu halten; und:

Daß, wenn irgendein europäischer Staat sich durch eigne rechtlose Unternehmungen zu einer Macht emporschwingen wollte oder wirklich emporgeschwungen hätte, mit welcher er der fernen Gefahr einer Verbindung zwischen mehrern seiner Nachbarn, oder dem wirklichen Eintritt derselben, oder gar einem Bunde des Ganzen Trotz zu bieten vermöchte, ein solcher als gemeinschaftlicher Feind des gesamten Gemeinwesens behandelt; wenn hingegen eine ähnliche Macht durch zufällige Verkettung der Umstände und ohne widerrechtliche Tat des Erwerbers irgendwo auf dem Schauplatz erschiene, kein Mittel zur Schwächung derselben, das die Staats-Weisheit nur irgend an die Hand gibt, unversucht gelassen werden müsse.

Der Inbegriff dieser Maxime ist die einzige wohlverstandne Theorie eines Gleichgewichtes in der politischen Welt. [...]

Die Geschichte der französischen Revolutions-Kriege ist, fast aus jeglichem Standpunkte betrachtet, ein düstres, schauererregendes Gemälde. Aber für den, dem alltägliche Drangsale den Sinn für höhere Not, dem einzelne vorübergehende Greuel das Gefühl für tiefe Zerrüttung und für weltumfassendes Unheil nicht abstumpften, ist nichts in diesem Gemälde so schrecklich, als jenes gänzliche und hoffnungslose Verschwinden aller Grundsätze, Gesinnungen und Maximen, auf denen nicht bloß der Flor und die Größe, sondern die nackte Möglichkeit einer Föderativ-Verfassung beruht; jene gewaltsame, tödliche Auflösung aller alten gemeinschaftlichen Bande, aller wechselseitigen Zuneigung und Treue, aller Freundschaft und Nachbarschaft und natürlichen und politischen Blutsverwandtschaft und alles Gemeingeistes und Nationalgeistes und europäischen Familiengefühls unter den Regenten und Völkern dieses Erdteils. Dürfte man ohne große Gefahr [...] die ganze Verkettung dieser Übel mit bestimmten und deutlichen Umrissen in einem einzigen Bilde zusammenstellen, selbst die würden sich davor entsetzen, die in den Hauptfiguren des Bildes ihre eigenen Züge erkennen müßten. Nicht genug, daß jede ferne Gefahr, jeder Vorbote des nahenden Sturmes, die dringendsten Aufforderungen des Freundes, die steigende Bedrängnis der Nachbarn, das Angstgeschrei verlassener Bundesgenossen von Fürsten und Ministern unbeachtet blieb, auch die entscheidendsten und furchtbarsten Katastrophen, das wirkliche Zusammenstürzen der Staaten, Regierungen aufgelöset, Dynastien verjagt und enterbt, die ehrwürdigsten Verfassungen der Erde in Staub und Verwüstung gelegt, der Einbruch des gemeinschaftlichen Feindes in die wichtigsten Provinzen an ihrer Grenze, die blutigsten Schlachten nur wenige Meilen von ihren Residenzen gefochten, die letzten Bollwerke geschleift, die sie selbst gegen das Verderben noch deckten; nichts, nichts konnte sie ins Leben zurückrufen. Der gemeinschaftlichen Gefahr auf jedem nur erdenklichen Wege entrinnen – wenn Teilnahme nicht mehr abgelehnt werden konnte, sich auf die dürftigste und unwirksamste beschränken – und sobald nur ein Ausgang sich zeigte, auf jede Bedingung den Schauplatz verlassen – dies schien in jener ewig bejammernswürdigen Zeit die Summa aller Staatsklugheit zu sein; noch glücklich, wenn Gleichgültigkeit und Selbstsucht nicht verabscheuungswürdigern Triebfedern Platz machten, und die Hoffnung, in der allgemeinen Zerstörung, ehe das Feuer die eigene Hütte ergriff, eine flüchtige Beute zu verschlingen, die Egoisten in geheime Widersacher umschuf. Die traurigsten Resultate verzweifelter Friedensschlüsse wurden mit eben der stumpfen Gelassenheit wie die Niederlagen im Felde vernommen; und wenn das Ungewitter nur für Augenblicke beschworen, die lästigen Klagen der Bedrängten und die lästigern Mahnungen der Pflicht nur für Augenblicke betäubt werden konnten, so sah man mit weniger Gram, als man sonst eine Zitadelle überliefert oder in eine unbedeutende Grenzverrückung gewilligt hätte, ganze Linien von Festungen geräumt und Nationen und Königreiche in die Waagschale der Übermacht sinken.

Der Zustand der öffentlichen Meinung entsprach dieser unerhörten Zerrüttung, oder vielmehr, überflügelte sie noch, ließ sie weit noch hinter sich zurück. Wer damals von einer gemeinschaftlichen Sache, von der Notwendigkeit gemeinschaftlicher Maßregeln und heilsamer Bündnisse sprach, wurde, wenn es ihm noch gnädig erging, wie ein gutmütiger Schwärmer, gewöhnlich wie ein gedungenes Organ einer oder der andern Regierung behandelt. Seine persönliche Sicherheit aufs Spiel setzen, seine Schätze angreifen, seine Truppen ausrücken lassen, um einem andern zu Hülfe zu eilen, wurde wie eine Art von Wahnsinn betrachtet. Man erschöpfte sich in Lobreden auf die, die sich vor jeder auch nur augenblicklichen Versuchung, der allgemeinen Wohlfahrt ein Opfer zu bringen, am sorgfältigsten zu verwahren gewußt hatten. Die Nachwelt wird es kaum glauben, daß die Orakel dieser denkwürdigen Zeit, daß Schriftsteller und Redner und Staatsmänner, wenn sie ein Muster von Staatsweisheit aufstellen wollten – die *dänische Regierung* zitierten. [...] Aber die Verkehrtheit stieg wirklich so hoch, daß die am zärtlichsten geliebt wurden, die man am entschlossensten sah, an dem Kampfe gegen den gemeinschaftlichen Feind nie den geringsten Anteil zu nehmen. Die Eroberung von Holland, der Verlust aller deutschen Länder jenseits des Rheins, die schnöde Unterjochung der Schweiz, die Schicksale Italiens, die Gefahr der österreichischen Monarchie – das alles glitt nur oberflächlich und leise an den Gemütern der Zeitgenossen vorüber; sehr viele – wer hätte es vergessen! – sehr viele waren rasend genug, sich über Frankreichs Siege zu freuen; die andern sorgten für ihr Haus und ließen den Himmel für das Übrige sorgen. In unbeliebten, kaum aus Neugier gelesenen und fast nur aus Anstand geduldeten Blättern klagten einige das Unwesen an; aber niemand achtete darauf. [...]

Es ist nicht möglich, daß die Geschichte unserer Zeit so ganz ohne heilsame Früchte für uns und unsere Nachkommen vorübergehen sollte. Ob Bonaparte in seinem stolzen und finstern Gemüt die Idee einer Universal-Monarchie wirklich gefaßt, und unter welcher Form er sie gefaßt, und wie weit er sie ausgebildet, und wann, wie er sie zu realisieren gedacht – das wird alles erst die Zukunft enthüllen. So viel aber ist klar und gewiß: Sechs schreckliche Jahre hindurch hat er ohne Unterlaß alles getan, was er in der schlimmsten Voraussetzung tun mußte, und Schritte sind ihm gelungen, die den bösesten, verzweifeltsten Ausgang nicht undeutlich zu verkündigen schienen. Wenn hiermit nun auch alles geschlossen, seine Laufbahn für immer geendiget, durch wohl kombinierte und vom Glück gekrönte Unternehmungen sein Gestirn jetzt rückgängig gemacht werden sollte – wäre es möglich, daß wir jemals vergäßen, welche Leiden, welche Bitterkeiten, welche Schmach, welche Unruhen, welche Konvulsionen, welche Last immer gegenwärtiger Übel, welche Angst vor jedem kommenden Tage dem größten und besten Teile Europas bloß durch diesen unseligen Versuch und die Morgenröte seiner Ausführung bereitet wurde? Und sollten wir uns denn nicht durch alles, was Weisheit nur vermag, auf immer gegen die Rückkehr solcher harten Prüfungen decken?

Vor allem ist es nötig, sich zu erinnern, daß die Vorkehrungen und Sicherheitsmittel, von welchen bisher die Rede gewesen, die Schöpfungen einer bessern (Gott gebe nicht fern liegenden) Zukunft sein müssen, und *daß diese Zukunft erst erkämpft werden soll.* Um uns aber von dem, was wir werden wollen und müssen, genugtuende Rechenschaft geben zu können, ist es nötig, recht gründlich zu wissen, was wir in diesem Augenblicke sind. Eine allgemeine Revision der heutigen politischen Verhältnisse zwischen Frankreich und den übrigen Staaten ist also ein Bedürfnis der Zeit. [...]

Johann Gottfried Seume
Apokryphen

Die Vernunft ist immer republikanisch, aber die Menschen scheinen, wenn man die Synopse ihrer Geschichte nimmt, doch durchaus zum Despotismus geboren zu sein.

Die ganze Synopse unserer Politik liegt in den zwei Versen von Bürger:

›Du hast uns lange genug geknufft;
Man wird Dich wieder knuffen, Schuft.‹

Weiter hat Vernunft und Gerechtigkeit nichts damit zu tun.

Die geheime Geschichte der sogenannten Großen ist leider meistens ein Gewebe von Niederträchtigkeiten und Schandtaten.

Wir nennen Frieden, was doch nur Lethargie vor dem Tode ist, und ich fürchte, wir erwachen nur zu unserm Ende.

Es ist oft ein Glück für die Menschheit, daß die größeren Verbrecher die kleineren in Furcht halten. Wie dabei Vernunft und moralische Weltregierung bestehen, weiß ich freilich nicht recht zu entziffern.

Man gibt in unsern Staaten meistens der Gerechtigkeit eine Form, die schrecklicher ist als die Ungerechtigkeit selbst.

Die französische Revolution wird in der Weltgeschichte das Verdienst haben, zuerst Grundsätze der Vernunft in das öffentliche Staatsrecht getragen zu haben. Läßt man diese Grundsätze wieder sterben, so verdient jeder Weltteil seinen sublimierten Bonaparte.

Was Grotius in seinem Buche vom Strafkriege sagt, hält keine Sonde. Es ist bloß Kautionszwang, die Malevolenz des Feindes außer Stand zu setzen, weiter zu schaden. Was er in seinem Strafkriege vom Stärkern und Schwächern fabelt, hält ebenso wenig Stich. Schon das Wort *Krieg* zeigt, daß die Parteien einander gleich sind. Wer sich ausgemacht für den Schwächern erkennt, führt keinen Krieg. So lange man Waffen hat und sie brauchen will, denkt man sich dem andern gleich an Kraft, zumal wenn man sich überlegen fühlt an Recht. Strafe heißt überhaupt weiter nichts als Ersatz für das Vergangene und Sicherstellung für das Künftige, auch im bürgerlichen Rechte. Die Todesstrafen im Staate sind das Nämliche; die Moralität ist hier nicht die Hauptsache. Es läßt sich denken, daß einer moralisch eine Bürgerkrone verdient und gesetzlich gehenkt wird. Wir schaffen einen Menschen fort, weil er uns nach unsern Einrichtungen gefährlich ist und wir nicht verpflichtet sind, ihn nach seiner Weise auf unsere Kosten zu ernähren. Was Philanthropie und Liberalität rät, ist ganz verschieden von dem, was das strenge Recht mit Fug kann.

Ich kenne in der Geschichte noch keine Republik im bessern Sinne. Die Franzosen hatten einige Zeit den Anschein, eine zu werden. Es ist ein göttlicher Versuch vielleicht auf Jahrtausende verunglückt.

Wer in der Welt nicht 200 000 Bajonette mit den gehörigen Appertinenzen zu seinem Befehl hat, sollte sich's nicht einfallen lassen, öffentlich einen vernünftigen Gedanken zu haben. Und die Herren, die sie haben, lassen sich's beliebter Gemächlichkeit wegen selten einfallen.

Das goldene Jahrhundert, das silberne, das eherne, das eiserne, das bleierne, das papierne, das dreckige: in dem letzten sind wir jetzt. Wenn wir uns doch wenigstens wieder bis zum eisernen erhöben!

Der jetzige Zustand Deutschlands ist das Produkt der Privilegien, des Kastenwesens und des Stocksystems, das Werk unserer Fürsten und Edelleute. Die Ursachen werden nicht gehoben, also werden die Wirkungen bleiben.

Erster Bauer: Michel, Du bist heute nicht in der Kirche gewesen. Über acht Tage, den Achten, sollen wir das Friedensfest feiern.

Zweiter Bauer: Ach Gott, wenn wir nur Frieden hätten!

Erster Bauer: Warum sollen wir aber das Friedensfest feiern, da wir doch keinen Frieden haben?

Zweiter Bauer: Hm hm! das ist freilich unbegreiflich, wie Vieles: da muß man seine Vernunft gefangen nehmen, wie in der Bibel.

Erster Bauer: Es soll auch eine Kollekte gesammelt werden für die Bedrängten, und die Travalgen gehabt haben.

Zweiter Bauer: Travalgen haben wir genug, Lieferungen und Fuhren und neue Quatember. Die **** hatten doch Brot und Geld: den **** müssen wir Brot und Geld geben und etwas mehr fahren. Unsere Leute marschieren in den Krieg, und wir haben Travalgen und sammeln Kollekten und feiern das Friedensfest; daß Gott erbarme!

Die Kriegskunst ist hoch gestiegen: man führt den Krieg ohne Bürger, mit Soldaten ohne Sold – und es geht nicht schlimmer. Das ist doch noch ein Beweis der Milde der Menschennatur!

Es ist nur *ein* Despotismus erträglich: der Despotismus der Vernunft – wenn wir nur erst über die Vernunft einig wären.

Die meisten Regenten fürchten sich mehr vor den Bürgern als vor den äußern Feinden: ein Beweis, daß die meisten Staaten schlecht eingerichtet sind.

Der Krieg ist furchtbar und gräßlich; aber noch gräßlicher ist oft, was man Friede nennt, wo Pleonexie und Kastenwesen das Volk in Sklaverei und zur gänzlichen Verdumpfung und Entäußerung alles Menschenwertes herabstößt. Und es wäre schwer zu bestimmen, ob der Krieg oder dieser Frieden mehr Greuel habe.

Heiliger Spartacus, bitte für uns! Wenn doch mehr solche Schulmeister des Menschenverstandes aufträten!

Gleichheit allein ist die unumstößliche Base des Rechts. Recht, gleich, droit, égal, aequum, aequitas, aequalitas – der ganze Sprachgebrauch hilft beweisen. Der Begriff *Krieg* setzt die Gleichheit voraus, der Begriff *Friede* beruht darauf, sowie jeder Vertrag. Wenn der Despot sich eine Leibwache setzt, gibt er sein Leben in ihre Hände, erkennt also faktisch ihre Gleichheit oder gar ihre Überlegenheit. Wenn doch die Menschen sich so wenig als möglich von der ursprünglichen Gleichheit entfernen wollten, sie würden alle weit sicherer stehen und gehen. Wenn man etwas endlich *ausgleichen* will, muß man doch immer seine Zuflucht dahin nehmen.

Wer mit einem guten Gedanken stirbt, ist immer glücklicher, als wer als Sieger über ein Schlachtfeld zieht.

1807

Ludwig Achim von Arnim
Scheinbarer Friede

Ja, die Welt wird öde,
Ja, die Welt wird leer,
Und mein Aug' so schnöde,
Grüßt das Licht nicht mehr;
Was in Abendröte
Schien gewitternd her,
Jetzt in Morgenröte
Macht die Luft so schwer;
Ferne Donner rollen,
Und die Arbeit gähnt,
Ferne Feinde grollen,
Friede wird gewähnt.

NACHWORT

Verlauf, Höhepunkte und Ergebnisse der deutschen Friedensdiskussion um 1800

Im Herbst 1788 hatte Friedrich Schiller, vermutlich angeregt von Christoph Martin Wieland, sein großes Bekenntnisgedicht ›Die Künstler‹ vollendet. Ein Vierteljahr später sagt er darüber (in einem Briefe an Christian Gottfried Körner vom 9. Februar 1789): ›Ich eröffne das Gedicht mit einer 12 Verse langen Vorstellung des Menschen in seiner jetzigen Vollkommenheit; dies gab mir Gelegenheit zu einer guten Schilderung dieses Jahrhunderts von seiner bessern Seite.‹ Im Märzheft 1789 des ›Teutschen Merkur‹ war dann dieser Hymnus zu lesen:

Wie schön, o Mensch, mit deinem Palmenzweige
Stehst du an des Jahrhunderts Neige,
In edler stolzer Männlichkeit,
Mit aufgeschloßnem Sinn, mit Geistesfülle,
Voll milden Ernsts, in tatenreicher Stille,
Der reifste Sohn der Zeit,
Frei durch Vernunft, stark durch Gesetze,
Durch Sanftmut groß und reich durch Schätze,
Die lange Zeit dein Busen dir verschwieg,
Herr der Natur, die deine Fesseln liebet,
Die deine Kraft in tausend Kämpfen übet
Und prangend unter dir aus der Verwildrung stieg!

Noch ist kein Jahrzehnt ins Land gegangen, da behandelt ein Unbekannter, der unter dem Decknamen Uranus auftritt, diesen allegorischen Ansatz recht respektlos, nämlich parodistisch. Im zweiten Heft des Jahrgangs 1796 der ›Annalen der leidenden Menschheit‹ veröffentlicht er ein Gedicht mit dem Titel ›Die

Krieger‹, das im Sommer 1794 entstanden ist und folgendermaßen beginnt:

Wie scheußlich, Mensch, mit deinem Bajonette
Stehst du in der geschloßnen Mörderkette
Mit eingefuchtelter Vermessenheit;
Mit feigem Sinn, mit wütiger Gebärde,
Taktmäßig stampfend auf der fremden Erde;
Auf deines Treibers Wink bereit,
In gleichgeformten, willenlosen Horden
Zehntausend gegen dich Geprügelte zu morden
Mit mehr als tierischer Unmenschlichkeit,
Voll Rache gegen nie gesehne Brüder –
Wie scheußlich stehst du da: nicht Held, nein, Hyder
Am Ende deiner Greuelzeit,
Getriebenreif zur Höllenewigkeit!

Die kleine poetische Kontroverse, so zufällig und punktuell sie sich auf den ersten Blick ausnehmen mag, zeigt bei genauerem Zusehen mit wünschenswerter Deutlichkeit an, wie direkt jetzt in Deutschland der Faden einer Diskussion wieder aufgenommen wird, der etwa zur gleichen Zeit in Frankreich unvermittelt abgerissen war.

I

Das französische Fanal von 1789 hatte die europäische Reaktion beunruhigt und zu Tode erschreckt. Die junge französische Republik, kaum daß sie ihre inneren Gegner zu überwältigen vermochte, ist vom ersten Augenblick ihres Entstehens an gezwungen, sich mit Waffengewalt ihrer äußeren Feinde zu erwehren. Zur Verteidigung ihrer revolutionären Ordnung muß sie die Revolutionskriege von 1792 bis 1794 führen. Es gelingt ihr, sich zu behaupten. In mehreren Feldzügen schlägt sie erst die österreichisch-preußischen, später die durch andere Staaten verstärkten Interventionsheere. Aber die Kanonen schweigen nur, um bald darauf abermals zu brüllen. Die französischen Revolutionskriege münden unmittelbar in die Koalitionskriege der europäischen Reaktion gegen Frankreich. Sie dauern zwölf Jahre an, von 1795 bis 1807.

Zu einer großen antifranzösischen Koalition war es bereits Anfang 1793 gekommen. Damals witterten viele politische und ideologische Repräsentanten der europäischen Feudalaristokratie oder Großbourgeoisie die Gefahr besonders heftig, daß revolutionäre Ideen aus Frankreich bedrohlich auf ihren eigenen Herrschaftsbereich überspringen könnten. Die Konstituierung der Mainzer Republik schien zu beweisen, daß sich solche Befürchtungen aufs schlimmste bewahrheiteten. Als unerwartet stark hatten sich der Widerstandswille und die militärischen Fähigkeiten der französischen Revolutionsheere gezeigt, die man doch im ersten Anlauf niederzuwalzen gedachte und die die Interventen nicht nur bei Valmy das Laufen lehrten. Als Provokation wirkt dann vor allem die Hinrichtung Ludwigs XVI., der am 21. Januar als ›Louis Capet‹ seinen Kopf unter der Guillotine verliert. Kurz darauf treten sieben europäische Staaten dem preußisch-österreichischen Bündnis bei: England, Holland, Spanien, Sardinien, Toskana, Neapel und das Deutsche Reich. England übernimmt sogleich die Führung in dieser ersten Koalition, da es Frankreich als seinen Hauptkonkurrenten im Kampf um die machtpolitische Hegemonie in Europa ansieht. Die militärischen Auseinandersetzungen setzen sich fort.

Der erste Koalitionskrieg (1795–1797) läßt gleich zu Beginn gesellschaftliche Widersprüche zwischen den ungleichen Koalitionspartnern hervortreten. Preußen, durch seine Teilnahme am Einfall in Frankreich und durch seine Annexionen in Polen am Rande eines finanziellen, militärischen und moralischen Bankrotts, schert aus dem Bündnis aus. Es erkennt die französische Republik an und schließt mit ihr am 5. April 1795 den separaten Frieden zu Basel. Dessen öffentliche Vereinbarungen sichern Frankreich allen ehemals preußischen Besitz auf dem linken Rheinufer zu und legen für alle norddeutschen Staaten Neutralität fest. In einem Geheimvertrag wird bestimmt, daß Preußen, falls bei einem allgemeinen Friedensschluß die linksrheinischen Gebiete endgültig an Frankreich abgegeben werden sollten, eine Entschädigung aus rechtsrheinischem Gebiet erhalten wird. Auch Holland, Spanien und Toskana stehlen sich aus dem Bündnis heraus; Portugal dagegen tritt neu hinzu.

In den Feldzügen des ersten Koalitionskrieges gelingt es keiner Seite, einen entscheidenden Sieg zu erringen.

Nach Plänkeleien am Oberrhein scheitern die Franzosen bei einem Vorstoß nach Süddeutschland, während es ihren in Italien operierenden Bataillonen unter dem Oberbefehl des jugendlichen Generals Napoleon Bonaparte gelingt, die Lombardei zu besetzen, österreichische Truppen bei Mantua einzuschließen und einen Angriff auf Wien vorzubereiten. Mitte April 1797 tritt auf beiden Kriegsschauplätzen Waffenstillstand ein, am 17. Oktober schließen Österreich und Frankreich den Frieden zu Campo Formio. Österreich verliert seine belgischen Besitztümer und muß seine oberitalienischen Gebiete an die von Napoleon gegründete Cisalpinische Republik abtreten. Friedensverhandlungen zwischen französischen Bevollmächtigten und Diplomaten des alten Deutschen Reiches auf dem Rastatter Kongreß ziehen sich anderthalb Jahre hin, um dann ergebnislos zu enden.

Unterdessen hatten Frankreich und England nicht aufgehört zu kämpfen. Das Kriegsglück neigte sich mehr und mehr den Franzosen zu. Nach der Einnahme von Rom gründen sie die Römische Republik, nach einem Einmarsch in die Schweiz und der Plünderung der Staatskasse in Bern konstituiert sich unter ihrem Protektorat die Helvetische Republik. Erfolgreich verläuft auch die Expedition französischer Truppen nach Ägypten unter Bonapartes Befehl, bis dann die Vernichtung der französischen Flotte in der Seeschlacht bei Abukir die Engländer wieder die Oberhand gewinnen läßt. Ihnen gelingt es schießlich, eine neue antifranzösische Koalition zusammenzubringen, der Österreich, Rußland, Neapel, Portugal und die Türkei beitreten.

Der zweite Koalitionskrieg (1799–1802) bringt diesen Verbündeten einige Anfangserfolge, die sie zu nicht geringen Teilen dem strategischen Genie eines Suworow zu verdanken haben, nach der Jahrhundertwende aber (unter der napoleonischen Militärdiktatur) entscheidende Schlappen in der Schweiz, in Süddeutschland und in Oberitalien. Das Debakel zweier verlorener Schlachten (bei Marengo im Juni und bei Hohenlinden im Dezember 1800) zwingt Österreich und das Deutsche Reich, aus dem Kriege auszuscheiden. Am 9. Februar 1801 wird der Friede zu Lunéville geschlossen. Kaiser und Reich willigen in die Abtretung des linken Rheinufers an Frankreich ein; alle Fürsten, die dort Gebiete verlieren, sollen im rechtsrheinischen Deutschland entschädigt werden (was praktisch eine Umgestaltung des ganzen Reichs zugunsten erblicher Dynastien bedeutet); die Verlierer müssen außerdem die Batavische, Ligurische, Cisalpinische und Helvetische Republik anerkennen. Im März 1802 schließen die englischen und türkischen Koalitionspartner mit den Franzosen den Frieden zu Amiens. England muß alle seine Eroberungen wieder an Frankreich herausrücken und soll Malta an den Johanniterorden, Ägypten wieder an die Pforte zurückgeben. Damit hat auch der zweite Koalitionskrieg ein für die Koalierten nicht eben rühmliches Ende gefunden.

Nun heißt es, was das Schicksal Deutschlands betrifft, die vielen unklaren und ungenauen, vorläufig und hinhaltend formulierten Festlegungen der Friedensschlüsse von Basel, Campo Formio und Lunéville in praktische Politik umzusetzen. Zu diesem Zwecke versammeln sich in Regensburg Abgesandte (Deputierte) verschiedener deutscher Fürstenhäuser und bilden die (vom Deutschen Reichstag eingesetzte, aber von den Großmächten Frankreich und Rußland initiierte und kontrollierte) Reichsfriedensdeputation. Sie nimmt ihre Arbeit im November 1801 auf. Das Hauptproblem, das sie zu lösen hat, besteht in einer durchgreifenden Neuordnung der deutschen Kleinstaaterei. Da das linke Rheinufer jetzt endgültig an Frankreich gefallen ist, sind mehrere deutsche Souveräne für ihre linksrheinischen Gebietsverluste zu ›entschädigen‹. Es beginnt ein unwürdiger, wie eine Farce wirkender Menschen- und Länderschacher, der in manchen beobachtenden Zeitgenossen das Gefühl einer tiefen Beschämung auslöst.

Schließlich greifen die Franzosen ein und legen den Deputierten mit russischer Zustimmung einen Plan aller Veränderungen vor. Nach längeren, immer noch heftig geführten Diskussionen erhält dieser Plan am 25. Februar 1803 als »Reichsdeputationshauptschluß‹ normative Gesetzeskraft. Die Eingriffe, die er in die gesellschaftliche, politische und regionale Struktur des damaligen Deutschland vornimmt, sind nicht unerheblich. Ambivalent, widersprüchlich mischen sich in ihnen Fortschritt und Rückschritt, Gewinn und Verlust.

Konserviert, ja noch verstärkt wird der geschichtliche Antagonismus zwischen Österreich und Preußen. Österreich verliert ziemlich viel, geht geschwächt aus den Regensburger Verhandlungen hervor. Seine Stellung als Kaisermacht ist unterminiert, das mittelalterliche Deutsche Reich ächzt und kracht in allen Fugen. Preußen und einige deutsche Mittelstaaten, die sich zu sicheren Verbündeten Frankreichs entwickeln sollen, heimsen den Löwenanteil an Machtzuwachs ein (Baden erhält das Achtfache seiner linksrheinischen Gebietsverluste, Preußen das Fünffache, Württemberg das Vierfache). Beseitigt werden nicht weniger als 112 Reichsstände, darunter nahezu alle geistlichen Fürstentümer und 44 von 50 freien Reichsstädten. Auf diese Weise (mit einer historisch längst überfälligen, nun verspätet und halbherzig eingeleiteten Roßkur) können zwar die schlimmsten Auswüchse der deutschen Zersplitterung abgeschafft werden, nicht aber diese selbst und ihre negativen Folgen: der Machtzuwachs Preußens und die Abhängigkeit mehrerer süd- und westdeutscher Staaten von Napoleon vertiefen diese Zersplitterung qualitativ noch ganz erheblich und lagern neue Konfliktstoffe an, bevor die alten ganz ausgeräumt sind. Es ist absehbar, daß dieser Friede nicht lange halten und die Regensburger Behelfs- und Notlösung wahrscheinlich schon beim ersten Anstoß von innen oder außen wieder in die Brüche gehen wird.

Nicht besser steht es um den Frieden von Amiens. Auch er zerbricht nach Jahresfrist. Feindseligkeiten und Konflikte zwischen den Erzrivalen England und Frankreich schwellen abermals auf. Beide Seiten haben für ihren gegenseitigen Argwohn gute Gründe. Die englische Großbourgeoisie beobachtet mißtrauisch, wie Napoleon die französische Vorherrschaft auf dem gesamten europäischen Festland immer mehr festigt und ausbaut; sie will den Imperator daran hindern, die alten französischen Kolonien zu erhalten und neue zu erwerben; sie fordert den Abzug französischer Truppen aus der Batavischen Republik, aus der Schweiz und aus Piemont. Napoleon denkt gar nicht daran, sich diesen Forderungen zu beugen; er sucht und findet neue antibritannische Verbündete, und er bereitet, ohne daraus im geringsten ein Geheimnis zu machen, einen militärischen Überfall auf England systematisch vor. Ohne Skrupel läßt er das Kurfürstentum Hannover besetzen (das mit England in Personalunion verbunden war), brüskiert englische Diplomaten, wo er nur kann, und errichtet am Ärmelkanal, direkt der südenglischen Küste gegenüber, in der Gegend von Boulogne ein riesiges Militärdepot. Knapp ein Jahr lang belagern sich in dieser neuen

Stellung die alten Feinde, beide bis an die Zähne bewaffnet und jederzeit zum Losschlagen bereit.

Den Engländern fällt es nicht schwer, die ungeheure Gefahr zu begreifen, die da vor ihrer Haustüre steht. Sie entschließen sich, die napoleonische Angriffskonzeption zu durchkreuzen, indem sie der Armee in den Rücken fallen, sie von Osten her bedrohen. Sie scheuen weder Kosten noch Mühe, eine dritte Koalition zustandezubringen. Gewaltige Mengen von englischen Goldpfund wirken schließlich als überzeugende Argumente: nach anfänglichem Zögern treten Rußland, Österreich, Schweden und Neapel dem Bündnis bei. Erneut beginnt eine militärische Kraftprobe.

Der dritte Koalitionskrieg (vom Spätsommer bis Jahresende 1805) entwickelt sich zu einem totalen militärischen Triumph Napoleons. Zwar endet er nicht, wie der nunmehrige Kaiser der Franzosen sich das ursprünglich vorgestellt hatte, mit einem Einmarsch in London und der Plünderung der Bank von England, sondern im südlichen Mähren mit der alles entscheidenden ›Dreikaiserschlacht‹ bei Austerlitz. Aber die Umgestaltung der politischen Landkarte Europas ist nach diesem Kriege – das immer noch unbesiegte Albion freilich ausgenommen – doch weitgehend nach französischen Vorstellungen vollzogen. Österreich, das im Frieden von Preßburg, geschlossen am 26. Dezember 1805, seine letzten italienischen Besitzungen (Venetien), dazu Tirol und Vorarlberg verliert, ist zu Tode geschwächt. Die gleichzeitige Erhebung Bayerns und Württembergs zu souveränen Königreichen setzt die Auflösung des Deutschen Reiches fort. Nur Rußland, England und Schweden sind zu Friedensschlüssen nicht bereit, sie verbleiben im Kriegszustande. Napoleon aber hat freie Hand, das europäische Festland weiter zu formen nach seinem Bilde.

Nördlich wie südlich der Alpen verändert sich die politische Landschaft innerhalb weniger Monate gründlich. In Neapel wird die herrschende bourbonische Dynastie abgesetzt und vertrieben, dafür Joseph Bonaparte, Napoleons ältester Bruder, als König eingesetzt, die kurzlebige Italienische Republik in ein Königreich Italien unter französischer Oberherrschaft umgewandelt. Frankreich schließt neue Separatbündnisse mit Spanien und Preußen. Auch in deutschen Landen betreibt Napoleon jetzt energisch dynastische Familienpolitik. Seinen Schwager

Murat macht er zum Großherzog von Berg und Kleve, seinen Marschall Berthier zum Fürsten von Neuenburg, seinen Bruder Louis zum König von Holland. Vor allem aber gründet er (am 12. Juli 1806 in Paris) den Rheinbund, dem sechzehn deutsche Fürsten beitreten, und schwingt sich zu seinem Protektor auf. Die Mitglieder des Bundes erklären sogleich ihr Ausscheiden aus dem deutschen Reichsverband. Das bedeutet nun auch formal das Ende des Heiligen Römischen Reiches Deutscher Nation. Kaiser Franz II., der bereits 1804 den Titel eines Kaisers von Österreich angenommen hatte, legt am 6. August 1806 offiziell, von den Franzosen dazu gedrängt, die deutsche Kaiserwürde nieder. Der Krieg von 1806/07 (Frankreich und der Rheinbund gegen Preußen und Rußland) besiegelt die Unterwerfung ganz Deutschlands unter die napoleonische Fremdherrschaft.

Zwölf Jahre lang haben jetzt, und fast ohne Unterlaß, die Kriegsfurien in ganz Europa gewütet. Für die Zeitgenossen muß es scheinen, als sei das Buch der Geschichte mit Blut und Eisen geschrieben, als wäre es angefüllt mit einer Unzahl von Toten, mit einer Unmenge von Leid. Worin besteht aber objektiv das welthistorisch bedeutsame Resultat all dieser Kämpfe?

Unter Ausnutzung seiner sozialökonomischen, politischen, ideologischen und militärischen Überlegenheit hat Frankreich die alten Feudalmächte geschlagen, seine bürgerliche Ordnung auf Dauer gesichert und sein Herrschaftssystem über die meisten der mit ihm benachbarten Länder solide eingerichtet, teils mit Hilfe diktatorisch aufgezwungener ›Bündnisse‹, teils durch direkte Annexion, teils durch indirekte Okkupation (dynastische Personalunionen, familiäre Abhängigkeit der jeweiligen Throninhaber). Nur gegen England und Rußland konnte kein durchschlagender Erfolg erzielt werden. In den der französischen Herrschaft unterworfenen Ländern bewirken tiefe Eingriffe in die gesellschaftlichen Verhältnisse der unterlegenen Staaten nach und nach eine weitgehende, wenn auch regional unterschiedlich intensive Angleichung an die bürgerliche Ordnung. Dergestalt läuten die französischen Revolutionsereignisse, die mit ihnen unmittelbar verbundenen Revolutionskriege und die folgenden Koalitionskriege unwiderruflich den sich bereits seit längerem ankündigenden Untergang des europäischen Feudalsystems ein.

Nun war, wie Friedrich Hölderlin sich poetisch ausgedrückt hatte, ›die Zeit der Könige nicht mehr‹. Am Horizont der Zukunft zieht eine neue Zeit herauf. Dies ist, in seinen wichtigsten Umrissen skizziert, der historische Augenblick, der die imposante deutsche Friedensdiskussion an der Wende vom achtzehnten zum neunzehnten Jahrhundert auslöst.

II

Schon die formal-quantitativen Kriterien dieser Diskussion lassen sie (zumal im Vergleich mit anderen, ähnlichen Debatten derselben Epoche) als etwas Besonderes, ja Einmaliges hervortreten. Sie dehnt sich über ein ganzes Jahrzehnt aus: mit unverminderter, kaum jemals nachlassender Intensität. Einsetzend unmittelbar nach dem Thermidor, dauert sie während der gesamten Koalitionskriege gegen das revolutionäre und nachrevolutionäre Frankreich an, das in dieser Entwicklungsphase erst von einem Direktorium (1795–1799), danach von einem bereits napoleonisch gestalteten Konsulat (1799–1804) regiert wird. Zu unmittelbarer, manchmal mehrfacher, auch schriftlich und gedruckt geäußerter Beteiligung an ihr entschließen sich nicht weniger als fünfundsiebzig Autoren: bedeutende und unbedeutende, bekannte und kaum bekannte, darunter auch mehr als ein Dutzend in anonymer oder pseudonymer Verkleidung. So entsteht der lebendige Kontext eines Meinungsstreites von seltener Dichte und Brisanz. Schlüge man ihm noch eine Reihe flüchtiger Erwähnungen in anderen Büchern oder Zeitschriften des gleichen Zeitraums hinzu, würde sich die Zahl der beteiligten Autoren auf weit über hundert erhöhen.

Erst recht bestätigen die inhaltlich-qualitativen Kriterien dieser Diskussion ihre Außerordentlichkeit und Jahrhundertbedeutung. Ausnahmslos alle Koryphäen der klassischen bürgerlichen deutschen Philosophie schalten sich in sie ein, bewegen sie vorwärts. Alle entscheidenden Literaten der Epoche sind mit von der Partie. Auch fehlen diverse Außenseiter der Weltweisheit ebensowenig wie versprengte Randfiguren der journalistischen Szene des Tages. Die Wortmeldungen erschallen aus allen Gegenden des damaligen Deutschland, aus dem Munde von Angehörigen mehrerer Generationen, mehr oder weniger deutlich geprägt auch durch ihre Zugehörigkeit zu den unterschiedlichsten literarisch-philosophischen Strömungen, Richtungen oder Schulen. Die Gesamtheit der Diskussionsbeiträge vermittelt ein beinahe lückenloses Bild der geistig-geographischen Landkarte aus den letzten Jahren des Heiligen Römischen Reiches Deutscher Nation. Sie widerlegt das bissige Bonmot eines schweizerischen Beobachters, der 1788 gemeint hatte, dieses staatliche Gebilde sei nunmehr weder heilig noch römisch noch reich, mindestens insofern, als sie einen erstaunlichen, wie unerschöpflich sprudelnden geistigen Reichtum zur Entfaltung gelangen läßt. Einzig die professionellen Rechtshistoriker und Völkerrechtler sind in diesem vielstimmigen Chorus auffallend schwach vertreten.

Im Verlauf der Diskussion lassen sich deutlich drei Phasen voneinander unterscheiden: Prolog, Zentraldebatte und Epilog. Zwischen den Phasen gibt es fließende Übergänge, insgesamt Kontinuität der Argumente und Konsequenzen, einen durchgehenden thematischen Zusammenhang. In der Einheit und wegen der Einheit ihrer Widersprüche entwickelt sich die Diskussion ungehemmt und stürmisch.

Ihr Prolog fällt ins Jahr 1794. Christoph Martin Wieland eröffnet ihn. Sein großartiger, präzise durchdachter und souverän geschriebener Aufsatz ›Über Krieg und Frieden‹ im ›Neuen Teutschen Merkur‹ versucht, den gegenwärtigen geschichtlichen Moment möglichst genau zu definieren, damit praktische Schlüsse aus dieser Definition gezogen werden können. Wieland fragt, was denn nun wirklich zu wünschen sei: den Franzosen mit Waffengewalt zu begegnen oder ihnen ein Friedensangebot zu machen. Er begreift die Revolutionskriege als menschheitsgeschichtlich bedeutsame Auseinandersetzungen. Polemisierend gegen ›Krieg an sich‹, hebt er berechtigte Interessen der französischen Nation ebenso sachlich hervor, wie er die Haltlosigkeit nationalistischer deutscher Vorwürfe und Anklagen zu beweisen versteht. Die Schlußfolgerungen wenden sich konsequent gegen einen überlauten cantus firmus der Zeit. Wieland rät zu einem Kompromiß, empfiehlt einen baldigen Friedensschluß zu Bedingungen, die für beide Seiten akzeptabel sein könnten.

Ganz anders, nämlich haßerfüllt und gleichsam mit Schaum vor dem Munde läßt sich ein wesentlich schlechter formulierter

›Aufruf an Teutschland‹ vernehmen. Er fordert unverzüglich, und natürlich in Gottes Namen, einen antifranzösischen Feldzug. Gerettet werden müsse nicht allein ganz Deutschland, sondern, mit Hilfe einer deutschen Nationalanstrengung, ganz Europa. Vor den bedrohlichen, barbarischen, unmenschlichen Franzosen, wie der Aufruf ungescheut mitteilt. Allen revolutionären Kräften und Parteien tritt er mit Schmähungen entgegen: die ›Jakobinerhorden‹ seien ›Gottesleugner, Königsmörder, Menschenwürger‹; diese Ungeheuer hätten bekanntlich nichts anderes im Sinn als zu brandschatzen und zu plündern, Eigentum zu rauben und Kirchen zu zerstören. Sogar von einer Erbfeindschaft der Franzosen gegen die Deutschen ist die Rede. Höchste Zeit wäre es, den rebellischen ›Volksverführern‹, denen es gelungen sei, die französische Nation irrezuleiten, mit Gewalt das Handwerk zu legen.

Die genaue Gegenposition vertritt ein ›Wiederholter Aufruf an die deutsche Nation‹. Mit der pathetisch-zornigen Sprachgewalt eines plebejischen Tribunen spricht er die ›deutschen Völker‹ an und will sie dazu bewegen, ›dem ungerechten Kriege, der gegen die französische Freiheit und gegen die Menschenrechte geführt wird‹, ein schleuniges Ende zu bereiten. Denn die ›Franken-Nation‹ sei unüberwindlich, weil sie für die ›Freiheit aller Völker‹ streite. Fürsten und Könige, Tyrannen und Despoten seien doch die wahren Feinde aller Völker, auch des deutschen Volkes. Wie lange also wolle es sich von seinen Unterdrückern mißbrauchen lassen? Wie lange noch von ihnen zur Schlachtbank geführt werden? Wie lange noch auf sein ›Volksglück‹ verzichten? Dann ein drohender Schluß: die Tyrannen möchten gefälligst endlich Friede machen – oder das Volk stünde auf und mache Frieden! Was deutlich heißen soll: dann aber nicht nur ohne die königlichen und fürstlichen Souveräne, sondern gegen sie.

Von beiden Konträraufrufen, die gegnerische Klassenpositionen befestigen, kennen wir die Verfasser nicht; sie wurden anonym publiziert. Den konterrevolutionären Erguß glaubt das Weimarer ›Journal des Luxus und der Moden‹, herausgegeben von Friedrich Justin Bertuch und Georg Melchior Kraus, seinen Lesern nicht vorenthalten zu dürfen. Den Wortlaut des revolutionären Gegenpamphlets (von dem wir nicht einmal wissen, ob es jemals im Original gedruckt oder nur handschriftlich verbreitet worden ist) würden wir gar nicht kennen, hätte sich nicht die denunziatorische ›Eudämonia‹ (eine in Leipzig und später in Frankfurt anonym edierte Zeitschrift) entschlossen, ihn ihren Lesern als ein abschreckendes Beispiel abgrundtiefer Verworfenheit nachträglich zu präsentieren. Aber die Redakteure dieses stockreaktionären und aufklärungsfeindlichen Blattes wagen es auch wieder nicht, den Text für sich selber sprechen zu lassen. Sie charakterisieren ihn – objektiv gar nicht zu Unrecht, wenn auch subjektiv abschätzig gemeint – als ›ein Dokument des deutschen Jakobinismus‹ und fügen ihm eine Unzahl kommentierender Fußnoten bei, denen eine korrigierende, entlarvende Funktion zugedacht ist. Ob mit Erfolg, bleibe dahingestellt. Jedenfalls verschaffen sie auf diese Weise, und sicher ungewollt, dem verruchten ›Dokument‹, da die ›Eudämonia‹ eine Auflage von immerhin 30 000 Exemplaren hat, eine ungeahnte Publizität. Auf das Kuriose des Vorgangs verweist eine der Goethe-Schillerschen ›Xenien‹ denn auch voller Ironie:

> Immer zum Glücke des Volkes befördert Eudämonia
> Hochverräterische Schrift, aber mit Noten, zum Druck.

Die zentrale Debatte währt von 1795 bis 1802. Jetzt greift Kant ein. Sein mächtiger, souveräner, anregender und Impulse ausströmender Geist verändert alles, und mit einem Schlage. Er inauguriert das eigentliche Generalthema der Diskussion. Über die Möglichkeit eines ›ewigen‹ Friedens soll nun nachgedacht und gestritten werden. Das ist zugleich eine bewußte, progressive Traditionsaufnahme und, unter gänzlich neuen Bedingungen, eine scharfe Radikalisierung und eine ungeheure Ausdehnung der ursprünglichen Fragestellung. Denn nicht mehr nur darum geht es von hier an, sich im Handgemenge aufgeregter Tagespolitik darüber zu verständigen, wie der eine oder andere Feldzug gestoppt, der eine oder andere Krieg beendet, der eine oder andere Waffenstillstand herbeigeführt, vielleicht gar in einen Friedensvertrag umgewandelt werden könne. Kant will den Krieg generell und für immer abschaffen. Er zwingt damit seine Zeitgenossen, über den Tag hinaus zu denken und sich nach den Bedingungen zu erkundigen, die vielleicht doch, aller reichlich gemachten Erfahrung zum Trotz, ein immerwährendes friedliches Zusammenleben der Menschen gewährleisten möchten. Von Stund an gehören (in unmittelbarer Anknüpfung an viele französische Vorläufer) fundamentale Fragen der Gesellschaftstheorie und des Völkerrechts, der Ethik und Moral, der Humanitätsphilosophie und Anthropologie unabweisbar zum Friedensthema. Kant hat es im Grunde ausgeweitet und vertieft zur Frage nach dem Sinn menschlichen Lebens und Strebens überhaupt.

Kein Wunder, daß bei einer solchen Vielzahl hochintelligenter Autoren, unter den Bedingungen der deutschen Kleinstaaterei, angesichts der raschen und jähen Wendungen der Tagespolitik und des Kriegsglücks, vor allem aber wegen der anspruchsvollen Ungewöhnlichkeit des Generalthemas die Zentraldebatte turbulent und kompliziert verläuft. Die Vielfalt ihrer im sukzessiven Fortgang aufgespeicherten Meinungen, die miteinander korrelieren oder einander brechen, vermittelt im Ganzen gleichsam die Sicht in ein geschütteltes Kaleidoskop. So erzeugt der immanente Zwang zu gesellschaftstheoretischer, speziell sozialpolitischer Präzisierung aller Aussagen auch wieder eine gewisse innere Ordnung, eine Gruppierung von (teils latent, teils offen vertretenen) Standortbestimmungen. Denn einem jeden, der sich einmischt in den Meinungsstreit, wird ja abgefordert, so einleuchtend wie möglich zu begründen, wem (welchen sozialen und politischen Kräften) er nun die Einrichtung und Konsolidierung eines ewigen Friedens zuzutrauen gedenke. Im wesentlichen schälen sich auf diese Weise aus der Vielzahl von Diskussionsbeiträgen objektiv drei ideologische Grundpositionen heraus. Mit welchem Grad subjektiver Bewußtheit sie von einzelnen Autoren eingenommen und verfochten, öfters auch variiert oder abgebogen werden, ist dabei eine sekundäre, wenngleich wichtige und meist nicht eben einfach zu durchschauende Problematik.

Da ist zunächst eine bürgerlich-republikanische Grundposition. Zu ihr gehören Kant selber und einige seiner Schüler (Fries, Stäudlin) oder Fürsprecher (Krug, Jakob), aber auch selbständigere Geister wie etwa Zachariä. Unter den literarischen Exponenten der Epoche sind ihr Wieland, Klopstock, Herder und Jean Paul mit Sicherheit, Lichtenberg und Hippel mit leichten Einschränkungen oder Vorbehalten zuzuschlagen. Die Weimarische Goethe-und-Schiller-Partei, zu der auch Knebel und

Wilhelm von Humboldt zu rechnen sind, steht diesem Standpunkt nahe, ohne sich völlig mit ihm zu identifizieren; sie hält sich ohnehin in der Diskussion um den ewigen Frieden auffallend zurück.

Sodann eine konservativ-klerikale Grundposition. Sie hat protestantische wie katholische Repräsentanten und huldigt einem hierarchischen Denken, das nicht auf ein monarchisches Prinzip verzichten will; der Idee eines ewigen Friedens vermag sie, wenn überhaupt, nur unter der Voraussetzung zuzustimmen, daß die Verwirklichung dieser Idee an das erneuerte Funktionieren einer christlichen Universalkirche und eines veredelten Monarchienverbandes gebunden wäre. Im Rahmen dieser Vorstellungen diskutieren große Geister wie Gentz und kleine wie Ancillon. Eine relativ progressive Aufgipfelung erfährt diese Position kurz vor der Jahrhundertwende bei Novalis. Spätere Versuche einer Wiederaufnahme und Weiterführung solcher Gedankenbahnen (etwa bei Schelling oder bei Franz von Baader) tendieren bereits zum Rückschritt eines sozialkonservativen Ordnungsprinzips im Stile einer ›Heiligen Allianz‹.

Schließlich eine jakobinisch-demokratische Grundposition. Ihr haben wir einige der interessantesten und respektabelsten Diskussionsbeiträge zu verdanken, zumal viele kürzere von Hennings und den einen kompakten, durchschlagenden, grundsätzlichen von Heynig, der als Sprecher der ›niederen und unterdrückten Menschenklassen‹ auftritt. Teils virtuell, teils realiter beziehen der junge Görres, der junge Friedrich Schlegel und der junge Fichte diese Position. Hölderlin ist ihr überragender Poet, Seume schließt sich ihr fast vorbehaltlos an, viele Anonymi pflichten ihr bei. Erheblich modifiziert, aber doch noch erkennbar (nämlich mit Anklängen an freimaurerisches Gedankengut, das die Installierung einer sittlichen Gesellschaft ohne Revolution, allein durch Propagierung von Moral bewerkstelligen will) ist sie auch in den Stellungnahmen von Knigge und Schütz anzutreffen.

Die Zentraldebatte um den ewigen Frieden geht zu Ende, ohne daß zwischen ihren unterschiedlichen Grundpositionen Vermittlungen, gar Übereinkünfte im tieferen Sinne zustandegekommen wären. Mit den bedeutendsten Wortmeldungen des Jahres 1802 (Hölderlin, Hegel, Zachariä) ist der Auseinandersetzung um Kants Traktat aus dem Jahre 1795 noch einmal ein harmonisch anmutender Dreiklang als Schlußakkord gesetzt. Was ihr danach hinzugefügt wird, wirkt wie ein Nachklang, wie ein Epilog. Er erstreckt sich von 1803 bis 1807. Zunehmender Substanzverlust, Absinken im geistigen Niveau, Einbußen an Argumentationsfähigkeit und Innovationsenergie sind unverkennbar.

Der Kantianer Fries wiederholt im wesentlichen bereits Gesagtes, hat kaum neue Ideen anzubieten. Friedrich Ancillon (ein Vetter von Gentz, kreuzkonservativer Publizist und später reaktionärer Parteigänger des Metternich-Systems) verwirft gar Kants Vorschläge als zwar wohlgemeinte, aber untaugliche ›Dunstgebilde‹ und läßt dieser Verkennung eine verklausulierte Rechtfertigung des Krieges folgen. Der junge Friedrich von Raumer (der später als preußischer Historiker, als ›Hohenstaufen-Raumer‹ von sich reden machen wird) verfaßt einen Dialog über Kriegsschuld und Friedensliebe, vermag ihn aber nicht zu schlüssigen Konklusionen zu führen und überantwortet seine fiktiven Gesprächspartner einer Ratlosigkeit, die weitgehend seine eigene gewesen sein dürfte. Gentz rackert sich noch einmal mit dem Thema des politischen Gleichgewichts in Europa ab, um schließlich eine ›allgemeine Revision der heutigen politischen Verhältnisse zwischen Frankreich und den übrigen Staaten‹ zu postulieren – die Frage, ob dabei friedlich oder kriegerisch ›revidiert‹ werden solle, läßt er offen ...

So endet, was verheißungsvoll und hochfliegend begonnen hatte, recht hoffnungslos und kleinmütig. Vom ewigen Frieden als einem Gebot der Vernunft, das leicht zu verstehen, aber schwer zu verwirklichen sei, wird nun vorerst nicht mehr gesprochen. Das ›Verschwinden‹ des bestürzend-aufregenden Philosophems und des mit ihm verbundenen denkerischen Neuansatzes vollzieht sich innerhalb weniger Jahre. Die Töne, die jetzt angestimmt werden, klingen weniger angenehm, gar nicht mehr freudenvoll.

Tiefe Resignation macht sich breit. Enttäuschung artikuliert sich, auch Trauer und Verzweiflung. Schillers Gedicht zur Jahrhundertwende (›An***‹) ruft zum Rückzug in die Innerlichkeit auf, ›in des Herzens heilig stille Räume‹, da Freiheit doch lediglich im Traumreich, Schönheit allein in der Kunst existieren könne, mithin beide nicht im Leben selbst, nicht in der Wirklichkeit anzutreffen seien. Voller Skepsis wollen die einschlägigen ›Apokryphen‹ Johann Gottfried Seumes unter den gegebenen zeitgenössischen Möglichkeiten Krieg wie Frieden gleich gräßlich, gleich unerträglich empfinden, wünschen sie sich einen Spartakus als ›Schulmeister des Menschenverstandes‹ und verzweifeln an einem Friedensbegriff, der als ›Lethargie vor dem Tode‹ verstanden werden müßte. Ein kurzes romantisches Gedicht Ludwig Achim von Arnims aus dem Jahre 1807 hat den Titel ›Scheinbarer Friede‹. Es ist der elegische Abgesang einer großen Diskussion, die in strahlendem Dur begonnen hatte: in einer öden und leeren Welt mit vielen Bedrükkungen und Bedrohungen kann Friede nur noch ›gewähnt‹ werden.

III

Im Ablauf dieser umfangreichen Diskussion, die sich so lebhaft entfaltet, daß sie nicht einen Augenblick lang von der Gefahr des Versiegens oder Einschlafens bedroht scheint, entstehen zwei markante geistige Kulminations- und Konzentrationspunkte. Der eine um 1796: als Ergebnis einer überragenden individuellen Leistung. Der andere um 1800: als Resultat einer kollektiven Anstrengung der deutschen Künstler- und Gelehrtenrepublik. Beide Höhepunkte sind von allergrößter Bedeutung.

1796 erscheint ›Zum ewigen Frieden‹ in zweiter, ergänzter und erweiterter Auflage. Der Greis von Königsberg (er steht im zweiundsiebzigsten Lebensjahr) schickt sich in diesem Traktat an, jene neuen Probleme und Perspektiven menschheitsgeschichtlichen Fortschritts zu erörtern, die seit 1789 am französischen Beispiel für alle Welt sichtbar und bedrängend geworden waren. Das gelingt ihm nur in Grenzen. Was heißt: in den allgemeinen Grenzen des epochalen Zeitbewußtseins und in den besonderen Grenzen seines, des Kantischen philosophischen Systems. Kant war weder (was öfters unberechtigt behauptet worden ist) der erste, der eirenische Ideen mit aufklärerischem Perfektibilitätsdenken verband, noch gebührt ihm das Verdienst, mit den von ihm vorgeschlagenen Problemlösungen ganz an die vorderste Front historisch möglichen Philosophierens gelangt zu sein (in dieser Hinsicht wird er von Repräsentanten des jakobinischen Flügels der Diskussion mehrfach ›links überholt‹).

Aber er bereitet eine fundamental wichtige Ausgangsstellung für kreatives Weiterdenken vor. Vorzüglich informiert über alle entscheidenden Etappen in der bisherigen Friedensdiskussion, knüpft er vor allem bei Saint-Pierre und Rousseau an, um deren Postulat einer auf Freiwilligkeit beruhenden Staaten*föderation* gedanklich fortzuführen. Von diesem Ansatz her wird die gerade mächtig ins politische Leben der europäischen Nationen getretene Staatsform des Republikanismus der Dreh- und Angelpunkt von Kants Überlegungen. Nur republikanische Staaten, so meint er, gleichsam ein Primat der Innen- vor der Außenpolitik setzend, könnten in der Lage sein, auch die großen Staaten- oder Völker-Republik zu schaffen, in der kein Krieg mehr entstehen müsse. Im strikt Politischen indessen bleibt Kant unentschlossen, auch inkonsequent. Das verfassungsmäßige Ziel, das ihm vorschwebt, wenn er von einer ›Republik‹ spricht, dürfte weit eher das einer konstitutionellen Monarchie als das einer parlamentarischen Demokratie gewesen sein.

Es ist Friedrich Schlegel, der als erster diesen Schwachpunkt entdeckt und ihn sofort zum Gegenstand einer Polemik macht. Einer seiner bedeutendsten politischen Aufsätze ist ›Versuch über den Begriff des Republikanismus‹ betitelt und, wie der Untertitel erklärend hinzufügt, eben ›veranlaßt durch die Kantische Schrift, ‚Zum ewigen Frieden'‹. Ihm mißfällt, daß der Mann, den Moses Mendelssohn dereinst den ›Alleszermalmer‹ genannt hatte, in seiner Staatstheorie erstaunlicherweise am Gedanken der ›Erbsünde‹ (will sagen: an einer angeblich in der ›Natur‹ des Menschen liegenden ›Bösartigkeit‹) festhält, die ›republikanische Verfassung‹ stark einschränkt und dem Bürger lediglich die Legislative zugesteht, während er die Exekutive ganz beim Monarchen beläßt. Schlegel bringt andere, weitergehende Vorschläge in die Debatte. Er verwirft die monströse Erbsünde-Idee, nimmt für das Bürgertum sowohl Legislative wie Exekutive in Anspruch, und, vor allem: er bejaht für die Unterdrückten das Recht auf die Anwendung revolutionärer Gewalt. Er nähert sich jakobinischem Demokratieverständnis.

Für Kant liegen derartige Schlußfolgerungen weit außerhalb seines Vermögens und Wollens. Dies nicht nur deshalb, weil er sich alles, was da Staat heißt, gar nicht anders vorstellen kann als eingeteilt in ›Souveräne‹ hier, ›Untertanen‹ dort, sondern auch deswegen, weil er neue (nachrevolutionäre) Problemfelder mit Hilfe eines alten (vorrevolutionären) methodischen Instrumentariums zu beackern sucht. Das abstrakt-idealistische Prinzip nämlich, mit dem er den Frieden herbeizuphilosophieren wünscht, heißt ›praktische Vernunft‹ und bezeichnet im kompletten System seiner kritischen Philosophie die Gesamtheit der Gesetze und Kategorien menschlichen Handelns. Genauer: das ›Praktische‹ dabei besteht aus einem dialektischen Dreischritt, der erst auf vernünftig Erkanntes zielt, daraus dann kategorisch zu Forderndes ableitet, dieses schließlich als tätig zu Gestaltendes begreift, worauf sich humanes Handeln zu richten habe. Alle drei Glieder dieser Gedankenkette sind zwar selbständige, doch unaufhaltsam aufeinander folgende, sich konsequent ergebende Notwendigkeiten. Angewendet auf die Krieg-Frieden-Antinomie, und dies unter den konkret-historischen Bedingungen des ersten Koalitionskrieges gegen das revolutionäre Frankreich, erzeugt dieses in sich schlüssige, aber abstrakte, ein wenig auch sentimental-philanthropisch eingerichtete Prinzip eine widersprüchliche Verschränkung von Gewinn und Verlust.

Für Resignation oder Fatalismus läßt es insofern keinen Raum, als in ihm aller wirklicher Friede weder Naturzustand noch göttliche Schenkung sein kann. Er kommt nicht von selbst zustande, fällt niemandem in den Schoß; es wäre zwecklos und töricht, auf ihn passiv zu warten. Er muß von Menschen gemacht, von ihnen herbeigeführt, von ihnen realisiert, von ihnen *gestiftet* werden. Anspruchsvoll und gebieterisch wird in ihm die aktive Rolle des vernunftbegabten Subjekts hervorgehoben. Andrerseits ist solch ›praktische Vernunft‹ keineswegs frei von holdem Selbstbetrug und wirklichkeitsfremdem Optimismus. Aller menschlichen Jahrtausenderfahrung zum Trotz und im Widerspruch mit dem objektiven Charakter geschichtlicher Prozesse wird ein durch nichts zu rechtfertigender *Glaube* an die Omnipotenz der Vernunft überanstrengt. Am Ende läuft alles, beabsichtigt oder nicht, darauf hinaus, ein beinahe blindes Generalvertrauen ›allein‹ auf den ›guten Willen‹ zu setzen, ihn direkt und unvermittelt für das Ganze und das real Mögliche zu nehmen. Illusionäre Züge sind unübersehbar.

Aber trotz und wegen dieser unfertigen, unausgewogenen, unruhigen Immanenz der Widersprüche hat Kants ›philosophischer Entwurf‹ die Zeitgenossen zweifellos gewaltig beeindruckt. Sofort nach seinem Erscheinen, ohne jede Verzögerung, wirkt er diskussionsanstiftend, fordert Zustimmung oder Ablehnung heraus, ruft kritisches Echo der verschiedensten Tonlage und Lautstärke hervor. Er muß Tagesgespräch in Intellektuellenkreisen gewesen sein; wir wissen, daß manche Exemplare der in Buchform erschienenen ersten beiden Auflagen damals von Hand zu Hand gegangen, an Lesehungrige ausgeliehen oder weitergeschenkt worden sind. Wir hören von angeregten mündlichen Diskursen, leider ohne daß deren detaillierter Inhalt, gar deren Wortlaut überliefert worden wäre. Auch vom vertraut-persönlichen Briefverkehr der Zeit haben sich einige knappe Rudimente erhalten; die Stimmen, die darin zu Worte kommen, gewähren heute nur noch den schmalen Einblick in eine Diskussionssituation von vermutlich erheblicher Breite und Tiefe. Die wenigen Überlieferungen lassen die Vermutung zu, daß wir manches Wichtige nicht kennen, weil es verlorengegangen ist.

Überaus charakteristisch auch die Art und Weise, in der die Gilde berufsmäßiger Rezensenten auf Kants Schrift reagiert. Nur ganz ausnahmsweise begegnet da der neutrale, allein auf Leserinformation abgestellte Bericht, der im Rezensionswesen der Zeit üblich, ja vorherrschend war (etwa in den ›Gothaischen Gelehrten Zeitungen‹ vom März 1796). Fast alle anderen Rezensionen vermeiden den Stil einer bloß rapportierenden ›Anzeige‹ und mengen sich sogleich mit allerlei Urteilsbildungen, Diatriben, Invektiven, auch mit kritischen Anfragen oder mit dem Vorbringen von Zweifel in den Gang der schnell voranschreitenden Diskussion ein. Gleiches gilt übrigens auch für zwei ausländische Rezensionen, eine französische von Ludwig Ferdinand Huber (im ›Moniteur Universel‹, Paris) und eine schwedische von Benjamin H. Höijer (in der ›Litteratur-Tidning‹, Uppsala), beide im ersten Quartal 1796 publiziert.

Ebenfalls ohne Zeitverzug entfaltet sich die Dialektik des Für und Wider auch in einer Reihe selbständiger Schriften, die auf Kants Thesen reagieren. Mit weitgehender Zustimmung werden deren programmatische Leitlinien von Philosophen wie Fries und Krug, von Juristen wie Hugo und Zachariä, von Poeten wie Gleim und Jean Paul bestätigt oder auch prolongiert. Weniger bekannte Essayisten wie Veridicus-Hochheim oder Karl Heinrich von Gleichen schwanken zwischen Pro und Contra. Aber auch die ersten Oppositionsmeinungen lassen nicht lange auf sich warten. Friedrich Murhard will 1797 als Göttinger Dozent über Kants ›Entwurf‹ Vorlesungen halten, wird jedoch von den Studenten unter den Rufen ›Keinen Frieden! Krieg, Krieg!‹ niedergeschrien und gezwungen, sein Kolleg abzubrechen. Er greift angesichts dieses Skandals zur Feder, um im Verein mit einem Unbekannten in Gottlob Nathanael Fischers ›Deutscher Monatsschrift‹ eine ausführliche Kontroverse gegen Valentin Embsers Pamphlet zu führen, die sich mit den Fragen auseinandersetzt, ob ein Entwurf des ewigen Friedens denn auch ausgeführt werden dürfe und ob er ›mit den Mängeln der menschlichen Natur und der darin gegründeten bösen Neigungen‹ überhaupt möglich sei oder nicht. Georg Friedrich von Martens, eine positivistische Völkerrechtstheorie entwerfend, vermerkt gleich einleitend, daß das ›große europäische Staatenvolk‹ sich wohl nie ›in eine Universal-Monarchie oder -Republik‹ zur Erhaltung eines ewigen Friedens vereinigen werde; dies wäre ›weder zu erwarten, noch in aller Hinsicht zu wünschen‹.

Doch sind dies alles noch Vorgeplänkel und hinhaltende Scharmützel. Die eigentlichen Haupt- und Generalangriffe auf Kants theoretische Positionen werden 1797/98 im unmittelbaren Nacheinander vorgetragen, und zwar von ›linken‹, von jakobinisch argumentierenden Gegnern. Bei aller partiellen Verschiedenheit ihrer philosophischen Denkansätze und ihrer politischen Programmatik sind sich Hermann Heynig, Friedrich Wilhelm von Schütz und Joseph Görres darin einig, daß mit dem ›Entwurf‹ von 1795/96 eine zwar passable, aber völlig unzureichende Vorarbeit geleistet worden sei und daß nun alles darauf ankäme, im progredierenden Denken über Kant hinaus jenen Kern des Problems freizulegen, zu dem dieser niemals wirklich vorgedrungen wäre: wie die Erniedrigten und Beleidigten selber den Krieg und die Fürsten in einem Aufwasch beseitigen könnten, damit – auf *diese* Weise – Friede würde. Nicht immer erreichen diese Pasquills die metaphysische Höhe Kants.

Aber an genauer Erfassung der Gesellschaftsverhältnisse und deren Kritik sind sie ihm fast durchweg überlegen.

Um 1800 erfährt die Diskussion über das Thema des ewigen Friedens ihre zweite und letzte Aufgipfelung. Auf dichtem Raume, in gedrängter Fülle versammeln sich in einer Situation, die revolutionsgeschichtlich vor allem durch den Achtzehnten Brumaire des Napoleon Bonaparte (7. November 1799) markiert ist, viele bemerkenswerte, weil äußerst niveauvolle Texte. Fünf davon, zwei philosophische und drei literarische, sprechen eine besonders eindringliche Sprache.

Johann Gottlieb Fichte hatte sich, ähnlich wie Kant selber, bereits mehrfach in die Diskussion eingemischt. Gleich an seiner energisch zupackenden Rezension des Friedenstraktats von 1796 hatte sich gezeigt, daß es ihm darum ging, konsequenter als Kant im Sinne einer bürgerlich-demokratischen Umgestaltung Deutschlands zu wirken und entschiedener als dieser die sozialen Mechanismen im objektiven Entwicklungsgang der menschlichen Gesellschaft zu berücksichtigen. Da er sich für diese, wenn auch in weiter Ferne, einen Endzustand homogener und konfliktfreier Existenz vorstellte, wollte er die von Kant (vor allem im zweiten Definitivartikel) propagierte Föderation zu einem ewigen Frieden lediglich als Durchgangsphase akzeptieren, durch welche ›die Menschheit zu jenem großen Ziele wohl hindurch gehen‹ müsse. Fast gleichzeitig hatte er, Grundprobleme des Naturrechts diskutierend, einige Forderungen an ein progressives Völkerrecht formuliert, die seiner Zeit weit voraus waren und eigentlich bis heute brennend aktuell geblieben sind (Anerkennung der territorialen Integrität freier Staaten, das Selbstbestimmungsrecht der Nationen, das Prinzip der Nichteinmischung in die inneren Angelegenheiten anderer Staaten). Jetzt, um 1800, nimmt Fichte das alt-neue Thema abermals auf. Im ›Geschlossenen Handelsstaat‹ kümmert er sich vordringlich um ökonomische Ursachen bei der Entstehung von Kriegen – ein Blickwinkel, den Kant zwar im einzelnen beiläufig erwähnt, im ganzen aber doch unterschätzt hatte. In der ›Bestimmung des Menschen‹ konfrontiert Fichte den gegenwärtig-feudalen mit einem zukünftig-›wahren‹ Staat, der durch die Begründung und Bewahrung seines inneren Friedens dafür sorgt, daß im Endeffekt zwischen allen ›wahren‹, d. h. republikanischen Staaten genereller Friede eintreten könne. Genau dieser Ansatzpunkt wird ihn wenig später in die Lage setzen, in seinen ›Reden an die deutsche Nation‹ (1808) die Idee eines gerechten Krieges gegen die napoleonische Fremdherrschaft in der Art eines Volkstribunen (wenngleich nicht gänzlich ohne nationalistische Überspitzungen) so überzeugt wie ergreifend vorzutragen.

Völlig kontroverse, deswegen freilich nicht weniger bedenkenswerte, manchmal blitzgescheite Positionen entwickelt um 1800 Friedrich Gentz. Mit Fichte fast gleichaltrig (die beiden gehören den Jahrgängen 1762 und 1764 an), war der junge Breslauer in Königsberg zu geistigem Leben erwacht: als Adept der Philosophie und Schüler Kants. Dieser hatte ihn zu einer Zeit, da gerade sein bahnbrechender Aufsatz über die ›Idee zu einer allgemeinen Geschichte in weltbürgerlicher Absicht‹ (1784) entstand, als eine überdurchschnittliche Begabung erkannt, mit an seinen legendären Mittagstisch gezogen und später zum Mitleser der Korrekturen seiner ›Kritik der Urteilskraft‹ (1790) gemacht. Gentz war unterdessen Wilhelm von Humboldt begegnet und – sicher nicht zuletzt unter dem Einfluß moralphilosophischer Devisen, wie sie Kant gelehrt hatte – zum Verfasser einer politischen Erstlingsschrift geworden, die den Ausbruch der Französischen Revolution mit Enthusiasmus feierte. Schon seit 1787 im preußischen Staatsdienst, vollzog er etwa 1792 eine entschlossene und nie wieder in Frage gestellte Wendung. Bewußt und eifrig schloß er sich konservativ-monarchistischen Überzeugungen an, wurde als Übersetzer oder Kommentator von antirevolutionären Ideologen (zumal von Burke und Mallet du Pan) selber Anhänger der Position Burkes und erwarb sich rasch den Ruf eines intelligenten und skrupellosen Vorreiter-Publizisten im Dienste der revolutions- und fortschrittsfeindlichen Kräfte Europas. Spätestens seit 1803 erhält er geheime Geldzuwendungen aus England: als britischer Agent antinapoleonischer Politik.

›Über den ewigen Frieden‹ heißt der Titel eines prinzipiellen und umfangreichen Aufsatzes, den Gentz im Dezember 1800 in das von ihm redigierte ›Historische Journal‹ einrücken läßt, eines von der preußischen Regierung finanzierten und kontrollierten Organs. Die Bilanz fällt schonungslos aus: selbst bei sorgfältigster Abwägung aller moralischen und philosophischen

Aspekte kann über das versponnene und illusionäre Projekt eines ›ewigen‹ Friedens nicht anders als negativ, ja vernichtend geurteilt werden. Die Argumentation zeigt sich radikal, doch wohl überlegt: zwar die eines tendenziellen Reaktionärs, aber keinesfalls die eines bornierten Finsterlings oder Dummkopfs. Klarsichtig wie kaum einer sonst durchschaut hier nämlich ein konservativer Kopf die Widersprüchlichkeit einer bürgerlichen ›Ordnung‹, der er jedwede Fähigkeit zur Stiftung eines wirklichen, gar ewigen Friedens abspricht. Nur mit Mühe gelangt er zur Entwicklung eines halbwegs rationalen Trotzdem-Optativs. Die erklärbare, gleichwohl erstaunliche Überlegenheit dieses Diskussionsbeitrages besteht gerade darin, daß er die sehr schwierige Dialektik des Krieg-Frieden-Verhältnisses genauer, auch rücksichtsloser aufzudecken versteht, als andere, politisch und weltanschaulich progressivere Untersuchungen dies damals vermochten.

Ähnliche Antinomien wie in der Fichte-Gentz-Kontroverse tauchen gleichzeitig in einer Hölderlin-Klopstock-Konfrontation auf; philosophisch-ethische und literarisch-poetische Problemreflexionen verlaufen in hier deutlich erkennbarer Parallelität. Sie ähneln sich auch darin, daß sie Spruch und Widerspruch nicht in direkter, unmittelbar aufeinanderprallender Gegnerschaft, vielmehr nur im indirekten Nebeneinander erklingen lassen.

Friedrich Hölderlin formuliert, auf frühere Gedicht-Entwürfe zurückgreifend (›Schlacht fürs Vaterland‹, 1796; ›Die Schlacht‹, 1797), den endgültigen Wortlaut seiner Ode ›Der Tod fürs Vaterland‹. Obwohl die dritte Fassung im Vergleich zu den beiden ersten merklich abgeschwächt, nämlich im Terminologischen abstrakter gefaßt wurde, kann kein Zweifel daran aufkommen, daß der Dichter hier eine Apotheose des Vaterlandes des Volkes, der Völker erklingen lassen will: die ›Schlacht‹, die geschlagen werden muß, damit dies Vaterland gewonnen und verteidigt werden könne, zählt kein Opfer zuviel, weil sie, als Metapher für einen Revolutionskrieg, dessen gerechte und friedensstiftende Funktion siegesgewiß verkündet. Treffend daher die Charakteristik (sie stammt von Ludwig von Pigenot), diese ›von heftiger Gemütswallung getragenen, durch kein deutliches Metrum gebändigten Verse‹ seien der künstlerische ›Ansatz zu einer deutschen Marseillaise‹.

Ganz anders Friedrich Gottlieb Klopstock. Er verfaßt ein kompromißloses Antikriegsgedicht mit pazifistischem Einschlag. Die grundsätzliche Abkehr, charakteristisch für sein gesamtes Spätwerk, hatte sich bereits in einer (im Juli 1800 geschriebenen) Ode mit dem Titel ›Die Aufschriften‹ angekündigt, die mit den Versen begann:

Von allen Spielen ist das verlierendste
Der Kriegshalbkunst trauriges Würfelspiel:
Denn welcher Wurf auch falle: fällt doch
Selber dem Siegenden Tod und Elend.

Nun, in der Ode ›Losreißung‹ (sie entsteht im September 1800), verabschiedet sich ein lyrisches Ich von ehemaligen, weiter vorangetriebenen weltanschaulichen Positionen, sucht sich vom ›Gedanken des Kriegs‹ prinzipiell und gleichsam mit Gewalt ›loszureißen‹, mithin auch von der Unterscheidung zwischen ›Freiheitskrieg‹ und ›Eroberungskrieg‹, die für sein Weltbild lange und unbestritten maßgebend gewesen war, wie nicht nur die beiden gleichbetitelten Oden aus dem Jahre 1792 belegen. Hölderlin bietet alle Kraft auf, um sich selber und andere zum Festhalten an progressiven Fundamentalanschauungen zu ermuntern. Klopstock verurteilt undifferenziert jeglichen Krieg; er benötigt eine partielle Zurücknahme, um ein Preislied auf die Schönheit der Natur und der Kunst, auf Wahrheitssuche und wissenschaftliche Forschungstätigkeit, auf ›Völkerruhe‹ anstimmen zu können.

Besänftigend, ersichtlich auf die Errichtung mittlerer, vermittelnder Positionen bedacht, liest sich der meisterliche Aufsatz ›Die Christenheit oder Europa‹ aus der Feder des Jünglings Novalis-Hardenberg. Geschrieben im Herbst 1799 unter dem Eindruck des soeben begonnenen zweiten Koalitionskrieges, entwirft er ein grandioses, allerdings rein poetisch-metaphorisch gefaßtes Bild harmonischer, nicht durch Widersprüchlichkeiten gestörter Gesellschaftsverhältnisse. Eine staatstheoretische Symbiose zwischen Royalismus und Republikanismus erscheint ihm erstrebenswert und auch machbar. Sein Autor ahnt und spürt den Zusammenbruch, auf den das Weltbild des vergangenen Jahrhunderts unaufhaltsam zutreibt. Intensiv darum bemüht, im Raume der Geschichte ein zukunftsträchtiges Vorbild zu finden, betätigt er sich als rückwärtsgekehrter Prophet und glaubt, im Mittelalter das Modell eines großen, bislang unübertroffenen Friedensreiches zu entdecken. Der historische Irrtum, dem er unterliegt, konnte größer, schriller, tragischer nicht sein. Objektiv war die Riesenarbeit einer poetischen Idealisierung, die hier geleistet wurde, um gegen den Schluß hin auf die Mahnung hinauszulaufen, den ewigen (und natürlich christlich eingefärbten) Frieden in geduldiger Passivität zu erwarten, leider nur allzusehr geeignet, als blanke Apologetik aller restaurativen, fortschrittshemmenden Tendenzen der Jahrhundertwende aufgefaßt zu werden. Das geschah denn auch – später, nach der postumen Drucklegung des Aufsatzes im Jahre 1826. Kein anderes Zeugnis aus der großen deutschen Friedensdiskussion hat ein solch schmähliches, freilich auch nicht ganz unverdientes Schicksal erleiden müssen.

IV

Welch großartiger und bedeutsamer Streit! Was für ein Aufwand an Scharfsinn, Kenntnisreichtum, Beredsamkeit, Rhetorik! Wie viele Übereinstimmungen und Harmonien, Aporien und Dissonanzen! Welches Engagement und welcher Eifer, welcher Ernst und welche Würde! In ihrer Einheit und Ganzheit erweckt diese Diskussion, auch und gerade unter dem Aspekt der Nachwelt, den Eindruck grandioser, ehrfurchtgebietender Monumentalität.

Die Faszination, die sie mit einer Aureole umgibt, geht nicht nur von ihrer Thematik, nicht allein von ihrer anregenden und aufregenden Fragestellung aus, sondern auch davon, daß sich in ihr Philosophen und Poeten auf höchst merkwürdige Art begegnen. Es ist dies eine Begegnung schöpferischer Interdependenz: Philosophie, die axiomatisch mit Verallgemeinerung und Abstraktion zu tun hat, und Literatur, die kategorial den Gesetzen des Besonderen und Konkreten gehorcht, vereinigen sich in einem wechselseitigen Lehr- und Lernprozeß, um *gemeinsam* ein Problem zu erörtern, von dessen theoretischer und praktischer Lösung nicht weniger abhängt als das Wohl und Wehe der gesamten Menschheit. Ein solch kooperativer, Vereinzelungen aufhebender Gestus war, jedenfalls in dieser Intensität, selten vorgekommen während der geistigen Auseinandersetzungen deutscher Geschichte im achtzehnten Jahrhundert.

Aufs Ganze gesehen, überwiegt freilich der philosophische Anteil den literarischen beträchtlich. Er bestimmt den Ausgangspunkt, die Entwicklungsrichtung und das Tempo der Diskussion. Im Austausch der Argumente und Konklusionen erreichen philosophierende Poeten zumeist weder den gedanklichen Höhenflug noch die definitorische Brillanz ihrer geschulten Kontrahenten vom philosophischen Fache. Auch sind sie ihnen oft genug in der Fähigkeit unterlegen, streng logische Beweisketten vorzubringen oder proleptisch auf mögliche Einwände zu reagieren. Erst recht nicht können sie ihnen das Wasser reichen, wenn es um die Aufarbeitung philosophie*historischer* Zusammenhänge geht. Dennoch gelingt es ihnen, einige unverwechselbare, sogar unverzichtbare Beiträge beizusteuern: am seltensten dann, wenn sie sich in das (ihnen eigentlich fremde) Metier philosophischer Essayistik hineinwagen, am häufigsten dann, wenn sie sich zum Gebrauch spezifisch poetischer Mittel und Darstellungsformen entschließen.

Die Repräsentanten klassischer deutscher Philosophie ihrerseits versuchen nicht, sich poetischer oder anderer nicht ›schulmäßiger‹ Vehikel zu bemächtigen, um ihren Gedanken originellen Ausdruck zu verleihen – mit einer einzigen, allerdings gravierenden Ausnahme. Gleich das impulsgebende Einleitungsdokument der zentralen Debatte nämlich, Kants Entwurf ›Zum ewigen Frieden‹, ist auch in seiner formalen, sprachlichen, stilistischen Anlage eine *schriftstellerische* Meisterleistung von unübertrefflicher Eleganz und frappierender Originalität. Seine durchschlagende Wirkung geht sicher auch auf diesen Umstand zurück.

So genial wie attraktiv – wenn auch nicht erstmalig: Saint-Pierre hatte achtzig Jahre zuvor, wenn auch in weit weniger prägnanter Weise, die gleiche Idee gehabt – ist der Einfall, die philosophischen Implikationen des Essays in die vorgeprägte sprachliche Form eines Vertragstextes aus der Sphäre internationaler Diplomatie zu kleiden: mit sechs Präliminarartikeln zu Beginn, drei Definitivartikeln und zwei Zusatzartikeln im Zentrum, zwei grundsätzlichen Betrachtungen am Schluß. Mithin eine gewissermaßen parodistische Darstellung; doch eine, die, indem sie mit der juristischen Terminologie (die Kant ohnehin nicht fernlag) ihr ironisches Spiel zu treiben scheint, grimmigen Ernst macht mit einer aufklärerischen Demonstrationsabsicht. Sie will nämlich den aufmerksamen unter den Rezipienten des verkleideten Textes zeigen, wie alle ›Friedensverträge‹, die man bisher kannte, gemeinhin auszusehen pflegten – und wie ein Friedensvertrag, der einen wirklichen, einen dauernden, einen in letzter Instanz ewigen Frieden zu befestigen gedenkt, eigentlich aussehen müßte. Diese Gestalt macht Kants philosophischen Beitrag unmittelbar zu einer Art Gebrauchsanweisung für die Staatskunst.

Die Konfrontation geht bis in die Einzelheiten und beachtet sorgfältig unmittelbare Aktualitätsbezüge. Einer der beiden Zusatzartikel, die Funktion der Philosophen bei wünschenswerter Friedensherstellung schildernd, wird als angeblich ›geheim‹ deklariert – wenige Monate zuvor war in Basel zwischen Frankreich und Preußen ein unphilosophischer, aber eben geheimer Zusatzvertrag über die politische Zukunft der linksrheinischen Territorien ausgehandelt worden. Als allgemein bekannt vorausgesetzt werden durfte der verklausulierte, meist absichtlich ungenaue, mit Phrasen und Weitschweifigkeiten gespickte Diplomatenjargon absolutistischer Vertragstexte – derartigem Wortnebel setzt Kant seinen völlig unpersönlichen, um Kürze und Sachlichkeit bemühten, nüchternen und bündig-genauen Stil gegenüber. Auch darin mochte Berechnung stecken. Der Autor vertraute wohl darauf, daß seine Leser das heiße Feuer und die ungestüme Eindringlichkeit spüren möchten, die sich hinter solch vorgetäuschter Paragraphenreiterei, Trockenheit und logischer Kühle verbergen. Er beweist seine geistige Überlegenheit (die eines Philosophen) über die Weltregierer allein schon dadurch, daß er deren sprachliches Ausdrucksvermögen demaskiert, im Grund dessen Heimtücke und Unredlichkeit entlarvt.

Nicht genug damit, verfügt Kants insistierender Stil noch über eine weitere, ausgreifende und attraktive Dimension. Über lange Strecken hin bedient er sich mit Vorliebe ironischer und persiflierender Elemente, um nur ja alle Schwierigkeiten, Antinomien und Widersprüche der von ihm abgehandelten Thematik kühn, unverhohlen herauszutreiben. Am deutlichsten vielleicht mit Hilfe der (gleich anfangs eingesetzten, dann mehrfach wiederholten) Metapher von einer toten, totalen, unumkehrbaren Friedhofsruhe. Wie denn? Sollte *sie* etwa – so hat der aufmerksame Leser bald und lange zu argwöhnen – jenen ›ewigen‹ Frieden in grausamer Realität verkörpern, dem im menschlichen Leben nachzujagen demnach Chimäre, Hirngespinst, pure Illusion wäre? Gedenkt der Herr Verfasser uns dieses beizubringen? Kant verzögert seine Antwort auf solch bedrängende Fragen mit Vorbedacht so weit wie möglich: erst im Schlußabsatz seiner Abhandlung rückt er dann mit ihr heraus, indem er die berühmt gewordene und nun spürbar ganz ernst gemeinte Formulierung findet, der ewige Friede sei ›keine leere Idee, sondern eine Aufgabe‹, wenngleich eine, die nur ›nach und nach‹ gelöst werden könne.

Ironisch-persiflierende Lichter, wie sie Kant aufgesteckt hatte, blitzen auch sonst noch an einigen Stellen in der Diskussion auf, namentlich bei Lichtenberg oder Seume, Kästner oder Halem, sind aber als Randerscheinungen zu registrieren. Auch für den ungewöhnlichen, gewollt skurrilen Stil eines Jean Paul, der mit travestierendem Augenzwinkern den Ton von Kanzelrednern anschlägt (beginnend mit der ›Huldigungspredigt‹ zum Beginn des neuen Jahrhunderts, später in der ›Friedenspredigt‹ von 1808 fortgesetzt), ergeben sich manche Schwierigkeiten und Unsicherheitsmomente bei dem Versuch, kleinbürgerlichen Reaktionen auf die Krieg-Frieden-Problematik humoristische Züge abzugewinnen. Satire und Humor haben es verteufelt schwer, sich zum Thema des ewigen Friedens in eine produktive Beziehung zu setzen, ohne dessen erhabene Würde zu beschädigen, zu verletzen.

Modifiziert gilt dies auch für andere literarische Darstellungsweisen und Gattungen. Die Abstraktheit des Themas, sein tendenzieller Utopismus und das Vage, Unkonkrete, oft nur Angedeutete seiner Vorstellungsinhalte widerstreben dem Vorhaben einer konkreteren künstlerischen *Gestaltung* und scheinen neuartige, auch experimentierende Lösungen zu fordern. Verhältnismäßig einfach lassen sich noch episch-lyrische Kleinformen benutzen, um einzelne Aspekte der vielfältigen Problematik pointiert hervorzuheben: etwa Aphorismen, wie sie von Lichtenberg und Seume bevorzugt werden, oder Epigramme und Fabeln, mit denen zum Beispiel Gleim fast jede Phase der Diskussion kommentiert. Lyrische Behandlungen des schwierigen Themas bleiben zumeist im Appellativen, mitunter auch im Rührseligen oder Pathetischen stecken; auch unterläuft in zahlreichen Gedichten mittelmäßiger Autoren manches Stümperhafte, trivial Mißratene. Ein Carl Grass reimt ohne Bedenken ›Gruß‹ mit ›Genius‹ oder ›vor ihm her‹ mit ›menschlicher‹; ein Schwarm anderer Lyriker – die Zöllner und Döring, Kapf und Jenisch, Nöller und Eberhard sind nur stellvertretende Namen – bringt zwar stets den guten Willen, nur selten jedoch die künstlerische Kraft mit, aus der Gelegenheitsreimerei ein überzeugendes, gültiges Kunstwerk entstehen zu lassen.

Angesichts dieser objektiven ästhetischen Schwierigkeiten sind es nur wenige Glücksfälle, in denen aus der künstlerischen Verarbeitung des Motivs vom ewigen Frieden große, epochal bedeutsame Dichtung herauswächst. Allein eine Parabel Herders und eine Ode Hölderlins halten solch anspruchsvollem Maßstab wirklich stand. Sie sind, mit weithin strahlender Leuchtkraft, die poetischen Höhepunkte der deutschen Friedensdiskussion um 1800.

Johann Gottfried Herder hatte zunächst, noch im zweiten Teil seiner ›Terpsichore‹ von 1795, mit einigen deutschen Nachdichtungen neulateinischer Verse Jakob Baldes präludiert. Dieser jesuitische Barockpoet war, von gegenreformatorischem Standpunkt aus, zum Sprecher leidenschaftlicher Friedenshoffnungen geworden, wie sie in der zweiten Hälfte des Dreißigjährigen Krieges im Volke umgingen; Herder sucht, findet und vermittelt die Analogien zu seiner eigenen kriegserfüllten Gegenwart. Anderthalb Jahre später gliedert er seinen ›Briefen zu Beförderung der Humanität‹ die angebliche Erzählung eines Missionars über nordamerikanische Indianerstämme und über die ›große Friedensfrau‹ ein. Die parabolische Darstellung setzt sich (wie schon die identische Überschrift ›Zum ewigen Frieden‹ ankündigt) direkt mit Immanuel Kant auseinander.

Herder unterläßt es, sich mit allerlei juristischen, staatsrechtlichen, völkerrechtlichen Gesichtspunkten herumzuschlagen. Auch die vertragsmäßige, diplomatische Absicherung des Friedens hält er offensichtlich nicht für die Hauptsache, nicht einmal für eine Methode, die Garantien leisten könnte. Er argumentiert auf der Ebene einer Gesinnungsethik, denn *Gesinnungen* sind es, sieben an der Zahl, die er als Anleitung zum Handeln empfiehlt: Abscheu gegen den Krieg, verminderte Achtung gegen den Heldenruhm, Abscheu der falschen Staatskunst, geläuterter Patriotismus, Gefühl der Billigkeit gegen andre Nationen, Verachtung von Handelsanmaßungen, Tätigkeit. Der Königsberger und der Weimarer Schriftsteller sind sich also darin einig, im friedlichen Zusammenleben der Nationen eine Inkarnation aller humanistischen Ideen zu sehen, aber Kant orientiert sich mehr auf die Form eines äußeren Staatenbundes und auf den Appell an mächtige Regierungen, Herder hingegen auf moralische Erziehung der Menschen und auf demokratische Aktionen des Volkes. Bei gleicher (oder weitgehend gleicher) Zielstellung plädiert er für andere Wege. Insofern legt er einen Gegenentwurf zum Konzept der ›praktischen Vernunft‹ vor, der pragmatischer, politischer, mehr volksverbunden verstanden werden soll, dessen Strategie aber das Manko des Kantischen Vorschlags nicht aufhebt, am Ende doch alle Aktionsbereitschaft dem guten Willen – oder der freundlichen Gesinnung – zu überantworten.

Friedrich Hölderlin knüpft zu Beginn des Jahres 1801 an den Frieden zu Lunéville überschwengliche, sein ganzes Lebensgefühl durchströmende Hoffnungen. In mehreren Briefen (an Bruder und Schwester, an den Freund Georg Christian Landauer) hat er sie ausgesprochen, in einem großen Gedicht, dessen freie Rhythmen an den alten Pindar oder den jungen Goethe gemahnen, eigenwillig und sprachgewaltig zu gestalten gesucht. Die Hymne ›Friedensfeier‹, angefüllt mit kühnen Metaphern und Symbolen konzentriertester Kraft, den Frieden in der Gestalt von ›Göttern‹ hypostasierend, gerät zu einer kühnen, perspektivisch entwickelten Vision. Der Modus ihrer Aussage ist charakteristisch für das gesamte Spätwerk Hölderlins.

Das Gedicht schildert die Vorbereitung und den Ablauf eines Festes, eben einer Friedensfeier. ›Zur Abendstunde‹ haben sich liebe Gäste angesagt, die den ›Fürsten des Festes‹, den Friedensfürsten erwarten inmitten einer naturhaften, natürlichen Umgebung. Der Frieden, den er herbeiführen wird, soll ein genereller, grundsätzlicher, ewiger sein, gedacht als dialektische Einheit von Natur und Geschichte, bewirkt durch die Rückkehr von Göttern auf die Erde, garantiert in seinen sozialen Wirkungen von einer Aufhebung aller hierarchischen Ordnungen, sowohl im göttlichen wie im menschlichen Lebensbereich. Antizipiert wird ein Ende aller Ungleichheit und aller Gewalttätigkeit, so daß nun endlich Demokratie und Harmonie sich voll entfalten können. Die fast schon zur Idyllik neigenden Schlußpartien des Gedichts preisen den Frieden als etwas ganz Einfaches, selbst Verstehendes, Sanftes und Ruhiges: ein Bild, das Hölderlin im lyrischen Kontext wie im kommentierenden Briefbericht übereinstimmend mit dem Begriff der ›Einfalt‹ umschrieben hat. Die Verse dieser ›Friedensfeier‹, nicht gänzlich frei von artifiziellen Übersteigerungen und elitär klingenden Tönen, scheinen umweht zu sein von einer klaren und kühlen Höhenluft schöner Redlichkeit, in der ein philosophischer Poet, seine Einsamkeit spürend, sich danach sehnt, als Volkstribun mit seiner Botschaft gehört zu werden. Vielleicht ist es diese, in ihr Leben und Werk so tief eingesenkte Sehnsucht gewesen, die drei so verschiedene, in vielem sich entzweiende Geister wie Kant, Herder und Hölderlin auf höherer Stufe sich doch wieder hat vereinigen und verbünden lassen.

Literarische Gestaltungen des anspruchsvollen Themas in umfangreicheren Großgattungen (Epos, Roman oder Drama) sind nicht zustandegekommen. Mindestens fünf umfassend angelegte, als Botschaft gedachte Werke hervorragender Poeten dieser Epoche kreisen, mehr oder weniger konkret, um das Thema des gerechten Befreiungskrieges, der Schmach und Not nationaler Unterdrückung beseitigen, also auch einen Frieden neuer Qualität, mit Aussicht auf Dauer und Bestand herbeiführen soll: Goethes Trauerspiel ›Egmont‹ (1788) wirkt wie ein Signal, ihm folgen Hölderlins Briefroman ›Hyperion oder der Eremit in Griechenland‹ (1797/99), Schillers romantische Tragödie ›Die Jungfrau von Orleans‹ (1801) und sein Schauspiel ›Wilhelm Tell‹ (1804), schließlich Heinrich von Kleists nachgelassenes Drama ›Die Hermannsschlacht‹ (entstanden 1808, gedruckt erst 1821). In unmittelbare Nähe der deutschen Friedensdiskussion rücken auch Teile der Schillerschen Konzeption für die ›Wallenstein‹-Trilogie (1798–1800): das Ziel des gewaltigen Feldherrn, einen allgemeinen Frieden im Zeichen einer neuen Ordnung herbeizuführen, kann ebenso wenig in Zweifel gezogen werden wie die Absicht des Poeten, genau dieses Zeichen für seine Gegenwart und Zukunft aufzurichten. Welcher Friede? Welche Ordnung? Welche Wege zu dieser Friedensordnung? Diese Fragen bleiben in Schillers riesigem Geschichtsfresko ähnlich unentschieden wie in der gleichzeitig ablaufenden eirenischen Zentraldebatte.

Wie aber, wenn man sich entschließen möchte, in dieser ihrer (historisch erklärbaren) Unentschiedenheit gerade das produktivste ihrer Wesenselemente zu erblicken? Wenn nämlich das Unentschiedene begriffen würde als nicht Geleistetes, das erst noch zu leisten sei? Dann wäre anzuerkennen, daß der tiefste Sinn der unvergänglichen deutschen Friedensdiskussion um 1800 darin liegt, den Nachgeborenen eine herausfordernde Aufgabenstellung hinterlassen zu haben. Vielleicht ist diese Sinngebung, die sich müht, Vergangenheit, Gegenwart und Zukunft der Menschheit gleichzeitig und gleich ernsthaft zu bedenken, überhaupt das Beste, was sich an dieser Diskussion rühmen und aus ihr entnehmen läßt. Dann hätte sie, würde sie auch sonst rein gar nichts geleistet haben, schon genug geleistet in der Aufforderung an uns Heutige, die alte Römer-Devise ›Si vis pacem, para bellum‹ kontradiktorisch umzukehren zu der Maxime ›Si non vis bellum, para pacem‹.

Immanuel Kant erwähnt im sechsten und letzten der Präliminarartikel, die er aufstellt, damit Frieden sein könne, einige ›ehrlose Stratagemen‹, die jegliche Vertrauensbildung zwischen gegnerischen Staaten verhindern. Denn selbst Staaten mit unterschiedlicher Gesellschaftsordnung müßten miteinander auskommen können, um zu überleben. ›Woraus denn folgt‹, sagt er weiter, ›daß ein Ausrottungskrieg, wo die Vertilgung beide Teile zugleich und mit dieser auch alles Rechts treffen kann, den ewigen Frieden nur auf dem großen Kirchhofe der Menschengattung stattfinden lassen würde.‹ Um zu schließen: ›Ein solcher Krieg also, mithin auch der Gebrauch der Mittel, die dahin führen, muß schlechterdings unerlaubt sein.‹ Läßt sich ein Optativ des Sollens denken, der aktueller wäre als dieser?

Anhang

ANMERKUNGEN ZU DEN TEXTEN

1794 Christoph Martin Wieland: Über Krieg und Frieden S. 59

E: Der Neue Teutsche Merkur vom Jahre 1794. Hrsg. von C. M. Wieland. Zweyter Band. Weimar 1794, S. 181–201. – K: *Ajo te, Aeacida* ...: lat., Wahrlich, das Volk der Römer wird Aiakos' Enkel besiegen (freie Hexameter-Übersetzung von Hottinger). Der Vers stammt aus den ›Annalen‹ des römischen Tragikers und Epikers Quintus Ennius (vgl. Ennianae poesis reliquiae. Hrsg. von Johannes Vahlen. 2. Aufl. Leipzig 1903, S. 32) und wurde später von Cicero in einer religionskritischen Schrift einer skeptischen Prüfung unterzogen (vgl. Marcus Tullius Cicero, Von der Weissagung. De divinatione. Übersetzt, eingeleitet und erläutert von Raphael Kühner. München 1962, S. 139 f.). Der König Pyrrhus, der gegen die Römer von 282 bis 272 v. u. Z. einen für ihn unglücklich endenden Krieg geführt hatte, leitete sein Geschlecht von dem mythischen Heroen Aiakos (lat. Aeakus) ab, einem Sohn des Zeus und der Ägina; ›Aeacides‹ bezeichnet einen Nachkommen des Aiakos oder Äakus, ›Aeacida‹ ist ein lateinischer Vokativ, nach griechischem Muster gebildet. Wegen der beiden Akkusative ›te‹ und ›Romanos‹, die sowohl Objekt wie Subjekt sein können, ist das angebliche Orakel absichtsvoll zweideutig: je nach Lesart sagt es entweder, daß Pyrrhus die Römer besiegen könne oder die Römer den Pyrrhus. Eben wegen dieser Zweideutigkeit wählte Wieland den Spruch als Motto für seinen Aufsatz, da er im gegebenen historischen Moment den Ausgang des Krieges zwischen Frankreich und seinen Gegnern für völlig unentschieden hält. – *polizierter Völker*: Der Begriff des ›Polizierens‹ (im 16. Jahrhundert entlehnt aus frz. policer, polizeilich erlassen, durch obrigkeitliches Mandat anordnen) bedeutet im Deutsch des 18. Jahrhunderts soviel wie: in gute bürgerliche Ordnung (Polizei) bringen, wohl einrichten, zivilisieren. – *teterrima belli causa*: lat., abscheulichste der Kriegsursachen. – *korybantische Wut*: Korybanten waren in der griechischen Mythologie Vegetationsdämonen und verzückte, orgiastische Ritualtänzer. – *des Heilsausschusses*: Gemeint ist der sogenannte Wohlfahrtsausschuß (frz. Comité de salut public), ein während der Französischen Revolution am 6. April 1793 eingesetztes Exekutivorgan des Nationalkonvents mit zunächst 12 Mitgliedern, unter Robespierres Führung (vom 27. Juli 1793 bis zum 27. Juli 1794) eines der wichtigsten Machtinstrumente der Jakobinerherrschaft. – *Bruta oder Brutusse*: hier in dem Sinne von: Dummköpfe oder republikanische Verschwörer. Das Wortspiel bezieht sich auf lat. brutus (schwerfällig, stumpfsinnig, dumm) und auf die Brüder Decimus Junius Brutus Albinus und Marcus Junius Brutus, die im Jahre 44 v. u. Z. führende Köpfe in der Opposition gegen Gajus Julius Cäsar gewesen waren. – *Gonfalonier*: ital., Bannerträger; Bezeichnung für Beamte, die in italienischen Stadtstaaten des 13. und 14. Jahrhunderts vom Bürgertum eingesetzt wurden, um bürgerliche Interessen gegenüber dem Stadtadel zu wahren. – *Dumouriez*: Dieser General hatte sich erst den Girondisten, später den Jakobinern angeschlossen und die französischen Revolutionsheere als Befehlshaber der Nordarmee bei Valmy und Jemappes 1792 zum Siege geführt; nach einer Niederlage bei Neerwinden lief er am 5. April 1793 zu den Österreichern über und erhielt später in England eine Pension. – *das lange Parlament*: Bezeichnung für das von König Karl I. von England 1640 einberufene (und bis 1660 tagende) Parlament, das anfangs überwiegend bürgerliche, antiabsolutistische und antiklerikale Interessen vertrat; unter Cromwells Führung beschloß es 1649 die Verurteilung und Hinrichtung Karls I. – *behauptete der Verfassser*: nämlich in Wielands Aufsatz ›Ausführliche Darstellung der in der Französischen National-Versammlung am 26. und 27. November 1790 vorgefallenen Debatten‹, veröffentlicht im ›Neuen Teutschen Merkur‹ vom Jahre 1791, Erster Band, S. 1–80 und 123–162. – *Wahlkapitulation*: im Mittelalter und in der Neuzeit ein schriftlich fixierter Vertrag, durch den die Wähler (zum Beispiel die Kurfürsten) einem zu Wählenden (zum Beispiel einem König oder Kaiser) Bedingungen für seine künftige Regierung stellten (›Kapitulation‹ genannt nach der Aufzählung dieser Bedingungen in Kapiteln).

Christoph Martin Wieland: Aufruf an Teutschland S. 69
E: Journal des Luxus und der Moden. Hrsg. von F. J. Bertuch und G. M. Kraus. Neunter Band. Jahrgang 1794. Mit ausgemahlten und schwarzen Kupfertafeln. Weimar 1794. Im Verlag des Industrie-Comptoirs. S. 119–123.

– Christoph Martin Wieland: Wiederholter Aufruf an die Deutsche Nation S. 72
E: Eudämonia, oder deutsches Volksglück. Ein Journal für Freunde von Wahrheit und Recht. Erster Band, 1.–6. Stück. Leipzig 1795, S. 7–40.

1795 Johann Wilhelm Ludwig Gleim: Das Schaf S. 79
E: nicht zu ermitteln. – T: J. W. L. Gleim's sämmtliche Werke. Erste Originalausgabe aus des Dichters Handschriften durch Wilhelm Körte. Band 3, Halberstadt 1811, S. 378.

– August Hennings: Sollen immer Kriege sein? S. 80
E: Der Genius der Zeit. Ein Journal, hrsg. von August Hennings. Fünfter Band. Mai bis August 1795. Altona, bei J. F. Hammerich. S. 575 f.

– August Hennings: Krieg und Frieden S. 81
E: Beyträge zur Geschichte der französischen Revolution. Viertes Stück. 1795, S. 324.

– Immanuel Kant: Zum ewigen Frieden
Ein philosophischer Entwurf S. 82
E: Zum ewigen Frieden. Ein philosophischer Entwurf von Immanuel Kant. Königsberg, bey Friedrich Nicolovius. 1795. – Davon: Neue, vermehrte Aufl. 1796. – T: Kants Werke. Akademie-Textausgabe. Unveränderter photomechanischer Abdruck des Textes der von der Preußischen Akademie der Wissenschaften 1902 begonnenen Ausgabe von Kants gesammelten Schriften. Band 8, Berlin 1968, S. 341–386; unter Berücksichtigung der Emendation des Textes der Akademie–Ausgabe entsprechend der Veröffentlichung ›Ein neuaufgefundenes Reinschriftfragment Kants mit den Anfangstexten seines Entwurfs ‚Zum ewigen Frieden'‹, Kant-Studien, 77 (1986), Heft 3, S. 316–337. – K: *Clausula salvatoria*: lat., der Verwahrungsvorbehalt. – *Hostilitäten*: Feindseligkeiten, Anfeindungen. – *Erfindung eines handeltreibenden Volks*: der Engländer. – *Läsion*: Übervorteilung, Rechtsverletzung. – *Stratagemen*: arglistige Anschläge, Kriegslisten. – *der oberste Diener des Staats*: Die Formulierung stammt aus der von Friedrich II. 1740 anonym publizierten Streitschrift ›Antimachiavel ou Essai de critique sur ‚Le Prince' de Machiavel, publié par M. de Voltaire‹ (in deutscher Übersetzung 1741 unter dem Titel ›Anti-Machiavel oder Prüfung der Regeln Machiavells. Von der Regierungskunst eines Fürsten‹). Dort heißt es im ersten Kapitel, ›daß der Souverän, weit

entfernt davon, der unumschränkte Herr der unter seiner Oberhoheit befindlichen Völker zu sein, selbst nichts anderes ist als der erste Diener‹. Der Gedanke begegnet dann in Friedrichs Schriften noch öfter, war aber in ähnlicher Prägung bereits seit der Antike bei mehreren Politikern, Dichtern oder Publizisten aufgetreten. – *Mallet du Pan rühmt ...*: Kant bezieht sich auf die Schrift ›Mallet du Pan über die Französische Revolution und die Ursachen ihrer Dauer‹ (Berlin 1794), ins Deutsche übersetzt von Friedrich Gentz. Bei dem folgenden Zitat handelt es sich um zwei Verse (III, 303f.) aus dem ›Essay on Man‹ (1733/34; dt. ›Versuch über den Menschen‹, 1740) von Alexander Pope. – *nach Swifts Ausdruck*: in Jonathan Swifts Werken nicht nachweisbar. – *jener gallische Fürst*: Gemeint ist der senonische Gallierfürst Brennus, der um 390 v.u.Z. Rom eroberte. Er soll nach dem Zeugnis des Plutarch (in der ›Lebensbeschreibung‹ des römischen Konsulartribuns und Diktators Marcus Furius Camillus, 17, 4f.) damals von ›dem ältesten unter allen Gesetzen‹ gesprochen haben, ›welches die Güter der Schwächeren dem Stärkeren zuteilt und das von Gott an bis auf die Tiere herabgeht‹. (Zitiert nach: Plutarch, Lebensbeschreibungen. Mit Anmerkungen nach der Übersetzung von Kaltwasser bearbeitet von Hanns Floerke. Band 1, München und Leipzig 1913, S. 351). – *Furor impius ...*: lat., Die ruchlose Kriegswut schnaubt drinnen schrecklich mit blutgierigem Maul. Zitat aus Vergils ›Aeneis‹; I, 294–296. – *Hospitalität*: Gastfreundschaft, Unverletzlichkeit des Gastes. – *natura daedala rerum*: lat., die kunstvolle Natur der Dinge. – *fata volentem ...*: lat., Den Willigen führt das Schicksal, den Widerstrebenden schleift es mit. Zitat aus Senecas ›Epistolae morales ad Lucilium‹; XVIII, 4. – *Zendavesta, Vedam, Koran*: Religiöse Texte des Parsismus, die auf den altpersischen Propheten Zoroaster (Zarathustra) zurückgeführt werden, heißen Awesta, soweit sie in altiranischer (awestischer) Schrift verfaßt sind; die in mittelpersischer Schrift erhaltenen Kommentare werden Zand genannt. Als Veda bezeichnet man altindische Texte religiöser Natur. Der Koran (arab., Lesung) ist das heilige Buch des Islam, es enthält Offenbarungen, die der Prophet Mohammed verkündete. – *vae victis*: lat., Wehe den Besiegten! Nach der Eroberung Roms durch die keltischen Gallier um 390 v.u.Z. mußten sich die Römer den Abzug der Okkupanten durch einen Tribut erkaufen. Wie Livius berichtet (Ab urbe condita; V, 48, 9), habe der Gallierfürst Brennus beim Abwägen des Lösegelds falsche Gewichte benutzt und, als sich die Römer darüber beschwerten, noch zusätzlich sein Schwert in die Waagschale geworfen und höhnisch ›Vae victis!‹ gerufen. – *ultra posse ...*: lat., Über sein

Können hinaus ist niemand verpflichtet (Ratschlag für Rechtsstreitigkeiten, der auf den römischen Juristen Juventius Celsus zurückgeht). – *seid klug wie die Schlangen ...*: Matthäus 10, 16. – *der Gott bonus eventus*: lat., der Gott des guten Ausgangs, des Erfolgs. – *primus inter pares*: lat., der Erste unter Gleichen. – *tu ne cede malis ...*: lat., Weiche den Übeln nicht, sondern tritt ihnen beherzter entgegen. Zitat aus Vergils ›Aeneis‹; VI, 95. – *non titulo, ...*: lat., ein solcher in der Tat, nicht nur dem Namen nach.

– Johann Wilhelm Ludwig Gleim:
Auf den Friedensschluß zu Basel** S. 116
E: Vater Gleim's Zeitgedichte, von 1789–1803. Erste Originalausgabe aus des Dichters Handschriften durch Wilhelm Körte. Band 8, Leipzig 1841, S. 43.

– Adolph Franz Friedrich Freiherr von Knigge:
Von Gerechten und Ungerechten Kriegen** S. 117
E: Rückblicke auf den, wenn Gott will, für Teutschland nun bald geendigten Krieg. Nebst einigen Erläuterungen, die Propaganda, Jacobiner und Illuminaten betreffend. Coppenhagen 1795, S. 59–66 und 77–81. – K: *par la grace de Dieu*: frz., durch Gottes Gnade. – *in zwei neuerlich erschienenen Schriften*: Eberhard August Wilhelm von Zimmermanns Publikationen ›Ernste Hinsicht auf sein Vaterland bei Annäherung des Friedens, von einem biederen Deutschen‹ (1795) und ›Frankreich und die Freistaaten von Nordamerika‹ (2 Bände, 1795–1800).

– Johann Friedrich Zöllner: Friedenslied S. 121
E: Berlinische Monatsschrift. Hrsg. von Biester. Sechsundzwanzigster Band: Julius bis December, 1795. Gedruckt zu Dessau. Im Verlage der Haude- und Spenerschen Buchhandlung in Berlin. S. 1–6.

– Wilhelm von Humboldt in einem Briefe vom 30. Oktober 1795
an Friedrich Schiller S. 125
T: Schillers Werke. Nationalausgabe. Band 35, in Verbindung mit Lieselotte Blumenthal hrsg. von Günther Schulz, Weimar 1964, S. 412. – K: *Für die Horen ...*: Offensichtlich haben Humboldt und/oder Schiller mit dem Gedanken gespielt, Kants ›Entwurf‹ für einen Druck in den ›Horen‹ zu erwerben. Der Philosoph indes hatte auf Schillers gedruckte Einladung zur Mitarbeit an dieser Zeitschrift (ihm mit einem Anschreiben zugesandt am 13. Juli 1794) und auf einen späteren Brief an ihn (vom 1. März 1795) nur zurück-

haltend geantwortet (am 30. März 1795): ›... was aber meinen geringen Beitrag zu diesem Ihren Geschenk fürs Publikum betrifft, so muß ich mir einen etwas langen Aufschub (er)bitten, weil, da Staats- und Religionsmaterien jetzt einer gewissen Handelssperre unterworfen sind, es aber außer diesen kaum noch, wenigstens in diesem Zeitpunkt, andere die große Lesewelt interessierende Artikel gibt, man diesen Wetterwechsel noch eine Zeit lang beobachten muß, um sich klüglich in die Zeit zu schicken‹.

– Johann Gottfried Carl Christian Kiesewetter in einem Briefe vom 5. November 1795 an Immanuel Kant S. 126
T: Kants gesammelte Schriften. Hrsg. von der Königlich Preußischen Akademie der Wissenschaften. Band 12, Berlin 1902, S. 47f. – K: *einem meiner Freunde*: nicht zu identifizieren. – *Herr Gentz, der Übersetzer des Mallet du Pan*: Vgl. die Anm. zu S. 81.

– Johann Benjamin Erhard in einem Briefe vom 15. November 1795 an Immanuel Kant S. 128
T: wie beim vorigen Titel, S. 51.

– Prinz August von Sachsen-Gotha in einem Briefe vom 22. November 1795 an Johann Wolfgang Goethe S. 129
T: Schillers Werke. Nationalausgabe. Band 36/2, hrsg. von Norbert Oellers, Weimar 1976, S. 43f. – K: *Legistine* ...: lat., Haben Sie nicht den großen Immanuel Kant gelesen? – *zumal S. 47–65 und 66–79*: Wie hier, so beziehen sich auch im folgenden alle im Text genannten Seitenangaben auf die erste Auflage des Kantschen ›Entwurfs‹. Eine hilfreiche ›Vergleichende Seitenübersicht der wichtigsten Kant-Ausgaben‹ findet sich in: Immanuel Kant, Zum ewigen Frieden. Ein philosophischer Entwurf. Texte zur Rezeption 1796–1800. Hrsg. von Manfred Buhr und Steffen Dietzsch. Leipzig 1984, S. 312–320. – *Pautentauten*: Potentaten, Machthaber, regierende Fürsten. – *e fanno* ...: ital., Und meinen immer, das Beste zu tun.

– Friedrich Schiller: Die Taten der Philosophen S. 130
E: Die Horen. Erster Jahrgang. Eilftes Stück. 1795, S. 29f. – K: *Der Satz* ...: Schiller gesteht (in einem Briefe an Goethe vom 16. Oktober 1795), er habe sich in diesem Gedicht ›über den Satz des Widerspruchs lustig gemacht‹, und fügt die Erläuterung hinzu: ›Die Philosophie erscheint immer lächerlich, wenn sie aus eigenem Mittel, ohne ihre Abhängigkeit von der Erfahrung zu ge-

stehen, das Wissen erweitern und der Welt Gesetze geben will.‹ – *Hochgedicht*: Homers ›Ilias‹ und ›Odyssee‹.

– Sophie Mereau in einem Briefe aus dem Dezember 1795 an Immanuel Kant S. 132
T: Kants gesammelte Schriften. Hrsg. von der Königlich Preußischen Akademie der Wissenschaften. Band 12, Berlin 1902, S. 53.

– Wilhelm von Humboldt in einem Briefe vom 11. Dezember 1795 an Friedrich Schiller S. 133
T: Schillers Werke. Nationalausgabe. Band 36/1, hrsg. von Norbert Oellers, Weimar 1972, S. 45. – K: *sein ›Überlegtes‹*: Schillers Schrift ›Über die ästhetische Erziehung des Menschen in einer Reihe von Briefen‹ (Brief 1–9) war im ersten Stück des Jahrgangs 1795 der ›Horen‹ erschienen (Mitte Januar ausgeliefert). Am 30. März schrieb Kant an Schiller: ›Die Briefe über die ästhetische Menschenerziehung finde ich vortrefflich und werde sie studieren, um Ihnen meine Gedanken hierüber dereinst mitteilen zu können.‹ Diese Mitteilung kam nicht zustande.

– Abraham Gotthelf Kästner: Vom ewigen Frieden S. 134
E: nicht nachweisbar. – T: Abraham Gotthelf Kästner's zum Theil noch ungedruckte Sinngedichte und Einfälle. Zweite, mit Genehmigung des Verfassers veranstaltete Sammlung. Frankfurt und Leipzig, bei Ludwig Schellenberg 1800. S. 65. – K: Kant zitiert dieses Kästnersche Epigramm in seiner 1796 erschienenen Schrift ›Verkündigung des nahen Abschlusses eines Tractats zum ewigen Frieden in der Philosophie‹, in der das (oft feindselige) Verhältnis verschiedener Richtungen der Philosophie zueinander erörtert wird, deren Streit jedoch fruchtbar sein könne, sofern er, im Sinne des Kritizismus behandelt, neue Probleme und neue Lösungen hervorrufe. Unter diesem Gesichtspunkt könne Kästners Epigramm geradezu als ›Glückwunsch‹ angesehen werden, ›wenn er den Philosophen einen über vermeinten Lorbeern gemächlich ruhenden Frieden gänzlich abspricht‹; jedoch sei eine solch streitbare philosophische Verfassung noch lange kein Krieg.

– Christian Gottfried Körner in einem Briefe vom 18. Dezember 1795 an Friedrich Schiller S. 135
T: Schillers Werke. Nationalausgabe. Band 36/1, hrsg. von Norbert Oellers, Weimar 1972, S. 55.

– Friedrich Schiller in einem Briefe vom 21. Dezember 1795 an Christian Gottfried Körner S. 136

T: Schillers Werke. Nationalausgabe. Band 28, hrsg. von Norbert Oellers, Weimar 1969, S. 138. – K: *Deine Bemerkungen darüber sende mir ja*: Diesem Wunsche kam Körner nach. Schiller teilte ihm am 7. Januar 1796 mit: ›Deine Bemerkungen über Kants Schrift mußt Du mir noch einige Zeit lassen, da ich die Schrift selbst noch nicht gelesen.‹

– Johann Gottfried Herder: Der Janustempel An die versammleten Friedensstifter S. 137

E: J. G. Herder, Terpsichore. Zweiter Theil. Lübeck 1795. Bey Bohn und Compagnie. S. 256–259. – K: Dieser und die beiden folgenden Texte Herders sind freie Nachdichtungen von neulateinischen Versen des Barockdichters Jakob Balde. – *Der Janustempel*: Janus war ein altitalischer Gott (oder Geist) der Türschwelle, also des Eingangs und Ausgangs, im übertragenen Sinne auch des (gleichzeitigen) Endes und Anfangs, mithin eines Wendepunktes; ein Gegenstück in der griechischen Mythologie fehlt. Darstellungen in der bildenden Kunst der Römer stellen den Janus doppelköpfig oder doppelgesichtig dar, so daß er gleichzeitig nach vorn und nach hinten blicken kann oder auch in die Zukunft wie in die Vergangenheit. Der Tempel oder das Doppeltor des Janus auf dem Forum Romanum (ein uralter Bau, erhalten geblieben bis ins 6. Jahrhundert) stand im Kriege offen und war im Frieden geschlossen; zwischen der Zeit des angeblichen Erbauers Numa und der Herrschaft des Kaisers Augustus soll er überhaupt nur zweimal geschlossen gewesen sein. – *Quiriten*: Ehrentitel für altrömische Vollbürger. – *fünf Lustren*: lat. lustrum war die Bezeichnung für einen Zeitraum von fünf Jahren; Jakob Baldes Gedicht war 1643 (also 25 Jahre nach Beginn des Dreißigjährigen Krieges) entstanden. – *Mavors Wut*: die Wut des altrömischen Kriegsgottes Mars. – *Orkus*: in der altrömischen Mythologie die Unterwelt, das Totenreich. – *Charon*: in der griechischen Mythologie der Fährmann der Toten, der die Verstorbenen über den Fluß Acheron in die Unterwelt des Hades übersetzt. – *Was Numantium einst ...*: In diesem Vers sind exemplarisch vier Städte genannt, die lange unter Krieg zu leiden hatten, bis sie endlich zerstört wurden: das keltisch-iberische Numantia in Spanien war ein Zentrum des Widerstandes gegen Rom (133 v. u. Z. erobert und verwüstet); Ilion ist der altgriechische Name für Troja; Argos (auf dem Peloponnes) und Theben (bei Athen) erlitten in den Kriegen gegen die Perser Plünderungen und Zerstörungen. – *Ceres*: altrömische Göttin der Feldfrucht, der Fruchtbarkeit. – *Manen*: die Seelen der Verstorbenen. – *Rahel weinet um ihre Kinder*: Metapher für den Schmerz einer Mutter für im Krieg Erschlagene (nach alttestamentlicher Erzählung war Rahel eine der Frauen des Erzvaters Jakob). – *Ajax' mächtigen Stein*: Die griechische Mythologie kennt zwei Helden mit Namen Ajax: den großen Ajax, Sohn des Telamos aus Salamis, der gelegentlich riesige Steine als Wurfgeschosse benutzte, um Feinde zu töten (so zum Beispiel in Ilias, 12, 378ff.), und den kleinen Ajax, Sohn des Oïleus aus Lokri, der sich in einer Auseinandersetzung mit dem Meeresgott Poseidon an einen ›mächtigen Felsblock‹ anklammert, um sein Leben zu retten (Odyssee, 4, 500ff.). Wahrscheinlich meint Herders Anspielung diesen ›mächtigen Stein‹. – *Phöbus*: grch. Phoibos, der Glänzende; Beiname des griechischen Gottes Apollon, der Recht, Ordnung und Frieden symbolisiert.

– Johann Gottfried Herder: Gebet
Als sich die Friedensunterhandlungen verwirrten S. 139
E: wie beim vorigen Titel, S. 260.

– Johann Gottfried Herder: Zwo Göttinnen S. 140
E: wie beim vorigen Titel, S. 266–270. – K: *Apollo*: Vgl. die Anm. zu S. 137. – *Pallas*: Pallas Athene war in der griechischen Mythologie eine der Lieblingstöchter des Zeus; sie war mit Helm und Brustpanzer dem väterlichen Haupte direkt entsprungen, also dem zentralen Sitz des göttlichen Denkens und der Weisheit; sie galt als Förderin der sinnvollen Arbeit, des Friedens, der Kunst und der Wissenschaft; friedliebende Politiker, Künstler und Gelehrte standen unter ihrem Schutz; das ihr zugeteilte Tier war die Eule, ihre Pflanze der Ölbaum. – *Paphia*: Die griechische Göttin der Liebe und der Schönheit war Aphrodite, die nach einem poetischen Bericht des Hesiod aus dem Schaum (grch. aphros) des Meeres geboren worden war; Hauptsitz ihres Kultes war Paphos auf Cypern. – *Sions Palme*: sinnbildlich für Friedenspalme (nach dem Hügel Zion in Jerusalem). – *Themis*: in der griechischen Mythologie die Göttin des Rechts. – *Xanthus*: in der griechischen Mythologie ein idyllischer Fluß, in dem die Töchter der Götter zu baden pflegten.

1796 Georg Christoph Lichtenberg: Von den Kriegs- und Fast-Schulen der Schinesen** S. 143
E: Göttinger Taschen-Kalender für 1796. – T: Georg Christoph Lichtenberg, Schriften und Briefe. Hrsg. von Franz H. Mautner,

Band 2, Frankfurt a. M. 1983, S. 302–308. – K: *exkoliert*: verbessert. – *Genickfang*: tödlicher Stoß ins Genick mit einer spitzen Stichwaffe (der Ausdruck stammt aus der Weidmannssprache).

Politische Moral und Moralische Politik** S. 147
E: Göttingische Anzeigen von gelehrten Sachen unter der Aufsicht der königl. Gesellschaft der Wissenschaften. Der erste Band auf das Jahr 1796, 8. Stück vom 14. Januar 1796, S. 77–79. – K: *non titulo*: nicht nur dem Namen nach.

Ewiger Friede und Widerstandsrecht des Volkes** S. 150
E: Beyträge zur Geschichte der französischen Revolution. Sechster Band. 1796, S. 385–395 (dort unter der Überschrift ›An den Herausgeber der Beiträge‹). – K: *Condorcets Entwurf*: Vgl. Einleitung, S. 56 ff. – *en attendant mieux*: frz., einstweilen besser. – *wie Molières bürgerlicher Edelmann*: In der berühmten Sitten- und Charakterkomödie ›Le bourgeois gentilhomme‹ (Der Bürger als Edelmann, 1670) von Jean-Baptiste Molière wird die eitle Selbstgefälligkeit des neureichen Bürgers Monsieur Jourdain unter anderem dadurch bloßgestellt, daß er sich darüber wundert, von einem Magister der Rhetorik zu erfahren, er habe bisher im Alltagsleben ständig Prosa gesprochen, ohne es zu wissen. – *Antichambre*: frz., Vorzimmer. – *die letzten Adressen ... der korrespondierenden Gesellschaft in London*: Die Korrespondenz-Gesellschaft (Correspondending Society, auch Londoner Jakobinerklub genannt) war eine halb radikal-liberale, halb proletarische politische Organisation; die meisten ihrer Mitglieder, vor allem Mechaniker und Handwerker, waren Republikaner und Anhänger Thomas Paines, der gefordert hatte, daß jede Regierung, die nicht dem ganzen Volk ›Leben, Freiheit und das Streben nach Glück‹ sichere, gestürzt werden müsse, wenn nötig durch Revolution. Die Korrespondenz-Gesellschaft hatte anfangs großen Zulauf, hielt 1793 einen Konvent ab, war aber nach dem Eintritt Englands in den Krieg gegen Frankreich scharfen Repressionen ausgesetzt. – *das etwas frühere Beispiel des Aufstandes der Pariser Fraktionen*: Aus dem Kontext läßt sich nicht mit Sicherheit darauf schließen, welche konkreten historischen Ereignisse gemeint sind. ›Aufstände‹ verschiedener Pariser Fraktionen oder Sektionen ereigneten sich in fast jedem Revolutionsjahr seit 1789; wahrscheinlich wird auf einen der drei Aufstände (Germinal, Prairial, Vendémiaire) des Jahres 1795 angespielt.

– August Hennings: Heil dem Menschenredner Kant!** S. 156

E: Der Genius der Zeit. Ein Journal, hrsg. von August Hennings. Siebenter Band. Januar bis April 1796. Altona, bei J. F. Hammerich. S. 128–136. – K: *eine der herkulischsten Arbeiten*: dem Sinne nach eine schwer zu vollbringende, übermenschliche Anstrengungen erfordernde Arbeit, bezogen auf die Arbeiten des altgriechischen Heros Herkules (Herakles) im Dienste des mykenischen Königs Eurysthes. – *Wie Friedrich II. sagte*: Vgl. die Anm. zu S. 81.

– Friedrich Schlegel: Versuch über den Begriff des Republikanismus, veranlaßt durch die Kantische Schrift ›Zum ewigen Frieden‹ S. 161

E: Deutschland. Dritter Band. Berlin 1796, bei Johann Friedrich Unger. S. 10–41. – T: Friedrich Schlegel, Werke in zwei Bänden. Ausgewählt und eingeleitet von Wolfgang Hecht. Band 1, Berlin und Weimar 1980, S. 53–73. – K: *fictio iuris*: lat., Rechtsfiktion, gesetzliche Annahme. Der Begriff bezeichnet gesetzliche Vorschriften, die den Richter anweisen, einen konkreten Tatbestand so zu beurteilen, wie wenn ein anderer Tatbestand vorläge. – *nach Heraklits Ausdrucke*: Anspielung auf die bekannte Formulierung des griechischen Philosophen Heraklit: ›Alles fließt.‹ – *als der attische*: Im Original und auch in den meisten neueren Ausgaben steht hier ›britische‹. Aus dem Textzusammenhang geht jedoch zweifelsfrei hervor, daß der ›attische‹ Staat, das heißt der altgriechische, atheniensische Staat auf der Grundlage einer Polis-Demokratie gemeint ist. – *Neronen*: Herrscher in der Art des römischen Kaisers Nero (54–68), der als Verkörperung eines grausamen Tyrannen gilt. – *esprit de corps*: frz., Korpsgeist. – *Friedriche und Marc-Aurele*: Gemeint sind der preußische König Friedrich II. und der römische Kaiser Marcus Aurelius Antonius; beide Namen sollen als Beispiele für eine gute Regentschaft aufgefaßt werden. – *Polizierung*: Vgl. die Anm. zu S. 177. – *Isonomie*: Rechtsgleichheit.

– Johann Gottlieb Fichte: Grundriß des Völker- und Weltbürgerrechts S. 177

E: Johann Gottlieb Fichte, Grundlage des Naturrechts nach Principien der Wissenschaftslehre. Jena und Leipzig 1796, bei Christian Ernst Gabler (dort als ›Zweiter Anhang‹). – T: Johann Gottlieb Fichte's sämmtliche Werke. Hrsg. von I. H. Fichte. Dritter Band, Berlin 1971, S. 369–385. – K: *Corollaria*: Zusätze, Zugaben; insonderheit Lehrsätze, die sich aus dem Vorhergehenden unmittelbar ergeben.

– Erfordernisse und Bedingungen des Friedens** S. 192
E: Allgemeine Literatur-Zeitung vom Jahre 1796. Zweyter Band. April, May, Junius. Jena, in der Expedition dieser Zeitung, und Leipzig, in der churfürstl. sächs. Zeitungs-Expedition. 1796. Numero 112. Freytags, den 8. April 1796, Sp. 57–59. – K: *modum coercendi*: lat., die Art und Weise, jemanden in Schranken zu halten, zu züchtigen, zu bestrafen.

– Johann Gottfried Seume: Philanthropische Rhapsodien über Atheismus und Tugend** S. 196
E: Obolen von Seume, Rußisch-Kaiserlichem Lieutenant. Erstes Bändchen. Leipzig, bei Gottfried Martini. 1796, S. 36f., 39f., 43–45, 49f., 61–65. – K: *in seinen ›Charakteristiken‹*: 1711 erschienen in drei Bänden Shaftesburys philosophische Abhandlungen unter dem Titel ›Characteristicks of Men, Manners, Opinions, Times‹ (Charakteristika der Menschen, Sitten, Meinungen, Zeiten). Eine deutsche Übersetzung des Gesamtwerkes publizierten C. A. Wichmann und L. H. C. Hölty (1768 und 1776–1779) in Leipzig. Der Aufsatz, auf den sich Seume hier und im folgenden bezieht, trägt die Überschrift ›An Enquiry Concerning Virtue and Merit‹ (Eine Untersuchung von Tugend und Verdienst). – *die hohen hyperphysischen Ideen*: solche, die über das Natürliche hinausgehen. – *Der arme Phokion ...*: Der atheniensische Feldherr Phokion hatte im Kampf gegen die Makedonier zum Frieden geraten, wurde wegen Hochverrats zum Tode verurteilt und mußte den Giftbecher nehmen. Der römische Feldherr Regulus gewährte den Karthagern keinen Frieden und wurde ihr Gefangener; weil er auch in dieser Lage einen Friedensschluß vereitelte, wurde er der Legende nach von ihnen zu Tode gemartert. – *das alte goldene Sprüchelchen ...*: im Sinne des deutschen Sprichwortes ›Was du nicht willst, das man dir tu, das füg auch keinem andern zu‹ (die vollständige lateinische Fassung lautet: Quod tibi non vis fieri, alteri ne feceris); als Lebensweisheit oft formuliert bei griechisch-römischen Autoren (u. a. bei Isokrates, Seneca, Landridus, Alexander Severus), in der arabischen Märchensammlung aus ›Tausendundeiner Nacht‹ (in den Sindbad-Episoden) und in der Bibel (Tobias 4, 16; Matthäus 7, 12 und Lukas 6, 31). – *bellum omnium contra omnes*: lat., der Krieg aller gegen alle. Diese bereits in der Antike so oder ähnlich ausgesprochene Formel wurde vor allem durch einen wichtigen Gedankengang des englischen Philosophen Thomas Hobbes (vgl. Einleitung, S. 29) aus seiner Schrift ›De cive‹ (Vom Bürger, 1642; I, 12) bekannt: ›Man kann nicht leugnen, daß der natürliche Zustand der Menschen, bevor sie zur Gesellschaft

zusammentraten, der Krieg gewesen ist, und zwar nicht der Krieg schlechthin, sondern der Krieg aller gegen alle.‹ – *Suum cuique*: lat., Jedem das Seine. – *Laede neminem*: lat., Verletze niemanden. – *Philautie*: Eigenliebe, Selbstsucht. – *Isonomie*: Gleichgesetzlichkeit, gleichartige Gesetzgebung verschiedener Staaten. – *Asträa*: Die göttliche Gestalt der Asträa (grch., das Sternenmädchen), oft mit der Göttin Dike (grch., die Gerechtigkeit) identifiziert, soll nach mythologischen Erklärungen von Strabo und Tacitus im goldenen Zeitalter unter den Menschen gelebt haben, im silbernen ins Gebirge geflohen und im noch schlimmeren ehernen Zeitalter in den Himmel entrückt worden sein. – *im peloponnesischen Kriege*: genannt nach dem Peloponnes, einer griechischen Halbinsel südlich der Landenge von Korinth (die ihren Namen wiederum von Pelops hat, einer Gestalt der griechischen Mythologie), ein langwieriger kriegerischer Konflikt (431–404 v. u. Z.) zwischen dem von Sparta geführten Peloponnesischen Bund und Athen. – *alle braven Platäer ...*: Die griechische Stadt Platää, im südlichen Böotien gelegen, war vor allem durch die unter seinen Mauern geschlagene Entscheidungsschlacht in den Perserkriegen (479 v. u. Z.) bekannt geworden, in der die Griechen siegten. Der Stadtstaat Platää entwickelte sich in ständiger Rivalität zu dem nahegelegenen Theben, verbündete sich daher oft mit Athen und wurde deswegen von den Thebanern mehrfach erobert und zerstört, so besonders grausam während des Peloponnesischen Krieges 427 v. u. Z. – *eine Trauerszene*: extensiv dargestellt in dem unvollendet gebliebenen Geschichtswerk ›Ho polemos ton peloponnesion kai athenaion‹ (Der Krieg zwischen den Peloponnesiern und den Athenern; 3, 52–68) des Thukydides. Seume zeigte für diese Episode besonders intensives Interesse; im zweiten Bändchen seiner ›Obolen‹ (Leipzig 1798, S. 36–82) publizierte er eine mit Anmerkungen versehene Abhandlung über ›Die Belagerung, Eroberung und Zerstörung von Platää‹, in der er die Darstellung des Thukydides teils eigenwillig übersetzt, teils bearbeitet und interpretiert hat. – *Messenier*: Die griechischen Einwohner der Landschaft Messenien im Südwesten des Peloponnes wurden von den Spartanern in den sogenannten Messenischen Kriegen (im letzten Drittel des 8. Jahrhunderts, in der Mitte des 7. und des 5. Jahrhunderts v. u. Z.) unterworfen oder vertrieben; sie konnten erst unter Epaminondas im Jahre 369 v. u. Z. ihre politische Selbständigkeit wieder herstellen. – *Heloten*: Bezeichnung für die von Sparta unterworfenen Achäer und Messenier, die sich in mehreren Aufständen (so 490, 464 und 410 v. u. Z.) vergeblich zu befreien versuchten; Heloten waren rechtlich an den Grundbesitz eines Spartiaten gebunden, galten als Staatssklaven ohne Aussicht auf Freilassung und durften nicht verkauft werden. – *de ambitu*: lat., ohne Umgehungsmöglichkeit, ausweglos.

– Karl Heinrich von Gleichen: Versuch eines Entwurfs zu einem ewigen Frieden S. 203

E: Gedanken über verschiedene Gegenstände der Politik und freien Künste von dem Verfaßer der metaphysischen Kezereien o. O. (Regensburg) 1797, S. 79–90. – K: Nach dem Titel ›Versuch eines Entwurfs ...‹ auf S. 79 des Erstdrucks steht die Jahreszahl 1796 und als Motto ein Zitat des römischen Elegikers Sextus Propertius (II, 6, 10): In magnis voluisse sat est (lat., Großes gewollt zu haben, ist schon genug). – *Tartarus*: in der griechischen Mythologie der Name für die Unterwelt. – *Areopag*: ältester und berühmtester Gerichtshof im alten Athen (auf dem Areshügel westlich der Akropolis). – *Normaljahr*: veralteter juristischer Ausdruck für die Festlegung eines status quo zu einem bestimmten Zeitpunkt. Beim Abschluß des Westfälischen Friedens (1648) war 1624 als ›Normaljahr‹ vereinbart worden, danach sollte der Besitzstand geistlicher Güter und konfessioneller Verhältnisse wieder hergestellt werden. – *Inkonvenienzen*: Unbequemlichkeiten.

– Ludwig Heinrich Jacob: Über Theorie und Praxis in Kants Schrift ›Zum ewigen Frieden‹** S. 208

E: Annalen der Philosophie und des philosophischen Geistes von einer Gesellschaft gelehrter Männer. Hrsg. von Ludwig Heinrich Jacob. Zweiter Jahrgang 1796, Leipzig, in der Kleefeldschen Buchhandlung, S. 436–443 (dort anonym). – K: *pia desideria*: lat., fromme Wünsche (gut gemeint, aber kaum realisierbar).

– Carl Friedrich Stäudlin in einem Briefe vom 6. März 1796 an Immanuel Kant S. 214

T: Kants gesammelte Schriften. Hrsg. von der Königlich Preußischen Akademie der Wissenschaften. Band 12, Berlin 1902, S. 60.

– Ludwig Ferdinand Huber in einem Briefe vom 9. März 1796 an Friedrich Schiller S. 215

T: Schillers Werke. Nationalausgabe. Band 36/1, hrsg. von Norbert Oellers, Weimar 1972, S. 148. – K: *ins Französische übersetzt*: Diese Übersetzung wurde in der Pariser ›Gazette nationale‹ erst am 30. August 1796 angekündigt. Über den mutmaßlichen Übersetzer vgl. B. Munteano, Episodes Kantiens en Suisse et en France sous le Directoire. In: Revue de Littérature Comparée, 15. Jg. 1935,

S. 419. – *einen französischen Auszug*: erschienen in der ›Gazette nationale ou Moniteur universel‹ am 13. nivôse IV (entspricht 3. Januar 1796), Nr. 103. – *Moniteur*: 1789 gegründete politische Tageszeitung in Paris, bekam während der Revolutionsjahre einen halbamtlichen Charakter und gilt als wichtige Geschichtsquelle; unter Bonaparte wurde der ›Moniteur universel‹ offizielles Regierungsorgan. – *nivôse*: frz., Schneemonat; der vierte Monat des französischen Revolutionskalenders, der nach dem Gregorianischen Kalender bis zum Jahre VII vom 21. Dezember bis zum 19. Januar dauerte.

– Johann Gottlieb Fichte: Über die Resultate der Kantischen Rechtsphilosophie** S. 216

E: Philosophisches Journal einer Gesellschaft Teutscher Gelehrten. Hrsg. von Friedrich Immanuel Niethammer, Professor der Philosophie zu Jena. Vierten Bandes erstes Heft. 1796 bei dem Hofbuchhändler Michaelis in Neu-Strelitz, S. 81–92. In: Fichte, Werke. Band 8. Berlin 1971, S. 427.

– Gefahr für den Staat durch Schulweisheit?** S. 221

E: Neue allgemeine deutsche Bibliothek. Des fünf und zwanzigsten Bandes zweytes Stück, 5. bis 8. Heft. Kiel, verlegt von Carl Ernst Bohn, 1796, S. 317. – K: *Insinnationen*: Einschmeichelungen.

– Im Geiste der jugendlichsten Philanthropie** S. 222

E: Deutschland. Erster Band. Berlin 1796. Bei Johann Friedrich Unger. S. 263f. und 267f.

– Heinrich Zschokke: Metapolitische Ideen S. 224

E: Humaniora. Erster Band. Mit Condorcets Porträt. 1796, S. 28–37.

– Johann Wolfgang Goethe und Friedrich Schiller: Xenien S. 229

E: Musenalmanach für das Jahr 1797. Hrsg. von Schiller. Zweyte Ausgabe. Tübingen, in der J. G. Cottaischen Buchhandlung. – T: Xenien 1796. Nach den Handschriften des Goethe-Schiller-Archivs hrsg. von Erich Schmidt und Bernhard Suphan. Weimar 1893, S. 9, 10, 14, 40, 90.

– Theodor Gottlieb von Hippel: Vom bösen Beispiel des Krieges** S. 230

E: Th. G. v. Hippel's sämmtliche Werke. Eilfter Band. Kleinere Schriften. Berlin, bei G. Reimer. 1802, S. 150–154 (aus dem 1796 entstandenen Aufsatz ›Über Gesetzgebung und Staatenwohl‹, der, zu Lebzeiten Hippels ungedruckt, erst aus seinem Nachlaß bekannt wurde). – K: *›Geist der Gesetze‹*: Montesquieu veröffentlichte 1748 in Genf das zweibändige Werk ›De l'esprit des loix ou Du rapport que les loix doivent avoir avec la constitution de chaque gouvernement, les mœurs, le climat, la religion, le commerce, etc.‹ (Über den Geist der Gesetze oder über den Bezug, den die Gesetze zur Verfassung jeder Regierung, zu den Sitten, dem Klima, der Religion, dem Handel etc. haben müssen). Unter dem Titel ›Der Geist der Gesetze‹ erschien eine anonyme Übersetzung ins Deutsche 1753 in Frankfurt a. M.; unter dem Titel ›Vom Geist der Gesetze‹ kam 1782 in Altenburg eine vierbändige Übersetzung von K. G. Schreiter und A. W. Hauswald heraus. – *Friede auf Erden ...*: Anspielung auf die Weihnachtsgeschichte des Neuen Testaments (Lukas 2, 14). – *im Schweiße seines Angesichts ...*: Übernahme des Wortlauts aus einer der Schöpfungsgeschichten des Alten Testaments (I. Mose 3, 19).

– Georg Friedrich von Martens: Das christliche Europa als ungleiche Staatengemeinschaft** S. 234
E: Einleitung in das positive Europäische Völkerrecht auf Verträge und Herkommen gegründet. Von Georg Friedrich von Martens. Göttingen, bey Johann Christian Dieterich. 1796, S. 25–27 (dort als Wortlaut des § 13 mit der Überschrift ›Ursprung ihrer heutigen Verbindung‹). – K: *das berühmte Dekret*: Der römische Kaiser Caracalla verlieh 212 in der sogenannten Constitutio Antoniniana das römische Bürgerrecht an alle freien Reichsbewohner.

– Aus dem Briefe eines Unbekannten aus Basel vom 10. Dezember 1796 (an Christoph Martin Wieland?) S. 236
E: Der Neue Teutsche Merkur vom Jahre 1797. Hrsg. von C. M. Wieland. Erster Band. Weimar 1797, S. 159 f.

– Karl August Joseph Hochheim: Europäische Republik der Fürsten, Staaten und Völker?** S. 237
E: Justus Sincerus Veridicus J. C., Von der Europäischen Republik. Plan zu einem ewigen Frieden nebst einem Abriß der Rechte der Völker und Staaten und einer Erklärung derselben. Altona 1796, bey Johann Friedrich Hammerich. S. 4 f., 7 f., 55–58, 76–80, 155–157, 174–176, 188–190, 216 f., 274–276, 278–282. – K: *Instigation*: Anreizung, Aufhetzung. – *Apodikte*: unwiderlegliche Beweise. – *involvieren*: im Gefolge haben, einschließen. – *Anthropophagen*: Menschenfresser. – *kontentiös*: strittig, umstritten. –

ultima ratio regum: lat., das letzte Mittel der Könige, das heißt Krieg. – *an den Kaukasus der Vorurteile geschmiedet*: Anspielung auf die antik-mythologische Episode, wie Zeus den aufrührerischen Titanen Prometheus an einen Felsen schmieden läßt, der meist mit einem Berggipfel im Kaukasus identifziert wurde. – *Legislation, Judikatur und Exekution*: Gesetzgebung, Gerichtsbarkeit und Ausführung.

1797 Georg Christoph Lichtenberg: Notizen über Revolutionen, Krieg und Patriotismus** S. 246
E: nicht zu ermitteln. – T: Georg Christoph Lichtenberg, Schriften und Briefe. Hrsg. von Franz H. Mautner. Band 1, Frankfurt a. M. 1983, S. 476, 479, 491. – K: *Te Deum laudamus*: lat., Dich, Gott, loben wir. Anfang einer altkirchlichen Hymne, auch Ambrosianischer Lobgesang genannt (weil angeblich von den Kirchenvätern Ambrosius und Augustinus gemeinsam verfaßt); später entstanden mehrere katholische und evangelische Bearbeitungen (unter anderem von Luther mit dem Text ›Herr Gott, dich loben wir‹) für Chor, Soli und Orchester.

– Friedrich Murhard: Darf der Entwurf des ewigen Friedens ausgeführt werden? S. 248
E: Deutsche Monatsschrift. Von den bisherigen Herausgebern derselben fortgesetzt. 1797. Januar bis April. Erster Band. Leipzig, in der Sommerschen Buchhandlung und in Commission in der Buchhandlung der Großschen Erben zu Halberstadt. S. 3f., 7f. – K: *Herr Embser hat* ...: Vgl. dazu Einleitung, S. 49. Unmittelbare Anregung für Murhards Polemik (und die folgende eines Unbekannten) war das Erscheinen der zweiten Auflage von Embsers Schrift unter dem Titel ›Widerlegung des Ewigen-Friedens-Projekts‹ (1797).

– Friedrich Murhard:
Ist der ewige Friede mit den Mängeln der menschlichen Natur und der darin gegründeten bösen Neigungen möglich oder nicht? S. 251
E: wie beim vorigen Titel; S. 9–16, 19f. – K: *wie Platos Republik*: In dem Dialog ›Politeia‹ (Das Staatswesen; vollendet vermutlich um 370 v. u. Z.) hat Plato in konzentrierter Form seine Staatsauffassung dargelegt. Er geht davon aus, daß der Staat ein Organismus sei, der weitgehend dem menschlichen Individuum entspreche. Wie dieses drei fundamentale Vermögen entwickle (zu denken, zu fühlen und zu begehren) und daraus drei Kardinaltu-

genden (die der Weisheit, der Tapferkeit und der Mäßigung), so gliedere sich der Staat in drei Stände (nämlich den obersten von Philosophen und Königen, den mittleren von Kriegern oder Wächtern, den unteren von Gewerbetreibenden); tut in diesem Gemeinwesen jeder Stand das Seine, dann wird er zu einer Inkarnation der Gerechtigkeit, zu der sich die untergeordneten Kardinaltugenden Weisheit, Tapferkeit und Mäßigung verhalten wie die Arten zur Gattung. Schon den Zeitgenossen Platos und erst recht den nachfolgenden Philosophengenerationen wurde zunehmend klar, daß diese Staatslehre eine utopische Idealkonstruktion war, die mit der Realität einer im Niedergang befindlichen griechischen Polis-Demokratie und mit deren gesellschaftlichen Widersprüchen nichts gemein hatte. In: Platon, Werke. Band 3. Der Staat. Berlin 1987.

– Gerhard Anton von Halem: Moralisch-politische Gebete S. 256
E: Der Genius der Zeit. Ein Journal, hrsg. von August Hennings. Eilfter Band. Mai bis August 1797. Altona, bei J. F. Hammerich, S. 269.

– Johann Gottlob Heynig: Frieden durch antidespotische Volksaufklärung** S. 257
E: Immanuel Kants philosophischer Entwurf zum ewigen Frieden. Fortgesetzt von Hermann H****ch. Germanien 1797, S. 43–46, 54–59, 76–83, 87f., 91–93, 107–126. K: *wie Ägyptens Pharao*: Nach alttestamentlicher Erzählung ›verstockt‹ der Gott Jahwe das Herz eines (nicht namentlich genannten) ägyptischen Despoten, Pharao genannt, so daß dieser den Auszug der Israeliten aus Ägypten unter der Führung Moses nicht gestattet; damit dieser Exodus dennoch ungehindert vonstatten gehen kann, bewirkt der Gott (wie in II. Mose 7–13 geschildert) das Hereinbrechen einiger Naturkatastrophen, die später als die zehn ›ägyptischen Plagen‹ bezeichnet worden sind. – *Friedrich, der wahre Regent*: Vgl. die Anm. zu S. 161. – *Johannes des Täufers Schicksal*: Der Bußprediger verkündete das Herannahen eines Reiches Gottes, propagierte allgemein gehaltene moralische Maximen und bestritt die Auserwähltheit des jüdischen Volkes; für Jesus, der sich angeblich ebenfalls von ihm taufen ließ, galt er später als Vorläufer. Nach nicht ganz übereinstimmenden Zeugnissen aus Schriften des jüdischen Historikers Flavius Josephus und dem Neuen Testament (Matthäus 14, 3ff.) wurde er im Jahre 28 oder 29 auf Geheiß des Königs Herodes Antipas enthauptet, wahrscheinlich aus politischen Gründen. – *Alexander am Ganges*: Nach der Zer-

schlagung des persischen Großreiches unternahm Alexander der Große im Jahre 327 v. u. Z. einen Eroberungsfeldzug durch das nordwestliche Indien, den er, ohne den Ganges erreicht zu haben, wegen einer Meuterei seiner Truppen am Flusse Hyphasis abbrechen mußte. – *Tien*: Der chinesische Philosoph Kong Fu Zi (latinisiert Konfuzius, 551–479 v. u. Z.) benutzte zur Bezeichnung des Prinzips einer höchsten Weltregierung nicht den sonst üblichen Ausdruck Shang-ti (höchster Herr), sondern nennt dieses meist unpersönlich T'ien (Himmel).

– Johann von Döring: Bitte an die kriegenden Mächte, den 15. März 1797 S. 272
E: Der Genius der Zeit. Ein Journal, hrsg. von August Hennings. Eilfter Band. Mai 1797. Altona, bei J. F. Hammerich. S. 2.

– Johann Gottfried Carl Christian Kiesewetter in einem Briefe vom 11. April 1797 an Immanuel Kant S. 273
T: Kants gesammelte Schriften. Hrsg. von der Königlich Preußischen Akademie der Wissenschaften. Band 12. Berlin 1902, S. 155.

– Carl Grass: Friedensfeier, im Mai 1797 S. 274
E: Der Neue Teutsche Merkur vom Jahre 1797. Hrsg. von C. M. Wieland. Zweyter Band. Weimar 1797, S. 294–296.

– Immanuel Kant:
Über den Frieden als höchstes politisches Gut** S. 276
E: Metaphysische Anfangsgründe der Rechtslehre von Immanuel Kant. Königsberg, bey Friedrich Nicolovius. 1797. – T: Kants Werke. Akademie-Textausgabe. Unveränderter photomechanischer Abdruck des Textes der von der Preußischen Akademie der Wissenschaften 1902 begonnenen Ausgabe von Kants gesammelten Schriften. Band 6, Berlin 1968, S. 343–355. – K: *in subsidium*: lat., zur Unterstützung, als Hilfeleistung. – *Läsion*: Verletzung (besonders im Sinne einer Rechtsverletzung). – *inter arma silent leges*: lat., Unter den Waffen schweigen die Gesetze (Zitat aus Ciceros ›Pro Milone‹, IV, 10). – *Generalstaaten im Haag*: Seit dem 16. Jahrhundert wurden in der ehemaligen Republik der Vereinigten Niederlande die Versammlungen von sieben weitgehend noch selbständigen Provinzialstaaten die ›Generalstaaten‹ genannt (ndrl. Staten-Generaal, eine Übersetzung von frz. états généraux). Sie nahmen einige Befugnisse des gesamten niederländischen Staatenbundes wahr, vor allem auf den Gebieten der Finanzen und der Außenpolitik; abgestimmt wurde nach Provinzen, jede

Provinz hatte nur eine Stimme, unabhängig von der Zahl ihrer Abgeordneten in der Versammlung. Am 1. März 1796 hatten die Generalstaaten ihre Befugnisse an die Nationalversammlung der von Frankreich abhängigen, 1795 gegründeten Batavischen Republik abgeben müssen.

– Johann Wilhelm Ludwig Gleim:
An das achtzehnte Jahrhundert S. 289
E: Kraft und Schnelle des alten Peleus. o. O. Im Jahre 1797, S. 29.

– Johann Gottfried Herder: Frieden als Beförderung der Humanität** S. 290
E: Briefe zur Beförderung der Humanität. Hrsg. von J. G. Herder. Zehnte Sammlung. Riga 1797. Bei Johann Friedrich Hartknoch. – T: Johann Gottfried Herder. Ausgewählte Werke in Einzelausgaben. Hrsg. von Heinz Stolpe in Zusammenarbeit mit Hans-Joachim Kruse und Dietrich Simon. Briefe zur Beförderung der Humanität. Band 2, Berlin und Weimar 1971, S. 276–288 (aus dem 118. und 119. Brief). – K: *jetzt im unseligsten Kriege*: Der Vormarsch Napoleons 1796 in Italien hatte den österreichischen Kaiser Leopold II. im ersten Koalitionskriege 1797 zum Frieden von Campo Formio gezwungen (vgl. Nachwort, S. 504). – *Delawaren*, ... *Cherokesen*, ... *Irokesen*: Indianerstämme im Gebiet zwischen den großen nordamerikanischen Seen und der Atlantikküste, die sich untereinander in langwierigen Kämpfen um Ackerland und Jagdgründe bekriegten. Der Plan einer irokesischen Friedensanstalt wurde aus Missionsberichten bekannt. Danach gründeten die Irokesen, während sie in der Mitte des 16. Jahrhunderts einen Ausrottungskrieg gegen die mit ihnen verwandten Huronen führten, einen Bund von fünf Stämmen unter der Befehlsgewalt von fünfzig Häuptlingen; als Gründer gilt der Häuptling Mohawk Hiawatha. Daß die Irokesen einen ›ewigen Frieden‹ hätten herbeiführen wollen, ist Legende. – *Kalabasch*: eigtl. Kalabasse oder Kalebasse; Bezeichnung für einen aus einem Flaschenkürbis hergestellten Krug. – *Welschkornstengel*: Maiskolben, Stengel und Frucht der Maispflanze. – *Belt of Wampum*: Derartige Gürtel (engl. belt, Gürtel; indian. wampi, weiß) waren bei den Indianern als hieroglyphische Schmuckstücke im Gebrauch, dienten aber auch als Chiffresprache beim Verkehr der Stämme miteinander (etwa als bekräftigendes Unterpfand bei Vertragsabschlüssen) oder als Zahlungsmittel (eine Form des allgemeinen Äquivalents bei Tausch oder Kauf). Herders Einsetzung des Muschelgürtel-Symbols ist also ganz sachgerecht vorgenommen. – *Zeiten in*

Europa: Gemeint ist die fränkische Universalkirche, die missionarische Theokratie und das christlich-imperiale Regierungssystem Karls des Großen (747–814; seit 768 König der Franken, seit 774 der Langobarden, seit 800 römischer Kaiser). – *Hudibras*: Titel eines komischen Heldenepos des englischen Satirikers Samuel Butler (des Älteren, 1620–1680), in drei Teilen zu je drei Gesängen 1663–1678 erschienen; Butler attackiert darin, indem er sich witziger und burlesker Stilmittel bedient, von royalistischem Standpunkt aus politische und religiöse Grundpositionen des Puritanismus. – *In Asien* ...: Hinweis auf Reformen des Dalai-Lama in Lhasa während des 16. Jahrhunderts, die das Entstehen einer modernen Feudalhierarchie begünstigten, Nomaden seßhaft machten und ein Bündnis zwischen Mandschu-Dynastie und lamaistischer Kirche ermöglichten, das innen- wie außenpolitisch zur Stärkung der Mongolei beitrug. – *In Afrika* ...: Hinweise auf die Staatsform, die Baukultur und die Religion des alten Ägypten. – *In Griechenland* ...: Orakel (zu lat. oraculum, Sprechstätte) hat es an vielen Orten des alten Griechenland gegeben; überregionale Bedeutung gewann vom 7. bis 5. Jahrhundert v. u. Z. namentlich das Orakel des Apollon zu Delphi, weil dessen Weissagungen oft für zentralstaatliche Entscheidungen in Anspruch genommen wurden. Amphiktyonen waren politisch-kultische Verbindungen mehrerer Stadtstaaten zum Schutze eines gemeinsamen Heiligtums (in Delphi, Delos, Kallauria, Onchestos, in den Thermopylen usw.) und zur Beratung gesellschaftlich bedeutsamer Angelegenheiten. Im Paionion, einem Heiligtum des Meeresgottes Poseidon bei Priene, versammelten sich alljährlich die Repräsentanten des sogenannten Ionischen Bundes (eines Zwölf-Städte-Bundes der ionischen Griechen an der kleinasiatischen Küste); Panaitolitika war der Name einer im Frühjahr stattfindenden Bundesversammlung. Der Achäische Bund (ein Zwölf-Städte-Bund in der Landschaft Achaia im nördlichen Peloponnes) wurde 280 v. u. Z. gegründet und hielt sich sehr lange; ab 225 v. u. Z. unter makedonischen Einfluß geraten, wurde er 146 v. u. Z. nach einem Kriege gegen Rom aufgelöst. – *ein sehr sinnreiches Manuskript*: bisher nicht identifiziert. 1798 erschien anonym ›An Essay on the Principle of Population as it affects the future Improvement of Society‹ (Versuch über das Bevölkerungsgesetz und seine Auswirkungen auf die künftige Verbesserung der Gesellschaft) aus der Feder des englischen Vulgärökonomen Thomas Robert Malthus (1766–1834), das mit ganz ähnlichen Argumenten aufwartet wie das von Herder erwähnte Manuskript. – *der wahre Satz eines vortrefflichen Mannes*: zitiert aus ›Traité de la circulation et du crédit‹ (Abhandlung über die Zirkulation und den Kredit; Amsterdam 1771) von Isaak de Pinto. Eine deutsche Übersetzung dieser Schrift von Karl August Struensee war 1776/77 in zwei Teilen in Leipzig und Liegnitz erschienen (›Sammlung von Aufsätzen, die größtenteils wichtige Punkte der Staatswissenschaften betreffen‹). – *Kain, Nimrod und Og zu Basan*: Mit der Anführung dieser drei alttestamentlichen Kunstfiguren – des Brudermörders Kain (I. Mose 4), des sagenhaften Königs Nimrod, der als großer Krieger und Jäger galt (I. Mose 10, 8–12), und des legendären, kriegslüsternen Königs Og (IV. Mose 21, 33ff.) – will Herder der zu seiner Zeit vorherrschenden theologischen Lehrmeinung begegnen, die ein vermeintlich kriegerisches Wesen des Menschen durch mißinterpretierte biblische Belegstellen zu beweisen versuchte. – *Lazerten*: Eidechsen. – *Bubonen*: Herdersche Eindeutschung von lat. bubo, Uhu. – *String of Wampum*: Vgl. Anm. zu S. 290 (engl. string: Schnur, Band).

– Friedrich Wilhelm von Schütz: Kommentar über Kants ewigen Frieden S. 299
E: Neuer Niedersächsischer Merkur als Beylage zum Neuen Grauen Ungeheuer. Erstes Heft, Upsala, bey Gustav Erichson. 1797, S. 17–26, 68–74. – K: *Es geschieht nichts Neues unter der Sonne*: Salomo 1, 9. – *wie Friedrich II. gesagt hat* …: Vgl. Anm. zu S. 81.

1798 Matthias Claudius: Krieg und Friede S. 308
E: Asmus omnia sua secum portans, oder Sämmtliche Werke des Wandsbecker Bothen. Sechster Theil. Beim Verfasser und in Commission bei Friedr. Perthes & Co. in Hamburg 1798. – T: Matthias Claudius, Werke des Wandsbecker Boten. Hrsg. und erläutert von Günter Albrecht. Band 1, Schwerin 1958, S. 149f.

– Matthias Claudius: Noch eine Idee, wie der ewige Friede zustandezubringen wäre S. 310
E: Politische Unterhaltungen am linken Rheinufer. 62. Stück. Bingen, den 3ten Jänner 1798 (unpaginiert). – K: *Cisalpinien*: Die Cisalpinische Republik (zu lat. cis: diesseits, nämlich von Italien aus gesehen) war von Napoleon im Mai 1795 in Oberitalien mit der Hauptstadt Mailand geschaffen worden; 1799 brach sie nach der Niederlage der Franzosen wieder zusammen, wurde 1801 abermals errichtet, nahm 1802 den Namen Italienische Republik an und wählte Napoleon zum Präsidenten; 1805 wurde aus ihr das napoleonische Königreich Italien. – *Batavien*: eigtl. der lateinische Name für Holland und die Niederlande. Gemeint ist hier die

Batavische Republik, im Januar 1795 nach französischem Muster errichtet; sie wurde 1806 in das napoleonische Königreich Holland umgewandelt.

Joseph Görres: Der allgemeine Frieden, ein Ideal S. 312

E: Der allgemeine Frieden, ein Ideal. Von J. Goerres. Koblenz, im Jahre VI der Fraenk. Republik (1798). – T: Joseph Görres, Politische Schriften der Frühzeit (1795–1800). Hrsg. von Max Braubach. Der Gesammelten Schriften erster Band. Köln 1928, S. 23–29, 31–34, 40–47, 52f., 58f., 61–63. – K: *Rigidität*: Starrheit, Unbeweglichkeit. – *ein Ausrottungskrieg ...*: Von ›Ausrottungskrieg‹ spricht auch Kant (vgl. S. 86). Barère hielt nach Beginn des ersten Koalitionskrieges gegen Frankreich radikale Reden im Wohlfahrtsausschuß, Fitzwilliam hatte 1795 im englischen Oberhaus geäußert, man müsse einen Vertilgungskrieg gegen das revolutionäre Frankreich führen. – *In der Natur geschieht nichts durch einen Sprung*: Anspielung auf einen bekannten naturphilosophischen Satz, der meist in lateinischer Fassung zitiert wird: Natura non facit saltus. In der antiken Philosophie wurde er vor allem von Aristoteles hervorgehoben, der damit ein kontinuierliches Entwicklungsprinzip kennzeichnen wollte. Weitgehend in diesem Sinne wiederholte ihn die mechanisch-rationalistische Philosophie des 17. und 18. Jahrhunderts als metaphysischen Grundsatz, so vor allem Gottfried Wilhelm Leibniz (in seinen ›Neuen Abhandlungen über den menschlichen Verstand‹, frz. erschienen 1765), Karl von Linné (in seiner ›Philosophia Botanica‹, 1751) und Immanuel Kant (in seiner ›Kritik der reinen Vernunft‹, 1787). – *Diese Inhärenz wird nun ...*: Hier und im folgenden bedient sich Görres mit großer Sorgfalt der wichtigsten Begriffe aus der ›Kritik der reinen Vernunft‹. Kant unterscheidet dort zwölf Kategorien oder Denkformen: 1. der Quantität nach: Einheit, Vielheit und Allheit; 2. der Qualität nach: Realität, Negation und Limitation; 3. der Relation nach: Substanz und Akzidenz (Inhärenz), Ursache und Wirkung (Kausalität) und Gemeinschaft; 4. der Modalität nach: Möglichkeit, Dasein und Notwendigkeit. – *eine Menge Menschen ...*: Sufetten (zu hebr. schofetim, Plur.) waren die höchsten Beamten im alten Karthago, Archonten (zu grch. archon, Herrscher) die im alten Athen aller neun Jahre neugewählten leitenden Kommunalpolitiker. Ephoren (zu grch. ephoroi, Aufseher) gab es im alten Sparta; theoretisch wie praktisch schränkten sie die Macht der spartanischen Könige erheblich ein, indem sie über die Zivilgesetzlichkeit, die öffentliche Sicherheit, den Markt, die Erziehung und die Arbeit der Beamten eine strenge Aufsicht ausübten. Patrizier (zu lat. pater, Vater) nannten sich die ältesten römischen Adelsfamilien; die spätere Nobilität des alten Rom teilte sich in Geburts-, Beamten- und Geldadel (im Mittelalter wurde ›Patrizier‹ zum Namen für die Angehörigen ratsfähiger Bürgerfamilien in deutschen Städten; seit dem ausgehenden Mittelalter bis zum 18. Jahrhundert hießen in Italien, zumal in den italienischen Stadtstaaten, die Mitglieder des Adels allgemein ›Nobili‹). Pairs (frz. von lat. pares, die Gleichen, die Genossen) war im alten England und Frankreich die Bezeichnung für einen politisch bevorrechtigten Kreis von Hochadligen teils mit weltlicher, teils mit geistlicher Funktion. – *Inkonvenienzen*: Ungeschicklichkeiten, Beschwernisse. – *›S'il y avoit un peuple de Dieux …‹*: ›Gäbe es ein Volk von Göttern, so würde es sich demokratisch regieren. Eine so vollkommene Regierung paßt für Menschen nicht.‹ Zitat (letzter Satz des vierten Kapitels über ›Die Demokratie‹, Drittes Buch) in Jean-Jacques Rousseaus staatsrechtlicher und sozial-philosophischer Untersuchung ›Du contrat social ou principes du droit politique‹ (Über den Gesellschaftsvertrag oder Grundsätze des politischen Rechts; verfaßt 1754, veröffentlicht 1762). – *aber er sagt auch, ›la souverainité …‹*: Die Souveränität kann aus demselben Grunde, der ihre Veräußerung unstatthaft macht, auch nicht vertreten werden; sie besteht wesentlich im Allgemeinwillen, und der Wille läßt sich nicht vertreten; er bleibt derselbe oder er ist ein anderer; ein Mittelding gibt es nicht. Zitat (fünfzehntes Kapitel ›Von den Abgeordneten oder Vertretern des Volkes‹, Drittes Buch) a. a. O. – *Entkleiden wir eine Substanz von allen ihren Akzidenzen …*: Hier und im folgenden schließt sich Görres eng an die Lehre von der Substanz und den Akzidenzen an, wie sie von Fichte wenige Jahre zuvor entwickelt worden war. Einzelne Belege im fast übereinstimmenden Wortlaut in: Grundlage der gesamten Wissenschaftslehre, als Handschrift für seine Zuhörer, von Johann Gottlieb Fichte. Zweite, verbesserte Auflage. Jena und Leipzig 1802, S. 78f. und 166. – *bei der cisalpinischen Republik*: Vgl. Anm. zu S. 310. – *Noyaden*: Ertränkungen, Versenkungen im Wasser. – *Travestation*: Verwandlung in eine Travestie, d.h. die Auffassung einer Sache oder eines Problems in einer unangemessen komischen Form. – *Verhältnisse des disponiblen Eigentums, … Proprietärverhältnisse …*: Hier und in den folgenden Textpartien entwickelt Görres Ansichten zur Ökonomie, wie sie in seiner Zeit durch die Lehre der Physiokraten verbreitet und durch die wirtschaftliche Gesetzgebung des revolutionären Frankreich teilweise verwirklicht worden waren. Ausdrücke wie ›disponibles Eigentum‹ (frz. richesses disponibles) oder ›Proprietärverhältnisse‹ (Eigentumsverhältnisse) stammen aus physiokratischem Schrifttum. Welche Autoren und welche Werke Görres im einzelnen heranzog, um sich entsprechende Kenntnisse anzueignen, konnte von der Forschung bisher nicht nachgewiesen werden. – *das Maximum*: Das Gesetz des allgemeinen Maximums (das heißt des höchsten erlaubten Preises für Grundnahrungsmittel) war in Frankreich mit dem Ziel, Wucher und Spekulation zu bekämpfen, im Frühjahr 1793 eingeführt und dann auch auf die eroberten Gebiete am Rhein übertragen worden. Inkonsequent durchgeführt und vielfach umgangen, vermochte es die Not des Volkes kaum zu lindern. Nach dem Zusammenbruch der Jakobinerdiktatur wurde es sofort aufgehoben. – *Phlogiston*: Zu Beginn des 18. Jahrhunderts stellte der deutsche Arzt und Chemiker Georg Ernst Stahl eine Theorie der Verbrennungserscheinungen auf, wonach bei Verbrennungen ein als Phlogiston bezeichneter Stoff (zu grch. phlegein, brennen) aus dem verbrennenden Körper entweiche. – *Inkonvenienzen*: Ungeschicklichkeiten, Beschwernisse. – *der Batavischen Republik*: Vgl. die Anm. zu S. 310. – *›Il arrivera donc ce moment…‹*: ›Sie wird also kommen, die Zeit, da die Sonne hienieden nur noch auf freie Menschen scheint, Menschen, die nichts über sich anerkennen als ihre Vernunft; da es Tyrannen und Sklaven, Priester und ihre stumpfsinnigen oder heuchlerischen Werkzeuge nur noch in den Geschichtsbüchern und auf dem Theater geben wird; da man sich mit ihnen nur noch befassen wird, um ihre Opfer zu beklagen und die, die sie zum Narren machten, um im Gefühl des Schreckens über ihre Untaten sich in heilsamer Wachsamkeit zu erhalten und den Blick zu schärfen für die ersten Keime des Aberglaubens und der Tyrannei, damit diese unter dem Gewicht der Vernunft erstickt werden können, sobald es ihnen gelingen könnte, wieder hervorzubrechen!‹ Zitat aus Condorcets 1795 erschienenem ›Esquisse d'un tableau historique…‹ (vgl. Einleitung, S. 56 ff.), aus dem Görres bereits ein Motto für seine Schrift ausgewählt hatte.

– Sixt Gottlieb Kapf:
Am Schlusse des achtzehnten Jahrhunderts S. 333
E: Gedichte von S. G. Kapf. Mit Kupfer und Musik. Stuttgart, bei Karl Jakob Klett. 1801, S. 171–174.

– Immanuel Kant: Erneuerte Frage: Ob das menschliche Geschlecht im beständigen Fortschreiten zum Besseren sei S. 335
E: Immanuel Kant, Der Streit der Facultäten in drey Abschnitten. Königsberg, bey Friedrich Nicolovius. 1798. – T: Kants Werke.

Akademie-Textausgabe. Unveränderter photomechanischer Abdruck des Textes der von der Preußischen Akademie der Wissenschaften 1902 begonnenen Ausgabe von Kants gesammelten Schriften. Band 7, Berlin 1968, S. 83–89. – K: *sagt der Abt Coyer*: von Kant wahrscheinlich aus dem Gedächtnis, jedenfalls ungenau zitiert. Gabriel François Coyers ›Œuvres complètes‹ waren 1782/83 in sieben Bänden erschienen; einige Auszüge sind in einer deutschen Übersetzung unter dem Titel ›Moralische Kleinigkeiten‹ (Berlin 1761) enthalten. – *Tychonische Zyklen und Epizyklen*: Der dänische Astronom Tycho Brahe führte verbesserte, aber hochkomplizierte Meßverfahren bei Gestirnbeobachtungen ein, blieb aber Anhänger eines von ihm nur modifizierten geozentrischen Weltsystems und stellte daher nicht selten widersprüchliche und verwirrende Thesen auf. – *Sykophanten*: Rechtsverdreher, Dunkelmänner. – *postquam ad arma Vulcania ...*: lat., Als es zum Kampf aber kam mit den Waffen des Gottes Vulcanus, sprang das Menschenschwert wie brüchiges Eis beim Hiebe gleich auseinander. Zitat aus dem Epos ›Aeneas‹ (XII, 739 f.), dem bedeutendsten und berühmtesten Werk der lateinischen Literatur von Vergil. – *non singulorum, sed universorum*: lat., nicht von einzelnen, sondern von allen zusammen. – *wie es Hr. Erhard ausdrückt*: Johann Benjamin Erhard in seiner aufsehenerregenden Schrift ›Über das Recht des Volks zu einer Revolution‹, Jena und Leipzig 1795, S. 189.

1799 Johann Wilhelm Ludwig Gleim:
Der Schafmann und das Schaf S. 342
E: Der Neue Teutsche Merkur vom Jahre 1799. Hrsg. von C. M. Wieland. Erster Band. Weimar 1799, S. 316 f.

– Johann Wilhelm Ludwig Gleim: Den 30ten Januar 1799 S. 343
E: wie beim vorigen Titel, S. 197–199. – K: *bei Roßbach*: Der unerwartete Sieg der zahlenmäßig schwächeren preußischen Truppen über die Reichsexekutionsarmee und die Franzosen bei Roßbach (einem Dorf zwischen Merseburg und Weißenfels) am 5. November 1757 stellte das Ansehen Friedrichs II. nach mehreren Niederlagen einigermaßen wieder her; der militärische Gewinn der Schlacht lag in der Behauptung Sachsens, Friedensverhandlungen folgten ihr nicht. – *Te Deum*: Vgl. die Anm. zu S. 246. – *dort im fernen Lande*: Dies und das folgende beziehen sich auf Napoleons Feldzug nach Ägypten 1798/99. – *Dey*: türkischer Titel für einen Anführer der Janitscharen. – *Huronen*: Konföderation aus vier irokesisch sprechenden Indianerstämmen in Nordamerika.

– Friedrich Hölderlin: An die Deutschen S. 346
E: Taschenbuch für Frauenzimmer von Bildung, auf das Jahr 1799. Hrsg. von C.L.Neuffer. Mit Kupfern aus Göthe's: Herrmann und Dorothea. Stuttgart, bey J.F.Steinkopf. S. 68. – T: Friedrich Hölderlin, Sämtliche Werke und Briefe. Hrsg. von Günther Mieth. Band 1, Berlin 1970, S. 326.

– Novalis: Die Christenheit oder Europa S. 347
E: Novalis Schriften. Hrsg. von Friedrich Schlegel und Ludwig Tieck. Vierte Aufl. Band 1, Berlin 1826, S. 187–208. – T: Novalis, Schriften. Die Werke Friedrich von Hardenbergs. Hrsg. von Paul Kluckhohn und Richard Samuel. Zweite, nach den Handschriften ergänzte, erweiterte und verbesserte Aufl. in vier Bänden und einem Begleitband. Band 3, Stuttgart 1960, S. 507–524. – K: *Die Christenheit oder Europa*: Die Handschrift dieses Aufsatzes ist verschollen; der Erstdruck erfolgte nach dem Tode des Autors ohne Wissen der Herausgeber auf Grund einer eigenmächtigen Entscheidung des Verlegers Reimer. Daher bleibt höchst ungewiß, ob der Titel des Aufsatzes von Novalis stammt. Erst recht zu bezweifeln ist, daß der 1826 beigefügte Untertitel ›Ein Fragment‹ und die in Parenthese gesetzte Notiz ›Geschrieben im Jahre 1799‹ auf ihn zurückgehen. – *zwischen einsamen Klostermauern*: eine vermutlich ganz konkret gemeinte Anspielung auf Karl V., der nach seiner Abdankung als Deutscher Kaiser (1556) bis zu seinem Tode (1558) in dem spanischen Kloster San Yuste gelebt hatte. – *die Abschaffung der Priesterehe*: Abgeleitet von asketischen Strömungen in der altchristlichen Kirche, dann mehr und mehr dogmatisiert, wurde das Zölibat (zu lat. coelebs, ehelos) seit dem 4. Jahrhundert von mehreren Päpsten gefordert, aber nie völlig durchgesetzt, ehe es auf der Synode von Malfi (1089) und auf dem Tridentinischen Konzil (1563) endgültig dekretiert werden konnte, wobei gegen Verstöße mit dem päpstlichen Bann gedroht werden mußte. – *ein feuerfangender Kopf*: Martin Luther polemisierte gegen das Zölibat bereits in seinen frühreformatorischen Schriften (›An den christlichen Adel deutscher Nation von des christlichen Standes Besserung‹, 1520); seine 1525 mit Katharina von Bora vollzogene Heirat wurde von den Zeitgenossen als demonstrative (und bald auch nachgeahmte) Protestaktion aufgefaßt. – *Die Errichtung der Konsistorien*: In der katholischen Kirche waren Konsistorien ursprünglich die Versammlungen der Kardinäle unter Vorsitz des Papstes. Nach dem Augsburger Religionsfrieden (1555) kam es (zunächst in den evangelischen Territorien, später auch in katholischen) zur Errichtung von Konsistorien mit neuer Funk-

tion: als kirchliche Verwaltungsorgane auf Landeskirchenebene mit dem Recht weitgehend selbständiger Entscheidung fast aller innerkirchlichen Angelegenheiten, zumal mit dem Recht zur Prüfung und Ordinierung von Geistlichen. – *Der Religionsfriede*: allgemein übliche Bezeichnung für den auf dem Augsburger Reichstag am 26. September 1555 geschlossenen Frieden zwischen König Ferdinand I. und den Landesfürsten, der diesen das Recht zusicherte, die religiöse Konfession ihrer Untertanen zu bestimmen. – *die heilige Allgemeingültigkeit der Bibel*: Nach streng katholischer Auffassung beruhen die Grundlagen christlichen Glaubens nicht allein auf der Heiligen Schrift, sondern auch auf einer mündlichen Überlieferung, die angeblich auf die Apostel und auf Christus selbst zurückgeht, sowie auf Lehrmeinungen, die von der Kirche, vom Papst oder von Konzilien vertreten werden. Demgegenüber ließ Luther nur den Wortlaut der Bibel als christliche Glaubensgrundlage gelten, was unter anderem zur Folge hatte, daß dieser Wortlaut immer intensiver zum Gegenstand wissenschaftlicher Untersuchung und Kritik wurde. – *Irritabilität*: Reizbarkeit, Erregbarkeit. – *Esoterisierung der Bibel*: Nach orthodox-katholischer Lehre war der innere, allegorische Sinn des Bibeltextes nur dem Eingeweihten (also dem Priester) verständlich, konnte auch nur von ihm erklärt werden. – *Zinzendorf, Jakob Böhme*: In der (von Zinzendorf 1727 gestifteten) Herrnhuter Brüdergemeine, einer pietistischen Religionsgemeinschaft mit schwärmerischen Zügen, wurde das persönliche Verhältnis des einzelnen (die innere Gewißheit der eigenen Erlösung) als entscheidendes Kriterium für wahres Christentum angesehen. Böhme lehnte auf der Basis einer mystischen Naturphilosophie Kirche und Klerus als vermittelnde Glieder zwischen Mensch und Gott ab und warf der erstarrenden protestantischen Orthodoxie unfruchtbare Buchstabengelehrtheit vor; Mensch und Gott sah er als wesensgleich an, weswegen auch jeder einzelne Mensch seinen Gott in sich selbst trage. – *Moderatisten*: Gleichmütige, Gemäßigte. – *Atonie*: Erschlaffung. – *den vakanten Universalstuhl*: Das Papsttum hatte spätestens seit Gregor VII. (1073–1085) die Herrschaft des päpstlichen Stuhles in Rom über die Fürsten Europas angestrebt, aber nur zeitweilig und regional durchsetzen können; seit dem frühen 16. Jahrhundert hatte diese Idee einer kirchlichen Universalmonarchie objektiv keine Realisierungschancen mehr. Vgl. Einleitung, S. 15f. – *Der Geist Gottes schwebt über den Wassern*: Anspielung auf I. Mose 1, 2 (als Symbol für einen Schöpfungsakt). – *Sisyphus*: Sisyphos, nach einer griechischen Sage der Gründer und König von Korinth, war so ungerecht und verschlagen, daß er in der Unterwelt zu einer endlosen Strafe verurteilt wurde: er mußte ein schweres Felsstück einen steilen Berg hinaufrollen, von dem es aber immer wieder herunterrollte. – *wie ein geschmücktes Indien*: Diese Gegenüberstellung eines ›kalten‹ und rationalen Nordens (Europa) und eines ›warmen‹ indischen Südens mit einer poesievollen Mythologie und Religion (Asien) findet sich in mehreren Schriften Novalis', auch in einigen seiner Gedichte. – *Die tiefe Bedeutung der Mechanik*: der auf der klassischen Mechanik Isaac Newtons (1643–1727) basierende mechanische Materialismus, der auch Leben und Bewußtsein weitgehend auf mechanische Prozesse reduzieren wollte. – *das alte Papsttum liegt im Grabe ...*: Nach der Besetzung des Vatikanstaates durch französische Revolutionstruppen wurde im Februar 1798 die Römische Republik errichtet und die päpstliche Herrschaft für beendet erklärt. Der greise Papst Pius VI. mußte als Gefangener nach Valence in Südfrankreich gehen, wo er 1799 starb. Erst im Juli 1801 kam es dann zu einem Konkordat zwischen dem neuen Papst Pius VII. und der Französischen Republik (der Papst begnügte sich mit dem Besitz des verkleinerten Kirchenstaates, erkannte die Einziehung der Kirchengüter an und stimmte der Ernennung von Erzbischöfen und Bischöfen durch die französische Regierung zu, behielt sich allerdings eine Bestätigung vor). – *das neue Jerusalem*: Gemeint ist Rom.

– Daniel Jenisch: An die Sonne, am ersten Morgen des letzten Jahres in dem scheidenden Jahrhundert S. 360
E: Berlinisches Archiv der Zeit und ihres Geschmacks. Hrsg. von Rambach und Feßler. Jahrgang 1799. Januar bis Junius. S. 5f.

– Karl Ludwig von Knebel: Dem neuen Jahrhundert S. 361
E: Oster Taschenbuch von Weimar, auf das Jahr 1801. Hrsg. von Seckendorf. Weimar. Vorblatt.

1800 Wilhelm Traugott Krug: Anmerkung zur Philosophie des Rechts** S. 362
E: Wilhelm Traugott Krug, Aphorismen zur Philosophie des Rechts. Erster Band. Jena. In der Hempelschen Buchhandlung. 1800, S. 168–170. – K: *ius belli ac pacis*: lat., Recht des Krieges und des Friedens. Die Formulierung geht auf Cicero zurück (›Pro Balbo‹ 6, 15) und wurde als ständige Begriffskopplung verwendet, seit Hugo Grotius seinem Hauptwerk den Titel ›De iure belli ac pacis libri tres‹ (1625) gegeben hatte. Vgl. Einleitung, S. 30. –

Denn Völker leben ...: Diesen und den nächsten Absatz zitiert Friedrich Gentz zu Beginn seiner umfangreichen Schrift ›Über den ewigen Frieden‹ (1800).

– Friedrich Hölderlin: Der Tod fürs Vaterland S. 364
E: Taschenbuch für Frauenzimmer von Bildung, auf das Jahr 1800. Hrsg. von C.L. Neuffer. Mit Kupfern von Chodowiecki, Küffner und d'Argent. Stuttgart, bey J.F. Steinkopf. S. 204f. – T: Friedrich Hölderlin, Sämtliche Werke und Briefe. Hrsg. von Günter Mieth. Band 1, Berlin 1970, S. 337f.

– Jean Paul: Huldigungspredigt
vor und unter dem Regierungsantritt der Sonne,*
gehalten am Neujahr 1800 vom Frühprediger dahier S. 365
E: Ueberflüßiges Taschenbuch für das Jahr 1800. Hrsg. von Johann Georg Jacobi, dazu eine Vorrede von Friedrich Heinrich Jacobi. Hamburg bey Friedrich Perthes. S. 43–54. – T: Jean Pauls Sämtliche Werke. Historisch-kritische Ausgabe. Hrsg. von der Preußischen Akademie der Wissenschaften in Verbindung mit der Akademie zur wissenschaftlichen Erforschung und zur Pflege des Deutschtums (Deutsche Akademie). Erste Abteilung. Zu Lebzeiten des Dichters erschienene Werke, Band 13, Weimar 1935, S. 126–132. – K: *Heptarchie*: Siebenherrschaft, Regierung von sieben Herrschern. – *Exordium*: Vorbereitung, Einleitung. – *Pars*: lat., Teil. – *Nutritor*: Ernährer, Pflegevater. – *mutzt ihm nicht alles auf*: ›aufmutzen‹ hier in der Bedeutung von ›jemandem etwas vorhalten, einen Vorwurf machen‹. – *d'Eon*: frz., des Zeitalters. – *filles d'honneur*: frz., Ehrenjungfrauen. – *die allgemeine deutsche Bibliothek*: eine der bekanntesten kritischen Zeitungen in Deutschland, 1765 gegründet von Friedrich Nicolai, bis 1792 unter diesem Titel, danach bis 1806 als ›Neue Allgemeine Deutsche Bibliothek‹ erschienen (107 Bände und 10 Registerbände). Vom konsequent durchgehaltenen Standpunkt der spezifisch Berliner Aufklärung gibt sie ein ziemlich umfangreiches Bild deutscher Geisteskultur; zu ihren Mitarbeitern zählten viele hervorragende Zeitgenossen, unter anderem Herder und Merck. – *das Maul der bileamitischen Eselin:* Nach alttestamentlichem Bericht (IV. Mose 22–24) war Bileam ein mesopotamischer Prophet um 1200 v. u. Z., der auf Befehl des Moabiterkönigs Balak die Israeliten verfluchen sollte, sie jedoch dank dem Eingreifen des Gottes Jahwe segnete; dabei half ihm eine Eselin, die Jahwe zum Sprechen brachte.

– Christian August Gottlob Eberhard:
Das scheidende Jahrhundert S. 368
E: Almanach und Taschenbuch zum geselligen Vergnügen. Hrsg. von W. G. Becker. Leipzig 1800, S. 17.

– Andreas Moser:
Dauerhafter Weltfrieden für alle Kinder Gottes?** S. 369
E: Gesunder Menschenverstand über die Kunst, Völker zu beglükken. Eine Morgengabe allen Völkern, Volksregierern, Priestern, Lehrern, Eltern und Freunden der gegenwärtigen und künftigen Generationen, dargereicht mit warmem Brudergefühle von ihrem Freunde und Weltmitbürger Andr. Moser. Gedruckt im Lande der Freiheit für das Jahr der Gegenwart und die Zeit der Zukunft [d. i. Bern 1800], S. 256–261, 265–267, 269–274. – K: *Pharaotisch*: Tisch für ein Kartenglücksspiel für fünf Spieler mit 52 französischen Karten, ›Pharao‹ (auch Pharo oder Faro) genannt nach dem auf einer Karte abgebildeten ägyptischen Pharao. – *das dreifärbige Panier*: Anspielung auf die Trikolore, die dreifarbige, blau-weiß-rot gestreifte französische Nationalflagge; sie entstand, als Ludwig XVI. 1789 die rot-blaue Kokarde der Aufständischen von Paris mit seiner weißen Kokarde verband. – *Kant sagt ... folgendes*: im zweiten Abschnitt seines Traktats ›Zum ewigen Frieden‹ (im ›Ersten Definitivartikel zum ewigen Frieden‹; vgl. S. 89 dieser Anthologie).

– Jonathan Ludwig Lebrecht Nöller: An den Genius des Jahres 1800 S. 375
E: Erholungen. Hrsg. von W. G. Becker. Viertes Bändchen 1800. Leipzig, S. 273–275. – K: *Ares*: in der griechischen Mythologie Sohn des Zeus und der Hera, Gott des Krieges, und zwar des blutigen, zerstörenden Vernichtungskampfes (im Gegensatz zur Göttin Athene, die als Göttin der Weisheit und einer klugen, verlustarmen Kriegskunst verehrt wurde); bei Übernahme der griechischen Religion setzten die Römer den Ares ihrem Mars gleich. – *Janus*: Vgl. die Anm. zu S. 137.

– Friedrich Gentz: Über den Ewigen Frieden S. 377
E: Historisches Journal. Hrsg. von Friedrich Gentz. Zweiter Jahrgang. Dritter Band. September bis December. Berlin 1800, bey Heinrich Frölich. S. 710–790. – K: *das Teilungssystem*: Gemeint sind die erste, zweite und dritte Teilung Polens; vgl. die Anm. zu S. 438. – *was Rousseau sagt* ...: Die folgenden Zitate sind freie Übersetzungen aus Rousseaus Schrift ›Extrait du projet de paix

perpétuelle‹ (1761). Vgl. Einleitung, S. 41. – *seit ungefähr hundertfünfzig Jahren*: Hinweis auf den Westfälischen Frieden von 1648, mit dem der Dreißigjährige Krieg sein Ende fand. – *eines präponderierenden Staates*: eines Staates, der das Übergewicht, die Übermacht hat.

– Friedrich Gottlieb Klopstock: Losreißung S. 392
E: Minerva. Ein Journal historischen und politischen Inhalts. Hrsg. von J. W. von Archenholz. Erster Band. Für das Jahr 1801. Im Verlage des Herausgebers und in Commission bey B. G. Hoffmann in Hamburg. S. 1–4. –T: Friedrich Gottlieb Klopstocks Oden. Mit Unterstützung des Klopstockvereins zu Quedlinburg hrsg. von Franz Muncker und Jaro Pawel. Zweiter Band. Stuttgart 1889, S. 158–160.

– Johann Gottlieb Fichte: Über das Ziel der Menschheit auf ihrer unendlichen Bahn** S. 394
E: Die Bestimmung des Menschen. Dargestellt von Johann Gottlieb Fichte. Berlin, in der Voss'schen Buchhandlung. 1800. – T: Johann Gottlieb Fichte's Sämmtliche Werke. Hrsg. von Immanuel Hermann Fichte. Band 2, Berlin 1971, S. 268–278. – K: *des Menschen grausamster Feind ist der Mensch*: Anspielung auf ein geflügeltes Wort, das aus der ›Eselskomödie‹ des römischen Dichters Plautus, II, 4, Vers 495, stammt: Homo homini lupus (lat., Der Mensch ist dem Menschen ein Wolf). Der englische Philosoph Thomas Hobbes nahm die Sentenz auf, bewertete sie als Axiom und leitete daraus in seiner bedeutenden staatstheoretischen Abhandlung ›Leviathan‹ (1651) die Notwendigkeit eines durch die Vernunft gebotenen Staatsvertrages ab. Vgl. Einleitung, S. 29.

– Friedrich Schiller: Von Europas Großem Besten. Ein Streitgespräch** S. 403
E: Wallenstein, ein dramatisches Gedicht von Schiller. Tübingen, in der J. G. Cottaschen Buchhandlung. 1800. – T: Schiller, Sämtliche Werke in zehn Bänden. Berliner Ausgabe. Hrsg. von Hans-Günther Thalheim und einem Kollektiv von Mitarbeitern. Band 4, Berlin und Weimar 1984, S. 67–70. – K: *Petarde*: Sprengladung mit Metallmantel. – *Vesper schlagend*: Vesper heißt eine Gebetszeit in der katholischen Liturgie (im Sommer um 18, sonst um 19 Uhr); hier soviel wie: Feierabend. – *ein paar Hufen Landes*: altes Flächenmaß von unterschiedlicher Größe (zwischen 15 und 60 Morgen), ursprünglich den Anteil einer Bauernfamilie (Nutzfläche ihres Hofes) an der Gemeindeflur bezeichnend.

– Friedrich Wilhelm Joseph Schelling: Die Rolle der Vorsehung in der Menschheitsgeschichte** S. 407
E: Friedrich Wilhelm Joseph Schelling, System des transcendentalen Idealismus. Tübingen 1800. – T: Friedrich Wilhelm Joseph Schelling, Frühschriften. Eine Auswahl in zwei Bänden. Hrsg. und eingeleitet von Helmut Seidel und Lothar Kleine. Band 2, Berlin 1971, S. 801–803.

1801 Friedrich Gentz: Nichteinmischung?** S. 409
E: Ueber den Ursprung und Charakter des Krieges gegen die Französische Revoluzion. Von Friedrich Gentz. Berlin 1801, bei Heinrich Frölich. S. 20–23.

– Friedrich Schiller: Fragmentarisches über deutsches Selbstgefühl** S. 411
E: Mehrfach in einzelnen Teilen durch Bernhard Suphan 1901 und Eduard Castle 1937. – T: Schiller, Sämtliche Werke in zehn Bänden. Berliner Ausgabe. Hrsg. von Hans-Günther Thalheim und einem Kollektiv von Mitarbeitern. Band 1, Berlin und Weimar 1980, S. 556–558.

– Friedrich Schiller:
Gespräch zwischen dem alten und neuen Jahrhundert S. 412
E: Goldner Spiegel für Regenten und Schriftsteller. Ein Allmanach auf das Jahr 1801. Maynz, bei Gottfried Vollmer. S. 46.

– Johann Gottfried Herder: Erbfolgekrieg.
Entscheidet Krieg über Recht? S. 414
E: Adrastea. Hrsg. von J. G. Herder. Erster Band. Leipzig, bei Johann Friedrich Hartknoch. 1801. – T: Herders Sämtliche Werke. Hrsg. von Bernhard Suphan. Band 23, Berlin 1885, S. 25–28. – K: *unter dem Namen des Spanischen Sukzessionskrieges*: auch Spanischer Erbfolgekrieg genannt, ein europäischer Krieg von 1701 bis 1714, der um das Erbe des letzten spanischen Habsburgers, Karls II. (1665–1700), unter Beteiligung vieler Mächte auf vier Kriegsschauplätzen (Spanien, Italien, Niederlande, Deutschland) geführt wurde. – *Philipp bekam die spanische Krone*: 1713 wurde (ohne Beteiligung Kaiser Karls VI.) Philipp V., ein Enkel Ludwigs XIV., als König von Spanien anerkannt. Dafür machten Frankreich und Spanien einige politische, territoriale und ökonomische Zugeständnisse an England, Österreich, Savoyen, Holland und Preußen. 1714 stimmte auch Karl VI. nach Aushandlung einiger Sonderbestimmungen im Frieden zu Rastatt und Baden

den in Utrecht ausgehandelten Bedingungen im wesentlichen zu. Mit beiden Friedensschlüssen hatte Frankreich in der Tat mehr erreicht, als es hätte erwarten können; seine Vormachtstellung in Europa jedoch war seither stark im Sinken begriffen. – *die Teilungsvorschläge:* Holland und England hatten im Oktober 1698 den Haager Teilungsvertrag ausgehandelt, wonach der bayerische Kurprinz Joseph Ferdinand das spanische Mutterland und die Kolonien, sein Vater Max Emanuel die Statthalterschaft der Niederlande erhalten, Frankreich und Österreich dagegen sich die übrigen Länder des spanischen Erbes teilen sollten. – *die große Allianz*: Die am Erbfolgekrieg beteiligten Seemächte unter Führung Wilhelms III. von Oranien schlossen 1701 mit Kaiser Leopold eine große Allianz, um dem Hause Österreich die spanischen Besitzungen in den Niederlanden und in Italien zu verschaffen und um ihrerseits spanische Kolonien zu erobern. Wilhelm III. starb am 19. März 1702. – *die großen Pairs von Europa*: Vgl. die Anm. zu S. 312.

– Gottlieb Conrad Pfeffel: An das Neue Jahrhundert S. 417
E: Flora. Teutschlands Töchtern geweiht von Freunden und Freundinnen des schönen Geschlechts. Erstes Vierteljahr. Tübingen 1801. In der J.G.Cottaschen Buchhandlung. S.194f. – K: *Sykophant*: Verräter, Verleumder.

– Johann Wilhelm Ludwig Gleim: Als die Nachricht
vom Frieden zwischen Frankreich und England ankam
Den 10ten Oktober 1801 S. 418
E: Minerva. Ein Journal historischen und politischen Inhalts. Hrsg. von J. W. von Archenholz. Vierter Band. Für das Jahr 1801. October, November, December. Im Verlage des Herausgebers und in Commission bey G. B. Hoffmann in Hamburg. S. 190. – K: *Als die Nachricht ...*: Bei dieser Nachricht dürfte es sich lediglich um ein Gerücht über bevorstehende oder bereits eingeleitete Friedensverhandlungen gehandelt haben. Denn nach dem Rücktritt des englischen Premierministers William Pitt des Jüngeren, der einer der Organisatoren der europäischen Koalitionen gegen Frankreich gewesen war, wurde ein Friedensvertrag zwischen England, Frankreich, Spanien und der Batavischen Republik erst am 27. März 1802 in Amiens abgeschlossen. – *Brutus*: Marcus Junius Brutus war das Haupt der Verschwörung gegen Cäsar gewesen und galt als der bekannteste seiner Mörder.

– Friedrich Emerich: Blick in die Zukunft
bei dem Luneviller Frieden S. 419
E: Europäische Annalen. Jahrgang 1801. Sechstes Stück. Zweiter Band. Von D. Ernst Ludwig Posselt. Tübingen, in der J. G. Cottaschen Buchhandlung. 1801, S. 213 f., S. 236–238. – K: *bei dem Luneviller Frieden*: vereinbart in der kleinen ostfranzösischen Stadt (im 18. Jahrhundert die Residenz der letzten Herzöge von Lothringen) am 9. Februar 1801. Vgl. Nachwort, S. 504.

– Christian Ludwig Neuffer: Auf den Frieden 1801 S. 422
E: Gedichte von Christian Ludwig Neuffer. Stuttgart, bei J. Fr. Steinkopf, 1805. – T: Hymnische Dichtung im Umkreis Hölderlins. Eine Anthologie. Mit Einleitung und Erläuterungen. Hrsg. von Paul Böckmann. Tübingen 1965, S. 202–205. – K: *Tellus*: lat., die Erde (eigtl. Name der römischen Göttin der Ackererde und des Saatgutes). – *Cocytus*: sagenhafter Fluß in der Unterwelt (Totenfluß, dem Hades in der griechischen Mythologie entsprechend). – *Ares*: Vgl. die Anm. zu S. 375. – *Herakles Säulen*: nach altgriechischer Auffassung verschiedene Randpunkte des Erdkreises, gleichsam die Grenzen in der Verbreitung griechischer Kultur bezeichnend. Der Ausdruck geht auf mythologische Erzählungen vom Helden Herakles zurück, der angeblich an mehreren Stellen seiner abenteuerlichen Fahrten derartige, das jeweilige Ende der bekannten Welt markierende Säulen errichtet haben soll, die bekanntesten an der Meerenge von Gibraltar. – *Land der Seren*: Serer (grch.-lat. Seres zu altchin. sir, Seide) war ein griechisch-römischer Name für die Seide erzeugenden Chinesen, mit dem das nördliche China gemeint war. – *Irene*: lateinischer Name für die griechische Friedensgöttin Eirene, die Tochter des Zeus und der Themis; sie wurde auch als eine der Horen verehrt. – *Janus*: Vgl. die Anm. zu S. 137. – *Ceres*: lateinischer Name für die griechische Fruchtbarkeitsgöttin Demeter, Tochter des Zeus und der Persephone. – *Liber*: Dem griechischen Dionysos (Gott des Weines und des drängenden Lebens in der Natur) entspricht die römische Gottheit Bacchus; er trug oft den Beinamen Liber, der ursprünglich einem altitalischen Gott der Zeugung gehörte. – *Tuiskons Volke*: dem deutschen Volke. Nach dem Bericht des römischen Historikers Tacitus (›Germania‹, 2) galt Tuisto oder Tuisco (in der Bedeutung von ›Zwitter‹) als Ahnherr des Menschengeschlechts.

1802 Noch ein Wort über den ewigen Frieden** S. 426
E: Neue Berlinische Monatsschrift. Hrsg. von Biester. Achter

Band: Julius bis Dezember 1802. Berlin und Stettin, bei Friedrich Nicolai. S. 238–240. – K: Der Aufsatz ist am Ende signiert mit ›v. R.‹; möglicherweise ist Friedrich von Raumer der Autor.

– Friedrich Hölderlin: Friedensfeier S. 428

E: Hölderlin, Friedensfeier. Hrsg. und erläutert von Friedrich Beißner. Stuttgart 1954. – T: Friedrich Hölderlin, Sämtliche Werke und Briefe. Hrsg. von Günter Mieth. Band 1, Berlin 1970, S. 467–472. – K: *aber o du, ... dort unter syrischer Palme ...*: Anrede der Figur Jesu Christi (den Hölderlin in seinem Gedicht ›Brot und Wein‹ auch den ›Syrier‹ nennt); im folgenden eine Anspielung auf das Gespräch Jesu mit einer Samariterin am Brunnen in der Nähe der Stadt Sichar (Johannes 4, 4–42). – *Satyren*: in der griechischen Mythologie die lüsternen, mißgestalteten, an der Grenze zwischen Mensch und Tier stehenden Begleiter des Wein- und Fruchtbarkeitsgottes Dionysos.

– Georg Wilhelm Friedrich Hegel: Deutschlands Schicksal: Unfriede und Staatslosigkeit** S. 433

E: G. W. F. Hegel, Kritik der Verfassung Deutschlands. Aus dem handschriftlichen Nachlasse des Verfassers hrsg. von Georg Mollat. Nebst einer Beilage. Kassel 1893. – T: Georg Wilhelm Friedrich Hegel, Politische Schriften. Hrsg. und eingeleitet von Gerd Irrlitz. Berlin 1970, S. 43, 52, 68, 71–75. – K: *Landfrieden*: Vgl. Einleitung, S. 11. – *stipulierten*: verabredet oder festgesetzt haben.

– Johann Wilhelm Ludwig Gleim: An die britischen Gesandten zu Amiens. Im Dezember 1801 S. 437

E: Minerva. Ein Journal historischen und politischen Inhalts. Hrsg. von J. W. von Archenholz. Erster Band. Für das Jahr 1802. Januar, Februar, März. Im Verlage des Herausgebers und in Commission bey B. G. Hoffmann in Hamburg. S. 373 f. – K: *die Pufendorfe*: Vgl. Einleitung, S. 30.

– Karl Salomo Zachariä: Janus S. 438

E: Janus von Karl Salomo Zachariae, Professor des Lehnrechts auf der Universität Wittenberg. Leipzig, bey Gerhard Fleischer d. Jüngeren. 1802, S. 7f., 11–15, 41–52, 57–62, 105–112, 119–128, 178–181, 189, 191–195, 199–203, 207f., 213f., 218f., 221–223, 228–232, 236–246, 249f. – K: *fiat iustitia ...*: lat., Gerechtigkeit muß sein, und sollte die Welt darüber zugrunde gehen (angeblich der Wahlspruch Kaiser Ferdinands I., der 1555 den Reichstag zu Augsburg leitete und den sogenannten Augsburger Religionsfrieden ermöglichte). – *Tempel des Janus*: Vgl. die Anm. zu S. 137. – *Die Teilung von Polen*: Nach der ersten und zweiten Teilung Polens (1772 und 1793) und nach der Niederschlagung des Kościuszko-Aufstandes (1794) beendete die dritte Teilung Polens durch die Großmächte Rußland, Österreich und Preußen (1795) auf lange Zeit die polnische Eigenstaatlichkeit (Gründung der Republik Polen erst 1918). – *das Indigenats-, das Heimfallrecht*: Indigenat (von lat. indigena, eingeboren) ist eine bis zum 19. Jahrhundert gebräuchliche Bezeichnung für den Sachverhalt einer Untertanenschaft (Staatsangehörigkeit), konnte sich aber auch auf die Ortsansässigkeit von Personen beziehen (Heimatrecht, Gemeinderecht). Heimfall oder Apertur wurde im feudalen Lehns- und Hofrecht der Rückfall von Lehnsgütern an den Lehnsherrn bei Beendigung des Vasallitätsverhältnisses genannt. – *einen Oberkonsul*: Durch eine Volksabstimmung hatte sich Napoleon im August 1802 ein Konsulat auf Lebenszeit schaffen lassen; am 2. Dezember 1804 wird er sich in Paris zum Kaiser der Franzosen erheben.

– Friedenslied**
Nach der Melodie: Freude, schöner Götterfunken S. 460
E: Der Neue Teutsche Merkur vom Jahre 1802. Hrsg. von C. M. Wieland. Zweiter Band. Weimar 1802. Gedruckt und verlegt bei den Gebrüdern Gädicke. S. 3–6.

– Johannes Tobler: Stimme des Friedens S. 463
E: wie beim vorigen Titel. Dritter Band. Weimar 1802, S. 206–210.

– Friedrich Schiller: An*** S. 465
E: Taschenbuch für Damen auf das Jahr 1802. Hrsg. von Huber, Lafontaine, Pfeffel und andern. Tübingen, in der J. G. Cottaschen Buchhandlung. S. 167f. (hier mit dem Titel ›Der Antritt des neuen Jahrhunderts‹). – T: Schiller, Sämtliche Werke in zehn Bänden. Berliner Ausgabe. Hrsg. von Hans-Günther Thalheim und seinem Kollektiv von Mitarbeitern. Band 1, Berlin 1980, S. 497f. – K: *An****: Ein direkter Adressat des Gedichts konnte von der Forschung bisher nicht ermittelt werden. – *öffnet sich mit Mord*: Hinweis auf die Ermordung des russischen Zaren Pawel I. Petrowitsch, der am 23. März 1801 seiner despotischen Strenge wegen von aufständischen Offizieren in seinem Schlafzimmer erdrosselt worden war (eine der Töchter des Ermordeten, Maria Pawlowna, heiratete 1804 den späteren Großherzog Karl Friedrich von Sachsen-Weimar-Eisenach). – *zwo gewalt'ge Nationen*: Großbritannien und Frankreich. – *den Dreizack und den Blitz*: Zeichen der

altgriechischen Götter Poseidon und Zeus; hier Sinnbilder militärischer Macht zu Wasser und zu Lande. – *Gold muß ihnen jede Landschaft wägen*: Anspielung auf die erheblichen Kontributionsforderungen der Franzosen in eroberten Gebieten; allein in Deutschland betrugen sie 44 Millionen Livres. – *Brennus*: Vgl. die Anm. zu S. 81. – *das Reich der freien Amphitrite*: das Weltmeer, auf dem sich die Briten eine Monopolstellung für ihre Handelsflotte erringen wollten (in der griechischen Mythologie war Amphitrite die Gattin des Meeresgottes Poseidon).

1803 Jakob Fries: Die Gesetzgebung im Staatenverein S. 467
E: Jakob Fries, Philosophische Rechtslehre und Kritik aller positiven Gesetzgebung. Mit Beleuchtung der gewöhnlichen Fehler in der Bearbeitung des Naturrechts. Jena, bey Johann Michael Mauke. 1803, S. 170–179. – K: *Observanz*: die Gewohnheit, Beobachtung der Gewohnheit. – *in den Morästen der Champagne*: Nachdem im Sommer 1792 unter dem Kommando des Herzogs Karl Wilhelm Ferdinand von Braunschweig von Koblenz aus eine preußisch-österreichische Streitmacht von 80 000 Mann nach Frankreich einmarschiert und im Treffen von Valmy geschlagen worden war, mußte das Invasionsheer einen beschwerlichen und verlustreichen Rückzug durch die von starken Herbstregen verschlammte Champagne durchstehen. – *Jesus gegen die Pharisäer*: Matthäus 16, 12.

1804 Friedrich Ancillon: Reflexionen über die Ohnmacht der Vernunft** S. 475
E: Friedrich Ancillon's Darstellung der wichtigsten Veränderungen im Staatensysteme von Europa seit dem Ende des funfzehnten Jahrhunderts. Aus dem Französischen übersetzt von D. Friedrich Mann. Erster Theil. Erster Band. Berlin, bei C. Quien. 1804, S. 3–7, 11–15, 19–24, 40–43 (aus der ›Vorrede‹). – K: Der Titel des französisch geschriebenen Originals lautet: Fréderic Ancillon, Tabléau des Révolutions du système politique de L'Europe depuis la fin du quinzième siècle. Tom 1–4. Berlin 1803–1805. – *Hobbes hatte Unrecht ...*: Vgl. die Anm. zu S. 196. – *ein berühmter Metaphysiker*: Kant. – *die Patrizier in Rom*: Vgl. die Anm. zu S. 312. – *was Themistokles den Atheniensern sagte ...*: In seiner ›Lebensbeschreibung‹ des Themistokles (29, 10) berichtet Plutarch ohne weitere Quellenangaben: ›Aber Themistokles selbst soll einst, als er schon in großem Ansehen stand, bei einer prächtigen Tafel zu seinen Kindern gesagt haben: Wahrlich, ihr Kinder, wir wären nun verloren, wenn wir nicht schon verloren wären.‹ Zitiert nach Plu-

tarch, Lebensbeschreibungen. Mit Anmerkungen nach der Übersetzung von Kaltwasser bearbeitet von Hanns Floerke. Band 1, München und Leipzig 1913, S. 326. – *Summum crede nefas ...*: lateinische Hexameter aus einer der Satiren des altrömischen Schriftstellers Juvenal (8, 83 f.); in der Übersetzung von E. C. J. Siebold (Leipzig 1858): Halt's für das höchste Vergehen, für das Leben die Ehre zu opfern / und, um das Leben zu retten, die Gründe des Lebens zu tilgen.

1805 Friedrich von Raumer: Dialog über Kriegsschuld und Friedensliebe** S. 482
E: Sechs Dialogen über Krieg und Handel. In den letzten Monaten des Jahres 1805. Variis idem. 1806 im Mai, S. 32–47. – K: Die Schrift erschien anonym, ohne Angabe des Verlegers und des Verlagsortes; ausgewählt ist der Text des zweiten Gesprächs. – *Bonaparte in Wien*: Um die dritte Koalition gegen Frankreich zu bekämpfen, war Napoleon durch Bayern marschiert, hatte am 20. Oktober 1805 die österreichische Armee des Generals Mack in Ulm zur Kapitulation gezwungen und rückte am 13. November in Wien ein, von wo Kaiser Franz I. bereits die Flucht ergriffen hatte. Vgl. Nachwort, S. 507. – *Bald ... kenne nur jeder den eigenen ... Vorteil ...*: Vgl. den Text auf S. 229 dieser Anthologie. – *Bonapartes Armee in Boulogne*: Vgl. Nachwort, S. 506.

1806 Christoph Martin Wieland: Eine neue politische Idee [...] zu einem ewigen Frieden in Europa S. 488
E: Der Neue Teutsche Merkur vom Jahr 1806. Hrsg. von C. M. Wieland. Erster Band. Weimar 1806. Im Verlage des Industrie-Comptoirs. S. 211 f. – K: Die Ausführungen sind am Ende gezeichnet ›Von einem Staatsmanne, der in der Stille lebt‹; Wielands Autorschaft ist wahrscheinlich, aber nicht gesichert. – *das votum decisivum*: lat., die Entscheidungsbefugnis.

\- Friedrich Gentz: Gestörtes Gleichgewicht durch Revolutionskriege** S. 489
E: Friedrich von Gentz, Fragmente aus der neusten Geschichte des Politischen Gleichgewichts in Europa. Zweite Auflage. St. Petersburg, bei Johann Friedrich Hartknoch. 1806, S. 1–8, 35–39, 50–52.

\- Johann Gottfried Seume: Apokryphen S. 496
E: Einzelne Stücke verstreut in verschiedenen Publikationen. – T: Prosaische und poetische Werke von J. G. Seume. Siebenter Teil.

Berlin 1879, S. 125, 130, 135f., 139, 149, 151, 154, 159, 173, 189, 193, 197, 203, 216, 219, 221, 241. – K: *Du hast uns ...*: In Gottfried August Bürgers 1776 entstandener Ballade ›Der Raubgraf‹ lauten die letzten beiden Verse der 19. Strophe: ›Du hast uns lange satt geknufft ...‹ – *Grotius in seinem Buche*: Gemeint ist ›De iure belli se pacis libri tres‹ (1625); vgl. Einleitung, S. 30. – *Malevolenz*: Mißgunst, Abneigung. – *Travalgen*: schwere Arbeiten, Schindereien (zu frz. travail, Arbeit). – *Quatember*: vierteljährliche Abgabe, Steuer. – *Pleonexie*: Habsucht, Unersättlichkeit.

1807 Ludwig Achim von Arnim: Scheinbarer Friede S. 500
E: Ludwig Achim's von Arnim sämmtliche Werke. Band 22. (entspricht Nachlaß, Band 6. Gedichte von Ludwig Achim von Arnim. Erster Band). Weimar 1856, S. 47.

NAMENSREGISTER

H

EDITORISCHE NOTIZ

Die *Texte* dieser Anthologie gehen in der Regel unmittelbar auf zeitgenössische Erstdrucke zurück und wurden mit diesen kollationiert. Abweichend von dieser Regel sind in einigen Fällen zuverlässige neuere Editionen (namentlich historisch-kritische Ausgaben) als Textvorlagen herangezogen worden, zumal bei Briefen oder bei postum gedruckten Werken, bei manchen Kurzgedichten oder Aphorismen (für die sich der jeweilige Erstdruck nur unsicher oder gar nicht mehr nachweisen läßt) oder auch bei solchen Schriften, die mehrere, gegebenenfalls erweiterte oder veränderte Auflagen erlebt haben. Um die Lesbarkeit der Texte zu erleichtern, erfolgte eine behutsame Modernisierung der Orthographie (bei weitgehender Wahrung des Lautstandes) und der Interpunktion (bei gelegentlicher Respektierung individueller Eigenheiten einiger Autoren). Veraltete Formen der Hervorhebung (Großschreibung von bestimmten und unbestimmten Artikeln oder Fürwörtern, Sperrungen von Eigennamen) wurden getilgt, Abkürzungen vereinheitlicht, fehlerhafte Schreibungen von Orts- oder Personennamen berichtigt. Gelegentlich wurden neue Absätze eingefügt, und es wurde auch auf Absätze und die seinerzeit übliche Pausenmarkierung durch lange Bindestriche zugunsten des Sinnzusammenhanges verzichtet. Mehrere Texte mußten gekürzt werden, um den Umfang der Anthologie in erträglichen Grenzen zu halten; alle diese Kürzungen sind durch das Zeichen [...] markiert. Soweit irgend möglich, wurden die von den Autoren stammenden Originaltitel ausgewählter Textpassagen beibehalten; wo dies nicht möglich war, haben sich die Herausgeber erlaubt, Überschriften eigener Erfindung zu formulieren, die am Ende jeweils durch zwei ** gekennzeichnet sind. Gleichermaßen wurden nach Überschriften, deren Verfasser unbekannt sind, zwei ** gestellt. Druckfehler wurden stillschweigend beseitigt.

Die *Anmerkungen zu den Texten* verzeichnen zunächst als Quellenangaben die Erstdrucke (E) und Textgrundlagen (T) bibliographisch genau. Der folgende Kommentar (K) erläutert sachliche Zusammenhänge, historische Ereignisse und philosophische, literarische, kunsthistorische, religiöse oder mythologische Anspielungen, erschließt Zitate oder Kryptozitationen, erklärt ungewöhnliche Ausdrücke und Fremdwörter (soweit sie nicht im ›Großen Duden‹ erwähnt sind) und macht Angaben über Schriftwerke, die im Text vorkommen.

Nicht berücksichtigt werden im Kommentar die Namen historischer Personen. Über sie erteilt das *Namensregister* knappe Auskunft, sofern es sich nicht um allgemein bekannte Personen handelt. Das Register enthält alle in der Einleitung, in den Texten und im Nachwort auftauchenden Personennamen.

INHALT

1796

1797

1801

1802